农业软科学研究丛书（2013—2017）

农村劳动力转移就业与农民增收

NONGCUN LAODONGLI ZHUANYI JIUYE
YU NONGMIN ZENGSHOU

张天佐　　主编

中国农业出版社
农村读物出版社
北　京

图书在版编目（CIP）数据

农村劳动力转移就业与农民增收/张天佐主编 . —
北京：中国农业出版社，2020.11
（农业软科学研究新丛书 . 2013—2017）
ISBN 978 - 7 - 109 - 26259 - 1

Ⅰ.①农… Ⅱ.①张… Ⅲ.①农村劳动力－劳动力转
移－研究－中国②农民收入－收入增长－研究－中国
Ⅳ.①F323.6②F323.8

中国版本图书馆 CIP 数据核字（2019）第 275447 号

中国农业出版社出版

地址：北京市朝阳区麦子店街 18 号楼
邮编：100125
策划编辑：徐　晖
责任编辑：杜　婧　吴洪钟　　文字编辑：耿增强
版式设计：杜　然　　责任校对：吴丽婷
印刷：北京中兴印刷有限公司
版次：2020 年 11 月第 1 版
印次：2020 年 11 月北京第 1 次印刷
发行：新华书店北京发行所
开本：720mm×960mm　1/16
印张：32.25
字数：600 千字
定价：80.00 元

C O N T E N T S 目 录

▶ 综述 ·· 1

▶ **第一章 农村劳动力转移就业与农民增收潜力和趋势**·········· 21

第一节 农村劳动力转移就业潜力与趋势 ················ 21

一、农村还有多少"潜在"可转移劳动力 ·············· 22

二、当前农村劳动力存量是否还有转移空间 ············ 26

三、农村未来还有多少新成长劳动力 ················ 33

四、如何进一步挖掘农村劳动供给潜力 ·············· 37

第二节 农民增收的阶段特征与当前形势 ················ 40

一、农民收入增长的历史演进与阶段特征 ············· 40

二、当前农民收入增长形势的变化 ················· 51

第三节 新常态下农民增收潜力与趋势 ················· 62

一、方法选择 ···························· 63

二、总体情况测算 ························· 64

三、区域结构测算 ························· 72

四、来源结构测算 ························· 77

五、产业结构测算 ························· 82

六、人群结构测算 ························· 90

七、农民增收潜力预测结果分析 ················· 97

第四节 全国同步小康进程中农民增收问题案例研究——以贵州为例 ······ 100

一、贵州省农民收入总体增长迅速 ··············· 100

二、实现贵州农民增收需要破解的难题 ············· 106

三、农民收入实现追赶跨越的措施建议 ………………………… 108

第二章　新型城镇化与农业转移人口市民化 ……………… 111

第一节　新型城镇化与农村人口流动 …………………………… 111
一、新型城镇化 ……………………………………………… 111
二、农村人口流动 …………………………………………… 116

第二节　提高户籍人口城镇化率 ………………………………… 121
一、现实意义 ………………………………………………… 121
二、核心难点 ………………………………………………… 123
三、政策建议 ………………………………………………… 125

第三节　促进农业转移人口市民化 ……………………………… 127
一、农业转移人口的现状和趋势 …………………………… 127
二、推进农业转移人口市民化面临的主要问题 …………… 138
三、有序推进农业转移人口市民化的总体思路 …………… 145
四、有序推进农业转移人口市民化的政策建议 …………… 148

第四节　促进农民工市民化 ……………………………………… 155
一、农民工市民化面临问题 ………………………………… 155
二、推进农民工市民化的政策建议 ………………………… 159

第三章　农民就业创业 …………………………………………… 165

第一节　农民涉农创业就业的行业特征与政策环境 …………… 165
一、农民涉农创业的行业特征 ……………………………… 165
二、农民涉农创业就业面临的共性问题 …………………… 173
三、农民涉农创业就业政策支持环境评价 ………………… 177

第二节　第一代农民工返乡就业形势、意愿与模式 …………… 181
一、返乡第一代农民工群体特征分析 ……………………… 182
二、第一代农民工返乡就业的困境 ………………………… 188
三、第一代农民工返乡就业问题产生的原因分析 ………… 191
四、第一代农民工返乡就业意愿的影响因素分析 ………… 194

　五、第一代农民工返乡就业模式选择 ················ 197

　六、解决第一代农民工返乡就业困境的对策 ············· 201

第三节　西部地区新生代农民工返乡行为特征与就业 ········· 202

　一、调查样本情况 ·························· 203

　二、主要研究结果 ·························· 204

　三、调查结论 ···························· 214

第四节　农产品电商与农民返乡创业 ················· 215

　一、当前农民工等主体返乡创业的趋势 ··············· 216

　二、农民工等主体返乡创业与农产品电商发展——基于农村固定

　　　观察点 9 553 个农户的调查 ················· 218

　三、以电商为平台促进农村一二三产业融合发展和农民工等主体

　　　返乡创业创新的政策建议 ·················· 225

▶ **第四章　农业提质节本增效促进农民增收——以主要粮食**

　　　　作物为例 ··························· 226

第一节　水稻提质节本增效 ····················· 226

　一、全国水稻成本收益和成本结构变化 ··············· 227

　二、全国水稻单产及生产投入量和投入费用的变化 ········· 233

　三、我国南方地区稻农水稻投入产出及成本收益分析 ········· 238

　四、农户生产效率的影响因素分析 ················· 242

　五、水稻生产节本增效潜力及途径 ················· 250

第二节　小麦提质节本增效 ····················· 251

　一、小麦生产投入和产出的现阶段特点、动态特征及其差异分析 ··· 252

　二、小麦生产收益的影响因素分析 ················· 260

　三、小麦成本投入要素的诱导效应及增长机制分析 ········· 269

　四、小麦生产增长路径选择及差异分析——基于技术进步路径模式

　　　的视角 ···························· 276

第三节　玉米提质节本增效 ····················· 282

　一、我国玉米生产成本收益的变化特征 ··············· 283

二、玉米生产成本变化的原因分析 ································· 285

三、玉米生产成本的影响因素分析 ································· 293

四、玉米生产节本增效的潜力和途径探讨 ····················· 296

▶ **第五章　产业融合发展促进农民增收** ······················· 302

第一节　促进农村一二三产业融合发展增加农民收入 ··········· 302

一、推进农村产业融合的主要模式及其对农民增收的影响 ········· 302

二、推进农村产业融合的主要组织形式及其带动农民增收的效果 ··· 311

三、促进农村产业融合增加农民收入的战略思路和对策建议 ······· 323

第二节　国外支持农村一二三产业融合发展的政策启示 ········· 331

一、国外支持农村产业融合发展的政策措施 ····················· 331

二、农村产业融合发展支持政策精准发力的保障——经营

主体认证 ··· 336

三、推进我国农村产业融合发展的政策思考 ····················· 337

第三节　国外农产品加工业的实践与启示——以法国、荷兰为例 ··· 339

一、法国农产品加工业的实践与启示 ··························· 339

二、荷兰农产品加工业的实践与启示 ··························· 347

▶ **第六章　体制机制创新促进农民增收** ······················· 353

第一节　构建农民财产性收入长效增长机制 ··················· 353

一、我国农民财产性收入现状特点及分配差异 ················· 353

二、促进农民财产性收入增长的形势分析 ····················· 360

三、构建农民财产性收入的长效增长机制 ····················· 363

第二节　发展完善土地流转制度促进农民增收 ················· 366

一、现阶段我国土地流转模式及案例对比研究 ················· 366

二、发展完善土地流转制度促进农民增收对策 ················· 378

第三节　集体产权制度改革促进农民增收 ····················· 380

一、理论框架 ··· 383

二、研究方法与案例的选择 ································· 385

三、案例观察与分析 …………………………………………………… 388

第七章　金融保险促进农民增收 ……………………………………… 395

第一节　农村金融改革及其对农民增收的影响 ………………………… 395
　　一、中国农村金融改革（2000—2014 年）………………………… 395
　　二、基于农户增收视角的农户融资绩效区域差异
　　　　（1995—2009 年）………………………………………………… 404
　　三、主要结论及建议 ………………………………………………… 413
第二节　农业保险支持农民增收 ………………………………………… 414
　　一、我国农业保险发展现状 ………………………………………… 415
　　二、我国"产量型"农业保险的发展与农民增收 ………………… 422
　　三、我国"价格型"农业保险的发展与农民增收 ………………… 428
　　四、我国现行农业保险促进农民增收所面临的问题 ……………… 442
　　五、政策建议 ………………………………………………………… 445

第八章　产业扶贫促进贫困农户增收 ………………………………… 448

第一节　贫困问题的概念内涵与减贫路径 ……………………………… 448
　　一、新常态下农民增收的短板：农村贫困人口 …………………… 449
　　二、贫困问题的概念内涵与减贫问题的路径目标 ………………… 451
第二节　产业扶贫促进贫困农户增收模式 ……………………………… 454
　　一、新型农业经营主体带动型 ……………………………………… 454
　　二、农村电子商务扶贫型 …………………………………………… 456
　　三、乡村旅游精准扶贫型 …………………………………………… 460
　　四、村集体经济带动扶贫型 ………………………………………… 461
第三节　农民合作社促进产业精准脱贫 ………………………………… 462
　　一、农民合作社的组织特性和助力扶贫的功能价值 ……………… 463
　　二、农民合作社在促进产业精准脱贫中的作用机理 ……………… 466
　　三、农民合作社促进贫困农户增收脱贫的实证分析 ……………… 469
　　四、农民合作社实施产业精准脱贫面临的困难问题 ……………… 481

五、促进贫困地区农民合作社持续发展的政策建议 ……………… 483

第四节　发展电子商务促进贫困农户增收——以连片特困民族

　　　地区为例 …………………………………………………… 485

一、电子商务扶贫研究 …………………………………………… 485

二、连片特困民族地区电商扶贫存在的问题 …………………… 488

三、连片特困民族地区电商扶贫创新模式 ……………………… 491

综　　述

实施乡村振兴战略,是党的十九大作出的重大决策部署,是新时代做好"三农"工作的总抓手。习近平总书记强调,要把实施乡村振兴战略摆在优先位置,让乡村振兴成为全党全社会的共同行动。推进乡村振兴,为了农民,更要依靠农民,广大农民是实施主体,生活富裕是根本,乡村振兴的出发点和落脚点,是为了让亿万农民生活得更美好。党的十九大提出,要促进农村一二三产业融合发展,支持和鼓励农民就业创业,拓宽增收渠道。2018年中央1号文件指出,要促进农村劳动力转移就业和农民增收。近年来,农业农村部软科学委员会围绕农村劳动力转移就业和农民增收问题组织展开了多项课题研究,取得了一系列重要成果。我们在认真遴选、梳理相关研究成果的基础上,形成了《农村劳动力转移就业与农民增收》一书。

本书共分八章:第一章,农村劳动力转移就业与农民增收潜力和趋势;第二章,新型城镇化与农业转移人口市民化;第三章,农民就业创业;第四章,农业提质节本增效促进农民增收——以主要粮食作物为例;第五章,产业融合发展促进农民增收;第六章,体制机制创新促进农民增收;第七章,金融保险促进农民增收;第八章,产业扶贫促进贫困农户增收。编纂本书的基本思路:①充分利用2013年以来农业农村部软科学课题成果,根据各课题研究内容的彼此联系,重新组合分类;②在选取课题成果时,在关注理论性的同时,更加注重课题成果的时代性、实践性和可操作性;③充分收录研究视角较新的成果。

一、农村劳动力转移就业与农民增收的潜力和趋势

农民富不富,是乡村振兴战略最终实施效果的最重要的评价指标之一。促进农村劳动力转移就业和农民增收,是实现农民富裕的重要着力点。农业农村部软科学报告"农村劳动力转移就业潜力与趋势研究""当前农民收入增长形势的变化及其启示""新常态下农民增收潜力、趋势和长效机制研究"等分别对当前农村劳动力转移就业与农民增收的形势和潜力进行了分析预测。

（一）农村劳动力转移就业的潜力和趋势

中国正处在从中等收入阶段向高收入阶段跨越的关键时期，新型城镇化是实现这一跨越的重大战略举措。2017 年中国城镇化率达到 58.52%，按照国家新型城镇化规划目标，到 2020 年城镇化水平将达到 60% 左右，2030 年将达到 70% 左右。这意味着未来一段时期城镇化水平将每年提高约 1 个百分点，每年新增 1 300 万名左右农村转移人口，2030 年之前中国农村劳动力向城镇转移的总体趋势不会改变。

中国正在从中等收入国家向发达国家迈进，预计到 2030 年中国人均国内生产总值（GDP）将接近 2 万美元，农业就业规模减少到 7 600 万人，农业就业比重下降到 10% 左右，理论上未来十几年农业部门仍将有大约 1.4 亿人需要转移出去。但是，这部分存量劳动力资源面临老龄化严重和人力资本匮乏的关键制约，"潜在"劳动供给难以转化为有效劳动供给，仅有不到 20%（约 3 000 万人）具备转移就业的基本条件，这其中 40 岁以上大龄劳动力占一半，绝大多数存量劳动力将直接退出劳动力市场。农村存量劳动力终将枯竭，新成长劳动力将成为潜力源泉，但在城镇化水平提高和生育率水平下降情况下，农村新成长劳动力规模也将呈现下降趋势。预计"十三五"期间可以转移的农村新成长劳动力规模约 3 000 万人，每年平均转移约 600 万人，到 2030 年将下降到约 500 万人。

（二）农民增收的潜力和趋势

从当前我国农民收入增长的基本格局看，农民人均收入在总体上呈现较快增长，但近年来增速放缓的趋势已经形成；城乡收入差距进入缩小轨道，但高、低收入农户的收入差距呈现扩大态势；工资性收入和经营净收入是农民收入的两大主要来源，近年来工资性收入已经成为农民增收的第一大来源；财产性收入在波动中保持较快增长，但对农民增收的影响仍只处于辅助地位；近年来农民转移性收入增速趋缓但占比仍呈提高态势，对农民增收的影响值得关注。

不容忽视的是，农民增收的难度和局部减收的风险正在显著增大。随着经济下行压力的加大和持续，农民工资性收入和来自于非农产业的经营净收入增长难度加大，局部减收的风险明显增加；部分农产品价格下行压力加大制约农业经营性收入的增长，提高了主产区农民群体性、行业性减收的可能性；转移净收入、财产净收入增长的难度也在加大，农民通过土地流转形成的财产性收入增长形势可能逆转。鉴于此，从推进全面建成小康社会重大战略的高度重视农民增收问题，创新农民增收路径，其重要性和紧迫性正在显著增强。

新常态下，农村居民人均纯收入总体情况、人群结构和来源结构等都将会发生较大变化。为了实现2020年国内生产总值和城乡人均收入比2010年翻一番的目标，"十三五"时期，我国农民人均纯收入增长速度应该保持在11.5%左右，才能使我国农民收入保持健康增长。按这个增长速度，到2020年，我国农民人均纯收入将达到19 180元的水平；至2025年，农民人均纯收入水平将达到33 055元的水平。

从区域看，按照东部地区9.7%、中部地区11.1%、西部和东北地区11.3%的增长速度，到2020年，东部、中部、西部、东北地区人均纯收入将分别达到22 908元、18 826元、15 768元、20 534元；到2025年，东部、中部、西部、东北地区人均纯收入将分别达到36 393元、31 867元、26 932元、35 072元。

从来源看，按照工资性收入14.7%、家庭经营性收入8.3%、财产性收入14.2%、转移性收入20.4%的年增长速度，到2020年，我国农民人均纯收入将达到20 760元；到2025年，我国农民人均纯收入将达到39 467元的水平。

从产业结构看，第一产业收入"十三五"期间有望由6 347元上升至8 744元，到2025年上升至13 052元；第二产业收入"十三五"期间有望由437元上升至604元，到2025年上升至904元；第三产业收入"十三五"期间有望由972元上升至1 373元，到2025年上升至2 113元。

从人群结构看，高收入户和低收入户所占比重会逐渐降低，农村居民人均纯收入差距将会逐渐减小。农村居民平均每人每年可支配收入在2020年将达到20 000元，2025年将达到38 000元。

二、新型城镇化与农业转移人口市民化

城镇化发展有利于扩大内需，提高生产效率，促进要素资源优化配置，增强经济辐射带动作用，提高群众享有的公共服务水平。现代经济发展实践表明，城镇化是现代化的必由之路，是我国最大的内需潜力和发展动能所在，对全面建设社会主义现代化国家意义重大。2018年是改革开放40周年，40年的

改革开放让中国发生了翻天覆地的变化，其中最大的变化就是中国的城镇化进程——中国城镇化率从 1978 年的 17.9％提高到了 2017 年的 58.52％；城镇常住人口由 1978 年的 1.72 亿人提高到了 8.13 亿人。农业农村部软科学报告"新型城镇化视角下提高户籍人口城镇化率研究""提高户籍人口城镇化率的难点与对策研究""有序推进农业转移人口市民化问题研究""完善与创新农民工市民化政策研究"等围绕新型城镇化与农业转移人口市民化进行了深入研究。

（一）科学认识农村人口流动与新型城镇化

中国的人口流动是兼具时代特征和最具普遍性的社会现象，是中国改革开放的风向标。改革开放后，城市管理上放松了对非本地户籍人口的进入限制与留住管理，经济上允许正当取得的个人利益，鼓励发家致富，从而由此推动的大范围人口空间流动和剧烈的社会阶层垂直流动，推动了劳动力要素高效率配置，支持了中国经济的快速增长。改革开放 40 年来，全社会从人口流动中获得丰厚福祉。有专家指出，改革开放后，打破计划经济低效率僵局的最初动力虽然来自于以家庭联产承包制为起点的农村经济改革，但是"破茧而出，编织锦绣"的整体效率取之于打破二元壁垒的城乡人口流动。2017 年 11 月 10 日，国家卫生和计划生育委员会发布《中国流动人口发展报告 2017》，报告指出，2016 年我国流动人口规模为 2.45 亿人，流动人口平均年龄 29.8 岁，新生代流动人口比重高达 64.7％，"80 后"流动人口占 56.5％，"90 后"流动人口占 18.7％。今后较长一段时期，大规模的人口流动迁徙仍将是我国人口发展及经济社会发展中的重要现象。

伴随着农村人口向城市的持续大量涌入，城镇化应运而生。所谓新型城镇化，是指坚持以人为本，以新型工业化为动力，以统筹兼顾为原则，推动城市现代化、城市集群化、城市生态化、农村城镇化，全面提升城镇化质量和水平，走科学发展、集约高效、功能完善、环境友好、社会和谐、个性鲜明、城乡一体、大中小城市和小城镇协调发展的城镇化建设路子。新型城镇化的本质是用科学发展观来统领城镇化建设。强调民生、强调可持续发展和强调质量是新型城镇化的三大内涵。新型城镇化的"新"就是要由过去片面注重追求城市规模扩大、空间扩张，改变为以提升城市的文化、公共服务等内涵为中心，真正使城镇成为具有较高品质的适宜人居之所。城镇化的核心是农村人口转移到城镇，而不是建高楼、建广场。农村人口转移不出来，不仅农业的规模效益出不来，而且扩大内需也无法实现。

（二）促进农业转移人口市民化，提高户籍人口城镇化率

农业转移人口已成为支撑我国城镇化发展的主要力量，农业转移人口的主体是进城务工的农民工。近年来我国城镇化水平的提高主要是依靠农业转移人口进城就业，农业转移人口已占到城镇常住人口的 1/4 以上，农业转移人口增长对城镇化率提高的贡献超过 50％。2012 年至今，已有 8 000 多万名农业转移人口成为城镇居民。

农业转移人口市民化的过程，实质是公共服务均等化的过程。在这个过程中，户口的转换是形，服务的分享是实。对于已经具备条件的公共服务项目，如义务教育、就业培训、职业教育、计划生育等，应率先实现同等对待。与城市户籍紧密挂钩的低保、经济适用房、廉租房等，也要逐步覆盖符合条件的农民工，要通过逐步增加和不断完善农民工的公共服务，最终达到消除户口待遇差别的目标。从国情出发，推进农业转移人口市民化应坚持两条腿走路：一方面，加快户籍制度改革，放宽落户条件，让有意愿有能力的农业转移人口在城镇落户定居成为市民；另一方面，推进公共服务均等化，将社会福利与户籍剥离，让暂不符合落户条件或没有落户意愿又有常住需求的农业转移人口，能享有基本公共服务。

农业转移人口市民化进程可分为三步。第一步，进一步增强现阶段农业转移人口就业的稳定性，推动公共服务均等化和在城镇落户的政策体系基本建立并取得显著进展，全面实施居住证制度，公共卫生、子女义务教育等基本公共服务实现全覆盖。第二步，在 2020 年前，农业转移人口市民化全面推进，除少数特大城市以外，基本实现自由迁徙，全国有 50％的农业转移人口在城镇落户，基本公共服务覆盖所有未落户的农业转移人口。第三步，到 2030 年，农业转移人口可自由在城镇落户并融入城镇，农民工现象终结，农业转移人口市民化基本实现。

新型城镇化是拉动我国经济发展的主动力，提高户籍人口城镇化率是实施新型城镇化战略的核心目标和重大举措。最新统计数据显示，截至 2017 年年末，全国农民工总量达到 2.87 亿人，常住人口城镇化率为 58.52％，但户籍人口城镇化率只有 42.35％。常住人口城镇化率与户籍人口城镇化率的明显差距，其根源在于：以农民工为主体的外来常住人口，虽然常年居住在城镇，但

户籍仍然留在农村，这也导致他们不能平等享受教育、就业、社会保障、医疗、保障性住房等方面的公共服务，由此带来了一系列的经济社会问题。在新型城镇化进程中同步推进农业转移人口市民化，不断提高户籍人口城镇化率，缩小其与常住人口城镇化率的差距，是"十三五"时期新型城镇化建设的重要目标和任务。

当前我国提高户籍人口城镇化率的任务还比较艰巨。其一是规模巨大。当前户籍人口城镇化率与常住人口城镇化率的差距达到 16.17 个百分点。要缩小这个差距，需要促进约 2.2 亿名农业转移人口实现城镇化，这约相当于全球人口第四大国家印度尼西亚整体实现城镇化。其二是政府部门、企业和个体要承担巨大的人口城镇化成本。单就公共成本而言，其金额也是巨大数目。有关研究估计农民工市民化的人均公共成本为 13.1 万元，粗略计算，到 2030 年 3.9亿名农民市民化所需公共成本约 51 万亿元，约为我国 2015 年 GDP 的 3/4。其三是农民意愿与政府愿望存在冲突。国家希望均衡实现人口城镇化，农业转移人口总体上愿意集中在经济发达地区如三大经济圈实现城镇化，发达地区的农业转移人口输入地政府明显不愿意承担大量农业转移人口的城镇化成本。从公共权力和政府责任角度来看，提高户籍人口城镇化率还存在战略格局不清晰、任务分解不到位、责任意识不明确等三大核心难点。"十三五"时期要切实提高我国户籍人口城镇化率，必须做到统筹布局我国户籍人口城镇化发展战略、合理分解户籍人口城镇化战略任务、全面树立深度推进户籍人口城镇化的责任意识。

三、大力促进农民就业创业

大力促进农民就业创业，有利于推动城乡要素双向流动，实现人才、资源、产业向乡村汇聚，构建城乡融合发展的体制机制，有利于培育新产业新业态新模式，壮大乡村优势特色产业，促进农村一二三产业融合发展，对于促进农业提质增效、农村繁荣稳定和农民就业增收，加快培育乡村发展新动能，具有十分重要的意义。经济发达地区的经验表明，鼓励和支持农民创业是解决农民就业和促进农民增收的重要途径。农业农村部软科学报告"我国农民涉农创业的理论与精准扶持政策研究""第一代农民工返乡就业与养老问题研究""西部地区新生代农民工返乡行为研究""农产品电商影响农民增收的机制与效应实证研究"等对农民就业创业进行了多角度研究。

（一）农民创业就业的行业特征与政策环境

当前，我国农民涉农创业呈现出明显的行业特征——以规模种植养殖业为主，其次是农产品销售、休闲农业、农产品加工和农资经销，再次是农业服务业、乡村旅游业和传统手工艺业，农民涉农创业更偏好和直接生产联系紧密的行业；农民涉农创业以大户、家庭农场、个体户的组织形式为主，创业者更偏好选择独自创业；农民就地涉农创业特征明显，直接利用土地、农产品等生产投入要素的创业活动主要是在村域范围内开展；农民涉农创业的盈利时间和首年净利润与行业生产周期关系较大，个体对创业活动的主观评价呈现出显著的行业差异。

我国促进农民涉农创业的政策已经全面覆盖农民创业过程的各个环节：在准入环节，相关政策要求要营造宽松的创业准入环境，降低创业准入门槛，简化注册手续；在创业资金环节，相关政策多次提出要对创业企业实行减税降费、财政支持，并鼓励发展多种金融市场，以缓解农民创业中的资金需求；在创业经营管理和技术支持等方面，政策多次强调创业孵化器的建立和完善，通过提供更完善的基础设施建设和中介服务，为农民创业提供更全面的扶持。此外，相关文件还专门针对返乡农民工、农村妇女等群体的创业做了特别安排。

相关研究表明，现有扶持政策虽然符合创业者需求，但农民对创业扶持政策总体上非常陌生，创业扶持政策仍存在较大供需缺口。总体而言，创业资源整合难题是所有创业农民面临的共性问题。农民最需要的创业政策是资金、信息、技能等资源型扶持政策和水电、税收优惠等直接降成本的普惠型扶持政策。最不需要的创业政策是简化登记、提供人才保障、设立创业园区等。最需要的政策中，一部分属于资源型需求，在市场条件下，资源的流动应该以市场调节为主，而政府调节应该处于次要地位；另一部分政策属于普惠型的降成本政策，政府应加大普惠力度，更多地让利于创业农民。最不需要的政策基本上属于政府提供的公共服务和基础设施建设，是政府的职责所在。因此，农民对创业政策的需求存在一些错位。这种错位再次反映出农民缺乏创业资源。获取创业资源是创业的第一步，也是农民真正实现其创业者身份的保障。在农民创业初期，政府有必要在创业资源获取上为农民提供更多的便利。

（二）农民工返乡就业创业

从我国劳动力流动的实践来看，农民工返乡与进城打工是一对相伴而生的社会现象。近年来，我国农民工呈现返乡回流趋势，不少传统劳务输出大省出现农民工返乡潮、创业潮。据相关部门统计，目前全国有 480 万名农民工返乡创业。其中，有 80％以上都是新产业新业态新模式和产业融合项目，54％都运用了网络等现代手段。

随着农民工代际转移现象持续发生，很多第一代农民工选择"叶落归根"，返回农村开始新的生活。第一代农民工，是指 20 世纪 80～90 年代进入城市谋生，但户口仍留在农村的农民工，是我国经济社会转型时期孕育的一个新兴劳动群体。当前，第一代农民工已经老去并逐渐走到了"去"与"留"的关键节点。据不完全统计，目前我国已返乡的第一代农民工超过 1 000 万人，且逐年大幅递增。第一代农民工在城乡流动中经历了"农民—农民工—农民"的职业循环后，普遍有了新的技能、新的意识和新的视野，成为潜在的乡村精英和社区能人，他们完全有条件成长为懂技术、善经营的致富带头人。然而现实中，多数地区没有为返乡第一代农民工提供有效的就业创业渠道。研究显示，第一代农民工返乡的主要目的是养老，自主创业意愿不强，且整体文化水平偏低，第一代农民工返乡后，务农取代务工成为其主要就业方式，也有部分人员通过回乡务工或就近兼业打工方式"赚点生活费"。

与此同时，新生代农民工的流动不再像以前大规模从低收入西部地区流入东部发达地区。随着经济的不断发展，新生代农民工多愿意留在"家门口"务工、创业，更倾向于在熟悉的环境中，利用更多的社会资本、更新的技术理念创造个人财富，同时兼顾家庭。相关研究表明：返乡农民工文化水平偏低，初中文化水平程度占到一半以上；返乡农民工就业以非农业为主，创业主要以第三产业为主，主要包括卖水果、开餐馆、修理店、五金店、理发店、零售店、做物流快递等，总体技术含量较低，其创业所需要的资金来源于打工收入和家里的资金积累，从亲戚朋友处借贷和从银行、信用社借贷的不多；政府的激励政策对农民工大规模主动返乡的刺激作用不够明显，农民工返乡首要原因是孩子的照顾和教育问题，次要原因是外面就业形势不好、工作环境太差；返乡农民工创业意愿较高，现阶段其创业面临的主要问题是资金不足或者项目选择困难。

从技术角度看，当前，大数据、物联网、云计算、移动互联等新技术大规模输入农业农村，为农民工等主体返乡创业创造了强大的动能。以农产品电子商务为代表的各类新业态蓬勃发展，为农民工等主体返乡创业孕育了厚实的红利。但有关研究发现，返乡农民工从事农产品电商的意愿和比例较低。农产品电子商务相关技能不足是制约返乡农民工从事电商的主要原因，资金短缺、没有带头人、物流等配套服务落后等也不同程度制约着返乡农民工从事电商的意愿。

基于以上因素，政府部门必须进一步加强返乡农民工创新创业工作指导，加强农产品电商等互联网技能培训，创新解决返乡创业人员资金难贷、项目难选等问题，为农村大众创业、万众创新提供有力支撑。

四、农业提质节本增效与农村产业融合发展

当前，我国农业效益不高、农民增收后劲不足的问题仍然突出。与第二、三产业比，农业比较效益不高，2017 年我国农业产值占国内生产总值比重已降到 7.9%，但农业劳动力仍占全国劳动力 1/4 以上，土地产出率、资源利用率和劳动生产率亟待提升。我国农产品精深加工不足，产业链仍然偏短、价值链单一，农民卖的大多还是"原字号""初字号"农产品，农产品附加值不高。农业多种功能挖掘不够，生态文化等价值拓展不充分，长期以来农业生产更多考虑产品"够不够"的问题，对生产活动和环境中蕴含的经济、生态、社会、文化价值挖掘不够。针对上述问题，促进农业提质节本增效，推进农村产业融合发展，是促进农民增收的"金钥匙"，也是培育农民增收能力的战略工程。

（一）促进农业提质节本增效

10 多年来，尽管我国粮食生产连年丰收，但农村劳动力的持续转移带来的工资快速上涨、土地租金上涨、生产资料价格上涨等问题已经影响到农业生产。同时，粮食生产面临"双板"困境以及资源环境"硬约束"加剧等挑战，消费者对主要粮食作物产品品质的要求也越来越高。在此背景下，研究水稻、小麦、玉米等主要粮食作物的节本增效潜力及途径，提高中国大宗农作物的竞争力已经成为中国农业政策关注的核心问题。农业农村部软科学报告"水稻生产节本增效潜力及途径研究""小麦节本增效潜力及途径研究""玉米节本增效潜力及途径研究"等围绕上述问题开展了深入研究。

针对水稻的研究发现：过去 10 多年来，水稻单产没有大幅度增加，但生产成本快速增长。其中，人工成本成为水稻生产中最主要的开支，其次是机械作业费；种子和化肥用量在过去 10 多年中没有大的变化，但价格上涨导致

水稻生产中生产资料的投入费用在不断增加；土地成本也在不断上升。另外，10多年来，水稻生产技术效率有大幅度提升，地区差异逐渐缩小，中籼稻的技术效率有较大提升空间。地块特征和耕作模式成为影响亩均成本和技术效率的主要因素。研究指出，水稻提质节本增效的途径可包括以下方面：从产出层次方面看，改进水稻生产效率，提高水稻单产，同时改进稻米品质，通过提高价格和单产来提高单位面积收益；从节约水稻生产成本角度看，通过机械化或专业化服务减少水稻生产过程中劳动投入是解决当前水稻生产效益问题的最重要的途径；从水稻生产条件方面看，改善灌溉条件、修建机耕路、通过土地整理实现土地连片化经营将能极大提高水稻生产效率；从制度层面看，要进一步推动和规范土地流转，实现农地适度规模化和专业化经营，通过生产者的专业化来使他们更加重视如何节本增效。最后要进一步推动水稻生产过程的生产服务市场的发展。

针对小麦的研究发现：小麦生产者的现金收益受到基本投入要素、自然环境、区域环境以及制度环境等因素的影响，其对生物化学投入的变动最为敏感，其次为机械投入。生物化学投入、机械投入等基本投入要素以及以补贴收入为代表的制度环境因素对小麦生产收益的提高起到了显著的正向促进作用；劳动投入、土地投入、其他投入等基本投入要素以及以受灾比例为代表的自然环境条件，均与小麦生产收益之间存在显著的负相关关系。使用生物化学技术替代土地投入，使用农业机械替代人工劳动，更有利于小麦生产收益的提高。研究提出，降低小麦生产成本、提高小麦综合效益、实现小麦产业可持续发展需从以下几方面着手：①完善国家小麦产业的支持政策；②大力提升农作物保险的支持水平；③提高农业机械的综合性能和质量水平；④加快推进小麦规模化生产，大幅度提高劳动生产率；⑤加强绿色投入品替代化学品，促进小麦生产向绿色生产转变；⑥选择与小麦优势产区资源禀赋相匹配的技术进步模式；⑦加大小麦产业科技研发投入力度。

针对玉米的研究发现：玉米主要成本支出中，按推动成本上涨的贡献率排序依次是家庭用工折价、土地租赁费、机械作业费、化肥费用和种子种苗费。其中，人工成本是推动我国玉米种植成本上涨的重要因素，尽管近年来随着农业机械化的发展，我国玉米种植的人工投入呈现明显下降趋势，但单位面积人工成本仍远远高于美国。研究提出，玉米产业提质节本增效实现途径包括以下方面：①推进农机技术创新，加强农机技术推广；②推进农技推广体系建设，加强农业技术推广；③加强农民职业教育和培训；④引导分散小规模经营向多种形式的适度规模经营转变。

（二）推进农村产业融合发展

通过促进农业延伸产业链、打造供应链、提升价值链，农村产业融合为优质资源和创新要素进入农业并增强农业的创新能力提供了通道，为拓展农业功能和促进农业与中高端市场、特色、细分市场对接提供了更多的接口，也为拓展工商企业、社会资本带动农民增收的渠道提供了更多的机会，为发挥新型农业经营主体、新型农业服务主体对农民增收的带动作用提供了更高的平台。农业农村部软科学报告"促进农村一二三产业融合发展增加农民收入问题研究""农村一二三产业融合发展研究""法国农产品加工业财政支持政策研究""荷兰农产品加工业财政支持政策研究"等围绕促进农村一二三产业融合发展增加农民收入展开了深入研究。

当前，促进农村产业融合增加农民收入主要面临 5 个方面的问题，即：对推进农村产业融合"是什么、为什么、怎么样"存在模糊认识，容易导致目标不清、重点错位、方式不当；融合主体"小、低、弱、散、同"现象严重，产业融合度和创新能力、竞争能力亟须提升；利益联结机制不健全，对参与主体特别是农户的辐射带动作用亟须提升；对农村产业融合重点领域、关键环节的政策支持仍待加强，提高政策支持的有效性较为迫切；要素市场发育滞后，资金、土地、人才仍是推进农村产业融合的瓶颈。

促进农村产业融合、增加农民收入主要存在以下 6 种模式：一是农业产业链向后延伸型融合模式，即以农业为基础，向农业产后加工、流通、餐饮、旅游等环节延伸，实现农业"接二连三"，带动农产品多次增值和产业链、价值链升级。多表现为专业大户、家庭农场、农民合作社等本土根植型新型农业经营主体发展农产品本地化加工、流通、餐饮和旅游等。二是农业产业链向前延伸型融合模式，即依托农产品加工或流通企业，加强标准化农产品原料基地建设；或推进农产品流通企业发展农产品产地加工、农产品标准化种植，借此加强农产品（食品）安全治理，强化农产品原料供应的数量、质量保障，增强农产品原料供给的及时性和稳定性。三是集聚集群型融合模式，即依托农业产业化集群、现代农业园区或农产品加工、流通、服务企业集聚区，以农业产业化龙头企业或农业产业链核心企业为主导，以优势、特色农产品种养（示范）基地（产业带）为支撑，形成农业与农村第二、三产业高度分工、空间叠合、网络链接、有机融合的发展格局，往往集约化程度高、经济效益好、对区域性农产品原料基地建设和农民群体性增收的辐射带动作用较为显著。四是农业农村功能拓展型融合模式，即通过发展休闲农业和乡村旅游等途径，激活农业农村的生活和生态功能，丰富农业农村的环保、科技、教育、文化、体验等内涵，转型提升农业的生产功能，通过创新农业或农产品供给，增强农业适应需求、引导需求、创造需求的能力，拓展农业的增值空间；甚至用经营文化、经营社区的理念，打造乡村旅游景点，培育特色化、个性化、体验化、品牌化或高端化的休闲农业和乡村旅游品牌，促进农业农村创新供给与城镇化新增需求有效对接。五是服务业引领支撑型融合模式，即通过推进农业分工协作、加强政府购买公共服务、支持发展市场化的农业生产性服务组织等方式，引导农业服务外包，推动农业生产性服务业由重点领域、关键环节向覆盖全程、链接高效的农业生产性服务业网络转型；顺应专业大户、家庭农场、农民合作社等新型农业经营主体发展的需求，引导农业生产性服务业由主要面向小规模农户转向更多面向专业化、规模化、集约化的新型农业经营主体转型；引导工商资本投资发展农业生产性服务业，鼓励农资企业、农产品生产和加工企业向农业服务企业甚至农业产业链综合服务商转型，形成农业、农产品加工业与农业生产性服务业融合发展新格局，增强在现代农业产业体系建设和农业产业链运行中的引领支撑作用。六是"互联网＋农业"或"农业＋互联网"型融合模式，此种融合从本质上也属于服务业引领支撑型融合，但为突出"互联网＋""＋互联网"对推进农村产业融合的重要性，可将其单列。依托互联网或信息化技术，建设平台型企业，发展涉农平台型经济；或通过农产品电子商务，形成线上带动线下、线下支撑线上、电子商务带动实体经济的农村一二三产业融合发展模式，拓展农产品或农加工品的市场销售空间，提升农产品或农业投入品的品牌效应和农业产业链的附加值。许多地区在发展设施农业和高端、品牌、特色农业的过程中，越来越重视这种模式。有些地区还结合优势、特色农产品产业带建设，加强同电子商务等平台合作，形成电子商务平台或"互联网＋"带动优势特色农产品基地的发展格局。

从国际视角看，一些农业发达国家已经对农村产业融合发展开展了长期实践，并形成了一些较为成熟的模式和政策支持经验，如日本的"六次产业化"、韩国的"农业第六产业化"、荷兰的"农业全产业链"、法国的"乡村旅游"

等。这些国家根据各自农业发展的实际需要，通过出台针对性、差异化、精准化的配套支持政策，有效推动了农业产业链延伸、产业范围拓展和产业功能转型，实现了产业渗透、产业交叉和产业重组。这些经验值得我们学习借鉴，启发我们在推进农村产业融合发展的过程中，应注重推行主体认证、加强后续监管，创新支持形式、拓展资金来源，完善金融税收制度、实行精准政策支持，扩大支持范围、优化融合环境。

五、体制机制创新促进农民增收

促进农民增收，必须强化制度建设，以完善产权制度和要素市场化配置为重点，激活主体、激活要素、激活市场。在当前农民工资性收入增长放缓、家庭经营收入增长有不确定性、城乡收入差距缩小趋势还不稳固的背景下，研究以体制机制创新拓宽农民增收渠道、提高农民生活水平具有重要的现实意义。农业农村部软科学报告"农民财产性收入长效增长机制研究""农村土地流转对农民财产性收入的影响研究""集体产权制度改革对农民增收的影响研究""农村金融改革及其对农民增收的影响""农业保险支持农民增收问题研究"等就上述问题进行了深入研究。

（一）推进农村土地制度改革促进农民增收

土地是农民最重要的资产。当前农村土地制度不健全是制约农民财产性收入增长的最主要因素。要大幅度提高农民财产性收入，必须首先在土地财产权利和收益上实现创新和突破。研究指出，要进一步推进农村土地制度改革，赋予农民更完备的财产权利：一是提高土地征用补偿的法定标准，让失地农民享有更多的土地增值收益。大幅提高现有的公益性建设用地补偿标准；以法律方式明确集体建设用地与国有土地"同地同价"，提高村集体和农民在土地增值收益中的分成比例。二是放开宅基地使用权主体限制，激活农村宅基地市场。改革现有的宅基地使用权限制，允许宅基地使用权在农村集体成员间进行流转，有条件的地区可以试点宅基地使用权流转给城镇居民。建立农村宅基地使用权流转市场。三是扩大集体建设用地土地权能。破除集体建设用地入市的制度障碍，在符合规划和用途管制前提下，允许集体建设用地在一级市场出让、租赁、入股，在二级市场租赁、转让和抵押。

与城镇居民财产性收入主要来源于房屋出租收益有所不同，农民财产性收入主要来源于征地补偿和土地流转收益。根据全国农村固定观察点的调查数据，2013 年农户财产性收入中来自征地补偿的占 27.1%，土地流转收益占24.2%，两者占农户财产性收入的 51.3%。研究认为，应切实保障土地流转中的农民权益，以促进农民增收：一是处理好集体与农户、农户与农户之间的经济利益关系，确保农民依法享有土地的占有、使用、流转和收益等权利；二是充分发挥政府引导和市场配置相结合的优势，帮助农民清楚认识土地流转过程中的风险与权益；三是鼓励农民自主创新土地流转形式，充分发挥土地流转效应，让农民多渠道分享到土地的增值收益；四是建立公开透明的农村土地流转服务平台，完善农民权益监督保障机制；五是构建完善的农村社会保障体系，解决农民流转土地的后顾之忧。

（二）推进集体产权制度改革促进农民增收

随着我国经济发展进入新常态，农村集体产权制度改革也进入了深水区。由于历史原因，我国农村普遍存在农村集体资产产权归属不清晰、权责不明确、保护不严格等问题。因此，为了更好地保护农民权益，促进农民增收和集体经济发展，进行农村集体产权制度改革势在必行。2018 年中央 1 号文件强调，推动资源变资产、资金变股金、农民变股东，探索农村集体经济新的实现形式和运行机制。

相关研究以贵州省六盘水市"三变"（资源变资产、资金变股金、农民变股东）改革为例，指出集体产权制度改革可通过以下三种方式促进农民增收：一是通过增加农民的租金收入和股份分红收益促进农民财产性收入的增加。六盘水在农村集体产权制度改革中创新了"三变"的改革模式，引导村集体以集体资源、财政资金入股，农民则以自有资金和土地入股，并通过经营股份合作经济为入股农民进行分红，从而促进了其财产性收入的增加。二是通过为农民提供转移就业的机会而促进工资性收入的增加。六盘水通过实行"三变"改革，一方面建立了很多集体企业和农业示范园区，从而为农民创造了较多转移就业的机会，促进了其工资性收入的增加；另一方面，农民在将土地以入股的形式流转给集体经济进行经营管理之后，便进入城市的二、三产业务工，赚取工资性收入。三是通过为农民提供经营个体工商业的机会等而促进家庭经营性收入的增加。"三变"改革促使很多村集体建设了农业示范园区或农家乐以进行乡村旅游项目开发。许多农民通过承包园区的餐厅、农家乐或者超市等增加了经营性收入。

（三）推进农村金融改革促进农民增收

从 1993 年起，我国一直在推进以利率市场化、要素资本化与金融机构多样化为特征的农村金融改革。虽在金融机构渠道下，农村资金一直处于外流状态，但宏观金融市场数据显示，农村金融体系服务"三农"的广度与深度在逐年拓展与深化，金融体系的服务倾向更加公平，城乡在金融资源的获取上日趋平等。

农业农村部软科学报告"农村金融改革及其对农民增收的影响"，基于 1995—2009 年东、中、西部地区的面板数据，对农户从正规金融和非正规金融两种渠道融资对农户收入的影响进行了分析。结果表明：农户从两种渠道获得借贷均能提高农户收入，但存在明显区域差异。正规金融的借贷在西部地区作用最为显著，贡献率为 0.80，分别高出东、中部地区 0.21 和 0.41；非正规金融借贷对中部地区农户增收作用显著，贡献率为 1.47，但在东、西部地区作用不显著。可以判定，农户借贷差异是导致农户收入区域差异的主要原因之一，而农户产生借贷区域差异主要与当地经济发展水平、国家差别化的区域政策和区域种植结构差异有关。

要提高农户融资绩效，减少借贷差异，进一步缩小农户收入的区域差异，应着重从以下三个方面着手推进农村金融改革。一是进一步放开农村金融市场，合理引导非正规金融与正规金融适度合作。研究显示，非正规金融对提高农户收入具有正向作用，在正规金融不足的中部地区作用显著，也就是说在资金缺乏的地区，非正规金融能有效地弥补正规金融的不足。因此需要在逐步发展新型农村金融机构，提高金融机构覆盖率的同时，根据各地区特色和非正规金融发展的实际情况，适当对非正规金融解禁，与正规金融适度合作，共同提高农民收入，促进农村经济发展。但要对非正规金融规范管理，制定严格的准入退出机制，严控农村金融市场风险，以免出现大规模失信问题，造成农户受损。二是有次序有步骤地改革农村金融体制，提高农村金融的覆盖面。当前农村金融机构效率运行低，金融产品单一，即使在经济基础好、农村金融市场相对发达的东部地区，农户正规金融借贷比率也不高。因此，正规金融应提高自身效率，加快金融产品创新，开发出满足农村不同经济主体需要的金融产品，满足农户借贷需求，进一步提高农户收入。尤其是在西部地区，应在保持国家外源性资金支持的前提下，培育区域性主导产业，吸引外部资金注入，加快地区内源性资金的形成，改变不发达地区农村金融空白的局面，提高农村金融的覆盖面。三是加大正规金融对中部地区农户的支持，缩小区域差异，加快中部崛起。要对农村正规金融尤其是农村信用社实施政策性规定，要求将其存款按一定比例投资到农业生产，同时鼓励非正规金融形式等民间借贷方式的发展，双管齐下，尽快实现中部崛起、缩小区域差异，进一步保障国家粮食安全。

（四）完善农业保险政策促进农民增收

减少对农业的补贴、减少对农产品市场的干预已是中国农业供给侧结构性改革的基本趋势。在现行世界贸易组织（WTO）规则下，发展农业保险可成为我国农业支持计划改革的主攻方向之一。目前，我国基本形成了"以国有（控股）综合性财产保险公司和专业性农业保险公司为主体，以互助农业保险公司和中外合资保险公司为补充"的农业保险供给组织体系；以"产量保险"为主，以"目标价格保险"和"收入保险"为辅的农业保险产品体系；以保费补贴为主，以再保险为辅的农业保险支持体系。

就"产量型农业保险"而言，理论和实证研究表明，能够通过改变农户经营结构、提高风险应对能力、优化要素配置等显著提高农户的经营性收入，但从宏观上来看，区域农业保险的发展对农户总收入的影响并不显著。这主要是由于"产量型农业保险"虽然能够构建农产品产量的安全网，但是产量高可能意味着价格低，出现"谷贱伤农"现象，农户的总收入可能并不会提高。基于此，国际上出现了"价格型农业保险"和"收入型保险"并占据了农业保险市场的主要份额。近年来，我国也开始试点"价格型农业保险"。

"价格型农业保险"能通过影响农户的生产投入、种植结构来影响农户的收入。农户的生产行为决策主要包括生产投入和种植结构，而这面临着农产品价格风险的制约。引入"价格型农业保险"（如农产品目标价格保险）之后，农户的价格风险得到缓解，就会加大对农业生产的投入，同时增加高收益（同时也是高风险）作物的种植，这在有风险保障的情形下会增加农户的收入。目前，我国的目标价格保险与美国的实际情况有很大差异，具体表现为我国目标价格保险实质上保障的是农民的生产成本，而美国及加拿大则侧重于保障农场主的目标价格。我国的农产品目标价格保险主要指的是保险公司根据农产品最近3年平均单位成本与单位面积平均产量的乘积确定一个承保金额，同时设定一个合理的保险费率，当农产品当年承保期间的监测平均价格低于过去平均值时，按照价格下降幅度赔偿相应比例的生产成本。我国目前这种仅保障最低成本且固定单位承保额（且承保额低于亩均产值）的目标价格保险试点模式尚未能发挥其增加农户生产投入的效应，但是却能明显提高农户种植的意愿和积极性，改变农户的种植结构——种植高收益的农作物，从而提高了农户的收入。

长期来看，农业保险能显著地促进农民收入的提高，但在实际操作过程中，面临着两方面突出问题：一是农业保险体系不完善导致农业保险"供求双冷"或过度依赖于补贴；二是农业保险支持政策（补贴）是否属于"绿箱"政策尚存在争议。这两大问题一定程度上限制了农业保险支持农民增收机制作用的发挥，致使现有保险体系下农业保险进一步推动农民增收乏力。为此，要从以下两方面着手完善我国农业保险政策：一是完善我国农业保险供给体系，通过完善保险机构、推动发展互助型保险和再保险，创新保险产品、大力推广"价格型保险"和"收入型保险"，构建风险补偿机制、有效分散专业保险公司风险等一系列措施，对现有保险体系进行完善；二是强化农业保险的增收效应，在"收入型保险"的基础上推动"保险＋期权"的发展，推广"保险＋信贷"助力农业适度规模经营，切实提高农户经营性收入。

六、农业产业扶贫

党的十九大报告指出，"我国社会主要矛盾已经转化为人民日益增长的美好生活需要和不平衡不充分的发展之间的矛盾"。不平衡不充分的重要体现是当前我国仍有超过 7 000 万名农村人口的生活水平处于贫困状态，主要分布在14 个集中连片特困地区。"十三五"期间，我国扶贫形势仍面临着时间紧、任务重、宏观经济不确定性、气候变化以及潜在的自然灾害等诸多因素，掣肘深度贫困户的脱贫，进一步加剧了我国社会的主要矛盾。当前，通过产业扶贫促进贫困农户增收主要存在新型农业经营主体带动型、农村电子商务扶贫型、乡村旅游精准扶贫型、村集体经济带动扶贫型等多种途径。农业农村部软科学报告"农民合作社在促进产业精准脱贫中的功能机理、面临问题与政策建议""发展适度规模经营与促进脱贫攻坚研究""连片特困民族地区电商扶贫创新模式研究"等围绕农业产业扶贫展开了深入研究。

（一）发挥合作社主体带动作用促进贫困农户增收

2016 年，农业部等九部门联合印发《贫困地区发展特色产业促进精准脱贫指导意见》等文件，支持新型农业经营主体在贫困地区发展特色产业，鼓励贫困地区将农民合作社等新型农业经营主体作为涉农建设项目与财政补贴优先支持对象。进一步明晰农民合作社在产业精准脱贫中的功能机理，分析其面临的现实问题，提出更好促进贫困地区农民合作社发展的政策建议，有助于更好依托农民合作社落实产业精准脱贫任务。

农民合作社对贫困户带动增收作用的实现主要得益于以下 4 个方面利益联结方式的构建。一是通过优先销售等产品参与方式增加经营性收入。合作社能够为贫困农户提供更好的销售自家农产品的渠道、无偿或者基于成本价的生产技术指导服务，以及改善市场竞争意识、提高生产经营技能的机会。根据对全国农民合作社示范社监测信息统计系统数据的分析，发现处于国家级贫困县的 700 多家农民合作社示范社，2014 年每家合作社的农产品统一销售金额平均超过 1 200 万元，按照交易量返利超过 70 万元，带动作用明显。二是通过雇工作业等劳动参与方式增加工资性收入。随着农民合作社等新型农业经营主体的兴起和现代农业建设的推进，贫困农户有了越来越多的在本地农业领域务工的机会。对来自于国家级贫困县的 700 多家农民合作社示范社的数据显示，2014 年社均雇佣的会计人员、销售人员、专业技术人员等超过 14 人；同时，这些合作社还不同程度雇佣数量可观的季节性雇工。这些受雇的技术人员和普通农业产业工人每年都从合作社获得几千元到数万元不等的工资性收入。三是通过入股农地等资产参与方式增加财产性收入。我国贫困农户的财产性收入获得主要依靠对于其承包地的出租或入股经营。而农民合作社的出现和茁壮成长，无疑给了这些想要流转土地的贫困农户一个相对低风险变现土地等财产权益的好机会。来自于国家级贫困县的 700 多家农民合作社示范社数据显示，2014 年社均流转土地面积平均超过 1 800 亩①，其中超过 1 000 亩为成员的入股土地。如重庆市武隆县合兴蔬菜专业合作社，发展标准化高山蔬菜种植核心示范基地，吸纳 60 多户贫困户的 150 多亩土地入股，带动贫困户户均年增收 4 000 元以上。四是通过项目入股等项目参与方式增加转移性收入。贫困农户成员通过将扶贫资金投入合作社，获得一定比例利润返还，成为贫困农户获得国家转移性收入的主要途径之一。如湖南省汝城县濠头乡竹笋专业合作社的 12 户贫困农户成员以扶贫户小额扶贫贷款资金 42 万元入股合作社，2015 年获得股金

---

① 亩为非法定计量单位，1 亩＝1/15 公顷。下同。

分红 23 625 元，户均增收 1 968 元。

（二）发展电子商务促进贫困农户增收

国务院扶贫开发领导小组办公室将电商扶贫作为"精准扶贫十大工程"之一，作为精准扶贫与互联网深度融合的新型业态，电商扶贫已经成为深化扶贫攻坚、实施精准扶贫的重要路径。电子商务应用涉及众多环节，如何因地制宜地选择适合本地区发展的电子商务模式非常关键。农业农村部软科学报告"连片特困民族地区电商扶贫创新模式研究"提出贫困地区农户发展电子商务的 6 种模式。

一是"贫困户＋电子商务"模式。这种模式是让贫困户直接成为电子商务经营主体。对有一定文化知识的贫困户，通过电子商务相关知识和技能培训、资源投入、市场对接、政策支持、提供服务等方式，让其逐步从事电子商务工作，开设网店，通过销售产品、增加收入，达到减贫脱贫效果。在这一模式中，对贫困户的技能培训尤其重要，从最初的开店培训、客户服务培训到高层次的营销技巧培训、品牌管理培训，从政府主导的培训到部分电商企业或社会扶贫组织针对贫困主体提供的各种培训，目的都是使贫困主体获得相关的知识和技能，促使贫困主体有能力参与到当地的电子商务发展当中，获得更多的创业和就业机会，最终实现减贫脱贫。

二是"贫困户＋能人带动＋电子商务"模式。这种模式是通过能人带动效应帮助贫困户解决农产品生产销售问题。通过在当地挑选具有电商头脑、人脉资源广、诚实守信的电商能人，为贫困户提供种子种苗、肥料饲料、种植技术等帮扶，同时对贫困户进行电商技能指导，帮助其实现在线产品独立销售，带贫困户走上电商脱贫路。

三是"贫困户＋电商合作社＋电子商务"模式。以合作社为桥梁构建销售体系，由合作社对网商、基地和贫困农户等进行整合，围绕农民需求针对性提供专业信息、市场信息、商贸物流等服务，有效提高贫困农户组织化程度，化解单个农户生产的市场风险，同时带动建立农产品可追溯体系，打造名优特新农产品，推广地理标志农产品，不断提高农产品附加价值，让更多贫困户受益。

四是"贫困户＋龙头企业＋电子商务"模式。龙头企业管理机制灵活，技术创新能力快，工作效率高，成功运营的平台能够通过创新服务内容获得市场,从而获得较为客观的利益。采用企业化电子商务扶贫模式将企业利益和农业扶贫工作结合起来,通过与农户签订产销合同,为农户提供种子种苗和技术支持,推动产业链纵向协作,有效降低生产成本和市场风险;通过发挥龙头企业资金优势和行业优势,建立具有品牌优势的农业示范基地,组织各种特色农业旅游和农产品进社区活动,广泛吸纳贫困户参与到农产品电商中,共同分享电商收益。

五是"贫困户＋电商周边配套服务"模式。随着电子商务规模化发展,在一定地域内形成良性的市场生态,当地原有的贫困户即便没有直接或间接参与电子商务产业链,也可以从中分享发展成果。通过改善贫困地区的电商环境,改变贫困地区产品的供求结构,带动当地经济发展,增加贫困户的就业机会,让贫困户分享农产品电子商务的溢出效应。

六是"贫困户＋大型电商平台"模式。借助阿里巴巴、京东、苏宁等大型电商平台,一方面,通过网店培育、电商实用技能培训等,鼓励贫困农户利用上述电商平台开设网店,售卖各类特色农产品及生产、生活资料,实现就业创业;另一方面,建立区域特色商品网店,集中展示贫困地区优质特色农副产品与旅游等资源,探索建立贫困地区特色农产品直供直销新链路模式,通过整合种植、加工、销售以及冷链、仓储、物流等全流程,提升贫困地区特色农产品的供应品质,实现品牌溢价。

第一章

农村劳动力转移就业与农民增收潜力和趋势

农民富不富，是乡村振兴战略最终实施效果的最重要的评价指标之一。促进农村劳动力转移就业和农民增收，是实现农民富裕的重要着力点。

第一节　农村劳动力转移就业潜力与趋势[①]

中国正处在从中等收入阶段向高收入阶段跨越的关键时期，新型城镇化是实现这一跨越的重大战略举措。2015 年中国城镇化水平达到 56.1%，按照国家新型城镇化规划目标，到 2020 年城镇化水平将达到 60% 左右，2030 年将达到 70% 左右，这意味着未来一段时期城镇化水平将每年提高约 1 个百分点，每年新增 1 300 万名左右农村转移人口。从就业角度来看，2015 年全国就业人员总量为 7.7 亿人，其中农业就业规模仍然高达 2.2 亿人，农业就业比重约为 30%，按照世界发达国家和地区农业就业比重 10% 以下为依据，中国未来仍然有大约 1.4 亿名农村劳动力有待转移，2030 年之前中国农村劳动力向城镇转移的总体趋势不会改变。

但是，中国同样处在人口老龄化加速阶段。全国第六次人口普查显示，2010 年农村 60 岁及以上老年人就已经超过 1 亿人，占农村人口比重 15.6%，高出城镇近 5 个百分点，预计 2020 年农村老龄化程度突破 20%，2030 年将达到 30%，农业劳动力老龄化现象突出，农村面临"未富先老"的严峻挑战，农业劳动力继续转移的需求与经济发展对于劳动力的需求之间

---

① 本节选自农业部软科学课题"农村劳动力转移就业潜力与趋势研究"（课题编号：D201618），课题主持人：程杰。

存在日益突出的矛盾。

中国农村究竟还有多少潜在可转移劳动力？农村潜在劳动力能否转化成为城镇有效的劳动供给？未来农村劳动力的供给源泉在哪里？我们需要结合中国国情和经济发展一般规律，从劳动力资源存量和流量两个视角，全面客观地评估未来中国农村劳动力转移的真实潜力，把握继续推进农村劳动力转移的现实困难和挑战，找到有效挖掘农村劳动供给、切实推进城镇化发展的政策举措。

一、农村还有多少"潜在"可转移劳动力

一个国家的资源禀赋条件存在差异，各国的农业发展模式不尽相同，农业部门内部劳动力资源配置方式也存在差别。但是，现代国家经济发展的实践已经充分证明，近乎存在这样的一个铁律，经济发展的过程就是资源要素从农业向非农部门转移的过程，人均 GDP 水平逐步提高必然伴随着农业经济和就业比重不断下降。因此，如何判断中国未来农业农村中究竟还有多少"潜在"可转移劳动力，我们需要关注中国国情，把握自身的农业发展轨迹，也需要尊重客观经济发展规律。

一些学者过于强调中国农业的"特殊性"，认为人地关系紧张和农村基本经营制度决定了中国必然无法实现规模经营，农业生产必须要依靠大量的劳动力投入，据此利用农业生产成本收益资料估算中国需要数以亿计的农业劳动力维持农业经营，这种估算方式存在较大问题，忽视了未来中国农业经营方式转变的必然趋势，没有考虑到未来劳动生产率提高和要素配置方式改变。另有一些学者过于强调所谓的国际经验，简单地参照欧美等发达国家的农业发展特征，认为中国成功跨越中等收入陷阱、跻身发达经济阶段之后也必然自动地实现 3% 左右甚至更低的农业 GDP 和就业比重，但实际上中国内部区域差异巨大，地区发展严重不平衡，农业资源禀赋和制度条件特征显著，中国农业现代化之路可能并不会那么简单。我们需要认识历史，尊重国情，敬畏规律，才能更准确地把握中国未来农业劳动力的真实走向。

理论上中国农村究竟还有多少"潜在"可转移劳动力？我们结合中国实践和国际经验来综合观察，首先根据中国农业经济和就业发展趋势推算预测未来（2016—2030 年）农业就业规模和就业比重，然后根据世界上主要国家经济发展（人均 GDP）与农业就业比重拟合一般性规律和趋势特征，据此评估中国

未来农业就业变动预测的准确性和可靠性。

中国经济进入新常态，从高速增长转变为中高速增长将是不可逆转的趋势，过去10来年间（2005—2015年）农业就业人数也从3.3亿人大幅下降到2.2亿人，农业就业比重从高达45％下降到28％，平均每年大约下降1.7个百分点。但是，进入到新的发展阶段之后，伴随着经济增长放缓，从农业向非农部门就业转变的速度也将趋缓，我们预计并假定2016—2030年中国农业就业比重以阶段性递减的趋势逐步下降，即"十三五"时期（2016—2020年）年均下降1.5个百分点，"十四五"时期（2021—2025年）年均下降1.2个百分点，"十五五"时期（2026—2030年）年均下降0.8个百分点，2030年之后农业就业比重将逐步趋于稳定，农业现代化基本实现，城镇化基本完成，中国将跻身高收入发达国家行列。

我们研究预测考虑到中国经济新常态的阶段性变化，设定了阶段性递减的农业就业比重参数，同时考虑到了未来中国劳动年龄人口和就业人口下降趋势。根据研究估算显示（图1-1、表1-1），"十三五"时期农业就业人数仍然保持较快下降态势，预计2020年前后农业就业人数将减少到1.5亿人，农业就业占比将下降到20％左右，2025年前后农业就业人数进一步减少到1.1

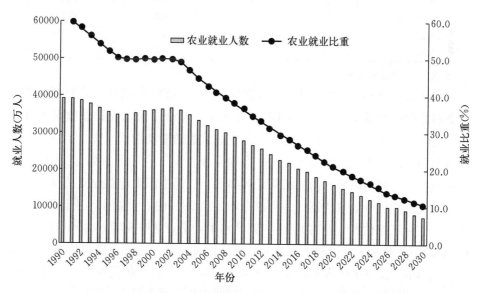

图1-1 1990—2030年中国农业劳动力数量与比重变动趋势

数据来源：2016年之前数据来源于历年《中国统计年鉴》，2016年之后为课题组预测值。

亿人，农业就业占比将下降到 15% 左右，到 2030 年农业就业人数仅仅剩下 7 600 多万人，农业就业占比下降到约 10%。2030 年中国城镇化水平将达到 70% 以上，城镇化进程基本完成，一个现代发达国家的农业就业格局依稀可见。

表 1-1　中国未来经济发展与农业就业预测（2016—2030 年）

年份	就业总人数 （万人）	农业就业人数 （万人）	农业就业比重 （%）	人均 GDP （美元）
2016	76 871	20 602	26.8	8 172
2017	76 829	19 438	25.3	8 719
2018	76 760	18 269	23.8	9 305
2019	76 650	17 093	22.3	9 933
2020	76 486	15 909	20.8	10 608
2021	76 308	14 956	19.6	11 278
2022	76 082	13 999	18.4	11 995
2023	75 788	13 035	17.2	12 761
2024	75 394	12 063	16.0	13 580
2025	74 880	11 082	14.8	14 456
2026	74 264	10 397	14.0	15 319
2027	73 547	9 708	13.2	16 239
2028	72 752	9 021	12.4	17 219
2029	71 914	8 342	11.6	18 263
2030	71 061	7 675	10.8	19 375

　　数据来源：课题组预测值。

　　中国农业就业变动趋势符合现代国家经济发展的一般规律。我们利用中国社会科学院课题组预测的人均 GDP 变化水平，结合未来农业就业比重预测结果，勾画出一条中国中长期经济发展与农业就业的变动曲线（图 1-2），这条曲线与最新世界上主要国家（地区）经验拟合曲线几乎完全一致，至少可以说明两点：一是我们研究预测的结果是可靠的；二是中国农业就业变动趋势符合国际经验总结的一般规律特征。目前中国大约 28% 的农业就业比重符合 8 000 美元（实际汇率估算）左右的人均 GDP 水平，沿着这一发展方向，到 2020 年中国人均 GDP 水平将突破 1 万美元，相应地农业就业比重下降到约 20%，到 2030 年中国人均 GDP 水平将接近 2 万美元，相应地农业就业比重下降到约 10%，中国的经济发展和农业格局演变最终都将追赶上日本、韩国、法国、美国等发达经济体。

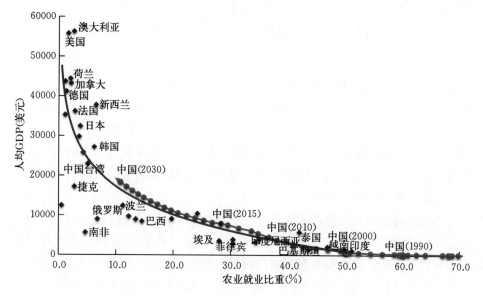

图 1-2　经济发展与农业就业之间的铁律：观察中国农业劳动力变动趋势

数据来源：中国 2016 年之前数据来源于《中国统计年鉴》（各年），2016 年之后为课题组预测值。世界其他国家和地区的数据来源于世界银行数据库，数据年度为 2014—2015 年。

尽管各国农业发展模式差异显著，但经济发展与农业就业之间的内在规律是一致的，中国显然也不会例外，未来十几年间中国仍将有大约 1.4 亿人转移出去。我们有信心，中国改革发展的道路不会停滞，到 2030 年中国人均 GDP 达到 2 万美元并成功跨越中等收入阶段，跻身世界发达国家行列，农业就业规模将会伴随着生产效率提升从而大幅度缩减到 8 000 万人以下，这意味着较之于当前，未来 15 年间中国农业将会有 1.4 亿人继续转移出去。但是，一个必须要考虑的问题是，在人口老龄化加深尤其是农业老龄化严重的形势下，未来"潜在"可转移的 1.4 亿人究竟有多少是潜在的劳动力，有多少是实际退出劳动力市场的老年人呢？

中国劳动力市场和就业格局已经发生了深刻变革，过去几十年支撑中国经济奇迹的近似无限供给的农村转移劳动力已经枯竭，"人口红利"消失殆尽，工资持续快速上涨、劳动力成本大幅上涨就是这一格局转变的反映。因此，我们不要寄希望于这理论上可转移的 1.4 亿人，能够继续如愿以偿地作为劳动力转移到城镇，这其中绝大部分可转移人员是需要家庭和经济社会供养的老年人。

二、当前农村劳动力存量是否还有转移空间

结合中国农业自身发展轨迹和国际经验一般规律，理论上中国农村未来（2016—2030年）的确还有大约1.4亿人可转移出去，这看似是不小的一个存量规模，但究竟有多大可能转移出去成为城镇新增劳动力呢？实际上，这几乎成为一个小概率事件。基本事实是农业农村能够转移出去的已经基本全部转移，留下的基本都是高龄、低技能缺乏城镇就业能力的人员，未来他们绝大部分将直接退出劳动力市场，即便转移到城镇也无法成为有效的劳动供给，更多成为需要被供养的消费群体。

当前农村劳动力究竟是否还有进一步转移的可能，关键问题在于"潜在"的劳动力是否具备基本的非农就业能力，这决定了他们是否能够真正迁移出去。我们首先从年龄结构和素质结构两个重要方面观察，过去多年农村劳动力迁移的基本经验告诉我们，要么足够年轻，要么具备较强的素质，否则越来越难适应城镇经济发展和劳动力市场的需求。在观察劳动力供给现状特征基础上，我们结合当前非农就业对于劳动力技能需求特征，从供需两个视角评估农村存量劳动力进一步转移的可能性。在此基础上，我们利用迁移概率模型估计当前农村存量劳动力转移概率，从总体上判断中国未来农村劳动力转移的真实空间。

严重老龄化的农业劳动力成为转移的关键障碍，随着年龄提高对于农业依附性增强，转移到非农部门的难度显著加大。根据过去几次全国人口普查和最新的1‰人口抽样调查显示（表1-2），农业部门中45岁及以上人员比重已经从1990年的22.7%大幅度提高到2015年的54.6%，30岁及以下的年轻劳动者所占比重仅为16%左右，而另一端60岁及以上的老年劳动者所占比重恰恰也达到16%（图1-3）。从不同年龄段劳动力的就业构成角度来看（图1-4），城镇非农行业主要吸纳相对年轻的劳动者，而农业在供需匹配过程中集聚了大龄和高龄劳动者，2015年全国1‰人口抽样调查结果显示，随着年龄逐步提高，在农业部门的就业比重快速上升，30岁左右年轻人员从事农业的比重仅为约20%，50岁以上劳动者从事农业的比重高达50%以上，而60岁以上老年劳动者从事农业的比重高达80%，这反映出随着年龄逐步提高，依附在农业部门的可能性更大，转移到非农部门的难度显著增强，这是由经济发展和劳动力供需匹配决定的，不随人的意志转移，而且伴随着经济结构转型和劳动

市场升级，这一规律特征只会增强、不会减弱。在人口老龄化和劳动力迁移的双重驱动下，农业农村劳动力已经达到严重老化程度，目前存量劳动力进一步转移就业的难度很大。

表1-2　中国农业就业年龄结构变动趋势（1990—2015年）

单位：%

年龄组	1990年	2000年	2010年	2015年
16～24岁	30.4	14.3	11.7	8.1
25～34岁	25.6	27.6	15.9	15.7
35～44岁	21.3	23.1	25.3	21.6
45岁及以上	22.7	35.0	47.1	54.6

数据来源：1990年、2000年和2010年数据来自于国家统计局全国第四、五、六次人口普查结果；2015年数据根据2015年全国1%人口抽样调查数据计算得到。

注：这里的农业指大农业，包括种植业、林业、畜牧业、渔业以及农林牧渔服务业。

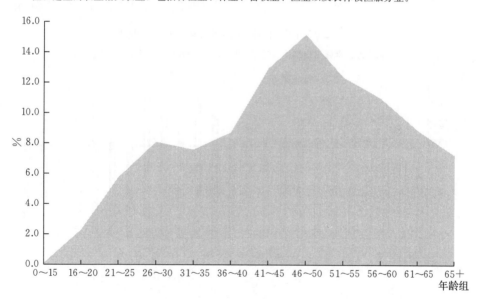

图1-3　2015年中国农业就业人员年龄结构
数据来源：课题组根据2015年全国1%人口抽样调查数据计算得到。

人力资本缺乏构成农业劳动力继续转移的严重短板，目前存量劳动力受教育水平根本无法达到城镇非农部门的基本需求。根据2015年全国1%人口抽样调查显示（图1-5），目前农业部门就业人员平均受教育年限勉强接近8年，

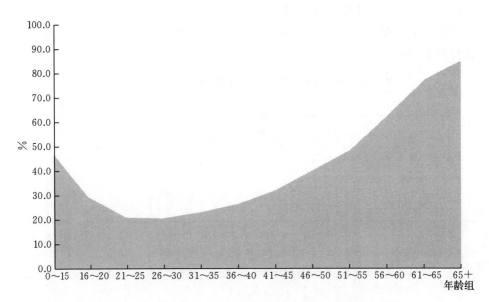

图 1-4　2015 年中国不同年龄组劳动力农业就业比重

数据来源：课题组根据 2015 年全国 1‰人口抽样调查数据计算得到。

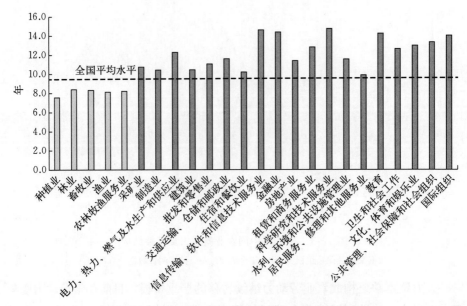

图 1-5　2015 年中国各行业劳动力受教育水平情况

数据来源：课题组根据 2015 年全国 1‰人口抽样调查数据计算得到。

8 年，其中绝大部分集中在种植业的平均受教育年限最低，仅有 7.5 年，即相当于初中未毕业的教育水平。对比全国和其他非农行业来看（表 1-3），农业部门劳动力几乎成为了中国人力资源的最大短板，全国总体劳动力平均受教育水平为 9.6 年，农业部门人力资本水平仅仅相当于全国平均水平的 80%，仅仅相当于非农部门平均水平的 60%，而正是较大规模的农业就业人员拉低了全国平均水平。农业内部与非农部门之间人力资本水平的巨大差距，毋庸置疑地成为未来农业劳动力继续转移的根本制约。

表 1-3　2015 年中国劳动力平均教育水平的行业比较

单位：年、%

行　　业	乡村	城市	镇	总体	相对水平
种植业	7.45	8.48	7.88	7.55	78.5
林业	7.89	10.38	9.17	8.41	87.4
畜牧业	8.12	9.58	8.15	8.32	86.5
渔业	8.06	8.61	8.18	8.13	84.5
农林牧渔服务业	7.33	10.70	9.66	8.21	85.3
采矿业	9.53	12.33	10.21	10.75	111.7
制造业	9.42	11.14	10.15	10.42	108.3
电力、热力、燃气及水生产和供应业	10.02	12.94	11.80	12.28	127.7
建筑业	8.98	11.31	9.63	10.44	108.5
批发和零售业	9.70	11.78	10.33	11.06	115.0
交通运输、仓储和邮政业	10.12	12.15	11.05	11.60	120.5
住宿和餐饮业	9.29	10.80	9.75	10.20	106.0
信息传输、软件和信息技术服务业	12.10	15.09	13.16	14.60	151.8
金融业	12.38	14.66	13.42	14.38	149.4
房地产业	10.07	11.77	10.87	11.40	118.5
租赁和商务服务业	11.47	13.30	11.97	12.81	133.2
科学研究和技术服务业	12.15	15.22	13.54	14.74	153.2
水利、环境和公共设施管理业	9.58	12.29	11.11	11.56	120.1
居民服务、修理和其他服务业	9.25	10.49	9.61	9.89	102.8
教育	12.81	14.68	13.63	14.24	148.0
卫生和社会工作	10.87	13.37	12.30	12.64	131.4

（续）

行　业	乡村	城市	镇	总体	相对水平
文化、体育和娱乐业	10.45	13.60	12.11	12.98	135.0
公共管理、社会保障和社会组织	11.57	13.99	12.91	13.35	138.7
国际组织	9.60	15.65		14.04	145.9
总体	8.16	11.66	9.79	9.62	100.0

数据来源：课题组根据 2015 年全国 1% 人口抽样调查数据计算得到。

　　农村存量劳动力的素质结构几乎达不到非农部门的基本需求，继续转移的空间已经很小。根据 2015 年调查数据估算显示（图 1－6），农村存量劳动力资源的素质结构分布特征非常明显，平均受教育年限随着年龄提高呈现出单调下降的趋势，30 岁以下的年轻人员勉强能够达到全国平均水平，到 50 岁之后男性平均受教育年限下降到 8 年以下、女性下降到 7 年以下，这样的人力资本构成如何能够适应现代非农部门的就业需求。按照目前经济发展和非农行业的实际人力资本需求来看，制造业的平均受教育水平要求达到 10.4 年，工业的平均受教育水平要求达到 11.2 年，目前农村存量劳动力中只有 25 岁以下的年轻人勉强符合要求，而服务业要求的平均受教育水平达到 12.6 年，目前几乎

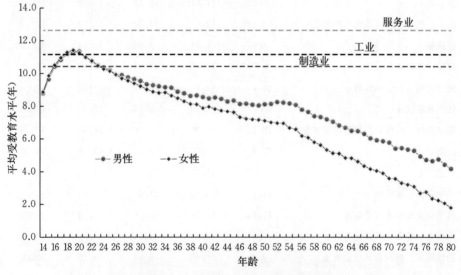

图 1－6　农村存量劳动力素质结构与转移部门技能需求（2015 年）

数据来源：课题组根据 2015 年全国 1% 人口抽样调查数据计算得到。

没有人员能够符合这一基本要求。而且，中国正处在经济结构转型升级的关键阶段，未来预期非农部门对于技能水平要求更高，而以中老年人为主的农村低技能劳动力几乎无法继续实现再教育和技能提升，劳动力供需不匹配决定了他们未来只能停留在"潜在"劳动力池子中，几乎不可能转移出去成为真实有效城镇劳动供给。

中国当前农业部门"潜在"劳动力实际可转移比例不到20%，能够有条件实现向城镇非农部门转移的人数仅为约3 000万人。综合考虑年龄构成、素质结构以及其他影响劳动力转移的因素，中国社会科学院课题组利用迁移概率模型估计结果显示（图1-7、图1-8），目前中国农业劳动力几乎很难继续向非农部门转移，总体迁移可能性仅为16%左右，年轻的、受教育水平较高的人员迁移可能性相对较大，但最高迁移概率也不超过40%，而这部分群体实际上在目前存量劳动力中占有较小比重，主体构成是年龄较大、学历在初中以下的人员，他们的迁移概率很低，50岁以上劳动力继续迁移的概率甚至不到10%。由此，形成了一个尴尬的局面，迁移概率的分布曲线恰恰与目前农业存量劳动力分布曲线呈现反向关系，最终结果是农业实际可转移的劳动力已经很少。

根据不同群体迁移概率和农业劳动力总量分布估算显示（表1-4），中国

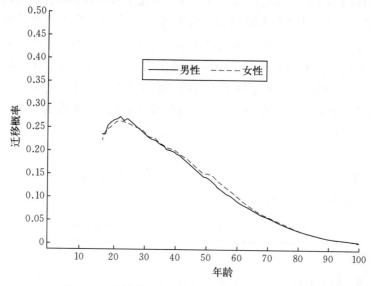

图1-7　农村存量劳动力可转移的概率（分性别）

数据来源：课题组根据2015年全国1%人口抽样调查数据利用迁移概率模型计算得到。

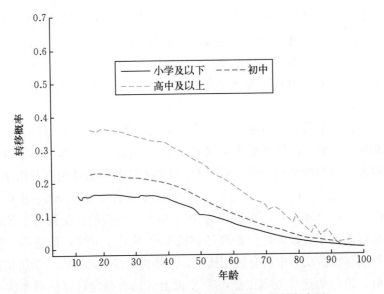

图 1-8　农村存量劳动力可转移的概率（分教育水平）

数据来源：课题组根据 2015 年全国 1‰人口抽样调查数据利用迁移概率模型计算得到。

目前农业部门实际可转移的劳动力仅有不到 3 000 万人，与前面理论上"潜在"可转移的 1.4 亿人相差甚远，这意味着理论上可以转移的农业劳动力中大约 80％都难以转化为实际劳动供给。假定到 2030 年这实际有条件转移的人员全部转移完成，这意味着未来平均每年净转移劳动力只有约 200 万人，根据国家统计局农民工监测报告显示，2015 年外出农民工增长明显放缓，较上年仅增长 0.4％，外出农民工总量基本达到稳定饱和状态，未来可转移的农村劳动力非常有限，我们预测研究的结果与实际情况基本吻合。即便是有可能继续迁移的 3 000 万人中，40 岁以上的大龄劳动力也接近 1 500 万人，约占一半，他们迁移到城镇非农部门工作十几年之后就面临着退出劳动力市场的选择。因此，可以做出一个基本判断：未来中国农村的劳动力供给将不再依靠存量资源，农村新成长劳动力将成为主要劳动供给源泉。

表 1-4　中国农村存量劳动力实际可转移人数

年龄段（岁）	农业劳动力总量（万人）	可转移劳动力（万人）
<20	518	135
21~25	1 256	289

（续）

年龄段（岁）	农业劳动力总量（万人）	可转移劳动力（万人）
26～30	1 771	390
31～35	1 660	332
36～40	1 911	344
41～45	2 834	425
46～50	3 328	433
51～55	2 706	271
56～60	2 404	192
61～65	1 945	117
＞65	1 586	32
合 计	21 919	2 959

数据来源：课题组根据 2015 年全国 1％人口抽样调查数据利用迁移概率模型计算得到。

三、农村未来还有多少新成长劳动力

劳动供给可从存量和流量两个角度来理解，存量劳动力供给就是经济活动人口数量，而流量劳动力供给是指每年新进入劳动力市场的寻找就业岗位的劳动者数量。根据前面研究结果表明，中国农村劳动供给存量已经处在严重的老龄化阶段，中青年农村劳动力绝大部分已经转移到城镇，最近年份出现的外出农民工增速已经出现零增长甚至负增长现象，就是这一趋势转折的最直接证据，未来十几年间农村存量劳动力仅有不到 3 000 万人可以继续转移，平均每年仅为约 200 万人。因此，未来中国农村劳动供给潜力将不再依靠现有存量劳动力资源，而只能依靠流量劳动力资源，即需要从农村新成长的劳动力资源关注真实可转移的劳动供给源泉。

我们尝试从一种新的视角，利用教育统计来观察中国未来农村新成长劳动力供给。自 20 世纪 80 年代以来中国开始全面普及九年义务教育，年轻劳动力正在接受越来越好的教育，不接受教育而进入劳动力市场的情况几乎不存在。新成长劳动力基本都是脱离教育或者学校后马上或者几年后就进入劳动力市场的劳动年龄人口。基于相对完备的教育统计资料，我们尝试探索一种新的预测劳动力供给规模的方法。

该方法的基本思路：某个阶段教育的毕业生中辍学和未升学的那部分人就会进入劳动力市场，将所有阶段教育辍学人数与毕业而未升学的人数加总就得到新增需要就业人员数量。由于这种方法是使用各教育阶段从学校中脱离的学生数量作为新增劳动供给规模的度量，可以简称为脱离教育人数法。

从流程上解释脱离教育人数法的原理：第一步，小学是教育阶段的起点。小学入学人数可以用 6 岁人口数量来反映。小学辍学和未升学的人员由于年龄未达到就业要求的最低年龄（16 岁），我们假定这些人员在 3 年后进入劳动力市场。第二步，小学升学的学生成为初中生。初中入学人员在 3 年后毕业时也分化为辍学＋未升学人员，另一部分升学进入普通高中、职高与技术学校。第三步，受过高中（包括职业教育）教育的毕业生会产生分流。其中普通高中毕业有机会参加高考，进而接受高等教育。剩下职业教育毕业生则直接进入劳动力市场。第四步，高等教育结束后，部分进入研究生教育，大部分将进入劳动力市场。

如图 1-9 所示，涉及 5 个教育阶段，我们需要对各个教育阶段入学率、辍学率和毕业未升学率进行设定。参数的设定主要是依据过去的发展趋势，考虑经济、社会发展趋势，并结合各种教育规划的目标。对每个教育阶段按照入学

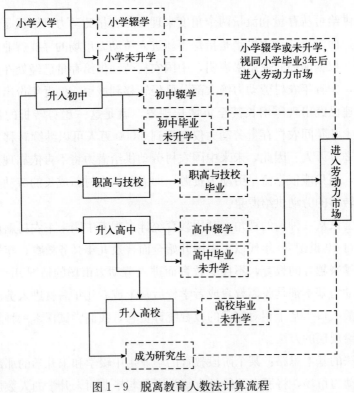

图 1-9 脱离教育人数法计算流程

数据来源：课题组编制。

人数→辍学人数→毕业未升学人数→升入更高教育阶段人数几个部分进行预测。

按照预测，农村新成长劳动力几乎可以全部视为未来农村潜在可转移劳动力，而自各种教育机构中辍学和毕业未升学的农村户籍学生自然会全部成为新成长就业人员，针对各个教育阶段各方面存在的不同差异。我们对预测方法和参数设定如下（图1-10）：

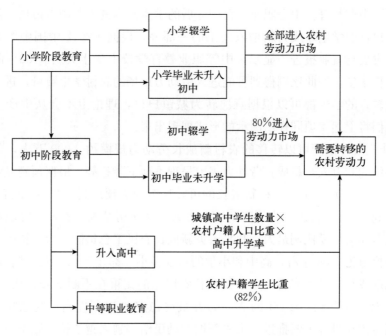

图1-10 农村新成长劳动力计算方法流程

数据来源：课题组编制。

（1）小学阶段。通常小学辍学和未升入初中的现象基本发生在农村地区，城市中不能完成九年义务教育的学生数量极少，因此假定流失学生（小学辍学）的学生全部为农村学生，考虑小学生达不到法定的劳动年龄，再假定这部分人3年以后全部进入劳动力市场成为新成长劳动力。

（2）初中阶段。初中辍学的学生在城市和农村都有发生，但是以农村地区为主。根据相关研究显示，县城和农村初中流失率之间的比例为1/6～1/4。我们将流失学生按照农村和城市4∶1的比例进行分拆，得到初中教育阶段进入劳动力市场的新成长劳动力数量。

（3）高中阶段。农村高中学生规模很小，而且升入大学的比例也很低，假定农村高中毕业后全部进入劳动力市场。县、镇高中也有一定比例的学生来自农村，这些农村高中生如果没有考入大学，就会成为待转出的农村新增劳动力。参考全国高中升学率，假定县、镇高中未能升入大学的比例为40％，再以农村户籍人口比重为标准，假定县、镇高中毕业未升学的学生中70％是农村户籍。根据这些假定可以得到县、镇高中未能升学的农村高中生。

（4）中职教育。中等职业教育毕业后的学生基本进入劳动力市场，但是只有农村户籍的学生才成为新增农民工的一部分。根据《2012中国中等职业学校学生发展与就业报告》显示，中等职业教育学校中学生大约有82％的人为农村户籍学生，按此比例得到可能进入劳动力市场的农村学生数量。进入大学及以上教育的学生都可以根据意愿转为城镇户口，理论上不会从中产生农民工。我们将上述4项同样以图示的形式展现出来：

"十三五"期间可以转移的农村新成长劳动力规模约3 000万人，每年平均转移约600万人，新成长劳动力规模呈现不断下降趋势。根据预测显示（表1-5、图1-11），中国农村新成长的可转移劳动力预计到2020年下降到580万人，到2030年将进一步下降到527万人。从学历结构上看，中等职业教育产生的劳动力规模比例最大，几乎占据新成长农民工总量的一半，初中产生的劳动力比重为23％左右，高中和小学的贡献很小，都在5％以下。结合农村和城镇的新成长劳动力来看，未来新成长农民工的比重在不断下降，从2013年的44％逐步下降到2020年的37％，并最终稳定在35％左右。这意味着，随着中国城镇化进程不断推进，未来新增劳动供给将越来越依赖于城镇中成长起来的新增劳动力。

表1-5　未来中国可转移的新成长农村劳动力预测

单位：万人

年份	小学教育阶段	初中教育阶段	高中教育阶段	中等职业教育阶段	新成长农村劳动力	新成长农村劳动力占比（％）
2013	46.7	170.8	56.7	468.5	742.7	44.7
2014	40.3	160.4	36.6	441.9	679.2	41.9
2015	34.6	151.9	29.2	404.5	620.2	40.6
2016	33.8	163.7	24.6	392.8	614.9	40.0
2017	40.9	157.5	23.4	374.1	595.9	39.3
2018	42.2	149.8	22.5	359.6	574.1	38.6
2019	43.3	152.2	23.3	371.9	590.8	38.3

（续）

年份	小学教育阶段	初中教育阶段	高中教育阶段	中等职业教育阶段	新成长农村劳动力	新成长农村劳动力占比（%）
2020	42.8	153.8	22.8	363.3	582.6	37.2
2021	41.9	149.4	22.0	350.9	564.2	37.0
2022	41.0	143.9	22.7	362.4	570.0	38.0
2023	40.1	138.5	23.3	372.1	574.1	38.6
2024	39.3	133.3	23.0	367.4	563.0	36.8
2025	39.1	128.2	22.5	359.6	549.4	36.7
2026	40.4	125.3	22.1	352.0	539.7	36.9
2027	40.4	127.1	21.6	344.6	533.7	36.1
2028	41.4	125.0	21.1	337.3	524.8	35.2
2029	41.4	125.5	21.0	335.6	523.5	35.4
2030	36.3	123.3	21.7	346.6	527.9	36.6

数据来源：课题组预测得到。

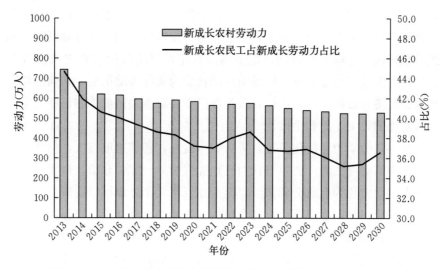

图 1-11　未来中国农村新成长可转移劳动力预测（2013—2030 年）

数据来源：课题组预测得到。

四、如何进一步挖掘农村劳动供给潜力

世界各国农业发展模式差异显著，中国农业也有其国情特征，但经济发展与农业就业之间内在规律是一致的。中国已经全面进入新发展阶段，正在从中

等收入国家向发达国家迈进，预计到 2030 年中国人均 GDP 将接近 2 万美元，城镇化水平达到 70% 以上，农业就业规模减少到 7 600 万人，农业就业比重下降到 10% 左右，理论上未来十几年农业部门仍将有大约 1.4 亿人需要转移出去。但是，这部分存量劳动力资源面临老龄化严重和人力资本匮乏的关键制约，"潜在"劳动供给几乎无法转化为有效劳动供给，大约仅有不到 20%（约 3 000 万人）具备转移到城镇非农部门就业的基本条件，而这其中 40 岁以上大龄劳动力就占一半，绝大多数存量劳动力将直接退出劳动力市场。

未来中国农村劳动力供给将不再依靠现有存量资源，新成长劳动力将成为主要农村劳动供给源泉，但在城镇化水平提高和生育率水平下降情况下，农村新成长劳动力规模也将呈现下降趋势。预计"十三五"期间可以转移的农村新成长劳动力规模约 3 000 万人，每年平均转移约 600 万人，到 2030 年将下降到 527 万人。

当前中国正处在结构转型的关键时期，劳动年龄人口总量已经发生扭转并将持续下降，劳动力成本仍然在持续提高，从要素驱动型转向效率驱动型的增长模式转变尚未完成。经济转型的紧迫性很强，而结构性矛盾异常复杂，留给我们缓冲的时间和空间非常有限，尽最大努力挖掘尚存的潜在劳动资源，积极为经济结构转变赢取宝贵时间，这是当前特定发展阶段的应有之义和务实举措。但是，劳动供给潜力不会轻易地自动转变为实际劳动供给，如何能够在现有约束条件下有效扩大劳动供给，政策部门需要瞄准关键群体和目标对象，采取有针对性的政策工具和手段。

农村存量劳动力老龄化严重，人力资本匮乏，转移难度很大，但我们仍然有很多工作有必要去做，通过有针对性地加强引导、完善政策，最大程度地保障潜在劳动力转化为有效劳动供给。至少在以下几个方面可以有所作为：

一是深化户籍制度改革，推动农村潜在劳动力顺利迁移。户籍制度仍然是制约目前潜在农村劳动力继续转移的重要因素，必须尽快打破"有人想落户、政策不允许，政策给户口、没人愿意要"的尴尬局面，户籍改革要尊重客观经济规律继续深化推进。大城市要敢于突破思维定式，有序放宽落户限制，抓住改革的窗口期和红利期；中等规模城市具备较强的人口吸纳能力和经济活力，就业机会多，落户吸引力强，进一步放宽和完全放开的改革成本可控，以省会城市为主的中等城市应该肩负起继续吸纳转移劳动力，切实提高户籍城镇化率的重任；中小城市和小城镇的战略方向不再是如何放宽门槛，而是如何通过有效的政策举措吸引农村人口转移落户，应该从就业、子女教育、住房、基础设施、公共服务等多个方面着手争夺潜在劳动力资源。同时，要注重推力和拉力并举，推力的主要掣肘就是农村土地制度，在"三权分置"基础上继续向前推进，鼓励和支持地方创新农村宅基地和土地承包地制度，允许更大交易范围、更低交易成本、更高交易价值，实现农村土地产权流转，从根本上消除农村转移人口落户城镇的牵绊。

二是将大龄农村转移劳动力纳入城镇就业援助体系。"4050"人员已经构成农村劳动力和流动人口的主体，这部分群体规模庞大，就业能力不足，更容易受到经济结构调整和产业升级冲击，但不能因为转移就业难度大就任其自由发展。政策部门要一视同仁地将其作为宝贵的潜在劳动力资源，建议尽快将农村转移劳动力中"4050"人员纳入城镇困难人员就业支持体系中，享受同等的就业援助和技能培训政策。相对于城镇"4050"人员来说，大龄农村转移劳动力的就业意愿更强，而保留工资水平更低，通过技能培训和就业援助更容易激励他们继续活跃在劳动力市场中。

三是完善社区服务，引导农村妇女返回劳动力市场。大量农村留守妇女出于照料家庭（子女或老人），既不从事农业生产，又缺乏转移动力，劳动参与率很低，造成人力资源闲置，同时也带来一些家庭和社会问题。这部分群体技能水平较低，但大多尚处在青壮年阶段，应该积极创造条件，鼓励农村妇女返回劳动力市场，建议以城镇流动人口社区为平台，加强日间照料等基础设施建设，提供托儿和学前儿童、老年人照料服务，搭建流动人口子女和老人照料的互助平台，加强对育龄流动妇女的就业保护，提高农村妇女劳动参与率。

四是鼓励农村青年劳动力继续从农业农村中脱离出来。农村青年是实现农业现代化的关键，但前提是继续鼓励和支持加大物质资本和现代技术投入，继续走劳动节约型的农业发展路径，通过鼓励农业规模化经营，大幅提高劳动生产率，将所剩不多的宝贵青壮年劳动力从土地中解放出来。政策部门应该在人力资本投资、物质资本投入和配套制度改革几个方面同时着手，加强以年轻人为主的新型职业农民培训，增强现代农业机械、装备、技术等投入力度，从根本上解决阻碍劳动力、资本与土地要素有效配置的制度性障碍，通过提高劳动生产率释放出更多有效劳动供给。

农村存量劳动力终将枯竭，新成长劳动力是希望之源、潜力源泉，理应成为政策关注的重点。农村新成长劳动力的转移之路似乎不可阻挡，但能否适应经济结构转型和劳动力市场需求，从而成为稳定可靠的劳动供给，目前来看形势相当严峻，政策部门应该未雨绸缪、尽早准备。

一是在新成长劳动力进入劳动力市场之前进行政策干预。伴随着中国经济发展阶段转变，最近年份农民工工资快速增长和趋同现象（即低技能和高技能工资水平出现收敛）产生一种负向激励，使得农村低收入家庭尤其是贫困家庭的子女过早辍学，在技能水平缺乏的情况下提前进入城镇劳动力市场，短期来看有助于改善家庭生存状况，但长期来看对于中国未来人力资本积累造成严重损害，既阻碍了经济增长方式转变，也埋下了产生更多就业困难群体的隐患。针对劳动力市场出现的失灵现象，必须依靠公共政策强有力的干预，继续加强基础教育和职业教育，建议将义务教育扩展至高中阶段，大幅提高教育补贴水平以降低农村青少年接受教育的机会成本，确保他们成为未来城镇劳动力市场中有效且稳定的劳动供给来源。

二是衔接城乡政策体系，加强新成长劳动力技能培训。农村新成长劳动力在离开学校进入城镇劳动力市场之前，通过乡镇就业培训体系让其接受基本就业技能培训和城市生活能力指导。乡镇培训体系要实现与城镇就业培训体系紧密衔接，农村新成长劳动力培训基本思路是"以流出地培训为起点，以流入地培训为重点"，未来人力资本积累最终要依靠城镇就业培训体系，农村新成长劳动力要能够不断地"边工作、边学习"，适应经济结构转型和劳动力市场升级的要求。在城市面向农村青年流动人口开展短期和中长期技能培训，开放并盘活高等教育资源，采取灵活方式为农村流动青年提供高等教育机会，整合来自不同部门和渠道的公共资源，基于社区平台面向他们提供就业、继续教育、技能培训、卫生健康等综合性服务。

第二节　农民增收的阶段特征与当前形势[①]

一、农民收入增长的历史演进与阶段特征

（一）第一阶段（1978—1984 年）：农民收入高速增长

这一阶段是农民收入高速增长时期，也是我国农村自给半自给经济向商品

---

① 本节选自农业部软科学课题 '收入倍增' 目标下促进农民收入持续较快增长战略研究"（课题编号：Z201303），课题主持人：方松海；"促进农村一二三产业融合发展增加农民收入问题研究"（课题编号：201601-1），课题主持人：姜长云。

经济快速转变的时期。主要得益于国家出台的两项重大政策：一是家庭联产承包经营制度的确立和推行，生产经营制度由集体向家庭承包经营的转变进一步促进收入的增长；二是大幅提高粮食等农产品收购价格。政策的改革大大解放了农业生产力，充分调动了农民的生产积极性，并使农村经济得到快速发展，且乡镇企业和多种经营的发展使农民的非农收入增加，更多农民选择工业、建筑、运输、商业和餐饮等行业来获得经营性收入，此时非农收入的增长速度高于农业的增长速度。

这一阶段农民收入增长的主要特点（表1-6、图1-12、图1-13）：一是农民收入呈现高速增长态势，家庭经营收入成为主要来源。农民人均纯收入由133.6元增加到355.3元，增加1.66倍，年均递增17.71%，其中，1982年的年增长率为20.9%，为历史最高水平。二是农民收入由实物为主转向以货币收入为主。1978年农民纯收入中实物收入占58.1%，货币收入占41.9%；1984年的货币收入为206.3元，在农民人均纯收入中所占比重上升到58.1%。

表1-6　1978—1984年农民收入结构变化及指数和增长率变化

单位：元、%

年份	人均纯收入	工资性收入	经营性收入	财产性收入	转移性收入	增长指数	名义增长率
1978	133.6	88.3	35.8	—	9.5	100.0	—
1979	160.2	100.7	44.0	—	15.5	119.2	19.9
1980	191.3	106.4	62.6	—	22.4	139.0	19.4
1981	223.4	113.8	84.5	—	25.1	160.4	16.8
1982	270.1	142.9	102.8	—	24.5	192.3	20.9
1983	309.8	57.5	227.3	—	24.6	219.6	14.7
1984	355.3	66.5	261.7	—	27.2	239.5	14.7

（二）第二阶段（1985—1990年）：农民增收开始放缓

这阶段农民收入增长开始放缓。农村政策主要集中在两个方面：一是取消了实行多年的粮食统购政策，放开农产品市场；二是大力发展乡镇企业，使农

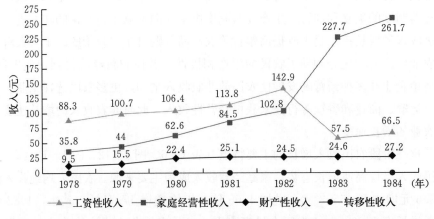

图 1-12　1978—1984 年农村居民收入结构变化

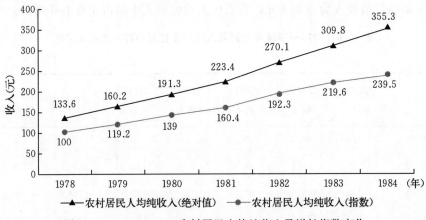

图 1-13　1978—1984 农村居民人均纯收入及增长指数变化

民收入与乡镇企业发展联系紧密。

　　这一阶段农民收入的主要特点（表 1-7、图 1-14、图 1-15）：一是农民收入的年增长率波动较大，原因有四：第一，农业基础设施投资的减少导致农业生产无法前进；第二，消费价格的提高和农业生产资料价格的增长导致"剪刀差"的扩大，打击了农民的生产积极性；第三，乡镇企业快速发展，在一定程度上增加了农民就业机会，但由于国家宏观调控的影响，导致农民非农收入减少；第四，农民的负担增长率超过收入的增长率。在此阶段，国家稳定了家庭承包经营，农民人均纯收入由 397.6 元增长到 686.3 元，扣除物价影响后年均递增 2.97%。此阶段农民收入是先增长，后大幅下降，收入陷入低速徘徊局面。其中出现了 1985 年、1988 年两个增长的高峰值，名义增长率分别为11.9% 和 17.8%，1989 年增长的低谷值为－1.5%。二是农民第一产业的收入相对稳定，第二、三产业收入波动明显。1985—1990 年农民第二、三产业收入增长迅速，年均增长 14.9%，在平均速度增长较快的同时，1988 年出现了 28.7% 的高速增长，也出现了 1990 年－5.2% 的负增长。三是农民货币收入的增长速度波动明显。农民货币收入增长速度最快为 1988 年，而接下来的1989 年和 1990 年，增长速度都为下降的趋势。

表 1-7 1985—1990 年农民收入结构变化及指数和增长率变化

单位：元、%

年份	人均纯收入	工资性收入	经营性收入	财产性收入	转移性收入	增长指数	名义增长率
1985	397.6	72.2	296.0	—	29.5	268.9	11.9
1986	423.8	81.6	313.3	—	28.9	277.6	6.6
1987	462.6	95.5	345.5	—	21.6	292.0	9.2
1988	544.9	117.8	403.2	—	24.0	310.7	17.8
1989	601.5	136.5	434.6	—	30.5	305.7	10.4
1990	686.3	138.8	518.6	—	29.0	311.2	14.1

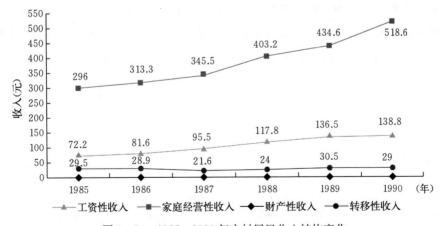

图 1-14 1985—1990 年农村居民收入结构变化

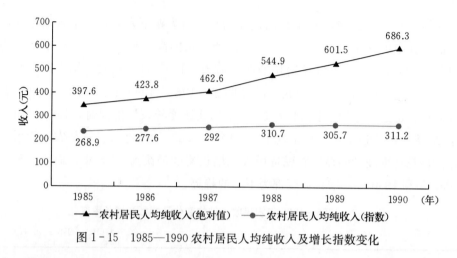

图 1-15　1985—1990 农村居民人均纯收入及增长指数变化

（三）第三阶段（1991—1996 年）：农民收入反弹回升

这一阶段农民收入开始反弹回升。此期间国家出台的农业政策主要有：一是深化粮食购销体制改革，农民发展粮食生产的积极性被充分调动，从而提高了种粮农民收入。二是出台保护耕地措施，农业丰收，粮食和其他主要农产品产量也随之提高。

这一阶段农民收入的主要特点（表 1-8、图 1-16、图 1-17）：一是农民收入出现了强劲的回升趋势。二是家庭经营收入仍然是农民收入增长的主体，比重呈下降趋势，但农民收入增长不平衡，城乡收入差距扩大。1991 年农民家庭经营收入占纯收入的比重是 83.06%，到 1996 年下降到 70.74%。三是农民从乡镇企业和外出打工中得到的收入明显增加，农民来自非农产业的收入呈

表 1-8　1991—1996 年农民收入结构变化及指数和增长率变化

单位：元、%

年份	人均纯收入	工资性收入	经营性收入	财产性收入	转移性收入	增长指数	名义增长率
1991	708.6	151.9	523.6	—	33.0	317.4	3.2
1992	784.0	184.4	561.6	—	38.0	336.2	10.6
1993	921.6	194.5	678.5	—	41.6	346.9	17.6
1994	1 221.0	263.0	881.9	28.6	47.6	364.3	32.5
1995	1 577.7	353.7	1 125.8	41.0	57.3	383.6	29.2
1996	1 926.1	450.8	1 362.5	42.6	70.2	418.1	22.1

增长趋势，有 35% 的新增收入来自于农村非农产业发展和外出打工，1991—1996 年农民从集体组织和企业劳动的报酬收入涨幅明显。1991 年农民从集体组织和企业劳动的报酬收入人均为 68.06 元，占纯收入的比重是 9.61%；而 1996 年分别到 450.84 元和 23.41%，分别比 1991 年增加 5.62 倍和提高 13.8 个百分点。

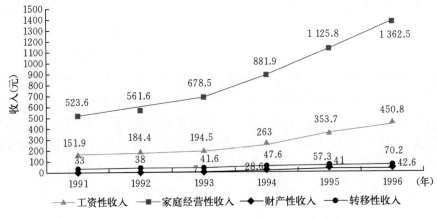

图 1-16　1991—1996 年农村居民收入结构变化

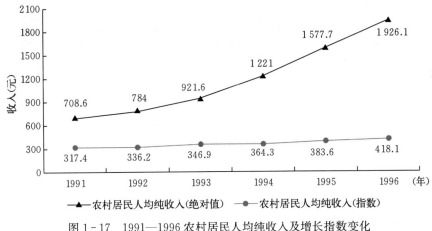

图 1-17　1991—1996 农村居民人均纯收入及增长指数变化

（四）第四阶段（1997—2000 年）：农民收入增幅下降

这一阶段的农民收入增幅下降，主要是以调整农业结构为主。农业结构的调整带动并加快了农业经营体制和管理方式的转变，以市场化为取向的农业改革不断深入。

这一阶段农民收入的主要特点（表1-9、图1-18、图1-19）：一是农民收入增长缓慢。农产品出现阶段性供过于求的态势，农产品价格的走低使农产品生产持续下滑，农民增收困难。1997年农民收入实际比上年增长4.6%，1998年的增速只有4.3%，接下来的两年收入增长也都呈下降状态，这也是改革开放后第一次连续4年下降。二是农业收入对收入增长的贡献正负交替。1997年总的说来实际下降2%。1998年下降2.3%，1999年下降4.5%，2000年下降4.7%，对农民收入增长的贡献连续3年为负值。三是农业收入贡献的降低导致非农产业收入成为收入增长的主要来源。1997年农民从非农产业得到的收入对农民收入增长的贡献为60.28%，1998年农民从非农产业获得的收入对农民收入增长的贡献为114.91%，1999年和2000年农民非农产业收入对农民收入增长的贡献分别为199.46%和220.26%，可以看出非农产业对农民收入增长的贡献逐年增加。

表1-9　1997—2000年农民收入结构变化及指数和增长率变化

单位：元、%

年份	人均纯收入	工资性收入	经营性收入	财产性收入	转移性收入	增长指数	名义增长率
1997	2 090.1	514.6	1 472.7	23.6	79.3	437.3	8.5
1998	2 162.0	573.6	1 466.0	30.4	92.0	456.1	3.4
1999	2 210.3	630.3	1 448.4	31.6	100.2	473.5	2.2
2000	2 253.4	702.3	1 427.3	45.0	78.8	483.4	1.9

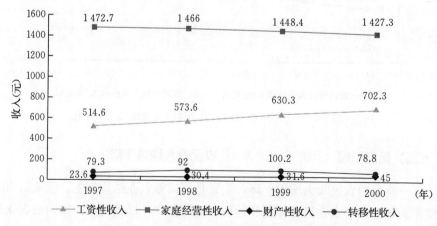

图1-18　1997—2000年农村居民收入结构变化

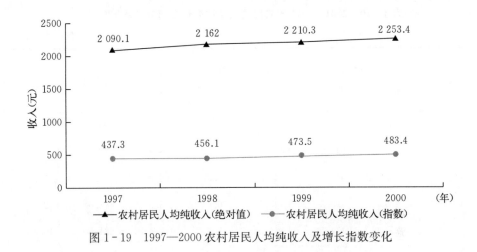

图 1-19　1997—2000 农村居民人均纯收入及增长指数变化

（五）第五阶段（2001—2011 年）：农民收入恢复性增长

此阶段农民收入恢复性增长。这一阶段的农村政策主要围绕"多予、少取、放活"的方针，集中在两个方面：一是加大对农业和农村投入力度。2001年起中央预算内投资和国债投资都得到调整和优化，同时在 2004 年提出对农民实行粮食直补、良种补贴、农机补贴、减免农业税和取消特产税的"两减三补"政策。二是推进税费改革试点。农村税费改革明显减轻了农民负担，2004年与 1999 年相比，全国农民共减轻负担 1 045 亿元，人均减负约 110 元，为这一阶段农民收入的恢复性增长奠定了坚实的基础。

这一阶段农民收入的主要特点（表 1-10、图 1-20、图 1-21）：一是农民收入实现了恢复性增长，回升明显。2001 年农民人均纯收入为 2 366.4 元，比上年增加 113 元，增长 5%，扣除价格上涨因素影响，实际增长 4.2%，扭转了增幅连续 4 年下滑的局面，实现了恢复性增长。此后几年农民收入增长一直处于上升趋势。二是农业收入创新高，扭转了连续 3 年下降的局面。2001年农民从农业得到的收入人均为 1 165.2 元，比上年增加 40 元，增长 3.6%，对当年农民收入增长的贡献率达到 35%。此后，农业收入继续稳定增长。三是工资性收入成为农民增收的重要来源。随着外出务工的农村劳动力人数不断增加，农民的工资性收入不断增长。四是粮食产区和低收入农户的收入增长比平均水平高，收入分配差距趋势减缓。

表 1-10 2001—2011 年农民收入结构变化及指数和增长率变化

单位：元、%

年份	人均纯收入	工资性收入	经营性收入	财产性收入	转移性收入	增长指数	名义增长率
2001	2 366.4	771.9	1 459.6	47.0	87.9	503.7	5.0
2002	2 475.6	840.2	1 486.5	50.7	98.2	527.9	4.6
2003	2 622.2	918.4	1 541.3	65.8	96.8	550.6	5.9
2004	2 936.4	998.5	1 745.8	76.6	115.5	588.0	12.0
2005	3 254.9	1 174.5	1 844.5	88.5	147.4	624.5	10.8
2006	3 587.0	1 374.8	1 931.0	100.5	180.8	670.7	10.2
2007	4 140.4	1 596.2	2 193.7	128.2	222.3	734.4	15.4
2008	4 760.6	1 853.7	2 435.6	148.1	323.2	793.2	15.0
2009	5 153.2	2 061.3	2 526.8	167.2	398.0	860.6	8.2
2010	5 919.0	2 431.1	2 832.8	202.2	452.9	954.4	14.9
2011	6 977.3	2 963.4	3 222.0	228.6	563.3	1 063.2	17.9

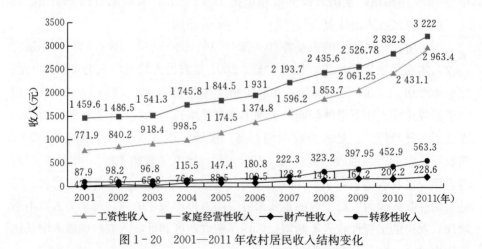

图 1-20 2001—2011 年农村居民收入结构变化

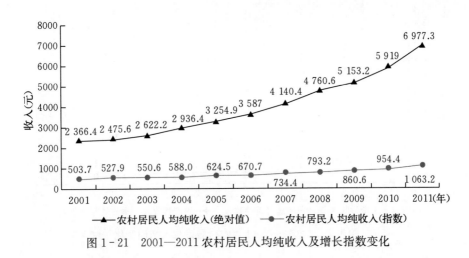

图 1-21　2001—2011 农村居民人均纯收入及增长指数变化

（六）第六阶段（2012 年至今）

此阶段农民收入持续增长。这一阶段国家提出推进农业科技创新政策，突破体制机制障碍推动农业科技的跨越式发展，促进农业增产，农民增收，农村繁荣。加快推进征地制度的改革，进一步提高农民在土地增值收益中的分配比例，推动农业转移人口市民化与户籍制度的改革。

这一阶段的特点（表 1-11、图 1-22 至图 1-24）：一是农民家庭经营收入保持平稳，工资性收入增幅趋缓，转移性收入增长面临挑战，财产性收入增长潜力较大。二是农民收入增速虽然有所回落，但增速仍然相对较快，2013 年农民人均纯收入 8 895.9 元比 2012 年增加 979.3 元，实际增长 9.3%，2014 年农民人均纯收入为 9 892 元，比上年增加 996.4 元，实际增长 9.2%。三是城乡收入差距逐渐缩小。2013 年城乡居民收入比为 3.03∶1，而 2014 年城乡居民收入比为 2.92∶1，城乡收入水平差距首次降至 3 以下，也是 2002 年以来的最低值。

表 1-11　2012—2014 年农民收入结构变化及指数和增长率变化

单位：元、%

年份	人均纯收入	工资性收入	经营性收入	财产性收入	转移性收入	增长指数	名义增长率
2012	7 916.6	3 447.5	3 533.4	249.1	686.7	1 176.9	13.5
2013	8 895.9	4 025.4	3 793.2	293.0	784.3	1 286.4	12.4
2014	9 892.0	4 152.2	4 237.4	222.1	1 877.2	1 404.7	11.2

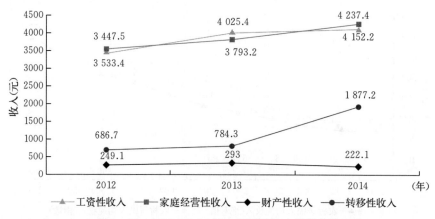

图1-22　2012—2014年农村居民收入结构变化

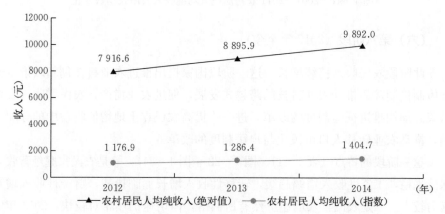

图1-23　2012—2014年农村居民人均纯收入及增长指数变化

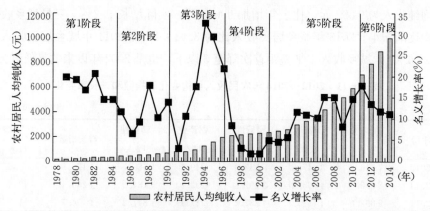

图1-24　1978—2014年农村居民人均纯收入及名义增长率阶段性变化

二、当前农民收入增长形势的变化

近年来，农民收入持续较快增长，增速明显高于"十二五"规划预期目标（7%），城乡居民收入差距不断缩小。农民收入的较快增长，对于扩大消费、带动形成新的经济增长点，对于促进城乡社会的稳定和谐和全面建成小康社会发挥了重要作用。但是，随着经济下行压力的继续加大，农民增收的难度明显增加，区域性、群体性农民减收的风险也在显著加大。与以往相比，最近两三年，应进一步重视农民增收问题，着力构建农民增收支持政策体系，尤其要做好区域性、群体性农民减收的防范应对工作。

（一）近年来农民收入增长的基本格局

1. 农民人均收入在总体上呈现较快增长态势，但近年来增速已明显趋缓

按可比价格计算，"十五"期间（2001—2005年）、"十一五"期间（2006—2010年），全国农民人均纯收入分别年均增长 5.3% 和 8.9%。相比之下，"十二五"期间，农民人均收入的年均增速明显提高，其增速也由之前的慢于GDP，转为快于 GDP（图 1 - 25）。按可比价格计算，2011—2014 年，农民人均纯收入年均递增 10.1%。2015 年，全国农民人均可支配收入达到11 422 元，农民人均纯收入达到 10 772 元。

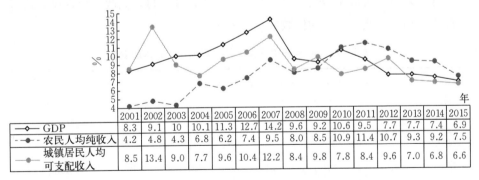

	2001	2002	2003	2004	2005	2006	2007	2008	2009	2010	2011	2012	2013	2014	2015
GDP	8.3	9.1	10	10.1	11.3	12.7	14.2	9.6	9.2	10.6	9.5	7.7	7.7	7.4	6.9
农民人均纯收入	4.2	4.8	4.3	6.8	6.2	7.4	9.5	8.0	8.5	10.9	11.4	10.7	9.3	9.2	7.5
城镇居民人均可支配收入	8.5	13.4	9.0	7.7	9.6	10.4	12.2	8.4	9.8	7.8	8.4	9.6	7.0	6.8	6.6

图 1 - 25　近年来中国城乡居民收入的实际增速及其与 GDP 增速比较

注：在本图中，2015 年农民人均纯收入实际增速数据缺，用农民人均可支配收入实际增速代替。

但继 2012 年以来，随着经济下行压力的加大，农民收入增长已经呈现明显的放缓趋势。2011 年，农民人均纯收入较上年实际增长 11.4%，2012 年、

2013年和2014年分别较上年实际增长10.7％、9.3％和9.2％。2015年农民人均可支配收入较上年实际增长7.5％（图1-25），虽然统计口径的调整增加了收入增速的不可比性，但据此仍可见农民收入增速放缓的态势。2015年、2016年第一季度农民人均可支配收入分别较上年实际增长8.9％和7.0％，增速放缓的趋势更加鲜明。

2. 城乡收入差距进入缩小轨道，但不同收入层次的收入差距进一步扩大

2009年，城镇居民人均可支配收入相当于农民人均纯收入的3.33倍，2010年、2014年和2015年分别下降到3.23倍、2.97倍和2.90倍。2015年城乡居民人均可支配收入之比为2.73。从2010年开始，城乡收入差距不断扩大的态势得到扭转，城乡收入差距缩小的态势逐步形成。2015年，全国农民人均可支配收入的实际增速，快于城镇居民人均可支配收入实际增速0.9个百分点。

值得重视的是，近年来不同收入等级的农民收入差距呈现扩大态势（见表1-12）。按五等份分组，2010年高收入户（20％）农民人均纯收入相当于低收入户（20％）的7.51倍，2013年扩大到8.24倍。2013年高收入户（20％）农民人均可支配收入相当于低收入户（20％）的7.41倍，2014年扩大到8.65倍。2013年低收入户（20％）的农民人均可支配收入2877.9元，2014年较上年减少3.8％。2015年不同收入等级农民收入差距扩大的态势有所改变，出现中低收入户收入增速最快，中高收入户收入增速最慢，高收入户农民人均可支配收入相当于低收入户的倍数缩小到8.43倍。

表1-12　近年来按五等份分组农民人均收入的变化

按收入五等份分组（各占20％）	农民人均纯收入/可支配收入的数量（元）						较上年增长（％）				
	2010年	2011年	2012年	2013年	2013年*	2014年*	2015年*	2011年	2012年	2013年	2014年*	2015年*
低收入户	1 869	2 000	2 316	2 583	2 877	2 768	3 086	69	158	11	-32	11
中等偏下户	3 621	4 255	4 807	5 516	5 965	6 604	7 221	17	127	14	101	9
中等收入户	5 221	6 207	7 041	7 942	8 438	9 504	10 311	18	132	12	123	8
中等偏上户	7 440	8 893	10 142	11 373	11 816	13 449	14 537	19	144	12	132	8
高收入户	14 050	16 783	19 009	21 273	21 324	23 947	26 014	19	136	11	12	8

注：在本表中，带＊对应农民人均可支配收入，不带＊对应农民人均纯收入的相关内容。

3. 工资性收入和经营性净收入是农民收入的两大主要来源，近年来工资性收入已成为农民增收的第一大来源

从 2013 年开始，国家统计局对之前分别进行的城乡住户调查进行了一体化改革，统一了城乡居民收入指标名称、分类和统计标准；从 2014 年开始用农民人均可支配收入代替了农民人均纯收入指标①。工资性收入和家庭经营性收入（或经营净收入）构成农民收入的主体。如 2015 年全国农民人均可支配收入 11 422 元，其中工资性收入和经营净收入分别为 4 600 元和 4 504 元，分别占 40.3% 和 39.4%。长期以来，农民的家庭经营性收入（或经营净收入）一直大于工资性收入。但由于近年来工资性收入的增长明显快于经营性收入的增长，在 2013 年全国农民人均纯收入和 2015 年农民人均可支配收入中，工资性收入均超过家庭经营性收入（或经营净收入），跃居为农民收入的第一大来源。按当年价格计算，从 2013 年到 2015 年，农民人均可支配收入由 9 429.6 元增加到 11 422.0 元，其中工资性收入和经营净收入分别增加 947.5 元和 562.9 元，分别占农民人均可支配收入总增量的 47.6% 和 28.6%（见表 1-13）。

表 1-13　近年来全国农村居民人均纯收入/可支配收入的变化

单位：元、%

	指标	2010 年	2011 年	2012 年	2013 年	2013 年*	2014 年*	2015 年*
绝对额	人均纯收入	5 919.0	6 977.3	7 916.6	8 895.9	9 429.6	10 488.9	11 422.0
	工资性收入	2 431.1	2 963.4	3 447.5	4 025.4	3 652.5	4 152.2	4 600.0
	家庭经营性收入	2 832.8	3 222.0	3 533.4	3 793.2	3 934.8	4 237.4	4 504.0
	财产性收入	202.2	228.6	249.1	293.0	194.7	222.1	252.0
	转移性收入	452.9	563.3	686.7	784.3	1 647.5	1 877.2	2 066.0
较上年增长	人均纯收入	—	17.88	13.46	12.37	—	11.23	8.90
	工资性收入	—	21.90	16.33	16.76	—	13.68	10.78
	家庭经营性收入	—	13.74	9.66	7.35	—	7.69	6.29
	财产性收入	—	13.02	8.96	17.66	—	14.07	13.46
	转移性收入	—	24.38	21.90	14.22	—	13.94	10.06

---

① 按照国家统计局的统计口径，农民人均纯收入包括工资性收入、家庭经营性收入、财产性收入和转移性收入，农民人均可支配收入包括工资性收入、经营净收入、财产净收入和转移净收入。

（续）

	指标	2010 年	2011 年	2012 年	2013 年	2013 年*	2014 年*	2015 年*
占比	人均纯收入	100.00	100.00	100.00	100.00	100.00	100.00	100.00
	工资性收入	41.07	42.47	43.55	45.25	38.73	39.59	40.27
	家庭经营性收入	47.86	46.18	44.63	42.64	41.73	40.40	39.43
	财产性收入	3.42	3.28	3.15	3.29	2.06	2.12	2.21
	转移性收入	7.65	8.07	8.67	8.82	17.47	17.90	18.09

注：本表按当年价格计算，其中带＊者为对应年份农村居民人均可支配收入数据，对应的指标列指标分别为人均可支配收入、工资性收入、经营净收入、财产净收入和转移净收入。

农民收入统计口径由纯收入向可支配收入的调整，导致工资性收入、经营净收入在农民收入中的比重都出现了下降，但工资性收入降幅更为明显（表1-13）。以 2013 年为例，全国农民人均纯收入 8 895.9 元，其中工资性收入和家庭经营性收入分别为 4 025.4 元和 3 793.2 元，分别占农民人均纯收入的45.3％和42.6％，工资性收入已经跃居为农民人均纯收入的第一大来源。但在同年农民人均可支配收入（9 429.6 元）中，工资性收入和经营净收入分别为 3 652.5 元和 3 934.8 元，分别占 38.7％和41.7％，工资性收入仍少于经营净收入。

4. 财产性收入的增速在波动中保持较快增长，但对农民增收的影响仍只处于辅助地位

近年来农民人均财产性收入或财产净收入的增速波动较大（表 1-13），但 2013 年以来，农民人均财产性收入或财产净收入的增速已由之前慢于农民人均纯收入，转为快于农民人均可支配收入的增速。2015 年财产净收入占农民人均可支配收入的比重为 2.2％，从 2013 年到 2015 年，农民人均财产净收入由 194.7 元增加到 252.0 元，占农民人均可支配收入总增量的 2.9％。财产性净收入仍只处于农民收入补充来源的地位。从 2013 年开始，农民收入统计口径由纯收入向可支配收入的转变，导致农民人均可支配收入中的财产净收入较农民人均纯收入中的财产性收入有较大幅度减小，对应指标占农民收入的比重也有较大程度的下降（表 1-13、表 1-14）。虽然不排除在少数地区，财产性收入可能成为农民收入的重要来源；但就总体而言，多数地区集体资产存量少；通过推进农村土地征收、集体经营性建设用地入市、宅基地制度改革试点和农村集体产权制度、土地流转机制创新等，释放对农民增收的制度创新红利，都需要经历一个长期渐进的过程；因此财产性收入难以成为农民收入增长的重要来源。

表 1 - 14 近年来农民收入的增量结构

单位：元、%

指标	2011—2013 年		指标	2014—2015 年	
	增量	占总增量比重		增量	占总增量比重
人均纯收入	2 976.9	100.00	人均可支配收入	1 992.4	100.00
工资性收入	1 594.3	53.56	工资性收入	947.5	47.56
家庭经营性收入	960.4	32.26	经营净收入	569.2	28.57
财产性收入	90.8	3.05	财产净收入	57.3	2.88
转移性收入	331.4	11.13	转移净收入	418.5	21.00

注：在本表中，2011—2013 年和 2014—2015 年分别以 2010 年和 2013 年为基期。

5. 近年来农民转移性收入增速趋缓但占比仍呈提高态势，对农民增收的影响值得关注

近年来，在农民人均收入中，无论是按老口径的转移性收入，还是按新口径的转移净收入，都呈数量扩大、占比提高的态势，且其增长明显快于农民收入总量的增长。从 2010 年到 2013 年，转移性收入占农民人均纯收入的比重由 7.7% 增加到 8.8%，增加 1.1 个百分点。从 2013 年到 2015 年，转移净收入占农民人均可支配收入的比重由 17.5% 增加到 18.1%，增加了 0.6 个百分点。2015 年，农民人均转移净收入 2 066.0 元，占农民人均可支配收入的 18.1%。按当年价格计算，从 2013 年到 2015 年，农民人均转移净收入增加 418.5 元，占农民人均可支配收入总增量的 21.0%。转移性收入对农民增收的影响虽然次于工资性收入和经营净收入，但值得进一步重视。

2013 年以来，农民收入统计口径由纯收入到可支配收入的调整，扩大了农民转移性收入的统计范围，导致农民转移性收入的数量明显扩大，占比明显提高。以 2013 年为例，农民人均转移性收入 784.3 元，但人均转移净收入达到 1 647.5 元；分别占农民人均纯收入的 8.8%、农民人均可支配收入的 17.5%。

（二）当前农民增收的难度和局部减收的风险显著增大

1. 农民工资性收入和来自于非农产业的经营性收入增长难度加大，局部减收的风险增加

（1）近年来全国农民工总量和人均月收入水平的增长均呈现明显的放缓趋势，这种趋势的延续将会制约农民工资性收入的增长（图 1-26 和图 1-27）。2011 年农民工总量较上年增长 4.4%，2012—2015 年农民工总量增速分别下降到 3.9%、2.4%、1.9% 和 1.3%[①]。

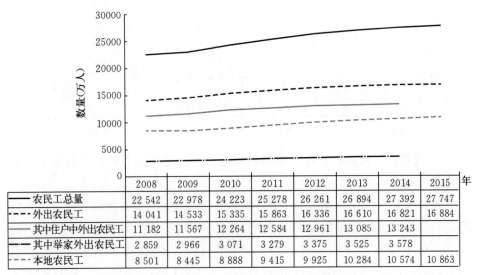

	2008	2009	2010	2011	2012	2013	2014	2015
农民工总量	22 542	22 978	24 223	25 278	26 261	26 894	27 392	27 747
外出农民工	14 041	14 533	15 335	15 863	16 336	16 610	16 821	16 884
其中住户中外出农民工	11 182	11 567	12 264	12 584	12 961	13 085	13 243	
其中举家外出农民工	2 859	2 966	3 071	3 279	3 375	3 525	3 578	
本地农民工	8 501	8 445	8 888	9 415	9 925	10 284	10 574	10 863

图 1-26　近年来中国农民工总量及结构的变化

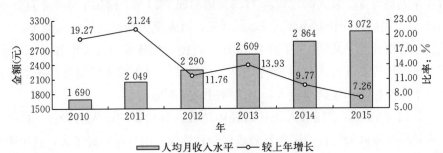

图 1-27　近年来农民工人均月收入的变化

---

① 本文关于农民工的数据，根据国家统计局网站历年农民工监测调查报告整理。

（2）今后随着经济下行压力的加大和持续，农民工总量增加和人均收入水平提高，进而农民工资性收入增长面临的制约将会进一步凸显[1]；农民来自于非农产业的经营性净收入增长，也会受到日趋严重的负面影响。当前，在越来越多的企业或地区，为了稳定熟练劳动力队伍，选择通过减少劳动力工作时间的办法，应对市场需求减少引发的企业减产困境，导致农民工隐性失业问题不断加重。由此形成的对农民工收入水平的负面影响，甚至大于因裁员导致的显性失业问题。短期内，但这种压力在总体上难以明显缓解。即使经济下行压力不会进一步加大，但这种压力的持续，也会通过影响农民工就业和收入水平，加重对农民工资性收入增长的负面影响。经济下行压力的加大和持续，还会通过产业链、产业集群内部企业间的传导效应，以及经济增长放缓向居民增收放缓的转化，影响农户从事非农产业的经营净收入增长。

（3）部分行业产能过剩问题和库存压力的持续凸显，以及相关去产能行动如果操作力度过大，将很容易通过产业链、产业集群内部的传导效应，增加部分产业链、产业集群萧条衰退甚至产业链断裂的风险，加剧局部地区区域主导产业连片萎缩衰败的困境，并通过加重显性、隐性失业和企业效益下降问题，增加行业性、区域性农民群体减收的风险。这种现象在钢铁、煤炭、水泥等产能严重过剩行业，特别是关联行业集群化程度较高、区域主导产业较为集中的地区表现尤甚。特别是，随着经济下行压力的加大和持续，受国内外市场需求不足和产能过剩严重化的影响，许多企业正在经历从"去利润"到"去就业"的阶段转变。虽然从长期来看，通过发展新产业、新技术、新业态、新模式，有利于打造新的经济增长点，培育新的经济发展动能；但传统产业、传统技术、传统业态、传统模式的衰退往往是快变量，发展新产业、新技术、新业态、新模式往往是慢变量，当新产业、新业态、新模式、新技术带来的新增长空间填充不了传统产业、传统技术、传统业态、传统模式衰退形成的塌方体量时，区域性、群体性减收往往很难避免。

（4）近年来农民工就业结构的变化及其与农民工月收入增速的错位分布，也不利于农民工工资性收入的提高。近年来，农民工就业呈现出在中西部地区

---

① 近年来农民工总量增长放缓，与农村劳动年龄人口特别是新增劳动年龄人口数量减少，也有较大关系。这导致在农民工总量中40岁以下的年轻农民工比重持续下降，多数农村地区可转移劳动力已转移殆尽。

和服务业比重提高的趋势，在服务业比重提高主要集中在批发和零售业，居民服务、修理和其他服务业；在中西部地区从事服务业的农民工比重提高更为显著。但这些行业和地区农民工人均月收入恰恰较低①。今后，部分行业特别是制造业产能过剩问题和房地产库存压力的凸显及制造业去产能、房地产业去库存的推进，很可能导致越来越多的农民工因在制造业和建筑业失业，转向在服务业特别是中西部地区的服务业就业。从前文分析可见，这对于提高农民工的月均工资性收入水平是不利的。

2. 部分农产品价格下行压力加大制约了农业经营性收入的增长，提高了主产区农民局部减收的可能性

近年来，农民收入的持续较快增长固然有多种原因，但从前文分析可见，粮食等主要农产品产量和价格的同时增加，也发挥了重要作用。为保护农民利益和种粮积极性，我国从 2004 年和 2006 年起在主产区分别对稻谷、小麦实行最低收购价政策；从 2008 年开始，国家先后在部分主产区实行了玉米、大豆、棉花、油菜籽、食糖临时收储政策。2008 年以来，鉴于粮食生产成本上升较快，国家连续 7 年提高稻谷和小麦最低收购价，2008—2014 年，籼稻、粳稻和小麦最低收购价的提高幅度分别超过 90%、100% 和 70%。同期，玉米临时收储价格提高了近 50%。粮食最低收购价格和玉米临时收储价格的提高，有效拉动了市场粮价的提升，成为农民增收的重要支撑。

由于多年来国际粮价下跌、国际能源以及海运价格暴跌，加之 2014 年前持续多年的人民币升值等综合作用，近年来多数粮棉油糖产品的国内价格高于国际价格，并且差距较大。近年来，我国主要农产品进口迅速扩张与此有密切关系。因此，在粮食连续 12 年增产的背景下，粮食及其中的稻谷特别是玉米库存达到历史峰值，小麦库存也处于历史高位；国家为此支付的财政补贴压力不断加重，去库存的紧迫性迅速凸显，主要粮食品种阶段性供给过剩问题日趋突出②。与此同时，近年来，国内经济下行压力持续加大、世界经济增长持续低迷，导致农产品深加工需求增长乏力或部分萎缩，部分畜产品也出现增长乏力的局面。这些因素的综合作用，增加了国内农产品尤其是粮食价格上涨的难

---

① 国家统计局.2015 年全国农民工监测调查报告.国家统计局网站，2016 - 4 - 29.

② 笔者认为，虽然当前的小麦是产需基本平衡，产略大于需；但考虑到小麦库存量已超过当年消费量，当前的小麦供求也不是基本平衡，而是阶段性供给过剩。只不过稻谷特别是玉米阶段性供给过剩问题更重而已。

度和下跌的可能性。最近两年来，粮食最低收购价、主要农产品临时收储价由之前的较大幅度增长转为增幅放缓、持平或下降，甚至棉花、大豆、油菜籽临时收储政策的取消①，也对主要农产品价格发挥了重要的拉低效应。最近几年来，农民收入增长放缓，很大程度上与此有关。

在主要农产品价格增长乏力甚至下降的同时，国内农产品生产成本迅速上升、比较利益下降，导致农民来自于农业的经营净收入增长困难加大，部分行业、部分地区农业减收的可能性显著增加。部分主产区由于农民来自于农业的收入减少或入不敷出，退出主要农产品生产的农户明显增加，农户农业经营副业化更为普遍。这种现象在我国部分棉花、大豆、油菜籽主产区已经出现，在糖料主产区日趋严重，并向谷物特别是玉米主产区蔓延。如糖业是广西重要的优势产业，近年来全区糖料蔗种植面积、原料蔗和食糖产量均超过全国的60％。虽然国内食糖产量仍然供不应求，但近年来面临国内生产和加工成本上升、价格下降，以及国内价格明显高于国际价格导致进口激增等多重挤压，国内糖业产业链面临的困境日趋凸显，蔗农减收、制糖企业亏损，甚至蔗农、制糖企业入不敷出的问题日益严重化和普遍化。许多农户已退出糖料蔗生产。目前全国有蔗农 4 000 万人，其中广西蔗农 2 600 万人，糖企工人 20 余万人。广西糖业已经连续 3 个榨季亏损，糖料面积从 1 648 万亩萎缩到 1 200 万亩；糖料蔗价格由 2011/2012 年榨季的 500 元/吨，连续下降到 2014/2015 年榨季的400 元/吨，低于糖料蔗平均种植成本。全自治区因收购价格下调，3 个榨季蔗农累计直接损失 62.5 亿元②。糖料蔗种植的宿根周期通常为 3～7 年，遇到价格大幅下跌时，农民很难通过短期的规模调整来压缩产能，降低市场损失。如果压缩规模和产能，由此形成的对糖料蔗生产和农业增收的负面影响往往会延续几年。

又以玉米为例，尽管短期市场价格的变化有涨有跌，但玉米价格总体向下的趋势难有根本改变。综合考虑国际国内因素，2016 年玉米价格出现上涨和

---

① 如 2015 年稻谷、小麦最低收购价维持 2014 年水平不变；2016 年稻谷最低收购价早籼稻每千克下调 0.04 元，中晚籼稻、粳稻和小麦最低收购价维持 2015 年的水平不变。玉米临时收储价 2014 年维持 2013 年水平不变，2015 年 9 月从上年的平均每千克 2.24 元下降到 2.0 元。从 2014 年开始国家取消了棉花、大豆临时收储政策，启动东北和内蒙古大豆、新疆棉花目标价格补贴试点。从 2015 年起，国家取消了油菜籽临时收储政策。

② 韦星，正在消失的'甜蜜蜜'——广西糖业调查，南风窗，2015（10）。

下跌的因素都是存在的。推动玉米价格上涨或抑制价格下跌的主要因素：①历史上较重的尼尔尼诺现象，可能导致 2016 年世界粮食减产，推动国际粮价在总体上呈现走高趋势；但由于世界经济复苏艰难，抑制玉米等主要粮食品种的需求扩张，国际粮价即使出现上涨，幅度也不会很大；②全球粮食价格处于连续 5 年来的低点，这可能会抑制未来粮价的进一步下跌；③2016 年人民币汇率仍将呈现波动特征，但自 2014 年下半年以来人民币贬值的趋势很可能延续，从而对玉米进口和国内外价差的扩大形成抑制效应。推动玉米价格下跌的因素主要有：①国际玉米、小麦和大豆库存处于历史高位。②继玉米临时收储价格2014 年停止增长、2015 年 9 月下调后，玉米价格的下行加剧；2016 年国家将东北三省和内蒙古自治区玉米临时收储政策调整为"市场化收购＋补贴"新机制，由此可能加速玉米价格的下探过程。③国内经济下行压力仍然较大、世界经济增长低迷的状况短期内难有根本改观，这仍将通过制约需求扩张增加玉米价格下行的压力。综合权衡，2016 年国内玉米价格很可能出现较大波动，但下跌的可能性要明显大于上涨的可能性。据笔者 2016 年 5 月对安徽宿州市的调研，玉米市场价较上年同期跌幅超过 30％。

除价格外，2016 年推动玉米主产区农民农业经营净收入下降的其他因素：①国家推进玉米结构调整，巩固玉米优势区、适当调减非优势产区的种植面积，重点是将"镰刀弯地区"中非优势产区的玉米种植面积调减。2015 年 11月农业部发布的《"镰刀弯"地区玉米结构调整的指导意见》要求到 2020 年，将该地区玉米种植面积调减 5 000 万亩以上，2016 年调减 1 000 万亩以上。但预计 2016 年很可能实际调减 2 500 万亩上下。尽管调减的路径和方式多种多样，从中长期的角度看大多有利于提高农业的质量效益和竞争力，但其对2016 年农民收入增长的负面影响值得重视。如恢复大豆—玉米轮作，固然有利于土壤环境的改善和病虫害防治，但是近年来农民减少大豆增加玉米种植的主要原因在于大豆种植比较效益低。大豆市场高度开放，国内外市场的联动性强，增加国内大豆种植，还会增加国内大豆价格上涨的难度。即使玉米价格下跌导致玉米—大豆比价关系会向有利于大豆种植的方向转化，激发农民增加大豆种植的积极性；部分玉米非优势产区恢复大豆种植，也会导致这些地区相对于之前种植玉米，农民种植大豆的绝对收益减少。②尽管巩固优势产区、适当调减非优势产区的玉米种植有可能抑制玉米平均生产成本的提高，但近年来玉米生产成本增加的趋势短期内仍难明显改变，成本侵蚀收入的现象仍将持续。近年来人工成本的上升，成为农产品成本上升的重要推手。当前国际市场原油价格已经长期低于每桶 40 美元，进一步下跌的空间已经不大；一旦国际原油价格出现回升，将会带动化肥、农药等价格上涨，推高玉米等农产品成本。③在粮食连年增产的背景下，部分主产区玉米收不了、储不下、销不掉，许多玉米长期露天存放，增加了霉变的可能性和销售价格下降的风险。④经过历史罕见的粮食"十二连增"，今后粮食减产带动农业减收的可能性正在明显增加。

3. 转移净收入、财产净收入增长的难度也在加大，农民通过土地流转形成的财产性增收形势可能逆转

当前"三农"问题仍是全党工作的重中之重。"十三五"规划将共享发展作为中国特色社会主义的本质要求。因此，可以预见，国家加强对"三农"发展的支持，仍会带动农民转移净收入的继续增长。但是，近年来财政收入增速明显放缓，会在相当程度上制约农民转移净收入的增加。通过推进农村土地征收、集体经营性建设用地入市、宅基地制度改革试点和完善资源开发收益分享机制、探索资产收益扶持制度等，促进农民财产性收入的增长，虽然具有较好的长期潜力，但需要假以时日，短期内难以立竿见影。"十二五"期间，农村土地承包经营权流转迅速推进，对农民财产性收入的增长发挥了重要作用。尤其是农民通过土地承包经营权流转形成的财产净收入增长，很可能出现形势逆转。

2011 年上半年，全国农村土地承包经营权流转总面积 2.07 亿亩，占承包耕地总面积的 16.2%①。2014 年年底，全国家庭承包耕地流转面积扩大到 4.03 亿亩，较上年年底增长 18.3%；流转面积占家庭承包经营耕地面积的 30.4%，较上年年底提高 4.7 个百分点；有 8 个省份家庭承包耕地流转比重超过 35%。在全部流转耕地中，以转包和出租方式流转的分别占 46.6% 和 33.1%；流转入农户的占 58.4%，较上年下降 1.9 个百分点；流转入农民专业合作社和企业的分别占 21.9% 和 9.6%，分别较上年提高 1.5 个和 0.2 个百分点②。虽然向企业的土地流转占承包地流转总面积的比重不大，但却是带动土地流转价格快速增长的重要原因。之前，工商企业进入农业生产处于加速状

---

① 新华社，全国土地承包经营权流转总面积已经达到 2.07 亿亩，中央政府门户网站（http://www.gov.cn），2011-12-28。

② 农业部经管总站体系与信息处，全国 2014 年农村家庭承包耕地流转情况，农村经营管理．2015（6）。

态，主要来自三方面的推动。一是工商企业进军农业在总体上处于初级阶段，对农业投资的复杂性估计不足，对投资收益的理想主义情绪；二是粮食和主要农产品价格上涨；三是地方政府对土地流转"求大、求快、求好看"，时常采取行政干预手段动员农民流转土地，动员工商资本投资农业，并通过较强的补贴激励引导企业连片、大规模流转土地。

近年来，随着工商资本投资农业生产的推进，随着粮食价格下行压力的加大，进入农业生产后惨淡经营、朝不保夕的企业越来越多，导致老板"跑路"、农民土地流转收入难以兑现的风险迅速增加，有的甚至容易形成区域性、群体性事件。随着经济下行压力的加大，许多地方财政增收明显放缓，甚至财政减收问题凸显；政府在民生和防风险方面的支持却有增无减。在此背景下，地方政府行政干预、动员和财政补贴刺激企业连片、大面积流转土地的行为，可望得到一定程度的抑制；工商企业在流转土地时"财大气粗"，不计成本、抬高流转价格的行为可望得到明显收敛；农民在选择土地流转对象时，基于避险考虑，对向工商企业的流转也会趋于谨慎。综合来看，今后几年与"十二五"时期相比，农村土地流转价格的提高幅度可能明显减小，土地流转价格不升反降的可能性也会明显增加，土地流转速度很可能明显变慢，土地流转对农民财产性增收的带动作用也会明显减弱。在局部地区，因老板"跑路"、农民土地流转收入不能兑现，导致农民财产性收入减收的现象，也会越来越多。

第三节　新常态下农民增收潜力与趋势[①]

"新常态"自2014年5月首次提出以来，得到了普遍认可。总体来看，新常态是一种趋势性、不可逆的发展状态，意味着我国经济已进入一个与过去30多年高速增长期不同的新阶段，最明显的特征是经济增速放缓，但更重要的内涵是增长质量的提升和经济结构的优化，以及经济驱动力的调整。具体来看，是在增长速度换档期、结构调整阵痛期和前期刺激政策消化期等"三期叠加"的背景下，经济发展速度正从高速增长转向中高速增长，经济发展方式正从规模速度型粗放增长转向质量效率型集约增长，经济发展结构正从增量扩能

---

① 本节选自农业部软科学课题"新常态下农民增收潜力、趋势和长效机制研究"（课题编号：D201527），课题主持人：倪建伟。

为主转向调整存量、做优增量并存的深度调整，经济发展动力正从要素驱动、投资驱动的传统增长点转向创新驱动的新增长点[①]。新常态对大力推进产业升级与经济结构调整提出了新要求，农民收入增长面临全面压力。

一、方法选择

农民收入是衡量地方经济发展状况的重要指标。对农民收入进行科学预测有利于更加清楚地评估农民收入的水平，及时了解农民收入的变化，根据变化可以分析农民收入增加的原因，挖掘农民收入增加的潜力，进而促进农民增收。促进农民增收对于社会稳定和经济发展起着至关重要的作用。提高农民收入水平，不仅有利于缩小城乡居民收入差距，还有助于实现城乡发展一体化，加快新型城镇化的进程。新常态下，农民增收越来越受到国民经济和全球一体化发展的深刻影响，因此，客观、准确地预估新常态下农民增收的潜力及趋势势在必行。本课题考虑了三种预测方法对未来"十三五"时期我国农民收入进行预测，并综合考虑了各方面影响因素后选取了最为合理的一种。

1. 移动平均法

移动平均法是一种简单平滑预测技术，它的基本思想：根据时间序列资料、逐项推移，依次计算包含一定项数的序时平均值，以反映长期变动趋势的方法。因此当时间序列的数值由于受周期变动和随机波动的影响，起伏较大，不易显示出事件的发展趋势时，使用移动平均法可以消除这些因素的影响，显示出事物的发展方向与趋势，然后依趋势线分析预测序列的长期趋势。其计算过程是对一组近期实际值取平均值，将这个平均值作为下期预测值，逐项移动，形成一个序列平均数的时间序列。

2. 趋势平均法

该方法的主要优点是考虑时间序列发展趋势，使预测结果能更好地符合实际。根据对准确程度要求不同，可以选择一次或二次移动平均值来进行预测。首先是分别移动计算相邻数期的平均值，其次确定变动趋势和趋势平均值，然后以最近期的平均值加趋势平均值与距离预测时间的期数的乘积，即得预测值。该方法以最近实际值的一次移动平均值起点，以二次移动平均值估计趋势

---

① 李丽辉，田俊荣，刘先云，林丽鹏，姚懿文，乔栋，认识新常态 适应新常态 引领新常态，人民日报，2014 - 12 - 12。

变化的斜率，建立预测模型，即：

$$a_t = 2\, m_t^{(1)} - m_t^{(2)}$$

$$b_t = 2/\ (n-1)\ (m_t^{(1)} - m_t^{(2)})$$

式中，a_t——预测直线的斜距；b_t——预测直线的斜率；n——每次移动平均的长度；t——期数。

趋势移动平均法的预测模型为：

$$y_{t+k} = a_t + b_t \cdot k$$

式中，k——趋势预测期数；y_{t+k}——第 $t+k$ 期预测值。

3. 递增速度法预测分析

该方法就是求出在某一个时间段内的年平均增长速度，在设定某一年的收入值为基期的基础上，以此为依据，求出各年的预测值。计算平均增长速度有两种方法：一种是习惯上经常使用的"水平法"，又称几何平均法，是以间隔期最后一年的水平同基期水平对比来计算平均每年增长或下降的速度；另一种是"累计法"，又称代数平均法或方程法，是以间隔期内各年水平的总和同基期水平对比来计算平均每年增长或下降的速度。在一般正常情况下，两种方法计算的平均每年增长速度比较接近；但在经济发展不平衡、出现大起大落时，两种方法计算的结果差别较大。

移动平均法并不能总是很好地反映出趋势，由于是平均值，预测值总是停留在过去的水平上而无法预计会导致将来更高或更低的波动。趋势平均法的缺点就在于没有假设特定的模式，而只是通过移动平均，从而提供比随机系列较为平滑的趋势系列。在实际中来预测未来时期农民收入时，本课题组在综合考虑了各方面的相关因素后，选取了增长速度法来预测我国未来农民收入。主要原因是我国未来农民收入的水平与之前时期是密切相关的，采用之前选取的某个发展阶段的增长速度可以更符合我国实际。在选取了增长速度的基础上，本课题组分别对农民收入的总体情况、区域结构、来源结构、产业结构和人群结构作了测算，通过分析比较这些从不同角度考虑的预测值来更好地预测新常态下农民增收的潜力及趋势。

二、总体情况测算

（一）农民收入增长形势分析

2004 年以来，国家不断加大强农惠农富农政策力度，农民收入连续 9 年较快增长，特别是近年来增速连续超过城镇居民收入增速，城乡居民收入相对差距呈现逐步缩小的良好态势，农民增收出现了多年少有的好形势。

课题组根据历年统计年鉴数据，描述 2000—2014 农民人均纯收入变化趋势，如图 1-28。2000—2014 年，我国农民人均纯收入变化总体呈现出一个前期增长缓慢、后期增长快速的局面。在前期的几年中，即 2000—2008 年期间，我国农民人均纯收入以平缓的速度增长。2000 年，我国农民人均纯收入为 2 253 元。2008 年，我国农民人均纯收入为 4 760 元，比 2000 年翻了近一番。在这 9 年中，我国农民人均纯收入平均增长速度为 5.65%。2009—2013 年，我国农民人均纯收入分别为 5 153.2、5 919、6 977.3、7 916.6、8 895.9 元，呈现快速增长趋势，5 年期间的平均增长速度为 8.37%。随着工业化、城镇化、国际化的深入发展，以及城乡、工农关系的深刻调整，农民增收动力机制发生了很大变化，农民增收的稳定性和可持续性逐步上升。

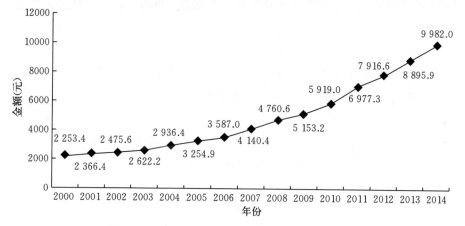

图 1-28　2000—2014 农民人均纯收入变化趋势

近几年，我国 GDP 增速从 2009 年的 9.2% 下降到 2013 年的 7.7%，增长速度在减缓，但农民人均纯收入的实际增长速度却在稳步提高，从 8.5% 上升到了 9.3%。2013 年，城镇居民人均可支配收入 26 955 元，比上年增长 9.7%，扣除价格因素，实际增长 7.0%；全年农村居民人均纯收入 8 896 元，比上年增长 12.4%，扣除价格因素，实际增长 9.3%。全国居民人均可支配收入实际增长 8.1%，超过 7.7% 的 GDP 增速，其主要原因是农民收入增长加快。

农民收入增加得益于多因素共同推动。一是主要农产品产量增。2012年全国粮食总产量58 957万吨，比2011年增加1 836万吨，增长3.2%，实现"九连增"。棉油糖、果菜茶、肉蛋奶、水产品等连续两年全面增产。2013年粮食再获丰收。全年粮食产量60 194万吨，比2012年增加1 236万吨，增产2.1%。其中，夏粮产量13 189万吨，增产1.5%；早稻产量3 407万吨，增产2.4%；秋粮产量43 597万吨，增产2.3%。其中，主要粮食品种中，稻谷产量20 329万吨，减产0.5%；小麦产量12 172万吨，增产0.6%；玉米产量21 773万吨，增产5.9%。

二是农民外出务工人数增、工资涨。2011年以来经济增速下降，企业经营出现困难，但并未影响农民外出就业总体形势。2012年，农村外出务工劳动力16 336万人，同比增长3.0%；年末外出务工劳动力月收入2 290元，同比增长11.8%。2011年有20多个省份提高最低工资标准，2012年有18个省份提高最低工资标准，农民工工资随之水涨船高。此外，随着县域经济快速发展，农村劳动力就近就业数量稳定增长，不仅工资水平快速提高，而且生活成本有所降低，促进了农民工资性收入的增长。2013年全国农民工总量26 894万人，比2012年增加633万人，增长2.4%。其中，外出农民工16 610万人，增加274万人，增长1.7%；本地农民工10 284万人，增加359万人，增长3.6%。在外出农民工中，住户中外出农民工13 085万人，增加124万人，增长1.0%，举家外出农民工3 525万人，增加150万人，增长4.4%。外出农民工人均月收入（不含包吃包住）2 609元，比上年增加319元，增长13.9%。

三是强农惠农政策力度大、含金量高。随着经济综合实力稳步增强和国家财力持续增长，国家对农民增收支持力度不断加大。2011年全国财政支出总量中"三农"支出占26.9%。2012年中央财政支出总量中"三农"支出达12 280亿元，占19.2%，比2011年提高0.6个百分点；"四项补贴"1 668亿元，比2011年增加229亿元。2014年1月，中央财政已向各省（自治区、直辖市）预拨2015年种粮直补资金151亿元。2015年1月，中央财政已向各省（自治区、直辖市）预拨农资综合补贴资金1 071亿元。

近年农民增收主要表现在农民总收入中工资性收入、家庭经营收入占比较高，且工资性收入呈逐年提高趋势，并且转移性收入也呈现出增长趋势，但家庭经营性收入占农民总收入的比重在逐年下降（图1-29）。2010年，农民的工资性收入为 2 431.1 元，约占农民总收入的 41%。2013 年，农民的工资性收入为 4 025.4 元，占农民总收入的 45%。在农民总收入增加的前提下，工资性收入占的比重也有了 4% 的较大幅度的提升。2013 年，工资性收入首次超过了家庭经营性收入，成为了农民收入的最主要来源。2010—2013 年，家庭经营性收入分别为 2 832.8、3 222、3 533.4、3 793.2 元，虽然保持着逐年增加的态势，但可以看到，家庭经营性收入在农民总收入中占的比重分别为 47.86%、46.18%、44.63%、42.64%，呈逐年下降的趋势。在农民总收入中，家庭经营性收入的主导地位正在慢慢被削弱，主要原因是随着城镇化进程的推进，越来越多农村居民涌入城市去寻找就业机会，一方面导致了工资性收入的增加，另一方面也导致了家庭经营性收入的减少。但我们不能忽视家庭经营性收入仍然占据着不可忽视的地位，在国家倡导城乡一体化的大背景下，国家需要出台更多鼓励农民自主创业的政策，这是增加家庭经营性收入的一大动力。2010 年，转移性收入占农民总收入的 7.6%，2013 年比 2010 年增加了约 1 个百分点，占 8.8%。城乡居民收入差距的扩大，与转移性收入所占比例的高低有关。在现行的城镇居民收入中，转移性收入占到 20% 以上的比例，而农村居民只占 5%~8%。如果将农村居民的转移性收入扩大到城镇居民的水平，城乡的收入差距可由目前的 2.92：1 缩小到 1.8：1。

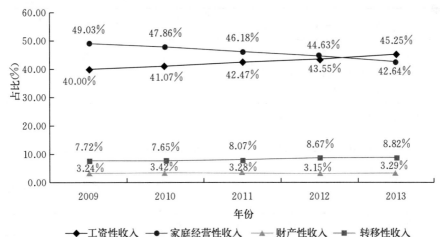

图 1 - 29　2009—2013 农民收入构成成分占比变化情况

（二）增长速度法预测分析

课题组选用增长速度法对于农村居民每年人均纯收入进行预测分析。具体而言，该方法就是先求出全国农民人均纯收入在 2000—2014 年间的年均递增速度，并以此为依据，在 2014 年农民人均纯收入作为基期的基础上，计算出"十三五"时期各年以及 2025 年农村居民每年人均纯收入的预测值。影响农民人均纯收入的因素很多，诸如价格、产业结构、农民素质等，因此在求递增速度对农民人均纯收入进行预测时，为了尽可能地排除这些干扰因子，在进行预测时，本课题组综合考虑 CPI 等因素的影响，从不同的角度进行分析，考虑了 3 个预测方案。

（1）高速增长方案。该方案是以 2010—2014 年这 4 年间农民人均纯收入增长比较快的平均增长速度进行推算。2010—2014 年，我国农民人均纯收入分别为 5 919、6 977.3、7 916.6、8 895.9、9 982 元，呈现快速增长趋势，年平均增长速度为 13.96%（表 1-15）。为便于计算，本课题组在选取增长率时将此选为 14%。在以 2014 年农民人均纯收入作为基期的基础上，按此增长率进行推算，可以得到 2015—2025 年我国农民人均纯收入的预测值（表 1-16、图 1-30）。

表 1-15　农民人均纯收入年平均增长速度

年份	增长速度（%）
2000—2014	11.22
2005—2014（农业税完全取消后）	13.26
2010—2014（"十二五"时期）	13.96

数据来源：中国统计年鉴。

表 1-16　2015—2025 年农民人均纯收入预测结果（高速增长法）

单位：元

年份	2015	2016	2017	2018	2019	2020	2025
人均纯收入	11 379	12 973	14 789	16 859	19 219	21 910	42 186

（2）低速增长方案。该方案是以 2000—2014 年的平均增长速度进行推算。在这几年中，农民人均纯收入平均增长速度为 11.22%（表 1-15），为了便于

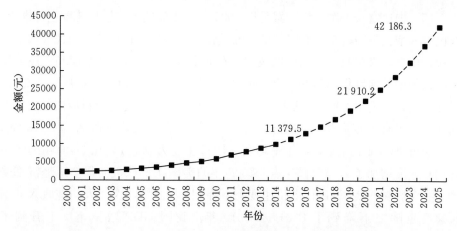

图 1-30　2000—2025 年农民人均纯收入（元）（高速增长法）

测算，本课题组在分析这一时期的增长速度时取 11.5% 作为最低增长速度进行推算，以 2014 年农民人均纯收入为基数，得到 2015—2025 年我国农民人均纯收入的预测值（表 1-17、图 1-31）。

表 1-17　2015—2025 年农民人均纯收入预测结果（低速增长法）

单位：元

年份	2015	2016	2017	2018	2019	2020	2025
人均纯收入	11 129	12 409	13 837	15 428	17 202	19 180	33 055

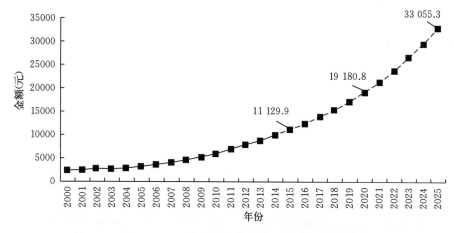

图 1-31　2000—2025 年农民人均纯收入（元）（低速增长法）

（3）中速增长方案。该方案是以 2005—2014 年的平均增长速度进行推算。农民收入增长与经济增长有显著的正相关性，经济增长速度快，农民收入增长就快；反之，农民收入也相应地减缓。在此期间，我国 GDP 增速和农民人均纯收入的增长速度保持着相一致的水平。2007 年，我国 GDP 总量为 246 619 亿元，增长速度由 2006 年的 12.7％上升到了 14.2％。与之相对应的是农民人均纯收入也有了较大幅度的增长。2006 年我国农民人均纯收入为 3 587 元，2007 年增加到 4 140.4 元，年平均实际增长速度为 9.5％，比 2006 年的年平均增长速度增加了 2.1 个百分点。2008 年的美国次贷危机使得全球经济都受到了一定影响，我国 GDP 增长速度也下降到了 9.6％，农民人均纯收入的增长速度也随之下降到了 8.01％。2010 年，我国 GDP 增长速度上升到了 10.6％，农民人均纯收入增长速度为 10.9％，首次超过了 GDP 的增长速度（表 1-18）。

表 1-18 2000—2014 年我国 GDP 及农民人均纯收入增长速度

单位:％

年份	GDP 增长速度	农民人均纯收入增长速度
2000	8.4	2.11
2001	8.3	4.18
2002	9.1	4.8
2003	10.0	4.3
2004	10.1	6.79
2005	11.3	6.21
2006	12.7	7.4
2007	14.2	9.5
2008	9.6	8.01
2009	9.2	8.50
2010	10.6	10.90
2011	9.5	11.40
2012	7.7	10.69
2013	7.7	9.30
2014	7.3	9.4

数据来源：中国统计年鉴，由课题组整理所得。

在此期间，虽然农民人均纯收入增长率波动很大，特别是 2007—2009 年出现了增长减缓的困难局面，但是实际总平均增长速度达到了 13.26%。因此，在以 2014 年农民人均纯收入 9 892 元作为基期的基础上，为了便于测算，课题组将按 13% 的增长率进行推算，可以得到 2015—2025 年农民人均收入的预测值（表 1-19、图 1-32）。

表 1-19　　2015—2025 年农民人均纯收入预测结果（中速增长法）

单位：元

年份	2015	2016	2017	2018	2019	2020	2025
人均纯收入	11 280	12 746	14 403	16 275	18 391	20 782	38 290

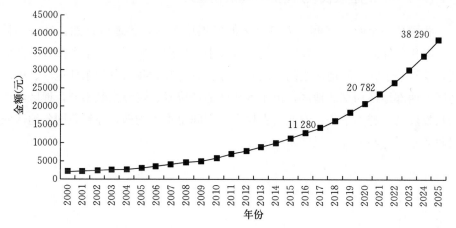

图 1-32　　2000—2025 年农民人均纯收入（元）（中速增长法）

（三）总体情况测算结果

5 年来，我国 GDP 增长速度呈缓慢下降的趋势，保持着约 8% 的年均增长速度，由高速增长转变为中高速增长。与此相适应，在"十二五"期间，城镇居民可支配收入年平均增长速度 7.9%，基本与 GDP 增长速度保持一致。要实现党的十八大确定的"2020 年实现国内生产总值和城乡人均收入比 2010 年翻一番"的目标，有必要保持稳定的增长速度。从"国内生产总值翻一番"的目标预期，2016—2020 年经济平均增长底线是 6.5%。新常态下，伴随着经济发展方式转变的加快和产业结构的转型与升级，预计在"十三五"时期我国GDP 增长速度有望保持在 7%～8%。从与整个宏观经济发展相适应、与城镇居民收入增长相协调的客观要求来看，为了缩小城乡差距，促进城乡一体化，农民收入有必要实现有效的增长。在考虑物价上涨等一些关键因素的基础上，结合目前农民收入增长所处水平，在"十三五"时期我国农民人均纯收入增长速度应该保持在 11.5% 左右，能够使我国农民收入保持健康、有效的增长。按照这个增长速度，至 2020 年，我国农民人均纯收入将达到 19 180 元的水平；至 2025 年，农民人均纯收入水平将达到 33 055 元的水平。

三、区域结构测算

(一) 不同地区农民收入呈现不同增长趋势

我国是一个幅员辽阔、人口众多的发展中大国，各地区自然、经济、社会、文化条件差异显著，在国家建设过程中也出现了城镇布局不平衡等一些问题，这导致了在不同地区之间农民收入存在着差异。我国分为东部地区、中部地区、西部地区和东北地区，由于各地区地理位置、资源禀赋不同，地区经济增长发展越来越不平衡、农业与农村发展空间也很不均衡，导致我国各地区农民收入水平存在差异（见图 1-33）。

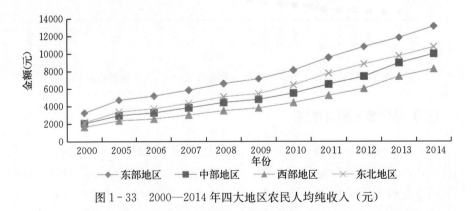

图 1-33　2000—2014 年四大地区农民人均纯收入（元）

进入 21 世纪之后，我国各个地区农民收入逐年上升，但是增幅表现却不尽相同。2000—2014 年，东部地区农民人均纯收入由 3 271.3 元增至 13 144.6 元，年平均增长 9.7%。西部地区农民人均纯收入由 1 661 元增至 8 295 元，年平均增长 11.3%，增长速度最大。中部地区和东北地区保持着约 11% 的年均增长率。2000 年，东部地区收入水平最高，是全国平均水平的 1.45 倍，西部地区最低，为全国水平的 0.74 倍。2014 年，东部地区的收入水平是全国平均收入的 1.32 倍，西部地区则上升到了 0.83 倍。2000—2014 年，东部地区农民收入较全国水平相对有所下降，中西部和东北地区则均有回升，其中西部地区表现最为明显。

从总体上看，我国 4 个地区的农民收入都保持着持续增长的态势，但东部地区和其他 3 个地区的农民收入差距也在逐步扩大，其中东部与西部之间差距扩大的趋势尤为明显。虽然这 4 个地区农民人均纯收入都保持着较快的增长速度，但由于地区间农民人均纯收入的起点不同，长期经济增长不仅没有缩小地区之间收入的差距，反而造成地区之间收入差距的不断扩大。2000 年，东部地区与西部地区的收入差距为 1 610.3 元；2014 年，东西部之间的收入差距上升到了 4 849.6 元，与 2000 年相比较，差距又扩大了 3 239 元。东部与中部地区的收入差距扩大趋势较西部而言，呈现增加趋势较缓的局面。2000—2014 年，东部与中部地区的收入差距由 1 193.7 元上升到了 3 133.5 元。这与国家对中部地区相应政策态度的转变有关。西部大开发、东北振兴战略提出后，我国区域经济增长格局呈现出新的特征：东西部地区增长快于中部地区，中部地区被进一步边缘化，在国家区域政策中降到谷底。中部地区既要面临改革开放后与东部形成的开发落差，又要面对西部大开发与东北振兴可能带来的投资落差。在这样的背景下，2005 年，中部崛起战略被提上日程。自中部崛起战略实施以来，中部地区经济社会发展取得巨大成就，进入了工业化、城镇化加速推进的新阶段，农民收入也进入了快速增长的时期。2005—2014 年，中部地区农民人均纯收入的年均增长速度为 13%，高于此时期内东部和东北地区的 10.8%、11.8%，同时也比全国农民人均纯收入增长速度高出了 1 个百分点。东部地区与东北地区的农民收入差距的扩大趋势最不明显。2000 年东部地区与东北地区的农民收入差距为 1 094.3 元，2014 年上升到了 2 342.5 元。本课题组发现，两者之间的收入差距增幅并不大，考虑到东部地区原本的发展优势，本课题组认为这个差距是在合理范围之内的，主要原因是国家重视东北地区的发展。东北地区不仅是我国重化工业的重要基地，还是我国重要的商品粮和农副产品生产基地。改革开放以来，东北地区发展出现了诸多问题，导致东北地区的发展速度明显落后于国内其他地方。2002 年，国家将振兴东北地区等老工业基地纳入到国家战略层面。振兴战略实施以来，东北地区体制改革、机制创新步伐加快，对外开放程度提高，经济快速增长，农民收入增长速度也提高了。2005 年，东北地区农民人均纯收入为 3 379 元，2014 年上升到了 10 802 元，这 9 年期间农民收入年平均增长速度为 12.3%，与全国水平相比高出 0.5 个百分点（图 1-34）。

图 1-34　2000—2014 年地区间农民收入差距（元）

本课题组基于 2006—2014 年的数据，对四大地区农民收入进行分析，发现东部地区对农民增收的贡献率呈现逐年下降的趋势。2006 年，东部地区的贡献率为 141%，西部地区只有 63%。在这几年中，东部地区贡献率变化幅度有大有小，但总体呈下滑趋势。西部地区的农民收入贡献率大致保持在 80% 的水平，除了 2013 年的贡献率特别高，为 144%，超过了东部地区农民收入的贡献率。2006—2008 年，中部地区对农民增收的贡献率基本保持在 99% 左右。2009 年，中部地区的贡献率达到最小值，为 86%，之后的 3 年又有了一定幅度的上升，2010—2012 年的贡献率分别为 94%、96%、96%。2006—2008 年，东北地区对农民增收的贡献率仅次于东部地区。2009 年，东北地区的贡献率下降到了 91%，对农民增收的贡献减少了。2010 年，东北地区农民人均纯收入为 6 434.5 元，超过全国农民人均纯收入 515 元，贡献率又上升到了 128%。2013 年，东北地区的贡献率又下降到了 93%（图 1-35）。

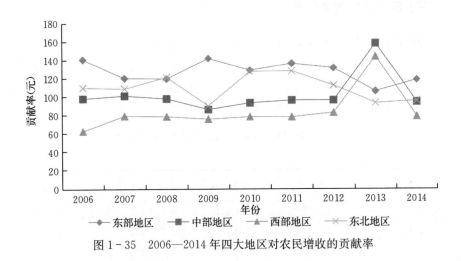

图 1 - 35　2006—2014 年四大地区对农民增收的贡献率

（二）区域结构未来测算

在对农民未来收入进行区域结构测算时，本课题组将 2000—2014 年的时间分为了 3 个阶段，并分别计算了这 3 个阶段中各个区域的农民收入年均增长速度（表 1 - 20）。

表 1 - 20　按区域结构分的农民收入年平均增长速度

单位:%

年份	东部地区	中部地区	西部地区	东北地区
2000—2014	9.7	11.1	11.3	11.3
2005—2014	10.8	13.0	13.3	12.3
2010—2014	10.1	12.7	13.4	10.9

本课题组综合考虑了"十三五"时期国内经济增长速度等一些因素，认为按照 2000—2014 年间的农民收入年平均增长速度对未来 10 年的农民收入进行测算是比较合理的。因此，本课题组采用东部地区 9.7% 的增长速度，中部地区 11.3% 的增长速度，西部和东北地区保持 11.3% 的增长速度，以 2014 年各地区的农民收入为基期，测算得到未来 10 年各地区的农民收入。

（三）区域结构测算结果

经过如上分析和测算，到 2020 年，东部地区农民人均纯收入将达到 22 908 元，中部地区将达到 18 826 元，西部地区将达到 15 768 元，东北地区将达到 20 534 元；到 2025 年，东部、中部、西部、东北部地区农民人均纯收入将分别达到 36 393、31 867、26 932、35 072 元的水平（表 1 - 21、图 1 - 36）。

表 1 - 21　2014—2025 年四大地区农民人均纯收入预测值

单位：元

年份	东部地区	中部地区	西部地区	东北地区
2014	13 145	10 011	8 295	10 802
2015	14 420	11 122	9 232	12 023
2016	15 818	12 357	10 276	13 381
2017	17 353	13 729	11 437	14 893
2018	19 036	15 252	12 729	16 576
2019	20 882	16 945	14 167	18 449
2020	22 908	18 826	15 768	20 534
2021	25 130	20 916	17 550	22 855
2022	27 568	23 238	19 533	25 437
2023	30 242	25 817	21 741	28 312
2024	33 175	28 683	24 197	31 511
2025	36 393	31 867	26 932	35 072

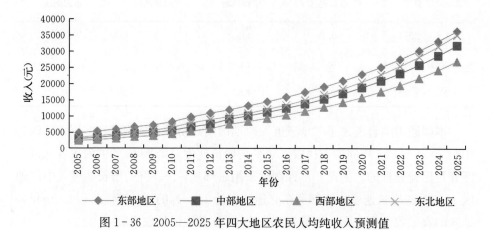

图 1 - 36　2005—2025 年四大地区农民人均纯收入预测值

四、来源结构测算

(一) 农民收入来源结构变化

前面提到，经济增长的阶段性特征与经济结构的转变密切相关，二元结构是发展中国家社会经济结构的一般特征。我国存在着以农业为代表的传统经济部门和以工业为代表的现代经济部门，由于我国农民人数众多，传统经济部门资源有限，在达到一定程度后，在农业上多次的投入将不再带来经济效益，而在工业部门所得到的收入要略高于传统部门得到的收入，这将会吸引传统部门的剩余劳动力转到工业部门就业。我国农民收入来源主要分成4部分：家庭经营性收入、工资性收入、转移性收入、财产性收入。在我国经济结构转换过程中，部分农民转化为城市居民，大多数成为了产业工人，在农业劳动力转移的不同阶段，农民收入及其收入来源结构也表现出了不同的特点。

本课题组通过对1978年以来我国农民收入来源的数据进行分析，将我国农民收入结构来源结构变化划分为3个阶段。

第一阶段为1978—1982年（表1-22）。在这一阶段，工资性收入比重明显大于家庭经营性收入比重，家庭经营性收入比重呈现渐增趋势。其主要原因是改革初期我国农业主要是农村集体经营，因此农民收入主要是来源于参加生产队集体劳动获取的劳动报酬。随着改革的不断深入，家庭联产承包责任制从试点开始慢慢推行，这项制度的推行极大地调动了农民的生产积极性，因此原有的生产队工资逐步退出历史舞台。1978年，我国农民人均纯收入为133.6元，工资性收入所占比重高达66.1%，家庭经营性收入占26.8%，财产性收入和转移性收入比重为7.1%。到1982年，我国农民人均纯收入上升到270.1元，但工资性收入比重与1978年相比，下降到了53%。家庭经营性收入比重上升了约10个百分点，为38%。与此同时，随着国家一些惠农政策的执行，财产性收入和转移性收入比重也有所上升，为9%。

表1-22 **1978—1982年农民收入**（按收入来源分）

单位：元/人

年份	纯收入	工资性收入	家庭经营性收入	转移性收入
1978	133.6	88.3	35.8	9.5
1979	160.2	100.7	44	15.5

（续）

年份	纯收入	工资性收入	家庭经营性收入	转移性收入
1980	191.3	106.4	62.6	22.4
1981	223.4	113.8	84.5	25.1
1982	270.1	142.9	102.8	24.5

数据来源：2014 年中国住户调查年鉴。

第二阶段为 1983—1993 年（图 1-37）。在这一阶段，家庭经营性收入开始超过工资性收入，逐渐成为农民收入的最主要来源。1983 年，农民工资性收入比重下降到 18.6%，家庭经营性收入比重上升为 73.5%，主要原因是国家制度的改革。在 1983 年以后家庭联产承包责任制得到全面推行，结束了长期以来生产经营的"大锅饭"，这不仅极大地调动了农民的生产积极性，同时也促进了农业生产结构的调整，在这个阶段，农民家庭经营性收入得到长足发展，远远超过了工资性收入并成为农民收入的第一大来源。财产性收入和转移性收入虽然逐年也有所增加，但是占纯收入的比重并没有发生显著变化。到1993 年，我国农民人均纯收入为 921.6 元，其中家庭经营性收入为 678.5 元，所占比重为 73.6%。工资性收入的比重为 21.1%，财产性收入和转移性收入比重为 5.3%。在此阶段，家庭经营性收入和工资性收入所占比重相对较为稳定。

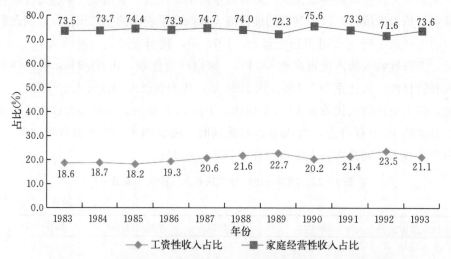

图 1-37　1983—1993 年工资性收入和家庭经营性收入占比变化情况

　　第三阶段为 1994—2014 年（图 1 - 38）。在农村改革发展过程中，农民家庭经营性收入虽然一直保持最主要收入来源地位，但其所占比重开始逐步下降，而工资性收入比重则明显增加。1994 年，农民家庭经营性收入比重为 72.2％，工资性收入的比重为 21.5％，财产性和转移性收入的比重为 6.3％。1992 年以来，改革进入一个新阶段，城乡二元体制受到很大冲击，市场化、工业化、城镇化步伐大大加快，农村剩余劳动力大幅向城镇、非农产业转移，农民工资性收入有了较快增长。2013 年，我国农民工资性收入为 4 025.4 元，所占比重为 45.3％，超过了家庭经营性收入，再次成为农民收入的最主要来源。伴随着城镇化进程的加快，城镇的扩张带来了土地的升值，农民也从其中获得了一定的财产收益。转移性收入和财产性收入比重一直保持在 10％ 左右，虽然不是农民收入的重要来源，但也作为农民收入的一个重要补充。在这个阶段，我国农民人均纯收入中工资性收入、财产性收入和转移性收入的比重都有所提高，而家庭经营性收入增加趋势开始趋向平缓。

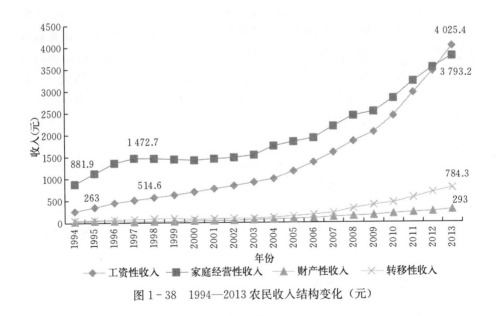

图 1 - 38　1994—2013 农民收入结构变化（元）

（二）农民收入贡献来源结构变化趋势

　　本课题组对 1979—2013 年农民收入数据进行了整合分析，发现在 1997 年以前除个别年份外，家庭经营性收入对我国农民增收的贡献率是最大的，基本保持在70%左右，这也说明家庭经营性收入是这一阶段农民收入增长的主要来源。1983年，家庭经营性收入对我国农民增收的贡献率达到最大，为314.6%，而工资性收入对农民收入贡献率则相反达到最小，其主要原因：改革序幕拉开后，农村形势发展很快，到1983年年底，农村基本上实现了家庭承包经营为基础、统分结合的双层经营体制，打破了以生产队为单位统一收入分配的"大锅饭"体制，极大地调动了亿万农民的生产积极性，所以农民劳动报酬收入迅速下降，家庭经营性收入得到较快提高。

从1998年开始，除了2004年外，工资性收入对农民收入的贡献率超过了家庭经营性收入的贡献率，这充分表明，工资性收入已经成为近年来农民收入增长的主要支撑因素。这是因为随着城镇化、工业化进程的加快，农村劳动力不断向第二、三产业转移，农民就业渠道拓宽，收入来源也呈现多元化，导致了工资性收入占的比重越来越大。

1998—2000年，家庭经营性收入对农民收入的贡献率为负，主要原因是在这3年主要粮食品种的保护价逐年下滑，导致农民增产不增收；1998年粮改建立起来的粮食流通体制仍然无法适应市场经济发展的需要，在保护粮农利益方面的成效不够理想；受1997年亚洲金融危机的影响，我国农产品出口大幅度下降，同时宏观经济增速放缓，对农产品需求和农产品价格也造成一定的影响。总的来看，转移性收入和财产性收入对农民收入的贡献率也呈现增加趋势，但二者对农民收入增长的贡献仍非常有限，所以只能作为农民收入的重要补充。

2001年开始，我国农民家庭经营性收入和工资性收入对农民收入增长的贡献率交替上升，从2009年开始，这5年我国农民工资性收入贡献率都高于家庭经营性收入，逐渐成为促进农民增收的主要来源。转移性收入对农民收入贡献率近年来也有所增加，已经成为促进农民增收的新亮点（图1-39）。

（三）农民增收速度预测

在对以往农民收入来源结构变化趋势进行分析后，本课题组在2000—2013年之间选取了3个时间段，算出了各个时间阶段农民不同来源收入的年平均增长速度。

图 1-39　1979—2013 年农民收入贡献来源变化趋势

农民收入由工资性收入、家庭经营性收入、财产性收入、转移性收入这四大来源构成。在新常态下，随着农业和农村经济的变化，对农民收入的影响也主要表现在这四个方面。综合考虑各因素之后，本课题组认为在 2005—2013 年的年平均增长速度是比较符合现实情况的（表 1-23）。

表 1-23　4 种收入来源农民收入年平均增长速度

单位：%

年份	工资性收入	家庭经营性收入	财产性收入	转移性收入
2000—2013	13.3	7.2	14.3	17.8
2005—2013	14.7	8.3	14.2	20.4
2010—2013	13.4	7.6	9.7	14.7

（四）来源结构测算结果

按来源结构进行测算时，本课题组采用了工资性收入的年增长速度为 14.7%，家庭经营性收入年增长速度为 8.3%，财产性收入年增长速度为 14.2%，转移性收入年增长速度为 20.4%，以 2013 年农民收入为基期，对"十三五"时期农民收入进行测算。按照这样的增长速度，到 2020 年，我国农民人均纯收入将达到 20 760 元。到 2025 年，我国农民人均纯收入将达到 39 467 元的水平（图 1-40）。

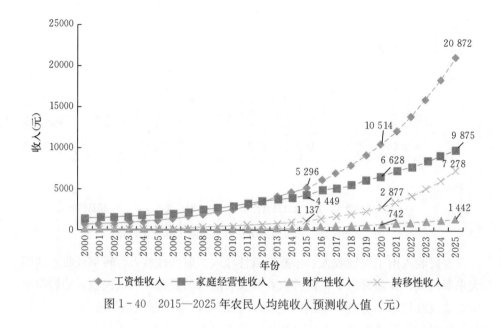

图1-40 2015—2025年农民人均纯收入预测收入值（元）

五、产业结构测算

农村居民人均纯收入来源主要有工资性收入，家庭经营性收入，家庭财产性收入和转移性收入四类。目前家庭经营性收入仍然是农民收入的主要来源，其主要包括农业收入、林业收入、牧业收入、渔业收入、工业收入、建筑业收入、运输业收入、批发零售贸易及餐饮业收入、服务业收入和其他收入。课题组根据《中国住户调查年鉴》统计资料，将家庭经营性总收入以三个产业结构划分为第一产业收入、第二产业收入、第三产业收入，对农村居民收入按照产业结构分类，通过对于农村居民收入现状进行分析，预测未来农村居民收入水平的趋势。

（一）产业结构现状分析

按照上述将人均全年家庭经营性总收入划分为三大产业的计算方法，根据《中国住户调查年鉴》数据，可以看出农村居民人均全年家庭经营性总收入自2000年以来一直保持增长的势头。最初增长1 000元需要5年时间，即2000年到2005年期间，由2 000元增加到3 000元；由3 000元增长到4 000元只用了两年时间，即 2005—2007 年；而后增长减慢，2007 年到 2010 年的 3 年时间，农村居民人均全年家庭经营性收入增加了 1 000 元；2010 年到 2011 年则快速增长，一年的时间增加了 1 000 元（表 1-24、图 1-41）。

表 1-24　2000—2012 年农村居民家庭经营性收入

单位：元

年份	家庭经营总收入	第一产业收入	第二产业收入	第三产业收入
2000	2 251. 30	1 810. 70	133. 70	306. 90
2005	3 164. 40	2 631. 30	167. 10	376. 10
2006	3 310. 00	2 711. 00	186. 20	412. 80
2007	3 776. 70	3 122. 00	210. 40	444. 30
2008	4 302. 10	3 592. 80	225. 10	484. 20
2009	4 404. 00	3 622. 90	248. 90	532. 20
2010	4 937. 50	4 046. 10	279. 60	611. 80
2011	5 939. 80	4 766. 50	343. 50	829. 80
2012	6 461. 00	5 137. 50	381. 30	942. 20

数据来源：2014 年中国住户调查年鉴。

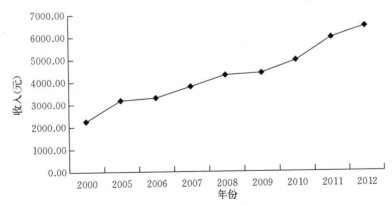

图 1-41　2000—2012 年农民人均家庭经营性收入变化

2005—2012 年，农村居民人均全年家庭经营性收入的增长速度大部分期间维持在 10%～20%，总的来看，增长速度变动较大。其中，2006 年和 2009 年农村居民家庭经营性收入增长幅度较小，都处于 5% 之内；2007 年到 2008

年之间，增长速度比较平稳；2009—2011 年增长速度逐渐加快，最终达到
20％的水平（图 1-42）。

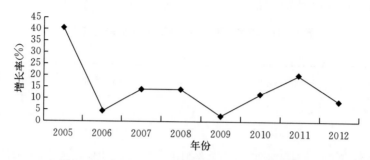

图 1-42　2005—2012 家庭经营性收入增长率变化

结合三大产业收入总量变化、在经营性收入中所占比重的变化以及三大产
业收入各自增长率的变化，对比分析 2000—2012 年家庭经营性收入中按产业
结构分类的变化。在家庭经营性收入结构中，包括农、林、牧、渔业在内的第
一产业收入所占比重最大，而且常年处于增长的趋势，2006—2007 年增长速
度加快，2007—2008 年增长速度保持平稳，2008—2009 年增长速度急速下降，
2009—2011 年保持上涨的势头，但是近两年第一产业收入在家庭性经营收入
中所占比重有所下降（图 1-43、图 1-44）。

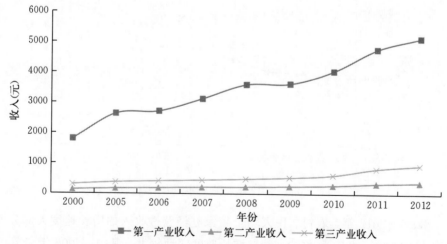

图 1-43　2000—2012 年农民在三大产业就业所得收入变化

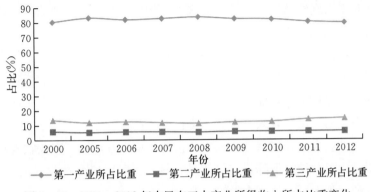

图 1-44 2000—2012 年农民在三大产业所得收入所占比重变化

在农村居民人均全年家庭经营性收入中，仅次于第一产业比重的是第三产业的收入，而且常年高于第二产业收入比重，处于稳步增长的趋势。期间第三产业收入增长速度大部分处于 5%～20%，常年高于第一产业收入的增长速度，仅有 2007 年、2008 年两个年份的增长速度低于第一产业收入的增长速度。第三产业收入增长速度在 2010—2012 年最快，比第二产业高约 1.25 个百分点，比第一产业高 1.75 个百分点（图 1-44、图 1-45）。

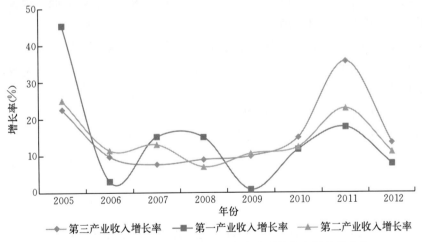

图 1-45 2005—2012 年农民在三大产业所得收入增长率变化

第二产业构成经营性收入的比重，变化相对比较平稳，总体而言处于缓慢增长的状态，增长率常年介于第一产业和第三产业之间。近几年，特别是2009 年之后，第二产业收入增长速度一直低于第三产业收入的增长速度。从总量以及对于家庭经营性收入的影响来看，相较于第一产业和第三产业，第二产业所占比重越来越小。

由此，本课题组预判，在农村居民家庭经营性总收入中：

从三大产业收入的总量来看，第一产业收入总量保持较快的增长势头，第三产业的增长趋势加快，而第二产业收入增长仍然比较缓慢。农村居民家庭经营性收入中，第三产业收入有望成为增长点；

从三大产业收入在经营性收入中所占的比重来看，第一产业收入和第二产业收入所占比重会继续下降，但仍然是农村居民家庭经营性收入的主要内容，同时第三产业收入所占比重会继续上升。

（二）产业结构未来预测

根据《中国住户调查年鉴》关于2000—2012年产业结构划分的农民居民收入状况，分别对于三大产业结构收入进行测算。课题组为保持数据的科学性、合理性，对于2000—2012年期间的数据以及各年增量率数据进行分三组计算、算术平均数和几何平均数计算比较，并结合实际变化情况，选取三组中数值较低的值作为预测年份的增长率，对农村居民家庭经营性总收入以及三种产业结构分类的收入进行测算。

按照我国目前所处社会发展阶段和经济发展水平，根据本课组反复斟酌和测算所选取的数据，即家庭经营性收入增长率0.084，第一产业收入增长率0.084，第二产业收入增长率0.084，第三产业收入增长率0.090，对农村居民家庭经营性总收入的增长进行预测：农村居民家庭经营性总收入2017年有可能达到8 000元的水平，2020年有望达到10 000元的水平，2025年达到16 000元的水平。同时，伴随着经济发展中的产业转型升级，农村居民家庭经营性收入有潜力在2017年之前达到8 000元的水平，在2021年之前达到10 000元水平，在2025年之前达到16 000元的收入水平（表1-25、图1-46）。

表1-25　2013—2025年农民家庭经营性收入及产业结构情况

单位：元

年份	经营性收入	第一产业收入	第二产业收入	第三产业收入
2013	6 086.19	4 991.28	343.67	751.24
2014	6 598.94	5 407.55	372.54	818.86

（续）

年份	经营性收入	第一产业收入	第二产业收入	第三产业收入
2015	7 154.92	5 858.54	403.83	892.55
2016	7 757.78	6 347.14	437.75	972.88
2017	8 411.46	6 876.49	474.53	1 060.44
2018	9 120.26	7 449.99	514.39	1 155.88
2019	9 888.83	8 071.32	557.59	1 259.91
2020	10 722.20	8 744.47	604.43	1 373.30
2021	11 625.86	9 473.76	655.20	1 496.90
2022	12 605.73	10 263.87	710.24	1 631.62
2023	13 668.25	11 119.88	769.90	1 778.47
2024	14 820.38	12 047.27	834.57	1 938.53
2025	16 069.69	13 052.02	904.68	2 113.00

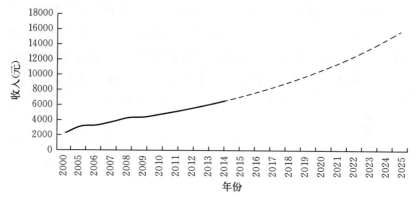

图 1-46　2000—2025 年农民人均家庭经营性收入变化

（其中 2013 年及以后为测算值）

对照分析，在三大产业收入中，第一产业收入所占比重会继续下降，但是幅度很小。在"十三五"期间，即 2016—2020 年，由 81.81% 降低到 81.55%，越来越接近 80% 的水平；到 2025 年，降低到 81.22% 的水平。第二产业收入所占比重降低幅度相较于第一产业收入所占比重降低幅度更小，在"十三五"期间，由 5.642% 降至 5.637% 的比重；到 2025 年，降至 5.629%。第三产业收入所占比重保持上升势头，在"十三五"期间，由 12.54% 上升至 12.81% 的水平；到 2025 年，上升至 13.15% 的水平（图 1-47）。

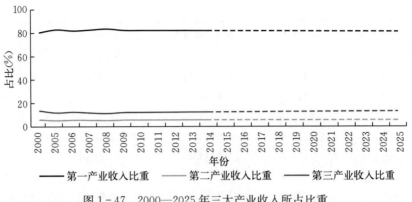

图 1-47　2000—2025 年三大产业收入所占比重

（其中 2013 年及以后为测算值）

在以三大产业分类的收入中，第一产业收入总量保持较快的增长势头，其次是第三产业的增长趋势明显，再次是第二产业收入增长变化相较于第一产业和第三产业来看比较缓慢。其中第一产业收入，在"十三五"期间，有望由 6 347 元上升至 8 744 元的水平；到 2025 年，上升至 13 052 元的水平；第二产业收入，在"十三五"期间，有望由 437 元上升至 604 元的水平；到 2025 年，上升至 904 元的水平。第三产业收入，在"十三五"期间，有望由 972 元上升至 1 373 元的水平；到 2025 年，上升至 2 113 元的水平（图 1-48）。

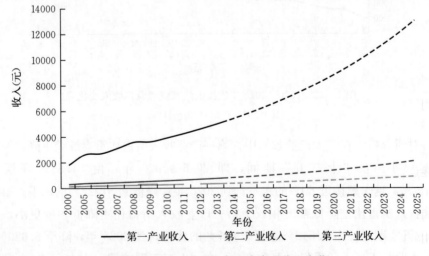

图 1-48　2000—2025 年三大产业收入变化

（其中 2013 年及以后为测算值）

从三大产业收入贡献率变化来看，第一产业收入与第二、第三产业收入之间是一种互补的关系。2005年取消农业税，第一产业得到大力发展，收入迅速提高，相应地，第二和第三产业收入出现明显的下降趋势。课题组预测在国际经济环境、国家经济发展相对稳定时期，在"十三五"期间，即2016—2020年，第一产业收入贡献率逐步下降，第三产业收入贡献率快速上升，第二产业收入贡献率变化相对平稳（图1-49）。

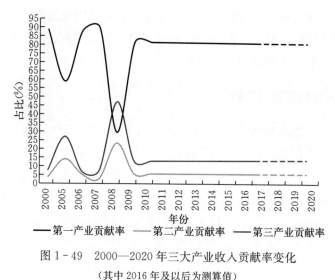

图1-49 2000—2020年三大产业收入贡献率变化

（其中2016年及以后为测算值）

（三）产业结构结果测算

按照我国目前所处社会发展阶段和经济发展水平，根据本课题组反复斟酌和测算所选取的数据，即家庭经营性收入增长率0.084，第一产业收入增长率0.084，第二产业收入增长率0.084，第三产业收入增长率0.090，对农村居民家庭经营性总收入的增长进行预测：农村居民家庭经营性总收入在2017年有可能达到8 000元的水平；在2020年有望达到10 000元的水平；在2025年达到16 000元的水平。在以三大产业分类的收入中，第一产业收入总量保持较快的增长势头，其次是第三产业的增长趋势明显，再次是第二产业收入增长变化相较于第一产业和第三产业来看比较缓慢。其中第一产业收入，在"十三五"期间，即2016—2020年，有望由6 347元上升至8 744元的水平；到2025年，上升至13 052元的水平。第二产业收入，在"十三五"期间，有望由437

元上升至 604 元的水平；到 2025 年，上升至 904 元的水平。第三产业收入，在"十三五"期间，有望由 972 元上升至 1 373 元的水平；到 2025 年，上升至 2 113 元的水平。

六、人群结构测算

国家统计局按照收入水平将农村居民人群结构进行五等份分组，即低收入户、中低偏下收入户、中等收入户、中等偏上收入户以及高收入户。本课题组根据这一划分依据，基于人群结构对我国农村居民人均纯收入现状进行分析的同时，预测未来以人群结构分组农村居民收入水平的变化。

（一）人群结构现状分析

从五等份分组农村居民人均可支配收入来看，2001 年以来，高收入户人均可支配收入增长最快，而且增长速度常年处于较高的速度，总体上处于上升的趋势；低收入户人均可支配收入增长最慢，增长速度变化幅度较大，常年处于不稳定的状态；中等收入户人均可支配收入的增长速度大部分期间处于低收入户人均可支配收入与高收入户人均可支配收入增长速度之间，增长速度变动趋势也基本介于低收入户与高收入户之间（表 1 - 26、图 1 - 50、图 1 - 51）。

表 1 - 26 五等份分组农村居民人均可支配收入

单位：元

年份	低收入户	中低偏下收入户	中等收入户	中等偏上收入户	高收入户
2001	818.00	1 491.00	2 081.00	2 891.00	5 534.00
2002	857.00	1 548.00	2 164.00	3 031.00	5 903.00
2003	865.90	1 606.50	2 273.10	3 206.80	6 346.90
2004	1 007.00	1 842.20	2 578.60	3 608.00	6 931.00
2005	1 067.20	2 018.30	2 851.00	4 003.30	7 747.40
2006	1 182.50	2 222.00	3 148.50	4 446.60	8 474.80
2007	1 346.90	2 581.80	3 658.80	5 129.80	9 790.70
2008	1 499.80	2 935.00	4 203.10	5 928.60	11 290.20
2009	1 549.30	3 110.10	4 502.10	6 467.60	12 319.10
2010	1 869.80	3 621.20	5 221.70	7 440.60	14 049.70
2011	2 000.50	4 255.70	6 207.70	8 893.60	16 783.10

（续）

年份	低收入户	中低偏下收入户	中等收入户	中等偏上收入户	高收入户
2012	2 316.20	4 807.50	7 041.00	10 142.10	19 008.90
2013	5 965.60	8 438.30	11 816.00	21 323.70	2 877.90
2014	6 604.40	9 503.90	13 449.20	23 947.00	2 768.10

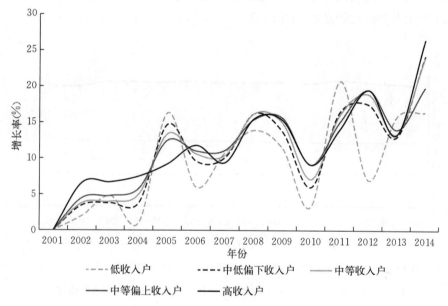

图 1-50 2001—2014 年五等份分组农村居民人均可支配收入增长率

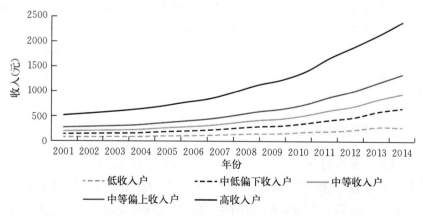

图 1-51 2001—2014 年五等份分组五组农村居民人均可支配收入

人均可支配收入按照五等份分组，人均可支配收入低收入户与人均可支配收入高收入户所占比重处于下降的趋势，人均可支配收入中等收入户所占比重整体处于上升的势头。各个组所占比重不同，变化趋势也存在一定差异。2000—2014 年，五等份分组收入中，人均可支配收入低收入户和人均可支配收入高收入户所占比重逐渐减少，人均可支配收入高收入户降低趋势比较明显；人均可支配收入中等收入户总体处于上升趋势，其中人均可支配收入中低偏下户上升势头比较显著（图 1 - 52）。

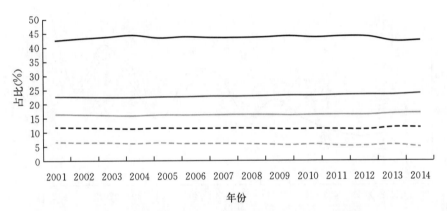

图 1 - 52　2001—2014 年五等份分组农村居民人均可支配收入所占比重

由此，本课题组预判：

按收入五等份分组农村居民人均可支配收入中，总量来看，五等份分组农村居民人均可支配收入都会达到一个较高的水平；

按照五组各自所占的比重来看，高收入户和低收入户所占比重降低，中等收入户，包括中低偏下收入户、中等收入户以及中等偏上收入户所占比重逐渐上升。

（二）人群结构未来预测

分别对于五等份分组农村居民人均全年可支配收入进行测算。课题组为保持数据的科学性、合理性，对于 2000—2014 年的数据以及各年增量率数据进行分三组计算、算术平均数和几何平均数计算比较，并结合实际变化情况，选取三组中数值较低的值作为预测年份的增长率。

课题组根据计算选取的增长率数据，即低收入户 0.081 6，中等偏下收入户 0.127 7，中等收入户 0.127 2，中等偏上收入户 0.125 7，高收入户 0.112 5，人均可支配收入 0.115 0，对五等份分组农村居民人均可支配收入进行测算，测算结果如表 1-27 和图 1-53。根据课题组预算，在"十三五"期间，即 2016 年到 2020 年期间，高收入户农村居民人均可支配收入有望由 29 638.15 元增加到 45 399.52 元，到 2025 年达到 77 366.21 元；中等偏上收入户农村居民人均可支配收入有望由 17 042.83 元增加到 27 367.33 元，到 2025 年达到 49 470.44 元；中等收入户农村居民人均可支配收入有望由 12 075.46 元增加到 19 494.30 元，到 2025 年达到 35 474.20 元；中等偏下收入户农村居民人均可支配收入有望由 8 398.86 元增加到13 582.97 元，到 2025 年达到 24 772.10 元；低收入户农村居民人均可支配收入有望由 3 238.29 元增加到 4 431.82 元，到 2025 年达到 6 560.17 元。

表 1-27　五等份分组农村居民人均可支配收入

单位：元

年份	低收入户	中低偏下收入户	中等收入户	中等偏上收入户	高收入户
2015	2 993.98	7 447.78	10 712.80	15 139.76	26 641.04
2016	3 238.29	8 398.86	12 075.46	17 042.83	29 638.15
2017	3 502.53	9 471.40	13 611.46	19 185.12	32 972.45
2018	3 788.34	10 680.90	15 342.84	21 596.69	36 681.85
2019	4 097.46	12 044.85	17 294.45	24 311.39	40 808.55
2020	4 431.82	13 582.97	19 494.30	27 367.33	45 399.52
2021	4 793.45	15 317.52	21 973.98	30 807.40	50 506.96
2022	5 184.60	17 273.57	24 769.07	34 679.90	56 189.00
2023	5 607.66	19 479.40	27 919.70	39 039.16	62 510.26
2024	6 065.25	21 966.92	31 471.08	43 946.38	69 542.66
2025	6 560.17	24 772.10	35 474.20	49 470.44	77 366.21

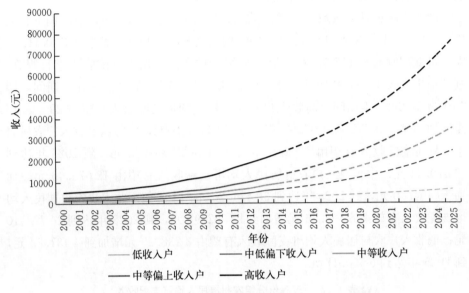

图 1 - 53 2000—2025 年五等份分组农村居民人均可支配收入

（其中 2015 年及以后为测算值）

期间，五等份分组所占比重有较为明显的变化（图 1 - 54）。其中，高收入户和低收入户所占比重降低，中等收入户，包括中低偏下收入户、中等收入户以及中等偏上收入户所占比重逐渐上升。在"十三五"期间，高收入户农村居民人均可支配收入所占比重由 0.43 下降到 0.40，到 2025 年有可能降低到 0.4 以下；低收入户人均可支配收入所占比重与高收入户农村居民人均可支配收入所占比重相比，下降趋势较小，其所占比重由 0.05 下降到 0.04，到 2025 年有可能降低到 0.03。

中等收入户，包括中低偏下收入户、中等收入户以及中等偏上收入户所占比重逐渐上升。在"十三五"期间，中低偏下收入户农村居民人均可支配收入所占比重由 0.11 上升到 0.12，到 2025 年有可能上升至 0.13；中等收入户农村居民人均可支配收入所占比重由 0.17 上升到 0.18，到 2025 年有可能上升至 0.19；中等偏上收入户农村居民人均可支配收入所占比重由 0.24 上升到 0.25，到 2025 年有可能上升至 0.26。

同时，五等份分组各自的贡献率有较为明显的变化（图 1 - 55）。其中，高收入户和低收入户贡献率降低，中等收入户，包括中低偏下收入户、中等收

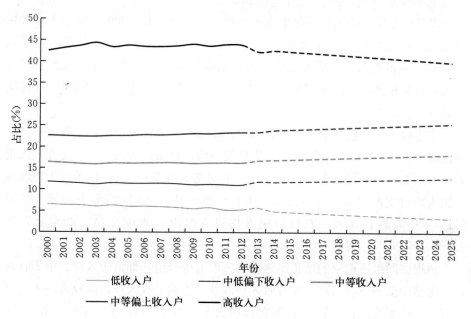

图 1-54 2000—2025 年五等份分组农村居民人均可支配收入比重

（其中 2013 年及以后为测算值）

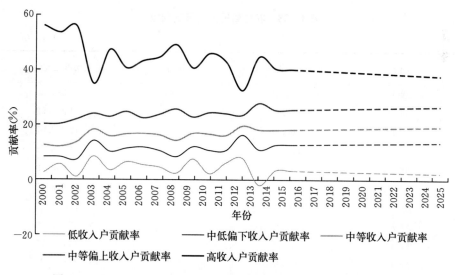

图 1-55 2000—2025 年五等份分组农村居民人均可支配收入贡献率

（其中 2016 年及以后为测算值）

入户以及中等偏上收入户贡献率逐渐上升。在"十三五"期间，高收入户农村居民人均可支配收入贡献率由 0.40 下降到 0.39，到 2025 年有可能降低到 0.38 以下；低收入户人均可支配收入贡献率与高收入户农村居民人均可支配收入贡献率相比，下降趋势较小，将由 0.33 下降到 0.28，到 2025 年有可能降低到 0.24。

中等收入户，包括中低偏下收入户、中等收入户以及中等偏上收入户贡献率逐渐上升。在"十三五"期间，中低偏下收入户农村居民人均可支配收入贡献率由 0.127 上升到 0.131，到 2025 年有可能上升至 0.136；中等收入户农村居民人均可支配收入贡献率由 0.183 上升到 0.187，到 2025 年有可能上升至 0.194；中等偏上收入户农村居民人均可支配收入贡献率由 0.255 上升到 0.261，到 2025 年有可能上升至 0.268。

根据课题组所选取的增长率测算，选取五等分组，即低收入户、中等收入户，包括中低偏下收入户、中等收入户以及中等偏上收入户，高收入户人均可支配收入的平均值，测算结果为农村居民平均每人每年可支配收入在 2016 年达到 15 000 元，2020 年达到 20 000 元，2025 年可以达到 38 000 元的水平（表 1-28、图 1-56）。

表 1-28　农村居民人均可支配收入

单位：元

年份	人均可支配收入	年份	人均可支配收入
2000	2 253.40	2013	10 084.30
2001	2 563.00	2014	11 254.52
2002	2 700.60	2015	12 587.07
2003	2 859.84	2016	14 078.72
2004	3 193.36	2017	15 748.59
2005	3 537.44	2018	17 618.12
2006	3 894.88	2019	19 711.34
2007	4 501.60	2020	22 055.19
2008	5 171.34	2021	24 679.86
2009	5 589.64	2022	27 619.23
2010	6 440.60	2023	30 911.24
2011	7 628.12	2024	34 598.46
2012	8 663.14	2025	38 728.62

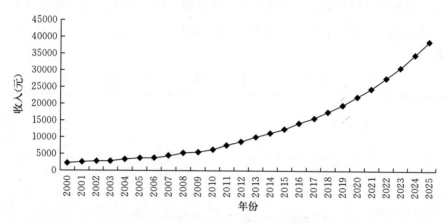

图 1-56   2000—2025 年农村居民人均可支配收入

（其中 2016 年及以后为测算值）

（三）人群结构测算结果

本课题组根据国家统计局按照收入水平将农村居民人群结构进行五等份分组的划分依据，基于人群结构对于我国农村居民人均纯收入现状进行分析的同时，预测未来以人群结构分组农村居民收入水平的变化。课题组根据计算选取的增长率数据，即低收入户增长率为 8.16%，中等偏下收入户增长率为 12.77%，中等收入户增长率为 12.72%，中等偏上收入户增长率为 12.57%，高收入户增长率为 11.25%，人均可支配收入增长率为 11.50%，对五等份分组农村居民人均可支配收入进行测算，测算结果为农村居民平均每人每年可支配收入在 2016 年达到 15 000 元，2020 年达到 20 000 元，2015 年可以达到 38 000 元的水平。

七、农民增收潜力预测结果分析

新常态下，农民收入增长潜力进一步加大，农村居民人均纯收入总体情况、人群结构和来源结构等都将会发生较大的变化（表 1-29）。

就总体情况而言，为了实现 2020 年国内生产总值和城乡人均收入比 2010 年翻一番的目标，从与整个宏观经济发展相适应、与城镇居民收入增长相协调的客观要求来看，本课题组在考虑物价上涨等一些关键因素后，认为在"十三五"时期我国农民人均纯收入增长速度应该保持在 11.5% 左右，才能使我国农民收入保持健康的增长。按照这个增长速度，到 2020 年，我国农民人均纯收入将达到 19 180 元的水平；至 2025 年，农民人均纯收入水平将达到 33 055 元的水平。

表 1-29　"十三五"及未来较长时期农民收入增长测算结果分析

总体情况		年　份	
		2020	2025
		19 180	33 055
区域结构	东部地区	22 908	36 393
	中部地区	18 826	31 867
	西部地区	15 768	26 932
	东北地区	20 534	35 072
来源结构	工资性收入	10 514	20 872
	转移性收入	2 877	7 278
	财产性收入	742	1 442
	家庭经营性收入	6 628	9 875
其中*	第一产业	8 744	13 052
	第二产业	604	905
	第三产业	1 373	2 113
人群结构	低收入户	4 431	6 560
	中等偏下收入户	13 582	24 772
	中等收入户	19 494	35 474
	中等偏上收入户	27 367	49 470
	高收入户	45 399	77 366

* 家庭经营性收入测算数据来源于《中国住户调查年鉴》（2014），来源结构数据来源于《中国统计年鉴》（2014）。

就区域结构而言，本课题组综合考虑了"十三五"时期国内经济增长速度等因素，认为按照 2005—2014 年间的农民收入年平均增长速度对未来 10 年的农民收入进行测算是比较合理的。因此，本课题组采用东部地区 9.7% 的增长速度，中部地区 11.1% 的增长速度，西部和东北地区保持 11.3% 的增长速度，到 2020 年，东部地区农民人均纯收入将达到 22 908 元，中部地区将达到

18 826 元，西部地区将达到 15 768 元，东北地区将达到 20 534 元；到 2025 年，东部、中部、西部、东北地区人均纯收入将分别达到 36 393、31 867、26 932、35 072 元的水平。

就来源结构而言，本课题组认为在 2005—2013 年的年平均增长速度是比较符合现实情况的。因此，本课题组采用工资性收入的年增长速度为 14.7%，家庭经营性收入年增长速度为 8.3%，财产性收入年增长速度为 14.2%，转移性收入年增长速度为 20.4%，以 2013 年农民收入为基期，对"十三五"时期农民收入进行测算。按照这样的趋势，到 2020 年，我国农民人均纯收入将达到 20 760 元；到 2025 年，我国农民人均纯收入将达到 39 467 元的水平。

从产业结构收入角度来看，在农村居民人均经营性收入中，从三大产业收入的总量来看，第一产业收入总量保持较快的增长势头，第三产业的增长趋势加快，而第二产业收入增长仍然比较缓慢；从三个产业收入所占的比重来看，对照分析，在三大产业收入中，第一产业收入所占比重会略有下降，第二产业收入所占比重继续下降，第三产业收入所占比重保持上升势头。在"十三五"期间，第一产业收入有望由 6 347 元上升至 8 744 元的水平；到 2025 年，上升至 13 052 元的水平。第二产业收入在"十三五"期间，有望由 437 元上升至 604 元的水平；到 2025 年，上升至 904 元的水平。第三产业收入在"十三五"期间，有望由 972 元上升至 1 373 元的水平；到 2025 年，上升至 2 113 元的水平。

从人群结构变化来看，农村居民每年人均纯收入五等份分组中，高收入户和低收入户所占比重会逐渐降低；中等收入户，包括中低偏下收入户、中等收入户以及中等偏上收入户所占比重会逐渐上升，农村居民人均纯收入差距将会逐渐减小。高收入户和低收入户贡献率会逐渐降低；中等收入户，包括中低偏下收入户、中等收入户以及中等偏上收入户贡献率会逐渐上升，农村居民人均纯收入差距将会逐渐减小。课题组根据计算选取的增长率数据，即低收入户增长率为 8.16%，中等偏下收入户增长率为 12.77%，中等收入户增长率为 12.72%，中等偏上收入户增长率为 12.57%，高收入户增长率为 11.25%，人均可支配收入增长率为 11.50%，对五等份分组农村居民人均可支配收入进行测算，测算结果为农村居民平均每人每年可支配收入在 2016 年达到 15 000 元，在 2020 年达到 20 000 元，2025 年可以达到 38 000 元的水平。

第四节　全国同步小康进程中农民增收问题案例研究——以贵州为例[①]

党的十八大提出，到 2020 年全面建成小康社会，城乡居民收入比 2010 年翻一番。贵州省委十一届二次全会也明确到 2020 年与全国同步建成小康社会，以县为单位的农民人均纯收入达到 7 000 元以上。贵州省委、省政府提出与全国同步实现全面小康社会的宏伟目标，是党中央对贵州的殷切希望，也是全省各族人民的强烈愿望和热切期盼，更是对贵州实现"中国梦"最生动的诠释。就贵州而言，全面建设小康社会的重点在农村，难点在农民，核心在增收。在工业化、信息化、城镇化深入推进的新阶段，如何依托山区现代农业发展增加农民收入并建立农民增收的长效机制，始终是当前和今后一个时期农业农村经济工作的重中之重。

一、贵州省农民收入总体增长迅速

近年来，贵州省委、省政府坚持"加速发展、加快转型、推动跨越"的主基调，大力实施工业强省和城镇化带动战略，以工业化致富农民，以城镇化带动农村，以产业化提升农业，加快推进"四化同步"进程，积极调整农业结构，大力发展特色优势产业，夯实农业农村发展基础，农民收入保持了快速增长的良好势头。

（一）贵州农民收入与全国差距缩小，但追赶难度大

2010—2012 年，全国农民人均纯收入分别为 5 919 元、6 977 元和 7 917元，同比分别增长 11.4%、17.9%和 13.5%（图 1-57）；贵州分别为 3 471元、4 145 元和 4 753 元（表 1-30），同比分别增长 15.5%、19.4%和14.6%。以增速比较，贵州分别高于全国平均水平 4.1 个、1.5 个和 1.2 个百分点，从占比来看，贵州农民人均纯收入分别为全国水平的 58.6%、59.4%和 60%，与全国的差距逐年缩小，但幅度偏小、增幅有放缓趋势。与重庆、

[①] 本节选自农业部软科学课题"贵州与全国同步小康进程中农民增收问题研究"（课题编号：Z201339），课题主持人：刘福成。

四川比较，2010—2012 年，贵州农民人均纯收入与重庆分别相差 1 806 元、2 335 元和 2 630 元；与四川分别相差 1 615 元、1 983 元和 2 248 元，差距进一步拉大。按照党的十八大要求，到 2020 年全国农民人均收入比 2010 年翻一番，将达到 12 000 元左右，贵州若只达到 7 000 元，仅为全国的 58.3%，差距不仅没有缩小，反而进一步扩大。按照省委、省政府提出的今后 5 年农民人均纯收入年均增长 16% 以上的目标，到 2020 年农民人均纯收入突破 1 万元，接近全国的 80%，将实现新的历史性跨越。要实现这一目标，对于贵州这样一个经济总量小，贫困人口多，工业化、城镇化水平不高的农业省份来说，是一个巨大的挑战和艰巨的任务，农民收入要追赶上全国的步伐需要付出艰辛而不懈的努力。

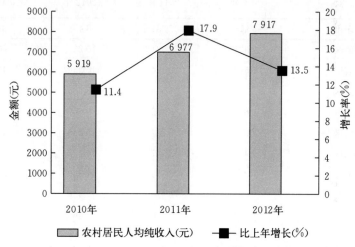

图 1-57 2010—2012 年农村居民人均纯收入及其增长率

表 1-30 贵州省农民人均纯收入构成表

全年收入	2010 年		2011 年		2012 年	
	3 471.93 元		4 145.35 元		4 753 元	
	单位（元）	占全年收入比重（%）	单位（元）	占全年收入比重（%）	单位（元）	占全年收入比重（%）
工资性收入	1 303.85	37.6	1 713.52	41.3	1 977.73	41.6
家庭经营性收入	1 706.33	49.2	1 980.21	47.8	2 249.21	47.3
转移性收入	344.36	9.9	392.13	9.5	71.54	9.6
财产性收入	117.19	3.4	59.50	1.4	454.53	1.5

（二）贵州农民收入增速加快，但区域间差距明显

2010年，贵州超过全省农民人均纯收入平均水平的县有41个，占88个县（市、区、特区）的46.6％，不到一半。2011年增加到47个，占总数的53.4％，超过了一半。2012年达到50个，比上年增加3个，占总数的56.8％（见表1-31）。

表1-31　2010—2012年贵州9个市州和88个县（市、区、特区）
农民人均纯收入数据表

名称	2010年	2011年	2012年	2020年预计
贵阳市	5 976	7 381	8 488	33 293
南明区	7 531	9 031	10 259	40 736
云岩区	7 592	9 124	10 356	41 155
花溪区	5 956	7 508	8 665	33 866
乌当区	6 829	8 332	9 607	37 583
白云区	7 385	8 887	10 256	40 086
小河区	7 438	8 947	10 128	40 357
开阳县	5 393	6 781	7 860	30 587
息烽县	5 084	6 434	7 456	29 021
修文县	5 152	6 470	7 460	29 184
清镇市	5 463	6 898	7 953	31 114
六盘水市	3 601	4 437	5 182	13 000
钟山区	4 607	5 789	6 792	22 069
六枝特区	3 341	4 026	4 728	8 000
水城县	3 274	4 010	4 725	7 400
盘县	3 529	4 305	5 060	13 117
遵义市	4 207	5 216	6 061	14 680
红花岗区	5 669	6 970	8 134	25 000
汇川区	5 867	7 190	8 340	27 342
遵义县	5 403	6 514	7 621	18 096
桐梓县	4 263	5 121	5 981	14 873
绥阳县	4 716	5 779	6 768	15 000

（续）

名称	2010 年	2011 年	2012 年	2020 年预计
正安县	3 021	3 701	4 333	16 400
道真仡佬族苗族自治县	2 893	3 539	4 137	9 500
务川仡佬族苗族自治县	2 830	3 463	4 052	10 000
凤岗县	3 633	4 446	5 211	13 000
湄潭县	4 758	5 841	6 816	9 892
余庆县	5 012	5 268	6 147	11 213
习水县	3 206	3 897	4 572	17 293
赤水市	4 569	5 598	6 537	23 753
仁怀市	4 702	5 777	6 753	14 500
安顺市	3 526	4 367	5 088	14 584
西秀区	4 365	5 530	6 420	18 468
平坝县	3 650	4 635	5 391	15 479
普定县	3 128	4 088	4 771	13 652
镇宁布依族苗族自治县	3 116	3 998	4 667	13 348
关岭布依族苗族自治县	3 163	4 022	4 682	13 432
紫云苗族布依族自治县	3 124	3 966	4 633	13 245
毕节市	3 354	4 210	4 926	9 222
七星关区	3 624	4 412	5 131	10 880
大方县	3 338	4 239	4 943	7 100
黔西县	3 391	4 276	4 986	14 000
金沙县	4 010	4 910	5 720	7 930
织金县	3 167	4 029	4 714	8 000
纳雍县	3 160	3 918	4 561	14 242
威宁彝族回族苗族自治县	3 066	4 068	4 862	7 000
赫章县	3 126	3 892	4 577	14 071
铜仁市	3 222	4 002	4 673	7 433
碧江区	4 351	5 339	6 310	9 917
万山区	2 929	3 593	4 229	7 324
江口县	3 151	3 918	4 662	7 277

（续）

名称	2010 年	2011 年	2012 年	2020 年预计
玉屏侗族自治县	4 254	5 216	6 092	9 688
石阡县	3 224	3 874	4 521	7 195
思南县	2 997	3 683	4 335	7 166
印江土家族苗族自治县	3 026	3 719	4 396	7 237
德江县	2 828	3 503	4 138	7 141
沿河土家族自治县	3 047	3 713	4 370	7 225
松桃苗族自治县	2 957	3 680	4 346	7 161
黔西南布依族苗族自治州	3 246	3 900	4 625	7 400
兴义市	4 651	5 396	6 389	7 480
兴仁县	3 490	4 196	4 964	7 300
普安县	3 032	3 609	4 287	7 100
晴隆县	2 918	3 456	4 088	7 120
贞丰县	3 332	4 003	4 732	7 210
望谟县	2 586	3 156	3 771	7 090
册亨县	2 760	3 317	3 970	7 080
安龙县	3 328	3 880	4 590	7 300
黔东南苗族侗族自治州	3 163	3 950	4 625	13 083
凯里市	4 081	5 176	6 081	15 192
黄平县	3 013	3 709	4 349	11 017
施秉县	3 495	4 229	4 954	14 012
三穗县	3 107	3 955	4 642	13 618
镇远县	3 335	4 169	4 884	13 822
岑巩县	3 100	3 953	4 629	12 418
天柱县	3 319	4 125	4 841	12 724
锦屏县	2 973	3 638	4 255	11 197
剑河县	3 036	3 771	4 413	11 152
台江县	2 981	3 631	4 234	11 044
黎平县	3 030	3 849	4 484	12 224
榕江县	3 023	3 704	4 348	11 018

（续）

名称	2010 年	2011 年	2012 年	2020 年预计
从江县	3 124	3 965	4 628	11 948
雷山县	2 982	3 880	4 560	11 119
麻江县	3 106	3 764	4 422	11 111
丹寨县	3 065	3 706	4 359	12 239
黔南布依族苗族自治州	3 760	4 633	5 445	15 000
都匀市	4 603	5 611	6 543	10 500
福泉市	3 886	4 834	5 678	15 077
荔波县	3 528	4 375	5 124	15 900
贵定县	3 755	4 612	5 425	16 849
瓮安县	4 051	4 930	5 791	12 980
独山县	3 564	4 412	5 195	13 243
平塘县	3 428	4 210	4 955	20 935
罗甸县	3 687	4 576	5 371	13 230
长顺县	3 555	4 341	5 115	12000
龙里县	3 933	4 783	5 631	12 678
惠水县	3 826	4 668	5 488	16 500
三都水族自治县	3 478	4 236	4 962	10 073

注：2010、2011 和 2012 年的数据为统计数，2020 年数据为各市州和各县自行预计的数据。

2010 年全省超过 7 000 元的县份有 4 个，全部在贵阳市。2011 年超过 7 000 元的县份有 7 个，比上年增加 3 个，除贵阳市 6 个，增加了遵义市汇川区。2012 年超过 7 000 元的县份有 13 个，比上年增加 6 个，其中贵阳市 10 个，遵义市 3 个。贵阳和遵义是贵州经济基础好、发展速度快的地区，反映在农民收入上也是基数高、增长快，农村实现全面小康也相对容易。而黔西南布依族苗族自治州和黔东南苗族侗族自治州等少数民族聚居的地区，由于农业生产条件差、基础设施落后、农民文化技能低和信息闭塞等原因，致使农民增收渠道单一，增收比较缓慢，除州府所在地和个别县份农民收入超过全省平均水平外，大部分在全省平均数之下，黔西南州望谟和册亨两县农民收入多年徘徊在全省最末两位。2010 年望谟县农民人均纯收入 2 586 元（第 88 位）、册亨县 2 760 元（第 87 位）；2012 年望谟县农民人均纯收入 3 771 元、册亨县 3 970 元，仍然排在倒数两位。尽管两县 2012 年农民人均纯收入比上年分别增长 19.5%、19.7%，在省内名列前茅，但是基数太低，排名依然没有改变。不仅如此，就连同一乡镇的不同村寨，因为农业农村经济发展条件不同，农民收入也大相径庭。在黔南布依族苗族自治州龙里县麻芝乡五里村格老湾组，2011 年通过"一事一议"项目修建了通组路，随着村民出行方便，与外界的交流增多，经济发展意识也日渐浓厚。村里依托紧靠高速公路的区位优势，积极发展规模化种植以及运输、餐饮等第三产业，目前养猪 10 头以上的农户 20 户，有 10 余户人家购买了货运车、挖掘机、铲车和吊车，村里组建多个建筑队到外承包工程，农民收入大幅提高，2011 年全组实现农民人均纯收入 8 300 元。而同乡的大兴、永合、光坡、乐阳和定水 5 个村，因为交通条件差，运输成本高，与外界交流困难，发展缺少门路，单纯以传统种植业为主，2012 年农民人均纯收入仅有 2 800 元。按照同步小康创建活动中"三个不能代替"的要求，针对县与县、村与村之间发展不平衡的现状，需要采取因地制宜、分类指导的原则，依据各县发展的实际情况，明确措施，狠抓落实，进一步帮助发展中等县和困难县农民收入实现稳定快速增长。

（三）家庭经营性收入和工资性收入仍是农民收入的主体

2011 年贵州农民人均纯收入中，家庭经营性收入占总收入的 47.8%，工资性收入占 41.3%，分别比上年下降 1.3% 和增长 3.8%，两项之和占总收入的 89.1%；2012 年农民家庭经营性收入占总收入的 47.3%，工资性收入占 41.6%，分别比上年下降 0.5% 和增长 0.3%，两项之和占总收入的 88.9%。从两组数据对比可以看出，农民家庭经营性收入呈下降趋势，而工资性收入则保持增长，虽然两者占总收入的比例有所下降，但家庭经营性收入和工资性收入仍是农民收入的主要来源。因此，充分挖掘农业内部的增收潜力和着力提高农民非农收入，是保持农民收入持续快速增长的重要基础。

二、实现贵州农民增收需要破解的难题

由于自然条件和社会经济的影响，制约贵州农民增收的因素既是多方面的，也是叠加性、复合性和长期性的。当前主要表现在几个方面：

（1）农业生产基础条件差，生产效益低。贵州大部分农民收入主要依赖农业生产，来源单一，由于人均耕地少，土地破碎、质量不高，缺乏先进适用技术，即使有先进技术，也难以广泛推广使用，导致农业生产的科技含量低，农产品竞争力较弱。特别是很多边远贫困山区，经济发展缓慢，水利交通等设施建设严重滞后，依然没有摆脱靠天吃饭的被动局面，粮食综合生产能力难以提高，严重制约了农民家庭经营收入的增加。2012年贵州粮食播种面积3 054千公顷，排全国第18位，但粮食单产只有3 534千克/公顷，排在最后一位，单产不及第一位吉林省的一半。

（2）农民文化素质低，发展第二、三产业困难多。工资性收入快速增长虽然已经成为农民收入增加的亮点，但贵州农户普遍存在经营第二、三产业层次较低，规模偏小，竞争力较弱，难以承受市场激烈竞争的压力和风浪等问题，以致市场供求的较小波动和国家宏观经济政策的轻微调整都会引起强烈震动。加上贵州农村劳动力总体素质不高，农村劳动力转移后，只能从事简单的劳动或效益不高的工作，工资性收入增长受到限制。统计部门调查显示，2012年贵州农民外出务工人数达830万人，返乡215万人，回乡创建单位41.1万个，参与创业人数65.5万人，带动就业136.6万人。受文化技能水平低的制约，农民外出务工从事的主要是建筑业、商业、交通运输、住宿和餐饮业等行业的体力劳动，返乡创业者也多数集中在种养业、服务业及交通运输、仓储业等行业，很少涉足工业等投资大、技术要求高的行业。而不论是外出务工，还是回乡创业就业，农民文化技能的高低决定了其收入的多少。

（3）农业产业化水平不高，对农民的辐射带动力不足。2012年贵州已有省级以上农业龙头企业404家、农民专业合作社1.28万个，但规模小、数量少，整体发展水平低，竞争力不强的问题比较突出。企业与农户、合作社与农户之间利益连接不紧密，机制不合理、不健全，对农户的带动力不强，还很不适应现代农业发展需要。此外，农产品加工、包装、冷链物流、销售等配套产业发展缓慢，农产品附加值低，也限制了贵州农业产业化水平的提高，影响到农民增收渠道的拓宽。

（4）农民缺少引导和信息服务，驾驭市场能力弱。由于农村交通闭塞，信息化建设滞后，信息难以进村入户，农民获取信息手段单一，贵州农民种什么、养什么普遍缺乏市场导向，很难及时了解、把握农产品市场需求，从而无法及时调整生产，加之高额的运输成本，使得农产品销售不畅，农民利益受损的情况时有发生。

三、农民收入实现追赶跨越的措施建议

习近平总书记 2013 年在海南考察时指出，小康不小康，关键看老乡。2012 年贵州城镇化率虽然提高到 36.5％，但农村人口仍然占很大比重，加上 900 多万名贫困人口的脱贫致富问题，要实现与全国同步小康，加快农民增收步伐是关键。增加农民收入，既是当务之急，又是长远之计，需要更加有力的政策、更加有效的措施、更加扎实的工作来提供坚强保证。

（1）以增加农民家庭经营收入为主线，提高农业劳动生产率。贵州农民人均纯收入中，家庭经营纯收入占比一直高于工资性收入占比。面对全面建成小康社会，加快提高农民收入的新形势、新任务、新要求，农业发展面临转变农业发展方式，稳定发展粮食生产，积极发展特色农业三大任务。要结合贵州实际扬长避短，突出重点，突出特色，进一步增加农民家庭经营性收入。一是在提高粮食生产能力上下功夫，利用先进适用技术提高粮食单产，大力优化品种结构，发展粮食精深加工，不断提高土地产出率、劳动生产率、科技贡献率。二是因地制宜，大力发展精品农业和特色产业。进一步优化农牧渔业产品品质、优化区域布局和发展农产品的精深加工，抓好鲜活农产品储藏保鲜，延长产业链，提高产品的附加值，这是农业结构调整的重要推动力量。依靠科技进步，转变发展方式，实现产业升级，推动低端产品向高端产品转化，原产品向加工产品转化，粗产品向精产品转化，分散生产经营向集约化、规模化、标准化、产业化转化，地方产品向优势特色产品转化，推进贵州特色农业发展实现历史性跨越。三是加快发展生态畜牧业。生态畜牧业是农业发展的增长点，是农民增收的主导产业。在稳定生猪生产的基础上，加大畜禽养殖结构调整力度，提高节粮型草食牲畜、小家禽比重，改变畜牧产业结构，发展适度规模，开发畜禽产品精深加工，不断提高养殖比较效益。

（2）以增加农民工资性收入为重点，促进农业劳动力就业创业。工资性收入已占农民人均纯收入的 40％以上，增长趋势未减，必须把增加农民工资性收入作为缩小城乡居民收入差距的主要着力点。要大力推进农业园区建设，加快完善园区基本骨架、重点设施和发展平台，抓好园区主导产业培育和产品营销，重点吸纳农民到园区就业创业，切实发挥园区对农民增收的重要作用。采取鼓励农村劳动力转移就业的战略，努力提高外出务工农民的技能水平和总体

素质。加大农民务工技能培训力度，建立完善的培训体系，改革农民培训资金的使用，改进培训方式，大力开展订单培训、定向输送和在岗培训，增强培训的针对性和时效性，提高务工农民的就业竞争力和工资水平。

（3）以增加农民财产性收入为突破，推进农村产权制度改革。从贵州看，目前农民财产性收入总量和占比都不是很高，但突破的空间较大。围绕财产性收入的增加，应加快征地制度改革，实行对失地农民土地财产权的公平补偿，对失地农民采取集体留用地、物业置换、提高补偿标准等办法，提高农民在土地增值收益中的分配比例。深入推进农村集体土地、集体林权、宅基地和房屋产权等产权制度改革，完善农村"三权"评估机构建设，建设城乡一体化的"三权"流转咨询平台，通过市场机制使之向资本化方向发展。经营性用地允许农民以多种方式参与开发经营，在符合规划的前提下引导农村集体规范发展公租房等物业经济，让农民更多地分享土地增值收益；健全完善相关法规，扩大农民对土地承包经营权、宅基地使用权和住宅所有权的权能范围，探索市场化转让机制；按照依法自愿有偿原则，健全农村土地承包经营权流转市场，增加农民土地租赁收入。积极发展农村金融业，向农民介绍和推广增值收益较好的理财产品，提高农民的动产收益率。

（4）以增加农民转移性收入为导向，加强政策落实和农村社会保障。在农民4项收入中，转移性收入的政策性最为明显，最能体现政府意图，是政府最有条件和理由进行调控的。遏制和缩小城乡居民收入差距，必须重视增加农村居民的转移性收入。一是建议中央继续强化农业补贴政策，并对贵州有所倾斜，使贵州农民得到的生产补贴收入较快增长。二是着力建立健全农村社会保障制度，大幅度增加农民的保障性转移收入，如实现新型农村社会养老保险全覆盖，逐步实现城乡居民养老保险并轨；提高农村低保标准和补助水平；完善农村五保供养政策，保障五保供养对象权益；提高新型农村合作医疗筹资标准和国家补助水平，加大财政对农村医疗救助的扶持力度；建立健全农民工养老保险办法，提高参保率等。

（5）加强农业基础设施建设，为农民增收夯实根基。探索多元化的农村基础设施投入机制，以美丽乡村建设为契机，加强"空心村"整治，扩大城乡建设用地增减挂钩试点范围，积极建设新型农村社区，逐步完善农村水、电、路、信息等为重点的基础设施；实施沃土工程，加强基本农田、滴灌、喷灌、排水和机耕道等现代农业设施以及市场设施建设，建立有效的农村基础设施后期管护机制，提高服务能力，增强农业发展后劲。加快石漠化治理和生态修复，立足各地气候特点、资源禀赋和产业基础，合理调整农村产业和土地利用结构，扶持特色产业和绿色产业发展，为农民增收创业打牢坚实的基础。

（6）提升农业产业化水平，拓宽农民增收渠道。一是培育壮大龙头企业。围绕贵州特色优势产业，加快龙头企业的培育和发展，积极引导转化一批，扶持壮大一批，招商引资新上一批，借助外力挂靠一批，形成大企业带小企业、主体项目带配套项目、上下游产业配套的企业体系。二是扶持专业大户、家庭农场和农民合作社等新型经营主体，努力提高合作经济组织覆盖面、提高优势特色产业组织化程度、提高产业发展的科学化水平、提高经营能力和效益。三是着力引导龙头企业、专业合作社与基地、农户建立紧密的产销联系机制，有效提高农民的组织化程度。四是加快发展农产品加工业和休闲农业。贵州农产品众多，质量上不去，效益就不会高，要切实抓好农产品品种、品质、品牌建设，提高商品率和市场竞争力。充分利用贵州独特的气候优势，大力发展乡村避暑休闲旅游，带动农村第二、三产业的发展，为农民增收开辟新的增长点。

（7）加快发展林业经济，促进生态文明建设和农民增收有机结合。农业是高度依赖资源条件、直接影响自然环境的产业，农业的资源利用方式对实现可持续发展具有重要影响。针对贵州林业资源丰富和喀斯特山区治理、生态建设的要求，充分利用各地林业资源，大力发展林业经济和林下产业，重点加快油茶、核桃和竹子等基地建设，提高林产品在农民收入中的比重，发展林下养殖业和林下种植业，把禽类养殖和食用菌、中药材栽培作为调整畜牧业结构，发展特色林业经济的优选项目，进一步拓宽农民增收致富渠道。

第二章

新型城镇化与农业转移人口市民化

　　所谓城镇化，就是伴随着工业化进程，农业人口不断向非农产业转移、向城镇转移，从而使城镇数量不断增加、城镇规模不断扩大、城镇人口比重不断提高的历史过程。发展经验表明，城镇化是现代化的重要内容和表现形式，世界上没有一个国家不经过城镇化而实现了现代化。从国际比较看，我国城镇化水平不仅低于高收入国家平均水平 30 多个百分点，也低于世界平均水平。因此，推进农业转移人口市民化，是我国新型城镇化的重大任务，是我国实现现代化必须解决的重大问题。

第一节　新型城镇化与农村人口流动[①]

一、新型城镇化

（一）新型城镇化概念谱系

　　"城镇化是伴随工业化发展，非农产业在城镇集聚、农村人口向城镇集中的自然历史过程，是人类社会发展的客观趋势，是国家现代化的重要标志。"1991 年，辜胜阻在《非农化与城镇化研究》中对"城镇化"的概念进行了拓展，城镇化指农村人口转化为城镇人口的过程，一般用城镇化率来衡量标准城镇化水平的高低，所谓城镇化率也就是一个地区常住于城镇的人口占该地区总人口的比例。改革开放以来，伴随着工业化进程加速，我国城镇化经历了一个

---

　　① 本节选自农业部软科学课题"新型城镇化视角下提高户籍人口城镇化率研究：以浙江四个试点城市为样本的考察"，课题主持人：詹国彬；"农村人口'空心化'——本源、困顿及未来指向"（课题编号：Z201321），课题主持人：于水。

起点低、速度快的发展过程。1978—2013年，城镇常住人口从1.7亿人增加到7.3亿人，城镇化率从17.9%提升到53.7%，城镇化率提高了35.8个百分点，平均每年都要达到1个百分点以上。目前中国城镇化率的统计以常住人口计算，但是如果按照城镇户籍人数，以及政府提供的教育、医疗、社会保障等公共服务水平来说，中国的城镇化率只有35%～36%。而根据2013年11月5日发布于《中国青年报》的清华大学相关调查显示，中国户籍城镇化率仅为27.6%。据官方统计数据，在城镇打工的2.6亿名农民中，真正在城市购房的还不足1%；大约有1.59亿名在城市工作半年以上的农民工及其家属是处于"半市民化"状态。

与国际社会比较，中国城镇化的道路仍然漫长而艰难。1998年，世界平均城市化水平（城市人口占总人口的比重）为46%，其中低收入国家为30%，中等收入国家为65%，高收入国家为77%，中国为31%，整个太平洋和东亚地区则为34%。到2000年年底，尽管我国的城市化水平已经上升为36.09%，但依旧处在一个较低的发展水平。发达国家的城镇化率一般为75%～80%，甚至更高。如今，美国的城镇化率是90%，韩国是85%。为此，党的十八大报告指出，我们必须努力"消除不利于城镇化发展的体制和政策障碍"，走出一条既不同于西方发达国家和地区，也不同于传统发展老路的城镇化协调发展、城乡共同繁荣、与新型工业化道路相呼应的"新型城镇化道路"来。

2012年12月召开的中央经济工作会议提出：积极稳妥推进城镇化，着力提高城镇化质量，构建科学合理的城市格局。2013年12月召开的中央城镇化工作会议讨论了《国家新型城镇化规划》，明确了新型城镇化建设目标、战略重点和配套制度安排。2014年3月，国务院印发了《国家新型城镇化规划（2014—2020年）》，并发出通知，要求各地区各部门结合实际认真贯彻执行。该规划是按照走中国特色新型城镇化道路、全面提高城镇化质量的新要求，明确未来城镇化的发展路径、主要目标和战略任务，统筹相关领域制度和政策创新，是指导全国城镇化健康发展的宏观性、战略性、基础性规划。2014年9月16日，中共中央政治局常委、国务院总理李克强主持召开推进新型城镇化建设试点工作座谈会并作重要讲话。李克强指出，我国各地情况差别较大、发展不平衡，推进新型城镇化要因地制宜、分类实施、试点先行。

城镇化是指人口向城镇集中的过程。这个过程表现为两种形式，一是城镇数目的增多，二是各城市内人口规模不断扩大（注：引自大不列颠百科全书）。城镇化伴随着农业活动的比重逐渐下降、非农业活动的比重逐步上升，以及人口从农村向城市逐渐转移这一结构性变动。城镇化也包括既有城市经济社会的进一步社会化、现代化和集约化。城镇化的每一步都凝聚了人的智慧和劳动。城市的形成、扩张和形态塑造，人的活动始终贯穿其中。另一方面，城市从它开始形成的那一刻起，就对人进行了重新塑造，深刻地改变着人类社会的组织方式、生产方式和生活方式。

2014年3月，中共中央、国务院正式公布《国家新型城镇化规划（2014—2020年）》（以下简称《规划》）。可以说，《规划》突出体现了"存量优先"的基本原则，即政府不再单纯追求外延城镇化率的提高，而是优先考虑存量——已进城农业转移人口的市民化，以存量带增量，着力提高城镇化的内在质量，即提出了"新型的城镇化"道路。

所谓新型城镇化，是指坚持以人为本，以新型工业化为动力，以统筹兼顾为原则，推动城市现代化、城市集群化、城市生态化、农村城镇化，全面提升城镇化质量和水平，走科学发展、集约高效、功能完善、环境友好、社会和谐、个性鲜明、城乡一体、大中小城市和小城镇协调发展的城镇化建设路子。新型城镇化的"新"就是要由过去片面注重追求城市规模扩大、空间扩张，改变为以提升城市的文化、公共服务等内涵为中心，真正使城镇成为具有较高品质的适宜人居之所。城镇化的核心是农村人口转移到城镇，而不是建高楼、建广场。农村人口转移不出来，不仅农业的规模效益出不来，扩大内需也无法实现。新型城镇化的本质是用科学发展观来统领城镇化建设。

（二）内涵体系

综上，"新型城镇化"应具有三大内涵，可以概括为强调民生、强调可持续发展和强调质量。每个内涵均可以从经济、社会、体制制度和城市建设4个层面解读其具体内容。

1. 民生内涵

经济层面体现在缩小收入差距，提高城镇居民可支配收入和提高农村人均纯收入等方面；社会层面体现在提高社会保障和福利水平，提高社会医疗救助水平和提高社会教育水平等方面；体制制度层面体现在对城乡户籍制度、土地制度、收入分配制度和行政管理体制的革新等方面；城市建设层面体现在促进城乡公共服务均等化、加快完善道路交通、市政设施等基础设施以及不断推进保障房安居工程建设等方面。

2. 可持续发展内涵

经济层面体现在加快产业转型升级，着力产业结构调整，加快现代农业和现代服务业发展等方面；社会层面体现在繁荣文化市场，提高社会网络化水平，鼓励非政府团体和机构引导公众参与等方面；体制制度层面体现在创建服务型政府，推进政务消费及人员财产的公开透明，鼓励扩大民间投资等方面；城市建设层面体现在强化区域生态环境保护，树立区域低碳发展理念，鼓励新能源、新材料利用，提倡垃圾回收，倡导历史文化保护以及大力推进绿色建筑革命等方面。

3. 质量内涵

经济层面体现在实施经济发展的"低污染、低耗能、低排放"以及加快区域与城乡协调；社会层面体现在提高全社会文明程度，提高全社会受教育水平，提高全社会市民健康水平和保障全社会食品安全等方面；体制制度层面体现在提高有关食品、民众健康、医疗卫生等公共服务的监管门槛，加大处罚力度，建立及完善相关法律法规等方面；城市建设层面体现在从追求建设速度向谋取建设质量转变，关注城乡公共服务质量，关注城市环境质量（空气质量，水环境质量等），坚持土地利用的节约集约与高效，最大限度地提高市民的生活品质和便捷程度。

（三）新型城镇化的发展要求

新型城镇化是未来长期指导国内城乡建设及各行业领域发展的一整套完备战略系统，其内涵体系化、有序化、层次化和网络化的特征初具。以内涵为基础，"十二五"及"十三五"期间中国新型城镇化的核心目标可概括为6点：平等城镇化目标、幸福城镇化目标、转型城镇化目标、绿色城镇化目标、健康城镇化目标和集约城镇化目标。其中平等城镇化与幸福城镇化目标对应民生内涵；转型城镇化和绿色城镇化目标对应可持续发展内涵；健康城镇化和集约城镇化目标对应质量内涵。六大目标彼此独立、相互关联，互为补充和支撑（表2－1）。

表 2-1　新型城镇化六大核心目标

发展目标	目标明细
平等城镇化	平等城镇化目标的关键在于统筹与一体。主要表现在实现农民工市民化和城乡公共服务一体化、户籍与土地制度突破和收入分配制度创新
幸福城镇化	幸福城镇化目标的关键在于收入与安居。主要表现在实现城乡居民收入普遍提高与居民收入差距的缩小。其中,居民收入差距的缩小又包括城乡居民收入差距缩小和贫富差距缩小
转型城镇化	转型城镇化目标的关键在于结构与升级。主要表现在实现产业链条高级化与梯度层次化、产业结构优化、农业现代化和现代服务业规模化
绿色城镇化	绿色城镇化目标的关键在于环保与低碳。主要表现在实现气候及生态优化和区域碳排放量下降
健康城镇化	健康城镇化目标的关键在于生态与安全。主要表现在实现污染与耗能降低、环境质量提升、食品安全水平和市民健康水平提高
集约城镇化	集约城镇化目标的关键在于节约与高效。主要表现在实现城乡土地利用的节约、集约和城乡各类已建成设施的高效利用

(四) 新型城镇化发展的重点内容

一是全面推进区域统筹与协调一体。实现新型城镇化必须全面推进区域统筹与协调一体。一方面是要在城乡关系上下功夫,改变由众多因素导致的城乡长期二元割裂的局面,尤其在改善城乡居民生活质量和提供城乡居民就业环境上应坚持公平公正;另一方面是要在区域上做文章,应认识到城市既是区域的,区域也是城市的。推进新型城镇化仅仅依靠单个城镇无法做到,必须依托具有一定数量、一定差异性和互补性的城镇体系乃至区域网络体系。在区域中谋发展、在区域中求协调是新型城镇化的重要内容。

二是稳步实现产业升级与低碳转型。实现新型城镇化必须稳步实现产业升级与低碳转型。新型城镇化在某种程度上是对传统城镇化模式的一种反思。在中国,这种反思集中针对产业病及其所带来的城市病。毫不夸大地说,国内数十年发展取得的成就和遗留的弊病都与产业发展密切相关,可谓成败萧何。因此,对于一方面受到国际环境影响、另一方面受到国内弊病困扰的双重压力下的中国产业而言,实现新型城镇化的产业升级与转型几乎是必然的选择,且无路可退。

三是大力坚持生态文明和集约高效。实现新型城镇化必须大力坚持生态文明和集约高效。生态文明是全球范围的宣言，是人类开始意识到环境破坏给自身利益带来损害，并可能影响后代的繁衍。而集约高效是发展中国特色社会主义道路总结出的宝贵经验，也是应对国内人地关系紧张、区域供给与需求不均现状的最佳途径之一。

四是努力尝试制度改革和体制创新。实现新型城镇化必须努力尝试制度改革和体制创新。伴随新型城镇化的体制制度改革，不打擦边球，也不能小打小闹，必须敢于迈进深水区、直面问题本源、直面某些既有利益集团的强烈反对。体制制度改革是对政党执政本质和能力的双重考验，需要人民的支持，而新型城镇化的背景恰好赋予了公众参与的最好时机。因此，新时期体制和制度改革应紧紧依托新型城镇化、依托广大市民与公众，在收入分配制度、土地制度、行政管理体制等方面大胆创新。

二、农村人口流动

改革开放前，中国的城乡人口与劳动力布局内生于以城市为中心的中国工业化赶超战略，而此赶超战略依赖于捆绑式的农业生产要素与农产品对工业发展战略的支持，以及以国家权力为依托的城乡二元户籍管理，"防止农业劳动力要素流失和保障城市生活与福利"的两重制度安排[①]。其结果建立起完整的工业体系，在经济上演化为国民经济运行的低效率，社会分层为城乡二元结构甚至"二元对立"。改革开放后，打破计划经济低效率僵局的最初动力虽然来自于以家庭联产承包制为起点的农村经济改革，但是"破茧而出，编织锦绣"的整体效率取之于打破二元壁垒的城乡人口流动。因此，人口迁移与流动成为我国 30 年社会转型的最显著标志[②]。而以经济为目标追求的全新社会整合与激励导向成为转型社会人口要素流动的内在动力机制，它打破了计划经济与集体体制对个人自由流动与择业的束缚，强化了个人取向，开启了以个人为激励基点，形成以牟利为导向、以个人自由选择与创造为原动力的新的社会整合，计划经济条件下主要依赖意识形态控制和政治动员，推动经济发展所实施的劳

---

① 周其仁. 中国经济增长的基础 [J]. 新华文献，2010（7）.
② 吕昭河. 人口流动的政治经济学含义 [J]. 经济学动态，2012（8）：15－23.

动要素配置采取集体协作方式，并以政治信仰与思想觉悟的感召实现劳动与创造激励，这种社会整合基础与激励手段在农村普遍贫困和城乡严重分化的严酷现实下失去效率。尤其是改革开放后，城市管理上放松了对非本户籍人口的进入限制与留住管理，经济上允许正当取得的个人利益，鼓励发家致富，从而由此推动的大范围人口空间流动和剧烈的社会阶层垂直流动，推动了劳动力要素高效率配置，支持了中国经济的快速增长。

改革开放以来全社会从人口流动中获得丰厚的福祉，其积极影响得到普遍认同与赞许，而且仍然寄期于通过深度推动城乡人口流动与非农转移来支持未来经济的快速增长，这种期许表达了对劳动力要素配置效率的肯定。但是在另一方面，改革开放以来中国发展经验包含着普遍存在的以剥夺农民工基本权利，采用廉价劳动力获取超额利润和赢得国际市场竞争优势等社会不公正现象。问题在于怎么评价这种效率在当今社会下的伦理、道德的正当性，更应明确今后的发展是否能够延续以牺牲社会公正来维持这种效率，是我们需要严肃对待的。

中国的人口流动是兼具时代特征和最具普遍性的社会现象，是中国改革开放的风向标。国家卫生和计划生育委员会发布的《中国流动人口发展报告2013》，称我国流动人口已达到 2.36 亿人，每 6 个人中就有一个流动人口，平均年龄为 28 岁，超过一半的劳动年龄流动人口为"80 后"，选择的流动方式正由生存型向发展型转变，选择城市的农民工不仅是为了挣钱，更多的是充满了对未来发展的期待，流动方式由个体劳动力流动向家庭化转变，流动形式由"钟摆式"向城市稳定生活、稳定工作转变，超过六成的"80 后"流动人口近3 年没有换过工作。2013 年 4 月，流动人口的平均工资收入为 3 287.8 元，比2012 年同期增长 4.9%。流动人口主要就业在私营部门或从事个体经营，就业集中在制造业等五大行业。人口流动的主导方向主要体现：一是人口在产业间流动，即农业人口非农化过程；二是区域间流动，即内地向东南沿海地区的人口流动，且在外向型经济发展战略推动下引发更大的人口迁移与流动。人口流动的主导力量包括行政性和市场化两种方式。行政性流动受政府的决定和计划控制，如三峡水库的移民大迁移。近年来，随着工业化和城镇化的发展，一些地区也出现了行政性迁移，表现在以城镇化为名，以土地增减挂钩的方式，置换农民宅基地，造成大量非自愿失地农民的现象，大量农民被"市民化"。而市场化的人口流动主要通过劳动力市场上的交换和价格协议过程实现。其行为取决于劳动力成本和预期收益间的差数，且有较大的自主权。数据显示一些城市的外来常住青少年人口要多于当地城镇户籍人口①。农村人口流动仍存在着政策和社会文化的双重阻力，除众所周知的依附于城乡二元户籍制度的社会保障、子女教育等差异性政策外，一些城市为保证本地人口就业，出台了具有"社会排斥"性政策，如一些事业单位不招聘非本市户籍人口，外来人员还未适应城市主流文化，有陌生感和受歧视感。由于国家还没有出台通过购买宅基地而获得农村户口或通过获得农村户口购买宅基地的相关政策，由城及农的大门尚未洞开，市民想成为农民目前也不现实。当前城乡人口流动还带来了双重的困局，一是迁出地出现了新农村建设中的人力资源匮乏，迁入地表现为差别化的社会政策所形成的社会问题。在一些城市，由于大量人口涌入带来了城市交通、供水、供电等公共产品供给严重不足；与城市居民相比存在着"多劳少得""同工不同酬"以及工资收入偏低的现象；流动人口正处于青壮年，出现了越轨和道德的失范行为。

舒尔茨曾有力地否定了农民不具有经济理性的命题，提出：世界上的农民都在与"成本、利润和风险打交道"，是"时刻都在算计个人收益的经济人"，在他们的资源配置领域，他们做得十分精巧和有效率，"尽管由于教育、健康，以及个人经历等方面的原因，农民在新知识和新信息的感知、理解和采取适当行动的能力等方面存在差距，但是他们为企业家素质提供了最基本的人力资源。"农民具有经济理性，农民工的人力资源素质与发展潜力更不容置疑，关键是给予他们充分的经济机会，提高他们的可行能力。

人力资本的增长会产生"寻求政治上的支持以保护其资本的价值"需求。显然人口流动行为内含着对增加自身生产性价值的投资，形成的人力资本和生产性收益需要公正的社会道义予以支持，特别是在对流动人口存在着显性的社会歧视与不公正待遇时，正式制度的保护就应当成为一种公权利的重要内容。因此，人口流动行为体现了"资产收益—资产权利—社会公平支持—公权力干预"等逻辑关系。农业流动人口这一制度需求实际上具有普遍价值，正如舒尔茨所强调的，"人的时间价值的提高带来了对制度的新的需求。一些政治和法

---

① 2010年上海市第六次全国人口普查数据显示，上海户籍常住青少年为388.49万人，外来常住青少年则达到了503.61万人，后者占上海青少年总数的56.5%，即当时上海青少年中的大部分是外地青少年（或者说是没有取得上海户籍的青少年）。

律的制度尤其要受这些新的需求的影响。"而这些制度反映的本质是"劳动的法定权利被加以扩大,在这一过程中,一些由财产带来的权利却被缩减"。社会现实中农业流动人口正式或非正式制度安排仍然服从"资本雇佣劳动"的命题,农村流动人口的人力资本"资产"权利没有得到国家制度的充分保障,人力资本的"资产价值与收益"被割裂在社会成果分享之外;在劳动力市场领域,流动人口处于劳资关系的弱势一方,是被剥夺的对象,是超额利润的源泉。

迁徙自由与自主择业是公民基本权利。舒尔茨充分肯定"向能找到更好的工作机会和更适宜居住的地方迁移",对增进人福利有重要意义,肯定了现代化过程中人群对"变动机会"与"新事物"的反应能力"显然具有普遍的价值"。这些观点用于评价中国改革开放以来的人口流动是十分恰当的。社会变革的成就常被精英理论引申为是成功人士和精英阶层的贡献,贬低了大众所创造的价值。然而民众(包括流动人口)的社会实践尤其是改革开放以来所带来的积极的、有效的贡献,是我们正确评价人口流动正能量的出发点,这里蕴含着人口流动经济理性与价值创造的判断,否定非理性界定;人口流动为社会正义与秩序的重新构建提供支持的评价,否定社会管理上"盲流"界定,以及引申出的导致"高犯罪"、带来社会管理压力和引起社会秩序混乱等等负面评价;人口流动在社会民主与社会整合上的建构作用的评价,驳斥了关于流动人口引发更大的社会分化的观点。人口流动是现代社会最具社会创造力的因素,它最有力地支持了全面的中国现代化进程。

农村人口流动完成了将蓄积的"势能"转变为开放经济体的"动能",转变为中国经济长期快速增长的"效能"。这一"华丽转身"印证了"人口流动是现代化过程中一种规律性的人口现象和必要前提","没有人口的流动现代化过程是不能进行"[①] 的经验总结。改革开放的发展成就,总体来说是推行经济改革而释放出的效率,在本质上可归纳为"自由的效率"。"自由的效率"在计划经济时期即为"一放就活",在市场经济下它是对人兼有之的"经济理性"最具创造性作用的积极回应。学界对"流动人口是中国改革以来经济增长的一个重要源泉"命题认同度很高,认为流动人口对国内生产总值增长率的贡献份

---

① 蔡昉,2001,中国人口流动方式与途径(1990—1999 年),北京:社会科学文献出版社。

额为 16％～20％[1]。学术界经常采用货币收入增长分析来评价流动人口经济效率和贡献[2]，其积极效应大致有三个方面：一是提高了流动人口个体的收入水平，使其维持非农转移过程中的基本生活消费；二是非农收入回流农村，提高了农村家庭的支付能力；三是在一个较大的程度上形成了农民工和农民家庭的投资创业能力。上述三个方面的积极效应仅仅从微观的经济效率进行归纳，但基于人口流动行为本身包含的"自由"一项，以及对市场经济体制和平等竞争权利的建构作用，我们不支持社会公平与市场无涉的观点，即使不平等是符合帕累托改进原则的分配方式的结果，也不能否定社会公平具有正向的经济效益。事实上，实证比较的结果"证实了公平社会可能具有更高的经济发展效应"[3]。在国际社会，东亚发展模式为我们印证了"公平产生效益"的命题，而更多的国际经验如拉美经验提示我们社会不公正对经济发展的巨大伤害。

二元户籍制度是中国现代化过程中最具"刻意炮制"的一种基于人为"身份"划分而实施的强制性社会管理，以限制个人迁徙自由、自由择业和自主选择权利来达成社会目标的歧视性社会结构，其结果导致双向的"非效率"，即农村人口在限制与歧视中的激励缺失，和城市人口在过度保护中形成"路径依赖"的惰性。人口流动的建构性作用集中体现在它破除了"社会秩序的刻意性"的迷信，建构起一个体现和包容各种创造力、各色个人理想与千差万别的个人行为的新的"社会构造"。"个人自由理想是现代社会普遍认可的道德准则中最重要的一项规则，因为正是个人力量的培育才真正有益于逐渐形成而非刻意炮制的社会，而且还有益于进一步强化社会过程中的各种创造性力量"。因此，人口流动在市场上获得的利益激励，也将城市人口裹挟到竞争体制中，最

---

① 王午鼎，1995. 90 年代上海流动人口，上海：华东师范大学出版社。转引自蔡昉，中国城市限制外地民工就业的政治经济学分析，中国人口科学，2000（4）。

② 一项研究表明，1996 年以来到 2005 年，我国国民收入分配格局发生了不利于"居民部门"增加收入的变化，在居民部门、企业部门与政府部门三者之间，企业占比提高了 6.33 个百分点，政府提高了 6.39 个百分点，居民下降了 12.72 个百分点即 1996—2005 年，企业和政府更多地享有了经济增长带来的好处。参见：白重恩、钱震杰："中国国民收入分配格局分析"，《新华文摘》2009 年第 22 期，第 43 - 48 页。另一份研究也得到了国民收入分配格局变化的同样趋势，该文得到的数据是：劳动报酬占 GDP 的份额由 1995 年的 51.4％下降为 2004 年的 41.6％。参见罗长远、张军："经济发展中的劳动收入占比研究"，《新华文摘》2009 年第 19 期，第 42 - 45。从 GDP 的构成来看，资本和政府权力都在强化，而劳动者仍然趋于弱势变化。我们处于后金融危机的社会转型机遇，怎样借势处理好"效率"与"公平"的关系，事关重大。

③ 姚洋，2004，转轨中国：审视社会公正和平等，北京：中国人民大学出版社。

终融入一体化的社会建构中。

第二节　提高户籍人口城镇化率①

新型城镇化是拉动我国经济发展的主动力，提高户籍人口城镇化率是新型城镇化的核心目标。党的十八大以来，党中央、国务院多次强调要"加快改革户籍制度，有序推进农业转移人口市民化"。促进农民有序市民化、提高户籍人口城镇化率对于维护社会稳定、统筹城乡发展、扩大国内需求，促进中国经济发展都具有重要的意义。根据《国家新型城镇化规划（2014—2020 年）》，我国户籍人口城镇化率 2020 年将达到 45％左右，比 2015 年高5.1 个百分点，年均将需要提高 1.02 个百分点（相当于年均转移 1 400 多万人），当前我国提高户籍人口城镇化率的任务还比较艰巨。三大核心难点在于战略格局不清晰、任务分解不到位、责任意识不明确。"十三五"时期要切实提高我国户籍人口城镇化率，必须做到统筹布局我国户籍人口城镇化发展战略、合理分解户籍人口城镇化战略任务、全面树立深度推进户籍人口城镇化的责任意识。

一、现实意义

户籍人口城镇化率直接反映城镇化的健康程度。自 20 世纪 90 年代以来，中国城镇化一直在快速前行，城市面积扩大 9 倍以上。然而，土地、空间城镇化发展与人口城镇化发展严重失衡，常住人口城镇化率增加不足 3 倍，户籍人口城镇化率增加倍数更低，不到 2 倍。2015 年我国常住人口城镇化率为56.1％，而户籍人口城镇化率仅 39.9％，两者之间存在着 16.2 个百分点的差距。显然我国城镇化的质量还不高，城镇化发展状况还不太健康。提高我国城镇化的质量水平和健康程度，迫切需要提高户籍人口城镇化率。实际上，提高户籍人口城镇化率，具有更深远的政策内涵和现实价值，是全面小康社会惠及更多人口的内在要求，是推进新型城镇化建设的首要任务，是扩大内需、改善民生的重要举措。

---

① 本节选自农业部软科学课题"提高户籍人口城镇化率的难点与对策研究"（课题编号：201619 - 2)，课题主持人：刘合光、陈珏颖。

(一)提高户籍人口城镇化率,是全面小康社会惠及更多人口的内在要求

全面建成小康社会,这是中国梦的第一个宏伟目标。我国全面小康社会的建成离不开城镇化的发展。世界主要国家的发展经验表明,社会经济发展水平较高的国家也是城镇化程度比较高的国家,城镇化的深度发展将使经济社会发展成果有效惠及更多的国民。全面小康社会惠及更多人口,首先需要更多农业人口转变为城镇居民,从而切实推进以前服务于城镇却又游离于城镇而无法充分、公平地享受我国经济社会发展成果的广大农业转移人口,使之不仅深入投身于我国全面小康社会的建设进程,而且也能充分、公平地享受全面小康社会的建设成果。2015农民工监测报告表明,当年我国农业转移人口总量为27 747万人,他们在城镇不仅不能平等享受教育、就业服务、社会保障、医疗、保障性住房等方面的公共服务,而且还会带来一些复杂的经济社会问题。提高户籍人口城镇化率,促进农业转移人口市民化,有利于促进社会公平正义与和谐稳定,是全面小康社会惠及更多人口的内在要求。

(二)提高户籍人口城镇化率,是推进新型城镇化建设的首要任务

1979—2015年,我国城镇化率由18.96%提升至56.1%(常住人口口径),城镇化建设取得了令人满意的阶段性成果,但是我国当前城镇化的质量不高。户籍人口城镇化率远远落后于常住人口城镇化率,2015年前者为39.9%,比后者落后16.2个百分点,意味着2.2亿名农业转移人口积极参与了城镇化建设和工业化发展,却没有公平地享受城镇化成果,没有平等地享受城镇居民所享有的各项公共服务。户籍人口城镇化率滞后是以前城镇化片面追求地的城镇化、物的城镇化的主要不良后果。新时期要积极推进新型城镇化,要由过去片面注重追求城市规模扩大、空间扩张,改变为以人的城镇化为核心,促进更多农村人口转移到城镇。提高城镇化的健康程度和质量是当前城镇化建设的主要任务;解决户籍人口城镇化率滞后差距问题是当前城镇化建设急需解决的关键问题;从而提高户籍人口城镇化率,成为推进新型城镇化建设的首要任务。

(三)提高户籍人口城镇化率,是扩大内需、改善民生的重要举措

提高户籍人口城镇化率,可以兼顾效率与公平。从效率角度来看,提高户

籍人口城镇化率可以为经济发展带来三重利好。其一，利于扩大内需。提高户籍人口城镇化率，可以促进大量农业转移人口市民化，在改变其身份、扩大城镇人口规模的同时，改变其收入预期和消费模式，实现消费升级，提升国民平均消费支出，从而极大地拉动内需。其二，稳定劳动力供给。提高户籍人口城镇化率，利于留住农民工，缓解民工荒，为城镇建设发展提供稳定的劳动力供给，降低劳动力成本。其三，利于提高劳动生产率。提高户籍人口城镇化率，使得市民化的农业转移人口在更好的制度条件下从生产率低的部门和地区向更高的地区和部门转移，实现劳动力资源的重新配置，从而提高生产率。从公平角度来看，提高户籍人口城镇化率利于改善民生，促进社会和谐发展。以往的城镇化强调土地的城镇化和空间的城镇化，固化了城乡分割的二元结构，城乡居民享受的公共服务存在巨大的差距和严重的不平等，农民和农业转移人口享受的社会福利大打折扣，他们面临就业、收入、购房、医保、教育、养老等多方面的身份歧视，生存压力艰巨。户籍人口城镇化率不提高，中国大多数人的艰难民生就会难以从根本上改观。提高户籍人口城镇化率，才能够让越来越多的国民平等地享有原有城镇户籍人口独享的各项公共服务，显著地提高国民的福利水平。

二、核心难点

当前我国提高户籍人口城镇化率的任务还比较艰巨。其一是规模巨大。当前户籍人口城镇化率与常住人口城镇化率的差距达到 16.2 个百分点。要缩小这个差距，需要促进 2.2 亿名农业转移人口实现城镇化，这相当于全球人口第四大国家印度尼西亚整体实现城镇化。其二是政府部门、企业和个体要承担巨大的人口城镇化成本。单就公共成本而言，其金额也是巨大数目。有关研究估计，农民工市民化的人均公共成本约 13.1 万元，粗略计算，到 2030 年 3.9 亿名农民市民化所需公共成本约 51 万亿元，约为 2015 年我国 GDP 的 3/4。其三是农民意愿与政府愿望存在冲突。国家希望均衡实现人口城镇化，农业转移人口总体上愿意集中在经济发达地区如三大经济圈实现城镇化，发达地区的农业转移人口输入地政府明显不愿意承担大量农业转移人口的城镇化成本。

目前户籍人口城镇化的主要进展如下：各省份在辖区范围内统一了居住证制度；分类制定了差别化落户政策和梯次设置准入条件，降低超大城市、特大城市落户门槛；探索了成本分摊机制和财政支持政策；制定和实施了保护农业转移人口三大权益的政策措施。

但是未来提高户籍人口城镇化率面对的核心难题还没有破解，需要国家层面付诸更大的努力。从公共权力和政府责任角度来看，提高户籍人口城镇化率的三大核心难点在于战略格局不清晰、任务分解不到位、责任意识不明确。

（一）战略格局不清晰，导致国家意图贯彻不够给力

提高户籍人口城镇化率是国家实施新型城镇化战略的重大战略举措。贯彻国家意图须形成明晰的国家战略格局。在当前世界经济不景气、欧美去全球化气氛膨胀的背景下，我国经济发展对世界市场的指望不能过高，要把注意力从促进出口转向依靠扩大内需，把提高户籍人口城镇化率作为扩大内需的重要抓手。在经济发展进入中高速阶段，要跨越中等收入陷阱，我国更要注重实现全面建成小康社会目标，更加注重民生问题，把提高户籍人口城镇化率作为改善民生的重要举措。提高户籍人口城镇化率需要形成什么样的国家战略格局？目前国家层面没有形成清晰的谋划，各省份不清楚力量布局。作为都市圈领头狮的北上广深等对农业转移人口采取限制策略，人口转入大省采取退缩政策，人口转出大省也高呼公共成本太高。实际上，国家层面要明确提高户籍人口城镇化率的主战场在哪里？当前放松小城镇和中小城市，农业转移人口真实落户的效果并不明显，笔者调查的湖北宜城市总人口有 50 多万人，但 2015 年全市农业转移人口落户城镇人数不足 500 人。农业转移人口与转入地政府之间存在的以"想落不能落""能落不想落"为两端的强烈意愿分歧，表明主战场没有搞清楚。青年一代农业转移人口更愿意奔向北上广深，其次是省会城市。显然大城市应该是与潜在城镇居民的意愿保持一致的市民化主战场。那么实施国家战略意图的战略主力是具有经济实力和发展潜力的大都市及其城市圈政府。在大都市和大都市圈的相关地方政府没有明确国家战略格局的背景下，落实国家战略意图就比较困难了。国家层面不仅要明确主战场和战略主力，还要确定战略新突破点和战略奇兵，没有新突破点的开掘和奇兵的布置，国家意图实现的难度也不容易化解。

（二）任务分解不到位，导致地方卸责现象未予治理

战略落实依靠明确的任务分解，通过战力与任务的匹配实现战略意图。当前户籍人口城镇化推进工作受到地方政府的卸责化解，需要予以治理。上文分

析表明，主战场以实力和潜力来确定，战略主将就是主战场所在地的政府。如果没有明确的任务分解标准，不形成到位和合理的任务分解，地方政府作为趋利避害的行动主体，同样存在避重就轻、不冒头、不出战的倾向。不明确战略突破点和战略奇兵，实施战略意图的新任务也就没有主体来承担。当前一些学者和智囊部门纠缠于提高户籍人口城镇化率的财政负担机制，一方面利于理清支出责任，另一方面却为地方政府过度夸大成本、躲避主体责任提供了借口。结果有的地方政府为仅仅涉及几十万人的城镇化估算出几千亿元的成本，估算泡沫凸显了其卸责的本质。一些政府以环境承受能力、交通压力罗列大城市限制落户的借口，实际上是只享受成果、不对贡献于当地城市建设和经济发展十年甚至数十年的农业转移人口负责任的卸责行为。这种卸责行为，明显与其经济实力不匹配，与其发展潜力不匹配，与那些处于同等地位的世界城市的发展经验不相容。不分解任务，不治理卸责行为，主战场的地方政府就不情愿拿出敢于担当的推进户籍人口城镇化的得力措施。

（三）责任意识不明确，导致地方行动迟缓无大进展

增强政治意识、大局意识、核心意识、看齐意识，是加强党的建设、坚持党中央集中统一领导、增强党的团结统一、形成全党的向心力、凝聚力和战斗力的重大举措。同样，在落实国家推进户籍人口城镇化战略意图上，各地政府应当自觉增强这些意识，主动承担应当承担的责任。当前各地政府在《国务院关于进一步推进户籍制度改革的意见》（国发〔2014〕25号）发出前后，积极在本辖区范围内推出户籍改革措施，实施统一的居住证制度，为促进提高户籍人口城镇化率奠定了制度改革基础。各地政府行动能否加速、能否进一步提高当地的户籍人口城镇化率，取决于其责任意识是否明确。我国过去城市管理能力有限、主要服务于工业化战略，采取了户口制度，忽视甚至侵占了农业户口的权益，现在政府部门有能力而且有义务通过提高户籍人口城镇化率，对农业转移人口的权益进行补偿。只有明确自身的这种利益补偿责任，明确自身承担的落实国家推进户籍人口城镇化战略意图的责任，地方政府才会进一步加快行动，采取有力措施，提高户籍人口城镇化率。

三、政策建议

"十三五"时期要切实提高我国户籍人口城镇化率，必须做到统筹布局我

国户籍人口城镇化发展战略、合理分解户籍人口城镇化战略任务、全面树立深度推进户籍人口城镇化的责任意识。

（一）统筹布局户籍人口城镇化发展战略

从全面建成小康社会高度统筹布局户籍人口城镇化发展战略，国家层面要明晰战略意图，形成战略布局。一要确定战略主战场。建议采取实力匹配原则，经济实力强的省份承担更多的农业转移人口任务。我国三大经济圈，占据中国经济版图1/3强，但是户籍人口不足6％，应该承担更多的户籍人口城镇化任务，同样省会城市占据一省经济版图的较多份额，和三大经济圈一起可以作为提高户籍人口城镇化率的主战场。二要确立战略任务落实主体。建议主战场和战略突破点的当地政府应成为战略任务落实主体。三是确定战略奇兵和新突破点。奇兵是新增量，利于实现以增量带动存量的战略目标；新突破点是打破僵局的改革阻力薄弱环节，确定二者有利于打破当前地方政府推卸责任的僵局。建议奇兵为新增加中部直辖市、省会城市选址另立、设置大学镇（千校千镇、强校强镇、1 000～2 000个大学城）、设置企业总部镇（万企万镇、强企强镇）。建议每个省份新突破点一为居次席的城市，赋予试点政策和有关财政金融支持；新突破点二是每个省份除前两位城市之外的与国外城市结对的姊妹城市，允许采取向姊妹城市看齐的户籍及公共服务政策，并赋予试点政策和有关财政金融支持。

（二）合理分解户籍人口城镇化战略任务

依据确立主战场的原理，设定任务分解的标准，形成政策与任务配套、财政金融支持措施与任务配套的任务分解套餐，合理、公平分解战略任务，让各省积极主动领取分解的任务。建议任务分解标准为实力匹配标准和潜力匹配标准，主战场的户籍人口城镇化率指标与经济实力看齐，显著降低户籍人口城镇化率与常居人口城镇化率的差距；战略奇兵和新突破点采取潜力匹配标准，户籍人口城镇化率指标向城市发展潜力（未来人口规划估算规模）看齐。建议继续推进"三挂钩"政策，确保财政转移支付与农业转移人口市民化挂钩、城镇建设用地新增指标与农业转移人口落户数挂钩、中央基建投资安排与农业转移人口市民化挂钩，保证地方政府在领取相应的提高户籍人口城镇化率任务时，获得相应的财政转移支付、城镇建设用地新增指标和中央基建投资安排。

（三）全面树立户籍人口城镇化责任意识

以加强党建的力度，强化提高户籍人口城镇化率实施主体的责任意识，促进地方政府全面深入推进户籍人口城镇化。地方政府在提高户籍人口城镇化率上的责任意识，首先要靠党中央和国务院强力引领，发挥顶层设计对推进落实该项战略意图的重大影响力和引领力；其次要依靠上文所述战略布局的系统谋划与部署以及战略任务的合理分解与匹配，形成公平发展、各尽其力、共建大局的战略实施局面；再次依靠明确的考核制度，要转变唯 GDP 论的考核体系，要把缩小户籍/常住人口城镇化率差距、扩大城镇化人口规模作为重要考核指标，把战略意图落实到目标考评和日常工作中。

以上述三大措施为主导，化解当前提高户籍人口城镇化率的核心难题，形成针对阻碍户籍人口城镇化水平提高的各种具体制约因素如经济因素、政治因素、文化因素、政策因素的化解方案，将有利于增强各主体的责任意识和主动创造性，奇正相宜地推进我国提高户籍人口城镇化率的战略意图，从而兼顾公平和效率、促进民生改善、跨越中等收入陷阱，最终全面建成小康社会。

第三节　促进农业转移人口市民化[①]

一、农业转移人口的现状和趋势

（一）改革开放以来农民外出务工的进程与政策回顾

农村劳动力向非农产业和城镇转移是农民工市民化的必经阶段，农民工流动开始之时，即是城镇化和市民化开始之日。改革开放以来，农民工的流动经历了三个阶段：

一是改革开放初期到 20 世纪 80 年代末。这一时期对人口流动的政策逐步放宽，消除农民"离土"的限制，允许农民"离土不离乡，进厂不进城"，大量农村富余劳动力进入乡镇企业转移就业，并开始往城市流动，但以省内流动

[①]　本节选自农业部软科学课题"有序推进农业转移人口市民化问题研究"（课题编号：201307），课题主持人：王宾。

为主。这一阶段，外出就业农民工数量从 20 世纪 80 年代初期的 200 万人左右发展到 1989 年的 3 000 万人。

二是 20 世纪 90 年代到 21 世纪初。这一时期的政策基调是消除农民"离乡"的限制，允许农民跨地区流动和进城打工。这一阶段，乡镇企业发展趋缓，各种限制劳动力转移的制度逐渐放开，外出就业农民工数量从 20 世纪 90 年代初期的 6 000 万人左右发展到 20 世纪末的 1 亿人左右。农民工流动范围扩大，跨省流动比重大幅上升。1993 年全国跨省流动的农民工约为 2 200 万人，跨省流动的比重达到 35.5%。2002 年，中央提出了对农民进城务工就业实行"公平对待，合理引导，完善管理，搞好服务"的方针，此后，在清理与取消针对农民进城就业的歧视性规定和不合理收费、简化农民跨地区就业和进城务工的各种手续、保护进城务工农民的合法权益等方面出台了一系列政策。

三是党的十六大以来。据统计，2002—2008 年，全国外出就业农民工数量年均增长 595 万人，年均增幅达 5% 左右，低于 20 世纪 90 年代的平均增速（15%），进入稳定增长阶段。虽然总体上农村劳动力仍然过剩，但结构性供求矛盾开始突出，农村劳动力供求关系正从长期"供过于求"转向"总量过剩、结构短缺"。农村青壮年劳动力大量转移到非农产业，供求明显偏紧，有一技之长的农民工供给严重不足，农民工供求的区域矛盾突出，"招工难"开始由沿海向内地扩散，有蔓延和加剧之势。这一阶段，农民工政策取得重大突破，特别是 2006 年颁布了《国务院关于解决农民工问题的若干意见》，形成了较为完整的农民工工作政策体系。各地区各部门认真落实中央决策部署，将农民工工作摆在重要位置，取得了明显成效。各地公共就业服务体系不断健全，权益保护工作取得积极进展，子女教育问题受到重视，社会保障从无到有，卫生服务和计生服务不断完善，积极稳妥推进农民工在城镇落户定居，在推进农民工市民化方面进行了很多有益的探索。

近年来，一些地区相继开展了一系列开创性的户籍制度改革试验，取消农业户口与非农业户口二元划分，逐步推行"城乡户口一体化"。截至 2006 年年底，湖北、四川、河北、辽宁、江苏、浙江、福建、山东、湖南、广西、重庆、陕西等 12 个省、自治区、直辖市已取消了城乡二元的户口划分，统一了城乡户口登记制度，统称为居民户口登记制度。城乡二元户籍制度的松动，为农业转移人口市民化创造了条件，可以说，目前户籍制度改革正朝着更加合理的方向发展。只是因为全国不同区域之间、不同城市之间经济社会发展存在巨大差异，所以在现有的条件下，各地户籍制度改革难以实行一种模式，进行"一刀切"。各地一般都是根据自身的经济社会发展状况，因地制宜，因时制宜，推进户籍制度改革，制定户籍改革措施，从而出现了多种推进模式并存的局面。清华大学"人口迁移与市民化"课题组通过对全国部分城市的调查发现，根据户口开放程度不同，我国各地户籍制度改革的推进模式大体可概括为三种类型：

第一，严格控制型。这一类型的户籍制度改革模式主要出现在一些一线城市，比如北京、上海、广州等地。这些城市因其存在庞大的人口压力，考虑到城市的承载能力，所以在户籍制度改革方面一般比较谨慎和稳妥，改革步伐也相对缓慢。目前，这些城市依然对外来人口和农村人口迁户实行严格控制，大多设有相当严格的落户条件和准入门槛。例如，北京在户籍管理上依然坚持严格的指标控制。由于庞大的人口压力，北京从 2011 年开始，户籍政策实际上不是放松了，而是收紧了，进京户口指标开始明显减少。而这其中外来务工人员能获得的指标可以说微乎其微，绝大多数都是人才引进、投资入户、家属迁入、学生进京等户口指标。只有获得全国劳模称号，或取得高级工、高级技师职称的农民工，才有望在北京落户。

相比北京而言，广州的户籍政策稍微宽松一些。2010 年，广州市在省政府出台的《关于开展农民工积分制入户城镇工作的指导意见》基础上，开始实施"积分入户"的户籍政策，规定：外来务工人口只要积满 85 分，即可申请入户。但是，我们调查发现，广州基于控制自身人口规模的考虑，每年积分落户的指标总数实际上只有 3 000 个，并且能真正落户下来的积分数要远远高于基准线 85 分，2010 年落户最低分 132 分，2011 年落户最低分 122 分。所以，能够落户下来的外来人员绝大部分都是高学历、高技术人才，而对广州 700 多万名外来农民工来说基本上是望尘莫及。

第二，有限放开型。这一户籍改革的推进模式多发生在部分二线城市。这些城市因其自身人口压力没有一线城市那么大，同时又需要大量引进人才和资本，以促进城市经济社会的快速发展，所以大多情况下都实行的是一种有限放开的户籍政策，即有条件的开放，如资金条件、人才条件等。例如，成都2004 年就开始尝试放开户籍政策，取消"农业户口"与"非农业户口"的划分，统一登记为"居民户口"；2010 年 11 月，成都市出台的《关于全域成都城乡统一户籍实现居民自由迁徙的意见》规定：农民可以带着农村产权进城落户，并且享有城市居民的各项社会保障。前提是农民要先购置一定居住面积的住房，亦即通常所说的"购房入户"。我们调查发现，这一政策的确让部分经济条件好的农民工实现了进城的落户愿望；但是，购房的经济"门槛"实际上也将很大部分农民或农民工挡在门外，因为农村产权所能抵消的房款与房屋实际价格之间还有一个不小的"缺口"。而且，对于市外人员来说，条件还要更高。所以，成都的户籍政策应当说是有限开放的。

第三，全面放开型。所谓的"全面放开型"户籍改革模式主要是在部分三线及以下中小城镇。这些城市多因自身城市规模相对较小，但又迫切需要吸纳大量人力和资本参与城市建设，促进城市经济社会快速发展，所以开始实行一种所谓基本开放的户籍政策。例如，2004年湖北省鄂州市已经在全市范围内打破城乡分割的户籍管理二元结构，规定凡在鄂州市登记常住户口的居民，可统一登记或改登为"湖北居民户口"。2009年，鄂州又进一步放宽户口迁移落户政策，取消购房入户房屋面积限制，凭房屋产权证即可申请入户，这无疑给绝大多数农民工落户敞开了大门。

2011年，国务院办公厅根据一些地方推进农村人口落户城镇的探索经验和出现的问题，出台了《关于积极稳妥推进户籍管理制度改革的通知》（国办发〔2011〕9号），明确提出要按照国家有关户籍管理制度改革的决策部署，继续坚定地推进户籍管理制度改革，落实放宽中小城市和小城镇落户条件的政策。同时，遵循城镇化发展规律，统筹推进工业化和农业现代化、城镇化和社会主义新农村建设、大中小城市和小城镇协调发展，引导非农产业和农村人口有序向中小城市和建制镇转移，逐步满足符合条件的农村人口落户需求，逐步实现城乡基本公共服务均等化。针对不同类型的城镇，提出了分类明确的户口迁移政策。在2012年召开的党的十八大会议上，中央明确强调，"有序推进农业转移人口市民化"。2013年1月31日，《中共中央　国务院关于加快发展现代农业　进一步增强农村发展活力的若干意见》强调，要有序推进农业转移人口市民化。文件指出，要把推进人口城镇化特别是农民工在城镇落户作为城镇化的重要任务。加快改革户籍制度，落实放宽中小城市和小城镇落户条件的政策。加强农民工职业培训、社会保障、权益保护，推动农民工平等享有劳动报酬、子女教育、公共卫生、计划生育、住房租购、文化服务等基本权益，努力实现城镇基本公共服务常住人口全覆盖。

（二）农业转移人口的阶段特征

（1）农业转移人口已成为支撑我国城镇化发展的主要力量。近年来我国城镇化水平的提高主要是依靠农业转移人口进城就业，农业转移人口已占到城镇常住人口的 1/4 以上，农业转移人口增长对城镇化率提高的贡献超过 50%。2010 年，按常住人口计算的城镇人口为 66 978 万人（城镇化率为 49.95%），但按户籍人口计算的城镇人口为 45 964 万人（城镇化率为 34.17%），城镇常住人口比户籍多 21 014 万人，这包括 15 335 万名外出农民工，约 3 000 万名农民工随迁家属子女，其他类型转移人口约 400 万人，也包括约 2 000 万名本地农民工（约占本地农民工总量的 25%），农业人口转移使常住人口城镇化率提高了约 15 个百分点。

（2）农业转移人口流动"家庭化"和居住的稳定性趋势明显。举家外出、完全脱离农业生产和农村生活环境的农业转移人口已经占到一定比例。2011年举家外出农业转移人口 3 279 万人，占全部外出就业农业转移人口（15 863万人）的 20.6%。

（3）农业转移人口在流入地居住趋于长期化。据国务院发展研究中心的调查，农业转移人口在目前城市的就业时间平均为 5.3 年，超过 5 年的占 40%，超过 10 年的约占 20%，相当一部分已经成为事实"移民"。

（4）新生代农业转移人口市民化意愿强烈。目前，在外出农民工中，年龄在 30 岁以下（1980 年后出生）的占近 60%，本地农民工中也占近 20%，总量超过 1.1 亿人。他们中的多数人不具有农业生产的基本经验和技能，土地情结弱化，市民化意愿非常强烈。

（5）农业转移人口市民化的政策环境不断改善。国家公共服务均等化政策的实施，使得一些社会福利逐步与户籍头脱钩，向全部常住人口覆盖，面向农业转移人口的公共服务明显提高。特别是一些省份在省内加快推进公共服务制度和户籍制度一体化改革，为省内市民化奠定了基础。

（6）农业转移人口的文化程度和劳动技能不断提高，收入持续增长，市民化能力不断提升。农业转移人口中具有高中文化程度的比重和接受过技能培训的比重逐年提高，工资持续较快增长，2011 年月均工资达 2 049 元，比 2005年增加了一倍以上。随着劳动力结构性短缺矛盾的进一步突出，以及国家改善收入分配政策的实施，农业转移人口工资仍将保持较快增长（图 2-1）。

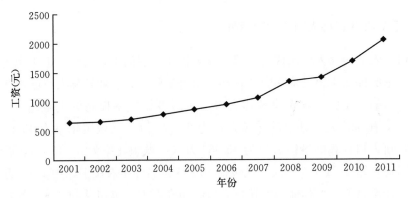

图 2-1 2001—2011 年农民工工资变动情况

(三) 农业转移人口的发展趋势

(1) 农业转移人口总量仍将继续增长，但增速将会逐渐放缓。国务院发展研究中心课题组[①]模拟预测显示，"十二五"期间，我国年均新增农业转移劳动力 900 万人左右，"十三五"期间为 700 万人左右，2020—2030 年为 500 万人左右。在现行制度下，预计 2020 年农业转移人口总规模在 3.2 亿人左右，2030 年将达到 3.7 亿人（未考虑退出人口），存量人口和增量人口的市民化任务都很重（表 2-2）。

表 2-2 我国未来劳动力转移模拟结果

单位：万人

年份	新增转移农村劳动力	年份	新增转移农村劳动力
2011	938	2017	688
2012	890	2018	646
2013	852	2019	618
2014	820	2020	596
2015	790	"十三五"	3 285
"十二五"	4 290	2021	586
2016	737	2022	562

---

① 国务院发展研究中心《中国农民工发展政策研究》课题组，课题负责人韩俊。下同。

（续）

年份	新增转移农村劳动力	年份	新增转移农村劳动力
2023	535	2027	450
2024	507	2028	435
2025	486	2029	419
"十四五"	2 676	2030	404
2026	468	"十五五"	2 176

数据来源：DRC-CGE 模型结果《中国农民工发展研究》。

（2）新增农业转移人口将以农村新成长劳动力为主，年龄结构、文化程度、发展意愿都将呈现新的特点。经过 20 多年持续大规模转移后，我国农村剩余劳动力数量和剩余程度相对于 20 世纪 90 年代，已经大幅降低。国务院发展研究中心课题组用不同方法测算了对农业劳动力的实际需求量，虽然各种方法估计的剩余劳动力数量有较大差异，但变化趋势基本相同。估计的结果显示，2010 年中国农村剩余劳动力的数量基本上在 0.8 亿～1.1 亿人，平均为9 560 万人左右（表 2-3）。从年龄结构来看，农村剩余劳动力以中年以上妇女为主，以剩余劳动时间为主，真正可外出务工的有效剩余劳动力只有不到3 000 万人。根据农民工的需求、新增农民工数量综合判断，这 3 000 万名左右的农村剩余劳动力将在 2017 年左右转移完毕，这以后新增农业转移人口将主要以当年新参加工作的农村劳动力为主。

表 2-3　不同方法计算的农村剩余劳动力数量

单位：万人

年份	方法一	方法二	方法三	方法四	均值
2000	18 087.2	12 592.3	16 285.1	13 603.4	15 142.1
2001	17 594.2	13 001.6	16 016.0	13 329.6	14 985.4
2002	17 318.4	13 368.0	15 681.6	13 000.9	14 842.2
2003	15 965.3	13 267.2	15 193.5	12 542.6	14 242.1
2004	13 607.8	11 817.5	14 427.9	11 739.3	12 898.1

（续）

年份	方法一	方法二	方法三	方法四	均值
2005	13 480.3	11 100.4	13 624.9	10 881.2	12 271.7
2006	13 457.4	10 252.3	13 421.4	10 734.1	11 966.3
2007	12 230.9	9 442.7	12 524.3	9 794.9	10 998.2
2008	11 942.5	8 849.3	11 978.9	9 173.7	10 486.1
2009	11 338.6	8 467.6	11 527.8	8 732.9	10 015.4
2010	10 765.2	8 102.4	11 093.7	8 313.3	9 568.6

注：①农村剩余劳动力数量的计算公式为：农村剩余劳动力 ＝ 农业劳动力数量—农业劳动力的实际需要量。其中关键是计算农业劳动力的实际需要量（国家统计局农调队，2002）。②方法一：农户最大收益法（计算公式：刘建进，1997；王红玲，1998）；方法二：产业结构差值法（计算公式：王玲等，2004）；方法三：资源劳动需求法（计算公式：陈扬乐，2001）；方法四：有效耕地劳动比例法（计算公式：胡鞍钢，1997）。

同时，随着农村人口增长放缓及教育发展，新增农业转移人口中初中毕业生的比重将大幅下降，高中及以上文化程度的比重将大幅增加。从全国来看，初中生毕业后直接工作的人数由 2003 年的 750.56 万人减少到 2010 年的 43.69 万人，下降了 94.1％（主要是农村初中生毕业后直接工作的人数大幅下降），而高中阶段教育毕业后直接工作人数从 2003 年的 438.83 万增加到 2010 年的 806.94 万。根据我国人口预测以及《国家中长期教育改革和发展规划纲要》中对教育发展的规划，预计"十二五"期间平均每年有初中毕业生 1 700 万人，其中除 825 万人进入普通高中学习外，约 180 万人直接参加工作，约 610 万人进入中等职业中学学习，合计每年近 800 万人进入劳动力市场，其中大部分将成为新转移的农民工①。预计"十三五"期间平均每年有初中毕业生 1 620 万人，其中进入普通高中约 830 万人，进入直接参加工作和接受中等职业教育的共约 740 万人，在这当中绝大部分是农村人口，是农民工主要组成部分（表 2-4）。

---

① 800 万人中有少部分属于城市户口。

表 2 – 4　中长期全国新参加工作劳动力构成估计

单位：万人

时期	初中毕业生	初中毕业后的去向				
		直接参加工作（含经过技能培训）	中等职业学校	小计	高中及后续的高职和高等教育	不参加工作
"十二五"	1 701	186	610	797	825	80
"十三五"	1 621	127	610	737	829	54
"十四五"	1 588	105	596	700	843	45
"十五五"	1 685	99	624	723	920	42

注：主要的农民工群体未去除城镇劳动力。

数据来源：根据人口预测及教育规划计算。

（3）农业转移人口省内转移就业的数量持续增加，就地市民化趋势明显。随着区域经济布局的调整，农业转移人口就业布局也出现了新的变化：仍以东部地区为主，但在中西部地区就业的比重开始上升。出现这种变化的一个重要原因，是农业转移人口在中西部省内就近转移就业增长加快。从全国来看，在省内转移就业农民工（包括本乡镇内就业和出乡镇但在省内就业）的数量从2008年的15 058万人，增加到2011年的17 807万人，3年增加了2 748万人，年均增加916万人（表 2 – 6、图 2 – 2）。省内转移就业的比重也从2008年的66.8%增加到2011年的70.4%。其中，本地（乡镇）就业的比重基本稳定，而出乡镇但在省内就业的比重从29.1%提高到33.2%，首次超过出省的比重。分地区来看，东部地区省内就业的比重一直很高，在90%以上；中部地区从47.9%上升到50.9%，年均上升1个百分点；西部地区从50.3%上升到56.1%，年均上升2个百分点（表 2 – 5）。可以预计，随着中西部地区经济发展的加快，将会有更多的中西部农业转移人口选择就近转移就业或回乡创业。

表 2 – 5　全部农民工省内外分布情况

单位：%

就业范围	2008 年				2011 年			
	全国	东部	中部	西部	全国	东部	中部	西部
出省①	33.2	9.0	52.1	49.7	29.6	7.7	49.1	43.9
出乡镇但在省内②	29.1	35.3	21.3	29.2	33.2	38.7	24.0	33.1
本乡镇内③	37.7	55.7	26.6	21.0	37.2	53.5	26.9	22.9
省内合计比重②＋③	66.8	91.0	47.9	50.3	70.4	92.3	50.9	56.1

表 2-6   全部农民工省内外分布情况

单位：万人

就业范围	2008 年				2011 年			
	全国	东部	中部	西部	全国	东部	中部	西部
出省①	7 484	874	3 691	2 858	7 471	832	3 902	2 875
省内但出乡镇②	6 557	3 433	1 507	1 678	8 392	4 181	1 904	2 169
本地（乡镇）③	8 501	5 408	1 884	1 209	9 415	5 777	2 136	1 502
省内合计人数②＋③	15 058	8 841	3 391	2 887	17 807	9 958	4 040	3 671

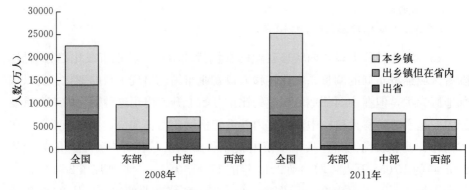

图 2-2   2008 年及 2011 年全国农民工分布情况

（4）第一代农民工将逐步退出城市劳动力市场，"增量转移人口进城与存量转移人口返乡"的双向流动特征将日趋明显。外出农民工的年龄结构呈倒 U 形分布，以 20～40 岁为主，超过 40 岁的比重下降，超过 50 岁的比重更低（见表 2-7）。而本地农民工年龄结构则呈喇叭形，40 岁以上的比重最大。农村的种养大户、新型农业组织的创办人大多都有外出务工经商的经历。这些说明随着年龄的增长，会有外出农民工退出城市劳动力市场，回到家乡就业或创业，也有一部分回到了农村。2011 年，本乡镇内就业的农民工增加 527 万人，与外出农民工增量（528 万人）基本相当，就是因为有大量中年以上外出农民工返乡就业创业。国家统计局的调查资料显示，40 岁以上的第一代农民工所占比重逐年上升，由 2008 年的 30.0％上升到 2011 年的 38.3％。以此计算，目前 40 岁以上的农业转移人口约有 1 亿人，其中外出农民工约 4 000 万人，本地农民工约 6 000 万人。他们中的大部分将在未来 10～15 年逐步退出城市劳动力市场，相当一部分将回到农村但不会再从事农业。在 2020 年左右，外出农民工和返乡农民工的数量大致相当，此后有可能出现外出农民工数量小于返乡农民工数量的现象。数量庞大的返乡农民工何去何从，对城镇化健康发展和城乡一体化发展事关重大。

表 2-7 外出农民工年龄结构变化情况

单位：%

年龄段（岁）	2004 年	2006 年	2010 年
20 以下	18.3	16.1	8.8
21～30	43	36.5	49.6
31～40	23.2	29.2	23.5
41～50	12.5	12.8	13.4
51 以上	3	5.1	4.7

数据来源：国家统计局。

（5）随着新增农村转移劳动力数量的下降，未来城镇人口的增加将主要依靠非就业农业转移人口来补充，城镇化发展有可能由就业驱动转向非就业驱动。2005—2010 年，我国城镇化率从 42.99％提高到 49.95％，提高了近 6 个百分点，其中农业转移人口数量增长的贡献率超过 60％。但随着农村转移劳动力数量的下降，其对城市新增人口的贡献率将逐年下降，即使假定转移人口全部（包括本地农民工）统计为城镇人口，"十二五"期间的贡献率刚刚达到50％，到"十三五"期间将下降到 39％，"十四五"将下降到 34％，"十五五"将下降到 31％（表 2-8）。也就是说，"十二五"以后，城镇人口的增加将主要依靠农村非就业人员进城（如区划调整等）来实现。

表 2-8 城市新增人口与农村新增劳动力的差值

单位：万人

时期	期末城镇化率（％）	期间累计增加城镇人口	城市累计自然增长人口	农村新增转移劳动力	城市新增人口与农村新增劳动力的差值
"十二五"	55	8 540	1 724	4 290	2 526
"十三五"	60	8 364	1 406	3 285	3 673
"十四五"	65	7 852	796	2 676	4 380
"十五五"	70	6 976	—76	2 176	4 876

（6）农民工群体日趋分化，不同群体农民工市民化意愿和能力有较大差

异。根据流动程度的大小，可将农业转移人口划分为三个群体：第一类是基本融入城市的农民工，以举家外出农民工及其随迁家属为主，数量在 5 000 万人左右，在城市有固定的住所和工作。这一群体农民工收入水平总体较高，渴望在城市获得尊重、公平对待、实现自我价值，更倾向于在就业地城市落户定居，强烈要求子女能在就业地接受教育并参加中考和高考。总体来看，这一类农民工的市民化意愿和能力都比较强。第二类是常年在城市打工，但又具有一定流动性（主要是春节返乡）的农民工，以新生代农民工为主，数量在 1 亿人左右，在城里有相对稳定的职业、收入和居住地。新生代农民工思想观念、生活习惯、行为方式已日趋城市化，大多数渴望成为"新城市人"，对保障性住房和随迁子女教育问题十分关注。这一类农民工收入水平总体较低，市民化意愿较强但市民化能力较弱。第三类是中年以上的第一代农民工（年龄在 40 岁以上），数量也在 1 亿人左右（外出农民工 4 000 万左右，本地农民工 6 000 万左右），市民化能力较强，但市民化意愿较弱，未来 10～15 年将退出城镇劳动力市场。

二、推进农业转移人口市民化面临的主要问题

（一）不包容的制度障碍

农业转移人口在城镇落户定居难，享有的公共服务水平低，缺乏制度化的利益表达渠道和社会上升通道，社会参与和融入程度低，在城镇形成新的二元结构。大多数地方的落户政策主要是针对本辖区的非农户口，对跨行政区的农业转移人口落户仍设有较高门槛。外省农业转移人口和本省农业转移人口在市民权利方面的差距日趋扩大，跨省农业转移人口已成为城市的最边缘群体。包括农业转移人口在内的流动人口信息不充分，调整不及时，各部门信息不能互联互通共享，不能为相关决策提供及时有效的支撑。

（1）在城镇落户依然困难。目前城乡和区域分置的公共服务体系，与相应的户籍绑在一起，导致户籍制度"含金量"差别。近年来，很多地方政府都宣称已经或将要进行各种类型的户籍制度改革，但大部分改革，或者流于形式，或者仍然具有很大的局限性。很多地方的户籍改革主要是针对本辖区（往往是本县，或者是最多是地级市的）的非农户口，但对跨行政区的流动人口户籍基本没有放开。除了跨区流动人口户籍改革进展缓慢之外，特大、大型乃至一些

中等城市的户籍制度改革也基本没有放开。还有一些地方的户籍制度改革没有触及到嵌入其中的福利制度，或者设置的门槛较高，农民工难以跨越。引导农民工到中小城市、小城镇落户的政策不够有力，农民工进城落户进展总体缓慢。户籍制度抬高了农民工进城的门槛，使城镇化处于僵持状态，成为农民工谋求机会公平、待遇平等、权益保障的障碍，限制了农民工融入城市社会。

（2）劳动权益保障制度不健全。2011年，农民工人均年工资收入为20 080元，分别仅相当于城镇私营单位和非私营单位就业人员年均工资的81.7％和47.3％。一些企业仍存在拖欠农民工工资问题。很多企业社会责任欠缺，中小企业中劳动合同签订率更低。在已签订的合同中，也普遍存在内容不完备和执行不规范等问题。以农民工为主体的劳务派遣用工不规范，一些劳务派遣单位不与农民工签订劳动合同，不依法缴纳社会保险，同工不同酬问题比较突出。集体合同制度、工资集体协商制度和协调劳动关系三方机制不完善，工资支付保障机制和正常增长机制不健全。部分企业还存在侵害女性劳动权益现象，男女职工同工不同酬。

（3）随迁子女教育问题日益突出。据第六次人口普查，2010年，我国共有2.2亿流动人口。其中，0～5岁学龄前儿童898.5万人，占流动人口的4.1％；6～14岁义务教育段儿童1 675.4万人，占7.6％；15～17岁高中年龄段人口1 289.9万人，占5.9％（其中已务工经商的占15％，约193.5万人）。学龄前和高等教育前学龄随迁子女合计3 683.8万人，占流动人口的17.6％。随迁幼儿进公办幼儿园很困难，大多数进入条件较差的民办幼儿园，而且仍有部分随迁子女的学前教育需求不能得到满足。目前，解决流动人口子女接受义务教育"两为主"（以流入地政府为主，以公办学校为主）政策基本得到落实。尽管义务教育制度覆盖已实现无差别，但全国仍有30％左右的农民工随迁子女无法入读全日制公办中小学校，只能进入基础设施和师资力量薄弱的民办学校或农民工子弟学校。从教育需求来看，大量在城市接受完义务教育的农民工随迁子女，希望在当地接受高中阶段教育。而其中的重点和难点是从小生在城市，并在城市接受了完整义务教育的农民工随迁子女，他们要回到原籍去接受高中阶段教育存在诸多困难。但高考实行户籍所在地报名制度，学生和家长考虑到高考政策而选择回流出地省份就读。在务工地能够就地参加义务教育段后升学考试，已成为流动人口最为期望解决的公共服务之一。据中国教育科学研究院政策研究中心调查，77.8％的随迁子女家长希望孩子在务工地就读高中，

11.1％的随迁子女家长希望孩子在务工地就读职业学校。多数农民工现实地把融入城市的希望寄托在子女身上，尽快实现随迁子女在务工地参加中高考，提供代际流动的上升渠道，是促进社会融合和稳定流动人口的重大举措。由于高中段教育属非义务教育，经费投入主要来自地方财政，在投入体制不变的情况下，地方政府扩大生源和放开中高考的积极性不大，表现出"不得不做，不可多做"的复杂心态。取消高考户籍限制面临的最大挑战是，可能带来经济发达地区以农民工为主体的流动人口的大规模聚集和向西部及基础教育相对薄弱地区有组织的"高考移民"，甚至造成全国范围内人口的无序流动。从调查的情况看，一些人口集中流入的省份现有的教育资源已难以承载不断扩大的以农民工为主体的流动人口子女的就学需求，如果简单取消中考和高考的户籍限制，可能带来的后续人口压力和不断增长的心理预期将使城市资源更加难以承受。

（4）公共卫生和计划生育服务的可及性有待提高。由于新型农村合作医疗制度的报销限制、农民工参加职工基本医疗保险的比例不高，以及农民工自身经济状况等原因，广大农民工难以获得城市正规医院的医疗服务，"看病难、看病贵"问题仍然突出，患病后自我医疗的比例高。尽管已明确农民工子女在居住地享有同等的国家免疫规划疫苗免费接种服务，并大力宣传，但农民工子女国家免疫规划疫苗接种率仍待提高。对农业转移人口的疾病预防宣传还需要进一步加强。农业转移人口计划生育手术补助和独生子女奖励政策仍在户籍地进行，进城落户后的生育政策衔接问题还不明确。农业转移人口主要从事于低薪、高危岗位，接触职业病危害因素复杂，职业安全防护差，罹患职业病的人数不断增加，职业病防治形势严峻，群体性职业病事件不断出现。

（5）各地及不同人群社会保障体系呈现"碎片化"。我国养老保险制度在省级甚至市、县统筹管理运行，各地区之间制度不同，政策不统一，长期以来，养老保险关系难以互联互通，难以转移接续。各统筹地区之间缴费率不同，待遇标准和具体管理方式也不尽相同，加大了劳动力流动的难度。长期以来，一些相对发达地区允许务工人员带走社保体系中个人缴费积累部分，但企业缴费部分没有带走，累积在当地，而没有转入流动人员的新就业地或原籍社保账户，更加不利于提高社保体系的统筹水平。虽然国家已经出台了包括农民工在内的城镇职工基本养老保险关系跨地域接续转移的政策，但整合"碎片化"的社会保障体系，建立健全衔接良好的社会保障体系，任重道远。

（6）参加城镇正规社会保障的比率偏低。企业和职工负担的社会保险及住房公积金的合并名义费率高达工资总额的 50％ 甚至更多。这种高费率成为企业的沉重负担，尤其是对于数量众多、劳动密集型的中小企业来说，如果把所有企业职工全部按名义费率缴纳社会保险，企业生存和发展势必受到影响。不少企业采取少报职工人数和压缩缴费工资基数的方式逃避参保义务，导致大量城镇从业人员没有社会保险和社会保障。过高的费率使许多低收入就业人员、灵活就业人员难以参保。制度单一、费率过高的社会保险制度不能满足劳动者参保的需要，也不利于化解劳动者的社会风险，促进社会消费的扩大。据统计，农民工除参加工伤保险的比率略高外，参加其余城镇社会保险的比率均未超过 30％，在小微企业就业和灵活就业的农业转移人口参加社会保险的比率则更低。农业转移人口参保率难以实质性提高，主要原因是正规社会保险制度的缴纳费率相对于其收入明显偏高。

（7）住房保障程度低。根据国家人口和计划生育委员会 2010 年的流动人口动态监测调查，农民工主要居住在城郊地区，其中 47.5％ 居住在城乡结合部，31.5％ 居住在城郊农村，只有 21.0％ 居住在市区，居住条件较差。大部分地区未将农民工作为住房保障对象，公租房、廉租房、经济适用房等保障性住房基本上不对外来农民工开放，也缺乏针对农民工特点的租金补贴和实物配租政策，农民工住房保障水平较低，公积金缴存率也很低。农民工住房支付能力弱，在城镇居住条件低劣，很大一部分农民工仍居住在陋屋（地下室、棚户区、工棚等），严重影响了其生活质量。

2013 年，清华大学农村研究院调研组对浙江省嘉善县近 20 家代表性企业的 300 个农业转移人口做了调查。调研发现，嘉善县对外来人口主要实行购房落户政策，所以农民工必须先有购房能力才会考虑落户，这极大影响了受调查者表达的落户意愿。在受调查的农民工中，打算在本地城镇落户的比例为 12.79％（嘉善新居民事务局调查数据为 22.17％），如果加上希望在其他地区城镇落户的人数，则有意愿在城镇落户的比例为 18.72％；希望保留农村户籍的占 55.71％，没想好的为 25.11％。据了解，农民工购房极少的原因是购房能力不足。从嘉善当地的住房价格来看，40 万元的总价在村镇大致可以买到 100 米² 的房子，但是县城则只能买到 40 米² 左右。对于未来购房款来源，90％ 以上的受访者都预期父母支付不到 10 万元，而 92.59％ 的人可以拿出的房款均低于 30 万元，其中

70.37％和25.93％的计划者预计自付款分别仅为20万元和10万元。嘉善新居民局的调查数据也证实，虽然高达47.09％受访外来务工人员表示有意在当地购房，但实际购房的比例只有1.54％，而且购房者大多是私营企业主（个体工商户）、企业中层以上的管理人员、企业高学历高技能高收入人员。另外，调查数据显示外来务工人员的平均月租房支出在307元左右，大约占家庭（或个人）月总支出的16.5％；75.93％的受调查者都表达了居住帮助的需求，其中，希望得到廉租房或外来工公寓、希望有低价位购房机会、希望获得租房补贴的各占约1/3。

（8）农业转移人口文化生活贫乏。政府和企业对农业转移人口文化生活重视程度不够，投入经费少，农业转移人口基本文化权益缺乏制度化保障。农业转移人口群体文化消费能力弱，基本文化需求满足程度低，文化生活总体匮乏，大多数人工作在繁华的都市里，却生活在精神上的孤岛上。

（9）缺乏制度化的利益表达渠道。受现行社会管理体制的制约，农业转移人口基本被排斥在流入地社区组织、社区活动、社区管理之外，也很难参加当地人大、政协和党组织的选举，利益诉求难以在城市公共政策制定中得到充分反映。从全国来看，输出地和输入地政府在农业转移人口权益保护、公共服务、治安管理、群体性事件处置等方面缺乏制度化的安排，没能形成合力。

（二）不均衡的发展格局

农业转移人口主要集中在东部发达地区和地级以上城市（均超过60％），导致大城市人口过于集中，中小城市和城镇发展不足，想吸引农业转移人口的地方引力不大，对农业转移人口引力大的地方又容纳不了，大中小城市和小城镇协调发展的格局一直没有形成。

（1）想吸引农业转移人口的地方引力不大。改革开放以来，国家出台了一系列推进城镇化和户籍管理制度改革政策措施，深入实施"中部崛起""西部大开发"等区域发展战略，大力调整区域生产力布局，引导非农产业和农村人口有序向中小城市和小城镇转移。但是，由于长期以来中西部地区中小城市和小城镇发展相对滞后，非农产业聚集程度较低，难以提供足够的就业机会。近年来，中西部经济增长相对较快，农民工工资与沿海地区差距缩小，地方政府更加重视招工，农业转移人口本地就业的市场环境趋好。但中西部地区基层公共就业服务机构不健全，中介市场不发达，劳动力供求信息少；本地农民工参加城镇社保的比例更低，权益受损现象比沿海地区更严重；农民工返乡创业面临土地、资金瓶颈等共性问题；小城市和城镇的基础设施差，人口承载能力不够；在省内地级以上城市落户仍然受到限制。

（2）对农业转移人口引力大的地方又容纳不了。由于历史原因，大城市以及长三角、珠三角等东部地区中等城市资源优势明显，工业化、城镇化发展快，对劳动力需求旺盛，形成了吸引大量农业转移人口聚集的"盆地效应"。随着就业居住逐步稳定，不少农民工特别是第二代、第三代农民工落户定居意愿强烈，但由于人口密度高、资源环境承载压力大，这些城市普遍实行严格的落户政策，主要的落户渠道是人才引进和投资兴业，普通劳动者落户缺乏政策通道。

（3）城乡一体化发展程度较高地区农业转移人口落户城镇的意愿不强。近年来，随着国家一系列保护农民土地权利政策的实施，承包地和宅基地的财产价值逐步显现，在集体经济比较发达特别是已融入城市群或都市圈发展的农村地区，农民不但有稳定的非农就业，还有来自集体经济组织的收益分红，他们可以选择在城市就业居住，但不愿意退出集体组织来换取一纸城镇户口。值得重视的是，不少已转为非农业户口的原农村居民强烈要求"非转农"。

（三）不可持续的发展模式

人口布局和城市承载能力错位，使得大城市资源环境压力日益加大；适应农业转移人口市民化的财政分担机制不健全，地方政府推进农业转移人口市民化的动力不足；农业转移人口收入水平低，农村财产处置的市场化机制缺失，市民化能力不足，内需潜力不能有效释放，这种"半市民化"模式已经难以为继。

（1）保障农业转移人口公共服务均等化的政府间财政分担机制尚不健全。我国财政转移支付制度基本是以各地户籍人口为依据，国家针对农业转移人口公共服务的财政转移支付不能满足需要，实际的投入责任大多落在了地方、企业和个人身上。目前社会福利体系中城市政府所提供、与城市户口相关、具有排他性的公共服务，主要包括：以城市最低生活保障为主的社会救助服务；以经济适用房和廉租房实物或租金补贴为主的政府补贴性住房安排；在城市公立学校平等就学的机会等。在人口流动性增强的背景下，流入地方的财力与事权不匹配问题比较突出,无法按现有户籍人口享受的水平向新迁入人口提供基本公共服务和社保。作为农业转移人口主要流入地的东部沿海发达地区政府,特别是大城市和人口倒挂地区财政压力较大,对农业转移人口公共服务的投入不足,导致农业转移人口享有的公共服务水平低。把与城市户口相关的那些公共服务逐渐覆盖到越来越多的外来流动人口,特别是农民工及其家庭,需要公共财政体制的改革。根据国务院发展研究中心课题组 2010 年对浙江嘉兴、武汉、郑州和重庆 4 个城市的调研,这几个城市的市民化总成本为 7.7 万~8.5 万元。成本的支出是一个长期的过程,短期来看义务教育和保障性住房是主要支出,远期来看养老保险补贴是主要支出。其中义务教育和保障性住房支出占总成本的 1/3 左右,养老保险补贴占总成本的 40%~50%。

(2)一些地方农民工土地权益保障不够。尽管《国务院办公厅关于积极稳妥推进户籍管理制度改革的通知》提出,现阶段,农民工落户城镇,是否放弃宅基地和承包的耕地、林地、草地,必须完全尊重农民本人的意愿,不得强制或变相强制收回,但个别地方仍存在农民工承包地被收回或频繁调整等问题,有的地方还有违法强迫农民工流转承包地现象。农民工土地流转市场化程度不高,流转收益低。涉及农民工的土地承包纠纷总量大、隐患多,纠纷调处体系还不健全,农民工土地承包权益得不到有效保障。

(3)基层社会管理和服务体系建设滞后。目前各地基层警力、劳动监察等队伍和经费仍是按照户籍人口规模配备,人力财力装备不足,职能未能有效发挥。如广东"6·11"增城事件的发生地新塘镇大敦村常住人口已接近 9 万人,但事件发生前村委会只有 9 名正式工作人员,没有工商、城管、卫生、消防、税务等相应职能部门,仅有一个派出所,由民警和 40 名治安队员包揽一切,是典型的"小马拉大车"。

(4)部分地区因人口大量流动导致的"城市病"和农村"空心化"问题突出。农业转移人口的急速增长加剧了城市交通拥堵、环境污染、用水紧张、住房困难、公共服务资源短缺等问题,部分城市已经超出了综合承载能力,呈现"高消耗、高污染、低效益"状况。一些特大镇的人口倒挂问题严重,导致社会治安形势严峻及群体性事件风险积聚。同时因大批青壮年劳动力外出务工,造成一些农村地区农业劳动力短缺、土地撂荒等问题突出;很多农民工短期内难以举家进城,更是形成数以千万计的留守儿童、留守妇女和留守老人,部分地区甚至出现农村"空心化"现象。

三、有序推进农业转移人口市民化的总体思路

党的十八届三中全会《关于全面深化改革若干重大问题的决定》指出，推进农业转移人口市民化，逐步把符合条件的农业转移人口转为城镇居民。2013年12月召开的中央城镇化工作会议强调，推进农业转移人口市民化，主要任务是解决已经转移到城镇就业的农业转移人口落户问题，努力提高农民工融入城镇的素质和能力。要发展各具特色的城市产业体系，强化城市间专业化分工协作，增强中小城市产业承接能力。全面放开建制镇和小城市落户限制，有序放开中等城市落户限制，合理确定大城市落户条件，严格控制特大城市人口规模。推进农业转移人口市民化要坚持自愿、分类、有序。中央的决定和要求，为今后一个时期有序推进农业转移人口市民化指明了方向。

农业转移人口市民化的过程，实质是公共服务均等化的过程。在这个过程中，户口的转换是形，服务的分享是实。对于已经具备条件的公共服务项目，如义务教育、就业培训、职业教育、计划生育等，应率先实现同等对待。与城市户籍紧密挂钩的低保、经济适用房、廉租房等，也要逐步覆盖符合条件的农民工，要通过逐步增加和不断完善农民工的公共服务，最终达到消除户口待遇差别的目标。从国情出发，推进农业转移人口市民化应坚持两条腿走路：一方面，加快户籍制度改革，放宽落户条件，让有意愿有能力的农业转移人口在城镇落户定居成为市民；另一方面，推进公共服务均等化，将社会福利与户籍剥离，让暂不符合落户条件或没有落户意愿又有常住需求的农业转移人口，能享受基本公共服务。

（一）总体目标

农业转移人口市民化的总体目标：总量平稳递增、布局合理均衡、服务可及均等、社会融合顺畅。

（1）总量平稳递增。坚持存量优先、因地制宜、分类推进的原则，把有意愿且符合落户条件的农业转移人口逐步转为流入地市民；引导农村富余劳动力和外出务工人员就近就地转移就业和返乡创业，在省内实现市民化，使落户定居的农业转移人口稳定增长。

（2）布局合理均衡。适应国内产业布局调整的客观趋势，按照主体功能区和城镇化规划的布局要求，引导农业转移人口向适宜开发的区域集聚，提升中

小城市、小城镇的产业支撑能力和人口吸纳能力，吸纳更多人口，逐步形成农业转移人口在东中西部、大中小城市合理分布的格局。

（3）服务可及均等。根据不同公共服务项目的轻重缓急，依托居住证制度，梯度推进基本公共服务均等化，逐步实现基本公共服务由户籍人口向常住人口扩展，保障农业转移人口与本地居民平等享有基本公共服务。

（4）社会融合顺畅。保障居民自由迁徙的基本权利，消除农业转移人口与户籍人口的身份差异以及附着的不平等待遇，促进农业转移人口自身融入企业、子女融入学校、家庭融入社区、群体融入社会。

（二）基本路径

在具体方式上，应以省内落户定居和公共服务均等化为重点，区分不同城市、不同群体、不同公共服务项目，有序推进。

（1）迎接未来数千万农业转移人口返乡潮，鼓励其返乡落户定居。结合第一代外出农民工将逐步退出城市劳动力市场的这一趋势，鼓励农业转移人口返乡创业和再就业，引导其在家乡城市（城镇）落户定居，使存量农民工中的80％①在省内实现市民化。进一步加大公共资源向农村倾斜力度，逐步缩小城乡和地区差距，改善农村生产生活条件，大力支持流动人口返乡就业和创业，培养新型农民，合理减少人口流出规模。让留乡人口安居乐业，避免农村凋敝，促进"四化同步"。

（2）引导新增农业转移人口就近就地转移就业，在本地实现市民化。到2030年，我国还将新增1亿多名农村转移人口，以实施区域总体发展战略为关键推动流动人口就地就近转移就业和居住，优化人口空间分布。通过加快产业结构调整和实施主体功能区战略，特别是大力发展县域经济和加强农产品主产区建设，就近消化一批农村剩余劳动力，使新增农业转移人口的大多数（60％②以上）在省内转移就业，在本地实现市民化。

（3）以举家外出人群为重点，推进跨省农业转移人口在流入地落户定居。中小城市和城镇要全面取消落户门槛，把有意愿的跨省农业转移人口转为市

---

① 2011年省内就业的农业转移劳动力比重为70.4％，这一比重未来年均可提高1个百分点。

② 2011年新增农业转移劳动力中，在本乡镇就业的比重为50％，出乡镇但在省内就业比重应该在10％以上。

民；大城市要制定透明的落户政策，合理设置门槛，通过积分落户等方式，让跨省农业转移人口落户。优先解决举家外出跨省农业转移人口的落户问题。在现行条件下，还要通过产业转型升级等市场化的手段严格控制特大城市人口规模。

（4）加快推进公共服务均等化，实现基本公共服务向农业转移人口全覆盖。对暂不符合落户条件或没有落户意愿又有常住需求的农业转移人口，根据权利和义务对等原则，梯度赋权，优先解决子女教育、公共卫生、住房保障等基本民生问题，使他们在流入地居住期间享受与户籍居民同等的基本公共服务，并随社会贡献的增加享受更多的市民权利。

（三）"三步走"战略

第一步，在"十二五"期间，农业转移人口就业的稳定性进一步增强，公共服务均等化和在城镇落户的政策体系基本建立并取得显著进展，居住证制度全面实施，公共卫生、子女义务教育等基本公共服务实现全覆盖。

第二步，在2020年前，农业转移人口市民化全面推进，除少数特大城市以外，基本实现自由迁徙，全国有50％[①]的农业转移人口在城镇落户，基本公共服务覆盖所有未落户的农业转移人口。

第三步，到2030年，农业转移人口可自由在城镇落户并融入城镇，农民工现象终结，农业转移人口市民化基本实现。

下表所列的10项希望政府提供的服务中，用工信息和就业机会被认为是最重要的服务，占总选择比例的28.7％，其次是子女教育（包括入托和上学）占24.22％，接着是社会保险方面的需求占13.45％。在排列第二重要的公共服务中，居住相关的服务或支持需求开始上升，廉租房和住房补贴的需求分别占11％和19.9％，分别居第二重要政府服务的第三和第五位。以上公共服务的重要性排序说明，虽然居住相关类公共服务和政府支持，没有收入增长、未来生产率提升及社会保障的需求那么迫切，但是在外来务工群体的民生关切上还是受到普遍重视。这个发现也呼应了

[①] 其中，举家外出农民工及其随迁家属约占10％，退出城市劳动力市场的第一代农民工及其家属约占40％。

关于外来务工人员在当地遇到困难时寻求帮助方面的调查，接近95%的受访对象认为亲戚、朋友和同事是排在首位的帮助来源，而只有不到3%的个体认为居委会和妇联是他们寻求帮助的对象。

公共服务需求的相对重要性

需要政府帮助的项目	第一重要	第二重要	合计频次
用工信息、就业机会	64	18	82
社会保险	30	40	70
孩子入托和上学	54	29	83
户口	9	7	16
廉租房	14	20	34
租房信息	1	7	8
购房补贴	19	36	55
放宽房贷	6	10	16
保障房	3	7	10
法律援助	3	6	9
都不需要	19		19
总计	223	181	404

四、有序推进农业转移人口市民化的政策建议

（一）继续把扩大农业转移人口就业放在突出位置

第一，产业、企业发展政策要密切联系积极的就业政策。推进国民经济产业结构调整，要顾及和满足农村劳动力转移就业和进城农民工稳定就业的现实要求，大力推动高新技术产业和劳动密集型产业均衡发展，稳定和提高传统产业的就业吸纳能力；重点发展服务业，培植就业新的增长点；为中小企业发展创造良好的政策环境，促进中小企业与大型骨干企业共同发展，增加就业机会。第二，城市发展政策要增强对农民工就业的吸纳和保障能力。大中城市要继续改善农民工的就业环境，提高农民工的就业质量，成为吸纳农民工的重要

场所；县城和重点镇要加大基础设施和社会服务建设投入力度，促进特色产业、优势项目集聚，提高综合承载能力，吸纳农村人口就地转移和集中；通过规划加强区域协调，加快城市群内实现资源共享，提高中小城市和小城镇的产业和人口聚集能力，改善中小城市和小城镇的服务水平和居住质量，减轻大城市资源环境过载压力，形成大城市和中小城市、小城镇产业分工协作、人口均衡分布、经济错位发展和社会共同进步的协调发展局面。第三，区域发展政策要促进农村劳动力多渠道转移。东部沿海地区和大中城市在产业升级过程中要通过大力发展产业集群、延长产业链和积极发展生产型服务业，稳定和扩大农民工外出务工就业；中西部地区要抓住产业转移的有利时机，推进乡镇企业结构调整和产业升级，拓展农村非农就业空间，为农村劳动力就近就地转移创造条件；在信贷、税收、用地等方面实施优惠措施，扶持农民工返乡创业，以创业促就业，带动农村劳动力转移，形成促进输出与返乡创业的良性互动局面。

（二）加强技能培训和职业教育以提升农业转移人口就业能力

对农民工全面开展职业教育和技能培训，是促进农民工就业和提高农民工收入的需要，是企业技术创新和产业升级的需要，也是国家转变发展方式和提高国际竞争力的需要。要将农民工职业教育和技能培训纳入国民教育体系，形成政府、企业、劳动者和培训机构共同推进，以市场为导向，以提高农民工就业能力为目标，充分尊重农民工自主选择权，多方受益，充满活力的教育培训机制。以促进转移就业为目标，加大对农村富余劳动力、"两后生"和在岗农民工的技能培训投入力度，加快实行农村职业教育免学费制度，大力推行"培训券"制度，积极实施"订单式"培训，推进培训就业一体化。增加公共投入，强化企业培训责任，发挥行业组织的作用，调动农民工参加培训的积极性，鼓励参加培训的农民工经过考核鉴定获得培训合格证书、职业能力证书或职业资格证书，以技能促就业。

（三）按照与福利脱钩的原则推进户籍制度改革

农业转移人口难以融入城市社会，主要原因是与户籍制度绑定、由地方政府直接承担的基本公共服务不可携带。长期以来，与居民福利相挂钩的户籍制度限制人口流动，抑制城镇化聚集效率的释放，不利于社会包容。但是，如果在较短的时间内迅速放开户籍限制，必然会带来大量人口涌入城市，城市特别是大城市在短期内难以承受由此带来的公共服务成本。因此，推进户籍制度改革关键是要做好顶层设计，建立"国民基础社会保障包"制度作为推进基本公共服务全覆盖和均等化的重要载体；在户籍与福利脱钩的前提下，逐步放开城市对外来人口的限制，吸纳农业转移人口变为真正意义上的市民。

第一，建议实施主要由中央和省级人民政府承担责任、低标准、均等化、可携带的"国民基础社会保障包"制度。起步阶段保障包的内容包括：用名义账户统一各类人群的基本养老保险，基本养老保险基金实行全国统筹；医保参保补贴实现"费"随人走，人口跨行政区流动时补贴由上级政府承担；中央政府对义务教育生均经费实行按在校生人数均一定额投入；对全国低保对象按人头实行均一定额补贴。这些待遇记录到统一的个人社会保障卡，全体人民都可享受。社会保障卡具有补贴结算功能，并在全国范围内可携带。

第二，按照就业和住房"两个稳定"的原则有序推进户籍制度改革：全面放开小城镇和中小城市落户限制，加快降低大城市和特大城市落户门槛，把符合条件的农业转移人口转为城镇居民。对于部分流动人口数量多和外来人口比重高的特大市（镇），以"积分落户"推进户籍制度改革。初期，按条件（落户积分）准入和指标（落户数量）准入双重管理落户人口；中期，取消落户的数量控制，实行条件和指标合一的积分管理；最终，过渡到按居住时间管理，流动人口在一地就业或居住到规定年限即可自愿落户。

第三，对于暂不具备落户条件或没有落户意愿的农业转移人口，实施居住证制度，梯度赋权。居住证领取不设门槛，保障流动人口已经享有的基本公共服务权利，并按居住证连续持有时间，逐步增加所享受的社会福利种类。居住证连续登记到一定年限，无论落户与否，即与城镇居民享有同等待遇，实现居住证制度和户籍制度的并轨。

（四）完善农业转移人口随迁子女教育保障制度

第一，制定以"流入地政府为主、普惠性幼儿园为主"的政策。在农民工聚集区新建、改建和扩建一批普惠性公办幼儿园，扩大普惠性学前教育资源，使农民工子女能够进得去、上得起、有基本质量保障。加强对民办幼儿园特别是"农民工子弟幼儿园"的指导、支持和监管工作，规范收费，提高保教质量。发动社会力量，组织动员专业志愿者为农民工幼儿提供教育服务。对生活困难的农民工家庭幼儿入园给予补助。

第二，坚持"两为主"和"一视同仁"政策，全面解决农民工随迁子女义务教育问题。坚持以流入地为主，以公办中小学为主，同等条件接收农民工子女入学接受义务教育。大力推进"两个全部纳入"政策：将包含农民工子女在内的常住人口全部纳入区域教育发展规划，根据农民工子女流入的数量、分布和变化趋势，合理规划中小学布局，均衡配置教学资源；将农民工子女义务教育发展经费全部纳入财政保障范畴，按照学校实际接收人数和预算内生均公用经费标准，足额拨付教育经费。规范、扶持以接受农民工随迁子女为主的民办学校，帮助其改善办学条件，提高教育质量。将农民工子弟学校纳入民办教育管理。禁止一切针对农民工子女的教育歧视行为，切实保证农民工子女平等接受教育，平等享受国家各项免费和补助政策，促进农民工子女融入学校和城市。

第三，按照国务院办公厅转发教育部等四部委《关于做好进城务工人员随迁子女接受义务教育后在当地参加升学考试工作的意见》要求，对完善流动人口服务管理政策、加快基本公共服务均等化并进而推动城镇化健康发展具有重大意义。继续鼓励和支持流入地政府根据本地实际情况，在农民工子女义务后教育衔接上进行探索。优先保障农民工子女在省内就读地享有跨地市参加中考、高考的权利；支持鼓励城市中等职业学校进一步降低门槛，招收农民工子女接受高中阶段教育；积极探索"高职高专完全自主招生"模式，允许农民工子女跨省参加高等职业教育招生考试。

第四，探索完善农民工子女在当地参加中考、高考的相关政策措施。调整完善中考高考报政策，必须考虑到各省份以农民工为主体的流动人口情况的巨大差异，以省级人民政府统筹调控为主，鼓励流动人口高度集中的地区先行先试。从政策路线图来看，应按照"先省内后省外，先中小城市后特大城市，先职业后普通，先中考后高考"的原则逐步放开。先放开省内流动人口随迁子女就地参加中考和高考，后放开外省市流动人口随迁子女。先放开流动人口压力较小的中小城市，后放开压力较大的特大城市。先放开中职和高职对流动人口随迁子女招生，后放开普通高中和高校。先放开中考，后放开高考。先放开长期在当地就学的随迁子女，特别是在城市接受了完整义务教育的随迁子女，后放开连续学习时限短的随迁子女。

（五）保障农业转移人口平等享有基本医疗卫生和计划生育服务

一是要合理调整基层医疗卫生机构布局，推广在农民工聚居地指定新型农村合作医疗定点医疗机构的经验，方便农民工在城务工期间就近就医和及时补偿。逐步扩大基本药物制度实施范围，鼓励医疗机构采用适宜技术和基本药物，避免过度检查和治疗，减轻农民工的医药费用负担。落实输入地属地化管理责任，按照体现公平、优先照顾的原则，将农民工纳入当地公共卫生服务体系。根据实有人口或服务人口配置当地公共卫生服务机构、人员和经费，着力提高基层医疗卫生机构和公共卫生机构的服务能力。

二是依法保障农民工职业健康权益，建立职业病防治专项基金，实施农民工职业病防治行动计划，落实用人单位的主体责任，从源头上预防控制职业危害。将农民工职业病防治纳入基本公共卫生服务体系，列入国家重大公共卫生服务项目。

三是加强基层计划生育网络建设，健全实有人口信息化管理体系，建立国家和省级流动人口经费保障制度和财政转移支付制度，完善流动人口计划生育服务管理全国"一盘棋"机制，推进农民工计划生育基本公共服务均等化。

（六）建立全覆盖的社会保障体系

要继续完善农民工参加各类社会保险项目的办法，切实提高农民工参保比例和保障程度。一是尽快实现工伤保险对农民工全覆盖。二是健全农民工医疗保障制度。鼓励常年外出稳定就业的农民工参加城镇职工基本医疗保险。季节性外出就业的农民工以参加新型农村合作医疗保险为主。尽快建立覆盖全省的新农合结算体系，试点建立省际新农合定点医疗机构互认制度协议的多种模式。三是提高养老保险对农民工的覆盖面。农民工养老保险大体可分为三个类别：第一类是具备市民化条件的农民工，应纳入城镇职工基本养老保险体系。第二类是常年外出就业，但流动性较强的农民工，可探索建立"低费率（或低费基）、广覆盖、可转移"的过渡性养老保险。实行个人账户为主、社会统筹为辅的储蓄积累制模式，适当降低用人单位和农民工个人养老保险的缴费标准，实行低门槛进入、低标准享受。随着经济发展逐步提高缴费基数和费率，增加缴费中计入社会统筹账户的比例，达到与城镇职工基本养老保险完全接轨。第三类是季节性或间歇性在城镇务工"亦工亦农"的农民工，主要应参加新型农村社会养老保险制度。四是为农民工建立临时性、应急性的社会救济，将符合条件的农民工纳入城市最低生活保障覆盖范围。五是探索打通城保和农保的有效管理措施，建立将城镇企业职工、城镇居民、农村居民和外来农民工逐步纳入同一体系的城乡一体的社保体系，让农民工能够根据经济条件和流动状况，灵活选择险种和缴费水平，真正享受到社会保障的安全网作用。

（七）建立以租赁补贴为主的覆盖农业转移人口的住房保障体系

现有住房保障体系不能覆盖城镇流动人口，且投融资和建设方式不可持续。逐步将农民工住房纳入城镇住房保障体系，是缩小城镇居住贫富差距、提高农民工生活质量的必然要求。要积极推进覆盖农民工的城镇保障性住房体制改革，建立多层次的农民工住房供应体系。一是有条件、分阶段地推进新增城镇人口住房保障体系建设，将在城镇稳定就业一段时间、持续缴纳社会保险的外来务工人员纳入当地城镇住房保障体系，享受同等的住房保障待遇。二是鼓励建设适合农民工租赁的社会化公寓，培育小户型房屋租赁市场。允许各地探索由集体经济组织利用农村建设用地建设农民工公寓。三是住房保障逐步从实物配租为主向以租赁补贴为主、多种保障形式并存转变。四是优先保证保障性住房用地，统筹保障房用地供应与产业布局、公共服务设施发展、轨道交通发展以及基础设施建设之间的关系。五是要建立规范的租赁市场，拓宽住房供给的渠道。

（八）完善两个"脱钩"、两个"挂钩"的社会服务管理机制

推进农业转移人口市民化，要使享受基本公共服务与户籍脱钩，进城落户与是否放弃承包地、宅基地脱钩。强化流动人口已有的公共服务，今后出台的政策不再与户籍挂钩；农民工落户城镇后，是否放弃承包的耕地、草地、林地和宅基地，必须充分尊重农民个人的意愿，不得强制或变相强制收回。推进城镇化健康发展，要坚持城市建设用地指标和转移支付规模与人口吸纳数量挂钩。今后下达的城镇建设用地指标和转移支付规模，与享受均等化基本公共服务的外来人口数量挂钩，鼓励城镇将吸纳人口作为推进城镇化的重点任务。

（九）增强中小城市和小城镇对农业转移人口的吸纳能力

当前要把中小城市和小城镇作为吸纳农民进城落户定居的重点。抓住产业

转移有利时机，促进特色产业、优势项目向县城和重点镇集聚，吸纳农村人口加快向小城镇集中。加大县城和重点镇的基础设施和社会服务建设投入力度，形成一批带动农村劳动力转移就业的公共设施建设项目。对于已经形成一定产业发展基础的制造业重点镇，要通过加强产业集群建设突出特色，以产业集聚扩大就业和人口规模。完善加快小城镇发展的财税、投融资等配套政策，安排年度土地利用计划要支持中小城市和小城镇发展。农村宅基地和村庄整理所节约的建设用地，主要在县域内用于产业集聚发展，方便农民就近转移就业。继续推进扩权强县改革试点，推动经济发展快、人口吸纳能力强的镇行政管理体制改革，根据经济社会发展需要，下放管理权限，合理设置机构和配备人员编制。

（十）完善中央地方事权合理划分的公共服务支出的分担机制

我国目前公共服务提供实行的是地方政府筹资为主的支出体制，财权和事权不对等，地方政府不能有效提供公共服务。对于提供纯粹的公共服务产生所需支出，要通过重塑事权责任架构，必须划分中央与地方在农业转移人口公共服务支出上的责任，使成本在中央与地方之间合理分担。推进农业转移人口平等享受公共服务。从地方财政讲，要按照以人为本的原则，以各项民生支出为载体，着力优化财政支出结构，不断增加基本公共服务投入，逐步建立起覆盖城乡、功能完善、分布合理、管理有效、水平适度的基本公共服务体系。主要是通过增加基础教育、基本医疗和公共卫生、公共文化体育、公共交通、基本社会保障、公共就业服务、基本住房保障等方面的财政投入，同时与加强基本公共服务的规划制定和制度建设相结合，最终实现城乡、区域和不同社会群体间基本公共服务制度的统一、标准的统一和水平的均衡。从中央财政讲，要围绕推进基本公共服务均等化进程，进一步加大对地方的一般性转移支付，尤其是财力性转移支付。中央对地方的一般性转移支付，要考虑地方外来人口的公共服务支出因素，与各地吸收和承载外来人口的数量挂钩，与各地提高基本公共服务均等化水平的工作努力程度挂钩。具体来说在制度设计上，可以考虑最基本的公共服务完全由中央财政全部负担，如教育尤其是义务教育和中等教育；就业、医疗卫生、养老保障等随着统筹层次逐步提高，中央财政也应该承担更大比例；在一些准公共服务和投资性福利项目方面如住房保障、社区服务等，地方政府可根据自身情况平稳推进。同时，可以考虑降低准入的行政法规壁垒，引入多元供给主体，实施科学监管，形成公共部门和民营部门等各种社会力量共同参与、规范竞争的格局。

第四节　促进农民工市民化[①]

农民工是我国改革开放和工业化、城镇化进程中涌现的一支新型劳动大军，是产业工人队伍的重要组成部分，是现代化建设的生力军。我国从第五次人口普查开始，将进城就业、居住半年以上的以农民工为主体的流动人口统计为"城镇常住人口"。目前，每4个城镇人口中，就有1个是流动人口。北京市本地人口与外来流动人口之比为1.8∶1，广州市为1.7∶1，上海市为1.6∶1，东莞市为1∶3.3。大量的进城农民工虽然被统计为城镇人口，但城镇基本公共服务和社会保障没有普遍地、均等地惠及农民工阶层。因此，所谓农业转移人口是指自愿转移到城镇非农产业并持续从事非农产业，已经实现职业转变，但户籍性质仍然为农业户口的劳动人口以及其随迁家属，不包括因土地征用而被转移到城镇的农业人口、季节性性外出务工的兼业农民和通过上大学等方式转移的农村人口。显然，农业转移人口的主体是进城务工的农民工。

一、农民工市民化面临问题

改革开放以来，我国农民工市民化的政策与实践，有突破有创新，有成效有经验，但总体上仍然是在传统的二元体制制约下运行，在传统的工业化、城镇化模式影响下推进，因此不可避免地存在和面临一些重要问题，需要我们认真研究、深入分析。

（一）重视低成本土地扩张、忽视规模化人口集聚的传统城镇化模式，影响了农民工市民化进程，制约了经济发展方式转变和城镇可持续发展

改革之初，由于资金匮乏、技术落后，我国逐步形成主要依靠低价土地和廉价劳力推动的工业化模式，进而形成注重土地扩张、忽视人口集聚的传统城

---

① 本节选自农业部软科学课题"完善与创新农民工市民化政策研究"（课题编号：Z201327），课题主持人：蒋协新；"有序推进农业转移人口市民化问题研究"（课题编号：201307），课题主持人：王宾。

镇化模式。30 年间，城镇面积扩大 4 倍，城镇人口只增加 1.6 倍[①]，人口密度不断下降，城镇户籍人口密度更低。大量外来流动人口未能实现市民化，不少地方外来人口与户籍人口数量出现"倒挂"。这直接影响劳动力结构优化，难以为工业发展提供稳定、高素质劳动力，向新型工业化转型面临制约；直接影响城镇人口规模实质扩张、城镇消费规模稳定扩大，难以促进市场结构转型和内需增长，向新型城镇化转型面临制约。各地应采取有效措施，节约集约利用土地资源，切实推进农民工市民化进程，促进发展方式由粗放向集约、由外延向内涵、由外向向内需转变，加速工业化和城镇化转型。

当前，许多地方政府热衷于工业开发区、集聚区和城镇新区建设，仍以引资、上马项目和 GDP 增速等为政绩考核、评价、升迁标准，盲目征占土地、扩展城区，沿袭传统工业化和城镇化模式；有的地方只是通过乡改镇、县改市、县（市）改区等变更行政和区划建制、修编土地利用和城建规划、扩大城区范围的办法，从数字上提高城镇化率，忽视包括外来农民工在内的农民市民化进程。尤其是深受土地和人口红利之惠的发达城镇，即使出现外来人口数量"倒挂"，仍然没有实质性推进、甚至设限阻止外来农民工市民化。这必将制约发展方式转变，延缓工业化、城镇化转型，影响城镇健康可持续发展。

（二）大城市和发达地区农民工市民化条件好，但成本高昂、政府动力不足，中西部地区、中小城市和小城镇鼓励农民进入，但吸引力不强、农民动力不足，这直接影响大中小城市与小城镇合理布局和协调发展

东部发达地区和大城市、特大城市因就业机会多、收入水平高，集聚了大量外来人口。当地政府经济实力强，推进农民工市民化的财政条件较好。但在目前仍集聚全国近 2/3 农民工的东部地区[②]，推进农民工市民化，政府会因近些年土地价格拉高、设施投资增大、福利保障水平升高等付出高昂成本[③]。大城市、特大城市不仅外来人口承载过多，市民化成本过高也是现实问题。且城市规模越大，成本越高、负担越重。大规模推进大城市、特大城市农民工市民化进程，会遇到政府动力不足带来的强大阻力。

---

① 杨伟民，"十二五"城镇化需破解农民工市民化难题，2011 - 10 - 22。

② 国家统计局，2011 年我国农民工调查监测报告。

③ 有关研究和调查表明，政府要为农民工市民化支付人均 8 万～10 万元的成本。参见国务院发展研究中心课题组，农民工市民化制度创新与顶层政策设计，北京：中国发展出版社，2011。

在中西部地区、中小城市和小城镇，尽管大部分地区取消城镇户籍限制，鼓励农村人口进城落户，但实践证明，这些城镇因产业基础弱、就业机会少、福利水平差，对农民的吸引力不大，农民工市民化的动力不足。虽然部分农民工及其家庭人口在输出地城镇落户、购房安家，但大多数仍然选择外出流动就业，处于不彻底的市民化状态。

农民工市民化引力和动力的上述巨大差异，对大中小城市与小城镇合理布局和协调发展，对缩小东、中、西部区域经济社会发展差距，必然带来不利影响，需要中央加强宏观指导，统筹考虑城镇合理布局与区域协调发展问题，需要加大对中西部地区、中小城市和小城镇的政策与项目支持，改善这些地区的农民工市民化条件。但现有的政策与实践，恰恰缺少有针对性的政策安排和实际运作。

（三）农民工市民化不彻底与产业结构调整不到位相互影响，制约了产业结构调整步伐，抑制了产业规模扩张及健康发展，继而影响农村劳动力转移就业规模的持续稳定扩大

中西部地区的中小城市和小城镇，由于非农产业水平低，就业机会少、收入和福利低，对农民工落户城镇吸引力小，多数农民工宁愿处于不稳定的就业状态，仍然选择向东部发达地区和大中城市流动；而回流农民工也多数回到中西部相对发达的大城市、城市群及周边地区。中西部地区的中小城市和小城镇，虽然有廉价土地资源优势，但一次性实现大规模招工难度很大，加上交通等基础条件制约，吸引转移性劳动密集型产业直接落地困难不小。因此，东部地区产业的梯度转移，也多选择落户在中西部大中城市及周边地区，与回流农民工流向相吻合。

东部发达地区的大中城市和小城市、小城镇，虽然非农就业机会多、收入水平高，对外来农民工落户吸引力大，但由于各种条件限制，农民工真正市民化规模小、不彻底，流动就业不稳定程度很高。这会导致市场转型期难以满足企业稳定用工需求，尤其是产业结构升级对熟练技工和专业人才的用工需要，制约了产业结构转型和产业链延伸；同时受中西部地区吸引产业转移的条件和空间限制，也会影响劳动密集型产业梯度转移的速度和规模。

目前，我国农民工市民化总体水平低，尤其是外来农民工较多的发达地区和大中城市。大量的农民工不能稳定、彻底地完成市民化进程，既影响农民工

消费规模和消费层次，尤其是对劳动密集型产品的消费，制约劳动密集型产业发展，也会制约城市劳动密集型产业、尤其是服务业发展，更不利于挖掘非正规部门就业潜力，从而阻碍农民工就业的稳定扩大。

（四）受户籍、财政、教育等体制制度的根本制约，地方政府公共服务和社会保障供给的财权与事权不统一、意愿与能力不均衡、压力与动力不对等，制约了农民工市民化进程

农民工市民化的关键是在落户城市获得与原有居民同等待遇。人口数量的增长，必然要求地方政府增加住房、医疗、教育及相应基础设施等公共投入。在现行财政体制下，地方政府负有提供公共服务和社会保障的主要责任，但由于财权与事权不匹配，没有中央财政相应支持，没有稳定获取相应资金的渠道和机制，推进包括农民工在内的外来人口市民化，必然会大幅度增加地方公共支出压力，直接影响推进农民工市民化积极性。

在一定时期内，基本公共服务资源的数量规模具有相对稳定性，质量水平具有绝对稳定性，因此具有很强的排他性。推进外来农民工市民化，原有城镇居民既得公共利益空间会被挤占，享有的优质公共资源水平会降低，如高质量义务教育，必然引起原有居民的反对。即使地方政府通过增加投入，扩大公共服务空间，但短时期内只能增加硬件设施规模，软件质量难以提高。尤其是大城市、特大城市，人口的快速、大量增加，必将对管理能力形成巨大考验，管理成本大幅增加。如果应对不力，也会对城市总体福利水平产生负面影响。

随着经济社会发展，城镇居民要求政府提供的公共服务种类越来越多、标准越来越高，已经构成地方政府管理和服务的硬约束。因此稳定满足现有城镇居民不断增长的公共服务需求，是地方政府履职的硬性约束和优先选择。虽然大量农民工进城就业、居住，具有强烈的市民化意愿，但由于地方政府没有相应的财政收入来源，也没有农民工市民化政绩考核机制，大力推进农民工市民化的动力和压力明显不足。

（五）农村承包地、宅基地及集体资产产权界定不清晰，流转机制不健全，分配制度不完善，导致输出地对农民工市民化推力不足

农村土地等集体资产产权，是影响城乡之间流动就业农民工市民化倾向与选择的重要因素。产权清晰、保护有力，有利于推进农民工市民化，否则，就会产生巨大阻碍。

在发达地区和大中城市郊区，农民的集体资产尤其是土地的增值潜力有清醒认识和很高预期，在产权不清晰、收益无保障的情况下，农业户口和集体成员身份是获取资产收益的唯一保证。在工业化推进和城镇化扩张中，很多地方采取了土地征用、房屋拆迁、整村改造等方式推进，通过利益补偿和市民化的方式一次性拿走了农民的集体资产产权，农民失去了继续享有资产增值收益的权利，必然引发强烈不满和一系列社会问题，农民对失地、失利式的市民化模式产生抵触，降低了市民化的动力和积极性。

中西部地区跨区域外出的农民工，虽然有较强的市民化意愿，但因担心失去原有承包地等集体资产权益，影响其生存保障和财产安全，实际市民化行为往往是被动迟缓的。一些农民工的市民化选择，也主要是为了满足子女上学需要。部分发达地区采取的积分制落户办法，把退出原有承包地和宅基地作为落户的条件，对农民工跨区域市民化是一种制约。因此，农村土地等集体资产产权不清晰，使输出地对农民工市民化推力严重不足，进而影响承包地流转、土地经营规模扩大和农业劳动生产率提高，影响农业资本、技术投入和职业农民队伍成长，制约输出地现代农业发展。

二、推进农民工市民化的政策建议

完善与创新农民工市民化政策，要深入贯彻科学发展观，按照破除二元体制、树立一元理念，强化顶层设计、平等城乡制度，保障合法权益、赋予选择自由的原则，根据整体谋划、分类推进、协调发展的逻辑，以加速农民工市民化，并与城镇居民同等待遇为目标，以就业优先和基本公共服务均等化优先为核心，为扎实提高人口城镇化水平，推进城镇化健康可持续发展，完善政策、改革体制、创新制度。

（一）全方位推进农村人口城镇化，走新型城镇化道路

城镇化方针与政策对农民工市民化具有决定性影响。我国的城镇类型多样、层级明显、规模不一，经济社会发展水平和人口承载能力差异较大。走新型城市化道路，要因地制宜、因城（镇）制宜，全方位推进农村人口城镇化。

（1）提升直辖市、副省级市和其他大城市的人口城镇化质量和水平。中央要对上述城市推进包括农民工市民化在内的农村人口城镇化提出明确指导意见

和政策要求，力争取得实质性突破。重点是改革外来常住人口管理办法，全面实行融居住登记和就业、社保、租房、教育、计生等多种服务管理为一体的居住证制度，建立覆盖全部实有人口的动态管理体系，在改善就业环境、提高福利待遇、加快基本公共服务均等化上下功夫。

（2）加快推进发达地区、城市群区域内的中小城市、小城镇农村人口市民化进程。在明确城市群及其内部各城镇的功能定位和产业分工的基础上，统筹考虑资源环境条件，优化产业布局、合理人口分布，重点加快城乡公共产品、基础设施一体化建设，加速基本公共服务均等化进程，增强中小城市和小城镇人口承载能力与容量，大力推进卫星城的城镇化进程，实现人口分流，减轻大城市的承载压力。

（3）稳步加大中西部地区中小城市和小城镇，特别是县城的城镇化进程。重点是大力发展县域经济。中央要有针对性地将一些重要产业、重大项目、重点工程向中西部倾斜布局。同时，中西部要抓住东部产业转移的有利时机，出台优惠政策，吸引优势项目，培育特色产业；加大县城、重点镇基础设施和社会服务投入力度，增强城镇综合承载力。在逐步形成点状经济、链接区域城市的基础上，提高吸纳农村劳动力就业与落户城镇的能力。

（4）着力打造新型农村社区，夯实新型城镇化道路基础。新型农村社区，是新型城镇化体系的末端和联结农村的节点。政府要围绕新型农村社区建设，强化基础设施建设和基本公共服务，合理规划布局第二、三产业集聚区；积极发展劳动密集型产业，尤其是农产品加工业，鼓励发展农村服务业，为农民就地就业提供更多的机会和岗位；积极引导返乡农民工参与现代农业和新农村建设，给予财政、税收、信贷、土地等方面的优惠，支持发展规模种养业，创办工商业，以创业带动就业。

（二）实施就业优先战略，促进农民工多渠道转移就业

实施农村劳动力就业优先战略，促进农民工就业稳定扩大，必须增加就业岗位，平等就业制度，加强就业服务。

（1）切实调整产业结构，稳定扩大就业机会。发达地区与大中城市要大力发展高新技术产业，加大资本、技术投入，优化产业结构，促进高端产业发展，为高素质农民工和管理人才创造更多就业机会；大力发展加工制造业和生产生活性服务业等劳动密集型产业，积极推进城乡家政、餐饮、零售等服务业

发展，带动更多农民工就业，将农民工市民化与扩大就业有机结合。高度重视小微企业吸纳农民工的重要作用，从市场流通、金融服务、财政税收、科企合作等方面，进一步完善政策、优化环境，促进小微企业创业发展与技术创新，鼓励横向联合、共同发展，增加就业。

（2）平等城乡就业制度，保障农民工就业权益。健全城乡统一的人力资源市场，消除歧视性、不合理就业限制，保障劳资双方自由选择的权利；建立城乡统一的就业、失业登记制度，保障农民工获取失业救济、职业培训和就业推荐等权益；深入推进集体合同制度，提高农民工劳动合同签订率和履行质量，加快建立以工资集体协商为核心的农民工工资正常增长机制。

（3）加强就业服务，提高农民工就业能力。健全包括农民工在内的全国就业信息服务网络，建立城乡人力资源信息库和企业用工信息库，充分发挥人力资源市场作用，为农民工提供就业岗位信息、就业指导、职业介绍等全程免费服务。把农民工技能培训和职业教育列入输出地财政支出预算科目，全面实现农村免费中等职业教育，建立以"两后生"和新生代农民工为重点的农民工全覆盖培训体系，大力培养新型产业工人。政府支持构建专业服务组织，为创业农民工提供政策引导、项目开发、风险评估、小额担保贷款和跟踪扶持等服务。

（三）加大投入，健全制度，优先推进基本公共服务均等化

优先推进城乡基本公共服务均等化，要根据"先易后难、先内后外"的原则，按照健全制度、细化政策、自主选择的要求，集中推进同一范围内城乡之间、城镇居民与外来农民工之间的基本公共服务均等化；要按照广泛覆盖、满足急需原则，加大财政支持力度，根据常住人口设立公共服务专项资金，重点推进农民工子女教育、住房、社保等基本公共服务均等化。

（1）加大中央财政转移支付力度，加快基本公共服务均等化进程。对具有很强宏观性和公共性的跨省域流动就业农民工市民化涉及的子女义务教育、基本社会保障、住房保障等，中央应负起重要责任，要改革现行财政体制，加大中央财政转移支付力度，提高地方推进外来农民工市民化的动力、能力和积极性。

（2）强化输入地政府责任，保障农民工子女受教育权利。学前教育上，政府要加大投入，在农民工集聚区建设普惠性公办幼儿园，使农民工子女能够进

得去、上得起，有基本质量保障。义务教育上，重点是落实好"两为主"政策，均衡教育资源和升学机会、降低负担。高中教育上，放开农民工子女省内跨地市参加中、高考限制；积极探索农民工子女跨省参加高等职业教育考试办法；选择有条件的地方开展试点，探索制定有完整中小学学籍的农民工子女跨省高考办法。在严格教师职业准入和加强管理的前提下，鼓励政府采取出资购买服务的方式，引导民营资本投资兴办学前及中小学教育机构。

（3）将农民工纳入城镇住房保障体系，改善农民工居住条件。强化政府责任，将农民工住房纳入各级政府城镇住房保障体系，提高中央财政保障性住房预算，建立农民工住房公积金和补贴制度、农民工城市公共住房专项资金，加大对中西部财政能力薄弱地区、住房保障任务较重地区保障性住房建设支持力度。按照政府主导、市场参与模式，探索农民工安居工程实施办法，并结合农民工就业集中、流动较强的特点，探索制定相应的准入标准、分配办法、运行管理和退出机制。

（4）深入落实《中华人民共和国社会保险法》，提高农民工社会保障水平。总体上要加大执法力度，整合城乡制度，提高农民工保障标准和参保率、探索社保异地转移接续办法。工伤保险上，重点是实现有劳资关系农民工全覆盖，探索制定农民工因工伤失去劳动能力的后续经济补偿和保障办法。医疗保险上，重点是将有劳资关系的农民工统一纳入城镇职工基本医疗保险，对参加新农合的农民工，探索就地就医、返乡报销的办法。养老保险上，重点是探索建立农民工新农保与职工基本养老保险制度、职工基本养老保险与城乡居民养老保险制度转换衔接机制，促进各类养老保险自由转换、权益累计。社会救助上，政府应设立专项资金，对由于特殊原因造成的农民工及其家属在就业地出现突发性、临时性生活困难，给予及时妥善救助。

（四）分区域、分等级、分群体推进户籍制度改革

改革户籍制度，推进农民工市民化，要符合户籍管理一元化理念、基本公共服务均等化要求；要对不同承载能力的城镇，规划不同的路径，采取不同的政策。

（1）全面推进小城镇、中小城市、地级设区市（不含省会城市）农民工户籍改革。全面放开上述城镇户籍，允许农民工落户输入地城镇，建立不与农民工现有户籍性质、所在区域、农村集体资产权利等挂钩的户籍制度；探索建立

以输入地为主、输出地与输入地协调配合的外来人口服务管理机制，实行身份证证明、登记管理有效的居民化户籍管理制度。

（2）重点推进直辖市、副省级市和省会城市等大城市、特大城市户籍制度改革。考虑这些城市人口基数大、外来人口多、资源约束紧、社会管理难等现实因素，要首先探索推行本地农民工零门槛落户城镇制度；对外来农民工，可优先将其中的劳模、高级技能人才和人大代表等转为当地市民；同时，可借鉴和推行积分制办法，探索允许懂技术、会管理且就业稳定、居住时间长的农民工落户机制。

（3）着力推进新生代农民工户籍改革。中央要高度重视新生代农民工市民化过程中的户籍改革问题。建议对自愿在设区市（不含省会城市）落户的新生代农民工，实行零门槛制度；把新生代农民工作为大城市、特大城市实行积分落户制度的重点对象，放宽工作、居住条件限制，强化学历、技术等素质要求；突破户籍限制，允许符合条件的新生代农民工异地登记结婚、应征入伍。

（五）采取切实有效措施，增强输出地农民工市民化推力

（1）深化农村集体资产产权制度改革，切实保护农民的承包地、宅基地等集体资产产权。加快农村土地承包经营权确权、登记、颁证，把承包经营权落实到农户，赋予农民长久而有保障的土地承包经营权。建立健全土地承包经营权流转市场、流转机制，完备流转合同和流转手续，设立电子化流转台账和流转档案，规范农村土地承包经营权流转行为，保障农民承包土地的收益权。进一步深化土地承包经营权改革，促进承包权与经营权分离，明确土地承包权由原承包人长久享有，促进土地经营权有偿流转。开展农村土地承包权、宅基地使用权、集体资产收益权自愿退出改革试点，探索建立自愿退出机制，确保退出农业、进入城镇农民的长期生计有保障。加强土地流转服务和管理，建立流转服务平台，为外出流动就业和市民化农民工及其家庭人口提供承包地流转、用途管制、费用结算等各项服务。深化农村集体资产产权制度改革，盘活集体资金、资产、资源，实行股权股份量化到人，赋予农民对集体资产的股份所有权和长期收益权。

（2）加快现代农业建设步伐，加大资金、技术等现代生产要素投入，改善农业生产条件，为减少农业劳动力、扩大劳均土地面积，降低土地承载人口，提供有力支持。适应土地流转规模扩大的需要，大力推进农业机械化发展，替

代农业劳动投入，提高劳动生产率；不断加强良种、良技、良法综合配套利用，提高管理技术，切实优化农业要素投入结构，提高农业集约化经营水平；加大高素质农民培养力度，大力发展种养大户、家庭农场、农民专业合作社、农业龙头企业等新型农业经营主体，推进农业产业化经营，促进农民分工、农业分业深度发展，为节约、转移农业劳动力创造条件。

第三章

农民就业创业

　　经济发达地区的经验表明，鼓励和支持农民创业是解决农民就业和促进农民增收的重要途径。近年来，受宏观经济下行的影响，发达地区的中小企业间歇性停业甚至破产趋势并未发生根本性扭转，外出农民工出现大规模回流，农村地区又兴起了"创业潮"。2014 年，李克强总理在夏季达沃斯论坛开幕式上讲话提出，要掀起"大众创业""草根创业"的新浪潮，形成"万众创新""人人创新"的新态势。2015 年，国家相继出台了多个鼓励大众创业的文件，为农民创业造就了有利的制度环境。显然，农民是推动"大众创业、万众创新"中人数最多、潜力最大、需求最旺的重要群体。当前，新一轮农民创业的热潮正在开启，农民创业正如火如荼地开展。农民利用自身积累，寻找机会、整合资源、适应市场需求创办微型企业，农村各种形式的一二三产业企业发展起来，涌现出一大批卓有建树的企业家和懂经营、善管理、素质高、沉得下、留得住的农民创业骨干队伍。

第一节　农民涉农创业就业的行业特征与政策环境[①]

一、农民涉农创业的行业特征

（一）农民涉农创业以规模种植养殖业为主，更偏好和直接生产联系紧密的行业

　　当前我国农民涉农创业以规模种植养殖业为主，其次是农产品销售、休闲

---

　　①　本节选自农业部软科学课题"我国农民涉农创业的理论与精准扶持政策研究"（课题编号：201602），课题主持人：何安华。

农业、农产品加工和农资经销，再次是农业服务业、乡村旅游业和传统手工艺业。将创业行业按照与狭义农业（种植业、养殖业）直接生产环节的关系密切程度划分为三类：第一类为规模种植养殖业（直接从事种植业、养殖业）；第二类为直接服务种植养殖业的产前、产中、产后环节的行业（包括农产品加工业、农业生产资料经销、农产品销售、农业服务业）；第三类为不直接服务于种植养殖业的行业（包括休闲农业、乡村旅游①、传统手工业）。可以看出农民创业以直接从事种植养殖行业的最多，占涉农创业样本的54.90%；其次是围绕种植养殖业产前、产中、产后环节的行业，占涉农创业样本的32.21%；最后是不直接服务于种植养殖业的行业，占涉农创业样本的12.89%。

表3-1　涉农创业农民和有涉农创业意向农民的行业分布

涉农创业行业	涉农创业者 （样本数＝745）			有涉农创业意向的非创业者 （样本数＝303）		
	频数（个）	比例（%）	排序	频数（个）	比例（%）	排序
规模种植养殖	409	54.90	1	180	59.41	1
农产品加工	61	8.19	4	49	16.17	3
农资经销	60	8.05	5	34	11.22	6
农产品销售	79	10.60	2	49	16.17	3
休闲农业	75	10.07	3	56	18.48	2
乡村旅游	14	1.88	7	48	15.84	4
农业服务业	40	5.37	6	45	14.85	5
传统手工艺	7	0.94	8	34	11.22	6
其他	0	0		15	4.95	7

在1 076个非创业者样本中，有涉农创业意向的农民303个，占非创业者样本的28.16%。在涉农创业行业选择上，有涉农创业意向的农民主要倾向于规模种植养殖业，占59.41%，其次是休闲农业，占18.48%，再次是农产品销售和农产品加工业，均占16.17%（表3-1）。农民涉农创业的行业选择偏

---

① 乡村旅游与休闲农业在范围上有着一定的重合，但二者又有明显的差异性。休闲农业强调的是农业与旅游业产业活动的同步性，乡村旅游强调的是旅游产业活动与乡村人文属性与自然环境之间的关联性。休闲农业本质上是一种新型的农业经营形态；乡村旅游本质则是一种新型的旅游活动形态。二者在目标市场、消费者心理及行为等方面均存在差异。

好和已经从事涉农创业的农民的行业选择基本一致。

这说明，农民的涉农创业活动是明显偏向与农业直接生产环节关系紧密的行业，这一方面是农民在农业生产及附近行业上有经验优势，另一方面是农业规模经营、休闲农业、农产品加工的支持政策是明确的，政策支持力度也是农民能直接感知到的。近期，政府为推动农民创业创新出台了一系列政策，这些政策的重点支持方向是休闲农业、乡村旅游业、农业服务业等，而恰恰这些行业是农民创业不太愿意选择的领域，因此，相关政策应做出调整：一是加大在这几个行业的政策支持力度，增强农民在这几个领域创业的感知；二是根据农民的创业行业选择偏好调整当前的政策支持重点方向。

（二）农民涉农创业以大户、家庭农场、个体户的组织形式为主，独自创业仍占主流，但创业的组织形式依行业特性呈现出差异

调查发现，农民涉农创业的组织形式以专业大户、家庭农场和个体户为主，分别占涉农创业样本的 34.90%、18.79% 和 15.84%，三者合计占69.53%。有涉农创业意向的农民的创业组织形式也是偏好专业大户形式，占23.57%；其次是独资企业形式，占 19.87%。将创业组织形式区分为独自创业和合作创业两种形式，发现涉农创业者和有涉农创业意向的非创业者存在一个共性特征：更偏好选择独自创业。涉农创业者以家庭为单位的独自创业比例（包括专业大户、家庭农场、个体户、独资企业）高达 82.42%，有涉农创业意向的非创业者选择独自创业比例也高达 70.04%（表 3-2）。

表 3-2　涉农创业农民和有涉农创业意向农民的创业组织形式

涉农创业的 组织形式	涉农创业者 （样本数=745）			有涉农创业意向的非创业者 （样本数=297）		
	频数（个）	比例（%）	排序	频数（个）	比例（%）	排序
专业大户	260	34.90	1	70	23.57	1
家庭农场	140	18.79	2	52	17.51	4
合作社	67	8.99	5	19	6.40	6
独资企业	96	12.89	4	59	19.87	2
合伙企业	56	7.52	6	53	17.85	3
股份合作企业	8	1.07	7	17	5.72	7
个体户	118	15.84	3	27	9.09	5

农民涉农创业的组织形式呈现出一定的行业差异性。按前述方法将行业分为三大类：规模种植养殖业、直接服务种植养殖业的行业、不直接服务于种植养殖业的行业。在规模种植养殖业中，农民以专业大户、家庭农场和合作社等农业新型经营主体形式创业的占90.70%，即当前种植养殖业的创业态势与政府倡导的以新型农业经营主体承担现代农业发展重任的政策目标是契合的。

在直接服务种植养殖业的行业中，农民创业以个体户、独资企业和专业大户的形式为主，三者合计占72.08%，这可能是因为农资经销、农产品营销的行业进入门槛并不高，农民经纪人在这些行业依旧活跃。即使是农机服务行业，除了农机合作社提供农机服务外，服务能力较强的农机大户也是不容忽视的服务供给主体。从这一角度看，直接服务种植养殖业的农民选择独自创业形式也就不难理解。

在不直接服务种植养殖业的行业中，农民创业以个体户、独资企业和家庭农场的形式为主，三者合计占68.75%（表3-3）。这也反映出，农村第三产业的进入门槛比较低，农民可根据自家的资源禀赋进行家庭式经营，一些农村能人注册小规模企业开展乡村旅游服务、农家乐、渔家乐、农家手工艺产品产销等服务。可以发现，这类行业的创业活动也是以农民独自创业为主，一方面是因为进入行业属于小本经营，资金投入少，而且可以直接利用自家的庭院、山水田园资源、劳动力等成本并未充分显化的要素；另一方面是因为农村区域内的消费市场还不够大，部分农民提供小规模的服务已基本上可以满足市场消费需求，有限的农村市场支撑不了大企业的生存。

表3-3 不同行业涉农创业农民的创业组织形式

不同行业的创业组织形式	规模种植养殖业（样本数=409）		直接服务种植养殖业的行业（样本数=240）		不直接服务种植养殖业的行业（样本数=96）	
	比例（%）	排序	比例（%）	排序	比例（%）	排序
专业大户	54.03	1	12.92	3	8.33	5
家庭农场	25.67	2	7.08	6	18.75	3
合作社	11.00	3	8.75	5	1.04	7
独资企业	4.40	4	23.33	2	22.92	2
合伙企业	2.93	5	11.25	4	17.71	4
股份合作企业	0.49	7	0.83	7	4.17	6
个体户	1.47	6	35.83	1	27.08	1

（三）农民就地涉农创业特征明显，直接利用土地、农产品等生产投入要素的创业活动主要是在村域范围内开展

调查表明，涉农创业者的创业活动大部分是在本村范围内开展的，占涉农创业样本的 71.01％，其次是选择在本乡外村进行涉农创业，占 15.57％，本乡镇范围内的涉农创业占到 86.58％，在乡镇以外的涉农创业占 13.42％，这反映出农民涉农创业的创业地点选择是明显带有就近区域偏好的。这可能是因为农民在本地区开展涉农创业更容易获取到创业所需的土地、劳动力等基本资源。

对有涉农创业意向的非创业者进行调查，发现 41.25％的农民倾向于在本村范围内从事涉农创业，18.48％的农民倾向于在本乡外村从事涉农创业，即倾向在本乡镇范围内涉农创业的农民占 59.73％（表 3－4）。这一结果进一步支撑了农民涉农创业的就近区域偏好判断。

表 3－4　涉农创业农民和有涉农创业意向农民的创业地点选择

创业地点	涉农创业者（样本数＝745）			有涉农创业意向的非创业者（样本数＝303）		
	频数（个）	比例（％）	排序	频数（个）	比例（％）	排序
本村	529	71.01	1	125	41.25	1
本乡外村	116	15.57	2	56	18.48	3
本县外乡	57	7.65	3	72	23.76	2
本市外县	43	5.77	4	42	13.86	4
本省外市	0	0.00		5	1.65	
外省	0	0.00		3	0.99	

分行业考察农民涉农创业的创业地点选择，发现农民在三大类行业的创业地点选择都以本村为主。规模种植养殖业的创业活动中，选择在本村创业的占 83.13％；直接服务种植养殖业的创业活动中，选择在本村创业的占 54.17％；不直接服务种植养殖业的创业活动中，选择在本村创业的占 61.46％（表 3－5）。这反映出农民的创业活动与土地、农资、农产品原料等生产投入要素关系越是紧密，其创业活动就越可能倾向在本村开展。统计显示，不同行业涉农创业者

的创业地点选择本村的比重依次为：乡村旅游（占 85.71%）、规模种植养殖业（占 83.13%）、农业生产资料经销（占 66.67%）、农产品加工业（占 62.30%）、休闲农业（占 58.67%）、农业服务业（47.50%）、传统手工艺（占 42.86%）、农产品销售（占 41.77%）。

表 3-5　不同行业涉农创业农民的创业地点选择

不同行业的创业地点	规模种植养殖业（样本数＝409）		直接服务种植养殖业的行业（样本数＝240）		不直接服务种植养殖业的行业（样本数＝96）	
	比例（%）	排序	比例（%）	排序	比例（%）	排序
本村	83.13	1	54.17	1	61.46	1
本乡外村	10.02	2	23.33	2	19.79	2
本县外乡	3.67	3	14.17	3	8.33	4
本市外县	3.18	4	8.33	4	10.42	3

（四）农民涉农创业的盈利时间和首年净利润与行业生产周期关系较大，个体对创业活动的主观评价呈现出显著的行业差异

调查显示，自创业开始，农民涉农创业活动首次盈利的平均时间需要 10.36 个月，其中规模种植养殖业的首次盈利时间最长，需要 11.91 个月，即该行业的投资回收期一般在 1 年左右，这与种植业和养殖业的生产周期大体相当。直接服务种植养殖业的创业活动的首次盈利平均时间是 8.05 个月，其中农业服务业平均需要 6.85 个月即可实现盈利，农产品加工业需要 9.91 个月。不直接服务种植养殖业的创业活动的首次盈利平均时间是 9.52 个月，其中乡村旅游业的首次盈利平均时间最长，需要 13.07 个月才可实现盈利，这可能是因为旅游业前期投资较大所致。从首年净利润看，农民涉农创业的首年平均净利润是 49 617.44 万元，其中规模养殖业的首年平均净利润最高，达到 54 037.38 元；其次是不直接服务种植养殖业的行业，为 45 841.67 元；直接服务种植养殖业的行业的首年净利润最低，但也达到 43 595.42 元（表 3-6）。因此，从首次盈利时间和首年净利润指标看，农民涉农创业是具有明显的行业差异的。

表 3-6　不同行业涉农创业农民的首次盈利时间和首年净利润

行业分类	具体行业	样本数	首次盈利时间 （个月）	首年净利润 （元）
规模种植养殖业 （样本数＝409）	规模种植、养殖	409	11.91	54 037.38
直接服务种植养殖业 的行业 （样本数＝240）	农产品加工	61	9.91	63 380.33
	农资经销	60	7.73	25 526.67
	农产品销售	79	7.46	31 026.58
	农业服务业	40	6.85	65 350.00
	组间总体	240	8.05	43 595.42
不直接服务种植 养殖业的行业 （样本数＝96）	休闲农业	75	9.03	46 680.00
	乡村旅游	14	13.07	35 628.57
	传统手工艺	7	7.71	57 285.71
	组间总体	96	9.52	45 841.67
涉农创业者	总体样本	745	10.36	49 617.44

考察涉农创业农民对自身创业活动的主观总体评价，发现不同创业行业农民对创业评价有着明显的行业差异。总体而言，农民认为自己的创业评价处于中上水平，48.99％的创业者对创业活动评价为"一般"，42.68％的创业者评价为"比较成功"，评价为"非常成功"的只有2.55％。分行业大类看，规模种植养殖业、直接服务种植养殖业的行业、不直接服务种植养殖业的行业的农民创业者对创业自我评价为"成功"的分别占42.06％、49.16％和48.96％，自我评价为"失败"的分别占5.13％、5.84％和8.33％（见表3-7）。

表 3-7　不同行业涉农创业农民对创业的主观总体评价

自我总体评价	非常失败 （％）	比较失败 （％）	一般 （％）	比较成功 （％）	非常成功 （％）
规模种植养殖业 （样本数＝409）	1.22	3.91	52.81	40.59	1.47
直接服务种植养殖业的行业 （样本数＝240）	1.67	4.17	45.00	45.83	3.33
不直接服务种植养殖业的行业 （样本数＝96）	2.08	6.25	42.71	43.75	5.21

（续）

自我总体评价	非常失败 （%）	比较失败 （%）	一般 （%）	比较成功 （%）	非常成功 （%）
总体样本 （样本数=745）	1.48	4.3	48.99	42.68	2.55

农民创业者因长期从事种植养殖业，积累了丰富的经验，其从事规模种植养殖业的创业风险相较于另两类行业而言应当小一些，故而他们自我评价为"失败"的比例是最低的。同时这类创业者也因创业行业的进入门槛非常低，是本地农民大众创业的首要选择，而且创业者之间的种植养殖能力差异不会特别大，这也使得该类创业者中的很大一部分人认为自己的创业绩效与附近的创业者差不多。

为了更客观地考察不同行业涉农创业者创业绩效的行业差异，选择与周围创业者的横向比较和自身创业前后的纵向比较两个视角进行分析。统计显示，41.20%的农民涉农创业者认为自己的创业绩效要比周围创业者好。分行业类别看，行业之间存在一些差异，规模种植养殖业、直接服务种植养殖业的行业、不直接服务种植养殖业的行业的农民创业者认为自己的创业绩效要比周围创业者好的比例分别为38.14%、42.08%和52.09%（表3-8）。在一定程度上可以理解为农民的创业行业离农程度越高，他们相比于周围创业的创业成功率也越高。但更为稳健的判断还需要加入其他控制变量开展进一步的统计分析。

表3-8　不同行业涉农创业农民与周围创业者的创业绩效比较

与周围创业者比较	非常差 （%）	比较差 （%）	差不多 （%）	比较好 （%）	非常好 （%）
规模种植养殖业 （样本数=409）	1.47	13.69	46.7	36.67	1.47
直接服务种植养殖业的行业 （样本数=240）	1.67	10.42	45.83	38.33	3.75
不直接服务种植养殖业的行业 （样本数=96）	1.04	10.42	36.46	46.88	5.21
总体样本 （样本数=745）	1.48	12.21	45.1	38.52	2.68

二、农民涉农创业就业面临的共性问题

从创业资源需求评价、融资约束程度和融资渠道、创业信息关注程度和信息获取渠道去比较涉农创业者和非创业者的资源整合能力差异，发现二者在这些方面的差异不太明显，这说明创业资源整合难题是所有农民都面临的共性问题。

(一) 资金、客户、销售渠道和技术是农民最需要的创业资源

考察涉农创业者和非创业者对创业资源的需求差异。在调查问卷中，列出了农民创业可能需要的 10 类资源：资金、客户资源（业务）、有经验的员工、厂房和设备、技术、销售渠道、生产管理和销售经验、情感支持、信息资源、政府提供的政策和支持。受访者从中选择认为创业时自己最需要的资源，最多可以选择 4 类。745 个涉农创业者和 688 个非创业者对此问题进行了回答。涉农创业者和非创业者都认为资金是创业时最需要的资源，分别占有效样本的 91.54% 和 94.77%；客户资源（业务）是创业时第二需要的资源，分别占有效样本的 52.08% 和 55.81%。对涉农创业者而言，创业时需要的资源排在第 3、4、5 位的是销售渠道、技术、政府提供的政策和支持；对非创业者而言，创业时需要的资源排在第 3、4、5 位的是技术、生产管理和销售经验、销售渠道（表 3-9）。综合而言，农民创业最为需要的资源是资金、客户、销售渠道和技术。

表 3-9　涉农创业者和非创业者认为创业时最需要的资源

最需要的资源	涉农创业者（样本数＝745）			非创业者（样本数＝688）		
	频数（个）	比例（%）	排序	频数（个）	比例（%）	排序
资金	682	91.54	1	652	94.77	1
客户资源（业务）	388	52.08	2	384	55.81	2
有经验的员工	106	14.23	9	154	22.38	8
厂房（经营场地）、设备	232	31.14	6	239	34.74	6
技术	272	36.51	4	360	52.33	3
销售渠道	353	47.38	3	253	36.77	5

（续）

最需要的资源	涉农创业者（样本数＝745）			非创业者（样本数＝688）		
	频数（个）	比例（％）	排序	频数（个）	比例（％）	排序
生产、管理、销售经验	187	25.1	8	273	39.68	4
情感支持	64	8.59	10	48	6.98	9
各种信息	189	25.37	7	160	23.26	7
政府提供的政策和支持	239	32.08	5	9	1.31	10
其他	2	0.27	11	0	0.00	11

资金是农民创业启动投入和创业中后期流动资金的保障，客户和销售渠道是农民创业的市场去向，技术是农民创业的生产或服务能力支撑。由此可见，不管是已经涉农创业的农民还是未创业的农民，他们对于创业从起点到终点的主要资源都是非常需要的，尤其是90％以上的农民面临创业资金不足和50％以上的农民面临市场发育不充分的问题，这充分显示出当前我国农民创业能力严重不足的结果。

（二）正规金融融资约束依旧突出，熟人借钱是农民融资的主要渠道

考察涉农创业者和非创业者的融资约束差异。调查问卷对全体受访者是否申请过银行贷款及贷款申请获批情况进行了提问。745个涉农创业者和683个非创业者对此问题进行了回答。涉农创业者中申请过银行贷款的有256人，占34.36％，即只有三成多的创业者通过寻求正规金融渠道去解决融资难题；非创业者可能存在样本选择问题，683个样本中有487人申请过银行贷款，占71.30％，这是虚高的统计结果，实际有很多非创业者并未回答本问题（表3-10）。

考察农民的银行贷款申请获批额度的差异。在256个申请过银行贷款的涉农创业者中，有37.11％的人的贷款申请获得足额批准，50.78％的人只获得部分批准，10.63％的人不予批准；非创业者的贷款申请获批情况大体差不多，有34.09％的人获得足额批准，56.06％的人获得部分批准，9.86％的人不予批准。这说明，即使农民申请了银行贷款，60％以上的人仍然遭受正规金融的融资约束（表3-10）。

表 3 - 10   涉农创业者和非创业者的银行贷款申请情况

贷款申请	样本数	申请银行贷款		若申请，贷款数额获批情况		
		频数（个）	比例（％）	足额批准（％）	部分批准（％）	不批准（％）
总体样本	1 428	743	52.03	35.13	54.24	10.63
涉农创业者	745	256	34.36	37.11	50.78	12.11
非创业者	683	487	71.30	34.09	56.06	9.86

比较涉农创业者和非创业者未申请银行贷款的原因。未申请银行贷款的涉农创业者中，36.61％的人不需要借钱，46.83％的人可以向亲朋好友借钱，2.45％的人能从其他渠道借钱，14.11％的人因为觉得申请了也得不到批准而放弃贷款申请。未申请银行贷款的非创业者的情况大体与涉农创业者差不多，他们缓解融资约束也是通过向亲朋好友借钱这一非正规金融融资渠道为主（表 3 - 11）。

表 3 - 11   涉农创业者和非创业者未申请银行贷款的原因

未申请银行贷款的原因	样本数	不需要借钱（％）	能向亲朋好友借钱（％）	能从其他民间渠道借钱（％）	银行贷款办不下来，不愿去申请（％）
总体样本	685	32.70	46.28	3.94	17.08
涉农创业者	489	36.61	46.83	2.45	14.11
非创业者	196	22.96	44.90	7.65	24.49

（三）农民普遍关注创业信息，但信息获取主要取决于需求方自身的努力

考察涉农创业者和非创业者对创业信息的关注程度差异。1 426 个受访者回答了创业信息关注问题，其中 26.02％的人非常关注创业信息，53.51％的人比较关注创业信息，20.48％的人不关注创业信息，即 79.53％的农民是关注创业信息的。分组而言，涉农创业者中 30.07％的人非常关注创业信息，56.51％的人比较关注创业信息，创业信息关注率达到 86.58％；非创业者中，21.59％的人非常关注创业信息，50.22％的人比较关注创业信息，创业信息关注率为 71.81％，大约比涉农创业者低 15 个百分点（表 3 - 12）。总体而言，农民是比较关注创业信息的，且涉农创业者比非创业者更加关注创业信息。

表 3-12 涉农创业者和非创业者的创业信息关注程度

创业信息关注程度	样本数	非常关注（%）	比较关注（%）	不关注（%）
总体样本	1 426	26.02	53.51	20.48
涉农创业者	745	30.07	56.51	13.42
非创业者	681	21.59	50.22	28.19

考察涉农创业者和非创业者的信息获取渠道差异。调查问卷提供了 11 个信息获取渠道：家人、朋友、村干部、政府部门、金融机构、合作社、生意往来企业、书籍和报刊、广播和电视、互联网、手机。745 个涉农创业者和 688 个非创业者对此问题进行了回答。涉农创业者的信息获取渠道前五位依次为：朋友（占 59.73%）、互联网（占 31.00%）、家人（占 27.92%）、广播和电视（占 26.44%）、生意往来企业（占 20.13%）；非创业者的信息获取渠道前五位依次为：朋友（占 54.07%）、广播和电视（占 44.33%）、互联网（占 38.52%）、手机（占 29.07%）、家人（占 28.78%）（见表 3-13）。因此，可以认为，在所有的信息获取渠道中，家人、朋友、广播和电视、互联网是农民最重要的信息获取渠道，这 4 个渠道都与信息需求方自身的努力关系非常密切，均主要依赖于农民个人禀赋和社会资本。

表 3-13 涉农创业者和非创业者的信息获取渠道比较

信息获取渠道	总体样本（样本数=1 433）		涉农创业者（样本数=745）		非创业者（样本数=688）	
	比例（%）	排序	比例（%）	排序	比例（%）	排序
家人	28.23	4	27.92	3	28.78	5
朋友	57.01	1	59.73	1	54.07	1
村干部	15.56	6	20.00	6	10.76	7
政府部门	9.70	9	12.48	7	6.69	9
金融机构	2.23	11	1.61	11	2.91	11
合作社	4.26	10	5.50	10	2.91	10
生意往来企业	14.72	7	20.13	5	8.87	8
书籍、报刊	11.86	8	12.21	8	11.48	6
广播、电视	35.03	2	26.44	4	44.33	2
互联网	34.61	3	31.00	2	38.52	3
手机	20.17	5	11.95	9	29.07	4

说明：各渠道可以多选，比例数值表示选择该选项的人占样本组的比重。

三、农民涉农创业就业政策支持环境评价

（一）涉农创业农民对创业扶持政策总体上非常陌生

为考察涉农创业农民对"大众创业、万众创新"系列扶持政策的总体知晓度和熟悉程度，调查问卷设置了题目"您了解政府鼓励'大众创业、万众创新'的相关政策吗？"以及"①非常了解；②听说过，但不太了解；③没听说过"三个选项。745个涉农创业农民对创业政策知晓度进行了回答。统计显示，没听说过相关政策的有327个，占样本的43.89％；听说过但不太了解扶持政策的有366个，占49.13％；对政策非常了解的仅有52个，占6.98％（表3-14）。这说明大部分涉农创业农民都没听说过或仅仅了解部分政策，对政策的具体内容更是非常陌生。近两年，政府大力宣传"大众创业、万众创新"系列扶持政策，但政策在农民群体中的宣传效果远没有预想中那么好，即使是已经涉农创业的农民，他们对系列政策的关注和了解还非常少，而那些尚未启动创业的农民对政策的知晓度可能就更低了。

表3-14 涉农创业者对"大众创业、万众创新"政策的知晓度

对"大众创业、万众创新"相关政策的了解	非常了解	听说过，但不太了解	没听说过	合计
频数（个）	52	366	327	745
比例（％）	6.98	49.13	43.89	100.00

（二）农民最需要的创业政策是资金、信息、技能等资源获取政策和水电优惠、税收等直接降成本的普惠政策

了解农民创业中和创业前最需要的扶持政策可使政府在制定及完善扶持政策时区分轻重缓急，有针对性地解决最急需的问题。调查问卷对受访农民提问了创业最需要哪些政策的问题。统计显示，不论是涉农创业者还是非创业者，大部分受访者"非常需要"或"需要"各项创业扶持政策。使用加权频数法对农民的创业政策需求度进行量化并加以比较分析。为此对4个选项进行赋值：非常需要＝1，需要＝2，说不清＝3，不需要＝4。这种赋值方式的测算结果将位于1和4之间，如果组内所有农民都非常需要某项政策，那么该项政策需求

度的平均值将是1；反之如果农民都不需要某项政策，那么政策需求度的平均值为4。评估结果越接近1，那么农民就越需要该项政策，政策的需求优先序就越靠前。

评估结果显示：涉农创业者最需要的五项创业扶持政策依次是：税收减免、信贷扶持、水电优惠、信息咨询、创业培训（表3-15）。非创业者最需要的五项创业扶持政策依次是：信贷扶持、信息咨询、税收减免、创业培训、水电优惠（表3-16）。

总体而言，农民最需要的创业政策首先是资金、信息、技能等资源型扶持政策和水电优惠、税收等直接降成本的普惠型扶持政策。最不需要的创业政策是简化登记、提供人才保障、设立创业园区等。最需要的政策中一部分属于资源型需求，在市场条件下，资源的流动应该以市场调节为主，而政府调节应该处于次要地位；另一部分政策属于普惠型的降成本政策，政府应加大普惠力度，更多地让利于创业农民。最不需要的政策基本上属于政府提供的公共服务和基础设施建设，是政府的职责所在。因此，农民对创业政策的需求存在一些错位。这种错位再次反映出农民缺乏创业资源。获取创业资源是创业的第一步，也是农民真正实现其创业者身份的保障。在农民创业初期，政府有必要在创业资源获取上为农民提供更多的便利。

表3-15 涉农创业者对创业支持政策的需求程度

创业支持政策需求程度 主观评价	样本数	非常需要 （%）	需要 （%）	说不清 （%）	不需要 （%）	需求优 先序
提供创业项目	745	35.44	45.37	10.07	9.13	8
提供用地优惠	745	39.73	45.91	5.77	8.59	6
提供信贷扶持	745	46.17	41.61	6.04	6.17	2
提供信息咨询	745	39.60	50.34	5.23	4.83	4
提供创业培训	745	40.81	45.77	7.25	6.17	5
提供税收减免	745	50.34	38.52	5.64	5.50	1
提供人才保障措施	745	32.48	42.68	15.30	9.53	9
提供用水用电优惠	745	43.49	44.56	6.17	5.77	3
设立创业园区	745	25.64	29.80	23.22	21.34	10
简化登记手续	745	40.13	43.09	8.46	8.32	7

表3-16　非创业者对创业支持政策的需求程度

创业支持政策需求程度 主观评价	样本数	非常需要 （%）	需要 （%）	说不清 （%）	不需要 （%）	需求优 先序
提供创业项目	456	42.98	40.35	7.89	8.77	6
提供用地优惠	456	42.11	40.13	5.70	12.06	8
提供信贷扶持	456	57.68	36.18	4.17	1.97	1
提供信息咨询	456	43.42	50.22	2.85	3.51	2
提供创业培训	456	47.81	41.45	4.39	6.36	4
提供税收减免	456	49.12	37.72	8.77	4.39	3
提供人才保障措施	456	33.55	41.01	13.16	12.28	9
提供用水用电优惠	456	41.23	46.05	6.58	6.14	5
设立创业园区	456	25.88	29.82	21.93	22.37	10
简化登记手续	456	43.20	37.50	11.40	7.89	7

　　进一步比较涉农创业者和非创业者对各项创业扶持政策需求度的差异，发现涉农创业者对信贷扶持、创业项目、信息咨询和创业培训等扶持政策的需求度显著高于非创业者；对税收减免、用地优惠、人才保障、水电优惠、设立创业园区、简化登记手续等扶持政策的需求度略低于非创业者，但不具有统计显著性（表3-17）。

表3-17　涉农创业者和非创业者对创业支持政策需求的比较

创业支持政策需求程度 组间比较	总体样本 （样本数＝1 201）	涉农创业者 （样本数＝745）	非创业者 （样本数＝456）	组间均值之差
提供创业项目	1.89	1.93	1.82	0.11*
提供用地优惠	1.85	1.83	1.88	−0.05
提供信贷扶持	1.64	1.72	1.50	0.22***
提供信息咨询	1.72	1.75	1.66	0.09**
提供创业培训	1.75	1.79	1.69	0.10*
提供税收减免	1.67	1.66	1.68	−0.02
提供人才保障措施	2.03	2.02	2.04	−0.02
提供用水用电优惠	1.75	1.74	1.78	−0.04
设立创业园区	2.40	2.40	2.41	−0.01
简化登记手续	1.85	1.85	1.84	0.01

（三）现有扶持政策符合创业者需求，但创业扶持政策仍存在较大供需缺口

梳理 2015 年以来涉及农民创业的主要国家级文件，发现当前国家促进农民涉农创业的政策已经全面覆盖农民创业过程的各个环节：在准入环节，相关政策要求要营造宽松的创业准入环境，降低创业准入门槛，简化注册手续。在创业资金环节，相关政策多次提出要对创业企业实行减税降费、财政支持，并鼓励发展多种金融市场，以缓解农民创业中的资金需求。在创业经营管理和技术支持等方面，政策多次强调创业孵化器的建立和完善，通过提供更完善的基础设施建设和中介服务，为农民创业提供更全面的扶持。此外，相关文件还专门针对返乡农民工、农村妇女等群体的创业做了特别安排。

为了解目前创业扶持政策的实施现状，调查问卷对涉农创业者获得政府支持的情况进行了提问。结果显示，在 745 个涉农创业者样本中，获得过政府支持的有 265 人，占创业者样本的 35.57%，这表明获得过政策支持的农民创业者较少，创业政策的实施还有待深化。总体来看，获得过贷款支持和财政资金支持的农民创业者较多，表明当前政策在解决农民创业者最关注的资金问题上着力较多，大体与农民对创业政策的需求相一致。但对于农民同样比较关注的客户资源、市场渠道、农地流转、技术培训等方面的政策需求则需要更进一步得到满足（表 3 - 18）。

表 3 - 18   涉农创业者获得过的政府支持

政府支持内容	频数（个）	比例（%）	排序
提供创业项目	60	22.64	6
农用地流转支持	76	28.68	3
办公场地或厂房用地支持	41	15.47	7
贷款支持	91	34.34	1
财政资金支持	78	29.43	2
税收优惠	64	24.15	5
用水用电优惠	29	10.94	9
培训支持	67	25.28	4
创业信息服务	36	13.58	8
其他	4	1.51	10

农民认为对创业扶持效果最好的政策是财政资金支持、提供创业项目、提供创业培训、创业用地优惠及税收减免等。评价效果最好的扶持政策与农民最需要的政策、创业者实际中获得最多的政策支持基本上是吻合的，这说明当前扶持政策的重点方向是符合创业者的迫切需要的，但政策支持的力度、深度和广度还不够，即农民创业扶持政策的供需还存在较大的缺口，这需要政府进一步加大扶持（表3-19）。

表3-19 农民认为创业效果最好的政策支持内容

创业效果最好的政策支持内容	总体样本（样本数＝1 821）			涉农创业者（样本数＝745）			非创业者（样本数＝1 076）		
	频数（个）	比例（％）	排序	频数（个）	比例（％）	排序	频数（个）	比例（％）	排序
提供创业项目	1 145	62.88	2	430	57.72	2	715	66.45	2
财政资金支持	1 593	87.48	1	660	88.59	1	933	86.71	1
提供用地优惠	648	35.58	4	277	37.18	4	371	34.48	5
提供信息咨询	601	33.00	6	218	29.26	6	383	35.59	4
提供创业培训	912	50.08	3	360	48.32	3	552	51.30	3
提供税收减免	634	34.82	5	264	35.44	5	370	34.39	6
提供人才保障措施	357	19.60	8	104	13.96	9	253	23.51	7
提供水用电优惠	331	18.18	9	178	23.89	7	153	14.22	9
简化登记手续	371	20.37	7	151	20.27	8	220	20.45	8
其他	18	0.99	10	8	1.07	10	10	0.93	10

说明：多选，最多可以选择4项。

第二节 第一代农民工返乡就业形势、意愿与模式[①]

第一代农民工，是指20世纪80～90年代进入城市谋生，但户口仍留在农村的农民工，是我国经济社会转型时期孕育的一个新兴劳动群体。改革开放

[①] 本节选自农业部软科学课题"第一代农民工返乡就业与养老问题研究"（课题编号：201712），课题主持人：赵迪。

后，这些农民工从农村转移到城市，为我国工业发展、城市建设和农村繁荣做出了巨大贡献。几十年过去了，第一代农民工逐渐走到了"去"与"留"的关键节点。据国家统计局监测报告显示，截至 2016 年 12 月，我国农民工总量达到 28 171 万人，其中第一代农民工占比为 50.3%，50 岁以上农民工占比为 19.2%。随着农民工代际转移现象持续发生，很多第一代农民工选择"叶落归根"，返回农村开始新的生活。据不完全统计，目前我国已返乡的第一代农民工人数超过 1 000 万人，且逐年大幅递增。研究结果显示，由于城乡二元结构和养老制度的缺陷，第一代农民工返乡后会经历就业与养老的双重压力，很多人甚至面临"老无所依"的困境，解决第一代农民工返乡就业和养老问题亟须加强制度的顶层设计和政策引导。

一、返乡第一代农民工群体特征分析

第一代农民工是改革的新兴主体，他们把青春血汗贡献给了城市建设，是社会发展的重要依靠力量。在经历了我国工业化发展、经济体制转轨和社会结构转型的阵痛后，这一群体逐渐与新生代农民工产生了代际分化，在资本积累、生计策略和流动模式等方面逐渐呈现出自有的特征（表 3 - 20），进而影响了他们返乡后的就业与养老决策。

表 3 - 20　第一代农民工与新生代农民工的主要特征比较

	比较特征	第一代农民工	第二代农民工
成长环境	社会环境	改革开放前	改革开放后
	家庭环境	乡土社会，多子女家庭	现代生活，独生子女或两孩家庭
个人特征	文化程度	小学和初中学历为主	初中及以上学历
	婚姻状况	多数已婚多年	部分未婚或结婚时间不长
	人格特征	吃苦耐劳，甘于奉献	强调个人需求和自我价值
就业情况	打工主要目的	为家庭，求生存	追求自我生活质量的提升
	工作期望	积累更多积蓄	向往体面或接近市民的工作
	劳动供给决策	绝对收入比较	相对剥削感较强
与家乡的关系	务农经验	有比较丰富的务农经验	没有或缺乏务农经验
	与家乡的经济联系	较强，大量汇款回老家	较弱，汇款较少，自由支配

（续）

比较特征		第一代农民工	第二代农民工
城市适应性	城市认同感	较弱，以同乡为交往圈子	较强，渴望融入城市生活
	与外界的联系	以传统口信、书信为主	以电话、网络为主
	生活方式	与传统农民接近	与现代市民接近
流动模式	流动的动力	农村推力	城市拉力
	未来期望	年龄大后返乡	期望实现市民化

（一）第一代农民工返乡数量和比重都在加快提升

随着农民工代际转移现象的持续发生，越来越多的第一代农民工将返回故土开始新的生活。2016 年课题组针对 5 个省开展的农民工生存状况基线调研结果显示，45 岁以上未返乡第一代农民工中，有 62.5% 的受访者有今后返乡就业的打算，88.4% 的受访者会选择返乡养老，多数第一代农民工会将家乡作为自己人生的最后归宿。2017 年针对江西、河北和新疆 3 省、自治区的调研结果显示，叶落归根和照顾家庭是第一代农民工返乡的主要原因（图 3-1）。一些经济较为发达的地区，农民工返

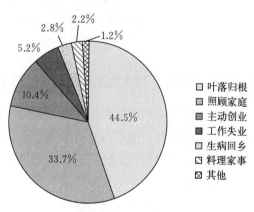

图 3-1　第一代农民工返乡原因分布

乡潮已初见端倪，其中第一代农民工是返乡潮的主体。对浙江、贵州、黑龙江、陕西和山东 5 个省调研联系点的抽样调查显示，2016 年当地第一代农民工返乡人数增速分别比上年加快 12.8 个、10.6 个、15.9 个、18.5 个、13.2 个百分点，高于全国平均水平，表明一些地区第一代农民工返乡数量正在较快增长。9 个省 29 个联系点的监测数据显示，返乡农民工中，第一代农民工占比逐年大幅提升，未再次外出务工者数量不断增长，多数第一代农民工属于"永久返乡型"农民工，已彻底返回自己居住地就业养老（图 3-2）。随着返乡人数的大幅度提升，预计将在 5 年间将形成第一个大规模的农民工返乡潮，

势必对农村社会产生深远影响。

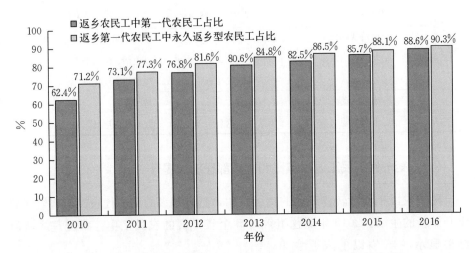

图 3-2　返乡第一代农民工占比和永久返乡农民工占比变化图

数据来源：中国农业大学人文与发展学院 10 个监测点 2010—2016 年统计数据。

（二）多数第一代农民工无法融入所务工的城市

第一代农民工承受了我国初级工业化、城市化的负面影响，如今却因年龄和家庭生产周期等原因不再具有劳动竞争优势，也无法真正融入城市或实现市民化，返乡成为多数人的唯一选择。调查显示，76.2％的受访者认为自己没有完全适应和融入城市生活，62.6％的受访者表示自己在生活方式、文化心理、价值观念、行为习惯等方面与城市居民存在较大差异，42.3％的受访者在城市生活中受到了不同程度的歧视，多数第一代农民工对城市存在"过客"心态。和新生代农民工主动融入城市生活不同，第一代农民工并未将城市作为自己生活养老的最终归宿，94.5％的受访者没有在城市购买过房产，购买房产的少数受访者主要以投资为主；52.5％的受访者对自己返乡后的养老生活有了初步的规划，84.2％的受访者在老家留有房产，专门用于返乡后的养老生活。在对河北省石家庄市 10 位农民工的小组访谈中我们发现，受访者尤其是女性在城市生活缺乏安全感，工作缺乏稳定性，工作闲暇的主要活动是打麻将（牌）、看电视、上网聊天，多数受访者 3 年内没有进过电影院和购物中心，平均 3 个月才会和家人、朋友外出旅游一次，在生活方式和消费理念上与城市居民存在较大差异（图3-3）。访谈中还发现，第一代农民工的社交范围非常狭窄，几乎很少与城市居民来往，交往对象多为同乡或者其他外来农民工。

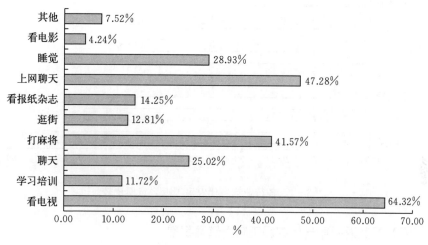

图3-3　第一代农民工在城市的主要业余活动（多选）

（三）建筑行业的第一代农民工已成为返乡主体

受教育水平、劳动技能和身体条件的制约，大多数第一代农民工从事建筑、环卫等重体力、低技术工作，其中建筑行业从业者占比最大，这部分群体已成为返乡农民工的主体。2016—2017年调研数据显示，在未返乡的第一代农民工中，建筑行业从业者返乡意愿更强，其中有71.5%的受访者表示会在近5年内返乡，远高于其他领域从业者（图3-4）；在已返乡的第一代农民工中，从事建筑行业者占到了42.5%，且比重还在逐年提升。与其他行业相比，建筑行业属于劳动强度大、技术含量低的工种，对农民工的年龄、体力要求更高，因此建筑行业中的年长农民工会率先面临返乡问题。目前建筑工程多数采取层层承包方式，资金链条薄弱，人员流动性大，劳动关系模糊，用人单位缴费的积极性和农民工个人参保意愿都不高。调研还发现，多数建筑行业第一代农民工返乡后还会不定期就近外出务工，再次外出务工人数占到建筑行业返乡总人数的51.4%，远高于其他行业返乡人员比重。建筑行业是城市居民和新生代农民工不愿从事的领域，这无形中为返乡第一代农民工提供了一定的就业空间。

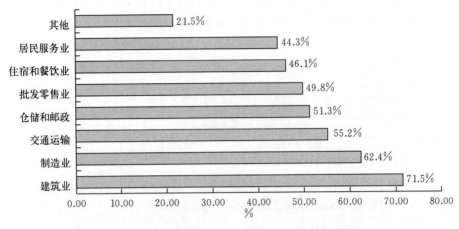

图 3-4 各行业第一代农民工返乡意愿比较

(四) 多数返乡第一代农民工缺乏储蓄积累

近几年农民工收入增幅呈下降趋势。2016 年监测数据显示[①]，农民工群体月均收入为 3 275 元，增速比上年回落 0.6 个百分点。调研显示，第一代农民工平均月收入为 2 854 元，低于全国农民工总体收入水平，受访者对于自身收入水平的满意率仅为 36.2%。第一代农民工青壮年时期打工所赚的钱，大部分用于子女教育、维持家庭生活开支和寄钱回家盖房，没有作为存款沉淀下来，因此年老缺乏足够的储蓄，弱化了养老的经济保障。受访者的收入中平均仅有一半形成年老的储蓄存款，主要支出集中在教育、买房和医疗等几个方面，农业生产性支出和经营性支出不到 20%（图 3-5）。86.3% 的受访者表示，为了子女及孙辈生活得更好，愿意推迟"退休"而选择继续工作。比如山东平度一位受访者表示，自己 4 个孙子孙女中，孙子上小学，一个孙女上初中，两个孙女上高中，学杂费、生活费等费用一年需 5 万元，家庭日常花销一年也要 3 万元，为了维持家庭支出，即便岁数大了也不敢"退休"。目前，返乡第一代农民工的家庭收入构成主要是"务农收入＋务工收入""务工收入＋赡养费"和"务农收入＋务工收入＋赡养费"三类，年龄越大赡养费所占比重越大。调查显示，能够获得赡养费的受访者占比 60.7%，每月能够定期定额

---

① 数据援引自国家统计局 2016 年农民工监测调查报告。

获得赡养费的仅占 38.7％，多数第一代农民工返乡后难以获得稳定的外部经济保障。河北保定一位受访者表示，返乡前自己打工收入占家庭总收入的 90％，返乡后就只剩下 960 元/年的养老金，1 000 元/年的低保，外加 500 元/年的土地收益，算上其爱人 1 000 元/年的低保，两人一年的收入不到 3 500 元，子女赡养费一个月只有 2 000 元，随着生活成本的增长根本难以维持正常生活。

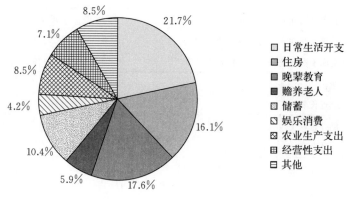

图 3-5   第一代农民工主要支出结构

（五）务农是多数第一代农民工返乡后的主要就业渠道

第一代农民工整体文化水平偏低，返乡后务农取代务工成为其主要就业方式。调研数据显示，有 81.5％的受访者具有务农经验，62.4％的受访者每年会定期返乡务农，51.2％的受访者认为自己的农业技术水平可以满足生产需要；有 45.2％的已返乡受访者从事农业生产，24.3％会不定期兼业或打工，其中一兼农户占 77.2％，二兼农户占 22.8％；在返乡务农的第一代农民工中，有 85.6％从事大田作物种植，从事劳动力密集型的设施农业种植和畜禽养殖者不到 25％[①]，今后打算扩大种养规模的不到 10％，通过适度规模经营成为新型经营主体的不到 5％，多数农业生产活动规模偏小，科技含量较低。返乡务农的第一代农民工中，从事自给性为主的农业生产者占 66.7％，从事商业性为主的农业生产者占 23.9％，受雇于农业龙头企业、种养大户的占 9.4％，加入农业合作社的占 31.5％，务农活动仍以自给自足为主，市场化、合作化程

---

① 含同时种植大田作物和设施蔬菜的受访者。

度较低（表3-21）。与新生代农民工相比，第一代农民工返乡时已到"退休"年龄，无法从事正规职业，原劳动力输出地非正规就业市场容量有限，返乡就业只能局限于务农。

表3-21 第一代农民工返乡就业方式

就业方式	分类指标	样本数	所占比例	总比例
务农	从事自给性为主的农业生产	92	66.7%	
	从事商业性为主的农业生产	33	23.9%	45.2%
	受雇于农业龙头企业、种养大户等	13	9.4%	
务工	兼业	44	58.7%	24.3%
	就近长期打工	31	41.3%	
经营	创办企业	8	25.8%	10.2%
	个体经商	23	74.2%	
其他	担任村干部	8	61.5%	4.2%
	担任基层技术人员	5	38.5%	
无	赋闲在家	48	100%	16.1%

二、第一代农民工返乡就业的困境

在城乡二元体制尚未从根本上突破的现实背景下，第一代农民工艰辛的打工生涯并没有使他们改变"农民"身份，这无形中将他们置于城市与乡村体制的"夹缝"之中，被双重边缘化。城乡劳动就业制度的约束和社会保障制度的缺失，使第一代农民工返乡后不得不面对经济上缺乏保障、生活上缺乏照料、人际交往上缺乏乡情等种种困境。

（一）就业渠道不畅

第一代农民工在城乡流动中经历了"农民—农民工—农民"的职业循环后，普遍有了新的技能、新的意识和新的视野，成为潜在的乡村精英和社区能人，他们完全有条件成长为懂技术、善经营的致富带头人。然而现实中，多数地区没为返乡第一代农民工提供有效的就业渠道，很多人回乡只能务农。调研数据显示，第一代农民工返乡后获得工作主要是通过"朋友介绍"和"自己找"，以血缘性和地缘性为基础的社会支持网络发挥关键作用，通过公办或民办职业介绍机构获得就业岗位的不足20%（图3-6）。这种以人际关系为基础的职业获取渠道具有随意性和不稳定性，通常适合寻找类似零工、散工、混杂工等短期工作，而这些工作无法形成持久、稳定的收入。目前基层职介机构发展参差不齐，多数乡镇没有正规的职介所，就业咨询服务体系有待健全。针对已返乡受访者的调查数据显示，82.5%的受访者表示本地没有正规的就业中介服务结构，35.2%的受访者表示现有的中介机构可信度和效率都不高。由于就业渠道不畅，很多受访者难以找到合适的工作，有68.2%的受访者表示返乡后收入水平有所下降。

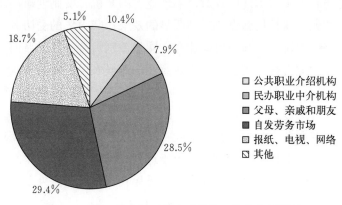

5.1%　10.4%
18.7%　7.9%
28.5%
29.4%

□ 公共职业介绍机构
□ 民办职业中介机构
□ 父母、亲戚和朋友
■ 自发劳务市场
□ 报纸、电视、网络
□ 其他

图3-6　第一代农民工返乡后获取工作的主要渠道

（二）培训供需失衡

加强对返乡第一代农民工的职业技能培训，是满足市场需求、提升就业机会的重要前提。目前，返乡第一代农民工对职业技能的重要性认识不足，各地普遍没有针对这一群体开展系统的技能培训，缺乏配套的扶持项目和激励措施。针对已返乡受访者的调研数据显示，87.4%的受访者返乡后没有接受过任何就业技能培训，有16.1%的受访者由于技能无法满足市场需求而处于赋闲状态。在当前"双创"背景下，对第一代农民工进行创业培训有助于缓解返乡农民工的就业问题，实现劳动力有序转移。有18.5%的受访者有返乡创业意愿，其中43.6%的受访者表示目前开办的各类培训无法满足自身的创业需求，很多地方把农技推广培训与创业培训混为一谈；79.2%具有创业意愿的受访者认为就业和创业服务分散在各个部门，没有实现有效衔接；78.4％具有创业意愿的受访者在参加完相关培训之后没有获得后续服务。当问及目前最需要的培训内容，受访者的排序依次为：专业技能、政策解读、市场动态、沟通技能、财务管理。

（三）扶持措施乏力

很多地方缺乏针对第一代农民工返乡就业创业的支持政策，返乡农民工对现有就业创业扶持措施普遍缺乏了解。针对已返乡受访者的调研数据显示，82.4％的受访者表示自己不了解当地有关就业创业方面的项目扶持政策；81.2％的受访者不了解本地区针对返乡创业者的减税降费制度；76.5％的受访者认为目前的就业扶持措施没有起到明显的效果；65.1％的受访者表示邻近乡镇就业门槛高，农民就业和市民就业存在明显差别对待。针对目前各地扶持返乡农民工创业的配套扶持措施，有创业意愿的返乡农民工受访者认为，一些职能部门服务效率低、服务质量差，让创业农民工跑了很多来回路、冤枉路；创业园区作用发挥力度不强，辐射带动有限；农民工返乡创业项目缺乏可持续的指导，项目跟踪服务不到位；社会保险补贴力度有待提升；网络商户从业人员难以享受到各项就业创业扶持政策。由于返乡时已到"退休"年龄，各地在开展创业培植项目时普遍都将第一代农民工排斥在目标群体之外。

（四）就业资本不足

就业资本是指劳动力进入市场时可以用来获取工作的各种条件和资源，根据就业资本的来源不同，可以划分为文化资本、经济资本、权利资本和社会资本。从文化资本角度看，受访者中小学文化水平占45.2％，初中文化水平占46.6％，返乡第一代农民工整体受教育水平偏低，获得相关技能证书的不到1/5。从经济资本角度看，受访者中普遍存在创业资本不足、贷款渠道不畅等问题，银行普遍对高龄返乡农民工提高了贷款门槛；银行机构贷款多以担保抵押为主，而第一代农民工普遍缺乏有效的担保抵押品；由于土地资本化水平低，多数无法实现承包权入股。从社会资本角度看，第一代农民工的社会关系主要在城市，农村对很多人是陌生的，第一代农民工返乡就业主要通过亲戚朋友介绍，创业的起步资金也多来源于亲朋好友，人脉在第一代农民工返乡就业中发挥着关键作用。从权利资本角度看，当地政府提供给第一代农民工的权利保障比较欠缺，就近务工农民工难以享有与市民同样的工资和社会保障。虽然务农成为很多返乡第一代农民工的首要就业选择，但是很多农村地区，人口众多，土地缺乏，人地关系紧张，在城镇化建设中大量农村土地被征用，很多地区的返乡第一代农民工面临无地可种的窘境。

（五）创业难度较大

与新生代农民工相比，第一代农民工返乡的主要目的是养老，自主创业意愿不强，大多数选择回乡务工或就近兼业打工的方式"赚点生活费"。调研数据显示，多数受访者认为创业投资多，风险大，回本周期长；有41.5%的受访者认为创业主要针对返乡青年农民工；有71.3%的受访者认为自己难以承受潜在的创业风险。已创业受访者中，有72.4%的受访者选择在第二、三产业创业；65.2%的受访者选择生存型创业，即返乡后由于没有其他就业选择或对其他就业选择不满意而不得已进行创业，仅有34.8%选择机会型创业；80.2%的受访者投入初始创业资金在10万元以下；72.1%的受访者表示创业后年收入有所下滑，创业成功难度较大。一些创业活动未能成功的主要原因包括：创业资金筹集难、创业经验不足、产品竞争力差、无法与市场有效对接、土地流转不顺畅等。由于城市和农村的创业环境存在较大区别，第一代农民工回乡后对当地实际情况和市场需求不能准确了解和把握，导致一些地区出现盲目投资现象。比如贵州湄潭的一些受访者因为错误判断市场行情，大规模种植反季节蔬菜而出现滞销。

三、第一代农民工返乡就业问题产生的原因分析

第一代农民工返乡后面临的就业困境是内因与外因综合作用的结果，既有个体能力所限，也有宏观制度制约。从更深层次看，这些困境折射出的是城乡二元体制壁垒、劳动力供需失衡、传统家庭结构瓦解和乡土文明消亡等经济、社会和文化问题。因此，破解第一代农民工返乡就业问题，需要从体制机制全方位入手，完善顶层设计，开展制度创新，强化服务保障。

（一）城乡二元体制下农民工权益的缺失

农民工表面上是一种职业，实际上更是一种制度性身份，正是我国现有的社会制度造就了农民工群体、农民工现象和农民工问题。造成目前农民工就业

养老权益缺失的不是单项制度，而是一整套制度设计和安排，包括户籍制度、社会保障制度、劳动就业制度、人事制度、组织制度、人口迁徙制度、教育制度、财政制度、住房制度以及政治制度等。这些制度从总体上将农民工和市民分离开来，让农民工成为一个特定的社会边缘群体。这些制度共同形成了将农民工排斥在外的特殊体制，即农民工体制。农民工体制是城乡二元体制在非农领域的体现，是计划经济在改革开放中重构的产物，具有明显的排外性、封闭性、滞后性和不公平性。比如，二元户籍制度赋予每个人以户籍身份，而且几乎不能改变，这就造成农民工无法融入城市，只能在体制外生存，变成流动人口，在就业、养老等方面面临一系列难题。在户籍制度和与户籍相连的就业制度下，多数第一代农民工遭受了职业门槛限制，被排斥到次属劳动力市场上，从事一些市民不愿意干的工作；由于第一代农民工流动性更强、收入不固定、工作不稳定，他们拿不到"五险一金"，不享有任何保险待遇，几乎完全被排除在社会保障体制之外。在这种农民工体制下，第一代农民工往返于城乡之间，始终无法实现市民化，不能享受到与城市居民一样的就业养老待遇，回乡后又要面临无业与留守的困境。

（二）城镇化发展总体水平偏低且不均衡

我国农村人口流动并不总是从乡村到城市并在城市定居的单向运动，而是城乡之间的候鸟式迁徙，这种流动模式表明农民的就业生活始终无法真正脱离乡村。在现行体制下，进城落户未必一定符合多数第一代农民工的现实需求和最大利益。与新生代农民工期盼彻底离乡进城并融入城市相比，大多数第一代农民工年老时更愿意选择返乡就业和养老，他们更具有返乡情结，更希望叶落归根。然而，我国农村就业市场吸纳大规模返乡农民工的作用有限，仅依靠"离土不离乡，进厂不进城"的农村就地吸纳模式已经无法解决第一代农民工返乡后的生计问题。目前，我国的人口城镇化率已经过半，城镇化建设进入中高速发展阶段，更多的就业机会和便利的生活条件吸引了大量农村劳动力就近转移到乡镇，返乡农民工以乡镇为核心的就地城镇化趋势越来越明显。随着城镇化建设速度不断加快，以乡镇为核心的小城镇已经成为第一代农民工返乡就业的新空间和养老的新归宿，农民工就地城镇化需求不断增长。但是和日渐高涨的需求相比，我国的城镇化总体水平偏低，甚至低于世界城镇化平均水平。滞后的城镇化导致大量第一代农民工返乡后无法向城镇顺利转移，很多只能滞留在农村就地工作和养老。从空间分布看，我国东、中、西部地区的城镇化发展水平极不平衡，较为明显的是中西部地区城镇化水平偏低，城镇化发展滞后，而这些地区反而是返乡农民工数量最集中的区域。随着我国城镇就业总量和结构性压力不断加大，中小城镇难以在短时间内承受和消化大规模的返乡农民工。与此同时，就地城镇化过程中一系列制度滞后也使大量返乡农民工无法真正实现市民化，仍要以农村土地作为最后的社会保障，就业与养老困境并未从根本上得到解决。第一代农民工返乡将带来新的就业需求和养老需求，这将会影响到新型城镇化建设步伐，也会影响到以何种质量实现返乡农民工安居乐业的目标。

（三）劳动力供求结构性矛盾突出

我国经济的高速增长以及城镇化的加速发展，为农村劳动力提供了很多就业岗位，增加了农村劳动力的转移就业量，在经济总量增长的同时也促进了农村劳动力的就业增长。在用人需求猛增的同时，农村劳动力就业难，尤其是转移就业难的现象仍然存在。造成这一现象的原因不是因为社会没有用人需求，而是存在劳动力供需结构矛盾，即就业市场从年龄、文化程度、技术水平、工作经验等方面提出了更高要求，而相较于新生代农民工而言，多数第一代农民工达不到这些要求，只能被动挑选其他人不愿意从事的工作。第一代农民工在城市工作面临这些问题，返乡后在乡镇打工仍然要面对同样的问题。因为无法满足市场需求，多数返乡第一代农民工只能就近从事短工、零工等非正式工作。从劳动力供求结构看，20世纪50~60年代的鼓励生育政策造成了劳动力供给严重超过了劳动力需求，大量富余劳动力只能向城市转移。由于自身条件所限，在第一代农民工与雇主的权益博弈中，雇主始终处于优势地位。随着返乡潮的出现，农村劳动力开始出现回流，而农村和邻近城市劳动力需求并未在短时间内扩增，这种劳动力供求结构失衡将会变得越来越明显。当前我国经济正处由高速度、粗放型增长到中速度、质量提高型增长转变，更多需要发挥科技创新的拉动力和增大科技对增长的贡献率。然而以科技创新促转型稳增长的发展道路决定了劳动力就业结构必然要经历一场调整和升级，高新技术劳动力需求不断上升，低技术劳动力将面临着转型压力。对于临近"退休"或已"退休"的第一代农民工而言，无论是就地求职还是就近打工，都会受到这种转型升级的影响，仍然要面对"有人无工做"的结构性供需矛盾。

（四）家庭裂变和代际分居不断加剧

改革开放后，我国社会经济随之转型，人口结构发生了变化。自实行计划生育制度以来，农村人口生育率大幅下降，家庭丧失了家庭成员相互照顾的人口基础，使得农村"养儿防老"的养老观念不再具有人口条件。目前出现的"四二一"或"四二二"家庭结构可以形象描绘出家庭裂变对养老模式的冲击。由于农村家庭结构趋于小型化和核心化，赡养所需要的资金、精力和时间也很难满足农民工的养老需求，于是出现了"靠儿女不如靠自己"、自给性养老等现象。和新生代农民工不同，第一代农民工的行动单位是家庭而非个人，其返乡就业和养老受到家庭策略的影响，是否"退休"取决于家庭生产周期，受经济压力影响而继续工作、推迟"退休"的现象比比皆是。早期第一代农民工的收入可以在"自己在城镇，家属留乡村"的条件下维持全家生活，随着城镇化建设和物价上涨，如今更多的第一代农民工要养育留守孙辈，甚至还要为子女进城、孙辈上学买单，这无形中加剧了第一代农民工的养老负担。从代际关系角度看，第一代农民工在城市务工挣钱，由于市民化程度低且"乡土情结"浓厚，年老之际多数会选择返乡就业养老；而第一代农民工子女年幼之际进城务工或求学后，在城市文明熏陶下逐渐与乡土社会断绝了文化纽带和情感联系，开始具备市民化条件，他们多数倾向于在城市长期定居生活。于是在第一代农民工家庭中会出现代际分居，农民工返乡后长期和子女分离，家庭供养资源越来越少，导致第一代农民工的生理需求和心理需求都难以得到满足。

四、第一代农民工返乡就业意愿的影响因素分析

为进一步了解影响第一代农民工返乡就业意愿的主要因素，我们选择二元Logistic回归分析方法分析个体就业决策行为。在建立模型时，被解释变量为第一代农民工返乡就业的意愿，只有"有意愿返乡就业"和"无意愿返乡就业"两种情况，前者的解释变量为1，后者的解释变量为0。二元Logistic回归模型的理论基础为二元选择理论，即模型因变量非此即彼的二元变量，模型函数为逻辑概论分布函数（见公式）。

$$P_i = F(Z_i) = f(\alpha + \beta X_i + \mu) = \frac{1}{1+e^{z_i}} = \frac{1}{1+e^{-(\alpha+\beta X_i)}} \quad (3-1)$$

$$\ln \frac{P_i}{1-P_i} = Z_i = \alpha + \beta X_i + \mu \quad (3-2)$$

公式中 P_i 为返乡者有无返乡就业意愿的概率，β 为待估计参数，X_i（$i=$ 1，2，……，10）为解释变量的一个向量，μ 为误差项。解释变量共有 10 个，分别为年龄、性别、文化程度、打工年收入、交际能力、经营管理能力、风险承担能力、是否具有相关就业经验和技能、对返乡就业创业政策环境的认知程度，解释变量均为虚拟变量（表 3 - 22）。通过对数据整理，我们用 SPSS22.0 对样本数据进行二元 Logistic 回归分析。经检验，模型的 Cox&Snell R^2 值为 0.538，拟合效果良好（见表 3 - 23）。

表 3 - 22　模型的解释变量和说明

变量名称	变量定义
年龄	40 岁以下=1；40～45 岁=2；46～50 岁=3；51～55 岁=4；55 岁以上=5
性别	男=1；女=0
文化程度	小学及以下=1；初中=2；高中=3；大学及以上=4
打工年收入水平	2 万元以下=1；2 万～4 万元=2；4 万～6 万元=3；6 万元以上=4
交际能力	差=1；一般=2；强=3
经营管理能力	差=1；一般=2；强=3
风险承担能力	差=1；一般=2；强=3
就业机会识别能力	差=1；一般=2；强=3
是否具备相关就业经验和技能	是=1；否=0
对返乡就业政策环境的认知程度	不了解=1；了解一些=2；较为了解=3；非常了解=4

表 3 - 23　第一代农民工返乡就业创业意愿模型

变量	回归系数	Wald 值	显著性
年龄	0.057	0.431	0.512
性别	−0.200	0.623	0.416
文化程度	0.537***	17.902	0.000
外出就业年收入	−0.682***	27.602	0.000
交际能力	0.289**	5.508	0.017
经营管理能力	1.012***	48.607	0.000
风险承担能力	0.427***	9.010	0.002

（续）

变量	回归系数	Wald 值	显著性
就业机会识别能力	0.413**	7.062	0.007
就业经验技能	0.427**	4.672	0.029
就业政策环境认知	1.140***	57.562	0.000
常数项	−6.251	85.245	0.000
样本个数		881	
X^2 统计值		465.763	
Cox &. Snell R^2		0.412	
Nagelkerke R^2		0.546	
预测准确率		81.5%	

通过简单的模型回归分析可以看出，返乡第一代农民工的年龄和性别对其就业意愿并无显著影响，未通过显著性检验。对于返乡第一代农民工而言，无论男女，返乡时年龄已经接近"退休"或已经"退休"，很难实现正规就业。第一代农民工的非正规就业本身对性别和年龄要求普遍偏低，因此性别差异、年龄大小对其就业、创业意愿不起支配作用。第一代农民工文化程度在 1％ 的显著水平上通过检验，且系数为正，说明个体文化程度越高，返乡就业的意愿越强，也越容易找到合适的工作，创业成功率也越高。一般情况下，文化程度越高，知识积累越多，就业优势就越明显，也越能在乡镇找到工作，这部分人回乡后通常不会从事种养工作，在第三产业从业比重较高。打工年收入在 1％的显著水平上通过检验，系数为负，说明第一代农民工在外打工年收入越高，回乡就业意愿越弱，会推迟回乡就业与养老的时间。第一代农民工返乡就业选择是基于机会成本的大小，在就业收入和返乡养老之间进行权衡比较。从理性经纪人角度出发，当返乡就业机会成本过大时，第一代农民工通常会选择推迟养老而继续工作，这无形中会提升第一代农民工平均养老年龄。人际沟通能力在 5％ 的显著水平上通过检验，且系数为正，表明良好的沟通能力和充足的社会资本有助于提升第一代农民工返乡就业意愿。经营管理能力、风险承担能力和创业机会识别能力均在 1％ 的显著水平上通过检验，且系数为正，表明这三个指标相较于交际沟通能力而言，更有助于提高第一代农民工返乡就业的意愿。就业过程中需要与人交往，良好的交际能力可以促进共识和合作，为返乡成功就业奠定良好的基础；第一代农民工只有具备一定的机会识别能力，才能

够善于发现当前市场上存在的就业、创业机会，提升返乡就业、创业的成功率；经营管理能力是第一代农民工返乡创业的基本要素，经营管理能力强的返乡农民工，其实现资源优化配置的能力就越强，返乡创业的成功率就越高；风险承担能力强的第一代农民工大多具有一定的资本积累，承担能力越强返乡创业意愿越强。第一代农民工是否具有相关就业经验和技能在5%的显著水平上通过检验，且系数为正，表明拥有相关经验和技能能够提高第一代农民工返乡就业、创业意愿。那些具有丰富专项技能和经验的返乡农民工往往就业成功率很高，在回乡后可以找到长期、稳定的工作，并且可以将创业风险降至最低。第一代农民工对就业创业政策环境认知程度在1%的显著水平上通过检验，且系数为正，说明第一代农民工返乡就业意愿与政策环境密不可分，有效的返乡就业支持政策可以调动返乡农民工的就业积极性，刺激返乡者的创业活力。

通过简单分析可以发现，第一代农民工返乡就业基于个体发展资本积累情况和外部政策支持环境优劣。由于第一代农民工返乡时多数临近"退休"年龄，积累了一定的技能和积蓄，具备一定的发展资本。在没有外部条件激励的情况下，多数人返乡后会进入养老状态，不再外出就业；当外部条件允许，个人能力与岗位要求相匹配时，个体会积极主动选择就业。因此，为了充分优化返乡人口的劳动力结构，政府需要针对年龄较低、体力较好的第一代农民工，开展各类技能培训，提高其知识水平；引导有一定经验、一定积累的第一代农民工就近就业创业，提升其返乡后的收入水平；应提高政府组织协调各类就业资源的水平，为返乡第一代农民工拓展就业渠道，搭建创业平台；发展地区特色产业，加快配套基础设施建设，为返乡农民工创造良好的就业创业环境；扩大就业优惠政策的宣传力度，为返乡第一代农民工牵线搭桥，拓展其就业领域，提升其社会资本，调动其就近就业积极性。

五、第一代农民工返乡就业模式选择

目前，各地政府对返乡第一代农民工就业问题的重视程度还有待提升，基层还没有针对这一群体开展具体的创新实践，多数第一代农民工被笼统纳入到返乡农民工、农村创业人员和农村留守老人群体。政府在就业创业扶持模式创新方面缺乏针对性和实效性，没有针对这一群体的差异化需求开展外部干预和政策引导。针对各地开展有关农村就业扶持的具体实践，我们择其一二进行介绍，希望对今后开展第一代农民工返乡就业服务工作提供参考。

（一）"领头雁"工程

南充作为四川省第二人口大市和第一劳务大市，常年外出务工人员超过200万人。为实施"归雁计划"和壮大"归雁经济"，南充市推进以"返乡创业园，园区企业流水线、现代农业生产线、电商平台物流线、城镇三产服务线"为主要内容的"一园四线"返乡下乡就业创业引领工程，积极搭建就业创业平台，拓宽就业创业渠道，确保返乡农民工稳定就业和成功创业。全市围绕园区企业流水线、现代农业生产线、电商平台物流线和城镇三产服务线，营造"雁归故里、投资家乡、造福桑梓"的浓厚氛围，激活农民工返乡发展的内生动力。全市围绕汽车汽配、油气化工、丝纺服装、轻工食品等传统优势产业，在转型升级中发展配套产业，通过支持发展新产业、新业态、新技术和新模式，引导农民工把适合的产业、项目转移回乡。具体措施主要包括：鼓励返乡人员充分开发乡村、乡土、乡韵潜在价值，发展休闲农业、林下经济和地域特色突出的乡村旅游，把小门面、小作坊、小庭院、小种养升级为品牌连锁店、休闲观光区和农业产业园；倾力打造"互联网＋农业园＋采摘体验"模式的示范园区、示范企业和示范户；鼓励有一定资金、技术和管理经验的农民工回乡创业，支持有技术、懂经营的农民工开展农机作业、农资配送、产品加工、农技推广等新型农业产业化服务，创建农村劳务合作社、劳务服务公司等；扶持返乡农民工通过租赁、转包、入股、托管等多种方式创办农业产业化龙头企业、农民专业合作社、家庭农场、林场等新型农业经营主体；鼓励有条件的返乡农民工积极参与异地搬迁、乡村公路、农田改造和水库、堰塘及配套渠系等涉农项目开发；依托农村电商巨头开展电子商务进农村和交易平台渠道下沉，发展农产品销售、商贸流通等各类服务业；依托阆中古城、南部升钟湖、朱德故里等景区景点，发展线上线下"休闲南充"旅游咨询、"仙居南充"主题酒店等旅游电商平台；搭建南充"互联网＋农家乐"等休闲观光、农家宴服务平台，加大网上营销力度，促进农民工返乡创业就业；鼓励返乡创业人员从事健康养老产业，开办民办教育、民办医院、文化娱乐企业等，推动城镇教育、卫生、文化等公共服务产业蓬勃发展；支持返乡创业人员融入新城建设、城市扩容、旧城改造和新农村建设，创办一批在道路、桥梁、管网、房地产等领域的配套企业。

南充市的做法将乡镇发展与农民工返乡就业相结合，将返乡农民工的就业范围拓展到旅游服务、基础设施建设、公共服务供给等方面，有效实现了地区发展和个体发展的共赢。依托这种共赢思路，地方政府在解决返乡农民工就业方面更有积极性，也更容易在就业扶持方面出"实招"，求"实效"。在产业选择上，多数第一代农民工集中在城市第二、三产业，政府也主要将返乡农民工导向其熟悉的领域，这样能够快速提升返乡农民工的角色转变，使其更好地融入到既有产业发展体系中，提升其就业适应性。政府在实践中注重发挥"领头雁"的传、帮、带作用，以点带面带动返乡农民工就地就业，避免了回乡农民工再就业的无序流动，让回乡者就地扎根，就近发展。此外，将返乡农民工就业与本地基础设施建设、公共服务体系建设相结合，更有利于满足返乡农民工今后的养老需求。

（二）"一揽子"服务

山东潍坊立足农业供给侧结构性改革新形势，为返乡农民工量身打造农村"创业套餐"，探索建立政策扶持、平台孵化、人才培养、专项活动、教育培训等"一揽子"农村创业服务模式。主要做法包括：简政放权，对从事无店铺零售业经营的个体工商户允许"一址多照"；允许物理分割地址或集中办公区登记为个体工商户经营场所；允许电商平台从业者将众创空间、住宅、公寓等登记注册为营业场所；全面实施"多证合一"登记制度，实行"一证一码"登记模式，到农村创业享受国家农业产品增值税13%的法定税率；保障返乡农民工劳动权益，按规定将返乡农民工纳入到各项社会保险；各级人社部门为返乡农民工创业实体提供用工指导、员工招聘、技能培训、档案代理等基本服务；在符合规划的前提下，优先支持返乡农民工创业项目所必需的厂房、仓库、养殖场、晾晒场等设施用地。针对返乡农民工文化水平不高、技术创新意识薄弱等问题，潍坊市改变过去政府"单一配菜"的培训模式，探索实施"自主点菜式"精准培训模式，实现创业农民需求与培训内容供给的"无缝对接"。

和其他返乡农民工不同，第一代农民工返乡时已近"退休"年龄，很难就地实现正规就业，多数选择务农或收入很低的临时性工作，要想提高收入只能在创业上做文章。和普通就业相比，创业没有对个体年龄的限制性要求，形式更加多样，能够实现发展资本的最优配置，因此很适合具有一定经验和积蓄、具备一定眼界和见识的第一代农民工。潍坊探索的"一揽子"服务模式主要针对返乡人员创业活动设计，目的是通过捆绑打包的方式将创业扶持资源和服务整合在一起，让创业培植服务更加精准高效。其探索的"自主点菜式"培训可以满足不同类型创业主体的个性化需求，相较传统技能培训更具针对性。根据潍坊实践启发，政府应针对第一代农民工自身的特点开展创业培植服务，培植对象是那些有创业热情、具有一定积累、抗风险能力强、年龄偏低的返乡者，将优惠政策和服务采取"一揽子"方式提供，这种"服务包"的供给形式一方面可以免去创业过程中的繁琐手续和流程，另一方面可以提升创业培植服务的精准性。

(三)"孵化点"集群

河北临西围绕返乡农民工的多样化需求，将轴承工业园区、运河工业园区、东留善固工业园区内闲置的房屋、土地等纳入孵化基地范围，同时在9个乡镇增设适宜创业的孵化点，形成了贯穿全县东、中、西部，辐射299个村的孵化大网络。孵化基地由点及面，面积从 1 500 米^2 逐步扩展到 1.2 万余米^2，可多吸纳 500 家创业团体和个体入驻。各孵化点按照统一标准、分区管理的模式进行规划，结合创业项目实施盘活，以出租、抵押、入股等形式支持返乡农民工开展项目。将创业孵化点设在离返乡农民工家门口最近的地方，可以享受与孵化基地同样的待遇。考虑到农民工群体特点，鼓励其从事熟悉的领域、施展其对口的技能，临西县决定把种植、养殖业纳入扶持范围。与此同时，临西县还在减轻创业负担、激发创业活力方面下足了功夫。不断简化创业住所登记手续，允许"一址多照""集群注册"，实行"五证合一"登记制度，减轻跑办负担。对符合条件的返乡创业人员，依法落实减征企业所得税、免征增值税等税费减免政策，在各职能部门推行零收费，减轻资金负担。鼓励银行业金融机构开发符合返乡创业需求特点的金融产品和金融服务，提高返乡创业人员的金融可获得性，降低创业风险。

考虑到异地创业的困难，临西把创业孵化带到了家门口，让返乡农民工就地创业。第一代农民工虽具备一定的发展资本，但是个体有限的资本积累脱离其他资源支撑难以发挥效用，孵化点集群的功能就是发挥资本的集群效应，优化配置各种发展资源，形成彼此优势互补、风险共担的孵化网络。在实践中，临西推出的税费减免优惠很适合返乡农民工的需求，而从农民工熟悉的种养业出发进行创业孵化也符合多数第一代农民工具备务农经验的特点。临西经验告诉我们，开展农民工创业培植需要从孵化开始循序渐进，通过集群效应避免"单打独斗"的劣势，实现创业资源内外整合与互补。

六、解决第一代农民工返乡就业困境的对策

第一代农民工返乡后就业面临的诸多难题，不仅事关个人生计保障，更影响着农村社会的稳定与发展。结合第一代农民工自身的特点，政府应大力拓宽返乡农民工的就业渠道，引导就地就近务工，解决养老保险的转移接续问题，创新养老公共服务供给模式，强化顶层设计与政策引导。

（一）健全服务体系，拓宽增收渠道

政府应加大人力财力投入，建立可靠、有效、优质、低廉的就业信息服务系统，推进县乡基层就业和社会保障服务平台、中小企业公共服务平台、农村基层综合公共服务平台、农村社区公共服务综合信息平台建设，为返乡第一代农民工就业提供信息与咨询。政府应鼓励引导各类劳务中介机构针对第一代农民工年龄偏大、文化水平偏低的特点提供职业岗位、岗位培训、就业管理等方面的服务，支持企业、合作社等经营主体吸纳返乡劳动力，整合资源建立健全第一代农民工就近进城求职服务体系；各地应逐步加大公共财政支持返乡第一代农民工培训的力度，设立职业技能培训专项资金，根据其就业特点、需求和当地特色编制实施培训计划，采取面授、农民田间学校、专家入户指导等形式开展就业技能培训；针对返乡第一代农民工参训积极性差、支付能力低的特点，可通过发放"培训券"等方式来调动其参训积极性；为了促进返乡第一代农民工在城市积累的资金发挥更大效用，实现长期增值，应探索健全现代农业金融服务机制，发展农民资金互助合作组织，建立涉农贷款风险补偿制度，创新农业融资服务方式和农业保险制度。

（二）坚持双向协同，引导创业创新

要强化政府引导与市场主导的协同作用，营造第一代农民工返乡创业的良好环境，支持返乡创业企业与龙头企业、市场中介服务机构等共同打造创业生态系统。政府应引导部分能力强、资源多的返乡第一代农民工进入区域专业市场、示范带和块状经济，鼓励具有一定资金、技术和经验的农民工发展休闲农业、林下经济和乡村旅游，促进农村三产融合，将城市的发展资源转化为乡村的发展动力；要强化回乡创业第一代农民工的示范作用，通过"传、帮、带"辐射带动其他返乡农民工依托本村资源就业、创业；各地要开展第一代农民工

返乡情况调研，针对总体状况和基本需求创建农民工返乡创业园，并将返乡第一代农民工作为重要的创业主体加以培植；依托基层公共平台集聚政府公共资源和社会其他各方资源，组织开展专项活动为第一代农民工返乡创业提供系统服务；要探索完善第一代农民工返乡创业社会兜底保障机制，降低创业风险，防止因创业失败致贫返贫；要引导支持本地龙头企业等经营主体建立市场化的创业创新促进机制，依托资金、技术和服务激励返乡农民工依托其产业链创业发展。

（三）加快城镇建设，强化社会服务

依托农民工市民化，让有条件的第一代农民工彻底脱离土地进城落户生活，是彻底解决第一代农民工就业的根本之策。在拉动内需的资金内设立专项资金，用以提升返乡农民工集中地区的中小城市及其小城镇基础设施建设水平；增加中小城市及其城镇居民社会保障方面的建设投入，为农民工进城就业养老解除社会保障方面的障碍；开展土地流转制度改革，将进城农民工从土地上解放出来，消除"一脚在城里，一脚在田里"的现象，明确耕地和宅基地产权，盘活资本，增加收益；建立和完善与农民工市民化相关的制度法律体系，既要全面推进有利于农民工就近城市化的就业制度、社会保障制度、农地退出制度和住房制度改革，又要完善农民工就业、社会保障、住房和教育等方面的法律法规，使第一代农民工就地市民化的权益合法化；各中小城镇的政府要不断提升服务返乡农民工的意识，加快新型城镇化建设，强化公共服务水平，加大对城镇第二、三产业的政策扶持力度，催生更多就业岗位；要着力加强社会参与体系建设，在城镇公共服务供给方面引入多元参与和竞争机制，加强政府同社会组织在就业服务、法律援助、心理咨询等方面的合作关系，为农民工随子女进城就业养老营造和谐的社会环境。

第三节　西部地区新生代农民工返乡行为特征与就业[①]

20 世纪 80 年代后期以来，西部地区几个劳务输出大省的农民大规模流动

---

① 本节选自农业部软科学课题"西部地区新生代农民工返乡行为研究"（课题编号：D201744），课题主持人：李敏。

日渐成为令人瞩目的社会现象，西部低收入地区农村劳动力大量流入东部经济发达地区，直至 2008 年国际金融危机导致我国东部地区农民工失业率增加，而西部低收入地区面临西部大发展的机遇，经济得到快速发展，创造了大量的就业岗位，农民工呈现返乡回流趋势。这些问题从一开始就存在于我国二元经济结构和广大的农村劳动力中，并伴随着农业发展体系的进程不断深入，如何合理地解决西部地区农民工返乡回流问题，成为摆在西部地区面前急需解决的现实问题[①]。

无论是对于经济增长还是解决农村富余劳动力问题，劳动力流动都具有非常重要的意义。从我国劳动力流动的实践来看，农民工返乡与进城打工是一对相伴而生的社会现象。党的十八大提出新型城镇化发展战略，《中共中央关于制定国民经济和社会发展第十三个五年规划的建议》明确指出，推进以人为核心的新型城镇化，深化户籍制度改革，并加快提高户籍人口城镇化率。但是，农民工是理性的，其做出迁移决策时总是带着各自的动机和愿望，外部社会经济环境的变化在很大程度上影响着农民工的迁移决策。而且农民工是一个多元化的群体，不同时期、不同地区的农民工群体差异性很大。目前，"80 后"和"90 后"为代表的新生代农民工已经成为农民工的主体，他们的迁移行为对于人口城镇化具有相当重要的意义；而且与第一代农民工和东部发达地区相比，他们行为也呈现出明显的差异。那么，西部低收入地区新生代农民工返乡的规模有多大？体现出什么新特征和新变化？促使西部低收入地区新生代农民工返乡的决定因素有哪些？相应影响是否随时间发生了变化？对于这些问题的回答，具有重要的理论价值和现实意义。

一、调查样本情况

调查时间和地点。2017 年 4 月 20～25 日、2017 年 5 月 25～31 日分别在陕西省咸阳市杨陵区、武功县和陕西省宝鸡市进行了两个阶段的调研。具体调查方式为面对面问卷访谈，问卷涉及农户个人及家庭的基本特征、家庭收入来源、家庭支出构成及家庭拥有耕地或非耕地资源等情况，与迁移有关的变量包括被访者首次外出时的年龄、外出次数、跨省流动经历、家人随迁情况、外出

---

① 张凯博，西部农民工回流的成因及影响分析——基于劳动经济学人口流动理论，经济研究导刊，2013（19）：75-76。

期间的就业特征、收入状况、再迁移意愿和行为等。

此次调查共获得问卷 552 份，有效问卷 526 份，有效比例为 95.3%。在全部农民工中，男性占 72.0%，女性占 28.0%。其中，外出农民工中男性占 76.0%，女性占 24.0%；本地农民工中男性占 48%，女性占 52%。此次调查我们将被访者设定为现居住（工作）本区县的 16 周岁以上的家庭成员。所有调查劳动力均为汉族，初中文化水平比例最大，占 45%，其中受教育程度最高的为大学本科学历及以上，占 1%。已婚农民工占大多数，占 92%，其中已婚尚未生育孩子的农民工占总数的 3%，已婚生育一个孩子的农民工占总数的 27%，已婚生育两个孩子的农民工占总数的 50%，已婚生育三个孩子及以上的农民工占总数的 12%，其中离异的农民工最少占 2%，其中离异生育两个孩子的农民工占总数的 1%，未婚农民工为 6%。不担任任何职务的农民工占 98%，担任村干部的农民工占 2%。大多数农民工身体状况为健康占 72%，基本健康的农民工占 22%，不健康但基本可以自理的农民工占 6%，调查对象的自评健康状况较好。绝大多数农民工在 10~20 岁开始参加劳动，占农民工总数的 84%，10 岁之前参加劳动的农民工占 6%，20~30 岁参加劳动的人数占 10%。对于所有农民工来说，只具备农业技能与具备其他技能的农民工比例为 1∶1，但随着受教育程度提高，拥有非农业技能的农民工比例逐渐提高。

二、主要研究结果

（一）劳动力外出务工及返乡情况

1. 劳动力外出基本情况

此次调查的 526 个劳动力样本当中，有过外出经历的 445 个，占总人数的 84.6%，有 81 个没有过外出务工的经历，占总人数的 15.4%。

在有过外出经历的 445 个农民工中，有过 1 次外出务工经历的人数为 152 个，占比为 34.16%；有过 2 次外出务工经历的人数为 130 个，占比为 29.21%；有过 3 次外出务工经历的人数为 83 个，占比为 18.65%；但是外出经历大于 4 次的劳动力数量所占人数和比例较小，合计人数为 80 个，占比为 17.98%（表 3 - 24）。

表 3-24　劳动力外出务工经历次数占比（%）

外出务工次数	1次	2次	3次	4次及以上
人数	152	130	83	80
比例	34.16%	29.21%	18.65%	17.98%

在有过外出经历的 445 个农民工中，外出累计务工时间最长的达 30 年，不过，外出务工累计时间大于 30 年劳动力的所占比例不高，人数为 22 人，合计占比仅为 4.94%。劳动力外出务工累计时间主要集中在 10 年以下，其中，外出务工时间累计 5~9 年的所占比例最高，人数为 99 个，占比为 22.25%；累计外出时间不到一年的人数为 54 个，占比为 12.13%；累计外出时间在 1~2 年的人数为 73 个，占比为 16.40%；累计外出时间在 3~4 年的人数为 74 个，占比为 16.63%。累计外出时间在 10~14 年的人数为 49 个，占比为 11.01%；累计外出时间在 15~19 年的人数为 27 个，占比为 6.07%；累计外出时间在 20~29 年的人数为 47 个，占比为 10.56%。平均累计外出时间为 4~5 年（图 3-7）。

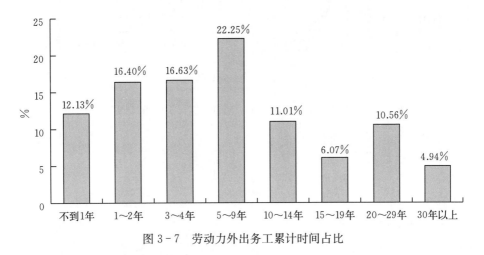

图 3-7　劳动力外出务工累计时间占比

2. 农民工外出务工的原因

在被调查的外出务工农民工中，首要原因：家里需要钱而外出务工的农民工有 333 个，占第一重要性选择的 74.83%；其次原因：由于在家里没有合适的工作而外出务工的农民工有 133 个，占第二重要性选择的 29.89%（表 3-25）。

表 3 - 25　农民工外出务工的原因

选项	随迁	失去土地	家里需要钱	出去见见世面	想学/想增强技能	不想读书	不想务农	看别人都出去，跟着出去	在家里没有合适的工作	其他
首因人数	15	7	333	20	24	1	9	13	48	13
次因人数	22	22	77	44	35	2	19	16	133	8

3. 最后一次外出工作的具体情况

从返乡农民工从事的第一份工作的几个主要行业来看，不同行业农民工所占比例差异较大，其中从事居民服务、修理和其他服务业的农民工占比最多，占调查总人数的 57.1%；从事制造业和建筑业的农民工占比相近，分别为17.5%、14.3%；从事批发和零售业、住宿和餐饮业的较少，占比最少的为批发和零售业，仅占 4.8%（图 3-8）。

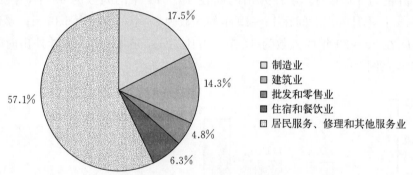

图 3-8　第一份工作中不同行业农民工所占比例

在外出务工农民工的第一份工作中，以受雇形式从业的农民工占 93.9%，自营者占 6.1%（图 3-9）。

外出务工农民工第一份工作的工资水平普遍不高，月均工资在 6 000 元以下的农民工占比92%。在工资水平低于6 000 元的人数中，其中 1 500 元以下的占比 28%，1 500～3 000 元的占

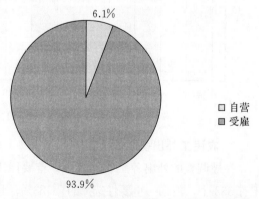

图 3-9　外出务工农民工第一份工作从业形式

比 28.4％，3 000～4 500 元的占比 21.8％，4 500～6 000 元的占比 13.2％（图 3-10）。

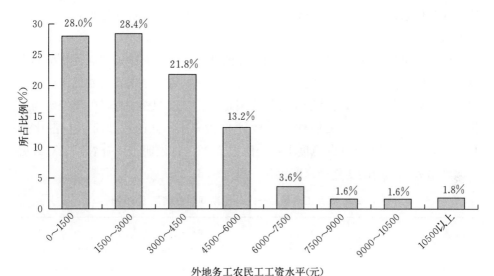

图 3-10　外出务工农民工第一份工作工资水平

在外出务工农民工第二份工作工资水平发生了变化的 29 人中，其中工资水平上涨的占比 65.5％，下降的占比 17.2％，工资水平不变的占比 17.2％（图 3-11）。

在外出务工农民工第三份工作工资水平发生了变化的 11 人中，其中工资水平上涨的占比 72.7％，下降的占比 18.2％，工资水平不变的占比 9.1％（图 3-12）。

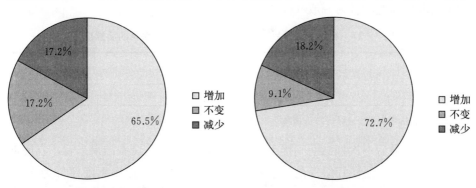

图 3-11　外出务工农民工第二份工作　　　图 3-12　外出务工农民工第三份工作
　　　　　工资水平变化情况　　　　　　　　　　　　工资水平变化情况

4. 农民工对外出期间社会公共服务满意度的评价

农民工在外出期间受到的待遇会对农民工是否返乡产生重要的影响。很显然，在其他条件一致的情况下，外出期间的满意度上升，势必提高农民外出务工的概率。

（1）对最后一次外出期间居住满意度的评价。对于外出期间居住状况的满意度是影响农民工流动决策的重要因素之一。从调查结果来看，农民工对于外出期间的居住状况满意度低于子女教育满意度。在被调查的有过外出经历的农民工中，对最后一次外出居住满意度评价为 6～8 分的有 197 人，占比为44.27%；农民工的居住满意度平均分值为 5.92，这说明被调查农民工对最后一次外出务工期间的居住满意度较为一般（表 3-26）。

表 3-26 农民工对最后一次外出期间居住满意度的评价

选项	1	2	3	4	5	6	7	8	9	10
人数	55	20	24	19	19	52	53	89	22	24

注：评价选项中 1 为最低，10 为最高。

（2）对最后一次外出期间子女随迁教育的评价。对于外出期间子女随迁的农民工，子女能否接受满意的教育也对农民工是否返乡具有重要影响。从调查结果来看，最后一次外出务工期间子女随迁的农民工有 192 位，对最后一次外出子女教育评价为 5～7 分的有 116 人，占比为 60.42%；农民工对子女教育满意程度的平均分值为 5.99，这说明被调查农民工对最后一次外出务工期间的子女教育满意度较为一般（表 3-27）。

表 3-27 农民工对最后一次外出期间随迁子女教育的满意度

选项	1	2	3	4	5	6	7	8	9	10
人数	15	2	6	15	49	35	32	30	8	7

注：评价选项中 1 为最低，10 为最高。

（3）对最后一次外出期间接受医疗服务的评价。从调查结果来看，农民工对于外出期间接受医疗服务的评价相对较低，对外出医疗满意度评价为 5～8 分的有 265 人，占比为 59.55%；农民工的医疗满意度平均分值为 5.50，这说明被调查农民工对最后一次外出务工期间的医疗满意度较为一般（表 3-28）。

表 3-28　农民工对最后一次外出期间接受医疗服务的满意度

选项	1	2	3	4	5	6	7	8	9	10
人数	55	17	33	26	80	57	65	63	11	16

注：评价选项中 1 为最低，10 为最高。

（二）返乡农民工就业和创业情况

1. 返乡农民工就业情况

从调查的返乡农民工实际就业情况来看，样本总数为 526 人，返乡人数 430 人，其中未务过农人数 81 人，占比 18.84％，务过农人数 349 人，占比 81.16％。

在最后一次返乡中，从事纯农业 51 人，占比 12％；以农业为主兼有非农的返乡人员 35 人，占比 8％；以非农为主，兼有农业 162 人，占比 38％；纯非农就业 135 人，占比 31％，没有工作的 47 人，占比 11％（图 3-13）。需要注意的是，有 11％的返乡农民工处于没有工作的赋闲状态，其中一部分属于刚刚返乡处于工作搜寻期，但是如果这一现象长期存在，则会对这部分人的心理和行为产生一定影响，这是政府部门需要妥善研究和着力解决的问题。

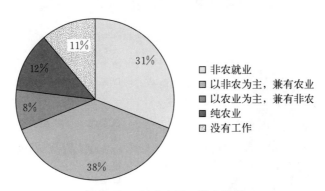

图 3-13　返乡农民工就业情况

2. 返乡农民工非农就业情况：地域、职业

样本村农民工返乡后非农就业的主要区域位于乡政府所在地。从调查结果来看，返乡农民工在农村区域就业的占 32％，其中在本村以内的 67 人，占 20％，在本村以外的农村区域 41 人，占 12％。调查表中在乡/镇政府所在地就业的 124 人，占 38%，在县政府所在地就业的 67 人，占 20%，其中在市里就业的 24 人，全国跑业务的 3 人，其他省份的 3 人（图 3-14）。

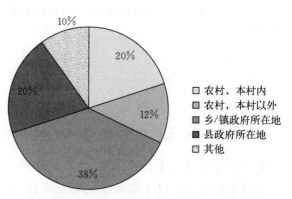

图 3-14 返乡农民工非农就业地域分布

最后一次返乡后，返乡农民工所从事的非农职业比较分散，相比较而言建筑类占有较大比例，74 人，占比约为 17%。其次为经商类，62 人，占比 14%，餐饮 32 人，占比 7%；家政 3 人，占比约为 1%；保洁 4 人，占比约为 1%；保安 8 人，占比约为 2%；装修 24 人，占比约为 6%；快递 3 人，占比约为 1%；其他商业服务人员 34 人，占比约为 8%；生产 6 人，占比约为 1%；运输 7 人，占比约为 2%；其他生产运输设备操作人员 11 人，占比约为 2%；无固定职业 42 人，占比约为 10%；农业生产 8 人，占比约为 2%；其他 112 人（包括收废品、打杂、打零工、花艺、修车、滴滴等行业），占比约为 26%（图 3-15、表 3-29）。

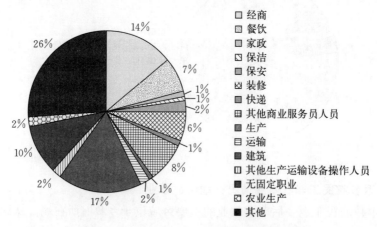

图 3-15 返乡农民工非农就业的职业分布

表3-29　返乡农民工就业情况

从业项目	从业人数	占比（%）
经商	62	14.42
餐饮	32	7.44
家政	3	0.70
保洁	4	0.93
保安	8	1.86
装修	24	5.58
快递	3	0.70
其他商业服务人员	34	7.91
生产	6	1.40
运输	7	1.63
建筑	74	17.21
其他生产运输设备操作人员	11	2.56
无固定职业	42	9.77
农业生产	8	1.86
其他	112	26.05

从调查结果来看，最后一次返乡后，主要工作属于受雇181人，自营125人，其他124人。其中181个受雇的工作和外出工作的关系中，外出前就从事该职业的24人，占比13%；与外出务工的职业完全一致的58人，占比32%；与外出务工的职业相关的54人，占比30%；完全从事新职业的45人，占比25%（图3-16）。

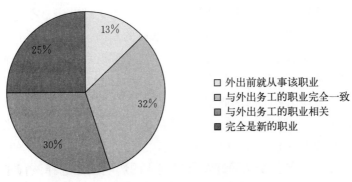

图3-16　返乡农民工受雇就业与外出务工的关系

对于返乡农民工选择职业类型的原因，包括：工资高的 12 人，占比 7%；亲戚或朋友邀请 33 人，占比 18%；不担风险的 56 人，占比 31%；工作轻省的 27 人，占比 15%，选择受雇的大约占到 71%。

此外，另有 20% 的返乡农民工选择了"也想自营创业，但是条件不具备"，这说明返乡农民工具有一定的自营创业意愿，但由于缺乏自营条件不得不放弃。其中，49.26% 的返乡农民工认为是缺乏资金，认为缺技术的占 19.12%，8.82% 返乡农民工认为缺好的项目，4.41% 返乡农民工认为缺人手，4.41% 的返乡农民工认为缺市场，5.88% 的返乡农民工认为缺政策支持。很显然，资金是阻碍有创业意愿返乡农民工创业的主要因素。

3. 返乡农民工自营创业情况

近年来，随着农民工返乡规模不断增加，国家对于农民工返乡愈发重视，认为返乡创业不但可以促进农村劳动力就业，增加农民收入，而且有利于工业化和农业现代化、城镇化和新农村建设协同发展，形成良性的城乡互动，缩小城乡差距。2015 年中央 1 号文件明确提出："引导有技能、资金和管理经验的农民工返乡创业，落实定向减税和普遍性降费政策，降低创业成本和企业负担。"并在当年 6 月，国务院办公厅印发《关于支持农民工等人员返乡创业的意见》，推动农民工等人员返乡创业。2016 年 7 月，人力资源和社会保障部等 5 部门又联合出台《关于实施农民工等人员返乡创业培训五年行动计划（2016—2020 年）》，提升返乡农民工创业能力。因此，此次调研也对返乡农民工自营（创业）进行初步调查。

根据调查结果，有 29% 的返乡农民工从事自营（创业）。返乡农民工文化程度偏低，所以在返乡创业中所从事的项目大部分属于第三产业。自营创业主要以卖水果、开餐馆、修理店、物流快递、五金店、理发店、零售店为主。这反映了农民工返乡创业活动受到自身技能素质的制约，多数选择了技术含量较低、对教育程度要求相对不高的行业。进一步考察返乡农民工自营（创业）和外出务工的关系，可以发现，只有 12% 的受雇就业和外出务工的职业完全一致，21.6% 的与外出务工的职业相关。相反，59.2% 返乡农民工从事的都是全新的职业，还有 7.2% 的返乡农民工继续从事外出前的自营。返乡农民工选择自营（创业）最主要的原因是以前从事过，或者是家里有该行业的从业基础，这两项合计占 34.4%。受亲朋好友自营创业的影响从而选择该行业进行自营（创业）的情况占 24.8%，较强的风险规避意识使返乡农民工选择熟人经营行业进入，但是同时造成返乡农民工的自营（创业）活动容易扎堆，缺乏创业创新意识。

返乡农民工自营（创业）有很大部分没有技术，这一比例达到38％。以前上过专业技术学校11人，占比9％；以前接受过短期培训14人，占比11％；以前外出务工获得技术18人，占比14％；回来后新学手艺22人，占比18％；家传的手艺12人，占比10％（图3-17）。

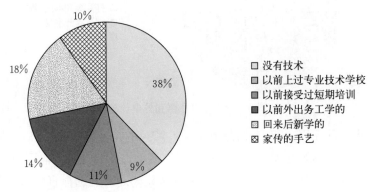

图3-17 返乡农民工自营（创业）技术来源

返乡农民工未来继续自营（创业）的意愿相对较高。未来愿意继续自营（创业）的高达88.8％，其中有73.13％选择"继续干，而且想长期从事目前的职业"；另外有15.67％选择"继续干，但是想换别的自营职业"，其中有11.19％的选择未来不再从事自营（创业），选择放弃自营创业的主要原因为挣钱太少，身体年龄不适合。

对于最后一次返乡，是否打算从事农业生产经营的情况，73.79％的人打算从事农业生产经营；23.39％的不打算从事农业生产经营。从事农业生产的类型，47.74％的人以自己消费为主，46.09％的人以售卖为主，2.06％的人是给别人干活，挣工资收入为主，4.12％的人是其他（大棚蔬菜等）。最后一次返乡后，为什么要从事农业生产的原因，23.7％的人是找不到其他工作，10.4％的人是没条件自营创业；42.77％的是有从事农业的优势。

（三）劳动力外出意愿情况

根据数据调研结果可知，农村劳动力继续外出的意愿不是很强烈。根据调查结果，愿意跨省外出的劳动力约为14％；愿意跨县外出的劳动力约为12％，两者合计占劳动力的比重不到 30%。打算离开本村的占 13%，不打算离开的占 56%，5% 的人没想好（图 3-18）。

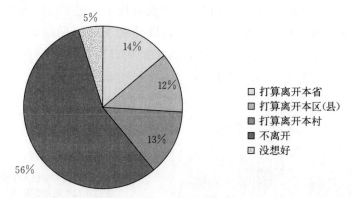

图 3-18 外出意愿和外出计划

离开本省的原因，77.78% 是务工，9.72% 的是经商，1.39% 的是家属随迁，1.39% 的是婚姻嫁娶，2.78% 的是工作调动，6.94% 是其他原因。

对于打算跨省外出的农村劳动力来说，5.56% 的人选择直辖市，22.22% 的人选择省会城市，38.89% 的人选择地级城市，8.33% 的人选择县级城市，1.39% 的人选择港澳台地区或国外，23.61% 的人没想好。而对于打算跨县外出的农村劳动力来讲，地级城市的吸引力更高。

离开本区（县）的原因，65.63% 的人是务工，17.19% 的人是经商，3.13% 的是家属随迁，1.56% 的是养老，1.56% 的是婚姻嫁娶，1.56% 的是拆迁搬家，3.13% 的是工作调动，3.13% 的是本地环境太差。

三、调查结论

（1）返乡农民工外出务工从事的主要职业是服务业、制造业和建筑业。

（2）返乡农民工文化水平偏低，初中文化水平程度占到一半以上。返乡农民工自营（创业）主要以第三产业为主，包括卖水果、开餐馆、修理店、做物流快递、五金店、理发店、零售店等，总体技术含量较低。所需要的资金来源于打工收入和家里的资金积累，从亲戚朋友处借贷和从银行、信用社借贷的不多。

（3）农民工返乡的原因，首要原因是孩子的照顾和教育问题；次要原因是外面就业形势不好，工作环境太差。政府的激励政策对农民工大规模主动返乡的刺激作用不够明显。

（4）返乡农民工对于最后一次外出期间公共服务满意度的评价中，对外出居住满意度、外出子女教育评价和外出医疗满意度都较为一般。

（5）返乡农民工就业类型以非农业为主所占比例较高，其中仍有11％的返乡农民工处于没有工作的赋闲状态，这需要引起重视，不能使其发展成重大的社会问题。

（6）农民工返乡后非农就业的主要区域位于乡政府所在地，主要从事的职业是生产类和服务类工作。返乡农民工选择受雇就业和自营（创业）的比例相近，而且无论是受雇还是自营创业与外出务工职业相关性较大，但同时，已有相当一部分农民工掌握新的技术，从事全新职业。

（7）返乡农民工未来继续自营（创业）的意愿较高，未来愿意继续自营（创业）者高达88.8％。返乡农民工自营（创业）现阶段面临的主要问题是资金不足或者项目选择困难，普遍不认为存在技术问题，73.79％的人计划继续从事农业生产经营。

（8）农村劳动力继续外出的意愿不是很强烈，选择离开本省和离开本县（区）和本村的比例差不多，离开的大部分原因都是务工。打算半年内离开本省的占到一半以上，达66.67％，离开本省的去向中以地级市最受欢迎。离开本区（县）的主要原因是务工，占比达65.63％，一半以上表示半年内离开本区（县），离开本区（县）最受欢迎的去向是省会城市；离开本村的主要原因一半以上都是务工，63.38％的人表示半年内离开本村，离开本村最受欢迎的去向是县政府所在地。可以看出，新生代农民工的流动不再像以前大规模从低收入西部地区流入东部发达地区，随着经济的不断发展，新生代农民工多愿意留在"家门口"务工、创业，能够在熟悉的环境中，利用更多的社会资本创造个人财富，同时兼顾家庭，是一举数得的事情。

第四节　农产品电商与农民返乡创业[①]

近年来，新一轮科技革命和产业变革在全球范围内快速兴起，与我国新型城镇化建设、居民农产品消费结构升级、农业现代化推进和新农村建设形成了

---

① 本节选自农业部软科学课题"农产品电商影响农民增收的机制与效应实证研究"（课题编号：D201725），课题主持人：彭超。

历史性交汇。在这一背景下，党中央、国务院立时代之潮头，着力推进"大众创业、万众创新"。作为"双创"在农村落实的重要举措，国务院办公厅印发了《国务院办公厅关于支持农民工等人员返乡创业的意见》（国办发〔2015〕47号）、《关于支持返乡下乡人员创业创新促进农村一二三产业融合发展的意见》（国办发〔2016〕84号），支持农民工、中高等院校毕业生、退役士兵、科技人员等返乡开展创业创新。这一举措顺应了经济发展的客观规律和当前经济发展的新态势，必将为农业农村发展提供新的动能。

一、当前农民工等主体返乡创业的趋势

（一）从城市产业梯度转移看

县域经济承接城市传统产业转移，焕发了发展活力，县域内小城镇和农村的经济容量扩大，能够大量容纳农民工等主体返乡创业。当前，全国返乡创业农民工超过700万人，退伍军人、大学生返乡创业渐成气候，留学归国人员和高校科研院所科技人员也积极投身返乡创业大潮。交通运输体系完善，基础设施互联互通，缩小了城市公共资源与农村的距离，提高了农村产业对农民工等主体的吸引力。目前，全国96%的县城开通了二级以上公路，农村公路基本覆盖所有的乡镇和建制村，全部乡镇和90%以上的建制村通客车，预计部分省份在2020年之前就能够实现所有县市通高速公路。在这种基础设施条件下，农民工、中高等院校毕业生、退役士兵、科技人员等能够很方便地在城乡之间实现"通勤"。供给侧结构性改革深入推进，城市过剩产能、僵尸企业等逐步淘汰，产业转型升级使得城市就业压力增大，对农民工等主体返乡创业产生了推动力。2015年，全国规模以上工业企业利润下降2.3%，城镇就业压力大、收入降低、生活成本上升并存，与返乡创业生活成本低、照顾家庭老小等潜在收益形成鲜明对比。

（二）从农村产业融合发展看

大数据、物联网、云计算、移动互联等新技术大规模输入农业农村，为农民工等主体返乡创业创造了强大的动能。例如，目前行政村通宽带比例达到95%，农村家庭宽带接入能力基本达到4 Mbps，农村网民规模增加到2.01亿人，农村互联网普及率提升到34.0%。规模种养业、智慧农业、农产品精深

加工、休闲农业与乡村旅游、健康养生养老等新产业融合互动，为农民工等主体返乡创业提供了广阔的空间。例如，2016 年全国休闲农业和乡村旅游接待游客近 21 亿人次，营业收入超过 5 700 亿元，吸纳 845 万名农村居民和"新农人"从业。农村电子商务、众筹农业、众包物流、出行工具和民宿共享等新业态蓬勃发展，为农民工等主体返乡创业孕育了厚实的红利。例如，2016 年全国农产品电商成交额达到 2 200 亿元，比 2013 年增加 3 倍多，仅阿里巴巴一个平台就容纳农产品卖家 40 多万个。

（三）从产业发展现状看

农民工等主体创业的产业层次仍然较低。农民工等主体创业仍然依托乡土资源，并受制于农村经济发展水平，从事的行业多是第一产业和第二产业。例如，福建省农村固定观察点调查显示，农民工返乡创业从事种养业的比例达 27.7%，传统工业占 18.2%，建筑业 15.9%。农民工返乡创业，即使从事商贸服务等第三产业，仍然多数选择技术含量较低、对教育程度要求不高的产业链低端行业，创业形式以个体工商户为主。例如，重庆市农民工返乡创办个体工商户 15 万户，占全市农民工返乡创业总户数的 80.2%。一些返乡农民工在外出务工中积累了一定资金，但对于返乡从事一二三产业融合发展所需的投入来说，只是"杯水车薪"，而由于抵押担保物缺乏、农村金融服务跟不上等原因，返乡创业主体能够获得的贷款不多。据统计，目前返乡创业主体投资资金的 89% 来自家庭积累和亲友借款，仅有 11% 的返乡农民工等主体可以获得贷款。另外，根据农村固定观察点调查体系关于农产品初加工的专项调查数据，83.2% 的农户表示，因为资金困难，而无法建设农产品初加工设施。返乡农民工创业初期一般都是用自家住房进行生产运营，少数可以进入地方农民创业园区，但是当企业需要扩大经营规模时，就涉及用地的问题。然而，部分地区土地政策执行偏差导致返乡创业主体投资建设遇到困难。有合作社直接表示"政府对土地管控太严，不给批土地"。地方农业部门反映，农产品初加工设施"建设场地审批难""土地出让手续繁杂"等问题普遍存在。中国经济处于结构调整阵痛期，宏观经济增速放缓，对农业农村拉动作用减小，地租、人工等成本上升速度加快，创业成本提升，初创企业生存困难。据统计，农民工返乡创业成功率不足 50%。有创业者反映，"创业路上没人扶，创业失败没人管，创业家里没人理"。长此以往，农民工等返乡主体容易产生群体性"疲劳"，整体创业积极性下降甚至受挫。

二、农民工等主体返乡创业与农产品电商发展——基于农村固定观察点9 553个农户的调查

2016年11月，全国农村固定观察点调查体系对全国355个村的农户进行了返乡创业与农产品电商发展专项调查，内容涉及农户参与电子商务的意愿、想从事电子商务的平台、最希望以电商从事的行业等和2012年以来外出劳动力返乡创业的总体情况、返乡创业的方式、行业等。共下发问卷10 000份，回收有效问卷9 553份，在全国农村固定观察点调查体系自上而下的高效运转下，有效问卷回收率达到95.5%。

（一）返乡创业高峰为2015年

在参与调查的9 553户农村居民家庭中，自2012年起有4.5%的外出劳动力返乡创业并持续经营至今。外出劳动力返乡创业的时间集中在2015年前后，2015年返乡创业的人数最多，有效占比约为返乡创业人数的30.8%，2013年占比最低，仅为9.8%，2016年返乡创业农村居民户数有所减少（表3-30）。

表3-30 外出劳动力返乡创业的时间

外出劳动力返乡创业的年份	占比（%）
2012	19.9
2013	9.8
2014	20.6
2015	30.8
2016	18.9

（二）返乡创业在县、乡镇和村庄中基本均匀分布

外出劳动力返乡创业的创业地点分布相对较为均匀，在本村内创业的农户比重为31.6%，在本村外但本乡镇内创业的农户占比为30.6%，本乡镇外本县内创业的比例相对较高，占比约为37.8%（表3-31）。实际上，部分乡镇内创业条件较好，有一些农民创业园、创客空间等平台，部分地区帮扶政策落实政策较好，淘宝村、淘宝镇的分布也不是均匀的，因此，农民返乡从事高端

创业多是进入县城或者条件好的地区。返回本村创业的农户，更多的是从事个体经营、小生意等低端服务业。

表3-31 外出劳动力返乡创业的地点

外出劳动力返乡创业的地点	占比（％）
本村内	31.6
本村外本乡镇内	30.6
本乡镇外本县内	37.8

（三）返乡农民工等主体在农业生产当中更倾向于从事畜禽养殖

关于返乡创业所从事行业的相关调研数据显示，返乡创业的农户更倾向于其他第二、三产业，这一比例超过一半。在农业生产当中更倾向于从事收益相对较高的禽畜养殖，这一比例为25.9％。与此形成鲜明对比的是，有8.4％的农户有人员返乡从事传统的粮食生产。而蔬菜大棚和果园则分别低至3.3％、2.9％，主要与这些行业需要一定的前期投入有关系（表3-32）。

表3-32 外出劳动力返乡创业所从事的行业

外出劳动力返乡创业所从事的行业	占比（％）
粮食生产	8.4
蔬菜（大棚）	3.3
果园	2.9
禽畜养殖	25.9
水产养殖	1.5
农业服务业	5.1
其他第二、三产业	52.9

（四）返乡主体从事电商经纪人的比例较低

由于返乡创业的农户更倾向于从事其他第二、三产业，所以返乡创业农户多采取非农经营的方式从事生产活动，创业从事种养大户的比例为18.8％，电商经纪人的占比仅为3.2％，休闲农业、家庭农场、合作社占比很小（表3-33）。

表 3 - 33　外出劳动力返乡创业的方式

外出劳动力返乡创业的方式	占比（%）
家庭农场	3.2
合作社	2.5
种养大户	18.8
休闲农业	4.3
农业企业	2.1
电商经纪人	3.2
其他非农经营	66.0

（五）缺乏资金和技术是制约农民工等主体返乡创业的主要因素

对制约农户返乡创业的主要影响因素统计分析后发现，资金短缺、技术匮乏等生产要素问题以及市场消息不对称、基础设施落后等外部环境问题是制约农户返乡创业的主要影响因素，这些因素累计有效占比高达 84.7%。具体情况如图 3-19 所示。

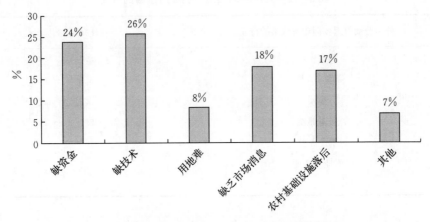

图 3-19　制约农户返乡创业的主要影响因素占比

制约农户返乡创业的其他原因中，受访农户一直在乡里生活的人数占绝大多数，约有 39% 的农户从未外出打工，因此不涉及返乡创业问题。其余各影响因素可归结为，收入稳定不想返乡。收入稳定的因素大体可分为两类，一是外出打工收入稳定，二是子女有稳定工作。具体情况如图 3-20 所示：

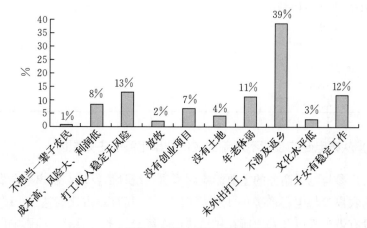

图 3-20　制约农户返乡创业的其他因素占比

（六）农户从事电商的意愿较低

在参与调查的 9 553 户农民中，有较强意愿（很强烈或比较强烈）参与电子商务的农户有效占比仅为 8.2%，不想参与（不太想或完全不想）参与电子商务的农户有效占比高达 77.4%（表 3-34、表 3-35）。

表 3-34　农民从事电商的描述统计变量说明及描述性统计

变量	变量取值及定义	最小值	最大值	均值	众数	标准差
农户参与电子商务的意愿	很强烈＝1；比较强烈＝2；一般＝3；不太想＝4；完全不想＝5	1	5	4.05	4	0.99
农户最想从事电子商务的平台	淘宝或天猫＝1；京东＝2；亚马逊＝3；当当网＝4；其他＝5	1	5	1.52	1	0.96
农户最希望从事的行业	茶叶干果＝1；米面粮油＝2；蔬菜水果＝3；肉禽蛋奶＝4；生活用品＝5；种子、农药、化肥等生产资料＝6；其他＝7	1	7	4.70	5	1.85

数据来源：全国农村固定观察点专项调查。

表 3 - 35　农户参与电子商务的意愿

农户参与电子商务的意愿	占比（%）
很强烈	2.6
比较强烈	5.6
一般	14.4
不太想	39.4
完全不想	38.0

（七）从事电商的技能不足制约农户从事电商的主要原因

对农户参与电子商务的主要影响因素进行统计后发现，农户不会做电子商务是影响农户参与电子商务的主要原因之一，其有效占比高达 49.1%。资金短缺、没有带头人以及农户所在村镇快递等配套服务落后等三项影响因素累计有效占比 47.3%。影响农户从事电子商务的主要因素如图 3 - 21 所示：

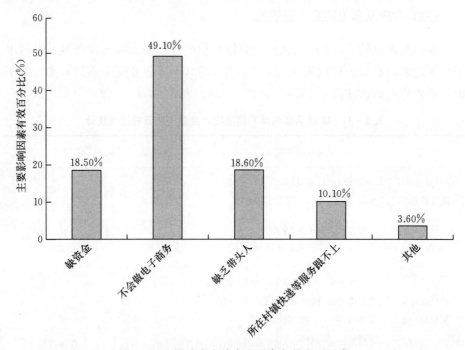

图 3 - 21　影响农户从事电子商务的主要因素

影响农户参与电子商务意愿的其他原因中，不相信电子商务能赚钱以及不信任网络环境的农户比重最大，有效占比约为44.8%，还有16.9%的农户认为无商品可卖，另有12.7%的农户表示人手不足。具体情况如图3-22所示：

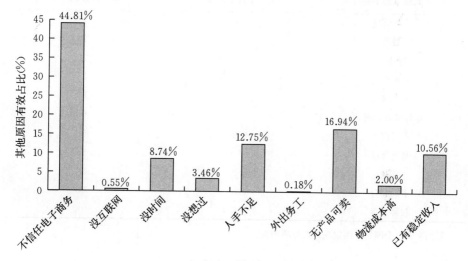

图3-22 影响农户从事电子商务的其他原因

（八）有意愿的农户更倾向于在阿里和京东平台上从事电商

在对有意愿从事电子商务的农户进一步调查后发现，农户最想从事电子商务的平台是淘宝或天猫，有效占比约为69.0%，排在第二位的是京东，有效占比约为20.5%。淘宝或天猫、京东两大电商平台在农户心中认可度较高，二者累计有效占比约为农户最想从事电子商务平台的89.5%（表3-36）。此外，有50户农户选择了其他电子商务平台，具体选择情况如表3-37所示。可以发现，以微信为代表的社群经济在农户从事电商中还有一定作用，农民也有一定的认知度。

表3-36 农户最想从事电子商务的平台

农户最想从事电子商务的平台	占比（%）
淘宝或天猫	69.0
京东	20.5
亚马逊	3.0
当当网	4.7
其他	2.7

表 3 - 37　有意愿从事电子商务的农户选择其他电商平台情况

其他电商平台	有效百分比（％）	累计百分比（％）
说不清楚	40	40
微信	30	70
赶集网	8	78
本地平台	8	86
邮乐购	2	88
《你好世界》网站	2	90
百度	2	92
菜鸟驿站	2	94
移动	2	96
中国通合	2	98
农林卫视	2	100

数据来源：全国农村固定观察点专项调查。

（九）果蔬是农户最倾向于"触网"的行业

对"如有可能，您最想从事的电商行业"这一问题的回答，最多的农户希望从事生活用品类电商，这一比例达到 22.7％，还有 17.1％的农户希望从事种子、农药、化肥等生产资料类的电商经营。在农产品当中比例最高的是蔬菜、水果，占比达到 20.7％。可见，农户最希望通过电商解决蔬菜、水果等生鲜产品的销路，这与近年来频繁出现的蔬菜、水果"卖难"是呼应的。而当前电商销售量最大的品类——坚果和茶叶，只有 6.6％的农户表示最希望从事经营，甚至低于米面粮油类的从业意愿（表 3 - 38）。

表 3 - 38　如有可能，农户最希望从事的电商行业

如有可能，农户最希望从事的电商行业	占比（％）
坚果、茶叶	6.6
米面粮油	9.6
蔬菜、水果	20.7
肉禽蛋奶	6.0
生活用品	22.7
种子、农药、化肥等生产资料	17.1
其他	17.3

三、以电商为平台促进农村一二三产业融合发展和农民工等主体返乡创业创新的政策建议

农村一二三产业融合发展是农民工等主体返乡创业的基本依托，而围绕电商打造一二三产业融合的平台是一个非常重要的选择。因此，必须协调好承接城市传统产业梯度转移和促进农村产业融合发展，提升农民工、大学生、退伍军人等主体返乡创业的产业层次，充分发挥市场的决定性作用和更好地发挥政府作用，营造良好的产业经济生态，增强返乡创业的盈利能力、抗风险能力和带动能力，为农村"大众创业、万众创新"提供有力支撑。具体来说，需要进一步加强农民工创新创业工作指导，建立领导干部定点联系返乡下乡人员创业创新制度；加快体制机制创新，解决返乡创新人员用地难、贷款难等问题；完善返乡创业公共服务体系，尤其是建立健全返乡创新创业主体监测体系；大力培养返乡创业人才，从成功企业家、电商辅导员、天使投资人等主体中为返乡下乡人员遴选一批创业导师；完善返乡创新创业人员社会保障，建立返乡创业容错机制和缓冲帮扶基金。

第四章

农业提质节本增效促进农民增收
——以主要粮食作物为例

尽管我国粮食生产实现了"十二连增"，但粮食生产面临"双板"困境以及资源环境"硬约束"加剧等挑战，消费者对主要粮食作物产品品质的要求也越来越高。随着工业化、城镇化的迅速推进，加之"刘易斯拐点"的出现和人口红利的逐渐消失，土地要素的稀缺程度提高，粮食生产所面临的要素禀赋结构和相对价格正在发生着根本性的变化，粮食生产逐渐进入到了劳动力成本、土地经营成本与机会成本迅速上升的发展区间（蓝海涛、姜长云，2009；吴丽丽等，2015）。这些都要求推动粮食产业发展由数量增长为主向数量质量效益并重转变、由主要依靠物质要素投入向依靠科技创新转变、由依靠拼资源和消耗向绿色生态可持续发展转变，这是经济发展新常态下降低粮食作物生产的成本、提高粮食生产综合效益、增加农民收入的主动选择。在此背景下，研究主要粮食作物的节本增效潜力及途径，具有重要意义。

第一节　水稻提质节本增效[①]

近10多年来，非农工资率快速上涨，农业正面临非农产业的竞争，中国加入WTO又使得中国农业面临国际上大规模农业的竞争。与此同时，中国农产品市场逐步成熟以及要素市场的形成使农业正面临快速的市场化进程，经济效益开始逐步主导农业生产。农业对于农户而言，其功能正在从食物获得转向经济收益的获得。

水稻产业受到进口配额的限制，受国际冲击相对较小，但同时承受巨大压

---

① 本节选自农业部软科学课题"水稻生产节本增效潜力及途径研究"（课题编号：201702-1），课题主持人：陈风波。

力。尽管中国政府在不断提高粮食收购价格和农业补贴水平，但当前补贴力度受到 WTO 规则的限制，国内市场的粮食价格也开始高于国际水平，国内稻谷库存消费比已经高达 56%。东南亚各国的大米在 2008 年之后开始大量进入国内市场，到 2016 年稻谷进口已经达到 500 万吨，而中国稻谷出口量逐年走低。

从农户层次来看，劳动力成本上涨已经成为制约中国水稻生产效率提升的主要原因（陈风波等，2007），水稻生产正朝着劳动节约的"轻简型"栽培模式转变，免耕、直播、双季稻改单季稻、耕整机、收割机以及相关雇佣服务正在用来减少生产中的劳动投入（陈风波等，2011）。但在插秧和打药环节，大部分地区依然依赖人工。在规模化生产的区域，地块的细碎化导致耕作成本的增加也成为农户反映的主要问题。随着农民外出务工和非农工资率上升，农户将基于自身收益而改变种植模式，减少粮食种植面积（黄季焜等，1996），部分地区的农业从业者的平均年龄已经接近 50 岁（陈风波等，2011）。

从长期来看，生产效率是一个国家产业竞争力决定因素。随着发展中国家农业产业化程度的提高和国际农业竞争加剧，提高农业生产效率成为农业政策的重点。从微观角度来看，农业生产效率的提高是提高农业生产者收入的主要途径；从宏观角度来看，农业生产效率的提高是整个农业在非农产业竞争和国际农业竞争下可持续发展的重要前提。如何提高水稻生产效率，降低生产成本，使中国水稻产业的竞争力更强，以应对国际贸易的竞争，同时以提高水稻生产利润，让农民更愿意从事水稻生产，以增加农民的收入，同时满足国内粮食的供给？这是涉及中国水稻产业在国际化、市场化背景下持续发展的最为重要的问题。

一、全国水稻成本收益和成本结构变化

按照全国水稻生产类型，可以分为早籼稻、中籼稻、晚籼稻和粳稻，由于 4 种类型水稻单产、价格和投入水平存在一定的差异，本部分在分析中将 4 种类型的水稻分开进行分析。

（一）全国水稻成本收益变化

1. 早籼稻

图 4-1 显示，1995—2015 年全国早籼稻的成本利润率波动较大，总体呈现下降趋势。全国早籼稻成本利润率最低的年份为 2000 年，利润率为 −6.42%；最高的年份是 1995 年，利润率为 50.38%，两者相差 56.8%。近

几年全国早籼稻利润率在 5% 左右。

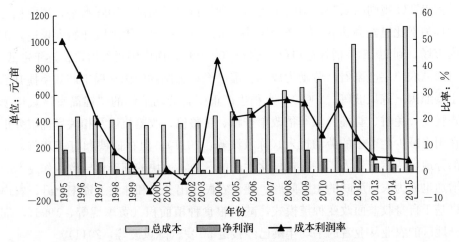

图 4-1　1995—2015 年全国早籼稻成本收益分析

2. 中籼稻

图 4-2 显示，1995—2000 年全国中籼稻的成本利润率在持续下降，中籼稻的成本利润率从 1995 年的 84.21% 下降到 2000 年的 14.1%，下降了 70.11个百分点；2004 年中籼稻成本利润率迅速增加，达 74.81%，比 2003 年增加了 63.21 个百分点；2004 年以后，成本利润率又开始不断下降；2013—2015年全国中籼稻成本润率稍有增加，但幅度不大，稳定在 17% 左右。

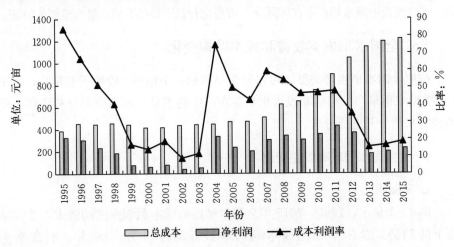

图 4-2　1995—2015 年全国中籼稻成本收益分析

3. 晚籼稻

图 4-3 显示，1995—2015 年全国晚籼稻的成本利润率呈现波动式下降趋势。晚籼稻成本利润率最高的年份是 1995 年，利润率为 69.91%；最低的年份为 2002 年，利润率为 7.81%，两者相差 62.1 个百分点。从 1995 年到 2015 年，20 年间全国晚籼稻成本利润率减少了 58.07 个百分点。

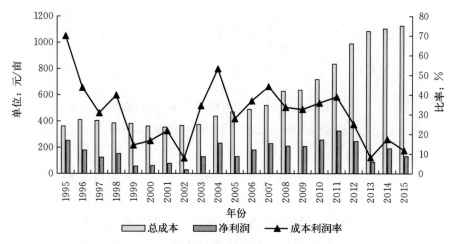

图 4-3　1995—2015 年全国晚籼稻成本收益分析

4. 粳稻

图 4-4 显示，1995—2015 年全国粳稻的成本利润率总体呈现下降趋势。成本利润率最低的年份为 2015 年，利润率为 21.2%；最高的年份是 1995 年，利润率为 106.42%，两者相差 85.22 个百分点。近几年全国粳稻利润率在 20% 左右。

（二）全国水稻生产成本结构分析

水稻生产总成本包括物质与服务费、人工成本和土地成本。其中物质与服务费包括直接费用和间接费用。直接费用包括种子费、肥料费、农药费、租赁作业费、农膜费；租赁作业费又包括机械作业费、排灌费和畜力费；间接费用包括管理费、保险费、财务费、其他费用。人工成本包括雇工费用、家庭用工折价费用。土地成本包括土地租金，由于不同地区土地租金的差异，本研究按照一年 200 元/亩进行了折算。

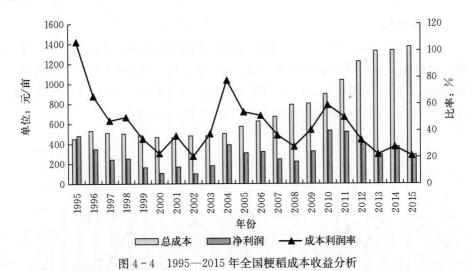

图 4-4　1995—2015 年全国粳稻成本收益分析

1. 早籼稻

图 4-5 显示，1995—2015 年全国早籼稻生产总成本逐年增加，生产总成本从 1995 年的 366.21 元/亩上升到 2015 年的 1 097.43 元/亩，年平均增长率为 5.6%。其中，物质与服务费用的比重最高，占生产总成本的 45%左右。土地成本年波动较小，占比较小，占总生产成本的 14%左右。而人工成本近年来增长较快，2014 年和 2015 年出现人工成本超过物质与服务费用现象，其主要原因是农村劳动力逐渐向城市转移，造成了劳动力紧缺，使人工成本上升。

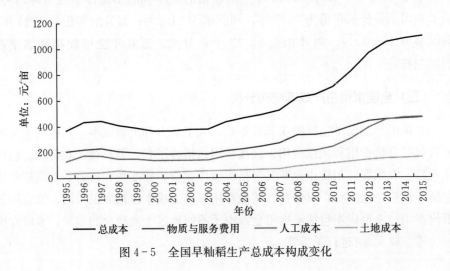

图 4-5　全国早籼稻生产总成本构成变化

2. 中籼稻

图 4-6 显示，1995—2007 年全国中籼稻生产总成本稳定在 400～500 元/亩，2007—2015 年总成本快速增加，从 2007 年的 507.24 元/亩增加到 2015 年的 1 215.4 元/亩，年平均增长率为 11.54％。近年来，全国中籼稻生产人工成本的快速增加是导致总成本上涨的主要原因，人工成本 2007 年为 228.71 元/亩，2015 年为 620 元/亩，年平均增长率为 13.28％。人工成本占总成本 50％左右，物质与服务费用占总成本的 35％左右，土地成本占总成本的 15％左右。

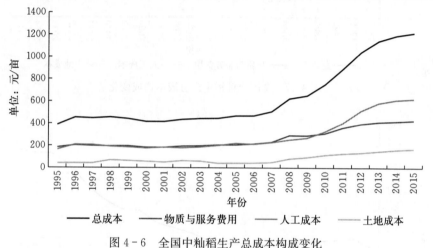

图 4-6　全国中籼稻生产总成本构成变化

3. 晚籼稻

图 4-7 显示，1995—2015 年全国晚籼稻生产总成本逐年增加，生产总成本从 1995 年的 361.19 元/亩上升到 2015 年的 1 125.58 元/亩，年平均增长率为 5.8％。其中，物质与服务费用的比重最高，占生产总成本的 50％左右。土地成本增加幅度较小，占总生产成本的 14％左右。而近年来人工成本增长较快，与服务费用持平，可预见在未来人工成本将超过物质与服务费用。

4. 粳稻

图 4-8 显示，1995—2015 年全国粳稻生产总成本逐年增加，生产总成本从 1995 年的 451.08 元/亩上升到 2015 年的 1 370.71 元/亩，年平均增长率为 5.7％。其中，物质与服务费用的比重最高，占生产总成本的 40％左右，人工成本占总成本的 35％左右。土地成本在前 10 年缓慢增加，约为 60 元/亩，而在后 10 年，土地成本快速增加，由 2004 年的 75.16 元/亩增加到 2015 年的 366.02 元/亩，增加了 4.9 倍。

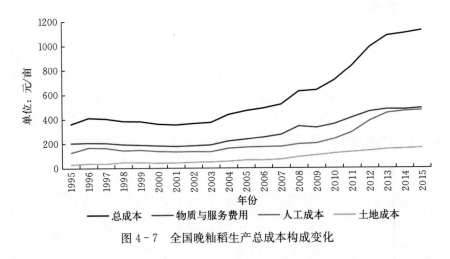

图 4-7 全国晚籼稻生产总成本构成变化

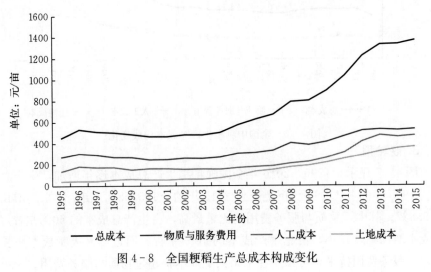

图 4-8 全国粳稻生产总成本构成变化

（三）研究结论

全国水稻成本收益分析表明，粳稻的成本利润率最高，其次是中籼稻和晚籼稻，早籼稻的成本利润率最低。1995—2002 年全国水稻的成本利润率均呈现下降趋势，2002—2004 年成本利润率出现短暂的增长现象，但 2004—2015 年成本利润率又开始下降，主要原因是水稻单产相对稳定和生产资料价格增长。

水稻生产成本结构分析表明，1995—2007 年全国水稻生产总成本缓慢增长，2008—2015 年总成本快速上涨，年平均增长率 10% 左右。从总成本的各项构成来看，物质与服务费用占总成本比重最高；人工成本逐年增长，最近两年，早晚粳稻的人工成本和物质与服务费用追平，中籼稻的人工成本在 2010 年后超过了物质与服务费用；土地成本占总成本的比重最低，并且年波动较小，但 2004—2015 年粳稻的土地成本在迅速增加，增加了 4.9 倍。

二、全国水稻单产及生产投入量和投入费用的变化

（一）水稻单产

图 4-9 显示，总体来看，1995—2015 年全国水稻的单产相对稳定且年增幅减小。其中，早籼稻单产从 1995 年的 366.1 千克/亩增加到 2015 年的 421.76 千克/亩，增加了 55.66 千克/亩；中籼稻单产从 1995 年的 471.80 千克/亩增加到 2015 年的 547.45 千克/亩，增加了 75.65 千克/亩；晚籼稻单产从 1995 年的 362.90 千克/亩增加到 2015 年的 446.79 千克/亩，增加了 83.89 千克/亩；粳稻单产从 1995 年的 431.90 千克/亩增加到 2015 年的 554.56 千克/亩，增加了 122.66 千克/亩。此外，不同生长期的水稻单产存在一定差异。粳稻和中籼稻单产相当，亩产 400～500 千克；早籼稻和晚籼稻单产相当，亩产 350～450 千克。

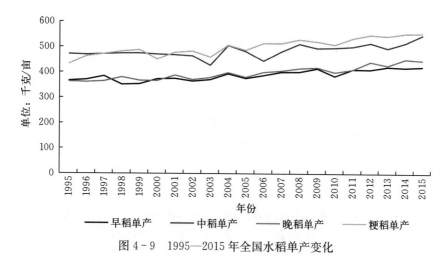

图 4-9　1995—2015 年全国水稻单产变化

（二）种子用量和费用

图 4 - 10 显示，整体来看，1995—2015 年中籼稻和晚籼稻的种子用量变化不大。而 1995—2004 年全国早籼稻和粳稻的种子用量快速下降，2004—2015 年保持稳定的水平。其中，早籼稻种子用量从 1995 年的 7.55 千克/亩下降到 2015 年的 3.62 千克/亩，减少了 3.93 千克/亩。从不同类别的水稻来看，种子用量的高低依次是：粳稻＞早籼稻＞晚籼稻＞中籼稻。图 4 - 11 显示，1995—2004 年全国水稻的种子费用呈现缓慢下降趋势，2004—2015 年呈现快

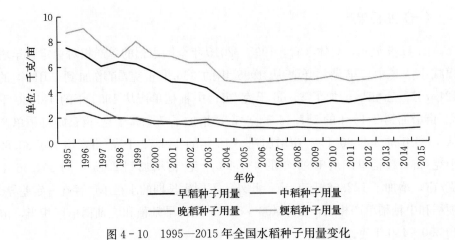

图 4 - 10　1995—2015 年全国水稻种子用量变化

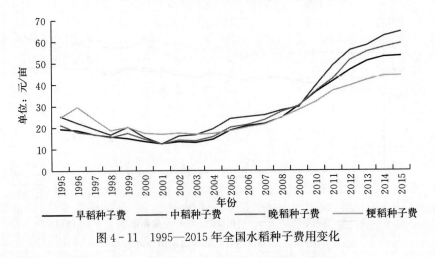

图 4 - 11　1995—2015 年全国水稻种子费用变化

速增涨趋势。其中，中籼稻的种子费用增加最多，从 1995 年的 25.36 元/亩增加到 2015 年的 64.67 元/亩，增加了 39.31 元/亩。综合来看，2004—2015 年水稻的种子用量稳定，而种子费用却逐年增加，这可能是由于近年来物价上涨和稻农选用优质的水稻品种，导致种子单价提高，从而导致水稻种子费用增加。

（三）化肥用量和费用

图 4-12 和图 4-13 显示，粳稻的化肥用量和费用最高，其次是早籼稻和

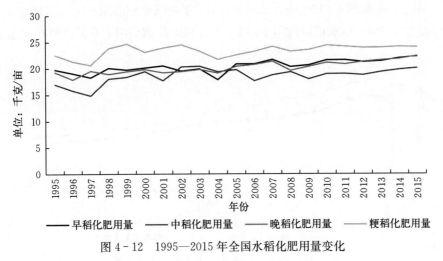

图 4-12　1995—2015 年全国水稻化肥用量变化

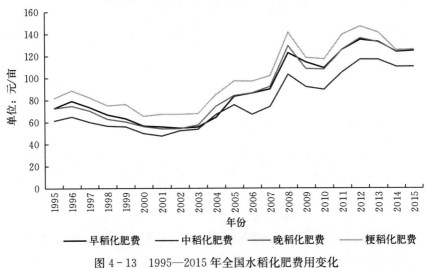

图 4-13　1995—2015 年全国水稻化肥费用变化

晚籼稻，中籼稻的化肥用量和费用最低。从化肥用量上看，1995—2015 年全国水稻的化肥用量均稍有增加，但增加不显著。从化肥费用上看，1995—2003年全国水稻的化肥费用缓慢变化，稍有减少；2003—2015 年化肥费用呈现波动上涨趋势，在此期间水稻化肥费用增加了约 60 元/亩。可见，化肥的单价在不断提高。

（四）用工天数和人工成本

图 4-14 和图 4-15 显示，1995—2015 年全国水稻的用工天数呈现逐年减少的趋势，1995 年水稻亩均用工约 20 天，2015 年亩均用工 6 天，20 年间水稻

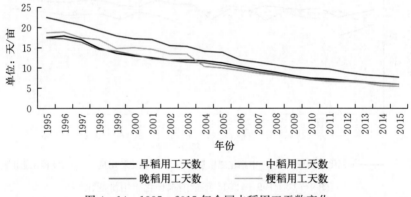

图 4-14　1995—2015 年全国水稻用工天数变化

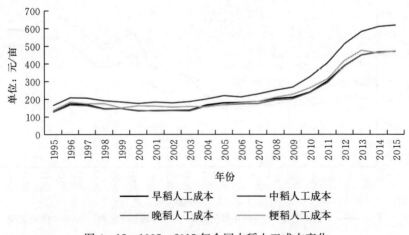

图 4-15　1995—2015 年全国水稻人工成本变化

的用工天数缩短了 14 天左右。1995—2010 年人工成本缓慢增加，2010—2015年人工成本迅速上涨，增加了 250 元/亩左右。中籼稻的人工成本最高，亩均600 元左右，早晚粳稻的人工成本相当，亩均 470 元左右。可知，由于近年来大量的劳动力外出务工，造成农村劳动力短缺，水稻生产用工工价增加，从而导致人工成本迅速增加。

（五）机械作业费

农业机械化把劳动力从农业生产中解放出来，因此，水稻的用工投入量和机械的投入量有密切的联系。图 4-16 显示，水稻的机械作业费呈现逐年增加趋势，其中，1995—2004 年为缓慢增加阶段，2004—2015 年进入快速增加阶段，年平均增长率约 15%。前面分析知道，水稻的用工天数在逐年减少，因此，随着农村劳动力向城市的转移和机械化的普及，大量的农业劳动被机械所代替，从而减少了人们的劳动天数，增加了机械的投入。

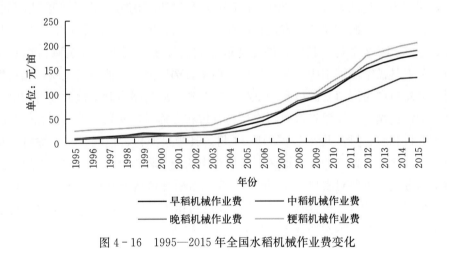

图 4-16　1995—2015 年全国水稻机械作业费变化

（六）小结

（1）从水稻单产来看，1995—2015 年全国水稻的单产相对稳定且年增幅减小。粳稻和中籼稻单产相当，亩产 400～500 千克；早籼稻和晚籼稻单产相当，亩产 350～450 千克。

（2）从水稻生产各项投入来看，人工成本成为水稻生产中最主要的开支，其次是机械作业费用。随着农村劳动力向城市的转移和机械化的普及，尽管单位面积水稻生产中的劳动投入量在迅速减少，但随着农业劳动工资率的快速上涨，用工成本依然处于上涨趋势。

（3）伴随着人工投入减少的同时，水稻生产的机械化程度不断提高，当前在整地、耕地和收获环节，机械的使用基本已经普及，从而导致机械及雇佣机械服务的费用在快速增加。

（4）种子和化肥的用量基本不变，而种子和化肥的费用却快速上涨，可见生产资料价格的增长和用工成本的增加。

三、我国南方地区稻农水稻投入产出及成本收益分析

（一）数据来源及调查村基本情况

为获取南方水稻耕地质量、种植模式和用工、物质投入等相关数据和信息，课题组通过试调查后于 2015 年 7～10 月对我国南方水稻种植区域湖北、湖南、广东、江西和安徽 5 省进行调查，每个省选取 1～2 个县（市），每个县（市）选取 1～2 个村。其中，湖北选取监利县汪桥镇闸上村和黄歇口镇高黄村、公安县孟家溪镇国庆村和黄堤村，湖南省选取南县三仙湖镇飞跃村和石坝村、醴陵市白兔潭镇泉源村和湖下村，广东省选取高州市泗水镇大翰村和电白县沙琅镇莲垌村，江西省选取新建县乌石村和万福村，安徽省选取桐城市范岗镇晓棚村和联合村，共计 5 省 8 县 14 村。其中泉源村、莲垌村、大翰村、乌石村、联合村是典型的丘陵地区，其他村庄的地势较为平坦。本次调查通过问卷访谈方式，主要对农户 2014 年、2015 年水稻种植情况进行调查，每个村选取不少于 30 户农户进行访谈，共获得农户问卷 454 份。同时，为获取各村水稻生产总体情况，本次调查也对村委会和农技站进行访谈。

（二）调查村农户投入产出及成本收益情况

在本研究调查的 7 个县（市）中，广东高州市只种植早籼稻和晚籼稻，其他 6 个县（市）的样本村都同时种植双季稻和一季中稻。

根据表 4-1，总体来看，各地早稻生产效益均不高，江西新建、安徽桐城和广东高州均出现亏损，其中广东高州亩均亏损达 785.58 元。湖南南县和湖北监利早稻亩均盈利分别为 193.26 元和 266.58 元，而湖南醴陵和湖北公安

亩均盈利不到 50 元。早稻的亏损和低利润的主要原因在于单产较低，而同时早稻销售价格较低。从不同地区来看，广东高州的大幅度亏损在于水稻生产中用工较多，化肥和农药使用也相对较多。

表 4-1　各地区的早籼稻种植户成本收益差异

亩均产出和投入	湖南醴陵	湖南南县	湖北公安	湖北监利	江西新建	安徽桐城	广东高州	合计
单产（斤*/亩）	1 080.00	828.88	991.29	839.66	760.98	754.79	753.42	838.97
产值（元/亩）	1 296.00	1 030.53	1 182.44	1 092.15	944.07	902.18	1 095.53	1 075.96
亩均成本	1 268.75	837.26	1 152.33	825.58	986.85	1 189.99	1 881.11	954.71
种子（元）	108.11	48.83	44.86	45.23	44.05	81.34	65.70	47.43
人工（工·日）	5.50	1.90	3.61	1.88	4.30	5.23	8.78	2.86
人工（元）	660.00	228.46	433.62	225.80	515.99	627.03	1 053.38	343.46
雇佣服务（元）	170.27	160.57	239.74	153.50	96.77	181.79	195.63	159.32
农药（元）	86.00	86.35	123.24	97.58	55.52	61.25	113.38	94.50
化肥（元）	116.00	192.34	166.30	166.44	131.42	107.05	282.96	170.96
其他投入（元）	28.38	20.72	44.57	37.02	43.11	31.52	70.05	39.04
利润（元/亩）	27.25	193.26	30.12	266.58	-42.78	-287.81	-785.58	121.25

数据说明：数据来源于调查问卷整理。劳动力按照每工作 8 小时折算为 1 个工作日，按照当地工价一个工·日 120 元计算；土地租金按照每个生长季节 100 元计算。

* 斤为非法定计量单位，1 斤等于 0.5 千克。下同。

表 4-2 反映了各地中稻成本收益情况。从中可以看出，中稻收益要远远好于早稻，亩均纯收益为 725.15 元，除了湖南醴陵出现亏损外，其他地区亩均利润都在 400 元以上，其中安徽桐城调查点亩均利润最高，达到 883.76 元，而最低是江西新建，亩均利润为 410.96 元，其他三个地区都在 700 元以上。湖南醴陵中稻亏损的一个重要原因人工使用过多，相对于总体亩均人工在 1.66 个工·日，而醴陵高达 5.57 个，此外，雇佣机械的费用也相对较高，亩均达 339.68 元，而总体平均只有 129.44 元。

表 4-2　各地区的中稻成本收益差异

亩均产出和投入	湖南醴陵	湖南南县	湖北公安	湖北监利	江西新建	安徽桐城	合计
单产（斤/亩）	1 000.57	1 144.11	1 657.11	1 210.32	963.81	1 196.99	1 171.82
产值（元/亩）	1 354.41	1 576.42	2 113.60	1 600.81	1 251.75	1 627.85	1 566.28

（续）

亩均产出和投入	湖南醴陵	湖南南县	湖北公安	湖北监利	江西新建	安徽桐城	合计
亩均成本	1 512.43	833.32	1 297.63	856.79	840.79	744.09	841.13
种子（元）	97.15	26.69	67.10	56.35	155.91	25.68	59.79
人工（工·日）	5.57	1.83	4.07	1.51	1.64	1.28	1.66
人工（元）	668.84	219.53	488.06	180.85	196.69	153.34	199.37
雇佣服务（元）	339.68	147.46	261.11	155.95	120.74	83.32	129.94
农药（元）	118.15	126.53	145.81	154.31	126.94	89.53	121.50
化肥（元）	160.25	192.50	176.38	161.93	124.74	167.98	161.32
其他投入（元）	28.37	20.61	59.17	47.40	15.77	124.25	69.22
利润（元/亩）	−158.02	743.10	815.97	744.02	410.96	883.76	725.15

数据说明：数据来源于调查问卷整理。劳动力按照每工作 8 小时折算为 1 个工作日，按照当地工价一个工·日 120 元计算；土地租金按照每个生长季节 100 元计算。

　　表 4-3 反映了晚稻成本收益情况。晚稻生产效益总体高于早稻，但低于中稻。和早稻种植情况类似，湖南醴陵、安徽桐城和广东茂名均出现亏损，广东茂名晚稻亩均亏损在 800 元以上。湖南南县、湖北监利和公安、江西新建均有一定程度盈利，湖南南县和湖北监利晚稻亩均盈利在 400 元以上。

表 4-3　各地区的晚稻成本收益情况

亩均产出和投入	湖南醴陵	湖南南县	湖北公安	湖北监利	江西新建	安徽桐城	广东高州	合计
单产（斤/亩）	995.30	995.04	1 260.24	1 008.16	887.43	852.38	692.80	997.32
产值（元/亩）	1 300.19	1 331.99	1 711.39	1 400.36	1 164.52	1 080.14	1 035.43	1 367.65
亩均成本	1 420.66	916.41	1 480.20	927.83	1 014.80	1 187.75	1 839.18	1 078.05
种子（元）	69.51	87.71	90.18	61.67	47.03	58.04	69.25	66.03
人工（工·日）	5.86	2.11	5.06	2.17	4.52	5.39	8.63	3.36
人工（元）	703.24	253.41	607.57	260.70	542.99	647.21	1 036.16	403.29
雇佣服务（元）	256.81	165.90	262.66	173.07	96.47	155.54	176.59	177.58
农药（元）	119.09	100.83	155.91	110.31	68.92	91.60	116.10	110.04
化肥（元）	137.64	184.11	176.47	167.05	137.01	106.41	277.62	170.15
其他投入（元）	34.38	24.45	87.41	54.95	22.37	28.95	63.46	50.95
利润（元/亩）	−120.47	415.58	231.19	472.52	149.72	−107.61	−803.75	289.60

数据说明：数据来源于调查问卷整理。劳动力按照每工作 8 小时折算为 1 个工作日，按照当地工价一个工·日 120 元计算；土地租金按照每个生长季节 100 元计算。

（三）水稻生产中的用工结构

利用地块层次的劳动投入数据，可以计算不同环节中的用工情况，从中可以看出，播种移栽环节、打晒和管水环节已经成为水稻生产中耗费劳动力的位列前三的用工环节。相对传统水稻生产模式，在机耕机收已经普及之后，耕作和收割已经不是水稻生产的最主要的用工环节，由于大部分人工插秧或抛秧依然是主要的水稻播种或移栽方式，播种移栽环节的用工依然是水稻生产中用工最多的环节。但与之相应的以往被忽视的产后打晒以及管水、打药等环节的用工比例增加，成为未来降低水稻生产用工的重要方向（表4-4）。

表4-4 水稻生产环节中的用工及比例

水稻生产环节	晚稻		早稻		中稻		总计	
	小时	%	小时	%	小时	%	小时	%
耕整	1.71	6.38	2.38	10.42	0.89	6.68	1.30	7.43
施底肥	0.96	3.57	0.99	4.35	0.72	5.38	0.81	4.64
播种移栽	7.20	26.78	4.38	19.17	4.29	32.21	4.84	27.76
追肥	1.38	5.13	1.42	6.21	1.18	8.89	1.26	7.23
打药	2.83	10.53	2.10	9.18	1.44	10.79	1.81	10.36
除草	1.07	3.99	1.25	5.47	0.58	4.35	0.78	4.50
管水	4.22	15.71	3.47	15.19	1.54	11.55	2.36	13.54
收割	0.95	3.52	0.92	4.01	0.57	4.30	0.70	4.02
打晒	6.56	24.40	5.94	25.99	2.11	15.86	3.58	20.54
合计	26.89	100	22.87	100	13.31	100	17.43	100

（四）研究结论

从农户层次的地块投入产出数据来看，如果考虑土地租金和人工投入，中稻生产效益较好，亩均利润在700元以上，晚稻次之，亩均利润不到300元，早稻最差，每亩不到150元。可见种植早稻和晚稻两季的利润不到种植中稻一季的利润。这也解释了长江中下游地区普遍存在双季稻改单季稻的现象。

从地区差异来看，湖南南县、湖北监利分别位于洞庭湖平原和江汉平原，调查村地势平坦，适宜机械化，人工投入少，机械作业成本也较低，生产效益也相对较好；而江西新建和安徽桐城调查地区种植大户较多，多实现规模化经营，效益也相对较好；而湖南醴陵和广东高州的调查村位于丘陵地区，地块小而高低不平，且分散，生产成本高，人工投入高，早稻和晚稻均出现亏损。

从投入结构来看，人工和机械雇佣服务已经成为水稻生产最重要两类投入，早中晚稻的亩均人工投入已经不到 3.5 个工·日，中稻的亩均人工投入已经不到 2 个工·日，但工资率上涨依然导致人工成本上涨，尽管大部分农户并不雇佣劳动力进行生产，但劳动力的机会成本已经显现；而与此同时，用来替代劳动力的机械特别是在机耕机收环节的成本已经不可避免。

从生产过程中的用工结构来看，农户的用工环节主要集中在插秧和收割之后的打晒环节以及喷洒农药。未来需集中解决机插秧或节约劳动力的播种技术，以及稻谷的集中除湿，农药统一喷洒等方面的服务。

四、农户生产效率的影响因素分析

本部分将根据地块层次的投入产出数据计算亩均成本和生产的技术效率，然后分析地块特征和农户特征对亩均成本及技术效率的影响。

（一）数据特征

本研究以农户地块层次的水稻生产总产量作为产出指标。其中水稻生产货币收入为水稻销售价格和产量的乘积，水稻总产量为收获水稻的实物量。以水稻生产的主要物资投入（肥料投入、农药投入）、劳动投入和土地投入为投入指标。本研究选取的变量分别为：$area$ 表示土地面积；$labor$ 表示劳动投入量；$fert$ 表示肥料投入金额；$serv$ 表示雇佣服务投入；$pest$ 表示农药投入金额；av＿cost 表示水稻亩均成本。

从农户层次一共调查 857 个地块的水稻投入产出数据，分早、中、晚稻对投入和产出进行统计，如表 4－5 所示。

表 4－5　投入产出数据描述

类型	变量	变量解释	地块数量	均值	方差	最小值	最大值
	q	产量（斤）	251	2 249.70	3 027.75	140.00	25 200.00
	av＿cost	亩均成本（元/亩）	251	1 188.31	662.84	352.81	4 213.01
	area	种植面积（亩）	251	2.68	3.46	0.20	28.00
早稻	labor	劳动投入（小时）	251	61.40	46.14	6.00	328.00
	serv	雇佣服务（元）	251	427.21	617.38	0.00	4 932.00
	pest	农药（元）	251	253.40	362.71	0.00	2 528.76
	fert	化肥投入（元）	251	458.44	596.64	18.00	4 154.40

（续）

类型	变量	变量解释	地块数量	均值	方差	最小值	最大值
中稻	q	产量（斤）	327	9 151.88	43 160.91	160.00	449 800.00
	av_cost	亩均成本（元/亩）	327	1 140.58	500.88	234.30	3 549.20
	area	种植面积（亩）	327	7.81	35.83	0.20	346.00
	labor	劳动投入（小时）	327	103.80	241.16	9.80	2 494.90
	serv	雇佣服务（元）	327	1 014.81	4 097.74	0.00	53 630.00
	pest	农药（元）	327	948.90	4 476.47	0.00	57 075.00
	fert	化肥投入（元）	327	1 259.92	5 721.61	28.50	61 065.00
晚稻	q	产量（斤）	279	2 608.80	3 692.97	100.00	30 800.00
	av_cost	亩均成本（元/亩）	279	1 310.35	653.76	509.07	4 313.01
	area	种植面积（亩）	279	2.62	3.43	0.20	28.00
	labor	劳动投入（小时）	279	70.33	51.69	6.00	400.00
	serv	雇佣服务（元）	279	464.51	663.32	0.00	4 807.00
	pest	农药（元）	279	287.84	399.58	0.00	2 922.00
	fert	化肥投入（元）	279	445.08	598.93	0.00	4 530.40
合计	q	产量（斤）	857	5 000.23	26 967.18	100.00	449 800.00
	av_cost	亩均成本（元/亩）	857	1 209.83	606.57	234.30	4 313.01
	area	种植面积（亩）	857	4.62	22.42	0.20	346.00
	labor	劳动投入（小时）	857	80.49	154.87	6.00	2 494.90
	serv	雇佣服务（元）	857	663.56	2 593.36	0.00	53 630.00
	pest	农药（元）	857	529.99	2 798.29	0.00	57 075.00
	fert	化肥投入（元）	857	759.91	3 583.63	0.00	61 065.00

对亩均成本和生产技术效率影响的变量如表4-6所示，其中：地块层面的变量包括耕作模式（M），具体包括耕整模式、插秧模式、收割模式；水稻类型（C）包括早中晚稻类型和是否杂交稻；地块特征（L）包括地块面积、是否平地、居家距离、交通条件、灌溉条件和是否冷浸田；农户特征（P），包括户均性别、年龄、教育水平、非农收入比、机械和耕牛拥有情况以及家庭水田面积。

表4-6 影响因素变量特征

变量	变量说明	均值	标准差	最小值	最大值
till_meth	耕整模式：1＝免耕或锄耕；2＝牛耕；3＝机耕	2.86	0.42	1.00	3.00
seeding_meth	插秧模式：1＝直播；2＝人工插秧；3＝抛秧	1.68	0.47	1.00	3.00
harv_meth	收获模式：1＝人工；2＝机收	1.88	0.33	1.00	2.00
rice_time	水稻类型：1＝早稻；2＝中稻；3＝晚稻	2.03	0.79	1.00	3.00
hibif	是否杂交稻：1＝杂交；2＝常规稻	1.29	0.45	1.00	2.00
sare	地块面积	4.62	22.42	0.20	346.00
terrain_flat	是否平地：1＝是；2＝梯田	0.59	0.49	0.00	1.00
dis_home	地块距家步行时间（分钟）	10.68	10.28	0.00	90.00
trans	是否靠近路边：1＝是；0＝否	0.53	0.50	0.00	1.00
irr	灌溉条件：1＝保证灌溉；0＝不能保证灌溉	0.76	0.43	0.00	1.00
cold_soak	是否冷浸田：1＝是；0＝否	0.19	0.39	0.00	1.00
sex	户均性别：1＝男性；2＝女性	1.07	0.26	1.00	2.00
age	年龄	57.09	9.36	30.00	80.00
edu	受教育程度（年）	6.66	3.17	0.00	16.00
non_ag_inc~n	非农收入比	0.68	0.39	−0.71	3.31
machine	是否拥有农业机械：1＝是；0＝否	0.51	0.50	0.00	1.00
cattle	是否拥有耕牛：1＝是；0＝否	0.18	0.38	0.00	1.00
rice_land	户水田面积（亩）	21.67	147.39	0.20	2 840.00

（二）对农户水稻生产成本的影响因素分析

在计算调查户水稻典型地块亩均生产成本基础上，本研究利用一般线性回归模型对影响因素进行分析。具体模型如下所示：

$$\text{av\_cost}_i = \alpha + \beta M_i + \gamma C_i + \delta L_i + \theta P_i + \varepsilon$$

其中因变量为单个农户地块层次的亩均成本 av_cost，自变量如表4-6所示，分别为耕作模式（M），水稻类型（C），地块特征（L）和农户特征（P）。具体分析结果如表4-7所示。

表 4-7　对水稻亩均生产成本影响的因素分析

变量名称	系数	标准差	T 值	P 值
_ Itill _ meth _ 2	−596.435 51	139.909 16***	−4.26	0.00
_ Itill _ meth _ 3	−628.512 26	119.817 60***	−5.25	0.00
_ Iseeding _ m _ 2	284.019 14	48.158 88***	5.90	0.00
_ Iseeding _ m _ 3	2 896.488 51	1 021.202 94***	2.84	0.00
_ Iharv _ meth _ 2	−248.276 96	65.315 45***	−3.80	0.00
_ Irice _ time _ 2	−46.477 82	48.887 24	−0.95	0.34
_ Irice _ time _ 3	17.445 76	51.017 30	0.34	0.73
_ Ihibif _ 2	−0.065 18	51.783 42	−0.00	1.00
sare	−2.810 48	1.325 62**	−2.12	0.03
_ Iterrain _ f _ 1	−11.305 93	38.550 98	−0.29	0.77
dis _ home	2.334 92	1.925 43	1.21	0.23
trans	−130.463 06	39.556 73***	−3.30	0.00
irr	−88.401 91	44.884 37**	−1.97	0.05
cold _ soak	63.898 15	48.656 84	1.31	0.19
sex	122.646 07	72.537 57*	1.69	0.09
age	7.216 92	2.519 36***	2.86	0.00
edu	9.009 36	6.703 69	1.34	0.18
nf _ wage _ new	0.056 51	0.047 48	1.19	0.23
machine	−193.480 59	38.836 37***	−4.98	0.00
cattle	−303.776 47	58.556 82***	−5.19	0.00
rice _ land	−0.812 01	0.354 47**	−2.29	0.02
_ cons	1 350.955 86	310.021 61***	4.36	0.00

* $p<0.1$；** $p<0.05$；*** $p<0.01$。

数据说明：耕整方式的对照是免耕或锄耕；插秧方式的对照是直播；水稻类型的对照是早稻。

从表 4-7 中可以看出，相对于免耕或锄耕，牛耕或机耕可以显著降低成本，而人工插秧或抛秧亩均成本显著高于直播稻；机收相对人工收割，可以显著降低成本；中稻和晚稻的亩均成本与早稻亩均成本差异较小；常规稻和杂交稻生产成本差异不大；地块面积大的亩均成本显著较低；平地水田和丘陵水田差异不明显；灌溉条件较好和交通条件较好的可以显著降低生产成本。

从农户特征来看，户主为女性的、年龄较大的水稻亩均成本显著较高；家庭中拥有机械和耕牛的亩均成本显著较低；而拥有水田耕地面积较多的农户亩均成本显著较低。

（三）基于随机前沿生产函数的生产效率估计及影响因素分析

未来进一步综合分析考虑各种要素投入的影响，本研究采用随机前沿生产函数针对农户水稻效率进行分析。借鉴 Kumbhakar et al. 对随机前沿生产的研究，将生产函数模型设定为：

$$q_i = f(Z_i, \beta) \qquad (4-1)$$

式（4-1）中，q_i 表示第 i 块地的产量或产值；Z_i 表示第 i 块地的各种要素投入；β 为投入要素的弹性系数。随机前沿生产函数假定每个生产者都低于最优生产水平，则生产者 i 的生产函数模型为：

$$q_i = f(Z_i, \beta) \xi_i \qquad (4-2)$$

式（4-2）中，ξ_i 为生产者 i 的生产效率水平，$\xi_i \in (0, 1]$。如果 $\xi_i = 1$，则意味着生产者 i 达到现有最优生产效率水平；如果 $\xi_i < 1$，则意味着生产没有最优利用现有计税水平下的生产投入。考虑到产出还受到一些随机因素（v_i）的影响，可将具体函数形式设定为：

$$q_i = f(Z_i, \beta) \xi_i \exp(v_i) \qquad (4-3)$$

对式（4-3）两边取对数，得到：

$$\ln q_i = \beta_0 + \ln f(Z_i, \beta) + \ln \xi_i + v_i \qquad (4-4)$$

令 $u_i = -\ln \xi_i$，则有：

$$q_i = \beta + \beta_1 area + \beta_2 labor + \beta_3 serv + \beta_4 fert + \beta_5 pest - u_i + v_i$$

利用地块层次投入产出数据，用 Stata 14 统计软件，利用随机前沿生产函数对地块层次农户水稻生产效率进行计算，得出农户的技术效率分布如图 4-17 所示。从中可以看出，农户技术效率大多分布在 0.6～0.95。进一步分早中晚稻进行统计，如表 4-8 所示。

从表 4-8 数据来看，中稻平均技术效率较高，晚稻次之，而早稻技术效率较低。由于研究中假定早稻、中稻和晚稻生产函数相同，但实际存在差异，早中晚稻技术效率的差异并不一定能反映实际情况。不同农户之间早稻和晚稻技术效率差异较大，而中稻不同农户之间技术效率差异较小。

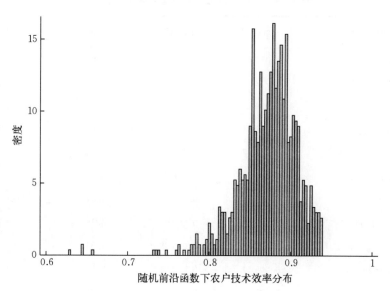

图 4-17　调查户水稻生产效率的分布

表 4-8　调查户水稻生产效率值特征

类型	地块数量	效率均值	标准方差	最小值	最大值
早稻	251	0.850 023 8	0.037 586	0.645 826 4	0.930 53
中稻	327	0.892 618 2	0.023 093 8	0.808 638 8	0.938 945
晚稻	279	0.866 271 3	0.036 796 7	0.627 743 7	0.938 235
合计	857	0.871 565 7	0.037 012 8	0.627 743 7	0.938 945 3

在获得每个农户技术效率数据基础上，基于农户生产效率处于0～1的连续变量，本研究将采用 Tobit 模型对可能影响农户技术效率的影响因素进行分析，因变量为农户典型地块的技术效率 TE_i，自变量与表4-6中的变量相同。具体模型如下：

$$TE_i = a + bM_i + cC_i + dL_i + eP_i + \varepsilon$$

通过此模型，将可以对地块特征和农户特征对技术效率的影响进行检验，并对生产效率的边际影响进行测算。具体分析结果如表4-9所示。

表 4 - 9　生产技术效率的 Tobit 模型分析结果

变量名称	系数	标准差	T 值	P 值
_ Itill _ meth _ 2	0.012 80	0.008 13	1.57	0.12
_ Itill _ meth _ 3	0.002 09	0.006 97	0.30	0.76
_ Iseeding _ m _ 2	−0.008 17	0.002 82***	−2.90	0.00
_ Iseeding _ m _ 3	0.052 74	0.060 09	0.88	0.38
_ Iharv _ meth _ 2	0.003 17	0.003 79	0.84	0.40
_ Irice _ time _ 2	0.037 69	0.002 84***	13.26	0.00
_ Irice _ time _ 3	0.013 14	0.002 97***	4.42	0.00
hibif	−0.012 64	0.003 01***	−4.19	0.00
sare	−0.000 12	0.000 08	−1.61	0.11
terrain _ flat	−0.006 51	0.002 24***	−2.90	0.00
dis _ home	−0.000 31	0.000 11***	−2.79	0.01
_ Itrans _ 1	−0.000 70	0.002 30	−0.30	0.76
_ Iirr _ 1	0.007 18	0.002 61***	2.75	0.01
cold _ soak	0.002 50	0.002 83	0.88	0.38
sex	−0.009 68	0.004 23**	−2.29	0.02
age	0.000 23	0.000 13 *	1.87	0.06
edu	0.000 14	0.000 38	0.37	0.71
non _ ag _ income _ ration	−0.012 65	0.002 87***	−4.40	0.00
machine	−0.000 32	0.002 25	−0.14	0.89
cattle	−0.012 59	0.003 43***	−3.67	0.00
rice _ land	−0.000 01	0.000 02	−0.71	0.48
_ cons	0.865 80	0.013 32***	65.00	0.00

* $p < 0.10$；** $p < 0.05$；*** $p < 0.01$。

数据说明：耕整方式的对照是免耕或锄耕；插秧方式的对照是直播；水稻类型的对照是早稻。

从表 4 - 7 中可以看出对水稻生产技术效率的影响的显著性因素。农户水稻种植模式中，耕作模式和收获模式的选择对技术效率的影响均不显著，这和各地调研的总体感觉存在差异，但可能的原因在于各地机耕和机收基本已经普及，导致结果不显著。但插秧模式中，和直播相比，人工插秧和技术效率之间存现显著的负向关系；和早稻相比，中稻和晚稻的技术效率显著较高；常规稻的技术效率显著低于杂交稻。从地块特征来看：地块面积大小和技术效率之间的关系不显著；但丘陵水田的效率高于平地水田的生产效率，这和常识存在差异；离家越远的地块，技术效率越低；能保证灌溉的地块，技术效率显著较高；而冷浸田和是否靠近路边，与技术效率不存在显著关系。从农户特征来看：户主为女性的技术效率较高；户主年龄越大，技术效率越高，可能和务农经验存在关系；非农收入比越高的农户，水稻技术效率越低，这反映家庭收入结构对水稻生产产生了影响。从家庭固定资产来看，是否拥有机器对技术效率没有产生显著影响，但拥有耕牛的农户水稻技术效率显著较低，这反映农机服务已经相对比较普及，对农户可以通过市场来雇佣农机服务来实行机械化生产，而那些拥有耕牛的农户多采用牛耕，相对于机耕而言，技术效率相对较低。

对地块层次技术效率的分析表明，对水稻亩均成本产生显著影响的因素可能对技术效率的影响并不显著，而显著降低生产成本的因素并不意味着可以显著改进技术效率。原因可能在于技术效率综合考虑了投入和产出，而亩均成本只考虑了投入的因素。

（四）研究结论

通过利用地块层次的投入产出数据，本研究计算农户水稻生产的技术效率，并对技术效率的影响因素进行了分析，得出结论如下：

（1）对水稻亩均成本的影响分析显示，机耕机收可以显著降低亩均成本，直播稻亩均生产成本显著较低，地块面积大和家庭水田面积较大可以显著降低亩均成本，灌溉条件较好和交通条件较好可以显著降低生产成本。

（2）农户层次特征对技术效率的影响已经相对有限。农户机械拥有情况对水稻生产效率没有显著影响，这在某种程度上说明，农户可以通过雇佣服务来实现机耕机收的过程，这已在农户生产过程中机耕机收的普遍采用得到证明，从另一个角度来看，耕地规模可能并没有显著影响到机械技术的采用。

（3）地块特征对技术效率产生了显著影响。灌溉条件和地块离家的距离显著影响到了技术效率。灌溉条件越差的地块，技术效率越低；离家越远的地块，技术效率越低。这反映农户可能根据地块特征调整了投入。

（4）从耕作模式和品种选择来看，直播稻的技术效率显著高于人工插秧，中晚稻的技术效率显著高于早稻，而杂交稻的技术效率显著高于常规稻。这个结果解释了当前直播稻快速扩展的趋势，也解释了为何大量农户将双季稻改为单季稻。对杂交稻而言，当前产量优势依然明显，但由于没有考虑到常规稻和杂交稻稻谷市场价格的差异，是否杂交稻的技术效率高于常规稻，有待进一步验证。

五、水稻生产节本增效潜力及途径

（1）尽管水稻试验田单产记录不断刷新，但大田层次单产在过去 10 多年中增长缓慢，从产出层次改进水稻生产效率依然可提高水稻单产，同时改进稻米品质，通过提高价格和单产来提高亩均收益。这一方面需要通过育种来实现高产优质，同时也需要改变兼业化条件下农户水稻粗放式的经营模式，通过专业化生产提高水稻单产。

（2）从节约水稻生产成本角度来看，通过机械化或专业化服务减少水稻生产过程中的劳动投入是提高当前水稻生产效益最重要的途径。当前迫切需要通过插秧机或钵苗移栽、人工直播或机械直播等方法解决插秧环节用工过多的问题，机插秧的推广需要配合集体统一育秧及机插秧服务的推广。其次是要解决农药喷洒环节的用工问题，可以通过推广无人机打药服务，通过专业植保队实现打药环节的专业化，减少人工，提高防治效果；第三要推动稻谷产后集中烘干或储藏服务的推广。由于单个农户种植面积有限，稻谷收获之后，多为单家独户利用晒场晒干，但由于天气不稳定，农户要花费大量人工在稻谷晾晒上，如有收购企业能集中收购并处理湿谷，则能大量减少产后处理的人工；最后，提高田间管理特别是用水过程中的人工效率。水稻生产需经常巡视以检查水源及病虫害情况，由于农户地块分散，农户需每天或隔几天到地头巡视，如能组织专门人员统一巡视，则能大量减少看水等环节的用工。

（3）改善灌溉条件、修建机耕路、通过土地整理实现土地连片化经营将能极大提高水稻生产效率。这三者是调研过程中种植大户所迫切希望得到改善的方面。良好的灌溉条件能保证水稻生长环境的稳定性，提高肥料利用效率以提高单产，降低管水抽水上的时间和成本；修建田间机耕路将能使机器容易实施田间作业，降低作业费用，减少人工投入；土地的整理和连片化经营将能极大降低耕作成本，特别是提高机耕机收过程中机器的利用效率，同时减少农户在不同地块之间的通勤时间。

（4）进一步推动和规范土地流转，实现农地适度规模化和专业化经营。当前由于农户耕地规模有限，绝大部分农户种植水稻的目的是为了满足家庭口粮，年轻人在外务工，老年人在家种地，水稻生产副业化成为普遍现象。水稻大田单产难以提高甚至下降的原因并不在于品种的单产增加没有潜力，而在于农户缺乏足够的提高单产的积极性。从长期来看，必须大力推进土地流转，实现水稻生产的规模化和专业化经营，以种粮为业的人必然会关注新技术的采用，关注如何减少生产成本，关注如何提高水稻整体的生产效率。

（5）进一步促进水稻生产过程专业化服务市场的发展。我国农户数量众多，种植规模普遍偏小，无力单独购置大中型耕整机、插秧机、收割机和喷洒农药的无人机等机械设备，通过专业化农业服务组织的发展，可以有效解决当前水稻生产过程中人力不足和缺乏相关机械的问题。政府可以借鉴湖北公安、监利等地发展基于基层农机推广系统建立的集中统一育秧、集中插秧、连片无人机杀虫等社会化服务，以提升水稻生产效率。

第二节　小麦提质节本增效[①]

土地和劳动是小麦生产中最具约束性的投入要素。随着工业化的发展与农业比较优势的丧失，大量劳动力向第二、第三产业转移，农业劳动力供不应求，从事农业生产的机会成本提高，致使劳动力价格迅速上涨。城镇化的推进导致农用耕地不断减少，减免农业税、发放农业补贴等激励政策引致耕地需求有所增加，供需矛盾加剧使小麦生产的土地成本大幅提高。根据速水—拉坦的农业诱致性技术变迁理论，农业生产要素相对价格的变化会诱致技术进步的路径方向及要素之间的相互替代；在农业生产中，通常存在两类技术——"劳动节约型"的机械技术和"土地节约型"的生物化学技术，前者用来促进动力和机械对劳动的替代，后者用来促进化学肥料等工业品投入对土地的替代（速水佑次郎，拉坦，2014）。

化肥是生物化学技术的核心，是粮食的"粮食"。然而，过量的化肥投入

---

① 本节选自农业部软科学课题"主要粮食作物节本增效潜力及途径研究（研究对象为小麦）"（课题编号：201702-2），课题主持人：毛世平。

在提高产量的同时，也不断制约粮食生产效益的提高。近年来，化肥投入等能源价格挂钩型成本成为了推动粮食生产成本上升的首要因素（蓝海涛、姜长云，2009）。过量的化肥投入不仅推高了小麦生产的成本，而且给生态环境带来了深重的压力，粮食生产中化肥的大量施用引起的农业面源污染，正成为我国水环境污染的最重要来源（洪传春等，2015）。2016年中央1号文件强调"加强资源保护和生态修复，推动农业绿色发展"，提出"加大农业面源污染防治力度，实施化肥农药零增长行动"，2017年再次强调"推进农业清洁生产，深入推进化肥农药零增长行动，开展有机肥替代化肥试点，促进农业节本增效"。

粮食生产的资源环境约束迫切要求推动粮食产业发展由数量增长为主向数量质量效益并重转变、由主要依靠物质要素投入向依靠科技创新转变、由依靠拼资源和消耗向绿色生态可持续发展转变，这是经济发展新常态下降低粮食作物生产成本、提高粮食生产综合效益、增加农民收入的主动选择。在我国经济发展进入新常态的背景下，对主要粮食作物如何节本增效进行研究显得尤为重要。

一、小麦生产投入和产出的现阶段特点、动态特征及其差异分析

本部分着重从经济成本、会计成本和技术进步路径模式三个维度来分析小麦的成本投入，从产品实物量、产品产值和产品收益三种产出类型来分析小麦的产品产出。通过对小麦投入和产出的现状、动态特征及其差异进行分析，梳理小麦成本和收益的变化特点和演变趋势。

（一）小麦的成本投入和产品产出现阶段特点分析

为剔除偶然性因素的影响，本文使用2013—2015年的平均数据作为我国现阶段小麦的成本投入和产品产出数据。各项成本收益数据均来自历年《全国农产品成本收益资料汇编》。

1. 小麦成本投入的现阶段特点分析

总成本是指小麦生产过程中耗费的现金、实物、劳动力和土地等所有资源的成本，现阶段我国小麦总成本为954.71元/亩。以下从经济成本、会计成本和技术进步路径模式三个维度，分析我国小麦成本投入的现阶段特点（表4-10、图4-18）。

表 4 - 10　小麦现阶段成本投入及各成本构成项目在总成本中所占比例

分类依据	成本构成项目	2013—2015 年平均成本（元/亩）	在总成本中所占比重（%）
基于经济成本维度	生产成本	776.43	81.33
	土地成本	178.29	18.67
基于会计成本维度	现金成本	450.44	47.18
	机会成本	504.28	52.82
基于技术进步路径模式维度	生物化学投入成本	243.06	25.46
	机械投入成本	158.65	16.62
	人工成本	357.65	37.46
	土地成本	178.29	18.67
	其他成本	17.08	1.79

数据来源：根据历年《全国农产品成本收益资料汇编》整理计算得出。

（1）基于经济成本的维度。基于经济成本的维度可将小麦的总成本区分为生产成本与土地成本两大类，生产成本是指为生产小麦而投入的各项实物、现金与劳动力成本，包括物质与服务费用及人工成本。现阶段我国小麦生产成本为 776.43 元/亩，在总成本中所占比重高达 81.33%，占据绝对主导地位，其中，物质与服务费用 418.78 元/亩，人工成本 357.65 元/亩，在总成本中所占比重分别为 43.86%、37.46%。现阶段我国小麦生产的土地成本为 178.29 元/亩，在总成本中所占比重为 18.67%。

（2）基于会计成本的维度。基于会计成本的维度可将小麦的总成本区分为现金成本与机会成本两大类。现金成本是指小麦生产过程中的全部现金和实物支出，直接决定着小麦生产者的收入水平，现阶段我国小麦生产的现金成本为 450.44 元/亩，在总成本中所占比重为 47.18%。机会成本包括劳动力机会成本（即家庭用工折价）和土地机会成本（即自营地折租），能够在一定程度上影响小麦生产者的生产经营决策，现阶段我国小麦生产的机会成本为 504.28 元/亩，在总成本中所占比重为 52.82%，其中，劳动力机会成本 157.73 元/亩，土地机会成本 346.55 元/亩，在总成本中所占比重分别为 16.52%、36.30%。

（3）基于技术进步路径模式的维度。基于技术进步路径模式的维度可将小麦的总成本区分为生物化学投入成本、机械投入成本以及土地成本、人工成本和其他成本五大类。

生物化学投入成本包含种子费、化肥费、农家肥费、农药费、农膜费等，现阶段我国小麦生产的生物化学投入成本为243.06元/亩，在总成本中所占比重为25.46%，其中化肥费以148.67元/亩居首位，在总成本中所占比重为15.57%。机械投入成本包含机械作业、排灌、燃料动力费等，现阶段我国小麦生产的机械投入成本为158.65元/亩，在总成本中所占比重为16.62%，其中机械作业费125.78元/亩，在总成本中所占比重为13.18%。人工成本包含家庭用工折价与雇工费用，现阶段我国小麦生产的人工成本为357.65元/亩，在总成本中所占比重为37.46%。土地成本包含自营地折租与流转地租金，现阶段我国小麦生产的土地成本为178.29元/亩，在总成本中所占比重为18.67%。其他成本为除生物化学投入成本、机械投入成本、土地成本、人工成本以外的其他各项成本，包含畜力费、技术服务费、工具材料费、修理维护费、其他直接费用以及固定资产折旧、税金、保险费、管理费、财务费、销售费等间接费用，现阶段我国小麦生产的其他成本为17.08元/亩，在总成本中所占比重为1.79%。

基于技术进步路径模式的维度划分的五类成本及其占总成本的比重由高到低依次为人工成本、生物化学投入成本、土地成本、机械投入成本、其他成本。

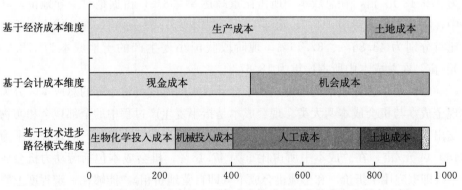

图4-18　小麦现阶段成本投入及各成本构成项目在总成本中所占比例

2. 小麦产品产出的现阶段特点分析

以下从产品实物量、产品产值、产品收益三个维度，分析我国小麦产品产出的现阶段特点。

（1）基于产品实物量的维度。主要考察小麦的主产品产量、主产品已出售产量。主产品产量是指实际生产的小麦原粮数量，现阶段我国小麦的主产品产量为 407.71 千克/亩，其中主产品已出售产量 306.73 千克/亩，占主产品产量的 75.23%。

（2）基于产品产值的维度。主要考察小麦的主产品产值、副产品产值、主产品已出售产值。现阶段我国小麦的主产品产值 964.70 元/亩，副产品产值 20.83 元/亩，主产品产值在总产值中所占比重高达 97.89%。其中主产品已出售产值 719.26 元/亩，占主产品产值的 74.56%，每千克小麦平均出售价格为 2.34 元。

（3）基于产品收益的维度。主要考察小麦的净利润及现金收益。净利润与现金收益均是反映生产主体盈利能力的重要指标，净利润为总产值与总成本之差，反映其综合产出能力；现金收益为总产值与现金成本之差，体现其实际获得的收入水平。现阶段我国小麦的净利润为 30.82 元/亩，现金收益为 535.10 元/亩，家庭用工折价与自营地折租等机会成本较高是现阶段小麦净利润远低于现金收益的重要原因。

3. 小结

总成本是指小麦生产过程中耗费的现金、实物、劳动力和土地等资源的成本，现阶段我国小麦总成本为 954.71 元/亩。基于不同维度对小麦总成本进行分类，基于经济成本的维度的小麦生产成本与土地成本分别为 776.43 元/亩与 178.29 元/亩，基于会计成本的维度的小麦现金成本与机会成本分别为 450.44 元/亩与 504.28 元/亩，基于技术进步路径模式的小麦生物化学投入成本、机械投入成本、人工成本、土地成本、其他成本分别为 243.06 元/亩、158.65 元/亩、357.65 元/亩、178.29 元/亩、17.08 元/亩。

基于不同维度对小麦产品产出进行分类，基于产品实物量维度的小麦主产品产量、主产品已出售产量分别为 407.71 千克/亩、306.73 千克/亩，基于产品产值的维度的小麦主产品产值、副产品产值、主产品已出售产值分别为 964.70 元/亩、20.83 元/亩、719.26 元/亩，基于产品收益的维度的小麦净利润及现金收益分别为 30.82 元/亩、535.10 元/亩。

（二）小麦成本投入和产品产出的动态变化特征分析

为剔除价格因素的影响，以 2004 年为基期，使用消费者物价指数对小麦的人工成本、土地成本进行平减，使用农业生产资料综合指数对小麦除人工成本、土地成本以外的其他成本数据进行平减，使用小麦生产价格指数对小麦的主产品产值、主产品已出售产值进行平减，使用农产品生产价格指数对小麦的副产品产值进行平减。消费者物价指数、农业生产资料综合指数、小麦生产价格指数、农产品生产价格指数均来自历年《中国统计年鉴》。

1. 小麦成本投入的动态变化特征分析

2004—2015 年，我国小麦总成本逐年增加，由 355.92 元/亩增加至 665.89 元/亩，涨幅 87.09％，2008 年后上升趋势更为明显。以下从经济成本、会计成本和技术进步路径模式三个维度，分析我国小麦成本投入的动态变化特征。

（1）基于经济成本的维度。2004—2015 年，我国小麦基于经济成本维度的生产成本与土地成本均有不同程度的提高。小麦的生产成本由 312.12 元/亩增加至 517.96 元/亩，涨幅 65.95％，其中，物质与服务费用由 200.28 元/亩增加至 248.02 元/亩，涨幅 23.84％，人工成本由 111.84 元/亩增加至 269.94 元/亩，涨幅 141.37％，劳动力价格的攀升导致了小麦生产成本的大幅上涨。与此同时，随着工业化、城镇化的推进，农业耕地不断减少，2003 年政府出台了减免农业税及发放各类农业补贴的政策，使农业生产收益明显提高，耕地需求快速增加，土地价格显著上涨，小麦的土地成本逐年提高，由 43.80 元/亩增加至 147.92 元/亩，涨幅 237.73％。

生产成本在总成本中始终占据主导地位，但其在总成本中所占比重有所下降，由 87.69％降至 77.79％。由于土地成本的增长速度远快于生产成本，其在总成本中所占比重有所增加，由 12.31％增至 22.21％（图 4-19）。

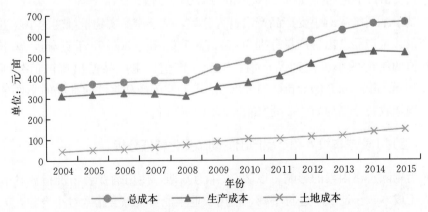

图 4-19　2004—2015 年基于经济成本维度的小麦成本投入动态变化特征

（2）基于会计成本的维度。2004—2015年，我国小麦基于会计成本维度的现金成本与机会成本均呈现上升趋势。小麦的现金成本在波动中有所增加，由206.54元/亩增加至276.61元/亩，涨幅33.92%。小麦的机会成本逐年提高，其增长速度远高于现金成本，由149.38元/亩增加至389.28元/亩，涨幅160.60%，近年来土地租金与劳动力价格的攀升是造成小麦机会成本不断提高的根本原因，劳动力机会成本（即家庭用工折价）由109.05元/亩增加至261.06元/亩，涨幅139.40%，土地机会成本（即自营地折租）由40.33元/亩增加至128.22元/亩，涨幅217.92%。

由于机会成本增长较快，2010年小麦的机会成本超过现金成本，在小麦总成本中占据较大比例（图4-20）。

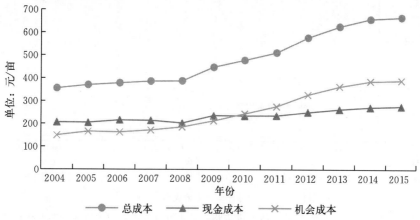

图4-20 2004—2015年基于会计成本维度的小麦成本投入动态变化特征

（3）基于技术进步路径模式的维度。2004—2015年，除其他成本外，我国小麦基于技术进步路径模式维度的生物化学投入成本、机械投入成本、人工成本、土地成本均有所增加。生物化学投入成本在波动中略有提高，由110.44元/亩增加至142.67元/亩，涨幅29.18%，其中，化肥费由66.89元/亩增加至84.46元/亩，涨幅26.26%。农业劳动力资源的短缺使农业生产对机械作业的需求不断增加，机械技术的发展为农业机械化程度的提高创造了条件，政府的农机购置补贴政策进一步提高了农民购置农用机械的积极性，加之能源价格的上涨，致使小麦的机械投入成本有所增加，由60.97元/亩增加至95.34元/亩，涨幅56.37%。工业化与城镇化的发展及农业比较优势的丧失，使得大量农业劳动力向第二、第三产业转移，造成农业劳动力价格的上涨及从事农业的机会成本增加，最终导致小麦人工成本大幅增长，由 111.84 元/亩增加至 269.94 元/亩，涨幅 141.37%。土地成本也由 43.80 元/亩攀升至 147.92 元/亩，涨幅 237.73%。

2005—2009 年生物化学投入在总成本中所占比重最高，但随着人工成本的不断攀升，2011 年后人工成本超过生物化学投入成本跃居首位。与此同时，土地价格也迅速上涨，2008 年超过机械投入成本、2015 年超过生物化学投入成本居于第二位。其他投入在总成本中所占比重始终远低于其他各类成本（图 4-21）。

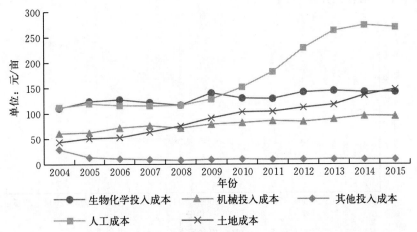

图 4-21 2004—2015 年基于技术进步路径模式维度的小麦成本投入动态变化特征

2. 小麦产品产出的动态变化特征分析

以下从产品实物量、产品产值、产品收益三个维度，分析我国小麦产品产出的动态变化特征。

（1）基于产品实物量的维度。2004—2015 年，我国小麦基于产品实物量维度的主产品产量与主产品已出售产量在波动中均表现出上升态势。随着农业科技的发展及惠农政策与农地保护政策的出台，我国小麦生产的整体势头良好，生产能力有所提高，由 339.80 千克/亩增加至 420.79 千克/亩，涨幅 23.83%。而由于农产品市场化程度的提高，我国小麦的主产品已出售产量大幅增加，由 141.50 千克/亩增加至 337.63 千克/亩，涨幅 138.61%；主产品已出售产量占主产品产量的比重也逐年提高，由 41.64% 增加至 80.24%（图 4-22）。

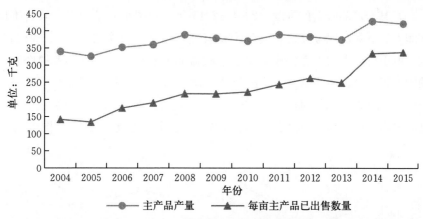

图 4-22 2004—2015 年基于产品实物量维度的小麦产品产出动态变化特征

（2）基于产品产值的维度。2004—2015 年，我国小麦基于产品产值维度的主产品产值、主产品已出售产值有所提高，副产品产值略有减少。主产品产值变动趋势与主产品产量基本一致，在波动中有所增长，由 506.11 元/亩增加至 631.67 元/亩，涨幅 24.81%，每千克小麦产值在 1.4～1.6 元波动。主产品已出售产值大幅提高，由 209.56 元/亩增加至 503.37 元/亩，涨幅 140.20%，每千克售价也基本维持在 1.4～1.6 元。随着市场化程度的提高与市场机制的完善，主产品已出售产量占主产品产量的比重大幅提高，由 41.41% 增加至 78.69%。副产品产值由 19.39 元/亩降至 11.63 元/亩，降幅 40.04%（图 4-23）。

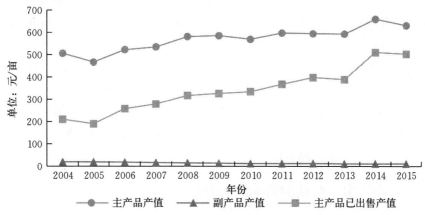

图 4-23 2004—2015 年基于产品产值维度的小麦产品产出动态变化特征

（3）基于产品收益的维度。2004—2015 年，我国小麦基于产品收益维度的净利润大幅下降，现金收益在波动中略有提高。净利润受到成本与产值的共同影响，由于总成本的上涨幅度远大于总收益的上涨幅度，我国小麦的净利润在波动中大幅下降，由 169.58 元/亩降至 -22.59 元/亩，降幅 113.32%，2013 年与 2015 年净利润为负。而由于现金成本增长较缓，我国小麦的现金收益在波动中略有提高，由 318.96 元/亩增加至 366.69 元/亩，涨幅 14.96%（图 4-24）。

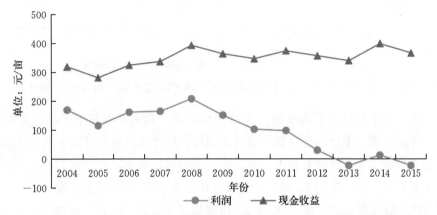

图 4-24　2004—2015 年基于产品收益维度的小麦产品产出动态变化特征

3. 小结

使用消费者物价指数、农业生产资料综合指数对小麦各项成本进行平减。2004—2015 年，我国小麦总成本逐年增加。其中，基于经济成本维度的生产成本与土地成本有不同程度的提高；基于会计成本维度的现金成本与机会成本均呈现上升趋势；除其他成本外，基于技术进步路径模式维度的生物化学投入成本、机械投入成本、人工成本、土地成本均有所增加。

使用小麦生产价格指数、农产品生产价格指数对相关产值数据进行平减。2004—2015 年，我国小麦基于产品实物量维度的主产品产量与主产品已出售产量在波动中均表现出上升态势；基于产品产值维度的主产品产值、主产品已出售产值有所提高，副产品产值略有减少；基于产品收益维度的净利润大幅下降，现金收益在波动中略有提高。

二、小麦生产收益的影响因素分析

小麦生产活动受到基本投入要素、自然环境条件、经济发展阶段与区域环境、制度环境等众多因素的影响。本部分首先基于超越对数（Translog）生产函数构建小麦的生产函数模型，判定影响小麦生产收益的主要因素；并测算不同投入要素在几何平均数处的产出弹性，进而评估这些投入要素及其他影响因素的变化对粮食作物生产收益影响的敏感程度。通过分析小麦生产收益的影响因素，为提高小麦生产的收益提供路径与方向。

（一）研究方法与数据处理

1. 研究方法

（1）生产函数构建。影响收益的因素主要包括小麦生产的基本投入要素、自然环境条件、经济发展阶段与区域环境、以及制度环境等。本部分拟选择随机前沿生产函数方法来分析。

随机前沿生产函数的形式除了 Cobb－Douglas 函数外，超越对数（Translog）生产函数更为常用。超越对数生产函数具有灵活的函数形式，在考虑各投入要素间的替代效应和交互效应的同时，还纳入了时间变化的影响，且能够有效避免函数形式的错误设定而带来的偏差。小麦生产函数的基本形式为：

$$\ln Y_{it} = \beta_0 + \sum_i \beta_j \ln X_{ijt} + 1/2 \sum_i \sum_j \beta_{jk} \ln X_{ijt} \ln X_{ikt} +$$

$$\gamma_{it} W_{it} + \theta_{it} Z_{it} + \sum_n \delta_n D_n + \pi_{it} Q_{it} + V_{it} \qquad (4-5)$$

其中，$\ln Y_{it}$ 表示第 i 个省份第 t 年的小麦生产对数产出（$i=1，2，\cdots，15；t=1，2，\cdots，12$），本文选择（每亩）现金收益作为小麦生产的产出变量。（每亩）现金收益的核算方法为：（每亩）均净利润加上相应的（每亩）补贴收入、每亩家庭用工折价和自营地折租，再减去（每亩）成本外支出。（每亩）现金收益考虑了机会成本，并不影响小麦生产者现实的净收益，但影响小麦生产者种粮积极性和是否进行小麦生产的决策行为。

$\ln X_{ijt}$ 和 $\ln X_{ikt}$ 表示第 i 个省份第 t 年第 j、k 种基本投入要素的对数投入，小麦生产的基本投入要素主要包括生物化学投入、机械投入、劳动投入、土地投入和其他投入。W_{it} 表示第 i 个省份第 t 年影响小麦产出的自然环境条件，主要包括水灾、旱灾等自然灾害，此处以受灾比例代替。Z_{it} 表示第 i 个省份第 t 年影响小麦产出的经济发展阶段因素，此处 Z_{it} 为虚拟变量，表示经济发展新常态与全面深化改革阶段（2014 年至今），其参照变量为统筹城乡经济发展与市场经济体制不断完善阶段（2000—2013）[①]。D_n（$n=1$，2，3，4）表示影响小麦产出的区域环境因素，为虚拟变量，分别表示淮海小麦优势区、长江中下游小麦优势区、西南小麦优势区、西北小麦优势区，参照变量为东北小麦优势区。Q_{it}表示第 i 个省份第 t 年影响小麦产出的制度环境因素，以（每亩）补贴收入替代。β_j、β_{jk}、ρ_T、γ_{it}、θ_{it}、δ_n、π_{it} 为待估计参数。V_{it} 为第 i 个省份第 t 年的随机误差项，主要包括测量误差以及各种不可控的随机因素，随机误差项服从 $V_{it} \sim N(0, \sigma_v^2)$。

（2）产出弹性测算。为进一步评估各因素对小麦生产收益影响的影响程度，应进一步计算各因素的产出弹性。产出弹性是指在其他投入固定不变时，某一投入的相对变动所引起的总收益的相对变动。产出弹性由生产函数对该因素求导得出。

因超越对数（Translog）生产函数中涉及小麦生产五大基本要素投入的交互作用项。因此对于生物化学投入、机械投入、劳动投入、土地投入和其他投入等基本要素投入，应测算各投入要素在几何平均数处的产出弹性，进而评估这些投入要素及其他影响因素的变化对小麦生产收益影响的敏感程度。该产出弹性的含义为：在其他要素一定的情况下，某一基本要素投入的变动所引起的小麦生产平均总收益的变动情况。其计算公式为：

$$\sigma_j = \beta_j + \beta_{jj}\ln X_{ijt} + 1/2\sum_i\sum_k\beta_{jk}\ln X_{ikt} \qquad (4-6)$$

自然环境条件、经济发展阶段与区域环境、以及制度环境等其他影响因素的产出弹性即为各自的待估参数 ρ_T、γ_{it}、θ_{it}、δ_n、π_{it}。该产出弹性的含义为：在其他要素一定的情况下，某一影响因素的变动所引起的小麦生产总收益的变动情况。

2. 数据来源与数据处理

小麦生产的（每亩）现金收益、劳动投入、机械投入、生物化学投入、土地投入、其他投入，均由历年《全国农产品成本收益资料汇编》中的相关数据计算得出。其中，劳动投入即为人工成本，包括家庭用工折价与雇工费用；机械投入为机械作业、排灌、燃料动力费之和；生物化学投入为种子费、化肥

[①] 我国的经济政策环境变迁可划分为 5 个阶段：改革启动和大力加强农业产业发展阶段（1978—1984）、市场改革的探索和结构调整阶段（1985—1991）、全面市场经济建设阶段（1992—1999）、统筹城乡经济发展与市场经济体制不断完善阶段（2000—2013）、经济发展新常态与全面深化改革阶段（2014年至今）。

费、农家肥费、农药费、农膜费之和；土地投入即为土地成本，包括自营地折租与流转地租金；其他投入为畜力费、技术服务费、工具材料费、修理维护费、其他直接费用以及固定资产折旧、税金、保险费、管理费、财务费、销售费等间接费用之和。

小麦生产的自然环境条件以农作物受灾比例来替代，即为农作物受灾面积与种植面积之比。其中，农作物受灾面积数据来自历年《中国农村统计年鉴》，农作物种植面积数据来自历年《中国统计年鉴》。

为剔除价格因素的影响，以 2004 年为基期，使用消费者物价指数对小麦生产的劳动投入、土地投入、补贴收入进行平减，使用农业生产资料综合价格指数对小麦生产的机械投入、生物化学投入和其他投入数据进行平减。消费者物价指数、农业生产资料综合价格指数均来自历年《中国统计年鉴》。

（二）小麦生产收益变动情况分析

2004—2015 年，我国小麦生产的现金收益在波动中略有提高，由 318.96 元/亩增加至 366.69 元/亩，涨幅 14.96%。近年来，我国小麦产量不断提高，产品产值有所增加，且大于现金成本的增长量，从而使现金收益略有提高。五大优势区中，黄淮海优势区现金收益最高，由 334.02 元/亩增加至 415.43 元/亩，涨幅 24.38%；西南优势区涨幅最大，由 180.60 元/亩增加至 236.76 元/亩，涨幅 31.10%；长江中下游优势区涨幅最小，由 284.36 元/亩增加至 286.48 元/亩，涨幅 0.75%（图 4 - 25）。

净利润是反映生产主体盈利能力的另一关键指标，对小麦生产者进行生产决策有重要影响。与现金收益相比，净利润扣除了小麦生产过程中的机会成本，即家庭用工折价与自营地折租。从图 4 - 26 可以看出，2004—2015 年，我国小麦生产的净利润大幅降低，由 169.58 元/亩降为 －22.59 元/亩，减少 192.17 元/亩，由盈利变为亏损状态，这一现象与我国劳动力价格及土地价格的攀升密切相关。我国五大优势区的小麦净利润均迅速减少，2015 年各优势区小麦生产均处于亏损状态。其中，西南优势区的亏损最为严重，小麦生产净利润由 2004 年的 －32.24 元/亩降为 2015 年的 －360.31 元/亩，减少 328.07 元/亩。西南优势区山地、高原、丘陵、盆地相间，地势复杂，日照不足，小麦产量较低，致使小麦产值远低于其他地区，加之其成本较高，导致小麦生产亏损严重（图 4 - 26）。

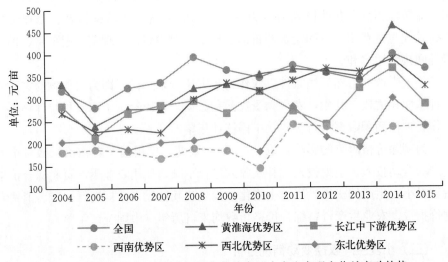

图 4-25 2004—2015 年全国及各优势产区小麦生产现金收益变动趋势

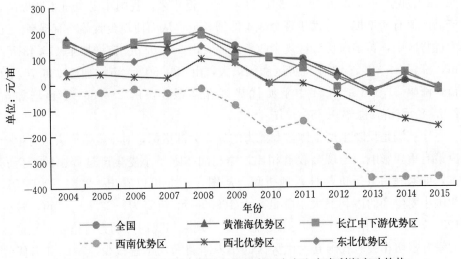

图 4-26 2004—2015 年全国及各优势产区小麦生产净利润变动趋势

（三）小麦生产收益影响因素实证分析结果

为检验基本投入要素、自然环境条件、经济发展阶段与区域环境以及制度环境对小麦生产收益的影响，本文构建小麦生产收益的超越对数（Translog）

随机前沿生产函数并进行实证检验。表 4 - 11 即为使用 Frontier 4. 1 软件估计得到的随机前沿生产函数技术无效率模型结果。可以看出，模型的变差系数 γ 值为 1.00，表明小麦生产者的实际收益与理想收益之间的差距主要来自于技术无效率项，因此本模型关于技术无效率项的假设是合理的。

表 4 - 11 小麦超越对数随机前沿生产函数的估计结果

变量	系数	标准差	T 值	变量	系数	标准差	T 值
CONS	−2.40*	—	1.52	$\ln X_1 * \ln X_2$	−0.98***	0.08	−12.90
$\ln X_1$	1.99***	0.40	4.95	$\ln X_1 * \ln X_3$	−0.65***	0.13	−4.92
$\ln X_2$	2.74***	0.53	5.16	$\ln X_1 * \ln X_4$	0.67***	0.14	4.84
$\ln X_3$	1.81***	0.34	5.27	$\ln X_1 * \ln X_5$	−0.35***	0.05	−7.29
$\ln X_4$	−4.22***	0.29	−14.80	$\ln X_2 * \ln X_3$	−0.12***	0.04	−3.27
$\ln X_5$	1.62***	0.19	8.61	$\ln X_2 * \ln X_4$	0.01	0.04	0.32
$(\ln X_1)\hat{}2$	0.69***	0.21	3.30	$\ln X_2 * \ln X_5$	0.23***	0.02	9.49
$(\ln X_2)\hat{}2$	0.54***	0.05	11.84	$\ln X_3 * \ln X_4$	0.44***	0.05	9.22
$(\ln X_3)\hat{}2$	−0.12***	0.02	−5.88	$\ln X_3 * \ln X_5$	0.14***	0.03	5.33
$(\ln X_4)\hat{}2$	−0.06	0.09	−0.64	$\ln X_4 * \ln X_5$	−0.38***		−24.76
$(\ln X_5)\hat{}2$	−0.05***	0.02	−2.46				
W	0.02***	0.00	3.45	D_3	−1.21***	0.23	−5.18
Z	0.16	0.19	0.88	D_4	−1.54***	0.45	−3.46
D_1	−1.30***	0.24	−5.41	Q	−0.04***	0.01	−4.36
D_2	−1.68***	0.35	−4.74				
sigma - squared	0.53***	0.07	7.94	gamma	1.00***	0.00	299 628.59

注：***、**、* 表示在 1%、5%、10%的水平上显著。

对于含有交互作用项的模型，孤立地看待每个 t 统计量并无意义。使用各基本投入要素的几何平均数重新构建回归模型：

$$\ln Y_{it} = \beta_0^* + \sum \beta_j^* \ln X_{ijt} + 1/2 \sum_i \sum_j \beta_{jk}^* \ln X_{ijt} (\ln X_{ikt} - \ln X_{ikt}^*) +$$
$$\gamma_{it}^* W_{it} + \theta_{it}^* Z_{it} + \sum_n \delta_n^* D_n + \pi_{it}^* Q_{it} + V_{it} \qquad (4-7)$$

其中，$\ln X_{ikt}^*$ 即为 $\ln X_{ikt}$ 的几何平均数，β_j^*、β_{jk}^*、γ_{it}^*、θ_{it}^*、δ_n^*、π_{it}^* 为新的待估参数。对上述方程进行估计，结果显示，$\ln X_{ijt}$ 均在 5%的水平下显著，即生物化学投入、机械投入、劳动投入、土地投入和其他投入等基本投入要素

均在 5％的显著性水平下对小麦生产收益的变动产生显著影响。

除此之外，根据表 4-11 的估计结果，还可得出以下结论：

第一，以受灾比例为代表的自然环境条件与小麦生产者的现金收入之间存在显著的负相关关系。水灾、旱灾等自然灾害的发生将减少当年的小麦产量，进而间接影响生产者的现金收益。在其他因素一定的条件下，受灾比例每增加 1 个百分点，小麦生产收益将减少 0.16％。

第二，以补贴收入为代表的制度环境因素，对小麦生产收益的提高起到了显著的正向促进作用。在其他因素一定的条件下，补贴收入每提高 1％，小麦生产收益将增长 0.04％。补贴收入作为政府对生产者的政策支持，将直接增加小麦生产者的现金收益。

第三，从空间维度来看，基于区域环境因素，在其他因素一定的条件下，相较于东北小麦优势区，黄淮海优势区、长江中下游优势区、西南优势区、西北优势区小麦生产者的现金收益更高，而其中长江中下游优势区的正向影响力最大。东北优势区中，黑龙江省以大豆、粳稻种植为主，内蒙古以畜牧业为主，小麦均非其主要作物；东北优势区纬度较高、气候寒冷，以春小麦生产为主，是我国重要的优质硬红春小麦产区，受自然环境条件的制约，生产成本较高，且产量明显低于冬小麦，故而导致东北优势区小麦生产现金收益较低。长江中下游优势区温度适宜，降水充沛，地下水丰富，气候条件适宜小麦生长，小麦产量较高，且以优质弱筋、中筋小麦生产为主，具有一定的市场价值，因此其小麦生产现金收益相对较高。

第四，我国 2004—2015 年的经济政策环境变迁被划分为统筹城乡经济发展与市场经济体制不断完善阶段（2000—2013）与经济发展新常态与全面深化改革阶段（2014—2015），但由于其对小麦生产收益的影响不显著，并不能说明经济发展新常态与全面深化改革阶段（2014—2015）小麦生产者的现金收益低于统筹城乡经济发展与市场经济体制不断完善阶段（2000—2013）。

（四）小麦生产收益影响因素的产出弹性测算

产出弹性是指在其他投入固定不变时，某一投入的相对变动所引起的总收益的相对变动。本节首先测算小麦生产收益各投入要素在几何平均数处的产出弹性，进而评估这些投入要素及其他影响因素的变化对小麦生产收益影响的敏感程度。

基于小麦的超越对数随机前沿生产函数，小麦生产第 j 种基本投入要素的产出弹性为：

$$\sigma_j = \beta_j + \beta_{jj} \ln X_{ijt} + 1/2 \sum_i \sum_k \beta_{jk} \ln X_{ikt} \qquad (4-8)$$

则生物化学投入、机械投入、劳动投入、土地投入和其他投入在几何平均数处的产出弹性分别为 3.46、2.51、−0.79、−0.18、−0.26。即在其他因素一定的情况下，生物化学投入、机械投入每提高 1%，小麦生产者的平均现金收益将分别增加 3.64%、2.51%；劳动投入、土地投入和其他投入每提高 1%，小麦生产者的平均现金收益将分别减少 0.79%、0.18%、0.26%。表 4-12 列出了各基本投入要素及其他影响因素对小麦生产收益的产出弹性。

表 4-12　各基本投入要素及其他影响因素对小麦生产收益的产出弹性

基本投入要素	产出弹性	其他影响因素	产出弹性
生物化学投入	3.46	自然环境因素（受灾比例）	−0.16
机械投入	2.51	区域环境因素（黄淮海优势区）	1.30
劳动投入	−0.79	区域环境因素（长江中下游优势区）	1.68
土地投入	−0.18	区域环境因素（西南优势区）	1.21
其他投入	−0.26	区域环境因素（西北优势区）	1.54
		制度环境因素（补贴收入）	0.04

除土地投入外，小麦生产的基本投入要素从产量与成本两个方面影响生产者的现金收益。一方面，投入的增加带来产量的提高，在价格一定的情况下，会使小麦生产的总产值有所增加，进而提高生产者的现金收益。另一方面，增加投入将推动小麦生产成本的上涨，导致现金收益的减少。

从表 4-12 中可以看出，小麦生产的现金收益对生物化学投入的变动最为敏感，二者之间存在显著的正相关关系。生物化学投入包含种子、化肥、农家肥、农药、农膜等投入，良种可提高小麦产量，改进小麦品质，增强小麦抗逆性；化肥、农家肥可提高土壤肥力；农药可使小麦免受病虫害的侵袭；农膜可保持土壤的温度与湿度，促进种子发芽和幼苗快速增长，同时抑制杂草的生长。生物化学投入有效保障、促进了小麦的生长，对提高小麦产量与产值有重要作用。同时，生物化学投入所带来的小麦产值的增加远大于成本的上涨，从而使生产者的现金收益有所提高。

机械投入对小麦现金收益的增加也具有显著的正向促进作用。由于农业劳动力的流失与从事农业生产的机会成本提高，小麦生产中劳动力短缺问题加剧，对机械作业的需求快速膨胀，加之农机具补贴政策的实行，促使我国小麦生产的机械化水平不断提高。当前，我国小麦生产的机械作业主要为机耕与机收，机耕可缩短小麦播种时间，使其播种期提早，并在一定程度上改善土壤环境，有利于小麦产量的提高；而机收则加快了小麦的收获速度，使收获作业可在小麦的最佳收获期蜡熟中末期完成，"九成熟，十成收；十成熟，一成丢"，有效避免了小麦在收获过程中出现不必要的损失。产量的提高带来产值的增加，从而提高了小麦生产的现金收益。

而劳动投入、土地投入、其他投入的增加将导致小麦生产现金收益的减少。我国小麦生产以自给自足、精耕细作的传统小农经营为主，表现出劳动密集型的经济学特征，过密化、内卷化问题严重；随着工业化与城镇化的发展及农业比较优势的丧失，大量农业劳动力向第二、第三产业转移，导致农业劳动力价格的提高，从而推动小麦生产成本的大幅上涨，严重阻碍了小麦生产者现金收益的增加。而土地成本的攀升既无法增加小麦产量，又会直接推动小麦成本的上升，从而大幅降低小麦生产者的现金收益。

由于生物化学投入、机械投入的提高将促进小麦生产者现金收益的增加，而劳动投入、土地投入的提高将导致小麦收益的减少，因此，使用生物化学技术代替土地投入，使用农业机械代替人工劳动，更有利于小麦生产者现金收益的提高。

（五）小结

本部分基于小麦生产超越对数（Translog）随机前沿生产函数，分析影响小麦生产收益的主要因素，并测算各投入要素的产出弹性，进而评估这些投入要素及其他影响因素的变化对小麦生产收益影响的敏感程度。主要研究结论如下：

小麦生产的现金收益对生物化学投入的变动最为敏感，其次为机械投入。生物化学投入与机械投入的提高对小麦现金收益的增加具有显著的正向促进作用，在其他因素一定的情况下，生物化学投入、机械投入每提高1%，小麦生产者的平均现金收益将分别增长3.64%、2.51%。与此同时，劳动投入、土地投入、其他投入的增加将导致小麦生产现金收益的减少。在其他因素一定的情况下，劳动投入、土地投入和其他投入每提高1%，小麦生产者的平均现金收益将分别减少 0.79％、0.18％、0.26％。因此，使用生物化学技术代替土地投入，使用农业机械代替人工劳动，更有利于生产者收益的提高。

自然环境、制度环境、区域环境等因素对小麦生产收益的变动存在显著影响，而经济发展阶段的影响则不显著。以受灾比例为代表的自然环境条件与小麦生产收益之间存在显著的负相关关系，其产出弹性为 -0.02。以补贴收入为代表的制度环境因素对小麦生产收益的提高起到了显著的正向促进作用，其产出弹性为 0.03。区域环境因素方面，在其他因素一定的情况下，相较于东北小麦优势区，黄淮海优势区、长江中下游优势区、西南优势区、西北优势区小麦生产者的现金收益更高，而其中长江中下游优势区的正向影响力更大。

三、小麦成本投入要素的诱导效应及增长机制分析

根据速水—拉坦的农业诱致性技术变迁理论，农业生产要素相对价格的变化会诱致技术进步的路径方向及要素之间的相互替代；粮食生产者主要根据产品市场和生产要素市场的相对价格信号做出生产经营决策。本部分将对基于技术进步路径模式维度的小麦成本进行分析，通过研究小麦成本投入要素价格变化对要素投入结构变化的诱导效应以及小麦单要素生产率的增长机制，为优化小麦生产的成本投入结构、降低其成本提供决策支持。

（一）研究方法

农业生产率的提高是现代农业增长的主要特征，而农业生产率可分为全要素生产率与单要素生产率两类。全要素生产率主要衡量产出增长中除劳动和资金以外的其他要素带来的产出增长率；单要素生产率是指经济主体的产出水平与投入要素中某一特定要素的比率，衡量的是该要素的单位产出能力，有助于评价要素的使用效率及其动态变化；单要素生产率是全要素生产率的基础与补充。本部分使用基于单要素生产率指标的二位相图增长分析方法，分析我国小麦的生产要素禀赋与其增长机制及增长路径选择之间的关系。

农业生产要素投入结构的变化是反映农业技术变化和发展方向的一个关键性指标，土地和劳动是农业生产的最基本投入要素。根据二位相图增长分析方法，若用 Y 表示农业产出，用 A、L 分别表示土地投入与劳动投入，则 Y/A、Y/L、A/L、L/A 分别表示土地生产率、劳动生产率、地劳比率和土地的劳动集约率，四者之间存在下列恒等关系（速水佑次郎、神门善久，2003；Douglas 等，2014）：

$$\frac{Y}{L}=\frac{A}{L}\cdot\frac{Y}{A},\ \frac{Y}{A}=\frac{Y}{L}\cdot\frac{L}{A} \qquad (4-9)$$

式（4-9）中各变量之间的关系可通过二维坐标图直观地表示出来。其中，正坐标轴系的横轴为劳动生产率增长率，纵轴为土地生产率增长率；倒坐标系的横轴为单位产出所占用的劳动力增长率，纵轴为单位产出所占用的土地增长率；45°线为单位土地—劳动增长率比率线。在坐标轴中将考察期内的土地生产率与劳动生产率描绘出来，则连接线的斜率代表不同的农业增长路径。每条连接线的斜率可表示为：

$$k=\frac{(Y/A)_2/\ (Y/A)_1-1}{(Y/L)_2/\ (Y/L)_1-1} \qquad (4-10)$$

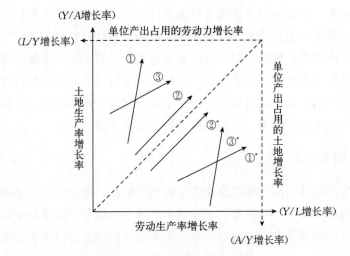

图 4-27　农业增长路径示意图

从图 4-27 中可以看出，农业增长路径大体可分为三类：（1）土地生产率导向路径，即路径①与①*，此时斜率 $k>1$，主要依靠节约土地的生物化学技术（如化肥、种子、农药、农膜等）来实现农业增长；（2）劳动生产率导向路径，即路径②与②*，此时斜率 $k<1$，主要依靠节约劳动的机械技术来实现农业增长；（3）中性技术导向路径，即路径③与③*，此时斜率 $k=1$，同时依靠生物化学技术与机械技术来实现农业增长。

下文首先分析小麦成本投入要素价格变化对要素投入结构变化的诱导效

应，其次使用二位相图增长分析方法探究小麦单要素生产率的增长机制，为优化小麦生产的成本投入结构、提出降低其成本路径提供决策支持。

（二）小麦成本投入要素价格变化对要素投入结构变化的诱导效应分析

生产要素禀赋的相对稀缺程度及其供给弹性的不同，在要素市场上表现为这些要素相对价格的差异。经济理论表明，生产要素相对价格的变化会引起生产要素投入结构的变化，这是农业生产过程中诱致性技术变迁的最直观表现。

纵观发达市场经济体的农业生产发展进程，节约劳动的主要因素一直是发展机械化，节约土地的主要因素一直是生物化学技术创新。相应地，在农业生产中，通常存在两类技术——"劳动节约型"的机械技术和"土地节约型"的生物化学技术，前者用来促进动力和机械对劳动的替代，后者用来促进化学肥料等工业品投入对土地的替代（速水佑次郎，拉坦，2014）。那么，在劳动力价格与土地价格快速上涨的背景下，"劳动节约型"的机械技术和"土地节约型"的生物化学技术是否会成为生产者技术选择及要素投入结构调整的方向呢？

1. 人工成本价格对要素投入结构变化的诱导效应分析

人工成本是小麦生产过程中直接使用的劳动力成本，可分为家庭用工折价与雇工费用两部分，人工成本价格即为劳动日工价与雇工工价。劳动日工价是指每个劳动力从事一个标准劳动日（8小时）的农业生产劳动的理论报酬，用于核算家庭劳动用工的机会成本。雇工工价是指平均每个雇工劳动一个标准劳动日所得到的全部报酬。为剔除物价因素影响，本文以2004年为基期，使用消费者物价指数对劳动日工价与雇工工价进行折算。

2004—2015年，我国小麦生产的劳动日工价与雇工工价均大幅上涨，其中，劳动力工价由13.7元/亩攀升至57.78元/亩，涨幅321.75%；雇工工价由19.93元/亩攀升至68.84元/亩，涨幅245.41%。随着工业化、城镇化的发展与农业比较优势的丧失，大量劳动力向第二、第三产业转移，农业劳动力供不应求，加之从事农业生产的机会成本提高，致使劳动日工价与雇工工价迅速上涨（图4-28）。

自古以来，我国小麦生产以自给自足、精耕细作的传统小农经营为主，表现出劳动密集型的经济学特征，过密化、内卷化问题严重。近年来，随着劳动力价格的飙升，劳动密集型的传统小农经营模式面临严峻挑战。而机械技术是典型的"劳动节约型"技术。根据速水-拉坦的农业诱致性技术变迁理论，农

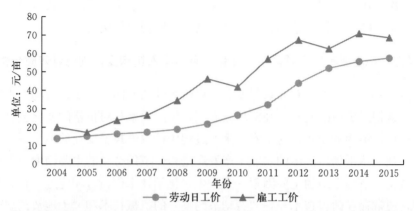

图 4-28　2004—2015 年小麦生产每亩劳动日工价与雇工工价变动趋势

业生产要素相对价格的变化会诱致技术进步的路径方向以及要素之间的相互替代。那么劳动力价格的上升是否会诱致出"劳动节约型"的机械技术呢？

图 4-29 为 2004—2015 年我国小麦生产的每亩用工投入与机械投入情况。随着劳动力价格的飙升，2004—2015 年，我国小麦生产的亩均劳动用工投入逐年降低，由 8.10 日/亩降至 4.65 日/亩，降幅 42.59%。其中，家庭用工天数在劳动用工投入中占据主导地位，12 年间大幅减少，由 7.96 日/亩降至 4.52 日/亩，降幅 43.21%；雇工天数不断波动，但始终维持较低水平。与此同时，随着劳动用工成本-机械价格比率的不断上升，我国小麦生产的机械投入大幅增加。2005—2015 年我国农业机械总动力不断提高，由 68 397.80 万千瓦

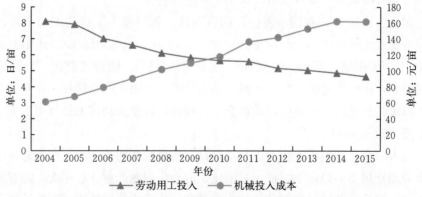

图 4-29　2004—2015 年小麦生产每亩劳动用工投入与机械投入

攀升至 111 728.10 万千瓦，涨幅 63.35％；小麦生产机械投入由 60.97 元/亩增加至 95.34 元/亩，涨幅 56.37％。

由此可以看出，随着劳动日工价与雇工工价的大幅上涨，与农用机械相比，小麦生产的劳动力相对价格越来越高。随着劳动用工成本-机械价格比率的不断上升，生产者将会减少对劳动的投入，而更倾向于使用"劳动节约型"的机械技术进行小麦生产，即劳动力价格的上升会诱致出"劳动节约型"的机械技术。

2. 土地成本价格对要素投入结构变化的诱导效应分析

土地成本指土地作为一种生产要素投入到生产中的成本，土地成本价格即为流转地租金和自营地折租。流转地租金指生产者转包他人拥有经营权的耕地或承包集体经济组织的机动地（包括沟渠、机井等土地附着物）的使用权而实际支付的转包费、承包费等土地租赁费用。自营地折租指生产者自己拥有经营权的土地投入生产后所耗费的土地资源按一定方法和标准折算的成本，反映了自营地投入生产时的机会成本。为剔除物价因素影响，以 2004 年为基期，使用消费者物价指数对流转地租金和自营地折租进行折算。

2004—2015 年，我国小麦的流转地租金和自营地折租均有不同程度的上涨，其中，流转地租金由 3.47 元/亩增加到 19.71 元/亩，涨幅 467.88％；自营地折租由 40.33 元/亩攀升至 128.22 元/亩，涨幅 217.92％。工业化、城镇化的推进导致的农用耕地减少及减免农业税、发放农业补贴等激励政策引致的耕地需求增加，是导致流转地租金和自营地折租上涨的重要原因（图 4 - 30）。

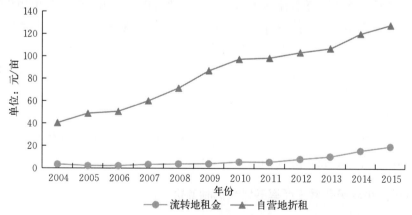

图 4 - 30　2004—2015 年小麦生产每亩流转地租金与自营地折租变动趋势

作为一个拥有 13 亿人口的大国，有限的农用耕地一直是我国农业发展的瓶颈因素。而生物化学技术是典型的"土地节约型"技术。土地价格的上升是否会诱致出"土地节约型"的生物化学技术呢？

伴随着土地投入的减少，我国小麦生产的生物化学投入成本在波动中有所上升，由 110.44 元/亩增加至 142.67 元/亩，涨幅 29.18%。其中，种子费、化肥费、农药费均有不同程度的增加，化肥费由 66.89 元/亩增加至 84.46 元/亩，涨幅 26.26%；种子费由 25.73 元/亩增加至 39.02 元/亩，涨幅 51.64%。每亩化肥及种子用量也有所增加，化肥用量由 14.24 千克/亩增加至 15.85 千克/亩，种子用量由 19.11 千克/亩增加至 27.05 千克/亩（图 4 - 31）。

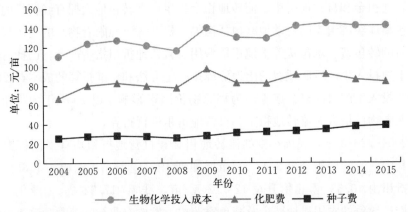

图 4 - 31　2004—2015 年小麦生产每亩生物化学投入成本变动趋势

由此可以看出，随着流转地租金与自营地折租的大幅上涨，与生物化学技术投入相比，小麦生产的土地相对价格越来越高。随着土地成本-生物化学技术投入价格比率的不断上升，生产者将会减少对土地的投入，而更倾向于使用"土地节约型"的生物化学技术进行小麦生产，即土地成本的上升会诱致出"土地节约型"的生物化学型技术进步。

为进一步分析要素禀赋变化对我国小麦增长路径选择的影响，下文将使用基于单要素生产率指标的二位相图增长分析方法，探讨我国及各优势产区小麦生产的增长路径、技术进步偏向及其变化。

（三）小麦单要素生产率的增长机制分析

首先重点分析小麦的关键单要素生产率（劳动生产率、土地生产率、地劳比率、土地的劳动集约率），在此基础上探究小麦单要素生产率的增长机制。其次，考察小麦生产中关键单要素生产率的区域差异，揭示不同区域小麦生产中投入要素的效率优势，进而判断在市场经济条件下小麦生产增长的动力因素。

（四）小麦单要素生产率增长机制与增长路径分析

土地和劳动是小麦生产中最具约束性的投入要素。为便于各区域间的比较，选用主产品产值来测度我国小麦生产的土地生产率与劳动生产率，于是土地生产率即为亩均主产品产值，劳动生产率即为亩均主产品产值与亩均用工数量的比值。

表4-13显示了2004—2015年小麦单要素生产率及以2004年为基期的增长率的变动趋势。土地生产率是反映土地生产能力的一项指标，2004—2015年我国小麦的土地生产率在波动中有所提高，由506.11元/亩增加至631.67元/亩，涨幅24.81％。劳动生产率是衡量小麦劳动者从事小麦生产劳动能力的指标，2004－2015年我国小麦的劳动生产率逐年上升，由62.48元/日增加至135.84元/日，涨幅117.41％。与此同时，小麦生产的地劳比率不断上升，由0.12亩/日增加至0.22亩/日，涨幅74.19％。

表4-13　2004—2015年小麦单要素生产率及其增长率（以2004年为基期）

年份	土地生产率（Y/A）		劳动生产率（Y/L）		地劳比率（A/L）	
	绝对量(元/亩)	增长率（％）	绝对量(元/日)	增长率（％）	绝对量(亩/日)	增长率（％）
2004	506.11		62.48		0.12	0.00
2005	466.42	−7.84	58.97	−5.63	0.13	2.40
2006	522.28	3.19	74.50	19.24	0.14	15.55
2007	534.46	5.60	80.98	29.60	0.15	22.73
2008	580.90	14.78	95.23	52.41	0.16	32.79
2009	585.32	15.65	100.74	61.23	0.17	39.18
2010	568.84	12.39	100.86	61.42	0.18	43.62
2011	597.05	17.97	107.00	71.25	0.18	45.16
2012	594.65	17.49	115.24	84.44	0.19	56.98
2013	592.83	17.13	117.86	88.62	0.20	60.71
2014	660.15	30.44	135.55	116.95	0.21	66.32
2015	631.67	24.81	135.84	117.41	0.22	74.19

数据来源：根据历年《全国农产品成本收益资料汇编》整理计算得出。

由此可以看出，2004—2015 年我国小麦的土地生产率与劳动生产率均有所增长，但劳动生产率的增长速度远快于土地生产率的增长速度，地劳比率不断提高，意味着这一时期主导我国小麦增长的技术是机械技术，而非生物化学技术，我国小麦生产逐渐由过度依靠人工投入的传统小农经营模式向提高劳动生产率的现代农业发展方式转变。

使用基于单要素生产率指标的二位相图增长分析方法，可进一步分析我国小麦的增长机制与增长路径选择。根据 2004—2015 年小麦土地生产率与劳动生产率的增长率，可求出增长路径的斜率 $k=0.21$，表明随着农业劳动力的流失及劳动力机会成本的上涨，我国小麦生产选择了劳动生产率导向路径，主要依靠"劳动节约型"的机械技术促进小麦增长（图 4-32）。

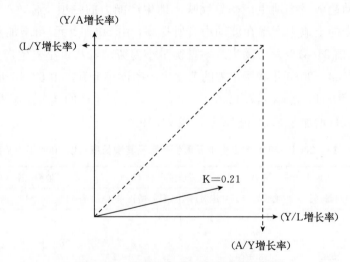

图 4-32　我国小麦增长路径选择示意图

四、小麦生产增长路径选择及差异分析——基于技术进步路径模式的视角

对于农业生产来说，主要存在两种模式的技术进步，一是用机械和动力代替劳动力以提高劳动生产率的机械型技术进步；二是用生物化学技术替代土地以提高土地生产率的生物化学型技术进步。小麦成本投入要素价格变化对要素投入结构变化的诱导效应分析指出，随着劳动日工价与雇工工价的大幅上涨，劳动力投入和机械成本投入出现"剪刀差"现象，即劳动力价格的

上升会诱致出"劳动节约型"的机械技术；随着土地成本-生物化学技术投入价格比率的不断上升，生产者将会减少对土地的投入，而更倾向于使用"土地节约型"的生物化学技术进行小麦生产，即土地成本的上升会诱致出"土地节约型"的生物化学型技术进步。其结果表明，生产要素的稀缺程度不仅影响主要粮食作物生产的成本高低，而且决定着主要粮食作物生产技术进步的路径模式。

因此，本部分主要运用2004—2015年的省级面板数据，构建计量经济模型，测度不同阶段、不同区域小麦生产的机械型技术进步和生物化学型技术进步，对小麦生产阶段中起主导作用的进步模式进行分析与判定，探究不同优势区小麦生产技术进步模式选择的差异性。

（一）小麦技术进步模式的测度

1. 研究方法

本课题主要利用 E-S 模型（荏开津典生，1985）测度不同阶段、不同区域小麦生产的生物化学型技术进步和机械型技术进步程度。在农业生产中，其生产要素投入主要包括土地、劳动力、农业机械和生物化学投入，其生产函数形式为：

$$Y = f(V, S, L, K) \qquad (4-11)$$

其中，Y 代表小麦产量，V 代表种子、化肥、农药等生物化学型投入，S 代表小麦播种面积，L 代表劳动投入，K 代表农业机械、农业设备等机械型投入。

在生产函数的具体形式上，比较理想的是柯布-道格拉斯生产函数，但是它要求投入要素之间具有替代性，根据现有的研究成果以及农业生产实际，可以认为 V 和 S 具有替代关系，可以作为一组来体现生产的生物化学技术，K 和 L 具有替代关系，可以作为一组来体现机械技术进步，并且这两组之间具有互补关系，就有了农业生产过程的生物化学（BC）过程和机械（M）过程，它们就是农业生产过程中 BC 侧面和 M 侧面。

根据里昂惕夫生产函数的思想，可以得到如下生产函数：

$$Y = \min \left[F(V, S), G(L, K) \right] \qquad (4-12)$$

$$F = AV^{\alpha}S^{\beta}$$

$$G = BK^{\gamma}L^{\delta}$$

其中，A、B、α、β、γ、δ 为待估变量。

根据 E - S 模型，可以将生产函数设定为：

$$Y_{BC} = AV^{\alpha}S^{\beta} \qquad\qquad (4-13)$$

$$Y_M = BK^{\gamma}L^{\delta} \qquad\qquad (4-14)$$

公式（4 - 12）和公式（4 - 13）分别表示小麦生产的生物化学型（BC）生产函数和机械型（M）生产函数。

在此基础上分别建立 t 期及 $t+n$ 期小麦生产的 BC 型和 M 型生产函数模型，根据下面公式测定某一时期的生物化学型（BC）技术进步指数和机械型（M）技术进步指数：

$$Q_{BC} = \frac{A_{t+n}V_{t+n}^{\alpha}S_{t+n}^{\beta}}{A_t V_t^{\alpha}S_t^{\beta}} \qquad\qquad (4-15)$$

$$Q_M = \frac{B_{t+n}K_{t+n}^{\gamma}L_{t+n}^{\delta}}{B_t K_t^{\gamma}L_t^{\delta}} \qquad\qquad (4-16)$$

Q_{BC} 和 Q_M 是某一时期的 BC 和 M 型技术进步指数。

2. 样本选择与数据来源

数据均来自历年《全国农产品成本收益资料汇编》《中国农村统计年鉴》等官方统计资料。为保证数据的可得性和完整性，本课题选取 2004—2015 年小麦五大优势区域黄淮海优势区（河北、山西、安徽、山东、河南、陕西）、长江中下游优势区（江苏、湖北）、西南优势区（四川、云南）、西北优势区（甘肃、宁夏、新疆）、东北优势区（黑龙江、内蒙古）共 15 个省份小麦生产数据，包括小麦产量、小麦播种面积、每亩用工人数、生物化学投入（种子费、化肥费、农家肥费、农药费、农膜费）、机械投入（机械作业费、排灌费、燃料动力费）。为消除价格因素的影响，本文以 2004 年为基期，使用农业生产资料综合指数对生物化学投入和机械投入数据进行平减。

（二）小麦技术进步模式的分析

1. 小麦生产进步技术模式的年度判别

本部分对小麦生产的 M 生产函数和 BC 生产函数进行线性回归，并在此基础上计算各要素的技术进步指数，表 4 - 14、表 4 - 15 分别为 M 生产函数和 BC 生产函数的回归结果，图 4 - 33、图 4 - 34 分别为其环比技术进步指数和定基技术进步指数。

从小麦机械型生产函数回归结果来看，机械投入弹性系数呈波动式上升，2014 年达到最高点 0.896，整体上增长趋势明显，表明随着机械投入的不断增加，其对产出的贡献越来越大，机械投入的边际产出效应不断提高；虽然部分劳动投入弹性系数不显著但不影响整体分析，劳动投入弹性系数整体呈现明显下降趋势，机械投入对劳动力投入的替代作用日渐增强；从两系数之和来看，小麦机械生产每年均表现为规模递减。

表 4 - 14   2004—2015 年小麦机械型生产函数回归结果

年份	机械投入弹性系数（α）	劳动力投入弹性系数（β）	常数项	规模报酬（α+β）	机械对劳动替代（α/β）
2004	0.568***	0.399***	3.925***	0.967	1.42
2005	0.479***	0.474***	4.416***	0.953	1.01
2006	0.476***	0.482***	4.440***	0.958	0.99
2007	0.565***	0.372**	4.198***	0.937	1.52
2008	0.640***	0.303**	3.931***	0.943	2.11
2009	0.693***	0.216*	3.914***	0.909	3.21
2010	0.817***	0.125	2.923**	0.942	6.54
2011	0.641***	0.217*	4.619***	0.858	2.95
2012	0.702***	0.194*	3.991***	0.896	3.62
2013	0.795***	0.132	3.145	0.927	6.02
2014	0.896***	0.059	2.410**	0.955	15.19
2015	0.879***	0.067	2.574**	0.946	13.12

注：***、**、* 表示在 1%、5%、10%的水平上显著；历年回归的观测值个数均为 15。

从小麦生物化学型生产函数回归结果来看，由于 2010 年土地投入弹性系数和常数项没有通过显著性检验，导致生物化学投入弹性系数波动较大，从总体来看，生物化学投入系数在波动中有所提高，生物化学投入的边际产出能力提升，但由于生物化学投入增长较慢，因此其对小麦产量的促进作用有限。

表 4 - 15   2004—2015 年小麦生物化学型生产函数回归结果

年份	生化投入弹性系数（γ）	土地投入弹性系数（δ）	常数项
2004	0.544***	0.647***	3.080***
2005	0.596***	0.578***	2.701***
2006	0.493***	0.645***	3.809***

（续）

年份	生化投入弹性系数（γ）	土地投入弹性系数（δ）	常数项
2007	0.455**	0.691***	4.050**
2008	0.558***	0.619***	3.148***
2009	0.707***	0.386**	2.524***
2010	0.976***	0.178	0.041
2011	0.572***	0.548***	3.403***
2012	0.652***	0.420**	3.098***
2013	0.716***	0.370**	2.468**
2014	0.627***	0.478**	3.133**
2015	0.612***	0.460**	3.455***

注：***、**、* 分别表示在1%、5%、10%的水平上显著；历年回归的观测值个数均为15。

虽然多数年份机械型生产函数的劳动力投入弹性系数没有通过显著性检验，但仍可以借助回归结果分析我国小麦生产的技术进步模式的变迁。从机械投入和生物化学投入技术进步指数的环比变动趋势来看，机械投入和生物化学投入的技术进步指数在年际间变动频繁，且变化趋势基本一致，可见机械投入和生物化学投入技术进步指数受年度外部因素如天气状况等影响较大。

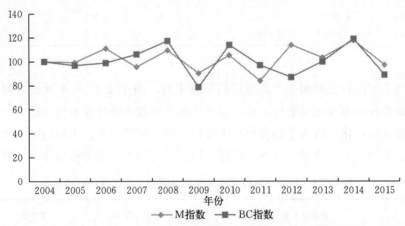

图4-33　小麦机械型技术进步指数和生物化学型技术进步指数（上年＝100）

进一步从机械投入和生物化学投入技术进步指数的定基变动趋势来看，机械投入技术进步指数和生物化学技术进步指数发展趋势明显不同。2004—2011

年机械投入技术进步指数和生物化学技术进步指数在波动中有所提升，其数值较为接近且变动趋势基本一致，可见这一阶段小麦生产主要表现为机械型技术进步和生物化学型技术进步共同发展。2011—2015年机械投入技术进步指数显著增加，由91.80增加到123.53，增幅为34.57％；生物化学投入技术进步指数则在波动中有所下降，除2014年外，均低于100，且从生物化学投入技术进步指数整体来看，2004—2015年其在波动中基本保持在100左右，即零增长。由此可知，2011年后，我国小麦生产明显表现为机械技术进步型。

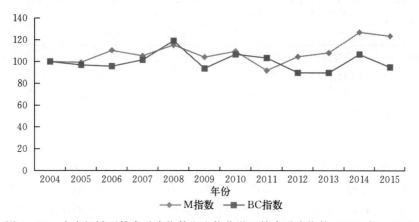

图4-34 小麦机械型技术进步指数和生物化学型技术进步指数（2004年＝100）

2. 小麦技术进步模式的阶段性判别

由于小麦生产不仅受到土地、劳动力、机械投入、生物化学投入等因素的影响，还会受到气候条件等其他外界因素的影响，因此技术进步指数的计算结果可能会出现一定的误差。此外，2004—2015年时间跨度较长，可能会丢失一些机械型技术和生物化学型技术的变化信息。因此，根据农业发展的阶段划分，本文将这一时期分为2004—2007年和2008—2015年，对各阶段机械型生产函数和生物化学型生产函数进行分析，表4-16为这两阶段机械型生产函数和生物化学型生产函数的回归结果。

从回归结果来看，机械型生产函数和生物化学型生产函数的显著性检验都较为理想。两阶段弹性系数相比，机械投入弹性系数的变化更为明显，机械投入弹性系数由0.519增长为0.737，其对劳动力的替代作用由1.19增加为4.19，增加显著。进一步从两阶段机械技术进步指数和生物化学进步指数变化来看，机械技术进步指数有显著增长，而生物化学技术进步指数基本不变。可

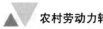

见，从阶段性分析来看，现阶段我国小麦生产主要以机械技术进步为主。

表4-16　不同阶段我国机械型生产函数和生物化学型生产函数回归结果

时期	M函数				BC函数			
	机械投入弹性系数（α）	劳动力投入弹性系数（β）	常数项	M指数	生化投入系数（γ）	土地投入系数（δ）	常数项	BC指数
2004—2007	0.519*** (11.44)	0.435*** (8.18)	4.262*** (9.75)	100	0.512*** (8.72)	0.649*** (10.39)	3.497*** (7.76)	100
2008—2015	0.737*** (19.71)	0.176*** (5.30)	3.634*** (10.29)	172	0.655*** (12.55)	0.452*** (7.90)	2.852*** (7.50)	101

注：***、**、*分别表示在1%、5%、10%的水平上显著；2004—2007年、2008—2015年两个阶段回归的观测值个数分别为60、120。

（三）小结

从整体回归结果来看，小麦生产的机械投入弹性系数增长明显，劳动投入弹性系数整体则呈现明显下降趋势，机械投入对劳动力投入的替代效应增强；小麦生物化学投入系数在波动中有所提高，生物化学投入的边际产出能力提升，但由于生物化学投入增长较慢，因此其对小麦产量的促进作用有限。从机械投入和生物化学投入技术进步指数的定基变动趋势来看，2011年之前我国小麦生产技术进步模式主要是机械进步和生物化学双辅型，2011年后机械进步指数上升明显，生物化学进步指数则表现下降趋势，小麦生产主要以机械技术进步为主。从阶段性分析来看，我国小麦生产技术进步模式选择同样表现为机械型。

第三节　玉米提质节本增效[①]

粮食作为一种具有战略意义的特殊商品，是国民经济发展的重要组成部分，是国家安全战略的基础保障。提高农民种粮积极性是保障粮食安全的关键一步。玉米作为三大主粮之一，在饲用玉米需求迅速增长的支撑下，东北地区玉米持续替代大豆种植，播种面积持续增加。2012年玉米产量超过水稻，成

---

① 本节选自农业部软科学课题"玉米节本增效潜力及途径研究"（课题编号：201702-3），课题主持人：李婕。

为国内第一大粮食作物。近年来，由于玉米价格大幅下滑，原先高投入、高产出的生产模式已经不适应当前形势。因此，研究玉米种植节本增效对促进农业健康发展、保障国家粮食安全具有重要的现实意义。

一、我国玉米生产成本收益的变化特征

（一）数据说明

在本部分中，为了能够考察不同规模、不同地区玉米种植户的成本收益情况，使用农村固定观察点数据对玉米的成本收益进行分析。由于观察点数据中只涉及农户的现金成本，人工成本中的家庭用工只有投工量，没有折价，考虑到将家庭用工折价计入玉米种植成本更有利于衡量出种植户家庭的全部投入和家庭经济效益情况，因此，本文汇总的数据利用《农产品成本收益汇编》（2002—2016 年）中的劳动日工价对观察点数据中的家庭用工折价进行估算和补充，弥补数据中家庭用工折价的缺失。

（二）玉米生产成本收益的变化特征

1. 玉米成本呈总体上升趋势，收益呈波动下降趋势

考虑家庭用工折价情况下，玉米种植成本由 2009 年的 446.56 元/亩增加到 2014 年的 768.70 元/亩，之后逐年下降到 2016 年的 709.91 元/亩。2009年至 2016 年，玉米种植成本年均增长 6.85%。玉米种植收益由 2009 年的202.65 元/亩波动下降到 2016 年的 3.24 元/亩，年均下降 44.61%（图 4 - 35）。

2. 不同种植规模玉米成本收益的变化特征

为了分析不同规模种植农户的成本收益情况，将农户样本按种植规模分为3 组讨论，分别为：小规模种植户（小于等于 10 亩）、中等规模种植户（大于10 亩且小于等于 50 亩）和种植大户（大于 50 亩）。

（1）种植规模越大亩均成本越低，且成本的年均增长率越低。从图 4 - 36可以看出，玉米亩均生产成本随着种植规模的扩大而降低。小规模户玉米生产成本由 2009 年的 492.90 元/亩增加到 2016 年的 991.26 元/亩，年均增长10.50%；中等规模户成本由 2009 年的 421.25 元/亩增加到 2016 年的 512.03元/亩，年均增长 7.25%；大规模户成本由 314.81 元/亩增加到 2016 年的512.03 元/亩，年均增长 7.20%。

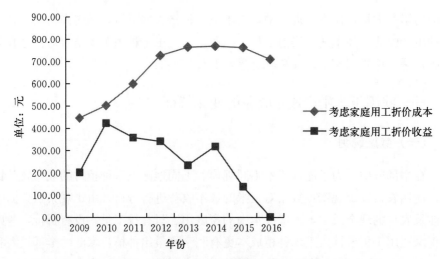

图 4 - 35　考虑家庭用工折价情况下玉米成本收益

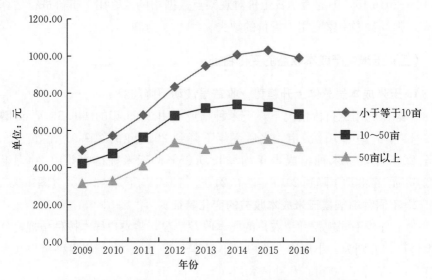

图 4 - 36　考虑家庭用工折价情况下不同规模玉米成本

（2）小规模种植户亩均种植收益明显低于中等规模户和种植大户。小规模种植户的收益由 2009 年的 187.44 元/亩增加到 2011 年的 258.35 元/亩，之后逐年下降到 2016 年的－151.56 元/亩；中等规模种植户的收益由 2009 年的 207.53 元/亩增加到 2011 年的 463.04 元/亩，之后波动下降到 2016 年的 77.26 元/亩；大规模种植户的收益由 2009 年的 257.77 元/亩波动增加到 2014

年的 482.86 元/亩，之后下降到 2016 年的 45.95 元/亩。如图 4-37 所示。

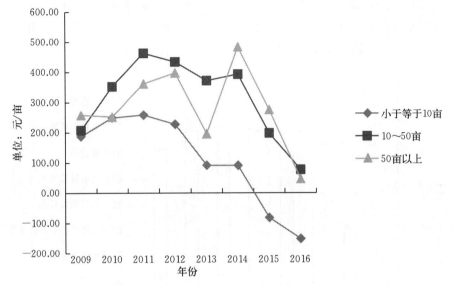

图 4-37　考虑家庭用工折价情况下不同规模玉米收益

二、玉米生产成本变化的原因分析

(一)我国玉米生产成本结构及变化趋势

(1) 家庭用工折价、化肥费用、机械作业费、土地租赁费和种子种苗费是最主要的成本支出。根据农村固定观察点数据分析的结果，各项成本所占比重由高到低分别为家庭用工折价、化肥费用、机械作业费、土地租赁费和种子种苗费。其中家庭用工折价从 2009 年的 196.62 元/亩增加到 2014 年的 390.97元/亩，之后又逐年下降到 2016 年的 333.60 元/亩，增长了 69.66%，年均增长 7.53%；所占比重由 2009 年的 44.03%增加到 2014 年的 50.86%，之后下降到 2016 年的 46.99%。化肥费用从 2009 年的 109.53 元/亩增加到 2016 年的 134.00 元/亩，增长了 22.34%，年均增长 2.92%；所占比重由 2009 年的 24.53%下降到 2016 年的 18.88%，减少了 5.64 个百分点。机械作业费由 2009 年的 31.57 元/亩增加到 2016 年的 66.53 元/亩，增长了 1.11 倍，年均增长 11.24%；所占比重由 2009 年的 7.07%增加到 2016 年的 9.37%，增加了 2.3 个百分点。土地租赁费由 2009 年的 18.07 元/亩增加到 2016 年的 56.92

元/亩，增长了 2.15 倍，年均增长 17.81%；所占比重由 2009 年的 4.05% 增加到 2016 年的 8.02%，增加了 3.97 个百分点。种子种苗费由 2009 年的 34.82 元/亩增加到 2016 年的 55.65 元/亩，增长了 59.82%，年均增长 6.93%，所占比重变化不大，始终为 6%～8%（图 4-38、表 4-17）。

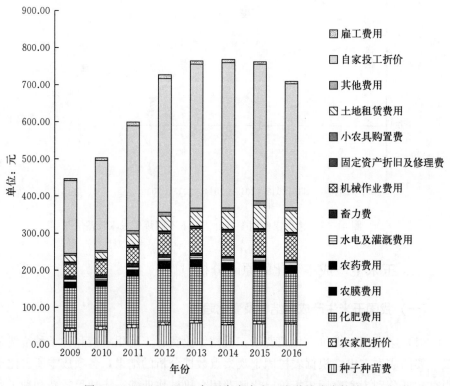

图 4-38　2009—2016 年观察点农户玉米种植成本构成

表 4-17　2009—2016 年各项生产成本占总成本的比重

	2009 年	2010 年	2011 年	2012 年	2013 年	2014 年	2015 年	2016 年
种子种苗费	7.80%	7.91%	7.44%	7.26%	7.59%	6.94%	7.37%	7.84%
农家肥折价	1.93%	1.83%	1.46%	1.07%	0.95%	0.85%	0.94%	0.60%
化肥费用	24.53%	21.44%	21.85%	19.81%	18.88%	18.40%	18.20%	18.88%
农膜费用	0.64%	0.48%	0.49%	0.53%	0.48%	0.38%	0.44%	0.42%
农药费用	2.53%	2.39%	2.23%	2.23%	2.10%	2.18%	2.34%	2.46%
水电及灌溉费用	1.96%	1.67%	1.50%	1.37%	1.32%	1.58%	1.67%	1.61%

（续）

	2009 年	2010 年	2011 年	2012 年	2013 年	2014 年	2015 年	2016 年
畜力费	1.93%	1.63%	1.49%	1.13%	0.85%	0.62%	0.52%	0.43%
机械作业费用	7.07%	7.26%	7.18%	7.72%	8.71%	8.50%	8.59%	9.37%
固定资产折旧及修理费	1.00%	0.81%	0.83%	0.77%	0.67%	0.72%	0.76%	0.88%
小农具购置费	0.28%	0.30%	0.31%	0.30%	0.26%	0.33%	0.27%	0.29%
土地租赁费用	4.05%	3.55%	4.97%	5.37%	5.08%	6.23%	8.16%	8.02%
其他费用	1.13%	1.14%	1.48%	1.47%	1.25%	1.22%	1.57%	1.31%
家庭用工折价	44.03%	48.23%	47.11%	49.61%	50.68%	50.86%	48.30%	46.99%
雇工费用	1.13%	1.38%	1.68%	1.36%	1.17%	1.19%	0.88%	0.90%

（2）玉米主要成本支出中，按推动成本上涨的贡献率排序依次是家庭用工折价、土地租赁费、机械作业费、化肥费用和种子种苗费。以上 5 项成本增长对总成本增长的贡献率依次为 52.01%、14.75%、13.28%、9.29% 和 7.91%。农药费用、水电及灌溉费用、其他费用、农膜费用、固定资产折旧及修理费、小农具购置费、雇工费用等虽对成本的增长有正向作用，但贡献率相对较小。如表 4 - 18 所示。

表 4 - 18　2016 年以 2009 年为基期各项成本对总成本增加的贡献率

成本名称	贡献率
种子种苗费	7.91%
农家肥折价	−1.65%
化肥费用	9.29%
农膜费用	0.03%
农药费用	2.35%
水电及灌溉费用	1.02%
畜力费	−2.12%
机械作业费用	13.28%
固定资产折旧及修理费	0.67%
小农具购置费	0.31%
土地租赁费用	14.75%
其他费用	1.63%
家庭用工折价	52.01%
雇工费用	0.50%

（二）不同生产规模下成本变化的原因分析

1. 不同规模下玉米主要的成本支出及变化趋势

（1）小规模种植户最主要的成本支出是家庭用工折价、化肥费用、机械作业费和种子种苗费。家庭用工折价由 2009 年的 262.28 元/亩增加到 2016 年的 646.34 元/亩，增长了 1.46 倍，年均增长 13.8%，占总成本的比重由 2009 年的 53.21% 增加到 2016 年的 65.20%。化肥费用由 2009 年的 102.97 元/亩增加到 2013 年的 144.27 元/亩，之后下降到 2016 年的 139.14 元/亩，其占总成本的比重有所下降，2009—2016 年由 20.89% 下降到 14.04%。机械作业费由 2009 年的 30.29 元/亩增加到 2016 年的 69.02 元/亩，增长了 1.28 倍，年均增长 12.5%，所占比重变化不大，由 2009 年的 6.15% 增加到 2016 年的 6.96%。种子种苗费由 2009 年的 35.33 元/亩增加到 2016 年的 56.02 元/亩，增长了 58.57%，年均增长 6.8%，所占比重为由 2009 年的 7.17% 下降到 2016 年的 5.65%（图 4-39、表 4-19）。

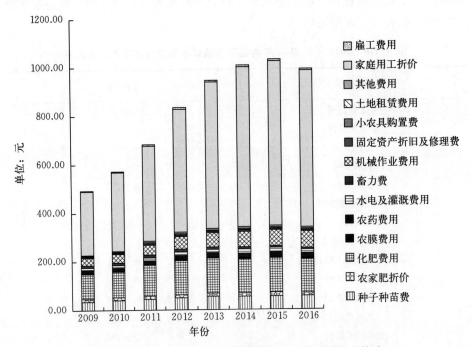

图 4-39 2009—2016 年小规模种植户玉米种植成本构成

表 4 - 19　小规模玉米种植户各项成本所占比重

	2009 年	2010 年	2011 年	2012 年	2013 年	2014 年	2015 年	2016 年
种子种苗费	7.17%	7.17%	6.68%	6.03%	5.83%	5.36%	5.29%	5.65%
农家肥折价	2.38%	2.15%	1.90%	1.51%	1.38%	1.39%	1.62%	1.22%
化肥费用	20.89%	18.40%	18.55%	16.87%	15.25%	13.92%	13.63%	14.04%
农膜费用	1.00%	0.76%	0.78%	0.64%	0.57%	0.54%	0.54%	0.51%
农药费用	2.02%	1.99%	1.83%	1.88%	1.74%	1.72%	1.80%	1.93%
水电及灌溉费用	2.25%	2.04%	1.85%	1.75%	1.46%	1.79%	1.79%	1.51%
畜力费	1.95%	1.73%	1.72%	1.33%	1.02%	0.86%	0.66%	0.62%
机械作业费用	6.15%	6.27%	5.95%	6.30%	6.28%	6.35%	6.45%	6.96%
固定资产折旧及修理费	0.88%	0.73%	0.67%	0.63%	0.56%	0.50%	0.47%	0.50%
小农具购置费	0.25%	0.24%	0.30%	0.26%	0.23%	0.31%	0.25%	0.18%
土地租赁费用	0.57%	0.42%	0.64%	0.50%	0.40%	0.45%	0.45%	0.43%
其他费用	0.57%	0.63%	0.87%	0.85%	0.72%	0.71%	0.61%	0.63%
家庭用工折价	53.21%	56.80%	57.42%	60.63%	63.80%	65.33%	65.71%	65.20%
雇工费用	0.72%	0.67%	0.85%	0.83%	0.74%	0.76%	0.73%	0.62%

（2）中等规模种植户的主要成本支出按所占比重由高到低分别为家庭用工折价、化肥费用、机械作业费、种子种苗费和土地租赁费。其中，家庭用工折价由 2009 年的 150.19 元/亩增加到 2016 年的 319.07 元/亩，年均增长 11.4%，占总成本的比重由 2009 年的 35.65% 增加到 2016 年的 46.41%。化肥费由 2009 年的 120.25 元/亩增加到 2013 年的 158.16 元/亩，之后逐年下降到 2016 年的 144.13 元/亩，所占比重由 2009 年的 28.64% 下降到 2016 年的 20.96%。机械作业费由 2009 年的 37.64 元/亩增加到 2016 年的 66.32 元/亩，年均增长 8.4%，所占比重由 2009 年的 8.94% 增加到 2016 年的 9.65%。种子种苗费由 36.16 元/亩增加到 2016 年的 54.75 元/亩，年均增长 6.1%，所占比重始终保持在 8% 左右。土地租赁费所占比重由 2009 年的 4.60% 增加到 2016 年的 6.08%（图 4 - 40、表 4 - 20）。

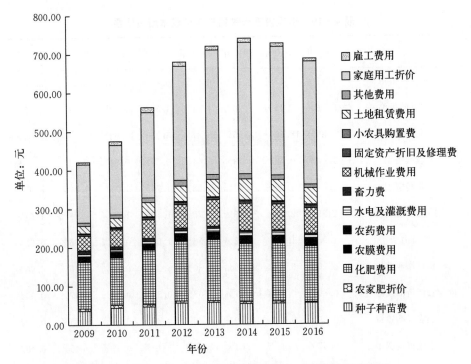

图 4-40　2009—2016 年中等规模种植户玉米种植成本构成

表 4-20　中等规模户玉米各项成本所占比重

	2009 年	2010 年	2011 年	2012 年	2013 年	2014 年	2015 年	2016 年
种子种苗费	8.59%	9.20%	8.17%	8.16%	7.84%	7.18%	7.36%	7.96%
农家肥折价	1.48%	1.65%	1.08%	0.74%	0.62%	0.62%	0.69%	0.35%
化肥费用	28.64%	25.83%	25.14%	22.78%	21.96%	20.29%	20.64%	20.96%
农膜费用	0.19%	0.16%	0.22%	0.41%	0.38%	0.28%	0.23%	0.34%
农药费用	3.27%	2.87%	2.65%	2.53%	2.41%	2.37%	2.57%	2.66%
水电及灌溉费用	1.46%	1.31%	1.10%	0.99%	1.19%	1.42%	1.44%	1.26%
畜力费	2.18%	1.75%	1.40%	1.09%	0.87%	0.59%	0.50%	0.45%
机械作业费用	8.94%	9.11%	8.63%	8.97%	9.55%	9.50%	9.26%	9.65%
固定资产折旧及修理费	1.16%	0.92%	1.06%	0.91%	0.75%	0.80%	0.80%	1.01%
小农具购置费	0.36%	0.42%	0.36%	0.33%	0.30%	0.38%	0.34%	0.42%
土地租赁费用	4.60%	5.10%	6.51%	5.82%	6.23%	7.34%	7.56%	6.08%
其他费用	2.09%	1.84%	2.15%	2.17%	1.74%	1.76%	1.63%	1.33%

（续）

	2009 年	2010 年	2011 年	2012 年	2013 年	2014 年	2015 年	2016 年
家庭用工折价	35.65%	37.85%	39.24%	43.51%	44.76%	46.01%	45.80%	46.41%
雇工费用	1.39%	2.01%	2.29%	1.58%	1.39%	1.46%	1.19%	1.12%

（3）种植大户主要成本按所占比重由高到底分别为土地租赁费、家庭用工折价、化肥费、机械作业费和种子种苗费。其中，土地租赁费用由 2009 年的 83.88 元/亩增加到 2016 年的 114.48 元/亩，年均增长 4.5%。所占比重由 2009 年的 26.64% 下降到 2016 年的 22.36%。化肥费用由 2009 年的 101.30 元/亩增加到 2016 年的 118.35 元/亩，年均增长 2.2%。所占比重由 2009 年的 32.18% 下降到 2016 年的 23.11%。机械作业费由 2009 年的 16.53 元/亩增加到 2016 年的 64.71 元/亩，所占比重由 2009 年的 5.25% 增加到 2016 年的 12.64%。种子种苗费由 2009 年的 26.69 元/亩增加到 56.29 元/亩，年均增长 11.2%，所占比重由 2009 年的 8.48% 增加到 2016 年的 10.99%（图 4-41、表 4-21）。

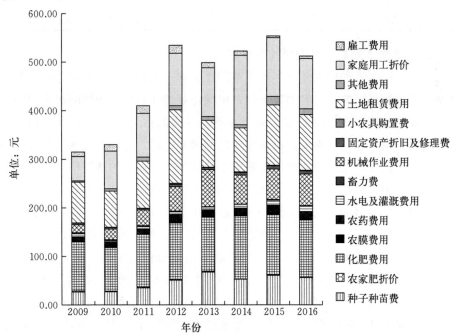

图 4-41　2009—2016 年种植大户玉米种植成本构成

表 4-21　种植大户玉米各项成本所占比重

	2009 年	2010 年	2011 年	2012 年	2013 年	2014 年	2015 年	2016 年
种子种苗费	8.48%	8.22%	8.59%	9.52%	13.54%	10.12%	11.01%	10.99%
农家肥折价	0.73%	0.39%	0.45%	0.34%	0.41%	0.10%	0.16%	0.04%
化肥费用	32.18%	27.10%	26.44%	21.76%	22.30%	24.88%	22.36%	23.11%
农膜费用	0.17%	—	—	0.48%	0.51%	0.21%	0.61%	0.39%
农药费用	2.79%	3.63%	2.64%	2.71%	2.43%	2.84%	2.90%	3.00%
水电及灌溉费用	2.16%	0.95%	1.22%	1.08%	1.23%	1.45%	1.83%	2.27%
畜力费	0.69%	0.40%	0.50%	0.27%	0.15%	0.12%	0.29%	0.11%
机械作业费用	5.25%	6.66%	7.83%	9.35%	15.21%	11.36%	11.30%	12.64%
固定资产折旧及修理费	1.12%	1.02%	0.78%	0.92%	0.80%	1.06%	1.18%	1.26%
小农具购置费	0.12%	0.16%	0.14%	0.42%	0.20%	0.25%	0.22%	0.28%
土地租赁费用	26.64%	22.48%	23.65%	28.32%	19.38%	17.36%	22.47%	22.36%
其他费用	0.77%	1.47%	2.07%	1.56%	1.57%	1.24%	3.15%	2.33%
家庭用工折价	15.95%	23.45%	21.88%	20.19%	20.20%	27.38%	21.88%	20.23%
雇工费用	2.94%	4.08%	3.83%	3.09%	2.09%	1.61%	0.63%	1.00%

2. 主要成本对总成本增加的贡献率

对比不同玉米种植规模下各项成本的贡献率，家庭用工折价对总成本的贡献率随着种植规模的扩大而明显下降，机械作业费随着种植规模的扩大而明显上升，而从机械作业费用的数值来看，不同规模的亩均机械作业费用相差不大，由此说明种植规模越大，机械作业的利用率越高，对人工成本的替代作用也越明显。此外，土地租赁费用对总成本的贡献率也随着种植规模的扩大而增加，主要是由于种植规模越大土地流转越多，费用也就越高。具体来看，小规模种植户主要成本对总成本增加的贡献率由高到低分别为：家庭用工折价77.07%、机械作业费7.77%、化肥费用7.26%、种子种苗费4.15%。中等规模种植户主要成本对总成本增加的贡献率由高到低分别为：家庭用工折价63.41%、机械作业费用10.77%、化肥费用8.82%、土地租赁费用8.42%、种子种苗费6.98%。种植大户各项主要成本对总成本增加的贡献率由高到低分别为：家庭用工折价27.06%、机械作业费用24.43%、土地租赁费用15.52%、种子种苗费15.01%、化肥费用8.64%（表4-22）。

表 4 - 22 不同种植规模下各项生产成本对总成本增加的贡献率

	小规模种植户	中等规模种植户	种植大户
种子种苗费	4.15%	6.98%	15.01%
农家肥折价	0.06%	−1.44%	−1.06%
化肥费用	7.26%	8.82%	8.64%
农膜费用	0.03%	0.58%	0.72%
农药费用	1.84%	1.68%	3.33%
水电及灌溉费用	0.78%	0.95%	2.45%
畜力费	−0.69%	−2.28%	−0.83%
机械作业费用	7.77%	10.77%	24.43%
固定资产折旧及修理费	0.12%	0.76%	1.50%
小农具购置费	0.11%	0.52%	0.53%
土地租赁费用	0.29%	8.42%	15.52%
其他费用	0.69%	0.13%	4.81%
家庭用工折价	77.07%	63.41%	27.06%
雇工费用	0.53%	0.69%	−2.10%

三、玉米生产成本的影响因素分析

(一)模型设计及数据来源

$$\text{cost}_{it} = \lambda_0 + \lambda_1 labor_{it} + \lambda_2 ferti price_{it} + \lambda_3 diesprice_{it} + \lambda_4 plotarea_{it} + \lambda_5 edu_{it} +$$
$$\lambda_6 age_{it} + \lambda_7 age_{it}^2 + \lambda_8 train_{it} + \lambda_9 mech_{it} + \lambda_{10} product_{it} + \varepsilon_{it}$$

本研究实证分析的数据来源于 2009—2015 年农村固定观察点农户调查数据。农村固定观察点数据有两个鲜明的特征和优势:一是调查范围广、样本量大。二是内容丰富,较为全面地反映了我国各地区农户及其家庭成员的生产、消费、就业、生活及其他各项活动,为本文在计量模型中较全面地选择变量提供了可能及良好的数据基础。文中所有价值变量均采用各省份农业生产资料价格指数进行平减(2009 年为基期),剔除价格因素。其中,亩均玉米生产成本、化肥的价格、亩均劳动投工量、农用柴油等变量进行对数化处理。

（二）变量选取

1. 被解释变量

玉米生产成本（cost），采用单位播种面积玉米生产成本衡量，其中，玉米生产成本包括种子种苗费用（元）、农家肥折价（元）、化肥费用（元）、农药费用（元）、水电及灌溉费用（元）、畜力费用（元）、机械作业费（元）、固定资产折旧及修理费（元）、土地租赁费用（元）、雇工费用（元）、家庭用工折价（元）及其他费用（元）等。

2. 影响因素变量

家庭特征变量。考虑到户主多为家庭生产经营决策者，因此本文控制户主一些基本特征，主要包括三个方面：一是户主受教育程度（edu），采用在校受教育年数计量（单位：年）；二是户主的农业生产技能（train），采用是否受过农业培训的虚变量表示，户主受过农业培训则记为 1，反之则为 0；三是户主年龄（age），一般来说，户主的年龄越高，农业生产的经验积累越丰富，同时为观察年龄递增的边际效应，参照一般文献的做法，模型也加入户主年龄的平方项。

投入要素。在玉米生产投入过程中，土地、化肥、机械、劳动等要素是最主要投入要素，在本文样本农户中，化肥费用投入占玉米总成本的比重达 20% 左右，雇工费用和家庭用工折价占玉米总成本比重达 50% 左右，水电及灌溉与机械作业费用占玉米生产总投入的 10% 左右，合计占到玉米生产总成本的近 80%。同时，考虑到数据的可得性，本文最终选取农户购买化肥的价格（fertiprice）（元/千克）、亩均劳动投工量（labor）（日/亩）、农用柴油价格（diesprice）（元/千克）。

土地细碎化（plotarea）。土地细碎化程度是影响玉米生产成本的重要因素，土地细碎化不利于规模化生产。由于数据限制，本研究采用农户家庭实际经营耕地地块数表示土地细碎化程度（单位：块）。

单位面积玉米产量（product）。在单位面积产量未达到一定门限值之前，单位面积成本随着单位面积产量增加是同方向的，当单位面积产量达到一定水平，实现规模效应，单位面积成本与单位面积产量呈反相关关系。据此，引入单位面积玉米产量的平方项进入模型。

农业机械化水平（power）。农业机械化水平提高，有利于提升玉米生产效率，进而降低玉米生产成本。具体的本文采用各地农用机械总动力除以农作物播种面积表示（单位：万千瓦/千公顷）。

（三）实证结果

由于数据为面板数据，回归分析应该采用固定效应模型（FE），还是随机效应模型（RE），Hausman Test 结果表明宜采用固定效应模型。同时，为保证模型稳健性，本文首先进行混合 OLS 估计。回归结果见表 4-23 中的模型 1 和模型 2。可以看出，模型 1 的 F 值和调整的 R^2 分别为 5 677.23 和 0.858 6，模型 2 的 F 值和调整的 R^2 分别为 8 161.25 和 0.822 7，表明本文所设计的模型形式是合适的，模型整体具有显著性及良好的解释力。具体分析如下：

表 4-23　玉米生产成本的影响因素分析

解释变量	模型 1（混合 OLS）		模型 2（FE）	
	系数	标准误	系数	标准误
lnlabor	0.580 5***	0.001 5	0.625 5***	0.002 4
lnfertiprice	0.018 1***	0.003 6	0.032 3***	0.003 9
lndiesprice	0.015 8***	0.001 5	0.004 7***	0.001 6
edu	0.000 6	0.000 5	0.000 9	0.001 1
train	−0.018 3***	0.004 4	−0.023 4***	0.006 4
age	−0.000 3	0.000 2	0.000 1	0.000 2
age^2	8.46e-08***	3.24e-08	−0.000 5	0.000 4
product	0.000 4***	7.07e-06	0.000 2***	7.41e-06
product^2	−3.23e-08***	1.07e-09	−2.01e-08***	1.13e-09
power	−0.471 9***	0.065 5	−0.167 9***	0.058 0
plotarea	0.001 9***	0.000 2	0.004 1***	0.000 5
时间效应	控制		控制	
省域效应	控制		控制	
Adj-R^2	0.858 6		0.822 7	
F 值	5 677.23		8 161.25	
样本量	41 117		41 117	

注：所用软件为 Stata13.0；***、**、* 分别表示 1%、5% 和 10% 水平上显著。

（1）就家庭特征变量来看，户主的年龄、受教育程度变量均不显著，是否受过农业培训变量显著为负，表明农户的年龄和受教育水平对玉米生产节本的作用不明显，户主的农业生产技能培训对玉米的节本效果显著。

（2）就玉米生产投入要素而言，化肥价格、亩均劳动投工量、农用柴油价格等变量的估计系数均显著为正，表明亩均劳动投工量增加、化肥价格和农用柴油价格的上涨，会增加玉米生产成本。

（3）就单位面积玉米产量变量来说，该变量平方项的估计系数为负，一次项估计系数为正，且均通过 1‰显著性水平检验，由此表明，玉米产量与玉米生产成本之间存在明显的倒 U 形关系。当单位面积产量低于一定水平时，产量增加导致成本也随之增加，而当单位面积产量越过一定门槛水平时便产生规模经济效应，每增加一单位玉米产量带来平均成本下降和规模报酬递增。

（4）就农业机械化变量看，该变量的估计系数显著为负，验证了本文的预期，即农业机械化水平的提高，提升了玉米生产效率，降低了玉米生产成本。

（5）就土地细碎化变量而言，该变量显著为正，土地细碎化程度越高，意味生产成本越高，对玉米生产节本产生不利影响。

四、玉米生产节本增效的潜力和途径探讨

通过前文分析，人工成本是近年来推动成本上涨的最主要因素；化肥费用、种子种苗费等要素投入成本的增加也对成本上涨具有非常显著的正向作用；对于种植规模较大的农户，机械作业费、土地租赁费的增加也是推动玉米成本上涨的重要因素。此外，土地的细碎化程度、农民的农业技术培训情况均会影响到玉米的生产成本。因此，本部分研究玉米节本增效的潜力和途径主要从以上几个方面进行切入。

（一）对节本增效潜力的探讨

1. 降低人工成本实现节本增效

人工成本是推动我国玉米种植成本上涨的重要因素，尽管近年来随着农业机械化的发展，我国玉米种植的人工投入呈现明显下降趋势，但亩均人工成本仍远远高于美国。分规模来看，小规模种植户的亩均投工量仍然较高（表 4-24）。因此，我国玉米种植通过农业机械化的发展降低人工成本具有很大的潜力。

表4-24 2009年—2016年不同规模玉米种植户亩均人工投入

单位：工·日

规模	2009年	2010年	2011年	2012年	2013年	2014年	2015年	2016年
小规模种植户	10.70	10.47	9.91	9.13	9.00	8.95	8.81	8.37
中等规模种植户	6.17	5.93	5.63	5.37	4.82	4.66	4.33	4.15
种植大户	2.15	2.61	2.38	2.08	1.59	1.99	1.57	1.35

案例1 蛟河市提高玉米种植机械化率，节本增效取得成效

玉米是蛟河市的主要粮食作物，为了提高玉米种植机械化效率，该市主要采取增加玉米收获机及保护性耕作机具，实行机械化作业。通过实施玉米机械化收获和保护性耕作来提高玉米作业效率，减轻劳动力生产强度，降低生产成本，提高玉米收获质量，从而达到节本增效的目的。一是玉米机械化收获可以节省作业成本，提高工作效率。以双行玉米收获机为例与人工收获进行比较，一台机器每天作业15亩，每亩收费150元；而人工收获是每天作业0.75亩，每亩收费300元。二是玉米机械化收获可以使秸秆得以还田，减少水土流失，增加休闲期土壤蓄水能力，增加土壤有机质含量。连续3年，每亩可节省化肥费用60元。同时，还可避免因焚烧秸秆造成空气污染，有利于保护环境。三是机械化保护性耕作可以提高水资源利用率，增强土壤蓄水保墒能力，有利于提高土壤有机质含量，耕地质量得到改善。同时，在增产增收省时节支方面效益明显，减少作业环节，简化工序，节省能源，节约化肥，提高地力，合计每亩可节约成本50元，实际增收50元。

2. 提高农资投入使用效率实现节本增效

根据前文分析，化肥费用、种子种苗费也是推动成本上涨的主要因素之一，而化肥、种子种苗等农资价格主要由市场决定，只能从农资投入使用效率上挖掘潜力。据统计，我国耕地面积不足世界一成，却使用了世界近四成的化肥，单位面积农药使用量是世界平均水平的2.5倍，近年来我国粮食生产中存在增肥不增产、土壤养分过量累积、化肥施用过量、养分利用效率下降等突出问题。因此，在提高农资投入使用效率方面存在很大的潜力，通过推广测土配

方施肥技术、节种技术、节药技术等可有效实现玉米的节本增效。例如，经过测算，吉林省抚松县通过推广测土配方施肥技术，改变了农民的不合理施肥习惯，化肥使用量从纯氮 12.95 千克、纯磷 3.75 千克、纯钾 3.75 千克分别降至 10.5、3.9、5.3 千克，亩均减少化肥使用量（折纯）0.75 千克，提高玉米产量 5% 以上，亩节本增效 47.02 元；通过精量和半精量播种技术的推广，亩均节省种子用量 0.5 千克，亩减少成本 10 元；通过玉米病虫害绿色防控和统防统治技术的推广（推广太阳能杀虫灯、诱捕器、生物防螟，无人机飞防等技术），亩均减少农药使用量 20% 以上，减少用工 30%，亩减少成本 10 元。

3. 降低机械作业成本实现节本增效

根据前文分析，机械作业费也是玉米种植中的一项重要成本支出，虽然机械作业费的增长抑制了人工成本的上涨，但是机械作业费投入本身也带动了总成本的增加。当前，我国农机科技创新不足、成果转化不多、农机农艺融合不够，依然是亟待解决的问题；北方平原和旱作区等农业机械化水平较高的地方，正在加快提档升级，要向大马力、高性能、复式作业机具转变，从而进一步提高生产效率；南方水田地区、丘陵山区等发展相对滞后的地方，也迫切需要改变种植制度、改善宜机条件、增加适用机具有效供给，加快农业机械化发展步伐。因此，从降本增效的角度来讲，通过推进技术创新、优化资源配置、合理规划配置资源，机械作业成本本身也具备节本增效的潜力。

（二）对节本增效实现途径的探讨

1. 推进农机技术创新，加强农机技术推广

机械化生产具有高效、精准的特点，可对人力形成有效替代，是降低粮食种植成本的基础。玉米实现全程机械化作业，可以大大节省劳动力，实现节本增效。在农机技术创新方面，要优化资源配置，提升创新能力，改变山地丘陵地区不同程度存在的"无机可用、无好机用、有机难用"的局面。在农机技术推广方面，一要通过典型示范，政策引导，广泛开展宣传和培训，调动农民应用的积极性；二要根据不同区域的自然禀赋、耕作制度和经济条件，采取适宜的技术路线；三要通过培训，使基层农业机械化技术推广人员掌握技术要点、学会技术推广方法，指导农民掌握技术要领、正确操作使用机具。发挥专家、技术推广骨干作用，及时提供技术咨询服务，解决农民疑难问题，加快农业机械化技术普及应用。

2. 推进农技推广体系建设，加强农业技术推广

一是要促进基层农技推广机构有效履职，发挥在公益性农技推广服务中的主导地位，加强对市场化主体的引导、服务和必要的监管。通过购买服务等方式，支持引导市场化主体参与农技推广服务。二是要遴选能力较强、乐于助人的新型农业经营主体带头人、种养大户等作为农业科技示范主体，通过精准指导服务、组织交流观摩等措施，提高其自我发展能力和辐射带动能力。应用现代信息技术，开发便捷高效的农技推广服务信息化平台，实现任务安排网络化、推广服务信息化、工作考核电子化。三是要围绕地方需求，广泛集聚农业科技资源，构建基层农技推广机构、科研教学单位、市场化服务组织、农业乡土人才等广泛参与、分工协作、充满活力的农科教产学研一体化农技推广联盟，实现农业技术成果组装集成、试验示范和推广应用的无缝链接，提升农技服务效能，促进产业提质增效。在此基础上大力推广节水（覆盖栽培、科学灌溉）、节肥（测土配方施肥、化肥深施）、节种（精量播种）、节药（病虫综防）等节本技术，从而提高农业生产资料的利用效率，减少粮食生产的物质投入。

3. 加强农民职业教育和培训

要加强农业劳动力技能培训和科学种田知识普及，大力提升农业劳动素质，培育高素质农民。要整合社会力量，推进专门机构、相关资源和市场主体三种力量结盟，探索建立政府部门统筹领导下的多维培训组织服务方式。把政府部门的统筹主导职能、专门机构的支撑保证作用、相关资源的有序高效利用机制导入市场主体，共同培育和服务农民。在培育目标上实现与现代农业产业发展的对接和融合。培训方式上要适应农民学习和生产生活特点，推行"分段式、重实训、参与式"培训，实现与农民学员实际要求的对接和融合。此外，除了传统的培训模式，还要注重创新，可借助"互联网＋"的强大引擎，以互联网手机、电视等手段，积极构建社会运营平台，让农民以低成本、方便快捷地获取优质培训资源。

4. 引导分散小规模经营向多种形式的适度规模经营转变

当前，我国玉米生产仍然处于大量农户分散经营为主的状态，承包地细碎化等问题仍旧突出，专业化、规模化、标准化程度相对较低。小规模分散经营制约了资源的优化配置和劳动生产率的有效提高。大力发展多种形式的适度规模经营，使各种投入要素达到最优组合，从而提高生产要素利用效率，取得规模效率和最佳效益，是节本增效的重要途径。一方面，要合理引导、鼓励、规范农村土地流转行为，鼓励创新土地流转形式，稳步推进土地经营权抵押、担保试点，允许农民以土地经营权入股发展农业产业化经营等。另一方面，鼓励发展合作社等新型农业经营主体，引导土地向有能力进行农业规模经营的经济组织集中。实现适度规模经营，可以更好地对农田进行科学规划，合理安排农业种植计划，进而进行大规模的农业机械化作业，提高农业机械作业的劳动生产率，降低农业生产的作业成本，增加农民收益。

案例 2　吉林榆树市田丰机械种植合作社玉米种植节本增效的主要做法和成效

田丰合作社占地面积 4 万米²，其中建筑面积 3 600 米²，农机库房 2 600 米²，办公室 1 000 米²。现有大型收割机 23 台（套）、收割脱粒机 1 台、农用四轮车 68 台、灭茬机 3 套、大型精播机 3 台、小型精播机 9 台、翻地机械 3 台，各种大小机械设备总计 110 台（套）。田丰合作社以农业机械化为载体，充分发挥机械化的高效作用，玉米种植实现全程机械化，大大节省了生产成本。以 2016 年收割为例，人工收割玉米每亩成本 200 元，机械收割玉米每亩成本 73 元，每亩可降低成本 117 元。另外，田丰合作社还努力提高机械作业功能和操作水平，确保每个生产环节达到预定作业标准。2016 年，种植玉米 10 020 亩，最小地块的面积也有 45 亩，且基本连片，整地、播种、趟地、收割等生产环节均能实现连片作业，每亩机械作业费用比零星地块作业节省 10% 左右。

田丰合作社经过认真考察和专家指导，选择产量高、品质好、抗灾能力强的优良品种。科学实行测土施肥，根据测试情况有针对性地确定施肥成分和数量。在此基础上，制定了科学种田的经营策略，不断加大科学经营管理措施。为了确保每个环节都不出纰漏，还常年聘请省农科院专家为高级顾问，提供全程技术指导，整地、布局、选种、春播、施肥、除草、防灾、秋收、冬储，各个生产环节全部按科学种田要求管理操作。在科学的管理和操作下，玉米每亩产量达到 1 吨，比同等地块增产 16.7%。产出玉米不仅产量高，而且质量好，在当地打出了"盟温站"的品牌，切实提高了土地产出率和生产效益。

春播前，合作社首先统一选购适宜的优良品种，统一从厂商批量购买化肥、农药，能享受到农资供应商较多的价格优惠，减少了投入成本，每亩约节省 60 元。为保护农民利益，规避风险，在生产过程中，合作社对托管土地全部上了农业保险，通过正规渠道、选择正规的企业购置种肥、农药等农资产品，并在工商部门的监督下留样封存备查，最大限度地规避风险。

此外，田丰合作社坚持以市场化为引领，按照优化资源配置、降低营销风险、拓展跨区作业的发展思路，联合榆树域内利烨、腾龙等 5 家农机、农资、植保和食用菌合作社，组建了合作社联合社，在联合社内统一调配农机、种肥、打造了市场化分工与专业化协作的利益共同体，实现了跨省作业。

第五章

产业融合发展促进农民增收

实践证明，推进农村产业融合是当前促进农民增收的"金钥匙"，也是培育农民增收能力的战略工程。农村产业融合通过促进农业延伸产业链、打造供应链、提升价值链，为发挥新型农业经营主体、新型农业服务主体对农民增收的带动作用提供了更高的平台，为拓展工商企业、社会资本带动农民增收的渠道提供了更多的机会，也为优质资源和创新要素进入农业，增强农业的创新能力提供了通道；为发挥新型城镇化对新农村建设的带动作用，拓展农业功能和促进农业与中高端市场、特色、细分市场对接提供了更多的接口。

第一节　促进农村一二三产业融合发展增加农民收入[①]

一、推进农村产业融合的主要模式及其对农民增收的影响

（一）农业产业链向后延伸型融合模式

以农业为基础，向农业产后加工、流通、餐饮、旅游等环节延伸，实现农业"接二连三"，带动农产品多次增值和产业链、价值链升级。多表现为专业大户、家庭农场、农民合作社等本土根植型的新型农业经营主体发展农产品本地化加工、流通、餐饮和旅游等（参见案例1），对农民增收和周边农户参与农村产业融合的示范带动作用较为直接，农民主体地位较易得到体现，与此相关的农村产业融合项目往往比较容易"接地气"，容易带动农户增强参与农村

① 本节选自农业部软科学课题"促进农村一二三产业融合发展增加农民收入问题研究"（课题编号：201601-1），课题主持人：姜长云。

产业融合发展的能力；但推进农村产业融合的理念创新和实际进展往往较慢，产业链、价值链升级面临的制约因素往往较多。农户发展农产品产地初加工、建设产地直销店和农家乐等乡村旅游也属此类。部分农产品加工企业建设农产品市场、发展农产品物流和流通销售；部分农户和新型农业经营主体推进种养加结合、发展循环经济，引发农业产业链、价值链重组，也属农业产业链向后延伸型融合模式。

> **案例 1** 位于景芝镇阜口村的山东安丘市鸿发大樱桃种植专业合作社，拥有固定资产 660 万元，管理人员 5 人，技术人员 10 人，社员 300 人。该合作社拥有自属大樱桃基地 3 000 亩，其中大棚樱桃 1 626 亩，辐射带动附近约 2 000 名村民就业；已建成 40 亩的樱桃交易市场、3 000 米² 的包装大棚和 40 个分拣区，通过与天猫、京东等电商平台合作，实现线上线下双向销售。该合作社还统一品牌，注册的"醉红灯"商标成为供销总社推荐品牌。通过举办"山东景芝大樱桃节"，增加了知名度，还拓展了产品销路。鸿发大樱桃种植专业合作社还通过建设集果品生产、加工、包装、电子商务于一体的运营中心，增强分拣加工、预冷、仓储等服务功能[①]。

（二）农业产业链向前延伸型融合模式

依托农产品加工或流通企业，加强标准化农产品原料基地建设；或推进农产品流通企业发展农产品产地加工、农产品标准化种植，借此加强农产品/食品安全治理，强化农产品原料供应的数量、质量保障，增强农产品原料供给的及时性和稳定性（参见案例 2）。部分超市或大型零售商结合农业产业链向前延伸型融合，培育农产品自有品牌，创新商业模式，发展体验经济，还可以利用其资金和营销网络优势，更好地发现、凝聚、引导甚至激发消费需求，促进农业价值链升级，推动农业发展更好地实现由生产导向向消费导向的转变。农业产业链向前延伸型融合，多以外来型的龙头企业或工商资本为依托，往往有利于创新农村产业融合的理念，更好地对接消费需求，特别是中高端市场和特

---

① 本报告相关案例除特别注明者外，均根据笔者相关调研资料整理。

色、细分市场，促进产业链、价值链升级；也有利于对接资本市场、要素市场和产权市场，吸引资金、技术、人才、文化等创新要素参与农村产业融合，加快农村产业融合的进程。但在此模式下，容易形成龙头企业、工商资本主导农村产业融合的格局，导致农民日益丧失对农村产业融合的主导权和利益分享权，陷入农村产业融合利益分配的边缘地位。在此模式下，也容易形成农民对农村产业融合参与能力不适应的问题。因此，强化同农户的利益联结机制，增强龙头企业、工商资本对农民增收的带动能力，鼓励其引导农户在参与农村产业融合的过程中增强参与农村产业融合的能力，都是极其重要的。日本政府在推进农村"六次产业化"的过程中，更多地鼓励农业后向延伸，内生发育出农产品加工、流通业和休闲农业、乡村旅游，防止工商资本通过前向整合兼并、吞噬农业，防止农民对工商资本形成依附关系，这是一个重要原因（陈郁，2015）。

案例2 2003年成立的湖北秀水天香茶业有限公司位于湖北省宜昌市夷陵区。该公司以精心研制的"秀水天香"牌品牌系列茶为主导产品，集茶叶种植、加工、仓储保鲜和销售于一体，实行产业化经营、科学化管理，现有资产总额5 281万元，固定资产2 769万元。该公司拥有新开发的无公害、无污染标准化茶园30 000多亩，覆盖周边茶园40 000多亩，带动周边茶农10 000多户；年初制、精制加工干茶5 000余吨，年销售额近亿元。2009年6月，该公司发起组建了宜昌高山云雾茶叶专业合作社，形成了"龙头企业＋合作社＋基地＋茶农"的运作模式，既帮助农民解决了茶叶鲜叶"卖难"的问题，又为龙头企业解决了茶叶加工的货源和产品质量保障问题。2013年，经村民代表大会表决同意，在夷陵区下堡坪乡蛟龙寺村按"整村入社，土地入股，土地所有权、承包权、经营权三权分离"方式，组建了秀水天香土地股份合作社。秀水天香土地股份合作社以农民土地承包经营权和宜昌高山云雾茶叶专业合作社的资产评估作价入股，合作社利润分配中股金分红和茶叶鲜叶交易额分红分别占40％、60％。到2014年年底，高山云雾土地股份合作社拥有社员1 008户，流转土地7 658亩，总股份75 948股，带动茶农人均年增收1 000余元。高山云雾茶叶专业合作社已成为国家农民专业合作社示范社，秀水天香品牌获评为湖北省著名商标，合作社生产的秀水天香系列产品获中国国际森林旅游博览会金奖、中国绿色产品金奖。在实施中央现代农业高效标准茶园项目、低丘岗改造项目、河堤治理项目的同时，该公司正在致力打造生态观光茶园，发展乡村旅游。在秀水天香茶叶产业链，基本形成了公司做干茶叶购销和品牌、合作社做鲜叶收购和加工、土地股份合作社做基地和茶叶种植示范的发展格局，公司是合作社的团体会员。

（三）集聚集群型融合模式

依托农业产业化集群、现代农业园区或农产品加工、流通、服务企业集聚区，以农业产业化龙头企业或农业产业链核心企业为主导，以优势、特色农产品种养（示范）基地（产业带）为支撑，形成农业与农村第二、第三产业高度分工、空间叠合、网络链接、有机融合的发展格局，往往集约化程度高、经济效益好、对区域性农产品原料基地建设和农民群体性增收的辐射带动作用较为显著（参见案例3、案例4）。如《河南省人民政府关于加快农业产业化集群发展的指导意见》（豫政〔2012〕25号）要求"加快发展农业产业化集群，以农业优势资源为基础，以若干涉农经营组织为主体，以农业产业化龙头企业为支撑，以相关服务机构为辅助，以加工集聚地为核心，以辐射带动的周边区域为范围，围绕农业相关联产业发展种养、加工和物流，形成上下游协作紧密、产业链相对完整、辐射带动能力较强、综合效益达到一定规模的生产经营群体，实现产、加、销一体化"。农村一二三产业集聚集群型融合能否取得竞争优势，很大程度上取决于产业集群专业化、集中化、网络化、地域化特征的发育程度。许多地方发展一村一品、一乡（县）一业，部分地区建设特色小镇，也属此种模式。

案例3 安徽肥东食品工业园占地5千米²，经过10年的发展，已集聚企业60余家，形成农产品加工制造园、冷藏储存园、设计包装园、孵化中心和产品展示园和以徽商农产品交易市场为代表的物流配送园，农业产业化企业集聚集群发展、城乡联动格局基本形成。到2016年，该园区带动建设各类原料生产基地 40 万亩，实现农产品加工产值 143 万元，带动农户 30 万户，吸纳就业 2.2 万人，直接带动农民人均增收 1 000 余元。

——根据安徽省农业委员会、安徽省财政厅 2016 年 4 月提供的《2016 年农村一二三产业融合发展试点省份申报材料》整理。

案例 4　浙江义乌市佛堂鲁雅村通过技术引进和工艺改造，从一张桌子一把铡刀起家，已发展成为拥有切纸机、印刷机、覆膜机等全套先进设备的现代化纸制品加工专业村，集聚企业 60 家，80％以上的农户经商办厂或从事纸品加工。

（四）农业农村功能拓展型融合模式

通过发展休闲农业和乡村旅游等途径，激活农业农村的生活和生态功能，丰富农业农村的环保、科技、教育、文化、体验等内涵，转型提升农业的生产功能，通过创新农业或农产品供给，增强农业适应需求、引导需求、创造需求的能力，拓展农业的增值空间；甚至用经营文化、经营社区的理念，打造乡村旅游景点，培育特色化、个性化、体验化、品牌化或高端化的休闲农业和乡村旅游品牌，促进农业农村创新供给与城镇化新增需求有效对接。近年来，许多地方蓬勃发展的特色小镇和农家乐旅游当属此种模式。如浙江省部分村镇综合开发利用自然生态和田园景观、民俗风情文化、村居民舍甚至农业等特质资源，发展集农业观光、休闲度假、商务会谈、科普教育、健身养心、文化体验于一体的农家乐休闲旅游，形成类似薰衣草主题花园、佛堂开心谷、农业奇幻乐园等旅游产品。许多地方推进"桃树经济"向"桃花经济"的转变，发展油菜花等"花海经济"。近年来，北京市大力发展沟域经济，促进农民增收效果显著，也是这种模式的成功范例。许多山区、贫困地区长期以来经济发展缓慢，但生态环境优良，发展休闲农业和乡村旅游，促进了其生态资源向生态资产的转换，有效带动了农民增收，加速了精准脱贫的进程。

农业农村功能拓展型融合带动农民增收的效果，在很大程度上取决于理念创新的程度和服务品质。单靠农民自身推进农业农村功能拓展型融合，往往面临观念保守、理念落后等制约，农户之间竞争有余、合作不足，也会影响区域品牌的打造和效益的提升。工商资本、龙头企业的介入，有利于克服这方面的局限，但防范农民权益边缘化的重要性和紧迫性也会突出起来。根据我们2016年8月对山东潍坊市的调研，全市农业农村功能拓展型融合基本呈现3种模式，一是在城市周边或名胜景区，面向市民多样化消费需求，以大型设施农业为基础，以奇、特、新、高（档）农产品生产为主，融合休闲、观光、度假、教育、体验等功能，建设休闲农业园区、农业主题公园或现代农业新业态，形成以农业"玩乐"功能带动"吃喝"功能的农村产业融合模式；二是依托依山傍水的自然生态景观或历史文化浓郁的人文景观，推进农业生产、生活、生态功能融合互动发展，发展生态休闲游、民俗风情游、历史文化游、农业景观游等休闲农庄或农家乐旅游；三是依托区域农业主导产业或优势特色产业的规模优势、品牌优势，发展休闲农业，丰富农业的创意、文化、体验等功能。

（五）服务业引领支撑型融合模式

通过推进农业分工协作、加强政府购买公共服务、支持发展市场化的农业生产性服务组织等方式，引导农业服务外包，推动农业生产性服务业由重点领域、关键环节向覆盖全程、链接高效的农业生产性服务业网络转型；顺应专业大户、家庭农场、农民合作社等新型农业经营主体发展的需求，引导农业生产性服务业由主要面向小规模农户转向更多面向专业化、规模化、集约化的新型农业经营主体转型；引导工商资本投资发展农业生产性服务业，鼓励农资企业、农产品生产和加工企业向农业服务企业甚至农业产业链综合服务商转型，形成农业、农产品加工业与农业生产性服务业融合发展新格局，增强在现代农业产业体系建设和农业产业链运行中的引领支撑作用（参见案例5、案例6）。农业生产性服务业引领支撑型融合有利于解决"谁来种地""如何种地"等问题，促进农业节本增效升级和降低风险，带动农民增收。许多地方通过发展农业会展经济和节庆活动，带动农产品销售和品牌营销，推进农业供给与城市消费有效对接，促进农民增收，也属服务业引领支撑型融合。

案例5 成立于2010年8月的山东沃华农业科技股份有限公司，注册资本4 200万元，主营葱姜蒜产品的研发、种植、生产、加工、销售、出口等，与康师傅控股有限公司、李锦记集团、中粮集团有限公司、临沂新程金锣肉制品集团有限公司、沃尔玛（中国）投资有限公司等企业建立了长期合作关系。近年来，沃华公司装备了国际先进的大葱种植、采收、加工等全套机械装备，为农户提供个性化精准定制服务、全程农业生产服务、良种良法培训指导服务等，成为区域农业社会化服务的领跑者。沃华公司建设的现代化的育苗中心，采用丸粒化包衣、精量化播种、工厂化育苗等技术，与传统育苗相比，可缩短生长期45～50天，千亩种植所需苗地从170亩减少到35亩，还提高了出芽率、抗旱耐寒性，避免了苗期病害。沃华公司还成立了专业化的服务队，为合作社、农户提供大葱种植全程服务，提高了作业效率和质量效益。如自动化移栽服务比人工快5～10倍，且苗全、苗齐、苗壮，不用缓苗；机械化采收人工用量仅为手工的1/5，费用降低一半，还避免了损耗，确保了大葱品质。采用沃华公司的葱苗和服务，可增产15%～20%。农户通过电话或网上订单的方式就可及时叫来服务，解放出来的劳动力可以外出打工或到沃华公司就业。沃华公司还拟依托大数据和互联网技术，打造联结农户、合作伙伴、加盟商的"惠农服务网"，促进互联网和社会化服务更好地对接。

案例6 安徽金寨县白塔畈乡以前采用人工育秧，费工费力，有经验的人育秧也比较难找。从2013年开始，金寨县引进全自动水稻育秧播种流水线，实行工厂化育秧，每天可为300亩稻田育秧，相当于人工育秧15个人每人4天的工作量。每座育秧工厂每年可提供2 000亩以上的机插秧苗。按照该乡金圩利民农机专业合作社的工厂化育秧示范标准，每百亩工厂化育插秧共需工资、生活费1 520元。当地人工育插秧每百亩需工资、生活费14 950元。与人工育插秧相比，每亩机械化育插秧可节约成本134.3元，仅插秧环节每亩就可节约102.7元。

（六）"互联网＋农业"或"农业＋互联网"型融合模式

此种融合从本质上也属于服务业引领支撑型融合，但为突出"互联网＋"

"＋互联网"对推进农村产业融合的重要性，可将其单列。依托互联网或信息化技术，建设平台型企业，发展涉农平台型经济；或通过农产品电子商务，形成线上带动线下、线下支撑线上、电子商务带动实体经济的农村一二三产业融合发展模式，拓展农产品或农产品加工品的市场销售空间，提升农产品或农业投入品的品牌效应和农业产业链的附加值。许多地区在发展设施农业和高端、品牌、特色农业的过程中，越来越重视这种方式。有些地区还结合优势、特色农产品产业带建设，加强同电子商务等平台合作，形成电子商务平台或"互联网＋"带动优势特色农产品基地的发展格局（参见案例7、案例8）。如安徽省芜湖市依托"三只松鼠"等20余家农业电子商务骨干企业，带动"果仓王国"等新兴农产品电商企业快速发展，推动了农产品线上销售的快速增加。潍坊市是全国农产品电子商务发展的先行者，近年来全市着力加强电子商务企业孵化基地建设，打造"中国农产品电子商务之都"，已形成企业独立投资、建设和发展，企业投资、政府部门配合，小微企业和个人网店等3种运营模式，通过电商平台建立的农产品销售网店已近万家。

推进"互联网＋农业"或"农业＋互联网"型融合，有利于创新农业发展理念、业态和商业模式，促进农业产业链技术创新及其与信息化的整合集成，发挥互联网对农业延伸产业链、打造供应链、提升价值链的乘数效应；也有利于更好地适应、引导和创造农业中高端需求，拓展农业市场空间，提升其价值增值能力，促进农民增收。但此种模式对参与者的素质要求较高，农产品物流等配套服务体系发展对其效益的影响较大，增强创新能力、规避同质竞争的重要性和紧迫性也日趋突出。此种模式能否有效带动农民增收，在很大程度上取决于平台型企业或者农产品电商能否同农户形成有效的利益联结。

案例7 安徽省砀山县大力发展农产品电子商务产业，推动了互联网与农产品的协调互促发展，入选第二批国家级电子商务进农村综合示范县。全县电商平台已达21个，网店、微店1万多家，带动2万多人就业，2015年销售额突破10亿元，其中黄桃罐头7.8亿元、酥梨2亿元。砀山县建设了21 000 米^{2}的电子商务产业园，吸引苏宁、京东、德邦、圆通等电商和物流企业入驻，提供展销、运营、培训、孵化、物流、设计等电子商务全产业链一站式综合服务，营造了"你拎包入驻，我提供平台；

你负责创意，我帮你实现"的发展环境。"90后"女孩姬冰纯带领创业团队，打造"桃如意"黄桃罐头品牌，2015年网络销售额1.5亿元；返乡青年周波成立带澳飞农业科技公司，打造"淘气的梨"品牌，每日接单量超过1万件。亿度商业管理集团建设120家村级服务点，推出"服务点＋合作社＋便利店"模式，实现了农产品进城和网货下乡的双向流通。2015年4月，砀山县电子商务协会成立，吸引200多家企业和个人参与。2016年春节以来，苹果滞销严重，电子商务协会召开义卖启动会，帮助果农渡过难关，每天发货不低于10万件，是上年同期的10多倍，基本解决了苹果滞销问题。电子商务有效带动了全县酥梨、黄桃价格的上涨，提升了砀山酥梨等品牌价值。砀山县已获"中国50家有较强影响力的果品区域公用品牌金奖"，还被评为"中国最美生态宜居旅游名县"。

案例8 优渥有机农业有限公司由互联网企业转型进入有机农业领域，是"有机汇"品牌的运营主体，以网络平台建设为基础，致力于通过提供健康有机农产品解决客户一日三餐的食品安全问题，实现从"种植端"到品牌运营、产品销售、加工包装、物流配送、客户服务的全产业链融合。"有机汇"在山东省潍坊市峡山生态经济开发区拥有650亩有机基地，主要从事有机蔬菜种植及有机鸡蛋生产，基地共有32个冬暖温室、10个高端拱棚、11个防虫拱棚、占地50亩的散养鸡场等有机生产设施，同时在黑龙江五常市安家镇建立1 000亩有机大米生产基地，在山东省安丘市辉渠镇建立500亩有机小米生产基地，所有产品坚守有机种植，无农药、无化肥、无激素、无转基因，均通过中国、美国和欧盟有机认证，目前已形成了"有机'菜篮子'"＋"有机米袋子"＋"有机散养鸡蛋"的产品体系。"有机汇"同时向2 836个家庭提供"农场直供餐桌"的家庭宅配服务。"有机汇"会员通过在"有机汇"专有平台以合理组合＋个性换菜的模式选取所需食材，然后公司根据客户下单摘菜，经过分拣包装、冷链运输、同城速递将新鲜、有机的农产品直供给消费者。依托电子下单，"有机汇"从消费者的精准需求出发，将农产品产业链由生产向包装、销售延伸，实现了以服务业发展带动的第一、第三产业融合。

以上模式主要是根据农村产业融合发展中第一、第二、第三产业的相对地位和组合方式划分的。现实中的农村产业融合发展模式，有的还程度不同地带有上述部分模式结合的性质。

二、推进农村产业融合的主要组织形式及其带动农民增收的效果

推进农村产业融合，组织是载体和依托。实践表明，越是推进农村产业融合做得好，带动农民增收效果显著的地方，农村产业融合的组织载体往往越具竞争力，同农户的利益联结机制越有效。在现实中，推进农村产业融合的主要组织形式可分为两类，即单一型组织和复合型组织。

（一）单一型组织及其对农民增收的影响

参与农村产业融合的单一型组织大致有普通农户、专业大户和家庭农场、农民合作社、农业产业化龙头企业、非农企业和工商资本、平台型企业等6类。

1. 普通农户

在许多地方，农户是农村产业融合的重要参与者和受益者。从事农村产业融合活动，对相关农户增加收入的带动作用最为直接，但农户往往也是农村产业融合经营风险的直接承受者。在此背景下，参与农村产业融合对农民增收的影响，很大程度上取决于农户特别是其主要决策者的经营理念、营销和市场开拓能力、资源动员和要素组织能力（以下合称决策者的经营能力），甚至农户实现和其他经营主体合作共赢的能力。但就总体而言，农户经营规模小、发展理念差，往往限制了其参与农村产业融合的选择空间；农户面临的基础设施和区域环境，对其参与农村产业融合、实现增收的效果也有较大制约。农户参与农村产业融合的主要受益者为参与农户，尽管对周边农户参与农村产业融合、增加农民收入也可能产生一定的辐射带动效应，但辐射带动的范围往往较为有限。辐射带动效应的强弱，主要取决于直接参与农户与辐射带动农户之间在推进农村产业融合方面的能力梯度差。

2. 专业大户和家庭农场

专业大户和家庭农场是新型农业经营主体的重要组成部分，日益成为推进农村产业融合的重要力量。从推进农村产业融合的角度来看，可以说专业大户和家庭农场是普通农户的升级版，其介入农村产业融合的深度和广度往往明显

大于普通农户，实现自身增收和辐射带动周边农户增收的能力也明显强于普通农户。在参与农村产业融合的过程中，专业大户和家庭农场面临的局限类似于普通农户，只是程度不同而已。许多专业大户是农业分工分业日趋深化的产物，如现实中的农机专业户；也有一些农业生产性服务专业大户逐步转型为家庭农场（参见案例9）。主要决策者的理念和经营能力，在很大程度上左右着专业大户、家庭农场推进农村产业融合、带动农民增收的效果。近年来，培育新型职业农民日益受到重视，很大程度上与此相关。

> **案例9** 安徽金寨县古碑镇七岭村农机户 SJD，2011 年购买了一台手扶拖拉机，在为自家耕地的同时，顺便为周边农户提供有偿代耕代种服务。2012 年他又与兄弟合伙购买了一台手扶拖拉机和两台小型联合收割机，为本地农户提供有偿代收代种服务，既为农户提供了便利，又增加了收入。有些农机户通过流转周边农户的耕地，进一步转型为家庭农场。如该县白塔畈乡 jwlm 农机专业合作社主任 WL，2009 年租用耕地 150 亩，2012 年将租用耕地扩大到 2 586 亩，实行水稻、小麦全程机械化作业，稻虾共育，年实现利润 300 余万元。2013 年耕地流转面积进一步扩大到 3 600 亩，并为周边农户提供代育代插服务 2 760 亩。

3. 农民合作社

近年来农民合作社发展很快，日益成为带动农户参与农村产业融合、促进农民增收的重要力量。真正意义上的农民合作社[①]往往本土根植性和与农户之间的亲和力较强，同农户或农村社区之间具有较强的地缘甚至亲缘联系，容易同农户或农村社区之间形成紧密而直接的"相互作用"，带动农户参与农村产业融合、实现农民增收的效果较为显著和持续。在推进农村产业融合和发展现代农业的过程中，农机、植保等作业合作社和土地、资金等要素合作社的运行，对于缓解关键环节、重点要素供给的瓶颈，还发挥着特殊重要的作用。但农民合作社发展到一定阶段后，合作社带头人的理念和经营能力容易成为其发

---

① 现实中的部分农民合作社"挂羊头卖狗肉"色彩较浓，不是真正意义上的农民合作社，属于龙头企业的"农业车间"，或农村能人创办、领办的企业，讨论其对于带动农户参与农村产业融合、促进农民增收的影响，应回归其组织本原，不宜从合作社的角度来讨论。

展面临的瓶颈，合作社规模小、层次低、功能弱、抗风险能力不强等局限，不仅会限制其推进农村产业融合的选择空间，也容易妨碍其农村产业融合项目的提质增效升级，影响其对农户辐射带动效应的发挥。引导农民合作社走向联合、合作，借此促进功能互补、要素集聚、市场集成，日益成为推进农村产业融合的必然要求。这也有利于更好地发挥农村产业融合企业家的带动作用（参见案例10）。

案例10 2010年成立的安徽金寨县金林生态养鸡专业合作社（以下简称金林合作社）注册资金30万元，先后获得中国优秀农民专业合作社、安徽省示范合作社等称号和全国农牧渔业丰收奖、农村致富带头人等殊荣。2014年年初课题组到该合作社调研时，金林合作社实有社员186户，成员出资180万元，合作社养殖示范基地占地20亩，是皖西最大的黑鸡孵化和饲育基地，辐射带动周边1500余户发展生态黑鸡养殖，解决了附近200多名农村劳动力的就业问题。金林合作社2010年注册了"人之源"山泉黑鸡商标，其主打产品山泉黑鸡成功进入上海高端餐饮行业和高端会所，并销往上海、北京、苏州、合肥等地，并出口到日本。2011年金林合作社在上海参加安徽名优特产上海交易会，并在上海设立直销店。2012年金林合作社投资500万元，发起成立了上海叶润佰福安徽农产品直供直销中心。2013年金林合作社发起设立了"三个农民电子商务有限公司"，主要从事禽畜产品、茶叶、板栗、野生油茶、养生食品等生态农产品研发、分装和自主O2O品牌销售；其农产品网络销售平台2014年年初正式上线，整合金寨县内各合作社100余种特色农产品的网上销售业务，并帮助指导所在县多家合作社参与电商运营，承办了金寨县农产品电子商务培训，周边合作社和龙头企业受训人数近百名。2013年，金林合作社实现盈余118.33万元，提取公积金11.83万元，按交易量分配盈余74.55万元，按成员出资比例分红31.95万元，成员户较当地同类型非成员户收入高40%，成员与合作社交易量占合作社总交易量的95%，成员户生产资料统一购买率、农产品统一销售率、标准化生产率均接近100%。

4. 农业产业化龙头企业

许多农业产业化龙头企业是推进农村产业融合的先行者，推进农村产业融合往往具有理念新、规模大、市场拓展和资源动员能力强等优势，对农户参与农村产业融合容易形成区域性、群体性的带动力，成为区域农村产业融合的领跑者。许多龙头企业通过"公司＋农户""公司＋基地＋农户"等方式，带动农户参与农村产业融合，并向农户提供"统一供肥""统一供种"等服务，成为农村产业融合的积极实践者（参见案例11）。有些龙头企业或农民合作社面向现代农业的重点领域、关键环节，创新生产性服务供给，有效发挥了在现代农业产业体系建设中"补短板"的作用（参见案例12）。但农户规模小、分散性强的特点，往往导致龙头企业直接带动农户的交易成本较高。农户相对于龙头企业在发展理念、经济实力、市场拓展和资源动员能力方面的巨大落差，往往容易导致农户与龙头企业之间缺乏亲和力，处于对龙头企业"被动跟跑"的地位，增加了带动农户参与农村产业融合的困难；甚至加剧了农村产业融合过程中农户权利边缘化的困境，影响了龙头企业带动农民增收的效果及其可持续性。龙头企业社会责任意识和对产业链整合能力不强，特别是同农户的利益联结机制不完善，也容易加大食品安全治理和对接中高端市场的困难，增加农户权益被侵蚀的风险。龙头企业与农户之间亲和力不强，也容易导致双方因机会主义行为形成"毁约跳单"等诚信危机。许多农产品加工、流通企业虽未取得"农业产业化龙头企业"称号，甚至当前还难说在从事农村产业融合活动，但在推进农村产业融合方面，往往程度不同地具有龙头企业的上述"潜质"。

案例 11 湖北宜昌市萧氏茶业集团公司是农业产业化国家重点龙头企业，20 世纪 90 年代在夷陵区邓村乡建立首家茶叶加工厂，高价敞开收购茶农的鲜叶，并通过举办春茶节等活动扩大茶叶销路，解决茶叶"卖难"、茶农准备毁茶种粮的问题。之后又投资兴建三峡茶城，促进周边众多小茶叶加工厂由各自为政转为联合发力。近年来，萧氏茶业集团公司致力于打造茶业领军企业，先后率先推进清洁能源代替柴火灶、茶叶病虫害生物防治、鲜叶清洗工艺等技术创新。该集团投资兴建的邓村茶产业科技园、萧氏茶产业高新技术工业园，已开发生产茶食品系列产品、茶餐饮、真味茶饮料、茶生物肥和袋泡茶、碎茶、花香茶等。

案例 12 宜昌市晓曦红柑橘综合服务有限公司是隶属于晓曦红柑橘专业合作社的服务性经济实体，2012 年在工商部门登记注册。该公司按照"组织专业化、服务标准化、操作机械化、适度规模化、信息网络化和产销一体化"的理念和"微利服务，让利于民"的原则，开展单项管理服务、全程托管服务、果园承包服务三大服务，业务范围涉及柑橘种植技术推广及咨询服务、劳务服务、劳务派遣、农药和农作物种子零售、普通物资运输代理等，形成柑橘产前、产中、产后系列化服务体系，下设柑橘产业技术服务队、植保服务队、农资配送服务队、采果服务队、果园管理服务队、机械运输服务队、营销服务队和物流信息部。公司人员全部是从种植能手中挑选、经过专业培训，且获得初级以上技术职称的农民。公司投资 100 余万元建立了果园山地运输车等机械设备，并建成了国内先进的智能终端配肥站。2015 年年初到该公司调研时，该公司服务面积已超 2 万亩，服务农户超过 2 000 户。该公司计划在 3 年内，服务队员超过 500 人，服务橘农 5 000 户，实现户均增收 5 000 元，年创利税 500 万元。

5. 非农企业和工商资本

近年来，随着工业化、信息化、城镇化和农业现代化的推进，随着政府对农村产业融合政策支持程度的提高，非农企业和工商资本投资农村产业融合的热情迅速高涨。这些非农企业和工商资本多数经营理念较为先进，拥有人才、资本实力、市场网络等优势，但缺乏从事农业经营和投资的经验，容易出现对农业投资风险估计不足的问题。多数非农企业和工商资本缺乏同农村社区和农民的地缘、亲缘联系，本土根植性不强，在推进农村产业融合的过程中，容易产生同农户利益联结不紧密，甚至挤压农民权益的现象。有些非农企业和工商资本推进的农村产业融合活动缺乏农户参与，除通过土地流转为农户提供一定几年不变的土地流转收入、为农民提供务工机会外，与农户基本没有利益联结。在非农企业和工商资本中，IT 企业或互联网平台型企业是一支较为独特的力量，在发展有机农业、开拓农业高端市场和特色细分市场，以及拓展农产品线上销售渠道方面，往往发挥着特殊作用；对于创新农村产业融合的理念也会产生重要影响（参见案例 13）。

案例 13 2013 年年底成立的华以农业科技有限公司（以下简称华以农业）主营蔬菜种植、水产品内陆养殖、农业观光旅游和农业技术研发及技术、货物进出口，打造以高科技、高附加值种养业为基础的纵向产业链，配套引入生态旅游观光体验项目，建设国际生态农业示范园区，规划占地 3 000 亩。该公司以建成设施农业集成供应商为目标，正通过建设运营华以国际农业科技孵化器项目，将以色列高科技设施农业技术引入国内并进行孵化、示范和商业化推广，同时整合国内其他农业高科技，连同成熟的运营模式，按"交钥匙"工程模式复制和输出到国内其他城市甚至国外。华以农业正在实施的 3 期项目有：①自动化水培工厂项目；②利用废弃矿坑放养鱼苗和黑鸭，打造生态美景并开展自动烧烤项目；③将惺惺山顶生态修复后打造水上乐园，并开办以色列餐馆。该公司旗下还成立了潍坊峡山有机农产品市场服务有限公司，依托华以公司的高标准水培蔬菜，同时整合区域内高标准有机农产品园区，将高品质有机果蔬销往北京、上海等高收入城市。华以农业同农户的利益联结机制，一是给农民的土地流转租金，二是雇佣农民务工，已有 400 余名农民转型为农业产业工人。

6. 平台型企业

平台型企业通过提供实体交易场所或虚拟交易空间，整合资源和发展要素，吸引关联各方参与并组成新的经济生态系统；通过发挥服务中介和服务支持作用，集成市场，促成关联方交易和信息交换，形成核心竞争力和价值增值能力。以此为基础的平台经济往往具有双边市场性、集聚辐射性、共赢增值性和快速成长性等特点，在增强农业产业链的创新驱动能力，减少信息不对称和重构产业链、供应链、价值链，增强引导需求和创造需求的能力方面，可以发挥特殊重要的作用（上海市经济和信息化委员会、上海科学技术情报研究所），是培育新产业、新业态、新模式的重要带动力量。

平台型企业通过发挥以下作用，往往成为农村产业融合提质增效升级的推进器。一是构建从餐桌到田间的产品需求信息流和标准体系，引导作为产业链、供应链参与者的生产者行为，培育消费导向的发展方式；二是有效整合科技、金融、物流、营销网络和政策资源，形成覆盖全程的要素流动和服务供给引导机制，带动优质资源和高级、专业性生产要素加快进入农业农村，整合集成城乡消费需求，增强产业链、供应链、价值链不同环节的协同性；三是推进以平台型企业为主导的产业生态治理和节本增效降险保障机制，形成覆盖全程、链接高效的产业链或价值链治理模式（姜长云，2017）。如浙江安厨电子商务有限公司按照"电商平台＋配送中心＋合作社（基地、农户）"模式，推进订单农业，实现生鲜农产品"当天采摘，当天分拣，当天配送、当天食用"。一般而言，平台型企业的运行有利于延伸产业链、打造供应链、提升价值链，进而有利于农民增收。近年来，利用平台型企业的新型融合主体越来越多，但主要是家庭农场、专业大户、农民合作社、龙头企业等新型经营主体，普通农户直接利用平台型企业的难度较大。平台型企业的运行能否有效带动农民增收，一方面取决于在农户和平台型企业之间是否通过其他经营主体的参与，形成衔接有序的中间过渡带（以下简称中间参与型经营主体）；另一方面取决于在平台型企业—中间参与型经营主体—农户之间能否形成有效的利益联结机制，保证产业链增值的成果能够有效传导到普通农户。

（二）复合型组织及其对农民增收的影响

在实践中，参与农村产业融合的经营组织可谓千姿百态，异彩纷呈，但往往是由上述单一型组织通过不同的利益联结组合而成的。为叙述简便起见，我们可将其简称为复合型组织。如"公司＋农户""合作社＋农户""公司＋合作社＋农户""合作社＋公司＋农户"、农民专业合作社联合社，以及各具特色的行业协会、产业联盟等。这些复合型组织的产生，很大程度上正是为了实现不同类型组织的优势互补（参见案例14）。有些复合型组织保持了相对稳定和紧密的形态，对推进农村产业融合、促进农民增收形成了日益广泛的影响。在此选择部分复合型组织进行分析。

案例 14 湖北土老憨生态农业集团集农产品标准化种植、商品化处理和深加工产品研发、生产、销售于一体，拥有国家级柑橘产业科技工程中心，近年来形成了柑橘、淡水鱼两条循环经济产业链，生产调味品和休闲食品两大系列产品，打造土老憨和清江野鱼两大品牌，产品销往国内外知名的商超系统和各大中城市。其 2006 年牵头组建的宜都市红花套柑橘专业合作社，2008 年联合市内 10 家柑橘专业合作社联合组建湖北宜都蜜柑集团合作社，同土老憨生态农业集团进行业务对接，统一使用"宜都蜜柑"集体商标，并建设现代化的柑橘生产示范基地，对基地统一引进新品种新技术、统一实施生产标准、统一采购和供应生产资料、统一销售产品、统一使用注册商标和包装、统一开拓市场、统一组织食品认证、统一开展成员所需的法律和保险服务、统一开展科技培训。集团合作社与各专业合作社签订柑橘生产销售合同，各专业合作社再与柑农签订订单合同，对合作社柑农按市场价上浮收购，保障柑农获得稳定收入。各专业合作社还建设柑橘示范基地。借此形成"龙头企业＋合作社＋基地＋农户"格局。2014 年年底，集团合作社组建柑橘专业技术服务队 10 个，联结无公害柑橘生产基地 15 万亩，辐射柑农 10 万户，柑橘种植面积达到 50 万亩。近年来，土老憨生态农业集团加强创新团队和创新平台建设，组织了一系列农产品加工技术的研发、推广和应用。在自建基地、带动农户建设标准化果园的同时，土老憨生态农业集团还积极发展休闲农业和乡村旅游，探索了"我的橘园我的树"等营销模式，促进了柑橘由"论斤卖"向"论个卖"的转变。

1. 现代农业产业化联合体

最先形成于安徽省宿州市，是顺应农业发展方式转变和推进农业产业化转型升级的需求，按照分工协作、优势互补、合作共赢原则形成的以农业产业化龙头企业为核心、农民合作社为纽带、专业大户和家庭农场为支撑，不同类型新型农业经营主体连接紧密的新型农业经营主体联盟，也是农产品生产、加工、流通、服务有机融合的重要组织形式（参见案例 15）。在现代农业产业化联合体内部，龙头企业、农民合作社、专业大户或家庭农场等新型农业经营主体均保持独立经营地位，但通过签订合同协议等方式，建立权责利益联盟关系，在平等、自愿、互利基础上实行一体化经营，培育联合体层面的规模经营优势[①]。从

---

① 参见《安徽省人民政府办公厅关于培育现代农业产业化联合体的指导意见》（皖政办〔2015〕44 号）。在较为成熟的现代农业产业化联合体内部，龙头企业往往是现代农业产业链的组织者、农业生产性服务综合集成商，也是品牌、标准、市场等战略性资源的控制者；龙头企业的资源整合、要素集成、市场营销和拓展提升能力，在很大程度上决定着农业产业链的竞争力、农业供应链的协调性和农业价值链的高度。农民合作社主要提供农机、储藏保鲜、动植物疫病统防统治等服务，农民合作社参与现代农业产业化联合体可获得服务需求的规模经济，并增加服务需求的稳定性。也有少数现代农业产业化联合体，有种植、养殖合作社参与其中。专业大户、家庭农场甚至农民合作社参与现代农业产业化联合体，不仅可以享受批量购买农资和服务的价格优势，还可以获得更加优质而有保障的农资和服务，并降低经营风险。龙头企业在供应链融资、信贷担保和保险等方面的支持，还有利于缓解融资、担保、保险等方面对农民合作社、专业大户、家庭农场发展的制约。

安徽等部分地区的实践来看，现代农业产业化联合体有利于促进农业产业链的节本增效和降低风险，也有利于提升农产品质量、加强食品安全治理和促进农民增收，带动农业价值链升级和农村产业融合发展。许多现代农业产业化联合体，需要在实践中逐步完善和规范。多数现代农业产业化联合体面临的一个突出问题是，农民合作社多为农机、病虫害统防统治等服务合作社，由种养环节普通农户参与的合作社较少，因此带动的农户多为专业大户或家庭农场，对普通农户的带动作用较为有限，因此其带动农民增收的效果主要惠及专业大户、家庭农场等少数精英农户，如何让带动农民增收的效果更好地惠及到广大普通农户，是个突出问题。当然，已有一些现代农业产业化联合体尝试通过土地托管、为农户提供农业生产性服务或粮食银行服务等方式，带动普通农户增收①。

案例 15　安徽强英鸭业集团有限公司成立于 2010 年，是省级农业产业化龙头企业，经营范围涵盖樱桃谷鸭全产业链，拥有全国最大的祖代种鸭繁育基地、全球单体最大的孵化场及配套的屠宰厂和饲料厂等，2015 年营业收入 22 亿元。2012 年，强英集团牵头养殖合作社、家庭农场等成立农业产业化联合体，走出了"公司＋基地＋家庭农场""公司＋养殖合作社＋农户"的发展道路，解决了产业发展的瓶颈，推进了全产业链的融合发展。目前，已吸纳 20 家养殖合作社和 80 多家家庭农场参与联合体，带动 4 000 余养殖户和 1 万余人就业。强英集团通过农业产业化联合体把养殖户组织起来，实行"五统一"（统一鸭苗供应、统一技术服务、统一饲料配送、统一疫病防治、统一保护价回收）管理模式，为养殖户提供全方位的技术跟踪和生产服务，解决养殖户的技术风险和与市场的对接问题；通过保底价回收和风险互助机制，解决养殖户的经营风险问题，保证了农户收益；还通过集中授信、企业付息、政府贴息等方式为养殖户解决贷款 3 亿元。通过这些机制创新，各方主体比较优势得以发挥，全产业链得到融合发展。强英集团还准备再建 3～5 个年产 60 万吨的饲料厂、6 000 万只年屠宰能力的屠宰厂和羽绒加工厂，带动产业链延伸和价值链升级。

---

①　参见安徽省农业委员会编辑、内部印刷的《安徽省现代农业产业化联合体典型案例汇编1》中对泗县富民农业产业化联合体、太和县共赢粮食产业化联合体的介绍。

2. 农业共营制

近年来发端于四川崇州市的农业共营制日益引起各级政府的重视。其要义是构建"土地股份合作社＋农业职业经理人＋农业综合服务体系"的新型农业经营体系（参见案例16），借此破解农业生产经营中"谁来经营""谁来种地""谁来服务"的难题，规避"地碎、人少、钱散、服务缺"对发展现代农业的制约，推进农民职业化和农业规模经营的发展。农业共营制实现了六大"有机结合"，即把培育现代农业企业家（高素质农民）、健全农业生产性服务体系和创新发展土地股份合作制有机结合，把稳定农户土地承包权与放活土地经营权有机结合，把发展农业生产规模经营与推进农业服务规模经营有机结合，把提高土地产出率与提高资源利用率、劳动生产率有机结合，把培育新型农业经营主体与带动普通农户参与现代农业发展有机结合，把构建新型农业经营体系与营造适宜现代农业发展的产业生态有机结合起来，实现了不同利益相关者的共建共营和利益共享。农业共营制还为科技、人才、金融等高级要素与农业发展的对接提供了一个窗口。因此，实行农业共营制是推进农村产业融合、加快农业发展方式转变的重要组织和制度创新，也是促进农民增收的重要组织形式。

但据尚旭东、韩洁（2016）的研究，农业共营制虽然兼顾了社员收益和职业经理人的预期收益，其短期成功效应却有其特殊的地域适用性和推广局限性，是以成都市作为改革试验区和巨额财政补贴等特殊优越条件作为后盾的，多数地区难以效仿复制。随着主要粮食品种价格形成机制改革和农业补贴政策转型的推进，特别是当前粮价下行压力的加大，其运行的可持续性正在受到侵蚀。职业经理人连年竞聘承诺增收压力的加大，也在形成推动其"非粮化"的压力。工商资本大规模流转土地后，因经营不善退地导致农户转出的土地无人接盘，是崇州市农业共营制形成的特殊背景；农业共营制更多地适合于人多地少、适宜机械化生产且财政实力较强的平原地区，对土地股份合作制的过度扶持，容易形成对家庭农场、专业大户发展的"挤出效应"。

案例16 四川崇州市从2010年开始，进行创新农业经营体系的"改革试验"，探索推进农业共营制。按照入社自愿、退社自由、利益共享、风险共担原则，引导农户将土地承包经营权折价入股，并在工商部门注册成立土地股份合作社。通过土地股份合作社解决"谁来经营"问题，合作社理事会代表社员决策"种什么"，并公开竞聘农业职业经理人，形成"理事会＋职业经理人＋监事会"的运行机制。通过农业职业经理人，解决"谁来种地"问题。土地股份合作社的收益一般10％作为公积金、20％作为农业职业经理人佣金，70％作为社员土地入股分红，辅之以超产分成或二次分红。崇州市还搭建了新型职业农民培训、管理和扶持平台，以提升新型职业农民素质和农业技能为核心，培养了一批专业化的新型职业农民或农业职业经理人，实行农业职业经理人准入和退出动态管理；并建立了农业职业经理人享受粮食规模种植补贴、城镇职工养老保险补贴、信用贷款贴息扶持等制度，扶持职业经理人发展。崇州市还按照政府引导、市场参与、多元合作方式，建立科技、品牌、金融、社会化服务相结合的农业综合服务体系，解决农业发展"谁来服务"的问题。通过农业科技专家大院，构建新型职业农民与专家联系的结点。通过农业专业化服务，整合公益性服务资源，吸引社会资金参与，分片建设了17个农业服务超市，形成农业生产性服务全程集合平台，联结区域内农机合作社、植保服务组织、劳务合作社、育秧中心（基地）、粮食烘储中心、种养（服）大户等，实现从技术咨询到全程机械化、农资配送、专业育秧、病虫害防治、粮食烘储、粮食银行等一条龙服务，所有服务项目的标准、价格均公开公示，明码标价。鼓励农业企业或农民合作社发展名优特新农产品，培育"西蜀粮仓·崇州味道"农村电商平台。崇州市还探索了农村产权评估、担保收储、流转交易、风险防控、金融服务、政策扶持等6大农村金融服务体系，搭建农贷通、互联网＋农村金融等平台。

——根据《成都市以"农业共营制"构建新型农业经营体系》一文整理

资料来源人民网-四川频道，2016年10月26日，http：//sc. people. com. cn/n2/2016/1026/c378773-29208107. html。

3. "村委会＋合作社＋关联企业＋绿色品牌创建模式"

其基本特征是充分利用本土化的组织资源网络（如村委会、合作社），并与外来关联企业（如农资供应商）合作，按照现代农业发展理念，推进农业发展方式转变和农村产业融合发展（参见案例 17）。这种组织形式的优点在于，有利于形成对农民增收的区域性、群体性带动作用，防止问题地区、困难群体成为农民增收的"落伍者"；也有利于加强食品安全治理。按照这种组织形式，促进农村产业融合和农民增收的效果，在很大程度上取决于现有行政组织系统的理念创新和资源动员、要素组织、市场拓展能力，取决于能否按照开放、包容、共进的心态加强组织之间的联合合作，借此推进农村产业融合提档升级增效。在这种组织形式下，地方行政组织大包大揽，也会妨碍新型农业经营主体、新型农业服务主体的成长发育及其对农民增收带动作用的发挥。

案例 17 山东潍坊市峡山区按照"村委会＋合作社＋农资供应商＋绿色品牌创建"方式，推进绿色农业发展，已从试点转向区域推开阶段。其基本运作情况是：强化村"两委"对村域农业发展的组织领导，以村为单位成立农民专业合作社，村支书或村主任兼任合作社理事长，加强村"两委"对农民专业合作社发展的组织领导和人、财、物力支持，带领群众共同致富。发挥村以上区、街两级政府的监管服务作用，设立街道农业投入品购销协会，负责选择农资供应商，签订农资供应协议，对农业投入品质量进行监督检测，帮助联系认证品牌。在街道之上，设立区农业投入品购销协会总会。村农民合作社在村"两委"领导下，带动农民发展绿色农产品生产，规范种植模式，并统一供肥供药，参与合作社的农户享受价格优惠。农民合作社通过统一认证的绿色品牌和商标，带领农民抱团闯市场，实现较常规农产品更高的售价。在群众推荐、合作社进行市场调查的基础上，每个村选择一家信誉好、规模大、优质价廉服务优的农资供应商负责定时定点全方位供应低毒高效的农业投入品，并负责提供技术指导和服务。与通常情况相比，按照这种模式，农户购买农资可降低成本10%～15%，化肥、农药等农业投入品使用量可减少 15% 左右，农业投入品的质量可得到稳定保证，农产品质量安全可全程追溯。通过村"两委"、合作社组织推进农产品绿色标准化生产，以合作社为单位统一注册商标，申请农业部绿色品牌认证，还可依托峡山"国家有机产品认证示范区"平台，建立完善绿色农产品品牌聚集营销体系，通过"互联网＋绿色产品"电商平台销售。

可见，不同类型组织对于农民增收的影响往往有很大不同，也各有其优劣势。推进农村产业融合的组织形式选择应该坚持多元化的方针，注意因地制宜、扬长避短，引导不同类型组织通过公平竞争、分工协作，形成分层发展、分类发展、优势互补、网络链接新格局。

三、促进农村产业融合增加农民收入的战略思路和对策建议

当前，促进农村产业融合增加农民收入主要面临5个方面的问题，即：对推进农村产业融合"是什么、为什么、怎么样"存在模糊认识，容易导致目标不清、重点错位、方式不当；融合主体"小、低、弱、散、同"现象严重，产业融合度和创新能力、竞争能力亟须提升；利益联结机制不健全，对参与主体特别是农户的辐射带动作用亟待提升；对农村产业融合重点领域、关键环节的政策支持仍待加强，提高政策支持的有效性较为迫切；要素市场发育滞后，资金、土地、人才仍是推进农村产业融合的瓶颈。

基于前文分析，推进农村产业融合要将提升农业的生产功能与激活农业的生活、生态功能结合起来；统筹处理服务市民与富裕农民、服务城市与繁荣农村、推进农业转型与增强农业竞争力、增强农村发展活力与增加农民收入、推进新型城镇化与推进新农村建设和建设美丽乡村的关系，积极营造推进产业融合带动城乡协同的发展格局；在增强农产品供给保障能力的同时，把增加农民收入、增强农业产业链的竞争力和创新驱动能力，放在较之前更加突出的地位；引导不同融合主体之间、农业产业链不同利益相关者之间形成引领有效、分工协作、优势互补、链接高效的战略性伙伴关系。

（一）加强农村产业融合成功经验和典型案例的宣传推广，廓清不同试点示范项目的功能定位和特色分工

农村一二三产业融合发展有别于通常的农村第一、第二、第三产业各自分立发展，是农村第一、第二、第三产业之间"你中有我、我中有你"的新型格局。农村一二三产业融合发展有主动和被动之分，被动融合即农村第一、第二、第三产业的交集，如一般的休闲农业和乡村旅游；主动的融合如同把农村第一、第二、第三产业3个鸡蛋打碎了、搅匀了，形成"若有若无，水乳交融"的关系，是农村产业融合的高级境界。较之于通常的农业产业化，农村一二三产业融合发展更强调产业跨界融合、要素跨界流动、资源集约配置，更强

调高端市场、特色市场的开拓和文化、创意、科技、体验等内涵的渗透，更强调第一、第二、第三产业之间由外部链接关系转为相互渗透、交叉和重组关系，更重视产业之间网络化、集群化、信息化的趋势，更重视城乡互动、以城带乡和要素市场、产权市场的发育；更重视农业工业化、工业服务化、服务产业化、产业信息化和绿色化。因此，农村产业融合不是农业产业化的简单复制，而是农业产业化的升级版和拓展版。要加强对农村产业融合现有试点示范项目和成功经验的总结宣传和推广工作，通过先行经验和典型案例的宣传剖析，引导地方政府和融合主体更好地了解农村产业融合"是什么、为什么、要怎"，以便更好地澄清推进农村产业融合的目标、辨识推进农村产业融合的重点和有效方式。

建议有关部门通过定期不定期编辑农村产业融合典型案例选、召开农村产业融合典型案例解剖会、典型经验交流会等方式，从融合主体和地区两个层面加强对典型经验的宣传、解剖，以及失败教训的总结剖析，提高宣传、培训的针对性和有效性。结合宣传培训，引导融合主体在农村产业融合领域稳打稳扎，"打持久战"；避免盲目投资加大经营风险。当前从国家层面支持农村产业融合的试点示范项目主要有国家发展和改革委员会同财政部、农业部等部委实施的"百县千乡万村"试点示范工程，财政部和农业部通过中央财政农村一二三产业融合发展项目支持试点省份建设，农业部农村一二三产业融合发展先导区项目。这些项目的实施，对于促进农村一二三产业融合发展，增加农民收入，发挥了重要作用。但从现有实践来看，应在加强统筹协调的基础上，进一步明确不同类型试点示范项目的支持定位和功能特色，形成支持重点适度错位、分工协作的试点示范体系，有利于增强政策支持的有效性。建议"百县千乡万村"试点示范工程以支持试点为主，突出深化体制机制改革、政策创新和优化农村产业融合空间布局等试点内容；农村一二三产业融合发展先导区项目突出成熟成型经验的总结提升和复制推广；中央财政农村一二三产业融合发展项目支持试点省份建设，突出支持农村产业融合的区域分工协作、利用城市群和区域中心城市对农村产业融合发展的引领带动作用。

（二）积极支持新型融合主体成长及其联合合作，完善人才成长和培养培训环境

促进农村一二三产业融合发展，要注意立足农业，依托农村，惠及农民。

相对于普通农户，在推进农村产业融合的过程中，新型融合主体往往理念新、能力强，规模优势、竞争优势和网络优势较为显著。这些新型融合主体范围很广，既包括新型农业经营主体、新型农业服务主体，也包括农产品加工、流通企业和其他农村企业，甚至来自于城市的工商企业、社会资本也可能成为新型融合主体的重要成员。如总部位于城市的旅游企业，它们更可能是推进农村产业融合的主力军或生力军，更容易成为农民增收的重要带动者。在推进农村产业融合过程中，要通过财政补贴、以奖代补、财政贴息、政府采购公共服务等方式，加强对新型融合主体的支持，鼓励其开展示范企业、示范合作社等创建活动，鼓励不同类型组织、不同类型主体之间加强联合合作，并增进利益联结，将增进规模经济与范围经济有效结合起来，进一步增强竞争优势和带动农民增收的能力。这有利于克服融合主体"小、低、弱、散、同"对提升农村产业融合度和增强农村产业融合创新能力、竞争能力的制约。要把支持新型农业经营主体和新型农业服务主体，作为支持新型融合主体的重点。如家庭农场、专业大户、农民合作社、农业产业化龙头企业、投资农业的工商资本，以及农资超市、农机服务队、农产品储运合作社、农业生产性服务综合集成商等。在许多农民专业合作社发展基础较好的地区，支持农民合作社的重点要由支持农民专业合作社转向支持农民专业合作社联合社，或农民专业合作社与龙头企业、家庭农场等合作。近年涌现的部分新型农村产业融合组织，如现代农业产业化联合体、农业共营制、"村委会＋合作社＋关联企业＋…"对区域范围的农民增收带动效应显著，要加强引导支持，鼓励其在发展过程中克服自身的问题和局限。

要注意引导新型农业经营主体和工商企业、社会资本扬长避短，投资或参与发展农村服务业，成为农村新型服务主体，鼓励其走规模化、产业化、集约化发展道路。建议结合推进农机补贴等政策转型，支持新型农业经营主体、新型农业服务主体加强关键性的农村生产性服务能力建设，将其购买关键性的机械设备用于开展农机、植保、病虫害统防统治、农产品产地初加工、农产品储藏保鲜、农业信息化等服务；以及把建设市场化的育秧育苗中心和加强市场营销能力、科技创新和成果转化能力、休闲农业和乡村旅游服务能力建设等纳入支持范围，加大支持力度。鼓励新型融合主体围绕农村产业融合，开展资金互助、信用担保、互助保险、供应链融资等服务。鼓励农产品或农资经销商向农业生产性服务综合集成商转变。引导新型农业服务主体由提供关键环节农业生产性服务向提供全程化农业生产性服务转变，由面向小规模农户提供服务向面向规模化的新型经营主体提供服务转变，由面向特定环节提供"碎片化"服务向提供覆盖全程的综合集成服务转变。

推进农村产业融合，关键靠人。鉴于农村产业融合涉及领域广，复杂性强，跨界融合特征显著，技术、业态和商业模式创新的影响举足轻重，要把加强人才培养培训、优化人才成长发育的环境放在突出地位。农村产业融合所需人才，包括政府管理和融合主体两个层面。推进农村产业融合，不仅要重视专业技术人才，更应重视跨领域、复合型、创新型人才，特别是领军型人才；不仅要重视技术创新人才，更应重视业态、商业模式创新人才和资源、要素整合集成人才。要注意推进具有不同优势的人才融合，带动农村产业融合。鉴于新型农业经营主体、新型农业服务主体是推进农村产业融合的生力军，要优先重视加强新型农业经营主体、新型农业服务主体带头人和新型职业农民的培训，注意瞄准不同类型的培训需求。如新型职业农民的培训，要注意区分生产经营型、专业技能型、社会服务型新型职业农民的不同需求，分类推进。为增强科技对农村产业融合的引领支撑作用，要加强对农村产业融合科技特派员的支持，鼓励科技人员在农村产业融合领域创新创业，鼓励科技人员向富有创新能力的农村产业融合企业家转型。要努力营造有利于人才成长和培养培训的环境，注意培育产业引领、能力优先、实用为重和分层发展的人才成长环境。要注意引导外来人才更好地发挥对乡土人才成长的带动作用。只有外来人才的引进，能够形成对更多本土人才"脱颖而出"的带动力，农村产业融合才具有可持续性发展的根基。建议结合支持创新创业，鼓励农村产业融合发展试点省份加强农村产业融合人才实训基地建设。

（三）加强对农村产业融合重点领域、关键环节的支持，创新支持方式

为更好地发挥财政投入"四两拨千斤"的作用，对农村产业融合的政策支持，应该更多地采用产业化、规模化、市场化手段，并重点瞄准以下重点领域和关键环节，通过财政贴息、以奖代补、先建后补和设立产业融合引导基金、投资基金等方式加大支持力度。也可通过政府设立农村产业融合风险补偿基金等方式，鼓励金融机构拓展对农村产业融合领域的中长期贷款，如提高固定资产贷款比重。

（1）农村产业融合区域载体和相关平台建设。如面向现代农业示范区、农

业产业化示范基地、粮食生产功能区和现代农业产业园、特色农产品优势区、农业产业化集群的公共服务平台和区域公共服务体系建设。如农业公共基础数据库建设、农业资源和要素整合平台建设、农产品质量安全检验检测平台、农村产权交易服务平台、农产品生鲜电商平台建设。这比支持经营主体单打独斗往往更为有效、更加公平。鼓励按照"企业为主、政府支持方式"，搭建农业总部经济平台，形成"总部＋基地"的农村产业融合新格局，强化服务业对现代农业发展、农业产业化经营的引领和辐射带动效应。结合支持农村产业融合区域载体建设，加大对自创品牌的农产品电子商务、农产品资源就地产业化的支持力度。

（2）与农村产业融合相关的关键性基础设施和服务能力建设。借此，加强农产品专用原料基地建设，助推农产品加工流通转型升级，支持农村产业融合的营销网络及其信息化、标准化、品牌化和食品安全治理能力建设。如支持农产品展示直销中心或交易中心建设；鼓励经营主体开展品牌合作，联合打造区域层面、产业链层面的公共品牌。鼓励面向新型融合主体开展涉农大数据分析应用能力培训，提升其优化决策能力。

（3）农村产业融合领域的商会、行业协会和产业联盟运行。建立健全政府公共服务向行业协会、产业联盟的优先采购制度，鼓励其在推进农村产业融合的协同创新、加强行业培训方面发挥作用。支持商会、行业协会、产业联盟举办产品展会或以会代展，带动农村产业融合的经营主体强化品牌、市场和营销意识。

（4）农村产业融合的跨区域、跨部门合作和产学研用合作。借此打造推进农村产业融合的"联合舰队"，促进科技等创新要素更好地注入农村产业融合领域，把推进农村产业融合的过程有效转化为培育新产业、新业态、新模式的过程，增强产业发展和农民增收新动能。

（四）以营造有利于农村产业融合的产业生态为重点，深化体制机制改革

建议在总结现行试点示范经验的基础上，重点瞄准以下方面，加大对体制机制改革的支持，着力营造有利于农村产业融合发展的产业生态，协调处理好发挥市场对资源配置的决定性作用和更好发挥政府作用的关系。

（1）创新农村产业融合的区域合作、部门合作机制。借此引导区域之间由农村产业融合的竞争关系转向竞争—合作关系，推进农村产业融合的部门协同

监管机制创新。鼓励农村产业融合与发挥区域中心城市和城市群的引领带动作用结合起来。实践证明，干部的跨部门任职和提拔，有利于带动农村产业融合。

（2）深化相关公共平台和公共服务机构运行机制的改革。可与支持民营经济和创新创业、促进农业产业化集聚集群发展、推进政府购买公共服务的改革和政策创新，强化平台型企业在行业治理中的责任结合起来。

（3）培育农村土地、资本等要素市场和产权流转市场。培育土地市场可与深化农村土地征收、集体经营性建设用地入市和宅基地制度改革结合起来。允许具备一定条件且投资农村产业融合项目的非本集体经济组织成员，购买农村房屋或宅基地，但为规避在农村房地产市场的投资或投机行为，达到一定年限后如需转让，其增值收益应主要留归本集体经济组织；允许通过农村土地整理和村庄整治节约的建设用地，通过入股、出租和转让等方式优先保障农村产业融合用地。对于兴办育秧大棚等关键性农业生产性服务的设施用地，只要未破坏耕作层，可参照农业用地执行。培育农村资本市场，应在尊重资本市场运行规律和统筹城乡发展的前提下，谨慎积极地与发展多层次资本市场、培育农村合作金融、培育创新友好型区域金融体系、创新农村金融监管方式改革等试验结合起来，并将其同引导产业投资基金支持农村产业融合结合起来。建议引导国家开发银行、中国农业发展银行和商业性银行加强对农村产业融合的中长期资金支持，逐步提高农村产业融合项目中固定资产贷款的比重。

（4）探索商会、行业协会、产业联盟等运行机制创新。借此增强其可持续发展能力，激发行业性组织在推进行业标准化、品牌化和加强行业治理、公共服务能力建设等方面的作用。鼓励农民合作社、农产品行业协会等合作，开展发展农村合作金融、普惠金融等改革试点。

（5）推进政策实施机制的创新。借此解决"政策好，落实难"的问题，促进支持农村产业融合的政策创新更好地落地。如近年来有关部门出台了一系列政策推进设施农用地按农用地管理。2014年国土资源部和农业部下发了《关于进一步支持设施农业健康发展的通知》。国土资源部明确提出相关政策，要求各地单列安排农村建设用地计划指标时，要安排不少于国家下达当地计划指标的5%，用于满足农村产业灵活发展用地需求。国务院还明确从2015年起，由各省、自治区、直辖市对新型农业经营主体进行的农产品加工、仓储物流、产地批发市场等建设单独安排用地计划指标，促进相关产业发展①。推进这些政策的落实，有利于缓解农村产业融合用地难的问题。此外，要鼓励推进农村产业融合的体制机制改革和政策创新，同支持创新创业、打造特色小镇和推进新型城镇化、建设美丽乡村结合起来，同促进农业绿色发展、培育农业新业态新模式结合起来。

（五）拓宽视野完善利益联结机制，促进不同利益相关者互利共赢

推进农村产业融合是推进农民增收的"金钥匙"，也是协同推进新型工业化、信息化、城镇化、农业现代化和绿色化的时代要求。但能否将推进农村产业融合的过程，有效转化为促进农民增收的过程，还在很大程度上取决于能否为农村产业融合发展建立有效的利益联结机制。为此，要科学处理以下 3 方面的关系。

（1）经营主体与普通农户的关系。国家支持农村产业融合到底取得了多大成效，关键要看两个方面，一是农民是否实现了增收、能在多大程度上实现增收；二是经营主体是否带动了农民增强参与农村产业融合的能力。因此，在推进农村产业融合的过程中，引导经营主体完善同农户的利益联结机制至关重要。但完善同农户的利益联结机制应该因地制宜，引导选择较为紧密但带动农民增收较为有效的利益联结机制。从实践来看，越是紧密型的利益联结，农户受益范围往往越小。在发展市场经济条件下，依靠紧密型的利益联结机制，推进农村产业融合可能给受益农民带来高收益，也可能带来高风险。按照股份制、股份合作制等运行机理，在对应利益联结方式下，如果企业没有盈利，不给农户分红则是顺理成章。因此，经营主体与农户之间的利益联结机制不是越紧密越好，与其强调二者利益联结的紧密性，不如强调利益联结的稳定性和可持续性，真正做到风险共担、利益均沾、合作共赢、持续发展。在经营主体与农户之间不存在放之四海都至善至美的紧密型利益联结机制。在许多地方，有关部门倡导的"保本收益＋分红"方式值得重视。

（2）领军企业与一般经营主体的关系。有些经营主体，特别是工商资本主导的经营主体，虽然与农户没有直接的利益联结关系，但属于供应链核心企业

---

① 参见国家发改委网站："国家发改委就农村一二三产业融合发展推进情况进行发布会"，2016年 12 月 8 日。

和农村产业融合的领军企业，在推进区域农村产业融合的过程中有能力发挥"导航灯"作用。支持这些领军企业发挥对一般经营主体的带动作用，有利于农村产业融合提质增效升级，也有利于提升农户和其他参与者的向心力。对于这些领军企业的支持，是否形成同农户的利益联结机制只宜作为参考项，不宜作为必选项。应重点关注两个方面，一是有没有形成以技术、标准、品牌、质量、服务为核心的综合竞争优势，成为加快技术、业态和商业模式创新的领导者，带动产业链、供应链、价值链呈现较强的价值增值和创新能力；二是在培育供应链不同环节的战略伙伴关系，增强对产业链、供应链、价值链的辐射带动力方面有多大作为。为此，要鼓励农村产业融合领军企业增强社会责任意识，带动供应链加强诚信环境建设，完善公正、公平、互惠共赢的利益分配机制。支持农民合作社的发展和联合，有利于增强农民在农村产业融合利益分配中的话语权，促进这种战略性伙伴关系的形成和发育。

（3）外来经营主体和本土化经营主体的关系。推进农村产业融合，规模化、组织化、集约化是基础。小而散的普通农户只宜成为参与者、"游击队"甚至"跟随者"，难以成为组织者和主力军。工商资本、龙头企业、农民合作社、家庭农场都是推进农村产业融合的重要组织形式。在推进农村产业融合的过程中，要科学处理外来经营主体与本土化经营主体的关系，将有效发挥本土化经营主体的主力军作用与外来经营主体的生力军作用有效结合起来①。在推进农村产业融合的过程中，要优先支持这些本土化的新型经营主体成长，并发挥对农户的辐射带动作用。这还基于两个原因，一是这些本土化的经营主体本土根植性和同农户之间的社区亲和性较强，其推动农村产业融合的过程容易转化为带动农户参与和农民增收的过程；二是可形成对外来经营主体侵犯农民权益行为的制衡机制，增强农民同工商资本、龙头企业"讨价还价"的能力，防止农民陷入对工商资本的依附地位和利益分配的边缘地位。外来经营主体推进农村产业融合，往往理念先进，也有较强的资源整合、要素集成和市场拓升优势；但如由其直接带动农户参与农村产业融合，容易因"水土不服"和缺乏"桥梁"而增大成本和风险。但如主要依靠本土化的新型经营主体，由于发展

---

① 本土化经营主体如土生土长的龙头企业、家庭农场、农民合作社、农业生产性服务企业等，后者如外来的工商资本和龙头企业等。如果用"画龙点睛"来形容，在推进农村产业融合的过程中，要让本土化的经营主体"画好龙"，让外来经营主体"点好睛"，不能本末倒置，导致本土化的经营主体走向边缘化。当然，如果能够让本土化的经营主体通过"干中学"，掌握"点睛"本领，则是更高境界。

理念和资源整合、要素集成、市场拓升等能力限制，推进农村产业融合往往进展缓慢，在提升农业价值链、增加农业附加值方面的效果往往面临很大局限，迫切需要外来经营主体通过发挥引领示范作用，带动本土化新型经营主体更好发挥"二传手"作用，促进农村产业融合提质增效升级。

第二节　国外支持农村一二三产业融合发展的政策启示[①]

当前，推进农村一二三产业融合发展已成为各地加快转变农业发展方式、推动农业供给侧结构性改革的重要抓手。国家在政策层面及时出台了一系列政策措施，在营造农村产业融合环境、调动融合主体积极性、激发产业融合路径创新和健全完善利益联结机制等方面发挥了重要作用，但也存在政策针对性不强、覆盖面偏窄、与融合主体政策需求有偏差等问题。在我国正式提出"推进农村一二三产业融合发展"之前，一些农业发达国家已经对农村产业融合发展开展了长期实践，并形成了一些较为成熟的模式和政策支持经验，如日本的"六次产业化"、韩国的"农业第六产业化"、荷兰的"农业全产业链"、法国的"乡村旅游"等。这些国家根据各自农业发展的实际需要，通过出台针对性、差异化、精准化的配套支持政策，有效推动了农业产业链延伸、产业范围拓展和产业功能转型，实现了产业渗透、产业交叉和产业重组（姜长云，2015），这些经验值得我们学习借鉴。本文以此为出发点，考察国外推进农村产业融合发展的财政、金融、税收、公共服务等支持政策，以期为健全完善我国推进农村产业融合发展的支持政策提供有益思考。

一、国外支持农村产业融合发展的政策措施

（一）财政支持政策

国外普遍以强有力的财政支持政策力推农村产业融合发展。日本先后设立了"六次产业化"专项资金、辅助基金、发展配套资金等，其中作用最为突出

---

① 本节选自农业部软科学课题"促进农村一二三产业融合发展增加农民收入问题研究"（课题编号：201601-1），课题主持人：姜长云。

的是 2013 年成立的"株式会社农林渔业成长产业化支援基金"（A－FIVE 基金）。该基金由政府和社会组织共同出资设立，即"公共—私募联合基金"，出资期限最长为 20 年，部分资金由国家以贷款形式出资。A－FIVE 基金以直接出资、股权投资入股或设立子基金的形式支持"六次产业化"经营主体发展。在都道府县一级，A－FIVE 基金还与地方自治体、农业团体以及金融机构等民间组织联合成立子基金（A－FIVE 基金出资所占比例必须低于 50%，出资年限最长为 15 年），扩大其参与"六次产业化"的范围。另外，地方农林渔业者（以资金或农产品入股）、合作企业（以资金、技术或销售网络等入股）、子基金（以资金入股）还会联合出资成立合作战略联盟，但子基金出资所占比例（有表决权股份）原则上不高于 50%，农林渔业者出资所占比例要高于合作企业出资占比（见图 5－1）。

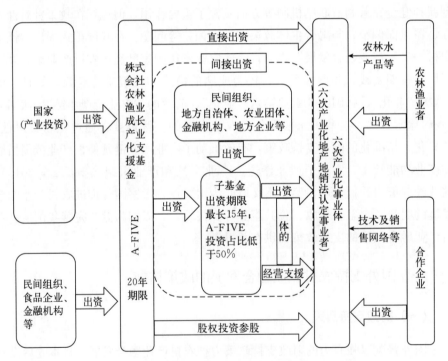

图 5－1　日本财政（资金）支持六次产业化示意图

资料来源：株式会社農林漁業成長産業化支援機構法の概要 http://www.a-five-j.co.jp/corporate/outline.htl.

在日本，得到认定的"六次产业化"经营主体可以获得补助金、贷款以及投资等三类财政资金支持，但获取资金规模及获取条件不同。获得补助金不需要担保，但资金用途有限制，且有严格的业务要求，最高限额为自有资本的2倍；贷款需要担保，且资金用途有限制，最高限额为自有资本的2～5倍；接受投资的经营主体一般为企业，不需要担保，但财务制度要完善，且项目设计的自由度要高，最高限额为自有资本的20倍。在具体财政支持方面，日本对"六次产业化"经营主体建设直销店及流通和销售设施、购买加工设备、企业和农户开发新产品以及开拓销售渠道、农协建立直销店等分别给予最高3/10、1/2、1/3、7/8的财政补贴，对于开展技术研发、实施海外开发活动推进项目、举办洽谈会及交流会等予以定额补助，补助金额可上下浮动30%[①]；韩国对购置加工、运输流通设施设备的"农业第六产业化"经营主体给予80%的财政补贴，其中中央财政和地方财政分别承担50%和30%（王乐君等，2016）；以色列则基于本国农业发展的特色对大规模温室建设进行补贴，还对本国科技人员工资采取全额拨款的支持政策，以推进农业科学技术研发及推广应用；美国对农户农产品储藏进行补贴，农业科技研发投入则重点向中小型农业企业倾斜；法国实施"技术咨询补贴"政策，鼓励农村合作经济组织接受技术咨询，补贴额度约为咨询费用的30%（卢学英，2008）。

（二）金融支持政策

国外比较重视金融支持政策对农村产业融合发展的作用，包括无息或低息贷款以及信用保险优惠等。如日本《农工商合作促进法》中明确规定，对于得到认定的农工商合作事业计划或支援事业计划，可享受低利息融资和保险优惠。一是在低利息融资方面，贷款利率因经营主体类别、贷款目的不同而存在一定的差异。对于融资用于农林水产品生产、流通、加工、销售以及必要公用设施购买等的普通农林渔业者，贷款利率为0.1%，且无贷款期限限制（生产设备投资贷款期限为20年以内）；对从事中小企业事务的中小企业者，贷款利率为0.4%，用于购买设备的贷款期限为20年以内，用于企业日常运营的贷款期限为7年以内，其余用途的贷款期限为15～16年；对于从事国民生活事务的中小企业者，有担保的贷款利率为0.35%～0.95%，无担保的贷款利率

---

① 资料来源：http://www.maff.go.jp/j/supply/hozyo/shokusan/pdf/koufu_yoko.pdf。

为 1.35％，贷款期限限制与从事中小企业事务的中小企业者一样。二是在保险优惠方面，对于通过认定的中小企业者，扩大其担保金额、提高补偿率以及降低保险费率。其中，各类保险担保额度均比普通标准高一倍，优惠幅度较大（表 5-1）。美国更是长期对家庭农场主实施低息或财政贴息贷款、政府信贷担保以及"无追索权贷款"等政策，综合表现出贷款形式多样、优惠幅度大、还贷周期长等特点；意大利向农民专业合作社提供贷款的利率为 4％～5％，而非优惠贷款利率为 15％～22％；荷兰从事农产品加工的农业生产者可享受 4％～6％的低利率贷款政策。

表 5-1　日本中小企业（参与"六次产业化"且得到认定）**信用保险法的特例**

普通的标准	优惠的标准
1. 担保额（每笔交易）	1. 担保额（每笔交易）
普通保险：2 亿日元以内（工会在 4 亿日元以内）	普通保险：4 亿日元以内（工会在 8 亿日元以内）
无担保保险：8 000 万日元以内	无担保保险：1.6 亿日元以内
小额保险：1 250 万日元以内	小额保险：2 500 万日元以内
流动资产担保保险：2 亿日元以内（工会在 4 亿日元以内）	流动资产担保保险：4 亿日元以内（工会在 8 亿日元以内）
2. 补偿率（年）	2. 补偿率（年）
普通保险：70％	普通保险：80％
其他保险：80％	其他保险：80％
3. 保险费率（年）	3. 保险费率（年）下调
3％以内由内阁令决定	2％以内由内阁令决定

资料来源：農商工連携の推進に向けた施策 . http://www. maff. go. jp/j/shokusan/sanki/nosyoko/pdf/nou. pdf。

（三）税收支持政策

国外支持农村产业融合发展的税收支持政策主要体现在对农业合作组织和农业企业（尤指农产品加工企业）采取低税或免税政策等。法国对农产品加工企业实施税收减免、加速折旧和亏损结转等优惠政策。其中，亏损结转方式比较灵活，普通经营性亏损可向后结转 5 年、折旧产生的经营性亏损可不定期向后结转。法国对合作社联盟及总社的主要支持为所得税减免，如农产品加工合作社可享受 35％～38％的公司税减免和 50％的不动产税减免等（黄泽颖等，

2014)。美国等也对农产品加工企业实施了税收优惠政策。美国最初对农民合作组织实行税赋全免，随着其经济实力的增强，对具有免税资格的农民合作组织减免税收（平均为工商企业的1/3左右），但仍对其他农民合作组织分配给社会的红利、惠顾返还金以及其他收入实行免税待遇（孔祥智等，2007）。另外，美国还允许农业生产者个人或农业企业自主选择对自己有利的记账方式，如农民选择"现金记账法"缴纳个人所得税，通过降低应纳税基减轻税收负担（李国珍，2013）。

（四）公共服务支持政策

农村产业融合发展需要健全的服务保障体系作为支撑，以克服资本、技术、人才跨界融合的障碍，其中公共服务发挥着重要作用。但公共服务具有（准）公共物品的性质，无法完全依靠市场自发提供，需要政府直接提供或间接支持以补充。美国建立了完善的农业信息服务体系，为农产品生产、加工、销售等经营主体提供充分的国内外市场信息，以便农业经营主体做出合理的经营决策；建立了以农业部、商务部、"农产品信贷公司""海外农业服务局"等为重要成员的海外农产品促销体系和农业教育、科技、推广"三位一体"的科技研发推广体系。另外，美国还对合作社进行大力支持与保护，一方面，专门设置农业部农村合作经济组织管理局对其进行管理和提供有效的服务；另一方面，通过各种财政政策支持农村合作组织发展，如帮助其开拓产品市场、对其成员进行培训等（戴芳，2011）。韩国政府出资在农村社区学院、农业科学各研究所、农业产业和政府之间建立区域网络——"区域农业集合计划"，向农民提供农业生产技术指导、为农民提供农产品营销帮助，还建立了为农业研究项目提供资金支持的农业研究和发展促进中心（马晓春等，2010）。法国建立了以高等、中等农业职业教育和农民业余教育为主要内容的农业教育体系，加强对农民的专业技能培训以及现代农业经营理念灌输。

（五）其他支持政策

各国还都加强农业基础设施建设、农村公共基础设施建设以及农产品物流体系建设等，为农村产业融合创造良好的发展条件。如法国财政资助传统民居维护与修缮、修建乡村旅游公路、成立乡村旅游常设会议机构，在全国范围内规划建设自行车道和绿色通道等（国家发展改革委宏观经济研究院等，2016）。

各国政府还依托本地特色产业，主导举办全国性的节庆活动，为农产品品牌推广、市场拓展搭建便利的平台，促进农村第三产业与第一、第二产业的有效融合，如法国每年举办以葡萄酒为主题、荷兰以郁金香为主题的节庆活动等。我国台湾地区则由相关部门主导推动"精致农业"发展，精致到农产品生产、加工、运输、销售、采摘体验等全产业链的各个环节，如支持农产品加工自动化和程控化的普及、为创意休闲农业打造便利的基础设施、辅导成立稻米产销专区、花卉蔬果外销专区、营造优质养殖生产环境等（周琼等，2013）。另外，各国或地区还对农产品市场交易活动进行严格管理、制定统一的产品质量标准，以提高农产品市场竞争力、规避同业恶性竞争，如荷兰为农业全产业链制定标准，实行一体化管理等。

日本还通过支持日本农业协同组合发展，间接推动农业"六次产业化"进程。日本农协经营着日本国内所有农作物产前、产中到产后的所有环节以及其他所有涉农业务（王丽娜，2013），能够在一定程度上整合区域间资源及产业链、促进区域间经济协同发展，是日本推进农业"六次产业化"的重要抓手。因此，日本对农协的支持力度较大。在税收方面，政府对农协的各项税收均比其他法人纳税税率低10％左右，且对农协免征所得税、营业税和营业收益税；在补贴方面，农协实施经政府批准的农产品加工项目时，政府对其所需厂房、设备等予以50％的投资，农协新建仓储、固定设施投资等最高可获得政府80％的补贴；政府还支持农协开展公共性服务事业、对农协开展有利于农业现代化的项目予以贷款贴息等（李可心等，2011）。

二、农村产业融合发展支持政策精准发力的保障——经营主体认证

经营主体认证管理是确定农村产业融合政策支持对象的必备环节，是决定政策措施有效性的关键。日韩两国均设有众多的"六次产业化"经营主体认证机构[①]，明确了严格的认证条件。以日本为例，必须符合以下条件才能被认证为"第六产业"：第一，经营主体必须是农林渔业从业者个人（法人）或由其组成的团体（农协、地区农业组织等）；第二，经营主体必须以自己生产的农林水产品等作为原材料进行新产品研发，或在销售产品时采用全新的方式，或根据实际情况合理调整并完善生产方式；第三，农林水产品等新商品的销售量

---

① 如韩国的第六产业主管科、日本的中小企业评估协会等，多数为政府下属机构或授权组织。

在 5 年内增长 5%，且农林渔业及相关业务经营从项目开始到终止必须产生利润；第四，事业计划项目期为 5 年以内，其中 3～5 年最佳。在具体的认证程序上，日本每年开展 3 次经营主体认证，将符合上述条件的经营主体纳入政策支持范围，对于事后管理过程中考评不合格的将撤销认证资格，不再扶持。

韩国也实施了申请、经营主体认定、详细计划制定以及实施的四阶段"农业第六产业化"认证程序，由各级主管部门分工完成，认证有效期为 1～3 年。对于通过"农业第六产业化"认证的经营主体，重视其事后管理或监督考核，如对经营主体是否履行计划、补助资金使用是否合理等每年开展 2～3 次检查，对于不合格者根据原因全部收回或降低支援资金，支援资金减额和终止支援带来的剩余资金奖励优秀的经营主体（金光春等，2016）。在具体执行层面，由国家农业主管部门[①]统筹负责，地方各级农业相关部门积极协调配合（图 5-2）。

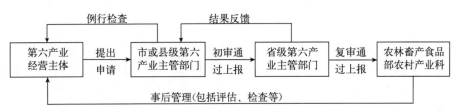

图 5-2　韩国"农业第六产业化"经营主体认证及事后管理程序

三、推进我国农村产业融合发展的政策思考

（1）推行主体认证，加强后续监管。农村产业融合经营主体认证是农村产业融合发展支持政策精准发力的前提保障，只有符合认证条件的经营主体才有获取政策支持的资格。这就需要制定一套完整的认证体系，认证的条件要合理、具备可操作性，能量化衡量的指标尽量做到量化约束，这样也为后续政策跟踪监管、考核等提供便利。我国目前对农村产业融合发展的财政支持主要体现在项目支持，但存在着"重项目申请、轻项目成效"的现象。加强政策后续监管是对政策支持主体的一种硬约束，迫使其落实经营计划，有效规避套取政

---

① 如日本的农林水产省，韩国的农林畜产食品部。

策资金的行为。对于政策支持期间脱离认证条件、未按照政策支持要求履行义务、政策支持到期后未能达到预设目标的经营主体或事业计划，取消其资格认证和政策支持，实行资格认证的退出机制。

（2）创新支持形式，拓展资金来源。资金是农村产业融合发展支持政策实施的物质保障，农业的弱质性决定了农村产业融合不能完全依靠普通农户自身，需要更多的经营主体参与。相对于农村第一、二、三产业分立发展，融合的农村一二三产业资本密集程度提高，一方面，需要充分利用财政支持资金，并创新财政支持资金的使用方式，如日本成立"六次产业化"基金，再依托此基金以投资入股等形式参与农村产业融合或成立子资金，扩大、增强财政支持资金的覆盖面及带动能力，提高财政支持资金的综合使用效率；另一方面，要积极引进工商资本，工商资本作为财政支持农村产业融合的重要补充，具有管理、技术等优势，但要严格控制工商资本的投资入股比例，保证参与农村产业融合的农民对经营事业具有绝对控股权，避免工商资本控制农业，导致参与农村产业融合的农民被边缘化，不能充分享受农村产业融合带来的增值收益。

（3）完善金融税收制度，实行精准政策支持。农村产业融合基在农业，而农业又有别于工业，各类金融、税收政策应区别对待。针对不同的农村产业融合主体或事业计划，实行差异化的政策支持，如在融资方面，实行差异化的贷款期限或贷款利率政策，对农村产业融合主体适当延长贷款期限、降低贷款利率等，适应农村产业融合发展的现实需要；在税收方面，实行差异化的税率政策或税收模式，减轻农业产业融合经营主体的税收负担。

（4）扩大支持范围，优化融合环境。支持农村产业融合发展需要站在更高的层面，具有全局性视角，统筹农业农村整体发展，不能就支持而支持。这就要扩大农村产业融合支持的范围，向间接性支持延展，主要体现在如下 4 个方面：一是继续加强农业基础设施、农村公共设施以及农产品物流体系等建设，优化农村产业融合发展的外部环境；二是借助"互联网＋"推进农业信息化建设，打造农村综合性信息化服务平台，为农村产业融合参与主体提供充分的生产、加工、销售等信息，提高融合主体经营决策效率；三是支持农业技术研发及推广，包括农业专用机械、生鲜农产品冷链物流技术、农产品精深加工技术等，为农村产业融合发展提供坚实的技术支撑；四是支持农村公共服务业发展，促进农业产业链延伸、提高农业产业链的协调性。

第三节　国外农产品加工业的实践与
启示——以法国、荷兰为例[①]

一、法国农产品加工业的实践与启示

（一）法国支持农产品加工的主要做法

法国政府不但借助市场这只"看不见的手"推进农产品加工业的高度市场化，而且重视利用政府这只"看得见的手"加强对农产品加工业的扶持，全面推动农产品加工业的发展。

1. 支持农业生产与加工

法国的农业生产与加工一直得到欧盟及本国的公共财政支持。虽然法国农业已相当发达，但它仍然受自然灾害、病虫害以及市场条件变化等因素的制约，需要依靠国家的支持才能应对。可以说，在法国农业不断发展的过程中，公共财政支持起到了很大的作用。2004年，法国农业经营共获得282亿欧元的公共财政支持，其中，农业生产占41%，农村社会保障与互助占43%，教育与科研占7%，农产品加工与林业占4%，其他服务占5%。

2. 减少增值税征收比率

实行增值税优惠，减轻农产品税收负担，对法国农村的持续发展非常重要。增值税是法国最大的税种，此项收入在国家税收总收入中占30%~45%。尽管农产品同工业产品都纳入了增值税的征收范围，税率为17.6%，但在实际操作中，大部分农产品的增值税按7%的低税率计算和征收，部分农产品销售还享受零税率。法国主要采取退税的方法降低税率，如销售蛋、家禽、生猪等可退还销售额的5.5%，其他产品退还销售额的3.4%，减轻了农产品税收负担。再加上购买农业生产资料时的税收抵扣，农民实际所缴的增值税税款很少。

3. 实行企业所得税优惠

法国对农产品加工企业的所得税优惠措施，主要有税收减免、加速折旧和

---

① 本节选自农业部软科学课题"欧盟成员国农产品加工业财政支持政策研究"（课题编号：Z 201355），课题主持人：汤敏。

亏损结转等方式，既有利于提高企业的农产品加工水平，又相应地减轻了企业的所得税负担，有利于农产品加工业的健康发展。法国企业所得税虽然税率较高，但在具体征管中，政府制定了一系列减免优惠政策。从 2001 年开始，法国对中小企业实行减税。2012 年，凡年营业额低于 736 万欧元的企业，其 3.812 万欧元盈利需缴纳的企业所得税税率可以优惠 15%，剩余盈利的企业所得税税率恢复正常，即为 33.33%。法国实行企业集团统一纳税制度，在一个集团内的所有企业均由母公司统一纳税，这就使得企业的亏损部分可以从集团应纳税所得额中扣除。还有，法国对亏损结转的方式比较灵活。经营性亏损允许向后结转 5 年，因为折旧产生的经营性亏损可以不定期向后结转，如前 3 年内缴纳公司税的公司对可折旧固定资产净投资额达到了同期内折旧额的水平，则公司亏损可以前转，用前 3 年的未分配利润进行冲抵。如果公司用亏损冲抵以前年度的净利润，则有权从财政部门获得其结转亏损额 45% 的税收抵免。该项税收抵免可以用来支付未来 5 年的公司税。期满后，若仍有余额，财政部门可以用现金补退。

4. 支持合作社的发展

农民专业合作组织在农产品加工领域具有重要地位，法国合作社系统占全国食品工业营业额的 1/5 以上。法国的合作社主要是合作社联盟及合作社总社，另一种组织形式是农业工会、农会、专业产品联合会和跨行业组织等。目前，法国所有的农产品加工业都建立了这类机构，如饲养业和肉类加工业协会、小麦和面粉加工业协会、甜菜和制糖业协会等。法国对合作社的支持主要体现在以下两方面：

一是对农业合作社减免所得税。对农民供应、采购合作社以及农产品生产、加工、贮藏、销售合作社，免缴相当于生产净值 35%～38% 的公司税。对合作社免征 50% 的不动产税和按行业征收的产品税。对服务于农民的合作社，给予 25% 的投资补贴，并免交利润税、营业税和地产税。另外，对某些特定合作社实行部分优惠，如谷物合作社及其联盟免缴一切登记和印花税，牲畜人工授精和农业物资合作社及其联盟免缴注册税等。法国农业合作社的税收优惠待遇虽然多年来一直受到私人公司的反对与抵制，但法国政府始终坚持对合作社的减免税政策不变。

二是对合作社给予资金支持。法国于 20 世纪 60 年代通过制定《农业指导法》，将国家对农业的扶持资金大部分用于支持合作社，以鼓励合作社的发展。

主要表现：第一，对于合作社购买农产品加工设备和农业机械设备，法国政府给予一定比例的资金扶持。如法国布里葡萄酒生产合作社安装酿酒生产线花费 380 万欧元，其中的 20％是由政府无偿资助的。第二，法国政府采用"技术咨询补贴"的方式，鼓励合作社接受技术咨询，补贴额度相当于企业咨询费的 30％。第三，法国政府还创设了研究人员补贴制度。主要针对 10 人以下的小型农业合作经济组织，补贴额度相当于一个研究人员第一年研究经费的 20％。另外，对研究人员在农业合作经济组织任职超 10 年者，还可获得红利补贴。

5. 重视教育与技术推广

法国农业教育与培训的重点在于农业生产和农产品加工领域。法国农业教育中，从职业技术教育到高等教育，从学徒培训到成人教育均由农业部主管。农业教育经费占农业部预算的 50％，这保证了农业行业的技术教育健康发展。2004 年，法国农业公共科研经费约为 7 194 亿欧元。与此同时，法国政府每年拨款 1 亿多欧元重点支持法国食品和农产品推广协会等机构开展农产品国际市场营销促销工作，仅举办巴黎农业展览会，法国农业部就提供了 450 多万欧元的资助。

6. 通过贴息贷款扶植农产品加工业

法国对符合国家发展规划与政策要求的贷款项目，都实行低息优惠政策。向农产品加工经营者直接发放贴息贷款，鼓励农产品加工经营者积极向农业投资，而优惠贷款利息与金融市场利率差额部分由政府补贴。贴息贷款主要用于生产开支和生产设备投资，且主要是对各种农产品加工合作组织、农村市镇小手工业等进行中、长期放款。贴息贷款在一定程度上减轻了借款者的利息负担，很受农产品加工企业的欢迎。此外，贴息贷款也对农业信贷互助银行有很大的帮助，不但使其竞争力不断上升，而且也使其信贷业务得到扩大，从而提高其收益。农业信贷互助银行是法国唯一一家享受政府贴息的银行，其贴息资金一直由农业部从政府拨给的农业年度预算中支付。法国每年对农业信贷银行发放的农业政策性贷款的利息补贴高达 50 亿～60 亿法郎，占该国政府农业财政预算的 22％左右，1982 年年末贴息贷款高达 1 186 亿法郎，占农业信贷银行贷款总额的 31％。

7. 充分利用欧盟中小企业支持政策

欧盟中小企业支持政策，主要目的是支持欧盟内部中小企业加工与贸易，对各成员国有共同的约束力，从而成为包括各成员国国内经济政策的重要组成部分，理所当然也成为法国支持农产品加工业发展政策的重要组成部分。

欧盟定义，雇员少于 250 人、年营业额不超过 4 000 万欧元，或者年资产负债表总值不超过 2 700 万欧元的企业，并且没有企业或者若干企业（本身不是中小企业）拥有该企业的 25％或者更多的资本或投票权的，都属于中小企业。根据欧盟定义，2005 年，在欧盟总共约 2 000 万家企业中，99.8％的企业为中小企业，91.8％的企业雇员人数在 10 人以下。欧盟中小企业创造的营业额占欧盟总量近 60％，在欧盟经济中具有举足轻重的地位。

欧盟企业政策的目标是增强企业活力，提高产业竞争力，促进就业和经济发展，其核心是扶持中小企业。企业政策总体上属于成员国管辖权范畴，欧盟机构在企业政策方面更多的是发挥协调、促进、推动的作用，使用的手段多为资金支持、发表研究报告、推动成员国相互借鉴交流等。2000 年 6 月，欧盟通过了《欧洲小企业宪章》，制定了扶持中小企业计划及各成员国的国家改革计划。欧盟及成员国支持中小企业的政策主要包括以下几个方面：

（1）资金支持。欧盟对中小企业资金支持主要通过欧洲投资银行（EIB）和欧洲投资基金。欧洲投资银行是欧盟的发展银行，其资金的 90％用于欧盟不发达地区的项目，其余 10％用于东欧国家或者与欧盟有联系的发展中国家。欧洲投资银行通过"综合贷款"间接地为中小企业投资筹措资金。从 1990 年以来，欧洲投资银行向 4.5 万家以上的中小企业提供了融资。其中有近 45％资金涉及工业和服务业，受益的中小企业 80％以上雇员少于 50 人，97％少于 250 人。

欧洲投资基金创立于 1996 年，其目的是为与跨欧洲网络有关的项目和中小企业提供贷款担保。在欧洲投资基金的 20 亿欧元的捐赠资本中，40％来自欧洲投资银行、30％来自欧盟预算、30％来自所有成员国中的 80 多家金融机构。欧洲投资基金对中小企业的支持采取两种形式，一是贷款担保，总额最多为其捐赠资本的 8 倍，即 160 亿欧元；二是通过"增长和环境"引导项目对环境贷款进行担保。欧洲投资基金的担保，使得中小企业能够不仅获得贷款，而且利率也较低。

2006 年 11 月，欧盟委员会发布了新的"欧盟扶持中小企业"政策文件，进一步明确了对中小企业的资金支持方式，作为今后的政策指导。根据该文件，欧盟对企业的资助方式分为四类，即专项资助、结构基金资助、金融工具和中小企业国际化资助。

（2）保障内部市场的自由流动和法规一致性。欧委会企业总司负责监督内部市场上货物的自由流动和成员国影响企业的政策和标准，以保障企业在任一成员国都受到同等待遇，同时减轻企业的行政审批负担。

（3）帮助中小企业提高竞争力。欧委会致力于以各种方式提升企业竞争力，包括人员培训、提供市场信息、设立"企业创新中心"等，向中小企业以较低费用提供信息、咨询、政策指导、法律咨询等方面的服务。

（4）实施农村发展项目。欧盟为了推动农民就业增收、实现农业可持续发展，1995 年开始，在所有成员国实施了农村发展项目（简称 Leader），第一期项目时间为 1995—2000 年。鉴于 Leader 的巨大成功，从 2007 年开始实施第二期农村发展项目（简称新 Leader），欧盟从设立的农村发展基金中，列支约 75％的资金专项支持新 Leader 项目。新 Leader 项目要求实施项目所在国配套相应比例资金，扶持对象必须承诺吸收一定数量的农村劳动力，欧盟还指定专门机构和人员监督项目实施情况。新 Leader 项目重点培育和扶持创业主体，以带动当地农村经济发展和农民就业增收。以爱尔兰为例，欧债危机后，爱尔兰农民和农村小企业银行贷款无门，新 Leader 项目成为唯一资金来源。在科克郡（County Cork），2011 年一位艺术家在新 Leader 项目资金扶持下，在农村社区成功发展起了集食宿、培训、旅游产品开发于一体的休闲农业。一个农户投资 120 万欧元兴办家庭企业，利用秸秆生产生物燃料（Teargas），欧盟补助了 20 万欧元的设备购置资金，爱尔兰政府配套补助 20 万欧元，形成年加工 23 000 公顷油菜秆、年产成品 1 万吨的规模，吸收 7 名农村劳力，带动了 20 多个农户增产增收，成为欧盟新 LEADER 项目的成功典范。

（二）法国支持农产品加工业的借鉴与启示

根据欧盟共同农业政策、WTO 规则以及本国国情，法国在不同的经济发展阶段，都会对农产品加工业制定相应的财政支持政策。经过多年的改革调整，法国农产品加工业财政支持政策不断丰富完善，目前已形成了一整套在 WTO 规则和欧盟共同农业政策框架下的政策体系。从法国支持农产品加工业的做法中，我们可以得到许多有益的借鉴与启示。

1. 财政支持要法律化制度化

自20世纪60年代以来，法国对包括农产品加工业在内的农业支持，如支持总量、支持工具及支持额度，一直是主要通过制定农业法等法规的立法形式来明确的，从而成为财政支持的国内法律依据。20世纪60年代初，法国为缓解农产品短缺、土地分散、农业生产效率低下的矛盾，加快传统农业向现代农业转变，制定了农业指导法及农业指导法补充法等一系列法规，明确了一系列促进农业和农产品加工业的支持政策。在此后的许多年里，虽然支持政策随着国内外经济发展环境条件变化而不断进行相应调整，但总的趋向是支持政策内容不断丰富、措施不断强化。目前，法国一方面遵循欧盟制定的5年期的农业法案，并充分运用其中的政策来支持农业和农产品加工业发展，同时还根据本国需要，制定了一系列包括支持农产品加工业发展的政策措施，确保法国经济保持活力与竞争力。这些措施均以法规形式加以明确和固定下来，这样就确保了各项支持政策措施得以贯彻执行，确保了农产品加工业获得稳定可靠的支持保护。我国目前还没有农业投入法，对农产品加工业的财政支持等具体政策措施在相关法律中也没有明确，缺乏法律化和制度化的保障，农产品加工业支持政策带有较大程度的临时性和随意性。

2. 税收支持是财政扶持政策的重要组成部分

第二次世界大战后，法国在农产品加工业发展起步、成长壮大和参与国际竞争的过程中，始终坚持实施包括增值税、所得税在内的税收优惠政策，政策范围贯穿农产品生产、流通、加工和出口各个环节。而且在减免税支持机制上，一是通过税率、税基、抵免等方式给予直接优惠，二是通过加速折旧、投资抵免、税前扣除等方式给予间接优惠，直接方式与间接方式有机配合，形成了高强度的税收优惠体系，有效地降低了农产品生产及加工的成本负担，极大地提高了农产品及其加工制品的市场竞争力。改革开放以来，我国尽管也实行了农产品加工的减免税收优惠政策，但相对法国来说，税收优惠的范围狭窄，优惠程度小，较多地是采用直接减免这种单一形式。因此，应根据我国财政收入水平和农产品生产与加工的客观要求，扩大税收减免优惠范围，提高优惠程度，灵活采取多种形式的税收优惠方式，形成具有中国特色的农产品加工业税收扶持政策体系。

3. 着眼于整个产业链条实施多元化支持政策

当今世界各国农产品加工业之间的竞争，是整个产业体系的竞争，是产业发展综合实力的较量。法国着眼于农产品加工业整个产业链，实施了多元化支持政策。除直接扶持农产品加工业外，如通过减免企业增值税、所得税、加速折旧、税前扣除、投资抵免政策，还通过补贴农产品生产、制定生产标准、严格投入品、生态保护、科技研发、扶持行业组织、一体化生产等间接手段，密切产加销运等各环节的联结程度，保证农民生产出足够数量、高标准、高质量的农产品，从而保障企业生产出具有较强竞争力的加工制品。还通过关税、基础设施建设、资本输出、企业并购、市场开拓、政府外交、主导制定 WTO 规则等多种途径，使国内的资本和产品顺利输入世界各国。可以说，法国的农产品加工业支持政策是一个综合体系，贯穿于农产品加工业各个环节。因此，我国在调整完善农产品加工业支持政策时，应着眼于整个产业链条，统筹运用多种支持手段，构建一个既符合国情又符合 WTO 规则的农产品加工业支持政策体系。

4. 专业化布局是规模化和一体化生产的基础

法国农产品生产形成了区域化和专业化，每个区域主要生产 1～2 种农产品。相应地，法国农产品加工企业也主要分布在原料产地，并随着农业生产区域布局的调整而进行转移与集中，农产品产地加工企业数量和加工农产品的比重均超过 80％，呈现高度的区域化和专业化特征。这种区域化、专业化的加工体系可以充分利用有利的自然条件，节省运输费用，减少农产品损耗，集中技术力量和发挥地区优势，并能最大限度地完成农产品的初加工和深加工，提高农产品的附加值。同时，农产品生产和加工的区域化、专业化，使得农产品生产的产前部门，如投入品生产、教育培训、技术服务等，以及产后部门如销售、储藏、运输等，布局在农产品生产和加工的专业区域更加有利可图，这自然地就大大促进了农业与工业的融合，为产供销一体化生产创造了条件。二战后，法国农业和农产品加工业之所以迅速发展，法国农业和工业之所以迅速现代化，法国之所以在世界上迅速崛起，重要原因就是农产品生产者、加工者和销售者之间建立的一体化生产这种新型生产关系，开辟了农业和工业实现社会化的有效途径，适应了法国资本主义发展与竞争的新要求，从而成为战后法国经济社会发展的重要的内在基础和推动力量，而一体化正是以农产品生产和加工区域化、专业化为基础的。目前，我国农产品产地加工薄弱，不仅企业数量少，而且加工比重较低，不得不进行"北粮南运""西棉东输"这种农产品原料长距离、大批量的流通，既增加了生产成本费用，又带来了运力紧张，经济效益和社会效益非常低下。

5. 合作社组织是农产品加工业发展的依靠

法国的合作社组织功能非常强大，不仅直接从事农产品加工，而且几乎能够提供农业和农产品加工业发展所需的各种服务，对农业和农产品加工业发展起着至关重要的作用，已成农产品加工企业特别是中小农产品加工企业生存与发展不可或缺的依靠。法国合作社组织体系十分完善，所有农产品生产及加工都建立有行业组织，从中央、大区到各省都设有行业组织的相应机构，同时在国家层面建立了合作社联盟和合作社总社。法国通过国家、合作社联盟或总社以及行业组织"三位一体"，对农产品加工业实行横向组织与纵向组织交替管理的体制，有力有效地促进了农业及农产品加工业的发展。特别是通过合作社联盟和总社以及各类行业组织这些民间组织来管理农产品加工业，并与政府的政策协调起来，形成联合交织的农产品加工业管理体制，这是法国现代农产品加工业发展一条十分成功的经验。近年来，我国的合作社组织特别是农民合作社组织快速发展，在农业和农产品加工业发展中的地位与作用日趋重要，但与法国合作社组织相比，无论是在功能上，还是在组织体系和政策扶持上，都有相当大的差距，国家应加大扶持力度，加快合作社组织特别是农民合作社组织加快发展。

6. 遵守并充分利用 WTO 规则

加入 WTO 以来，我国认真履行入世承诺，在取消非关税措施，降低关税水平、完善相关法律法规等方面做了大量工作。我国履行这些承诺，有利于建立自由贸易制度、加快市场化进程、实现资源的有效流动和配置。但是，我国农业和农产品加工业基础薄弱，现代化水平较低，产品价格和质量竞争力不强，在国际市场上总体处于劣势的地位。从农产品生产看，按照 WTO 规则的要求，我国的农业国内支持不管是"绿箱"政策还是"黄箱"政策都存在很大的空间，完全可以在严格履行入世承诺、遵守 WTO 有关规则的前提下，灵活调整我国农业的支持政策，加大对本国农业的支持力度，促进农业的稳定发展，生产高质量农产品，为农产品加工业夯实原料基础。从农产品加工环节和销售环节看，虽然 WTO 规则要求不得直接补贴产品价格以避免贸易扭曲，但可以借鉴法国的做法，从补贴、税收、研发、标准、信息、市场开拓、基础设施等方面，对国内农产品加工企业及加工品贸易进行多维度支持。

二、荷兰农产品加工业的实践与启示

（一）荷兰支持农产品加工业的主要做法

荷兰贸易立国战略的成功和举世闻名的农业奇迹，在很大程度上归功于荷兰强大的农产品加工业，而强大的农产品加工业，在很大程度上归功于荷兰长期对农产品加工业一以贯之的政策支持。荷兰不仅借助市场这只"看不见的手"，通过市场优化配置农产品加工业生产要素资源，而且重视利用政府这只"看得见的手"，充分利用公共财政，持续强化对农产品加工业的支持。除了充分利用欧盟共同农业政策支持农产品加工业外，荷兰还根据本国国情、WTO规则和农产品加工业发展与竞争的需要，制定了一系列具有本国特色的农产品加工业支持政策。

1. 国家统一部门管理与决策

在行政管理体制上，荷兰赋予农业、自然管理和渔业部（以下简称农业部）作为国家管理农产品加工业的唯一一个职能部门，其职责涵盖了从田间到餐桌整个产业链和农村事务。农业部在中央层面下设农业、贸易与工业、自然管理、渔业、国际事务、法律事务、农村地区与休闲、兽医、环境质量与健康、科学与知识传播等9个司局，其中，贸易与工业局具体负责管理农产品加工业的相关事务。此外，荷兰农业部还设有5个地方政府机构，以及总监察局、国家法规执行局、土地和水利用局、畜牧和肉类检察局、农作物检察局、税务办公室等8个半独立机构。一个职能部门统一管理农产品加工业的行政管理体制，便于根据国家发展战略、农产品生产和加工的需要，在平衡政府、行业组织、销售商、出口商、加工厂商权利和意见的基础上，制定出农产品生产与加工最优支持政策。这种行政管理方式和政策形成机制的优点是非常明显的，所制定出的政策措施既能满足各方利益诉求，因为这是反复权衡形成的，又能"一路绿灯"得到最快的不折不扣执行，因为这是得到各方认同和支持的。荷兰对农产品加工业统一管理的行政体制，在实现农业发展目标，满足消费者需求，推动产品出口，提高农业和农产品加工业的竞争力，实现经济、社会、环境协调发展等方面，呈现出了巨大的作用与优势。虽然近年来荷兰根据需要，多次对包括农业部在内的政府机构进行合并与调整（目前农业部已合并入荷兰经济事务部），但一个职能部门统一管理国家农产品加工业的行政管理体制没有改变。

2. 实行减免税收优惠政策

税收政策是国家实行宏观调控的主要经济杠杆，是财政政策的重要组成内容，对农产品加工业发展的影响非常明显而且作用巨大。在税收制度上，荷兰长期对农产品加工业实行低税赋政策，其中，税收减免和税收鼓励已成为荷兰历届政府普遍采用的支持手段。荷兰一般加工业的增值税税率通常为 17%，而农产品加工业仅为 6%，增值税税率远远低于一般加工业。农产品加工企业享受较低的税率，可以有效降低成本价格，提高市场竞争力，可以留有较多利润用于科技开发投入和建立原料基地。实际上，荷兰对农产品加工特别是食品加工整个链条的各个环节，如农产品的生产、流通和出口等都采取了一定的税收优惠措施。可以说，荷兰农产品加工业在国际市场上竞争长期居于优势地位，与其长期实行较低的税收优惠政策密不可分。

3. 实行金融保险支持政策

荷兰十分重视引导各类金融支持农业与加工业发展。为鼓励农业生产者投资现代化农场建设，开展农产品加工及多样化经营，国家财政按投资的一定比例，对项目给予财政补助，对贷款予以贴息。具体规定，凡符合国家发展规划和政策要求的项目，均可得到利率为 4%～6% 的优惠贷款，大约只有非农业贷款利率的 50%，银行的利息差额由政府补贴。荷兰早在 1951 年就建立了农业贷款担保基金，主要支持中等规模农场的建立、兼并、提升以及开展农产品加工和多种经营。目前，每年担保基金规模 1 亿欧元，担保贷款额 5 亿欧元，占每年农业投资的 10%，每笔贷款担保为 5 万～250 万欧元。从 2009 年开始，担保基金由农业部负责管理，政府每年补助 200 万欧元。特别值得一提的是，荷兰农民自己的银行——荷兰农业合作银行（即拉博银行，RABO BANK NEDERL—ANDS），信贷资金完全来源于所吸收的存款和经营活动，政府并不向农民合作银行注入信贷资金，也不干预农民合作银行的经营活动，政府的作用是允许农民合作银行的存在，并为其发展提供必要的社会环境。

4. 实行科技创新支持政策

荷兰长期不遗余力地支持科技创新，促进形成了研究、推广、教育三位一体的知识创新体系。国家每年用于科技创新的投入总量，占全部农业预算的比例达 20% 左右，遥遥领先于其他部门，再加上企业用税后利润的 15%～30% 进行研发投入，可以想象，荷兰科技创新的投入是巨大的，这是多年来荷兰农产品加工技术领先和产品质量上乘的关键因素。

在支持教育培训方面，荷兰实行终身性的农业教育和培训制度。通过对人力资源的投资开发，生产要素不断增强，这正是荷兰农业奇迹的又一个秘诀。全国设有 1 200 所各类农业职业学校，供农民不脱产培训。2011 年，荷兰农业部直接使用农业教育经费约 7.8 亿欧元，主要用于农业教育及培训支出。

在技术研发方面，荷兰实行农业科研投资以国家拨款为主的制度，基础研究、战略研究和应用研究等都主要由政府投资，一些重要的专项研究（如有机农业）也由政府部门给予大力资助。以瓦赫宁根大学和研究中心为例，1999年科研经费共计 2.17 亿欧元，人均科研经费 76 600 欧元。在 2.17 亿欧元的总经费中，58.1％由农业部提供，12.3％由欧盟委员会及荷兰其他政府部门资助，13.4％来自于私营机构（包括委托合同），9.7％是专利、技术使用权、产品销售、咨询服务等方面的收入，6.5％为其他方面的收入。

在技术推广方面，实行多元投资支持政策。荷兰农业技术推广体系由多种成分构成，经费的来源和使用也比较复杂。荷兰的国家推广体系仅分为中央和省两级，主要的推广力量分布在地方。中央和省两级技术推广机构的经费直接由农业部统一拨付，行政上也由农业部直接领导，不受地方行政部门的干预。国家级推广机构经费每年约 9 000 万美元，主要用于人员工资、出差补助、推广资料的生产、组织各种推广活动、试验示范等。国家对社会推广机构的技术推广也给予相当大的支持，农业部一般补助 60％的推广费用，农协提供其余的 40％。

5. 支持合作社发展农产品加工

荷兰是建立合作社较早的国家之一。在合作社的发展历史上，制度因素起着重要作用。19 世纪末，荷兰就制定了合作社法，对合作社实行优惠的税收政策，以此鼓励农民建立合作社。目前，除农产品加工合作社外，荷兰还有信用合作社、供应合作社、销售合作社、服务合作社等多种类型的合作社，为农产品加工提供各类服务。荷兰合作社扬长避短，坚持走设施型、科技型、出口型农产品加工之路，重点发展了以蔬菜、花卉、畜产品、饮料等农产品加工业，通过加工增值再销往国外市场。合作社组织出口的产品一般占同类产品的60％～70％，加工转化实现的营业额占农业合作社总营业额的 40％，甜菜的63％、蔬菜的 70％、牛奶的 82％、花卉的 95％、马铃薯的 100％都是由合作社加工的。荷兰合作社开展农产品加工，大多围绕单个农产品，实行生产、加工、销售一体化生产。如单一从事肉类加工的杜梅可（Dumeco）公司，其生产、加工、销售都由合作社统一进行控制，因而产品的质量改进、科研开发、深度加工和市场营销都较容易展开，在市场竞争中占据极为有利的地位，国内市场占有率高达 50%。

除上述 5 方面的政策措施外，作为欧盟成员国，荷兰同样也充分利用了欧盟中小企业支持政策，在多个方面取得了不俗业绩。

（二）荷兰支持农产品加工业的借鉴与启示

荷兰根据欧盟共同农业政策、WTO 规则以及本国国情，在不同的经济发展阶段，都会对农产品加工业制定相应的财政支持政策。经过多年的改革调整，荷兰农产品加工业财政支持政策不断丰富完善，目前已形成了一整套在 WTO 规则和欧盟共同农业政策框架下的政策体系。从荷兰支持农产品加工业的做法中，我们可以得到许多有益的启示。

1. 要有统一的行政管理部门

荷兰农产品加工业行政管理职能统一到农业部一个部门，主要职能是宏观经济调控、建立法律框架、提供公共产品和公共服务、维护社会公正和社会秩序等，较少干预企业微观经济运行，而且农业部的行政管理职能涵盖了农产品加工整个产业链。荷兰统一的农产品加工业管理体制，一方面消除了机构重叠和职责交叉，使得行政管理顺畅高效，另一方面使决策与政策立足全局，与国家战略、农业发展和农产品加工业需求以及社会各利益主体诉求协调统一，提高了决策与政策的科学性、针对性、可行性与有效性。目前，我国农产品加工业行政管理职能涉及国务院多个行政部门，机构重叠，职能交叉，政出多门，多头管理，各自为政，行政效率低下，出台的相关政策统筹协调性不强。一些部门甚至利用手中权力，随意干预微观市场经济和企业生产经营，影响了政府权威，对农产品加工业发展形成了一定制约。应借鉴荷兰的经验，从顶层设计农产品加工业行政管理体制，理顺部门间关系，将相关职能整合到一个行政管理部门，全面提高农产品加工业的行政管理能力。

2. 税收支持作为财政扶持政策不可或缺

荷兰在农产品加工业发展起步、成长壮大和参与国际竞争过程中，始终坚持持续实施税收优惠政策，而且增值税等税种的税率一直保持在较低水平，有效地降低了农产品生产及加工的成本负担，使企业有更多的财力开展科技创新和市场开发，极大地提高了农产品及其加工制品的市场竞争力。改革开放以来，我国尽管也实行了农产品加工的减免税收优惠政策，但相对荷兰来说，税收优惠的范围狭窄，优惠程度小。因此，应根据我国财政收入水平和农产品生产与加工的客观要求，扩大税收优惠范围，提高优惠程度，灵活采取多种税收优惠方式，努力形成具有中国特色的农产品加工业税收扶持政策体系。

3. 要重视人力资源开发和科技研发

荷兰实行农业教育和培训终身制，形成了研究、推广、教育三位一体的知识创新体系，通过国家立法来保证长期的大幅度投入，鼓励企业增加研发资金，所形成的高素质的人力资源和大量的创新技术，为农产品加工业科技创新奠定了坚实的基础。近些年来，我国农村老龄化和企业用工荒不断加剧，农村人口总体过剩与结构性短缺并存；国家用于农产品生产和加工的科教投入水平低，企业科技创新投入的能力小、积极性不高。应借鉴荷兰经验，加快国家知识创新体系建设，大力开发现有人力资源，为工农业发展提供高素质的生产要素，不断提高农产品加工业科技创新能力。

4. 合作金融作用大

荷兰贸易的"生命力"背后，是银行的"生命力"。1886年，荷兰建立了最初的信贷合作社，这是拉博银行的前身，是农民用自己的力量筹资建立起来的合作银行，是真正的民间金融。1973年正式挂牌为荷兰农业合作银行（即拉博银行）。100多年来，农民合作银行扎根于农村和农业，成为农民和加工企业最大的贷款者，几乎提供了农业生产和企业加工需要的所有金融服务。世界上普遍认为，强大的农民合作银行——拉博银行，是荷兰现代农业和农产品加工业成功最重要的秘诀。荷兰的实践表明，农民完全可以建立和发展好自己的金融，完全可以依靠自己的力量解决生产所需的资金问题。当前，我国农业生产特别是农产品加工业发展，最大的制约是资金缺乏，从现有的金融部门获取资金极其困难。借鉴荷兰的经验，创新农村金融制度，大力发展农村民间金融特别是合作金融，有可能是破解农产品加工业资金困难的一把"金钥匙"。

5. 合作社组织是农产品加工业发展的重要力量

荷兰村村都有合作社，且功能非常强大，荷兰农民每年从中获取的收入占总收入的六成以上。各种各样的合作社，如生产资料合作社、产品销售合作社、加工合作社、信用合作社、服务合作社等，不仅能够提供农业和农产品加工业发展所需的各种服务，还加强了生产者的市场力量、政治地位和社会地位。特别是加工合作社直接进行产地加工或深加工，加工的农产品数量多、比重大、产值高，已成为荷兰农产品加工业的重要力量甚至是主体力量，这是荷兰农产品加工业发展一条十分重要的经验。近年来，我国的农民合作社组织快速发展，在农业和农产品加工业发展中的地位与作用日趋重要，但与荷兰合作社组织相比，无论是在功能上，还是在组织体系上和政策扶持上，都有相当大的差距，国家应加大扶持力度，加快合作社组织特别是农民合作社组织加快发展，使其成为农产品加工和农民增收的生力军。

6. 大进大出增加财富与就业

荷兰资源贫乏，但荷兰充分发挥自身的比较优势，充分利用国际资源，大量进口，加工后再大量出口，通过大进大出，突破了资源限制，把资源小国转变成资源大国，实现巨额农产品贸易，扩大了就业，增加了国家财富。但荷兰不是盲目的进口和加工，而是有选择性地进口三类农产品。一是土地密集型产品，包括谷物、豆类、油料等，特别是为了畜牧业发展所需的大量饲料。荷兰把节约下来的土地种植经济效益高的鲜花、蔬菜，还用一大半土地当成牧场养奶牛，把最赚钱的东西卖出去，换回价廉优质的粮食。二是本国不能生产或产量极少的产品，特别是可可、咖啡、热带水果、烟草、啤酒花等，这些进口的产品中，很大一部分在加工增值后再出口，并在世界市场上占有重要份额，为国家创造了大量的外汇收入与就业岗位。三是本国能够生产，但由于各种原因限制而不能满足加工需要的原料产品，包括牛奶、肉类等。例如荷兰牛奶加工形成巨大的生产能力和世界驰名品牌，但受土地资源约束和环境保护压力，国内生产牛奶的数量不能满足加工需要，大量进口国外鲜牛奶，进而再大量出口，荷兰奶制品常年出口占世界市场的1/5，奶酪出口居世界第一位。近年来，我国实施了"走出去"战略，鼓励企业利用两个市场、两种资源，但如何科学把握和充分利用自身优势，如何根据国内农产品生产和加工统筹出口与进口，如何建立顺畅的农产品及加工品进出口机制，如何进一步扶持外向型农产品加工企业等，都有待进一步研究探索。

第六章

体制机制创新促进农民增收

促进农民增收，必须强化制度建设，以完善产权制度和要素市场化配置为重点，激活主体、激活要素、激活市场。在当前农民工资性收入增长放缓、家庭经营性收入增长有不确定性、城乡收入差距缩小趋势还不稳固的背景下，研究以体制机制创新拓宽农民增收渠道、提高农民生活水平具有重要的现实意义。

第一节　构建农民财产性收入长效增长机制[①]

财产性收入是衡量国民富裕程度的重要指标。继党的十七大报告首次提出"创造条件让更多群众拥有财产性收入"之后，党的十八大报告再次提出要"多渠道增加居民财产性收入"。在当前农民工资性收入增长放缓、家庭经营性收入增长有不确定性、城乡收入差距缩小趋势还不稳固的背景下，研究建立农民财产性收入的长效增长机制对于拓宽农民增收渠道、提高农民生活水平具有重要的现实意义。

一、我国农民财产性收入现状特点及分配差异

改革开放以来，随着国民经济的快速发展、收入分配制度的不断改革，农民的收入来源日趋多元化，财产性收入已经同家庭经营性收入、工资性收入和转移性收入一样成为农民收入的重要组成部分，并且正在呈现出快速增长的态势。

---

① 本节选自农业部软科学课题"农民财产性收入长效增长机制研究"（课题编号：20140901），课题主持人：张恒春。

我国农民的财产性收入主要是指农民依靠农用地、宅基地、自有资金、集体经济等财产获得的收入，当前主要集中在集体分配股息红利、土地承包经营权转让收入、征地补偿款、房屋租金等方面。总体上看，我国农民财产性收入持续较快增长，已成为农民纯收入的重要来源。

（一）我国农民财产性收入的现状特点

（1）财产性收入持续增长，增速快于农民人均纯收入的增速。改革开放之初，由于我国农民的收入长期保持在较低水平，可供转化为财产的积累较少，因而农民极少有财产性收入，到 1993 年农民人均财产性收入仅为 7 元。2003年以来，随着我国取消了农业税以及一系列惠农富农政策的实施，农民的收入水平有了较大幅度的提高，农户的财产也有了长足的积累，根据中国社会科学院收入分配课题组 2002 年的全国住户抽样调查数据显示，当年农户人均财产净值达到 12 938 元（李实等，2005）。农户财产积累的快速增长促进了农户财产性收入的持续增长，据国家统计局数据显示，2003—2013 年，我国农民人均财产性收入由 65.8 元增加到 293 元，年均名义增长率为 16.1%，实际增速达到 12.5%，比农民人均纯收入的实际增长率高出 3.0 个百分点；从财产性收入历年的增速来看，2003 年以来，财产性收入的实际增速一直保持在 6% 以上，除了 2011 年、2012 年财产性收入增速慢于农民人均纯收入增速外，其他年份农民财产性收入的增速均高于农民人均纯收入的增速。可以说，农民财产性收入的快速增长已经成为农民收入水平持续快速增长的原动力（表 6-1）。

表 6-1　2004—2013 年农民收入来源实际年增速

年份	纯收入	工资性收入	家庭经营性纯收入	财产性收入	转移性收入
2004	6.9%	3.7%	8.1%	11.2%	13.9%
2005	8.5%	15.1%	3.4%	13.0%	24.8%
2006	8.6%	15.3%	3.1%	11.9%	20.8%
2007	9.5%	10.2%	7.8%	21.0%	16.6%
2008	8.0%	9.0%	4.3%	8.4%	36.6%
2009	8.6%	11.5%	4.1%	13.3%	23.5%
2010	10.9%	13.8%	8.2%	16.8%	9.9%
2011	11.4%	15.2%	7.5%	6.8%	17.6%
2012	10.7%	13.5%	7.0%	6.3%	18.9%
2013	9.3%	13.6%	4.4%	14.4%	11.1%

（2）财产性收入在人均纯收入中占比较低，但比重逐年提高。2013年财产性收入占比达到3.3％，与工资性收入、家庭经营性收入和转移性收入相比，财产性收入在农民人均纯收入中的比重是最低的，但增速较快。2003年以来，财产性收入实际增速仅次于转移性收入增速，快于家庭经营性收入和工资性收入增速，其中，财产性收入的增速更是达到家庭经营性收入增速的两倍。当前，我国农民财产性收入的绝对额不高，比重也最低，与发达国家居民财产性收入占比相比，还有很大的提升空间，近年来财产性收入的持续增长态势已经表明，我国已经进入居民财富快速积累的新阶段，财产性收入在农民人均纯收入中所占的比重还将进一步提高，对促进农民收入增长，调整收入结构的突出作用将会日益凸显（表6-2）。

表6-2　2003—2013年农民各项收入来源比重变化

年份	工资性收入	家庭经营性纯收入	财产性收入	转移性收入
2003	35.0％	58.8％	2.5％	3.7％
2004	34.0％	59.5％	2.6％	3.9％
2005	36.1％	56.7％	2.7％	4.5％
2006	38.3％	53.9％	2.8％	5.0％
2007	38.5％	53.0％	3.1％	5.4％
2008	38.9％	51.2％	3.1％	6.8％
2009	40.0％	49.1％	3.2％	7.7％
2010	41.1％	47.8％	3.4％	7.7％
2011	42.5％	46.1％	3.3％	8.1％
2012	43.5％	44.7％	3.1％	8.7％
2013	45.3％	42.6％	3.3％	8.8％

（3）征地补偿和土地流转收益是当前农户最主要的财产性收入来源。与城镇居民财产性收入主要来源于房屋出租收益有所不同，农民财产性收入主要来源于征地补偿和土地流转收益。根据全国农村固定观察点的调查数据，2013年农户财产性收入中来自征地补偿的占27.1％，土地流转收益占24.2％，两者占农户财产性收入的51.3％；此外，租赁收入占14.7％，股息、利息等占11.0％，集体组织分红占9.8％，其他占13.1％。2010年以来，农户征地补偿占财产性收入的比重呈下降趋势，但仍是财产性收入中占比最高的；土地流

转收入逐年增加，比 2010 年提高了 8.3 个百分点；集体组织分红收入占比略有下降，但近几年一直保持在 10% 左右的水平，股息利息收入占比略有提高。从财产性收入的各项来源看，2010 年以来，土地流转收益增长最快，年均增幅达到 30.2%；其次是利息股息收益，年均增幅达 18.2%；房屋等财产租赁收入增幅为 13.7%，集体组织分红增幅仅有 6.8%，征地补偿收益呈现负增长（表 6-3）。

表 6-3 2010—2013 年农民财产性收入的来源构成

年份	土地流转	租赁收入	集体分红	利息股息	征地补偿	其他
2010	15.9%	14.5%	11.6%	9.7%	41.3%	7.0%
2011	17.5%	15.1%	10.2%	10.3%	37.3%	9.7%
2012	18.8%	14.0%	9.3%	12.0%	34.2%	11.8%
2013	24.2%	14.7%	9.8%	11.0%	27.1%	13.1%
年均增速	30.2%	13.7%	6.8%	18.2%	−1.7%	39.2%

土地流转收益占比的快速增长得益于我国近年来土地流转面积的不断扩大，统计数据显示，2013 年我国农村土地流转面积达到 3.4 亿亩，是 2009 年的两倍以上，流转面积的快速增加必然带来农户土地流转收益的大幅提高，也使得土地流转收益成为农户财产性收入的主要来源之一。农户征地补偿收益虽然呈现负增长，但绝对值变化不大，一个合理的解释是在当前我国实施最严格的耕地保护制度的大背景下，土地征用规模总体得到控制，地方征用农民土地受到诸多制度约束，尽管土地征用价格有所上涨，但可供征用的土地面积呈逐年下降趋势，因此，未来农民来自土地征用补偿的财产性收入占比可能会进一步下降。

（4）有财产性收入的农户比重逐年提高，渠道不断拓宽。近年来随着农民纯收入水平的不断提高以及财富的逐年积累，有财产性收入的农户比重越来越高。根据全国农村固定观察点的调查数据，2013 年，有 40.2% 的农户有财产性收入来源，比 2009 年提高了 12.5 个百分点。从分项收入来源看，有土地承包经营权转让收益的农户占到农户总体的 16.5%，比 2009 年提高了 6.3 个百分点，这与我国近年来土地流转比率不断提高高度相关；其次有利息收入的农户占 13.2%，比 2009 年提高了 3.0 个百分点；有集体分红的占 6.5%，有租赁收入的占 3.9%，有征地补偿的占 4.6%，来自其他渠道的财产性收入增长较快，达到 9.7％，比 2009 年提高了 7.3 个百分点（表 6‑4）。

表 6‑4　2009—2013 年有财产性收入的农户比重

年份	有财产性收入	土地流转	租赁收入	集体分红	利息股息	征地补偿	其他
2009	29.5％	10.2％	3.9％	6.4％	10.2％	4.0％	2.4％
2010	32.9％	12.2％	3.7％	6.3％	11.6％	4.5％	3.2％
2011	35.2％	12.8％	3.7％	6.6％	12.1％	4.5％	5.7％
2012	40.2％	14.3％	3.8％	5.7％	13.3％	4.6％	9.4％
2013	42.0％	16.5％	3.9％	6.5％	13.2％	4.6％	9.7％

从数据来看，有利息收入的农户比重逐年提高，意味着越来越多的农户有能力把收入转化为金融资产，实现资产的保值增值，但有利息收入的农户比重却低于我们的预期，也低于其他机构的数据[①]，原因可能有两方面，一是调查中涉及存款等隐私数据时，农户一般不愿意如实相告，因此与存款相关的利息等收入数据获取难度大，且数值会有失真；二是在当前农村人均存款额不高的前提下，活期存款给农户带来的利息收入极低，导致农户容易忽略利息收入，进而影响到调查中利息收入的统计。

（5）城乡居民财产性收入差距不断拉大。从财产性收入的绝对量来看，农民的财产性收入要显著低于城镇居民的财产性收入，且收入差距有不断拉大的趋势。2003 年，城乡居民的财产性收入之比为 2.05∶1，之后呈上升趋势，到 2011 年城乡居民的财产性收入比达到最高的 2.84∶1。城乡居民财产性收入比的持续扩大，直接原因是城镇居民的财产性收入增速快于农村居民，2003—2013 年，城镇居民财产性收入年均实际增幅达到 16.2％，比农村居民财产性收入增速高出 3.8 个百分点。同期，我国城乡居民收入比却表现出下降趋势，2003—2013 年，城乡居民收入比由最初的 3.23∶1 最高达到 3.33∶1，但 2013 年已降至 3.03∶1，收入差距已经连续 4 年收窄，但城乡居民财产性收入差距却持续扩大。

---

① 甘犁（2013）在第十三届中国经济学年会表示，根据中国家庭金融调查 2013 年的数据，2013 年农村家庭有 41.1％的家庭有活期存款账户，有定期存款的家庭占 12％。也就是说至少有 41.1％的农户有利息收入。

（二）农户财产性收入分配的差异分析

基尼系数是目前较为通用的考量居民内部收入分配差异的一个重要指标，根据国家统计局公布的数据，2013 年我国居民收入的基尼系数达到 0.473，尽管近年来呈现下降的趋势，但已经长期高于 0.4 的警戒线，形势不容乐观。对我国居民收入分配差异进行分解后，其中既有城乡居民收入差距带来的影响，也有城镇居民和农村居民内部收入分配产生的影响，本文将考察农民财产性收入对农民收入分配差异的影响，并对财产性收入进行分解，考察各渠道来源对财产性收入分配差异的贡献情况。以下分析所用数据来自全国农村固定观察点 2009—2013 年农户调查数据，这个数据最大的优点就是农户的连续性，便于构建面板数据进行持续分析。为了确保数据的准确性，本文剔除了收入两端 1‰的数据，并只保留了 2009—2013 年没有收入数据缺失的农户，数据清理后共有 14 700 户。

1. 农户财产性收入分配差异

总的来看，样本农户人均纯收入的基尼系数呈下降趋势，由 2009 年的 0.366 降至 2013 年的 0.342，只是在 2012 年突增至 0.412。可以说农户间的收入分配差异正在好转。但观察农户财产性收入的基尼系数，我们会发现其数值远高于纯收入的基尼系数，2013 年达到 0.874，虽然总体来看也呈下降趋势，但农民的财产性收入分配已经长期处于分配极不平等的阶段，并且分配不均等的程度非常高。但是如果我们综合农户 5 年的收入情况看，即把农户 5 年来的收入求和再来估算基尼系数，我们发现农民纯收入的基尼系数和财产性收入的基尼系数都有所下降，农民纯收入的基尼系数降至 0.303，财产性收入的基尼系数降至 0.840。从纯收入基尼系数分解来看，财产性收入对基尼系数的贡献为 7.4%～10.8%，虽然总体呈下降趋势，但高于财产性收入在纯收入中的比重贡献。如果合计 5 年收入来看，财产性收入对农户纯收入基尼系数的贡献为 10.0%（表 6 - 5）。

2. 农户财产性收入分配的来源分解

根据观察点农户财产性收入的来源，我们可以分为土地流转收益、资产租赁收益、村组集体（合作社）分红、利息股息收入、征地补偿收入以及其他项。综合来看，历年来农民各财产性收入来源分配的基尼系数都极高，均在 0.9 以上，属于分配极度不均等。造成这一现象的根本原因是在各项财产性收

表 6-5　2009—2013 年农民财产性收入分配情况

年份	农民纯收入基尼系数	财产性收入基尼系数	各项收入对基尼系数贡献	
			财产性收入	非财产性收入
2009	0.366	0.922	10.8%	89.2%
2010	0.356	0.920	12.7%	87.3%
2011	0.352	0.907	10.0%	90.0%
2012	0.412	0.894	7.4%	92.6%
2013	0.342	0.874	9.6%	90.5%
2009—2013 年平均	0.303	0.840	10.0%	90.0%

入中，有收入的农户比重较低，大多数农户没有财产性收入，因而收入分配的洛伦兹曲线向右下方偏移较大，从而导致了极高的基尼系数。从变化趋势上看，除了土地流转收益与利息股息收入的基尼系数表现出缓慢下降趋势外，其他几项收入的分配形势未见好转。综合 2009—2013 年的收入来看，利息股息收入的基尼系数为 0.84，是所有财产性收入来源中最低的，其他来源的基尼系数均在 0.9 以上（表 6-6）。

表 6-6　2009—2013 年农民财产性收入各来源的分配差异

年份	土地流转	租赁收入	集体分红	利息股息	征地补偿	其他
2009	0.960	0.984	0.980	0.974	0.988	0.994
2010	0.953	0.985	0.976	0.970	0.985	0.991
2011	0.950	0.984	0.972	0.966	0.983	0.983
2012	0.947	0.985	0.982	0.960	0.984	0.968
2013	0.939	0.984	0.974	0.957	0.983	0.969
2009—2013 年平均	0.921	0.975	0.963	0.840	0.955	0.962

　　从各收入来源对基尼系数的贡献看，征地补偿对基尼系数的贡献度最高，为 26.0%～44.0%。土地流转收益对基尼系数的贡献度呈逐年上升趋势，集体分红对基尼系数的贡献度呈下降趋势，租赁收入和利息股息收入没有表现出明显的随时间波动的趋势。综合 5 年收入来看，征地补偿贡献了基尼系数的 35.4%，是造成农户财产性收入分配不均等最重要的因素，其次是土地流转收益贡献了 16.7%，租赁收入贡献了 15.8%，集体分红贡献了 12.8%，利息股息贡献了 9.6%（表 6-7）。

表 6-7 2009—2013 年农民财产性收入各来源对分配差异的贡献

年份	土地流转	租赁收入	集体分红	利息股息	征地补偿	其他
2009	13.3%	16.9%	26.7%	9.8%	26.0%	7.2%
2010	14.3%	14.6%	11.4%	8.8%	44.0%	6.9%
2011	15.9%	15.5%	10.0%	9.4%	39.7%	9.5%
2012	17.3%	14.3%	9.3%	11.1%	36.9%	11.2%
2013	22.8%	15.6%	9.8%	10.0%	29.2%	12.6%
2009—2013 年平均	16.7%	15.8%	12.8%	9.6%	35.4%	9.7%

二、促进农民财产性收入增长的形势分析

当前，我国进入工业化、信息化、城镇化与农业现代化同步发展时期，"四化同步"发展有助于促进农民收入持续增长，提升农民的信息化程度，随着我国农村经济体制改革进程的不断深入，农民被赋予了更多财产权利，这都为促进农民财产性收入的持续增长创造了条件。总体来看，当前促进我国农民财产性收入的持续增长既面临着许多有利的形势，又存在着一些制约因素。

（一）促进农民财产性收入持续增长的有利形势

（1）国民经济持续健康发展，农民财富积累进入快速发展期。财产性收入是衡量国民富裕程度的重要指标，它的直接来源是国民的财富积累，而财富积累的增长则是源于国民收入水平的不断提高，因此国民经济的持续健康发展对于促进居民收入水平的提高，进而提高居民的财产性收入至关重要。21 世纪以来，我国国民经济持续健康发展，2013 年我国人均 GDP 达到 6 700 美元，达到世界中等国家水平。城乡居民收入增长一直保持较高的水平，农民人均纯收入更是实现了增长的"九连快"。2013 年农村居民恩格尔系数为 37.7%，城镇居民恩格尔系数为 35.0%，总体上均呈逐年下降趋势，已逐步接近中等发达国家的平均水平。居民收入水平的持续提高与恩格尔系数的趋势性下降，意味着居民有更多的钱可以用于财富积累，居民的财富增长速度也正在进入一个快速发展阶段，对于促进农民财产性收入的持续增长奠定了良好的基础。

（2）国家赋予农民更多财产权利有助于农民财产性收入的增长。与城镇居民的财产性收入主要来源于个人财富积累不同，农民的财产性收入既有个人财

富积累的部分，也有农民作为集体经济组织成员分享集体财产收益的部分。从当前看，农民的土地承包经营权、宅基地使用权以及集体收益分配权是农民财产性收入区别于城镇居民财产性收入的最大特点，也是农民财产性收入最重要的增长点。党的十八届三中全会提出赋予农民更多的财产权利，就是要保障农民依法享有平等的财产权利。赋予农民对集体资产股份占有、收益、有偿退出及抵押、担保、继承权，使农民依法获得集体资产股份分红收益；充实农民土地使用权权能，赋予农民对承包地占有、使用、收益、流转及承包经营权抵押、担保权能，使农民通过承包经营权流转或入股等方式获得土地流转收益或土地股权投资收益；通过试点推进农民住房财产权抵押、担保、转让，使农民依法获得宅基地和房产转让收益；允许农村集体经营性建设用地出让、租赁、入股，实行与国有土地同等入市、同权同价，合理提高个人收益，使农民公平分享土地增值收益。

（3）城镇化的快速推进有助于农民财产性收入的提高。当前，我国已进入城镇化快速发展阶段，在城乡统筹发展的大背景下，城镇化的快速推进有助于农民财产性收入的提高。一是城镇化有助于吸纳更多的农村劳动力向城镇和非农行业转移，农村劳动力的转移又必然带来土地流转规模的扩大，通过建立农村土地流转市场、发展适度规模经营，就可以有更多的农民享有土地流转的收益。截至 2013 年年末，我国土地流转比率已达到 26%，如果不考虑土地分配的人均差异，这就意味着有 1/4 的农户已经可以享有土地流转收益了。二是城镇化可以让农民更多分享土地资源升值的红利，随着国家赋予农民更多的土地权利，农民在土地征用补偿、农村集体建设用地入市等方面的权利将得到极大的保障，有助于农民征地补偿收入和集体分红收入的大幅增长。三是城镇化的发展使得城郊农民的房屋、宅基地等土地资源的区位优势不断凸显，通过发展房东经济，可以让更多的农民享受到房屋租赁的收益。

（4）互联网的发展有助于更好地满足农民的金融服务需求。当前，我国已进入工业化、信息化、城镇化和农业现代化同步发展的新阶段，信息化正在通过信息技术的普及改变人们的工作和生活方式。传统金融服务模式下，农户必须到附近的金融网点方能享受到金融服务，而金融信息化的发展尤其是近年来互联网金融的迅猛发展将在很大程度上改变这一传统的金融服务模式，通过互联网的接入，实现农户与金融机构的零距离对接，有助于克服传统金融服务中所面临的金融机构网点不足、金融机构远离农户等劣势，让农民足不出户就可以得到想要的金融理财等相关服务。根据全国农村固定观察点的调查，截至

2013 年年末，已有 21.0％的农户在家中可以实现与互联网的连接。可以说，互联网的发展为农村金融服务模式创新、更好地满足农民的金融服务需求开创了良好的局面。

（二）当前农民财产性收入持续增长面临的制约因素

（1）村集体经济薄弱，农民难以分享集体经营收益。从苏州调研的经验看，农民财产性收入相对较高的村，村集体经济组织普遍发展得较好。但从全国来看，农民从集体经济组织获得的可分配收益在农民人均纯收入中几乎可以忽略。全国农村固定观察点的调查数据显示，可以得到村集体经济组织分红收益的农户只占不到 10％，90％以上的农户没有享受到村集体的分红。原因有两方面，一是农民享有集体收益的分配权落实不到位，因为成员资格不清、财务管理不健全等因素导致村集体的经营收益难以让农户分享。目前，国家已经初步审议通过了《农村集体资产股份权能改革的试点方案》，这将有助于从制度上规范和约束农村集体资产收益的分配。二是农村集体经济组织薄弱，缺乏财力。根据农业部的调查，2010 年在全国农经统计的 59.3 万个村中，无收益和收益 5 万元以下的村比例高达 81.4％，其中有 53％的村无经营收益。没有经营收益就意味着农民无法获得集体收益分配。

（2）征地补偿标准过低，制约了农民分享城镇化成果。随着我国城镇化的发展，部分农民的土地被征用，征地补偿成为农民分享城镇化成果的重要途径之一。但我国部分地区目前还存在征地范围过大、征收补偿标准过低的问题。根据现行补偿标准，按照我国耕地年平均产值估算，农用地补偿费不会超过每公顷 50 万元，而广东佛山市国有土地拍卖价格高达每公顷 1 800 万元（刘春雨，2011）。廖洪乐（2007）的调查也显示，农民得到的征地补偿收益只占土地价格的 5％～10％。土地征用补偿标准过低，制约了农民享有平等的土地财产权利，不利于农民分享城镇化的成果。

（3）农村金融市场发育不足，制约农民理财收入的提高。我国农村金融发展相对滞后，银行、证券等金融服务机构基本是立足城市开展服务，开拓农村市场动力不足。商业银行出于提高效益的考虑，更是对经济欠发达地区的县级支行及其经营网点进行撤消、降格和合并，尤其是中西部地区的农村，乡镇一级金融服务不断退化萎缩，只剩下农村信用社独自支撑。因此，可供农民选择的金融理财服务基本没有，除了传统的存款业务外，他们难以获得更有效的投资渠道。同时，农民整体素质不高，也相对缺乏理财意识。在这种情况下，农民不但难以通过投资理财获得较高收益，还要被迫接受通货膨胀高企导致实际负利率所带来的资金缩水，更是制约了农民理财收入的增长。

（4）低收入群体缺乏财产积累，财产性收入难有来源。财产性收入作为财富积累的收入表现，与居民的长期收入水平密切相关。虽然我国总体上正处于农民财富的快速积累期，但受农民内部收入分配差距的影响，还有相当一部分的农民缺乏财产积累，也没有财产性收入。根据全国农村固定观察点的统计，2013 年仍有 50％以上的农户没有财产性收入，这些农户绝大多数都属中低收入群体，缺乏有效的财产积累，以务农为主，难以享有土地流转及增值收益。从我们的研究也可以看出，财产性收入的基尼系数高达 0.8 以上，远高于农民人均纯收入其他三项构成的分配差异，这种财产性收入分配的不均衡极容易带来收入分配差距的扩大，进而进一步拉大财产性收入分配差距，不利于调节农民的收入分配以及全面建设小康社会目标的实现。

三、构建农民财产性收入的长效增长机制

当前，我国进入城镇化加速发展与全面建设小康社会的关键时期，根据现阶段农民财产性收入的现状特点，充分发挥促进农民财产性收入增长的有利条件，积极应对制约财产性收入增长的不利因素，借鉴国内发达地区的先进做法与经验，基于我国国情构建促进农民财产性收入增长的长效机制。

（一）目标任务

随着我国经济发展进入新常态，经济增长速度放缓必然会导致农民收入的增速放缓，建立农民财产性收入长效增长机制就是要为农民持续增收找到新的增长点。综合考虑过去 10 年我国农民财产性收入的变化特点、来源构成以及面临的形势，今后 7～10 年内促进农民财产性收入增长的目标是保持农民财产性收入增速快于农民人均纯收入的增速，到 2020 年农民财产性收入在农民人均纯收入中所占比重达到 4.5％。

（二）基本思路

围绕这一目标，促进财产性收入持续增长的总体思路是加快农民财富积累速度，提高农民财富的盈利能力，缩小财产性收入分配差异。具体来说，就是

要多渠道增加农民收入，赋予农民更多财产权利，大力发展农村集体经济，拓宽财产性收入来源，通过增加农民的财产数量实现财产性收入的长效增长；要积极发育农村金融市场，加快金融创新和金融信息化发展，降低农户金融服务成本，通过提高农民财产的获利能力实现财产性收入的长效增长；要完善产权交易平台，让更多农户享有财产性收入来源，适时推出税收调节机制，通过缩小财产性收入分配差异实现财产性收入的长效增长。

（三）政策措施

（1）多渠道增加农民收入，加快农民财富积累。当前我国经济发展进入新常态，经济增速放缓，在这一背景下促进农民增收更需要多措并举、广拓渠道。一是大力发展第三产业，提高城镇化对农村劳动力的吸纳能力，促使更多的农村劳动力向城镇和非农行业转移，推动农民工资性收入的增长。二是健全农业社会化服务体系，鼓励家庭农场、合作社等新型农业经营主体发展适度规模经营，确保农业家庭经营性收入的稳定增长。三是完善农村社会保障体系，提高农村社会保障水平，提高农村养老保险的补助标准，降低养老金的领取门槛，提高新农合的补助与报销比例。

（2）进一步推进农村土地制度改革，赋予农民更完备的财产权利。一是提高土地征用补偿的法定标准，让失地农民享有更多的土地增值收益。大幅提高现有的公益性建设用地补偿标准；以法律方式明确集体建设用地与国有土地"同地同价"，提高村集体和农民在土地增值收益中的分成比例。二是放开宅基地使用权主体限制，激活农村宅基地市场。改革现有的宅基地使用权限制，允许宅基地使用权在农村集体成员间进行流转，有条件的地区可以试点宅基地使用权流转给城镇居民。建立农村宅基地使用权流转市场。三是扩大集体建设用地土地权能。破除集体建设用地入市的制度障碍，在符合规划和用途管制前提下，允许集体建设用地在一级市场出让、租赁、入股，在二级市场租赁、转让和抵押。

（3）做大做强农村集体经济，拓宽财产性收入来源渠道。一是健全集体资产管理机制，实行制度规范、管理民主、财务公开、监督机制健全的资产管理机制。二是努力化解村级债务，各级政府抓紧制定化解村级债务的政策措施，为农村集体经济组织的发展扫清障碍。三是给予适度的政策扶持，研究制定针对集体经济组织的财税、金融、土地支持，鼓励集体经济组织之间开展业务合作，联合发展。

（4）加快农村金融市场发展，增加农村金融服务供给。随着农民收入水平的不断提升，金融资产将成为未来农民财产性收入重要的增长点。加快农村金融市场发展，一是要强化传统金融机构的支农服务，建立激励机制，引导基层金融机构面向农村开展金融服务，开发符合农村金融市场需求的金融产品与金融服务模式。二是要大力培育新型农村金融服务机构。鼓励村镇银行、小贷公司面向"三农"开展业务，拓宽农民的金融服务渠道；大力发展农村资金互助社，发挥其内生优势，通过自我金融服务，满足农民各方的金融需求。三是要大力发展农村保险市场。鼓励保险机构到农村开展保险业务，开发与农村发展阶段相适应的、差异化的保险产品。

（5）推动互联网金融发展，提升农民理财意识。从城市来看，互联网金融已经在一定程度上改变了市民的金融服务需求。而对于地处偏僻、金融网点布局不足的农村而言，互联网金融必将有更为广阔的市场。推动互联网金融的发展，一是国家应大力推动互联网进村入户，实现互联网村村通，降低互联网使用门槛和资费。二是鼓励金融机构创新金融服务，提供更多基于互联网的金融产品，弥补农村金融网点匮乏、产品供给不足的短板。三是开展金融理财相关知识的培训，提升农民的理财意识。加强宣传，让更多的农民认识到互联网金融对提升农村金融服务的重要作用。

（6）健全产权交易（流转）平台，让更多农户享有财产性收入。要让更多农民享有财产性收入，在赋予他们财产权利的基础上，还要通过建立产权交易（流转）平台，让财产权利流动起来，以实现财产权利价值的最大化。以县、镇为单位建立产权交易平台，以服务"三农"为主要目的，以广大农村和农民为主要服务对象。把农业生产土地承包经营权的转让、农村宅基地的租赁、农村集体用地租赁拍卖、农村集体经济组织股权转让等交易纳入平台管理，确保农民的公平交易权利。

（7）合理调节财产性收入分配，缩小收入分配差距。研究显示，我国农民财产性收入的分配差异显著高于农户其他收入来源，且马太效应明显，富裕农户的财产性收入保持稳定增长，而低收入农户仍然缺乏财产性收入来源。这种财产性收入分配的巨大差距不仅不利于让更多群众拥有财产性收入，而且会拉大收入分配的差距。调节财产性收入分配，一是确保集体收益分配公开公平公正。明晰产权归属，健全收益分配机制，确保所有成员公平享有集体收益。二是引入税收调节机制。通过税收制度，适当缩小财产性收入分配差距，防止收入差距扩大化趋势。

第二节　发展完善土地流转制度促进农民增收^①

　　土地是农民的重要资产，若要大幅度提高农民财产性收入，必须首先在土地财产权利和收益上实现创新和突破。土地"三权分置"是我国农村改革的又一次重大创新。习近平总书记指出，改革前，农村集体土地是所有权和经营权合一；搞家庭联产承包制，把土地所有权和承包经营权分开，这是我国农村改革的重大创新；现在，把农民土地承包经营权分为承包权和经营权，实现承包权和经营权分置并行，这是我国农村改革的又一次重大创新。习近平总书记强调，要在坚持农村土地集体所有的前提下，促使承包权和经营权分离，形成所有权、承包权、经营权"三权分置"、经营权流转的格局。党的十八届五中全会提出，要稳定农村土地承包关系，完善土地所有权、承包权、经营权分置办法，依法推进土地经营权有序流转，构建培育新型农业经营主体的政策体系。

一、现阶段我国土地流转模式及案例对比研究

（一）"三权分置"的内涵与目标

　　"三权分置"作为重大的理论和制度创新，内涵丰富。习近平总书记指出，完善农村基本经营制度，要好好研究农村土地所有权、农户承包权、土地经营权三者之间的关系，要着眼于加快实现农业现代化和统筹解决好"三农"问题，总结实践经验，明晰权能关系，积极探索多种实践形式和路径。

　　通过"三权分置"推进，落实集体所有权、稳定农户承包权、放活土地经营权，从而服务于农业经营制度创新与农业现代化建设，推动形成"集体所有、家庭承包、多元经营"的新型农业经营机制。落实"三权分置"重点把握四个方面的关系：

　　（1）要有利于维护农民权益。通过明晰"三权"权能边界、权能关系，维护农民集体、承包农户、土地经营者等各方权益，最大限度地发挥农地的经

　　① 本节选自农业部软科学课题"农村土地流转对农民财产性收入的影响研究"（课题编号：201605），课题主持人：陈学渊。

济、社会、生态效益；

（2）要有利于发展现代农业。坚持发挥市场在资源配置中的决定性作用和更好发挥政府作用，促进土地经营权有序流转，发展多种形式适度规模经营，提升农业现代化水平，增强农业国际竞争力；

（3）要有利于促进城镇化发展。强化对农民土地承包权益的物权保护，健全覆盖城乡居民统一的社会保障体系，让农民放心流转土地、安心进城落户，推进以人为核心的新型城镇化进程；

（4）要有利于农村社会稳定。坚持农村土地集体所有，确保农民平等享受土地承包权益，发挥社会主义公有制的优越性，实现共同富裕，促进社会公平正义。

处理好四大方面的关系，就需要无论怎么改，都要确保和坚持农村土地集体所有权是承包权和经营权的基础。为确保农民在土地流转中的基本权利和收益获取，需要在农户承包权的获得、互换、退出、继承、转让等权能的行使中充分体现农民集体的意志，保证农民集体享有知情权和监督权，防止农村集体土地被毁损、闲置和浪费。

农户作为集体经济的组织成员，依法享有土地承包权，无论农户家庭承包的土地是由农户家庭经营还是通过流转经营权由其他主体经营，集体土地承包权都属于农户家庭，对于各种形式的土地流转而言，这是最大限度保护和体现农户的土地财产权益。在此基础上，各地因地制宜形成不同形式的土地流转模式，赋予相应的流转内容。

（二）推进"三权分置"的多种实践

2014年全国两会胜利闭幕后，伴随土地宏观调控以及土地管理制度的不断完善改革，各地土地制度改革相关措施密集启动。在土地制度改革大原则确定的前提下，农村集体建设用地流转、土地节约集约利用制度率先打破现有局面，征地制度和农村土地产权制度改革稳步推进。因此，土地流转成为万众关注的焦点。

根据我国现行土地管理法，土地所有权归属分两类：一是全民所有权，即国有土地；二是集体所有权，主要指农村集体土地。农村集体所有制的土地包括耕地、林地等农用地，除此之外还有用于宅基地、集体企业用地等建设用途的土地。改革开放以来，我国实行家庭联产承包责任制，使农村土地的经营权

（生产权）从所有权中分离出来，曾极大地促进了农业和农村经济的发展，但也遗留下了一些矛盾和问题，如家庭小规模分散经营，难以形成规模效益；无法自由处置土地，限制了农民择业自由；还有基础设施难以建设；科技手段无法普及，不能适应市场经济发展的需求等。

先前的土地管理法规定，"农民集体所有的土地使用权不得出让、转让或者出租用于非农业建设"。因此，在原先的制度框架内，农村集体用地无法通过招标、拍卖、挂牌等方式入市流通。农村土地制度的完善与否，土地流转机制是否适应现代经济的市场化发展，将对国民经济的发展产生深远的影响。因此，中央对农村土地承包经营权流转问题一直高度重视，不断改进、完善相关政策，从政策的演变中我们可以看出，农民的利益越来越被重视，成为了制定政策所考虑的核心因素。

在我国，土地流转模式因地制宜各有不同，但相同的一点是，农民利益才是土地流转的核心。因为土地流转的意义在于保障、提高农民的生活水平，同时集约节约土地，搞规模化生产经营，推进城镇化。农民的意愿及利益是否能够得到保障应当是土地流转能否顺利进行的前提。所以，各地在进行土地流转的过程中应当充分尊重农民的意愿，保障农民的利益。

我国目前在实践中探索的农村土地流转模式为以土地承包经营权合作经营为特征的土地合作经营土地流转模式。基本流转模式包括转包、出租、转让、抵押、互换、信托以及入股。在这些基本流转模式中，以转让、出租、抵押以及入股模式最为常见，其主要优缺点对比如表6-8：

表6-8 农村土地流转模式优缺点对比

类型	缺点	优点	共同点
转包	范围受较大局限	形成生产要素的优化配置	1. 效率较低，无法实现规模效应； 2. 合同期限较短，长期收益较难保证； 3. 缺乏法制观念，易产生矛盾纠纷； 4. 受流转范围的局限性，生产要素互动较难实现
出租	土地所有权和承包期限受到限制，稳定性较低	促进劳动力转移，增加农民非农业收入和土地收益	
转让	由于是一次性收益，流转受让方受限制	促进土地流转集中，非农收入的农民放弃土地	
抵押	产权不明晰	解决企业资金紧张，促进土地流转效率	
互换	规模化和集约化水平较低	形式简单、便生产	

（续）

类型	缺点	优点	共同点
入股	需有一定经济基础，形成一定产业形态，但风险较大	促进生产要素合理流动和组合，提高专业化和现代化水平	1. 实现了土地集中、连片、统一流转，突破了土地流转范围； 2. 产生了规模经济效益，保证了生产要素互动以及长期稳定的收益
信托	无相关实践经验	便于科学引进相关配套产业，及时把握市场信息	

1. 转让模式（图 6-1）

案例 1：浙江德清农村土地流转转让模式

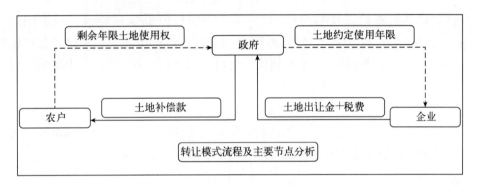

图 6-1　转让模式流程及主要节点分析

按照中共中央办公厅、国务院办公厅《关于引导农村土地经营权有序流转发展农业适度规模经营的意见》，2014 年，德清县对流转土地经营权全面进行确权登记发证，稳步探索土地所有权、土地承包权、土地经营权"三权分置"。全县开展农村土地 10 亩以上、流转期限 5 年以上有序转让，形成农业产业化规模经营，并进行流转土地经营权确权登记发证工作。当年发放流转土地经营权证 859 本，流转土地确权面积 78 688 亩。其中流转土地 50 亩以上、流转期限 5 年以上的单位及大户登记发证率 100%，共发放流转土地经营权证 607 本，流转土地确权面积 69 168 亩。

土地流转的形式主要有两种：一是委托（村、组）流转，二是农户自由流转。其中：委托流转 13.22 万亩，占 61%；农户自由流转 8.45 万亩，占 39%。涉及耕地流转的农户为 6.78 万户，占土地承包农户数的 85%。至 2015 年年底，全县农村土地流转面积 21.67 万亩，占家庭承包经营耕地总面积

28.32 万亩的 76.5%，2015 年新增流转面积 0.47 万亩，平均土地流转价格 1 000 元/(亩·年) [或 300 千克稻/(亩·年)]。实现全县规模经营（50 亩以上）的土地流转面积 11.45 万亩，占总流转面积的 52.8%。现全县以流转土地经营权证发放抵押贷款余额 1.12 亿元，累计贷款金额 1.95 亿元。

2. 出租模式（图 6 - 2）

案例 2：云南省临沧市临翔区"企业＋基地＋农户"出租模式

临沧市临翔区大力发展咖啡产业，以龙头企业凌丰公司为龙头，通过"企业＋基地＋农户"的模式，租赁农户的土地形成咖啡产业基地，推进农村土地流转。

临翔区农户按"依法、自愿、有偿"的原则进行土地流转，2011 年年末，全区家庭承包耕地流转总面积 6 384 亩，占全区家庭承包经营耕地面积的 2.7%；至 2013 年 6 月，流转总面积达 31 560 亩，占全区家庭承包经营耕地面积的 13.3%，与 2011 年年末相比，流转面积增长 505.5%，其中租赁反包面积 26 646 亩，占总流转面积的 84.4%。

通过由龙头企业租赁，统一规划、标准化实施高原特色咖啡产业种植后，反包给农民管理的方式进行土地流转，形成土地规模经营，建成高标准的咖啡产业基地，保证了企业优质原材料的供应，实现了农企双赢。

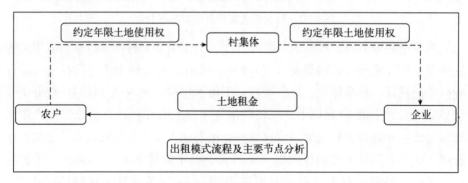

图 6 - 2　出租模式流程及主要节点分析

3. 抵押模式（图 6 - 3）

案例 3：宁夏平罗县小店子村"土地银行"抵押模式探索

平罗县姚伏镇小店子土地信用合作社与一般的信用合作社不同，该合作社经营的主要是土地，因而被当地农民形象地称为"土地银行"。具体而言，这里的农民以村为单位成立"土地信用合作社"，在不改变土地用途的前提下，农民自愿把自己的耕地存入合作社，由合作社向存地农民支付"存地费"；合作社再把土地"贷"给经营大户或企业，并收取"贷地费"。

具体做法是集中该村两个小组共 1 700 亩耕地，全部"贷"给该村村支书兼合作社理事长叶立国，由叶立国统一经营。入社的农民每亩每年可得 480 元"存地费"，叶立国作为承包人，每年每亩要支付农民 490 元的"贷地费"。按照合作社章程，存贷之间的每亩 10 元的差价，主要用于本村集体公益事业。

在平罗县土地合作社章程中，有一个条款尤为引人注目。其第 21 条提出："本社的存地证可以用作质押物。本社存地人以存地证为本人或他人担保、抵押的，应当事先告知并征得理事会同意并出具许可证明方可担保、抵押，否则无效。""存地证"如果可抵押贷款，事实上就等于"农地承包经营权"可以实现抵押。在当时，这无疑突破了现有法律"农地承包权不能抵押"的限制。

合作社给存地农民颁发的"存地证"是一个红皮证书，内容和格式由县农牧局经管站指导设计。存地证的内容，包括存地人姓名、住址、存入土地面积、土地性质、存地日期、期限、年每亩价格、年总计金额等。在另一页，还有存入土地的具体地块、位置等信息。存地期限为 3 年。

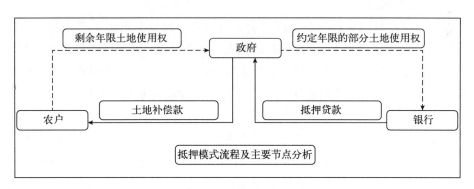

图 6-3　抵押模式流程及主要节点分析

4. 入股模式（图 6-4）

案例 4：四川省崇州市农村土地承包经营权股份合作社

崇州市充分运用农村产权制度改革成果，利用土地承包经营权入股，成立了杨柳、怡顺等 4 家土地承包经营权股份合作社，发展水稻规模化种植的土地股份合作社 43 家，入社农户达 1 925 户、入社土地面积达 6 141.68 亩、社均经营土地 142.57 亩，水稻目标产量 600 千克/亩，示范带动作用明显。截至 2013 年，全市承包土地全部实现规模经营。

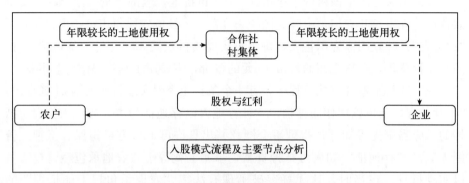

图 6-4　入股模式流程及主要节点分析

按照农户入社自愿、退社自由和利益共享、风险共担的原则，自愿以土地承包经营权折股、出资组建农村土地承包经营权股份合作社。入社农户按 0.01 亩折成为一股，每亩出资 10 元作为生产启动资金，年终经营纯收入按 9∶1 比例分红（收入的 90％用于土地入股分红，收入的 10％作为公积金、风险金和工作经费）。

合作社按照章程选举产生理事会、监事会。理事会负责生产经营，决定"种什么、如何种"。理事会出面聘请能人为生产经理，并签订产量指标、生产费用、奖赔合同。通过不断完善和优化提升，农业生产呈现规模化、成本降低化和收益增加化，农户增收明显。一是合作社种植的水稻增收明显，2010 年 10 月 14 日杨柳土地股份合作社进行大春种植经营水稻分红，合作社理事长陈永建从聘请的生产经理手中接过合作社种植经营水稻收入 58 370 元，除去种植成本等开支和合作社提取的公积金 1 600 元后，按每亩红利 557 元分给入社社员，比当地未入社农户种植水稻亩增收 100 多元。二是合作社经营实行"三统购""四统一"，仅此每亩减少投入 45～50 元。三是合作社用 101.27 亩入股土地的经营权作抵押，向成都市农商银行崇州支行贷款 6 万元，从事羊肚菌和小麦种植，仅羊肚菌种植每亩分红 206.4 元。四是入社农民直接放弃了土地的生产经营，安心外出打工挣钱，不再担心种田问题，每个农民打工每月还能挣 1 000～1 200 元。

案例 5：江西安义农民土地入股合作社

安义县新民乡乌溪村村民在引资发展水果种植园的过程中，并不满足于只出租土地收取租金，而是通过以土地、资金入股的方式投资，成为股东。

2012 年，乌溪村看中经济效益较好的葡萄，建起了总投资 500 万元、占地 500 亩的葡萄种植园，并组建专业合作社。与南昌市其他水果种植园不同的是，乌溪村有 15 户村民通过土地入股的方式投资葡萄园，入股的土地达到了110 亩。对于土地全部入股的村民，葡萄园还优先提供了劳动岗位，解决他们失去土地后的就业问题。

案例 6：黑龙江省肇东市五里明镇土地入股合作社

肇东市五里明镇于 2008 年成立了 3 家玉米种植农民专业合作社和一家农机作业专业合作社。2009 年五里明镇通过合作社形式又流转、整合了 3 万亩土地，进一步扩大种植规模。银行与中粮集团通过创新"公司＋合作社"模式，解决了借款人的燃眉之急。

首先，农户以土地入股加入合作社，通过土地流转由单一农户生产方式转变为农民专业合作社集约化和规模化经营管理；然后，银行与合作社签订协议，以合作社股东发起人代替农户成为承贷主体，公司或农户提供连带保证责任，并且积极探索土地承包经营权流转抵押方式；进而，农民合作社与中粮肇东签订粮食购销合同，中粮收购合作社农产品，以订单形式解决了粮食销售渠道；银行再与中粮肇东签订协议，由中粮肇东协助银行将合作社贷款本息从粮食收购款中代扣，确保银行信贷资金的封闭运行。

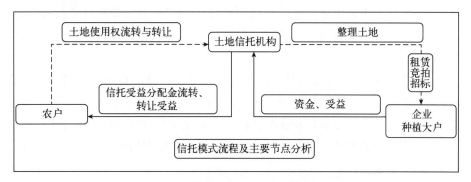

图 6-5　信托模式流程及主要节点分析

5. 信托模式（图 6 - 5）

案例 7：江苏无锡桃源村土地承包经营权集合信托计划

2013 年 11 月，北京信托在无锡推出第一单土地流转信托——"北京信托-无锡阳山镇桃园村农村土地承包经营权集合信托计划"。

该信托期限为不少于 15 年，收益由"固定收益＋浮动收益"两部分组成。桃园村项目中，北京信托引入了土地股份合作社，使土地经营权股份化。土地信托方式采取了"土地合作社"＋"专业合作社"的双合作社设计，即首先将拟进行信托的集体土地经营权确权到村民个人，再由村民以其土地经营权入股"土地合作社"，"土地合作社"作为委托人以土地经营权在北京信托设立财产权信托。同时，桃园村的水蜜桃种植能手成立水蜜桃专业合作社，北京信托代表桃园村土地信托将土地租赁给水蜜桃专业合作社。北京信托从水蜜桃专业合作社获得收益后再依据信托合同分配给受益人，同时北京信托可根据需要为专业合作社提供资金支持。

案例 8：四川彭州市磁峰镇土地以银行方式经营促进农户增收

彭州市磁峰镇挂牌成立农业资源经营专业合作社，土地承包经营权实行银行方式合作经营。主要模式是由中介机构根据地理位置、土地肥沃程度、升值潜力等，对农户的土地确定一个比较合理的储存价格；农户在自愿的基础上，将自己的土地定期存入土地银行；土地银行将农户存入的土地进行适当打包、整合或适度改造，在维持基本农业用途不变的情况下，贷给其他土地需求者（如农业企业及种植、养殖大户等），土地需求者向银行支付土地的储存价值、整理开发价值以及两者之和的同期贷款利息，银行再把储存价值兑现给农户。

这既保证了土地的适当集中和规模化经营，实现土地开发的效益最大化，又从根本上保护了农民利益，达到"多赢"的目的，产生了较大的经济效益和社会效益：

（1）"多重收益"效益凸显。按照彭州市委、市政府提出的"成立农业资源经营专业合作社，推进土地规模经营，促进农业生产方式转变"的工作思路，在土地承包经营权确权颁证的基础上，农民按照自愿原则，组建了从事土地权属存贷经营业务的村级集体经济组织，即"磁峰皇城农业资源经营专业合作社（即土地银行）"。

农户与合作社签订了土地承包经营权（存入）协议，并领到了存地凭证，承包地经营权将完全实行"银行"方式合作经营。农户将零散、小块、界线明晰的承包地经营权流转给农业资源经营专业合作社，合作社按照一定的价格给付农民租金（土地存款利息），再根据产业规划和种植大户对土地经营规模的需要，将土地成片划块转包给种植大户，种植大户付给合作社土地租金（土地贷款利息），合作社通过利息差获得收益。农户除了每年领到一定数额的利息收益之外，还享受合作社盈利分红，并外出务工实现家庭增收。

（2）"多方共赢"具体实践。该合作社遵循"村民自治、政府扶持、市场运作、合作经营"的运行方式，农户和龙头企业均有利益保障；村集体经济组织也有利益保障，在农业资源经营专业合作社存贷利息差额收益中，将有部分成为集体经济收入（包括提取一定比例的公益金和公积金，以及农业资源经营专业合作社运行费用），其余将用于存入土地银行社员的分配；为了让种植大户有利益保障，政府将在农技培训、农资供应、农机具购置上进行扶持，并整体包装和实施农业基础设施建设项目，同时种植大户拥有龙头企业的订单保障。从而在龙头企业、种植大户和广大农民之间搭起了新平台，实现了多赢。

（3）"多项意义"明确凸显。成立的农业资源经营专业合作社，实现了土地的集体化、集约化、规模化经营，能够有效解决灾后重建农民集中居住占地后土地权属调整的问题，有效促进土地资源变资本，增加农民财产性收入，能有效促进农村劳动力转移和生产方式转变。

此外，该合作社还通过耕地保护协议的签订，建立了耕地保护机制、购买农民社保，为深化户籍制度改革创造了条件，通过成立农业资源经营专业合作社、农业资源经营专业合作社管理委员会、监督委员会等，可以实现村级治理机制的进一步深化。

（三）农村土地流转存在的问题分析

农村土地流转是促进农业规模经营，优化农业资源配置，发展现代农业的必由之路，对于推动农业产业转型升级，促进农民创业创新，推进工业化、城市化和城乡统筹发展有着十分重要的意义。随着党的十七届三中全会允许农民以抵押、出租、信托、转让、入股合作等形式流转土地承包经营权，发展多种形式的适度规模经营这项重大决定的实施，农村土地呈现出了加速流转的态势。通过对各地土地流转模式及其成效的相关调研，总结以下四个方面的问题。

1. 土地流转流程及其机制不健全

目前，土地流转处于组织性较弱的开展状态，缺乏各级政府部门和单位有效的组织和引导，流转过程存在诸多不规范现象。首先是缺乏土地流转服务机构和流转平台，土地流转的供求信息不能及时有效沟通，转出方找不到转入方，土地流转供给需求脱节，有不少农民不知道应该怎样进行流转。这些问题导致了土地难以实现规范、有序和高效流转，整体呈现出流转速度偏慢，流转期限偏短，规模经营水平偏低等特点。其次是土地流转的程序简单，由于多数流转为自发形成，流转双方没有遵循一定的程序和履行必要的手续，大多只有口头约定而无书面合同，少数虽有合同，但不规范准确，导致双方的权、责、利无法得到有效保障。

国家出台了有关农村土地流转的政策法规，而地方配套政策措施尚不完善，各地方明确的操作办法和指导性文件还需加强。《农村土地承包法》《农村土地流转管理办法》等法律法规虽然将土地流转管理的职能赋予乡镇人民政府和县级农业主管部门，但县、乡、村均未建立土地流转领导机构、工作机构和服务机构，也没有制定出台土地流转的指导性文件、工作职责和制度体系，对土地流转的引导服务和管理监督职能未能落实到位。由于农村土地流转管理机构不健全，致使绝大部分土地流转不规范，处于自发性无序流转，加之土地流转的价格评估机制尚未建立，使得流转价格的形成缺乏科学依据，制约了农民流转土地的积极性。

2. 土地流转的档次不高

主要表现：一是流转形式档次不高，流转形式绝大部分仍属最低层次的委托代管形式，并且全是散户流转，不成规模。二是流转土地的开发档次不高。由于许多流转的土地处于自发的、粗放的、低层次的经营状态，流转规模小、投入低、科技含量不高、抵制市场风险的能力不强，很难形成规模经营，土地没有得到充分利用，农业产业化发展滞缓。三是土地流转短期行为严重。从出让方看，主要是务工经商不稳定，也担心政策变化，怕土地转出后失去土地，所以大多采取短期转包的方式。从经营大户的情况看，由于流转期限短，容易产生短期行为，致使承包户不愿在土地上投入过多的成本，难以挖掘土地的最大效益。

3. 农民流转信息发布不对称

土地是农民赖以生存的最基本的生产、生活资料，农民担心流转土地后会失去生活的依靠，所以宁可粗放经营，也不愿将土地流转出去。在土地流转过程中，农民处于弱势地位，缺乏必要的合同知识和对土地升值的预见性，更重要的是缺少话语权，在流转过程中农民利益得不到有效保障，进而对土地流转失去信心。各地缺乏公开透明的土地流转信息查询和发布平台，导致流转信息渠道不畅通。调研表明，一方面，一些经营副业或常年外出打工的农户有减少或放弃承包土地的愿望；另一方面，一些工商企业等市场主体或机构有建立或扩大经营的需求，但因信息不对称，出现农户想流转土地而流转不出去，欲承租土地者不知道去哪个部门了解相关信息情况。

4. 农村社会保障机制不完善

由于我国农村社会保障体系还不够健全，农民的基本生活、养老、医疗、社会救助等社会保障体系还不完善，保障水平不高。土地作为农民最基本的生产资料，土地收益就是最重要的经济生活来源，农民视之为"命根子"。在对土地流转权责利保障不完善的阶段，农民担心自己的土地流转后失去最基本的生活依靠和保障，即便承包经营的耕地撂荒或粗放经营，也不愿将土地流转出去。

5. 集体土地流转的收益分配不合理

农村集体土地流转中的土地收益分配问题是决定土地流转运作模式能否稳定运行的关键，也是评价土地流转模式优劣的重要依据，更是土地流转模式在实践中能否为广大人民群众所接受的关键因素。在实际的流转操作和运行过程中，土地流转的收益分配往往会出现不公平的现象。

在集体土地流转过程中，县、乡、村级农民的土地收益分配关系没有理顺，分配中缺乏统一有效的法律或制度规范，也缺少理论依据和实践经验，农民作为利益分配链中的最后一环，合法权益受到了侵害。如有的乡级政府根本没有直接参与土地流转，只是贯彻了一部分上级政府关于土地流转的政策和文件，但是依靠手中握有的对农村土地的管辖权截留了相当一部分土地流转的收益，或者以建设开发区、示范园区或设施农业为由，强行收回农民的承包地或低价征收征购农民的土地，使农民利益严重受损；而作为集体土地所有者的村组织既是土地流转的利益主体又是土地流转的监督管理主体，为了实现自身利益最大化，也会强制或变相推行土地流转，如没有经过撂荒农户的同意，擅自将其撂荒的土地转给第三方经营，或者未经村民代表大会通过，直接充当土地流转主体，将集体土地和"四荒"地出租出去，从中攫取利益。

这一切导致本该从土地流转中获得最大收益份额的农户，在实际的土地流转中只占了收益的一小部分，使农地流转的收益分配出现了明显的不合理，既背离了土地流转增加农民收入的初衷，也不符合现行土地承包法关于"承包期内，发包方（一般即指村集体）不得单方面解除承包合同，不得假借少数服从多数强迫承包方放弃或者变更土地承包经营权，不得将承包地收回抵顶欠款""土地流转的收益归承包方所有，任何组织和个人不得截留、扣缴"的基本要求。

二、发展完善土地流转制度促进农民增收对策

习近平总书记在中央全面深化改革领导小组审议《关于农村土地征收、集体经营性建设用地入市、宅基地制度改革试点工作的意见》会议上指出：坚持土地公有制性质不改变、耕地红线不突破、农民利益不受损三条底线，在试点基础上有序推进。三条底线为农村土地制度改革提出了要求和明确目标，其中农民利益不受损，就是明确要求在供给侧结构性改革推行的土地制度改革中如何保障农民权益，如何增加农民权益。基于历史背景、国内外相关梳理和调研情况，就发展完善土地流转中保障农民权益和促进农民增收提出以下对策。

（一）坚定保护农民在土地流转过程中的权益

土地流转关系到农民的切身利益，流转过程中的核心是要处理好集体与农户、农户与农户之间的经济利益关系。要调动农民对土地流转的积极性，必须认识到农民是理性的经济个体，只有在流转过程中充分享受到流转收益大于个体经营收益时，才会选择是否参与土地流转。因此，要坚定保障以下四个方面的权益：第一，农民依法享有土地的占有、使用、流转和收益等权利，要确保在流转过程中任何组织和个人不得剥夺和非法限制；第二，土地是否流转、流转的方式、价格、期限、对象等具体条件，都应由流转双方的农民自主决定，任何单位和个人都无权干涉；第三，各地因地制宜，通过出台相应政策和条例，充分保护农民享有土地流转的收益，任何单位和个人都不得侵占、截留或扣缴；第四，由乡镇、村集体统一招商流转的土地，则要合理确定利益分配关系，确保大部分收益归农户所有。

（二）充分发挥政府引导和市场配置相结合的优势

调研发现，当前我国农地资源市场化配置程度很弱，市场作为"看不见的手"在农村土地流转中的作用较小。同时，市场也不是万能的，也会失灵，存

在盲目性、自发性和短期性等固有缺陷。因此，需要充分与我国国情实际相结合，让市场与政府的宏观引导结合起来才能促进我国土地流转健康有序地发展。

由于农民自身的局限性，同时缺乏制度的保障性，农民为了"高价"而一次性卖出自己承包的土地使用权，从而造成农村在某一阶段形成较大的贫富差距和社会的不稳定性。因此，政府必须在农村土地流转过程中进行相应的引导、政策保障和支持，帮助农民清楚认识土地流转过程中风险与权益，同时建立规范、透明、及时的市场交易程序和长效机制，保障土地转出方农民的利益，并且要对大面积承租农户土地的业主进行资质审查和跟踪监督，确保土地不会被违法或违约使用。政府的引导必须要遵循市场规律，使市场在农村土地流转中起到基础性的配置作用，而且要充分发挥农民的自主性，不能过多阻碍农村土地的市场流转。

（三）鼓励农民自主创新土地流转形式

从目前我国土地流转的现状来看，流转的主体比较单一，流转的档次较低，流转的形式较为传统。随着我国政策对土地流转的支持和流转环境的逐渐成熟，政府应该鼓励农民不断创新农村土地流转的形式，对于法律法规没有明确禁止的流转形式都可以采用，以促进土地流转效应。如土地流转的期限在一年以上的，可以考虑租金由约定好的现金补偿和粮食谷物折价补偿共同构成，以便消除物价变动对流转费用造成的不合理影响；对于集体流转出去流转期限较长的开发项目，则要实行租金年度递增的机制，以便让农民分享到土地的增值收益；还可以建立土地流转风险基金，由规模经营业主出资和农村土地流转的政府专项扶持资金按合理比例共建，以消除因自然风险和市场风险发生时对土地流转农户造成的不良影响，解决农民流转土地的后顾之忧。

（四）构建完善的农村社会保障体系

当前我国还没有建立较为完善并覆盖大多数农民的农村社会保障体系，而农村土地承载着农业生产与农民生活保障的双重功能，土地依然是农民谋生和福利的主要来源，如果不能建立一个包括就业、医疗和养老在内的农村社会保障体系，开展长期、广泛、有效的土地流转就是一句空话。要完善农村社会保障体系需要从以下方面进行提升：（1）完善农村社会救济和保险制度。参照城市居民保障体系，为农村居民群体办理和提供相应的社会救济和社会保险，创造适合社会发展和进步的农村社会福利保障体系；（2）提供多重保险形式，建立多重保险制度。为农村居民提供家庭养老保险、储蓄保险和商业保险等多重保险形式，特别是建立完善的农村养老保障制度；（3）完善外出务工人员失业保险制度。农民工社会保险是老大难问题，也属于介于农村居民问题和城市居民问题之间的灰色地带，应尽量将外出务工人员纳入城镇社会保障体系，并为相关人员缴纳社会保险，实现城镇社保对接；（4）改革城乡二元户籍制度。尽可能消除由于城乡户籍制度所带来的社会差别和分割状态，使得农村户籍能在就业、教育、医疗和住房等方面享有与城市居民同等的待遇，如进一步加大财政投入完善农村医疗保险制度。

（五）建立公开透明的农村土地流转服务平台

县、乡、村是农村土地流转的第一线，当前，在农村土地流转过程中仍然缺乏一个公开透明的社会化中介服务平台，同时缺乏相关的监督政策和机制，从而导致在农村土地流转过程中，农民权益因此而受到损失。要积极建立县、乡、村三级联动土地流转服务平台和土地流转指导中心，负责建立健全土地流转登记、备案和档案管理等工作制度，做好土地流转供求登记、信息发布、土地评估、合同鉴定、法律政策咨询等工作；村一级至少要明确一名兼职农村土地流转管理员，负责土地流转的中介、信息和流转后的服务工作；建立信息上报制度，由县、乡农村经营管理部门每季逐级上报有关土地流转信息；充分利用各种媒体，大力宣传有关土地流转的法律法规和通过流转土地增收致富的典型，通过平台公开透明的流转流程和信息共享，让农民了解政策，消除误解，放心流转，从而积极引导农民提高组织化程度，增强集中土地和运作土地的能力。

第三节　集体产权制度改革促进农民增收①

随着我国经济发展进入新常态，农村集体经济产权制度改革也进入了深水区。由于历史原因，我国农村普遍存在农村集体资产产权归属不清晰、权责不

---

① 本节选自农业部软科学课题"新常态下农民增收潜力、趋势和长效"之分报告四"农村集体产权制度改革与农民增收"（课题编号：201519），课题主持人：孔祥智。

明确、保护不严格等问题。因此，为了更好地保护农民权益，促进农民增收和集体经济发展，进行农村集体产权制度改革势在必行。2007年，在农业部出台的《关于稳步推进农村集体经济组织产权制度改革试点的指导意见》中便提出，要引导有条件的地方开展以股份合作为主要形式，以清产核资、资产量化、股权设置、股权界定、股权管理为主要内容的农村集体经济组织产权制度改革。而且截至2015年的中央1号文件，关于推动农村集体经济产权制度改革的相关内容多次被提出（表6-9）。由此可以看出，目前在我国推行农村集体产权制度改革具有十分重要的意义和作用。

表6-9　中央有关农村集体产权制度改革的主要文件和内容

年份	文件名称	改革的内容
2008	关于切实加强农业基础建设进一步促进农业发展农民增收的若干意见	全面推进集体林权制度改革：在坚持集体林地所有权不变的前提下，将林地使用权和林木所有权落实到户
2009	关于2009年促进农业稳定发展农民持续增收的若干意见	全面推进集体林权制度改革：用5年左右时间基本完成明晰产权、承包到户的集体林权制度改革任务
2010	关于加大统筹城乡发展力度进一步夯实农业农村发展基础的若干意见	首次提出"鼓励有条件的地方开展农村集体产权制度改革试点"
2013	关于加快发展现代农业进一步增强农村发展活力的若干意见	建立归属清晰、权能完整、流转顺畅、保护严格的农村集体产权制度；健全农村集体经济组织资金资产资源管理制度，依法保障农民的土地承包经营权、宅基地使用权、集体收益分配权
2013	党的十八届三中全会：中共中央关于全面深化改革若干重大问题的决定	提出了保障农民集体经济组织成员权利，积极发展农民股份合作，赋予农民对集体资产股份占有、收益、有偿退出及抵押、担保、继承权的改革任务
2014	关于全面深化农村改革加快推进农业现代化的若干意见	重点提出了要"深化农村土地制度改革"
2015	关于加大改革创新力度加快农业现代化建设的若干意见	推进农村集体产权制度改革：探索农村集体所有制有效实现形式，创新农村集体经济运行机制

农村集体产权制度改革的目的和效果是多方面的。陈锡文曾表示，农村集体产权制度改革的目的：一是搞懂自己集体到底有多少"家当"，二是希望在经营这些资产的决策过程中能够公平公开、管理民主，三是经营成果能够公平分配[①]。黄延信等（2014）的研究认为，新形势下推进农村集体产权制度改革：一是建立城乡要素平等交换关系的需要；二是增加农民财产性收入扩大内需的需要；三是加快城镇化进程的需要；四是巩固党在农村执政基础的需要。陈雪原（2015）的研究则指出，深化集体产权制度改革有助于实现农民"带资进城"，加快农民市民化进程，完成农村社会结构转型的历史任务。并且保护农民权益的关键在于深化农村集体产权改革（许惠渊，2005）。

　　而关于农村集体产权制度改革对农民收入影响的研究也有很多。陈晓华在全国农村集体产权制度改革座谈会上就指出，推进农村集体产权制度改革的核心就是要增加农民的财产性收入，赋予农民更多的财产权利[②]。方桂堂（2014）通过对北京个案的研究分析表明，深化农村集体产权制度改革，能够增加农民财产性收入。齐只森（2013）也认为改革农村集体产权制度是增加农民财产性收入的根本保障。徐元明等（2015）同样认为，赋予农民农村集体土地的成员所有权，赋予农民住房的完整产权，实现农民财产的自主流转和市场化交易，是增加农民财产性收入的关键举措。荣庆娇等（2015）则运用联立方程计量经济学模型，测度与分析了集体林主体改革及配套改革对农户收入的影响，结果表明：实施集体林主体改革及配套改革后，样本农户的林业收入、以土地为基础的收入和非农收入均得到了不同程度的提高。

　　可见，农村集体产权制度改革能够促进农民增收，尤其是能够较大程度提高农民的财产性收入水平。截至 2014 年年底，在我国 30 个省、自治区、直辖市完成产权制度改革的村就有 4.7 万个，累计股金分红 1 335.1 亿元，当年股金分红 226.9 亿元，平均每个股东分红 364 元[③]。但是，目前我国农民的财产性收入在其总收入中占比不到 4%[④]，而且党的十八届三中全会也提出要"赋予农民更多财产权利"。由此来看，在农村开展集体产权制度改革对促进农民增收就更具有重要性和迫切性。然而在学术界有关农村集体产权制度改革促进

　　① http://finance.qq.com/a/20141202/000873.htm.

　　② http://news.163.com/15/0827/05/B20IME7500014AED.htm.

　　③ http://www.moa.gov.cn/sjzz/jgs/jggz/201506/t20150629_4722593.htm.

　　④ 2014 年中国农村统计年鉴 [M]. 北京：中国统计出版社.

农民增收的机制研究却很少。那么,农村集体产权制度改革是如何促进农民增收的呢?针对这一问题,本文以六盘水市的农村集体产权制度改革为契机,通过多案例研究的方法分析了农村集体产权制度改革促进农民收入增加的机制。

一、理论框架

我国农村居民的收入构成主要包括家庭经营性收入、财产性收入、工资性收入以及转移性收入,而农村集体产权制度改革主要是通过影响农民的财产性、工资性和家庭经营性收入促进了农民收入的增长。如刘俊杰等(2015)通过对农村土地产权制度改革的研究发现,改革对于农户收入的影响主要是通过农户家庭内部劳动力和土地要素的重新配置,提高其配置效率和生产效率,进而提高了农户的工资性和财产性收入水平。刘祥琪(2014)的研究也表明:首先,农村集体产权股份化改革将提高农民的财产性收入;其次,解决集体经济组织的所有者缺位问题,保证农民增收;最后,集体产权股份化改革有利于实现土地、劳动力等要素的市场化配置,激发各种生产要素的潜在价值,实现农民增收的目的。那么,产权明晰在实际中又是如何优化资源配置,提高农民收入的呢?为此,我们建立了如图6-6所示的逻辑框架以讨论集体产权制度改革促进农民增收的具体机制。

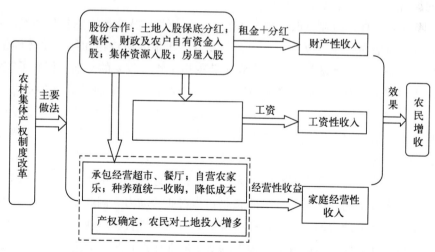

图6-6 农村集体产权制度改革促进农民增收的逻辑框架

首先,集体产权制度改革提高了农民的财产性收入水平。农村集体产权制度改革使得农村"三资"确权到户，农民的财产权利得到了保障。而在实际中多数乡镇村级集体又依靠股份合作的方式鼓励农民以资金、土地等入股合作社或企业等集体经济，通过资源的优化配置，促进了农民增收。且多数学者也认为，农村集体经济组织实施股份制改革有利于促进农民增收和调整收入结构（杨杰，2015；贾春梅等，2012；桑静山，2011；蒋占峰，2004；潘长胜，2004）。金智青等（2013）的研究也表明：农村集体经济组织产权制度改革通过明确股份与产权，促进了资本市场流转，增加了农民财产性收入。在股份合作中，如图6-6所示：（1）农民通过以自己的土地入股集体经济、合作社或者企业等投资主体，在获得土地租金的基础之上，还可以享受部分股份分红，即保底租金＋分红，增加了其财产性收入；（2）部分村集体还以荒山等集体资源入股，获得股份收益之后再在村委会和农民个人之间进行二次分配，也增加了农民的财产性收入；（3）资金入股，一般是指由村委会将集体经济积累和财政资金进行入股，然后再将分得的收益在村委会和农民个人之间进行二次分配。此外，农民还可以自有资金入股以获得分红，增加财产性收入；（4）房屋入股，尤其对于开展乡村旅游或农业示范园区建设的集体经济而言，需要大量的房屋以便游客进行住宿。因此，一些长期在外务工的农民，为了不使房屋闲置则用来入股，经过集体翻修装饰后统一供园区经营使用，而农民也可以从园区的经营收益中获取部分股份分红。

其次，集体产权制度改革提高了农民的工资性收入水平。农村集体经济产权制度进行股份合作化改革之后，农民多数将土地入股或出租给了集体经济、合作社或企业。土地流转后，让在农民获得更多租金收入的基础上拥有了工资性收入，促进了农民从第一产业向第二、三产业转移（陈伯君等，2009）。金智青等（2013）以上海市闵行区为例，通过对其改革案例进行研究后也发现，农村集体经济组织产权制度改革促进了农村富余劳动力向非农产业和城镇转移，增加了农民的劳动收益。在本文的逻辑框架下，我们认为农村集体产权制度改革下的劳动力转移主要有两种途径：一是就地转移，由于合作社以及企业等股份合作经济的发展需要大量的农业和非农业劳动力，因此很多从土地中解放出来的剩余劳动力便可以直接在本村及周边村实现转移就业。这部分劳动力一方面可以在集体经济的种养基地继续从事农业生产；另一方面也可以在集体经济的企业内打工，同时实现了产业的转移。二是外出务工，即农民在将土地流转之后，进入城市的第二、三产业打工，赚取工资。无论是以上哪种就业形式的转移，农民的工资性收入水平都可以得到大幅度提高。

最后，集体产权制度改革提高了农民的经营性收入水平。农民的家庭经营性收入是指农村住户以家庭为生产经营单位进行生产筹划和管理而获得的收入①。在集体产权制度改革的过程中，股份合作经济使农户得以通过经营餐厅、超市以及农家乐等提高了自己的家庭经营性收入水平。例如在以发展乡村休闲旅游观光为主的村集体或园区中，其一般会把园区内的餐厅、超市等承包给农户个体经营，集体从中赚取承包费并对入股农民进行分红。而对承包户来说，则增加了自己的家庭经营性收入。此外，有些仍然居住在旅游观光园区内，没有将房屋等设施拿来入股的农户，其通过经营家庭农家乐或者超市，同样增加了自己的家庭经营性收入。另一方面，如图6-6所示，对于部分没有进行土地流转的农户，其在股份合作经济的带动下，通过降低农业生产成本、增加生产要素投入以及提高农产品价格，也增加了自己的家庭经营性收入。原因主要有两点：一是对于村集体经济中从事种养殖加工的股份合作企业，会对农户的种养殖行为进行统一的技术管理，并统一提供生产资料，统一收购，从而降低了成本，提高了农户的收入水平；二是集体产权制度改革使农户的土地权益得到了保障，提高了其对土地进行投资的积极性，从而促进了土地产出和农民收入的增加。如荣庆娇等（2015）通过对集体林权主体改革的研究表明，改革确定了林地权属和使用时限，加之相关配套改革的实施，充分保障了农户长期享有林地的获益权，进而使农户对未来的收益有了稳定的预期，在此激励下，农户增加了林业生产的经营强度。

二、研究方法与案例的选择

（一）研究方法

案例研究的方法较为适合用于研究"怎么样"和"为什么"的问题。而本文所要研究的正是这类问题：农村集体产权制度改革的现状和农民增收入的情况怎么样，以及集体产权制度改革为什么会促进农民收入的增长。但根据研究中所使用案例数量的不同，一般可以将案例研究分为单案例研究和多案例研究。单案例研究通常不适用于系统构建新的理论框架（苏敬勤等，2010）。而

---

① http://www.stats.gov.cn/tjsj/zbjs/201310/t20131029_449516.html.

多案例研究则不仅适用于构建新的理论框架，还能够更好更全面地反映案例背景的不同方面，尤其是在多个案例同时指向同一结论的时候，案例研究的有效性将显著提高（Eisenhardt，1991）。Herriott & Firestone（1983）也认为从多个案例中推导出的结论往往被认为更具说服力，因此整个研究就常常被认为更能经得起推敲。因此，为了使研究结果更具有说服力和可信度，我们将采用多案例研究方法。

多案例研究可以被看作是多个相关实验，其研究设计中的每个案例都要能用来服务于某一目的，而且每一个案例都要经过仔细挑选，挑选出来的案例能产生相同的结果或者由于可预知的原因而产生与前一研究不同的结果（殷，2004）。所以，我们选择的案例必须满足以下两点要求：第一，案例要能够服务于同一个目的，即每一个进行农村集体产权制度改革的股份合作经济体都能够对农民收入产生影响；第二，所选择的案例都能产生相同的结果，对该研究来说，即每一个改革主体案例在股份合作经济中都能够促进农民增收。

（二）案例来源与筛选

六盘水市辖钟山区、六枝特区、盘县、水城县4个县级行政区域，位于贵州省西部，云贵高原东部一、二级台地斜坡上，地处长江上游和珠江上游的分水岭，是20世纪60年代国家"三线建设"时期发展起来的以煤炭采掘工业为基础，冶金、电力、建材、矿山机械工业综合发展的能源型重工业城市，拥有"中国凉都"的美誉。近年来，六盘水市积极探索和推进农村资源变股权、资金变股金、农民变股民的"三变"改革，对于充分发挥统分结合的双层经营体制的优越性，推动农村规模化、组织化和市场化的发展产生了重要的作用。因此，我们以六盘水市的"三变"改革为契机，并采用多案例研究的方法对农村集体产权制度改革促进农民增收的机制进行分析。本研究所用案例均来自作者本人于2015年10月对六盘水市的调研（表6-10）。根据多案例研究方法的技术要求以及本文的研究目的，我们最终选择了六枝特区新华乡、盘县普故乡舍烹村、盘县淤泥乡岩博村、水城县勺米镇坡脚村、钟山区月照乡双洞村等5个案例。而选择这5个案例的原因则主要有以下几个方面：

首先，我们选择的5个集体经济产权制度改革的案例对农民收入都有影响。并且，从表6-10中可以明显看出，农民在参与股份合作经济之后，其收入分别得到了不同程度的增加。如在六枝特区新华乡，农民通过土地入股和在基地打工，2014 年人均增收 900 余元。其次，以上 5 个案例基本包括了农民以土地、资金入股及促进农村剩余劳动力转移就业的内容，这将十分有助于我们对该研究的逻辑框架进行验证，实现本文的研究目的。最后，5 个案例分别来自六盘水的 4 个县级行政区域，从而可以在一定程度上避免区域政策、自然条件等方面的差异对研究结果可能会造成的影响。值得注意的一点是，我们选择了盘县的两个案例：舍烹村与岩博村。舍烹村与其他 3 县改革后的参股、入股模式基本一样。但是，岩博村在集体产权制度改革中引入了共同贷款入股这一创新模式，而且岩博村的村办集体企业在带动周边农户增加农业家庭经营性收入方面也有突出的贡献。因此在满足本文研究需要的基础之上，我们增加了岩博村的改革案例以探索集体产权制度改革促进农民增收的新逻辑。同时也为了在同一县区内部进行对比分析以便更加准确地证明本文的理论框架。

表 6 - 10　六盘水"三变"改革的调研情况

编号	地点（名称）	改革的模式	增收的原因	收入（2014 年）
1	六枝特区新华乡	支部＋合作社＋基地＋农户	土地入股保底分红；基地的打工收入	人均年增收 900 余元
2	六枝特区堕却乡朗树根村	公司＋村集体＋农户	集体荒山入股分红	人均年增收 14 000 元
		合作社＋村集体＋农户	财政扶贫资金入股分红	人均年增收 1 600 元
3	六枝特区郎岱农业园区	园区＋公司＋农户	土地入股分红；财政、社会资金入股分红	人均年增收 886.85 元
4	盘县滑石乡哒啦仙谷	企业＋园区＋合作社＋农户	土地入股分红；扶贫资金入股分红；农户自营实体经济收入；园区内的打工收入	人均年增收 600 元
5	盘县普古乡舍烹村	合作社＋园区＋基地＋农户	土地入股保底分红；农民、财政资金入股分红；农户自营实体经济收入；园区内的打工收入	人均年增收 3 500 元
6	盘县淤泥乡岩博村	村集体＋企业＋农户	土地折价入股分红；农户、扶贫资金入股分红；共同贷款入股分红；企业的打工收入	人均年收入 12 000 元

（续）

编号	地点（名称）	改革的模式	增收的原因	收入（2014 年）
7	水城县猕猴桃产业园区	园区＋公司＋农户	土地入股保底分红；基地的打工收入	人均年收入 13 230 元
8	水城县勺米镇坡脚村	支部＋合作社＋企业＋农户	土地入股分红；农户、财政资金入股分红；集体资源入股分红；合作社和公司的打工收入	人均年增收 706 元
9	钟山区大河镇周家寨社区	社区支部＋合作社＋农户	土地入股保底分红；财政资金入股分红	人均年收入 5 100 元
10	钟山区月照乡双洞村	村集体＋微型企业＋农户	土地入股保底分红；集体、财政资金入股分红；农家乐等基地的打工收入	人均年增收 2 088 元

三、案例观察与分析

（一）农村集体产权制度改革的案例简介

1. 六枝特区新华乡的"三变"改革

六枝特区地处贵州省西部，是六盘水市的东大门。近年来，特区通过实施资源变股权、资金变股金、农民变股民的农村集体产权制度改革，带动了农民增收致富。新华乡位于六枝特区北部，当地气候尤其适合发展高山生态有机茶产业。在"三变"改革中，新华乡田坝村、新平村和王家冲村 3 个村的村支两委，通过引入新华永兴种养殖农民专业合作社，构建了"支部＋合作社＋基地＋农户"的新型农业经营模式。在这种经营模式下，村支两委积极组织农户以土地经营权入股合作社以发展茶叶产业。而田坝村、新平村和王家冲村作为六枝特区新华高山生态茶叶产业园区的核心区，目前共拥有茶叶基地 13 800亩，其中有 8 000 亩是农户以土地经营权入股的形式建设的。

2. 六盘水市盘县的"三变"改革

盘县地处滇、黔、桂三省结合部，是贵州省的西大门，并在六盘水市的"三变"改革中，取得了非常显著的成效。在本文中，我们将以盘县普古乡舍烹村和淤泥乡岩博村的集体产权制度改革为例，说明"三变"改革对农民增收的影响。

(1) 普古乡舍烹村。盘县普古乡舍烹村位于普古乡东部，该村在"三变"改革中采取的是"合作社＋园区＋基地＋农户"的股份合作经济模式。2012年5月，舍烹村的乡村能人陶正学牵头成立了盘县普古银湖种植养殖农民专业合作社，并依托当地的资源优势建设了普古娘娘山生态农业示范园区。舍烹村是娘娘山园区的核心村，并于2015年被农业部评为"一村一品"示范村。目前，园区流转土地2.18万亩，种植刺梨11 000亩，红心猕猴桃4 200亩，红豆杉800亩，其他精品水果及蔬菜2 300亩；景点则主要有娘山湿地、天山飞瀑、六车地缝、天生云桥以及凉山茗镇等。在股份合作方面，银湖合作社积极吸收农户、村集体以各种方式参与入股以促进园区的建设。自2012年8月园区开始建设至今，合作社已共计投资了5.8亿元。

(2) 淤泥乡岩博村。盘县淤泥乡岩博村位于淤泥乡西北部，在村党支部书记余留芬的带领下，岩博村形成了"村集体＋企业＋农户"的集体经济发展模式。岩博村一共拥有小锅酒厂、矸石砖厂、山庄、特种养殖场及岩博火腿加工厂等5家村集体企业，且养殖场和火腿加工厂是由村集体与村民共同出资成立的特种养殖专业合作社领办。其中，小锅酒厂是岩博村集体经济中最重要且投资最大的企业，2015年3月正式建设完成开始投入生产，当年的纯利润达2 000万元左右。养殖场主要进行鸡苗培育，共拥有8栋鸡舍，全部采用自动化的设施设备；火腿加工厂的产量较小，但火腿质量较好并于2012年申请了地理标志产品。砖厂现在则基本处于停产的状态，山庄效益同样不是很大。在股份合作方面，村集体积极鼓励农民以土地、资金等入股集体企业。同时，岩博村也通过集体林权抵押贷款以及整合财政扶贫资金来进行集体经济建设，并按股在村集体、企业与农民之间进行分红。目前，岩博村村集体一共流转了400亩土地，入股的有200亩，另外200亩则是集体以买断的方式流转而来。

3. 水城县勺米镇坡脚村的"三变"改革

水城县位于贵州省西部，素有贵州"高原明珠"、祖国"西南煤海"之称，其在六盘水的农村"三变"改革中也取得了比较显著的效果，促进了农民增收。其中，水城县勺米镇坡脚村的集体产权制度改革便是典型案例之一。坡脚村位于勺米镇东南部，该村村支两委通过成立民裕种养殖农民专业合作社，引进六盘水聚亨投资有限责任公司，构建了"支部＋合作社＋企业＋农户"的集体经济发展模式。在这种模式下，村"两委"积极组织本村农户以土地、资金等入股合作社以发展茶叶种植产业，并按股份在社员和村集体之间进行分红。

目前，合作社的茶叶基地已经投资 360 余万元，种植茶叶 1 956 亩。此外，村集体还整合各项政府财政资金以及集体积累资金近 130 多万元，建设了坡脚村"民裕农贸市场"和"林下养殖"项目，所得收益按股比在村集体、合作社社员及村贫困户之间进行分红。

4. 钟山区月照社区双洞村的"三变"改革

钟山区位于川、滇、黔、桂结合部，是贵阳、昆明两大城市的中心点。在六盘水的"三变"改革中，不仅钟山区的农村集体经济得到了极大发展，其农民收入也得到了显著提高。其中，位于钟山区月照社区东北部的双洞村便是从集体产权制度改革中获益的村庄之一。为了更好地整合资源以进行集体经济建设，双洞村组建了六盘水市钟山区银睿志农综合发展有限公司。公司注册资金为 500 万元，主要负责吸收农户的土地、资金以及房屋等入股，同时整合集体资源、集体积累资金、政府财政资金和各种社会资金，然后进行水果、花卉种植项目以及其他各种乡村旅社（农家乐）的建设。目前，双洞村总共流转了 562 亩土地，涉及农户 418 户。由此来看，我们可以将双洞村的"三变"改革总结为"村集体＋微型企业＋农户"的农旅一体化发展模式。

（二）农村集体产权制度改革促进农民增收的机制分析

通过前文的介绍，我们对 5 个案例各自的集体经济发展模式、经营范围及其"三变"改革的具体操作形式有了一个基本的了解。下面我们将从财产性收入、工资性收入以及家庭经营性收入的角度分别研究集体产权制度改革对农民增收的影响。

1. 集体产权制度改革对财产性收入的影响机制

集体产权制度改革主要通过增加农民的租金收入和股份分红收益而促进了农民财产性收入的增加。在六盘水"三变"改革中，农民参与入股的方式有很多，包括土地经营权、自有房屋、自有资金、集体经济积累、财政资金以及集体资源等。通过入股变身为股东，农民得以获得集体经济的盈余收益，从而提高了自身的财产性收入。此外，部分村集体还对以土地经营权入股的农民支付保底租金。如六枝特区新华乡，村集体在引导农民以土地入股合作社的过程中，采取的就是"保底＋分红"的收益分配方式。在合作社茶叶基地建设的前 3 年，农民可以在自己入股的土地里套种农作物，并由合作社按保底价收购，如果市场价高于保底价则按市场价收购；基地 3 年之后便会产生效益，此时，村集体、农民和合作社再按照 1：3：6 的比例进行股份分红。预计在茶叶基地能够产生效益之后，人均增收可达 900 余元。

在盘县普古乡舍烹村，农民入股合作社的方式则更加多元化。对农民个体来说，其既可以用土地入股，也可以以现金入股。合作社的每股股金为 20 万元，如果农民自有资金不足，其可以选择几户合伙认购一股；也可以由合作社借钱给资金短缺的农户进行入股。通过土地入股的农户，合作社会在每年付给其土地流转费的基础之上，再按 8：2 的比例在合作社与农户之间进行盈余分红。此外，由于农民具有集体收益分配权，所以村集体入股所得收益也可以算作是本村农民收入的一部分。对舍烹村村集体来说，其主要利用集体资源和政府投入到本村的财政扶持资金来入股。如村集体已将本村银湖水面共 120 亩承包给园区用于游船、垂钓等旅游项目经营，合作社每年则按水面开发纯收益的 10％提交给村集体，目前舍烹村已分得 2 万余元的收益；而财政资金入股可为舍烹村村集体带来的收入预计达近百万元。

与舍烹村类似，水城县勺米镇坡脚村的"三变"改革也采取了多种股份合作的方式。首先，坡脚村村支两委通过组织村民以土地入股到合作社，2014 年本村村民获得了 46 万元的租金收入，受益农户有 116 户 430 人。其次，坡脚村村"两委"以合作社为投资主体，通过整合政府建设资金 15 万元、集体现金 8 万元以及村集体河沙坝 3.66 亩入股建设了"民裕农贸市场"，涉及村民 56 户 206 人，项目建成后，每年将为 56 户村民增收 22 万元，人均增收 3 929 元。此外，坡脚村还利用集体林地和财政资金 100 万元投资建设了林下养鸡场项目，收益则按照约 3：7 的比例在村集体和合作社成员之间进行分红。其中，村集体所得收益的 80％归村集体所有，主要用于村公共事业建设、村民分红以及生产再投资；另外 20％属于全村的贫困户所有，从而实现了精准扶贫，并提高了农民的财产性收入水平。

钟山区月照社区双洞村在"三变"改革中所采取的股份合作方式也是比较典型的。在促进农民及其他社会组织等参与双洞村村集体经济投资建设的过程中，银睿志农综合发展有限公司整合了村集体积累资金、财政扶贫资金以及政府征地费用集体提留资金等[1]共计约 400 万元用于水果、花卉种植及农家乐等

---

① 双洞村总共被政府征用了有 140 亩土地，每亩地的征地费用是 4.45 万元，其中有 0.2 万元被村集体抽取充当集体积累。

项目建设，项目收益则在公司、村集体与农民之间进行分红，比例一般是 5：3：2，而且获得分红的农民多数是本村贫困户。双洞村的项目大多都承包出去而并非由村集体经营，集体只收取承包费然后进行分红。如村集体户外运动基地每年可为双洞村带来 10 万元的承包费收入。此外，农民本身也可以用自己的房屋入股到公司，然后由公司对外承包，承包费用所得则按一定的比例在公司、集体和农民之间进行分成。土地入股在双洞村也比较普遍，入股农民每年可以在获得 600 元/亩的租金基础上再享受分红。

值得注意的是，在盘县淤泥乡岩博村的改革中，其不仅采取了在以上几家村集体经济中提到的入股方式，还创造了共同贷款入股①的模式。在岩博村，村委会利用集体林场以及企业进行抵押，获得贷款资金共计 1 000 万元，然后将资金按 1 万～50 万元的份额分配给了农民，并要求农民必须将资金入股到村集体企业。贷款本金由企业偿还，利息由入股农民承担；而对于个别经济能力有限，无法偿还利息的农户，企业也会帮助偿还。此外，岩博村也整合利用国家扶贫资金 300 余万元，全部都投资入股到了村集体企业中。同时，农民还可以自有资金和土地入股从而获得股份分红。

2. 集体产权制度改革对工资性收入的影响机制

集体产权制度改革通过实行股份合作促进了农民转移就业及其工资性收入的增加。六盘水产权制度的"三变"改革使当地农民拥有了较多进行产业转移就业的机会，从而导致其工资性收入得到了大幅度提升。新华乡在茶叶基地建设中，便通过吸收入股农民参与基地管理，解决了当地 13 008 名农民的就地转移就业问题，提高了其工资性收入水平。

同样，在普古乡舍烹村，合作社通过将入股农民聘用为社里的固定员工，每月可以为其带来不低于 1 500 元的固定工资收入。在匀米镇坡脚村，农民通过在合作社的茶叶基地务工也极大地提高了自己的收入水平，2014 年其务工总收入为 132 万元；此外，坡脚村的林下养殖场项目建成投产后，至少可以为 20 人提供转移就业的机会，并能够使其每年平均增加 2.8 万元以上的收入。双洞村的"三变"改革则不仅为本村农民提供了就地转移就业的机会，同时也促进了剩余劳动力进行外出打工。目前，双洞村的村民在本村农家乐打工的就

---

① 岩博村对共同贷款入股的定义是指村集体利用集体资源进行抵押贷款，贷款所得再按照不同的份额在农民之间进行分配并要求入股到集体经济，本金由村集体负担偿还，利息则由农民自己支付。

有 35 人，月工资为 1 500 元加提成；社区环卫工人有 3～5 人，也是本村农民；另外有 44 名农民在土地流转之后选择了外出打工。此外，也有相当一部分农民通过参与村集体的景区建设而赚取工资收入。对于既参与土地入股分红，又在农家乐等微型企业打工的农民，其人均年收入可达 2.5 万元。

岩博村由于村办企业较多，在解决农民转移就业问题，提高其工资性收入水平方面的贡献也尤为突出。如岩博酒厂的烤酒环节为本村近 200 名妇女提供了就业机会，且工资至少为 2 000 元/月；养殖场则解决了 20 多名农民的就业问题，工资 3 500 元/月，另外根据鸡的成活率和产蛋率，还会有提成；在岩博火腿厂打工的农民较少，只有 6 人，工资为 3 000 元/月。如果将岩博村的所有集体企业都考虑在内，其一共解决了本村和周边村寨将近 250 余人的转移就业问题，极大地提高了当地农民的工资性收入水平。

3. 集体产权制度改革对家庭经营性收入的影响机制

集体产权制度改革对农民家庭经营性收入的积极影响也是通过股份合作经济而间接产生的。"三变"改革中的各种股份合作经济模式，为农民创造了很多经营个体工商业经济的机会。同时也有一些村集体通过帮助从事农业生产的农民降低生产成本，提高产出，从而促进了其家庭经营性收入的增加。例如在双洞村，很多农民会利用村集体发展农家乐的机会，自己投资经营一些小生意（如摊商），而其针对的顾客则主要是到本村旅游的游客。通过这种方式，农户的家庭经营性收入在一定程度上得到了增加。

然而，"三变"改革能够促进农民家庭经营性收入增加的更为典型的案例是舍烹村和岩博村。在舍烹村的娘娘山生态农业示范园区，农民可以通过承包园区的餐厅、超市等进行经营来拓宽增收渠道。截至目前，舍烹村娘娘山园区已经开办农家乐 20 家，农家旅馆 12 家，农家超市 5 家，实现营业收入 50 万元，而其中的绝大部分都是由农户独自承包经营的。在岩博村，家庭经营性收入的增加则主要来自于农业。岩博村特种养殖专业合作社通过统一发放种苗、种猪，统一提供技术指导，带动了本村和周边村寨的很多农户从事养猪业，合作社保价回收，从而保证了农民收入。此外，岩博酒厂还通过连接其上下游产业，也为农民增收提供了可能。首先，酒的生产需要高粱做原料。根据岩博酒厂的生产力，其能够覆盖约 12 万亩高粱地，并且酒厂的高粱收购价要比市场价高出 0.6 元/千克，从而增加了高粱种植农户的农业经营收入。其次，酒厂在生产过程中产生的酒糟可以充当牲畜饲料且价格便宜。通过购买酒糟饲喂牲畜，养殖场的成本能够降低 1/3。此外，为了帮助本村农民的养殖场起步，酒厂在第一年会免费供给酒糟给养殖场，到养殖场发展的第二年才开始收费。岩博村集体股份合作经济的这些间接影响极大地提高了农民的家庭经营性收入水平。

（三）小结

通过前文分析，我们已知，农村集体产权制度改革在促进农民增收方面确实发挥了重要的作用。确权使得农民的土地承包经营权、宅基地使用权以及集体收益分配权得到了保障；同时股份合作制的实行又将农民的各种权利得以盘活，促使其通过市场化入股的方式参与到集体经济建设中，从而拓宽了农民的增收渠道。在本文对六盘水"三变"改革的分析中，可以明显得出：首先农民通过土地、资金以及集体资源入股促进了财产性收入的增加；其次农民通过自营工商业或者继续从事农业生产促进了家庭经营性收入的增加；最后农民通过转移就业促进了自身工资性收入的增加。在以上三种收入的综合作用下，农民的总收入水平得到了大幅度提高，如舍烹村，与当地普通农民相比，其人均年增收可以达到 3 500 元（表 6 - 11）。

表 6 - 11　农村集体产权制度改革促进农民增收的主要情况

地名	土地入股	资金入股	集体资源入股	自营经济	转移就业	增收效果
新华乡	人均增收 900 余元				13 008 人	人均年增收 900 元
舍烹村	保底＋分红	集体收入预计近百万元	集体收入 2 万余元	共计收入 50 万元	不低于 1 500 元/月	人均年增收 3 500 元
岩博村	按股分红		集体林场、企业贷款入股分红	养殖场和高粱种植	250 人；平均 3 000 元/月	人均年收入 12 000 元
坡脚村	人均收入 1 070 元	人均增收 3 929 元	收益按照 3∶7 的比例分红		2014 年共计收入 132 万元	人均年增收 706 元
双洞村	每亩 600 元＋分红	收益按照 5∶3∶2 的比例在公司、村集体、农民之间分红		摊商等小生意	35 人；1 500 元/月＋提成	人均年增收 2 088 元

第七章

金融保险促进农民增收

从 1993 年起，我国一直在推进以利率市场化、要素资本化与金融机构多样化为特征的农村金融改革。虽然农村资金一直处于外流状态，但宏观金融市场数据反映，农村金融体系服务"三农"的广度与深度却在逐年拓展与深化。金融体系的服务倾向更加公平，城乡在金融资源的获取上日趋平等。同时，减少对农业的补贴、减少对农产品市场的干预已是我国农业供给侧结构性改革的基本趋势。因此，在现行 WTO 规则下，发展农业保险成为我国农业支持计划改革的主攻方向之一。

第一节　农村金融改革及其对农民增收的影响[①]

本部分基于 1995—2009 年东、中、西部地区的面板数据，对农户从正规金融和非正规金融两种渠道融资对农户收入的影响进行分析，最后提出了相应的对策建议。

一、中国农村金融改革（2000—2014 年）

长久以来，城乡经济制度的生硬划分以及社会主义工业化的发展目标大量牺牲了农民的利益。据估算，1978—2012 年，通过财政、金融机构以及工农产品价格"剪刀差"等渠道，农村地区向城市地区净流入资金大约为 26.66 万亿元（周振，2015）。但 1996 年之后，我国资金供求形势由短缺转向过剩，这就意味着国家以行政手段抽取农村剩余，以补贴城市及工业发展的动机已经失

---

① 本节选自农业部软科学课题"新常态下农民增收潜力、趋势和长效"之分报告五"农村金融改革及其对农民增收的影响"（课题编号：201519），课题主持人：孔祥智。

去。而此时，我国城乡收入比已经由 1985 年的 1.368 4∶1 逐步扩大到 2003 年的 2.529 4∶1。在此背景下，国家对农村的态度逐渐由"汲取"变为了"帮助"。但一种机制与思想观念一旦形成并长期存在，便拥有一定的惯性，不是短期内可以扭转的，更何况新的时代背景下，我们所面对的形势更加复杂，因此国家对农村地区金融体系的改革一直在曲折中前进着。理解 21 世纪以来我国农村金融改革的政策取向与脉络可以从我国的利率市场化、农村要素资本化以及农村金融机构多样化这些方面着手。

（一）利率市场化、要素资本化与金融机构多样化

1. 利率市场化

1993 年，党的十四届三中全会《关于建立社会主义市场经济体制若干问题的决定》提出了关于利率市场化的初步设想。1996 年，中国人民银行实现了同业拆借利率（Chibor）的完全市场化并开始启动利率市场化改革，我国利率的管制终于开始松动。

（1）债券市场利率市场化历程。1996 年，财政部通过证券交易所市场平台实现了国债的市场化发行并完成了同业拆借利率的市场化。1997 年银行间债券回购利率放开。1998 年，国家开发银行在银行间债券市场首次进行了市场化发债。1999 年，市场招标的形式也开始被引入到国债发行中。自此，银行间市场利率，国债及政策性金融债利率得以完全市场化。

（2）金融机构存贷款利率市场化历程。1998—1999 年，中国人民银行连续三次扩大金融机构贷款利率浮动区间。1999 年，中国人民银行批准中资商业银行法人对中资保险公司法人试办由双方协商确定大额定期存款，存款利率改革开始破冰。2000—2003 年，我国逐步放开了外币存款利率的管制。2004 年，中国人民银行再次扩大金融机构利率浮动区间，并于同年取消金融机构的贷款利率上限及存款利率下限，开始对贷款利率及存款利率实行下限管理与上限管理。2006—2012 年，中国人民银行逐步放宽对利率的限制。2013 年取消金融机构贷款利率下限，改由金融机构根据商业原则自主确定贷款利率水平，其标志着我国贷款利率市场化得以实现。2014—2015 年，中国人民银行先后三次放宽存款利率的上限管理。2015 年《存款保险条例》的出台为存款利率市场化的完成做好了铺垫。2015 年 10 月，央行取消存款利率上限管理，我国利率市场化在形式上得以完成。

2. 农村要素资本化

从古至今，土地及其产权问题都是国家社会问题中的重中之重，也是"三农"研究中无法回避的问题。土地承包权、集体林权与农民的生产经营密不可分，农房产权也是必不可少的生活基本需求。这些问题如果处理得当，便会极大促进农民增收与农村地区的社会稳定，但如果处理不好，便会造成农村地区的社会经济秩序紊乱，甚至危及国家的稳定。因此，国家在农村要素资本化的问题上一直坚持极其谨慎的态度，其推进也一直比较缓慢。改革开放以来，我国的土地资本化进程其实一直在缓慢推进中。从农村土地的家庭联产承包责任制到集体建设用地流转试点，再到党的十八届三中全会对农村土地确权流转的整体规范与推动，我国的土地资本化进程更加深化，一步一步走向规范与合理。20世纪90年代的"南海模式"，2001年试行的"绍兴模式"，以及后来试点的"平罗模式""徐庄模式"都是对土地资本化的积极探索与推进。

在原有的土地制度下，农民所承包经营的土地、住房以及宅基地作为可以带来长期收益的资产，其财产功能难以发挥。土地仅仅作为被耕作的对象，住房和宅基地也只是被当作居住、生活的场所，其抵押权、担保权等权利缺失严重。而这种抵押权、担保权的缺失又导致了农民难以获得贷款，其信贷需求就无法得到满足。这种抵押品、担保品的缺失极大抑制了农民的信贷需求。

土地资本化作为解决农民合格担保物缺失问题的最有效的解决办法，其进程的加快已经是箭在弦上，不得不发了。因此，党的十八届三中全会《中共中央关于全面深化改革若干重大问题的决定》明确了土地资本化的改革方向，王曙光（2015）将其归纳为三条。其一，赋予农民对承包地的占有、使用、收益、流转及经营权抵押、担保权能；其二，保障农民集体组织成员权利；其三，推进农民住房财产权抵押、担保、转让，探索农民增加财产性收入渠道。

毫无疑问，党的十八届三中全会对于土地政策的改革将极大地推动农村要素资本化的进程，盘活大量土地，改善农民信贷需求的质量，这对于农村金融机构的发展与农民的增收都是很大的利好消息。然而，政策导向是好的，如果配套的政策法规不能很好地制定与执行，"三权"抵押带来的正面效果也只能大打折扣。因此，如何保障政策的落实也是国家应该积极探索与求解的问题。

3. 农村金融机构多样化

中华人民共和国成立一直到20世纪90年代中后期，我国的农村金融机构一直都是国家在农村地区的"融资抓手"。以中国农业银行与农村信用合作社为代表的农村金融机构长期以来一直扮演着储蓄动员机器的角色，其源源不断地将农村剩余资金输往城市以支持工业化进程。

农村地区的金融机构可就其是否拥有金融主管部门颁发的金融许可证，是否接受相关单位的金融监管分为正式金融与非正式金融两种。正式金融主要有农村信用合作社、中国农业银行、中国农业发展银行、中国邮政储蓄银行、村镇银行、贷款公司和资金互助社。非正式金融则比较复杂，但大致可分为亲友借贷、典当行、高利贷、合作基金会、合会、资金互助、小额信贷和股权融资。内生于农村的非正式金融长期受到政府的政策性压制，而政府压制农村地区非正式金融的目的是为了汲取农村剩余以支援国家工业化建设。这一情况在20世纪90年代中后期发生了逆转，国家资金由短缺转向剩余，再也不需要汲取农村剩余以支持工业发展。国家便推动了一系列金融机构改革政策来援助农村的建设。

（1）农村信用社的发展与改革。经过20世纪90年代后期的规划与整顿，2003年，《中共中央　国务院关于做好农业和农村工作的意见》《国务院关于印发深化农村信用社改革试点方案的通知》发布；2004年，国务院办公厅发布了《国务院办公厅关于进一步深化农村信用社改革试点的意见》，中国银行业监督管理委员会、中国人民银行发布了《银监会、人民银行关于明确对农村信用社监督管理职责的指导意见》，开始推行全国范围内的农信社改革试点工作。这次改革的任务主要是明确农村信用合作社的产权制度与改善治理结构。2008年银监会召开全国农村中小金融机构监管会议，提出了农信社的"二次改革"，提议建立省联社并坚持农信社股份制改革方向。2009—2014年，农信社逐步改制为农村商业银行。截至2014年年末，农村商业银行网点数已占涉农金融机构营业网点总数的40.27%，而且该比例还将于未来几年持续上升。

（2）新型农村金融机构的发展。伴随着我国金融机构商业化与利率市场化的不断深入，传统的以农信社为代表的服务"三农"的金融机构不断出现"资金离农"与"机构离农"的现象，这与资本的逐利性是完全相符的，但却非我们所希望的。无论从动机还是效果上看，传统金融机构在支持农村发展上已略显无力，它们不愿也不能带动农村经济发展。

2004年至2007年的中央1号文件提出要进行农村金融体制的改革与创新，积极兴办直接为"三农"服务的多种所有制的金融组织。2005年国务院发布《关于鼓励支持和引导个体私营等非公有制经济发展的若干意见》，同年政府报告首次提出"金融机构所有制多元化"。2007年，我国实行了农村金融

"新政"，批准了农村资金互助社、村镇银行和小额贷款公司 3 种新型农村金融机构，并逐步开展了试点工作。2013 年党的十八届三中全会正式提出了发展"普惠金融"。

2014 年国务院办公厅发布《关于金融服务"三农"发展的若干意见》，对深化农村金融体制机制改革、大力发展农村普惠金融、引导加大涉农资金投放、创新农村金融产品和服务方式、加大对重点领域的金融支持、拓展农业保险广度和深度、稳步培育发展农村资本市场、完善农村金融基础设施与加大对"三农"金融服务的政策支持等 9 个方面做了详细的要求。毫无疑问，农村金融体系的发展将迎来一个崭新的篇章。

（二）农村信贷市场的变化

1. 金融机构渠道下我国农村资金一直处于净流出状态

1978—2012 年，全国通过农村信用社、农村商业银行、中国农业银行与中国邮政储蓄银行从农村净流出的资金规模达 66 256.89 亿元，年均外流 1 893.05 亿元。其中，1978—1996 年，外流资金波动较大，并时而伴随资金对农村净流入；不过在 1997—2012 年期间，信贷资金不断被抽离农村，而且呈现规模扩大趋势（表 7 - 1）（周振、伍振军、孔祥智，2015），说明随着我国金融市场化的深入推进，产生的直接效果不是"三农"获取了更多的农村资金留在农村地区，反而是通过金融机构渠道流失了越来越多的资金。同时也说明了在现有金融环境下，市场化导向的金融改革只会加速农村资金外流，因此，必须建立普惠型的现代农村金融制度。当然，农村资金外流有其合理性，但是过度的资金外流则会严重制约农村经济的发展和农户福利的提升。农村地区有效资金需求总量到底是多少，35 年来有多少资金属于合理外流资金，这些将是我们进一步研究的问题。

2. 农村金融体系服务"三农"的广度与深度却在拓展和深化

虽然，农村地区一直处在资金流失的状态中，但是，农村金融体系服务"三农"的广度与深度却在逐年拓展与深化（表 7 - 2）。就 2007 年至 2014 年年底来说，农村（县及县以下）贷款余额以年均增量 21.7％的速度逐年上升，农户贷款余额的年均增速也达到了 22.0％。涉农贷款以及农户贷款数量的飞速增长在一定程度上说明了我国长期以来对农村地区的金融扶持政策是积极有效的，也表明均摊在每个农村人口上的金融服务与信贷数量有了一定

表7-1 1978—2012年金融机构与农村资金净流出年末余额

单位:亿元(2012年价格)

年份	农村信用社			农村商业银行			中国农业银行			中国邮政储蓄银行			合计:资金净流出(13)
	农村存款(1)	农村贷款(2)	资金净流出(3)	农村存款(4)	农村贷款(5)	资金净流出(6)	农村存款(7)	农村贷款(8)	资金净流出(9)	农村存款(10)	农村贷款(11)	资金净流出(12)	
1977	3 675.30	1 074.44											
1978	3 623.24	1 093.03	−70.64										−70.64
1979	4 474.50	1 070.18	874.10				5 506.72	2 841.06					874.10
1980	5 264.85	1 704.81	155.73				6 035.99	3 339.00	31.33				187.05
1981	6 203.75	1 913.73	729.98				6 660.81	3 452.66	511.16				1 241.14
1982	6 969.86	2 206.18	473.66				7 227.91	3 564.11	455.65				929.31
1983	7 783.62	2 688.14	331.80				7 702.67	3 526.93	511.94				843.74
1984	8 683.90	5 054.08	−1 465.66				6 649.58	4 944.02	−2 470.18				−3 935.84
1985	8 905.72	5 025.80	250.10				7 032.65	4 972.02	355.07				605.17
1986	10 869.99	6 562.17	427.91				8 336.75	6 349.66	−73.54				354.37
1987	12 417.10	7 980.13	129.14				8 797.06	6 892.15	−82.18				46.96
1988	12 726.73	8 446.68	−156.92				8 476.48	7 233.97	−662.40				−819.33
1989	14 567.23	9 781.46	505.71				9 017.18	7 656.77	117.90	217.94	0.00		623.61
1990	18 048.85	12 156.45	1 106.63				10 612.34	8 573.01	678.92	393.71	0.00	175.77	1 961.33
1991	20 836.86	14 251.62	692.85				11 894.78	9 407.68	447.77	693.58	0.00	299.87	1 440.49

（续）

年份	农村信用社			农村商业银行			中国农业银行			中国邮政储蓄银行			合计：资金净流出(13)
	农村存款(1)	农村贷款(2)	资金净流出(3)	农村存款(4)	农村贷款(5)	资金净流出(6)	农村存款(7)	农村贷款(8)	资金净流出(9)	农村存款(10)	农村贷款(11)	资金净流出(12)	
1992	23 343.84	16 926.23	-167.64				12 393.89	9 859.83	46.96	860.36	0.00	166.78	46.10
1993	17 771.24	14 111.86	-2 758.23				14 112.58	9 879.44	1 699.08	1 302.33	0.00	441.97	-617.18
1994	29 647.21	16 527.77	9 460.06				15 361.52	9 714.66	1 413.72	1 814.70	0.00	512.37	11 386.15
1995	33 734.76	18 694.35	1 920.97				15 788.35	10 745.99	-604.50	2 639.16	0.00	824.46	2 140.93
1996	37 612.92	20 841.60	1 730.92				8 444.80	11 063.28	-7 660.84	3 246.29	0.00	607.13	-5 322.78
1997	41 299.60	22 193.82	2 334.45				9 160.87	12 220.66	-441.32	3 542.86	0.00	296.57	2 189.71
1998	44 223.60	23 895.79	1 222.03				9 953.25	13 112.88	-99.84	4 015.75	0.00	472.89	1 595.08
1999	44 906.48	24 993.34	-414.66				10 316.27	12 580.93	894.97	4 366.80	0.00	351.05	831.36
2000	46 564.48	26 016.17	635.16				10 604.48	8 613.50	4 255.64	5 207.44	0.00	840.64	5 731.45
2001	48 531.84	27 273.95	709.58				10 876.92	7 965.15	920.78	5 963.30	0.00	755.86	2 386.23
2002	50 830.06	28 943.61	628.56				11 280.99	7 517.30	851.93	6 781.74	0.00	818.44	2 298.93
2003	54 728.04	31 291.88	1 549.71				12 140.09	7 139.23	1 237.16	7 523.63	0.00	741.89	3 528.76
2004	57 134.24	32 196.12	1 501.96				12 701.53	6 770.76	929.91	8 399.13	0.00	875.51	3 307.38
2005	52 135.25	27 804.72	-607.59				13 071.80	6 138.52	1 002.51	9 735.13	0.00	1 335.99	1 730.91
2006	51 028.49	26 269.89	428.07	7 391.30	3 300.38		13 776.83	6 584.01	259.54	10 232.50	0.00	497.37	1 184.99
2007	51 281.16	26 163.15	359.41	7 724.28	3 548.83	84.53	13 654.49	6 201.25	260.42	10 666.37	287.49	146.38	850.74

（续）

年份	农村信用社			农村商业银行			中国农业银行			中国邮政储蓄银行			合计：资金净流出(13)
	农村存款(1)	农村贷款(2)	资金净流出(3)	农村存款(4)	农村贷款(5)	资金净流出(6)	农村存款(7)	农村贷款(8)	资金净流出(9)	农村存款(10)	农村贷款(11)	资金净流出(12)	
2008	55 580.24	27 998.60	2 463.63	8 851.05	4 156.69	518.91	15 196.73	5 027.10	2 716.39	11 341.48	431.48	531.11	6 230.04
2009	57 924.30	29 681.62	661.05	13 729.91	6 403.95	2 631.60	14 580.59	6 198.01	−1 787.05	12 665.64	650.09	1 105.55	2 611.16
2010	55 792.32	28 327.21	−777.58	24 733.31	11 298.14	6 109.21	16 412.79	6 649.52	1 380.68	14 654.66	1 177.16	1 461.95	8 174.27
2011	56 469.59	28 161.83	842.65	33 397.44	16 222.12	3 740.14	18 137.40	6 859.12	1 515.01	15 898.77	1 457.90	963.37	7 061.17
2012	56 207.21	27 248.49	650.96	46 599.66	22 863.71	6 560.63	14 613.74	7 246.65	−3 911.18	17 648.67	1 878.15	1 329.64	4 630.05
1978—2012 合计	1 111 798.36	606 570.93	26 357.86	142 426.95	67 793.82	19 645.02	376 530.86	250 840.83	4 701.44	159 811.92	5 882.27	15 552.58	66 256.89
年均	30 883.29	16 849.19	753.08	20 346.71	9 684.83	3 274.17	11 074.44	7 377.67	142.47	6 658.83	245.09	676.20	1 893.05

注：(1)以农村信用社为例，资金净流出的测算方法为 $[(1)_t - (2)_t] - [(1)_{t-1} - (2)_{t-1}]$；(2)资金净流出中，正号表示资金从农村净流出，负号表示资金从农村净流入。

资料来源：周振、伍振军、孔祥智．中国农村资金净流出的机理、规模与趋势：1978—2012 年[J]．管理世界，2015(1)：63—74．

的改善。另一方面，涉农贷款以及农户贷款占各项贷款数的百分比也在逐年扩大，这也表明了我国金融体系的服务倾向更加公平，城乡在金融资源的获取上日趋平等。

表7-2 2007—2014年农村及农户贷款变动情况分析表

时期	农村（县及县以下）贷款		农户贷款	
	本期数（亿元）	占各项贷款数（%）	本期数（亿元）	占各项贷款数（%）
2007年12月	50 384	18.1	13 399	4.8
2008年12月	55 569	17.4	15 170	4.7
2009年12月	74 551	17.5	20 134	4.7
2010年12月	98 017	19.2	26 043	5.1
2011年12月	121 469	20.9	31 023	5.3
2012年12月	145 385	21.6	36 193	5.4
2013年12月	172 938	22.6	45 027	5.9
2014年12月	194 383	23.2	53 587	6.4
2007—2014年平均增长率	21.7%	—	22.0%	—

注：涉农贷款专项统计自2007年9月起开始实施，当年无法统计涉农贷款。

数据来源：中国人民银行调查统计司。

在金融机构的覆盖方面，政府也推行了一系列行之有效的政策措施，取得了显著的成效。参考2014年《中国农村金融服务报告》相关内容，截至2014年年底，全国金融机构空白乡镇从2009年10月的2 945个减少到1 570个；实现乡镇金融机构和乡镇基础金融服务双覆盖的省份（含计划单列市）从2009年10月的9个增加到25个。2014年，银监会又启动实施了基础金融服务"村村通"工程，印发《关于推进基础金融服务"村村通"的指导意见》，引导和鼓励银行业金融机构用3～5年时间总体实现基础金融服务行政村全覆盖。通过设立标准化网点、开展简易便民定时定点服务、布设自助服务终端等多种服务形式，金融服务已覆盖52万个行政村。总体来说，尽管我国农村金融体系还存在很多不足，支农水平也很有限，其改革与推进有时也令人感觉山重水复、困难重重，但却总是朝着正确的目标百折不挠地前进着。

二、基于农户增收视角的农户融资绩效区域差异（1995—2009 年）

发展中国家二元信贷现象非常普遍（霍夫和斯蒂格利茨，1981），正规金融和非正规金融共存且互动（普兰纳布·巴德汉等，2002）。农户在不能从正规金融获取所需资金的情况下，会选择从非正规金融的途径获得资金（巴勒特，1997；卡克，1998）。发展中国家大部分的农民很难从正规金融获取贷款，非洲占 5％左右，亚洲和拉丁美洲可能仅有 15％，且正规金融资金大多是提供给了少数大的生产者，大约 80％的借款仅贷给 5％的贷款者（普里斯克凯、亚当斯（唐纳德，1987）。当前，我国农村正规金融和非正规金融也表现出相互平行的"二元市场结构"[①]（麦金农，1973）。首先，涵盖商业性金融、政策性金融和合作性金融的农村正规金融体系日趋完善，成为农村资金的重要来源，在农村经济发展中不可或缺。但由于商业性农村金融机构追求利益最大化，涉农业务不断萎缩；政策性银行主要对粮棉油等农产品市场进行调节，不直接对农户和农村企业提供资金支持；改革后的农村信用社也逐步向商业化方向转变，尽管受限于国家政策规定，不得不以服务"三农"为宗旨，但严格的贷款程序和贷款担保的要求，实质上仍将大部分农村资金需求者拒之门外。实际上，农村信用社作为政府外生供给的一种金融制度，始终游离于政策性与商业化之间，背负着双重职能，最终总在地方政府和内部人控制双重压力下难以为继（张杰，2007）。农村正规金融的供给不足，为农村非正规金融的存在和发展提供了必然的空间。虽然被政府强烈管制，非正规金融仍在夹缝中茁壮成长，合会等不同类型的民间金融组织不断衍生，关系借贷等民间借贷依旧活跃，是农户获得资金支持的主要途径。根据有关调查结果显示，非正规途径获取资金占到了农户融资规模的 70％以上（何广文，1999；温铁军，2001）。

农村金融改革的终极目标是满足农村各经济主体不同的资金需求，进一步推动农村经济发展和社会进步。面对同样的农村市场，外部强制进入的正规金融和内生的非正规金融在信息甄别、资金成本以及风险偏好等方面均存差异，制定出的信贷决策也各不相同。那么在现行农村金融市场条件下，农村正规金

[①] 胡世华（2007）认为农村正规金融与农村非正规金融可能存在平行和垂直两种关系。在国内，农村非正规金融绝对大多数形式都处于非法地位，难以成为农村正规金融和农村资金需求者的中介，因此本文假设二者只存在平行关系。

融和非正规金融两种不同的资金供给方式是否提高了农户收入？在经济、金融发展并不均衡的东中西部地区，其是否绩效相同？这一系列问题都是现阶段农村金融改革必须要考虑的关键性因素。

已有研究显示，非正规金融绩效在经济发达的东部地区的作用远远大于经济欠发达地区的西部农村地区（朱守银等，2003）。原因在于经济发达地区非正规金融渠道获得的资金主要用于工商业投资，用在生活以及非正常用途的比例较小，而传统的农业种植区以及经济欠发达地区，非正规渠道融资多是用于平滑家庭消费，其中非正常支出比重有增加趋势（温铁军，2001）。这些研究为进一步分析农户融资绩效提供了一定的基础，但对正规金融绩效未作出相应分析，因此研究不同区域内外生性金融（正规金融）和内生性金融（非正规金融）哪一种资金供给方式能更好地提高农户收入，明确当前农村资金供给绩效，为农村金融改革中如何实施差别化的区域金融政策，多途径多渠道提高农村金融覆盖率，满足不同区域农户资金需求，提供可借鉴性的建议。

（一）理论分析框架、模型设定及数据来源

1. 理论分析框架

假定农村正规金融与非正规金融之间是平行关系，即存在替代和竞争关系（姜旭朝，1995）。在平行关系下，政府为预防潜在金融风险，会通过提供大量廉价贷款的方式，限制非正规金融市场发展，试图将农村非正规金融挤出市场。但发达国家和发展中国家的经验已表明，将非正规金融完全挤出市场是不可能的。借鉴胡世华（2007）农户经济行为分析模型，对农户借贷行为进行分析。假设在某一村庄[①]，农户[②]有正规金融机构和非正规金融部门两种借款途径，N 个农户（假定农户同质）有贷款需求，资金需求量为 k。假设正规金融某一时期（通常为一年）发放贷款总量为 K[③]，贷款利率为既定的 r，非正规金融途径可以满足农户所有的资金需求，贷款利率为 i。本研究只考虑两种情况，农户从正规金融或非正规金融途径借款，二者取其一。

---

① 假设限定在村庄范围，正规金融难以掌握借款人全部信息，在信息不完全的情况下要求借款人提供一定的担保，在国家限制利率的情况下，不能贷款给所有的申请者。而非正规金融拥有完全信息，可以根据市场需求和借款人的情况来自由制定利率，而且能够给任何申请者提供信贷。

② 参照胡世华（2007）的界定，将从事农业经营和非农项目经营的全部称之为农户。

③ 正规金融发放总贷款量 K 在不同区域大小不同。

由于信息不对称，正规金融在无法对农户还款能力作出准确判断的情况下，会要求借款人提供担保抵押，担保抵押价值为 g。假定可以从正规金融获得贷款的农户为 n，对于获得正规金融贷款的农户而言，获得的名义借款总量为 $k=K/n$。农户获得资金支持后，项目可能面临失败，不能到期偿还借款，项目成功的概率 ρ 主要取决于农户个人能力 a，其努力程度主要取决于农户个体特征（D），如年龄，学历等要素，即 $\rho=\rho(a)$，$0 \leqslant \rho \leqslant 1$，$a=a(D)$。此外，农户如果不进行项目投资而从事其他工作的收益为 W。

仅从正规金融途径获得贷款的农户经济收益可以表示为：

$$Y_1(K) = \begin{cases} \rho(a) * [P*Q(k) - (1+r)*k] - W & 0 < \rho(a) \leqslant 1 \\ -W-g & \rho(a) = 0 \end{cases}$$

$$Y_1 \geqslant W;\ k=K/n;\ 0 \leqslant \rho \leqslant 1 \qquad (7-1)$$

其中，P 为产品销售价格。在项目没有完全失败的情况下，从正规金融获得贷款的农户收益最大化的一阶条件为：$Y_1'(k) = (1+r)/P$

不愿提供担保或者不能提供担保的农户选择非正规金融途径，非正规金融对贷款农户信息掌握较为清楚，无需提供担保。项目同样可能面临失败，农户是同质的，项目成功的概率 ρ 主要取决于农户个人能力 a，$\rho=\rho(a)$，$0 \leqslant \rho \leqslant 1$。该类型农户收益可以表示为：

$$Y_2(K) = \begin{cases} \rho(a) * [P*Q(k) - (1+r)*k] - W & 0 < \rho(a) \leqslant 1 \\ -W & \rho(a) = 0 \end{cases} \qquad (7-2)$$

从非正规金融获得贷款的农户收益最大化的一阶条件为：

$$Y_2'(k) = (1+i)/P$$

通过上述分析，r，i 和 P 均大于零，农户收入是关于资金 k 的增函数，因此可以假设：借贷资金与农户收入是正向关系，正规金融和非正规金融都能够提高农户收入。资金对农户扩大生产规模，进行投资至关重要。借贷资金对农户平滑家庭消费，优化消费结构，提高农户收入和福利的作用毋庸置疑，无论是非正规金融和正规金融的借款，都能促进农户收入增加。

进一步分析，农户收入高，能够提供抵押品 g 的可能性就大，那么正规金融就会更愿意为其提供贷款。因此东部地区农户收入高，农村金融市场相对发达，东部地区农户获得正规金融的支持力度应该会大于中西部地区。考虑到国家政策性因素，西部地区是国家重点扶持区域，正规金融对西部地区农户信贷支持度也会较大，因此可以推断，西部正规金融信贷额度 K 会大于中部地区，中部地区大多数省份是粮食主产区，产粮区资金获取的难度要比其他地区大得多（李锐，2004），因此可以假定：农村正规金融对中部支持力度要小于东西部地区。

2. 模型设定

为了研究不同区域农户正规金融和非正规金融借贷的绩效，构建模型如下：

$$Y_{it} = C + \alpha_1 B_{it} + \alpha_2 F_{it} + \varepsilon_{it} \qquad (7-3)$$

其中 Y 表示农村居民人均纯收入，B_{it} 和 F_{it} 分别表示第 i 个区域农户 t 年从正规金融途径和非正规途径获得资金，$i=1，2，3$，分别表示东部、中部、西部地区，$t=1995，\cdots，2009$。为了克服变量之间存在自相关的问题，对 $(7-3)$ 式两边同时取对数，建立回归方程如下：

$$LnY_{it} = c + \alpha_1 LnB_{it} + \alpha_2 LnF_{it} + \varepsilon_t \qquad (7-4)$$

根据模型来看，以东中西部地区农户正规金融和民间借贷借贷额的对数作为解释变量，这一时期农户人均纯收入的对数作为被解释变量，考察不同区域正规金融与民间金融对农户收入的贡献大小。

3. 数据来源

东中西部农户借款金额数据主要来自农业部农村经济研究中心固定观察点，由于资料有限，样本时间为 1995—2009 年。农户人均纯收入指标根据 1996—2010 年《中国统计年鉴》，对各省份纯收入运用简单加权平均方法计算而得。三大区域的划分按照既有标准，东部地区包括北京、天津、河北、上海、江苏、浙江、福建、山东、广东和海南；中部地区包括山西、辽宁、吉林、黑龙江、安徽、江西、河南、湖北和湖南；西部地区包括内蒙古、广西、四川、重庆、贵州、云南、西藏、陕西、甘肃、青海、宁夏和新疆。

（二）模型估计结果及分析

1. 数据描述性分析

1995—2009 年间农户人均纯收入平稳增长。由于各区域基数和增速不同，东部地区与中西部地区农户纯收入差距不断拉大（1995 年农户纯收入东部与中部差距为 816.47 元/人，东部与西部的差距为 889.2 元/人，2009 年东部与中部、东部与西部农户纯收入差距分别为 2 171.47 元/人，3 044.3 元/人），中部与西部地区的人均纯收入差距自 2004 年也开始增大（表 7-3、图 7-1）。

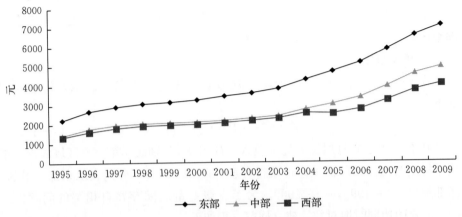

图 7 - 1　1995—2009 年东、中、西部地区农户纯收入图示

　　农户借贷方面呈现以下几个特点：（1）非正规金融是农户借贷的主要渠道，1995 年农户从非正规金融渠道借贷资金比重为 67.75％，2004 年以后该比重有所下降，但仍是农户获得信贷资金的主要渠道。其中民间借贷中无息借贷比重较大，且有增加态势。（2）区域间农户借贷差额大。1995—2008 年东部地区农户人均借贷额高于中西部地区，中西部地区差异与收入基本一致，差异并不大。但随着西部大开发的推进，国家对西部支持力度加大以及西部农业种植结构的调整，西部农户借贷额稳步增长，2009 年农户累计借贷金额与东部地区农户的资金累计借贷额基本持平。（3）农户资金借贷途径存在区域显著差异。1995—2009 年东部地区农户正规金融借贷比重偏低，均值为 27.97％，2004 年之后正规金融借贷比重开始增加，2009 年已超过 40％。中部地区农户借款途径主要是非正规金融，尤其是亲戚朋友间的无息借款，正规金融借贷比重基本徘徊在 1/3 左右。中部地区农户正规金融途径借贷资金低于其他地区，是受制于正规金融资金供给有限，抑或是对正规金融资金需求低，仍需进一步进行探讨①。而西部地区农户对两种借款途径的偏好不明显，资金借贷比重一直相差不大（表 7 - 3）。

---

　　①　李锐认为，产粮区资金获取的难度比其他地区要大得多，按照统计，中部地区大多省份是粮食主产区，因此资金获取的难度会大于其他地区，农户借贷资金额度和渠道变化不大，是否与农户自身需求有关，仍需进一步加以探讨。

表 7 - 3　1995—2009 年东、中、西部农户累计借贷额及正规金融借贷比

单位：元/户、%

年份	东部	正规金融借贷比重	中部	正规金融借贷比重	西部	正规金融借贷比重
1995	1 485.83	22.76	881.31	31.70	718.79	51.34
1996	1 697.11	25.51	1 036.44	27.64	997.68	41.44
1997	1 479.65	16.42	1 156.93	29.67	894.14	50.95
1998	1 725.91	16.54	1 084.03	22.46	1 074.14	46.53
1999	1 973.60	25.20	1 121.69	21.91	1 101.13	46.33
2000	2 013.54	27.20	1 070.83	21.52	1 248.06	45.64
2001	2 187.32	28.32	961.89	17.96	1 326.13	45.58
2002	1 781.66	19.31	1 179.57	23.93	1 314.42	41.25
2003	1 756.52	19.31	1 410.02	26.89	1 314.43	41.25
2004	1 643.55	34.25	1 412.93	33.37	1 738.82	40.51
2005	2003.30	31.09	1 480.80	35.82	1 653.10	43.66
2006	2 092.10	29.62	1 718.70	41.64	1 470.10	42.42
2007	1 878.10	34.45	1 592.10	33.43	1 459.00	56.24
2008	2 705.65	47.79	1 663.01	35.75	1 928.23	40.37
2009	2 791.07	41.85	1 806.44	26.38	2 619.10	40.29
均值	1 947.66	27.97	1 305.11	28.67	1 390.48	44.92

2. 实证分析过程

（1）模型形式设定。面板数据建立模型时，由于数据包含了个体、指标、时间三个维度的信息，如果对模型形式设定不正确，估计结果就会和模拟的经济效果相去甚远。面板数据模型形式主要有联合回归模型（即模型中各个体影响相同且没有结构变化），变截距模型（个体之间存在影响但没有结构的变化），以及变系数模型（个体间影响不同且存在结构变化）三种。模型形式的确定，可采用协方差分析方法进行检验。协方差分析检验假设如下：

H_0：模型 4 的解释变量系数对所有截面成员是相同的；

H_1：模型 4 的解释变量系数和截距项对所有截面成员都是相同的。

检验统计量符合相应自由度下的 F 分布，即：

$$F_1 = \frac{(S_3 - S_1)/(N-1)(K+1)}{S_1/[NT - N(K+1)]} \sim F\left[(N-1)(K+1), NT - N(K+1)\right]$$

$$F_0 = \frac{(S_2 - S_1)/(N-1)K}{S_1/[NT - N(K+1)]} \sim F\left[(N-1)(K+1), NT - N(K+1)\right]$$

其中，S_3、S_2、S_1 分别为联合回归模型、变截距模型及变系数模型的残差平方和，N 为截面个数，K 为非常数解释变量个数，T 为样本时间序列观测时期数。运用 Eviews6.0 分别对模型 4 三种模型形式进行估计，得到方程的检验值（如表 7-4 所示）。根据公式进行计算，结果显示：H_1 假设下的统计量 $F_1 = 4.838\ 2 > F_{0.01}$ (6, 36) $= 3.350\ 7$，在 1% 的显著水平上拒绝 H_1，该面板数据模型不符合变截距模型；H_0 假设下的统计量 $F_0 = 3.670\ 5 > F_{0.05}$ (4, 36) $= 2.633\ 5$，在 5% 的显著水平拒绝 H_0，说明该面板数据也不符合联合回归模型的形式，因此可以推断出模型 4 应设定为变系数模型形式。

表 7-4　三种类型模型回归结果

	联合回归模型	变截距模型	变系数模型
R^2	0.780 4	0.828 863	0.878 4
F 值	74.635 6***	48.432 68***	32.518 50***
残差平方和	1.554 4	1.211 4	0.860 5

注：***、**、* 分别表示在 1%、5%、10% 的显著水平上通过检验，下同。

由于个体影响的差异，变系数模型有固定效应变系数模型和随机效应变系数模型两种。是采用固定效应还是随机效应，可采用 Hausman 检验进行检验（表 7-5）。对模型 4 固定效应变系数和随机效应变系数模型估计的结果显示，两种模型估计量没有实际的差异。但由于研究关注的是不同截面个体变量间的差异，采用固定效应的变系数模型更便于解释结果（Baltagi，2005）。因此最终确定采用固定效应变系数模型对模型 4 进行估计。

表 7-5　Hausman 检验结果

变量	随机效应			
	χ^2 统计值		自由度	Prob.
	0.000 000		6	1.000 0
B_1	0.579 9	0.573 8	0.000 0	0.296 8
B_2	0.298 6	0.312 5	0.000 1	0.209 0
B_3	0.917 4	0.930 1	0.001 9	0.767 8
F_1	0.058 7	0.285 6	0.047 3	0.296 8
F_2	1.393 8	1.276 0	0.008 8	0.209 0
F_3	0.112 6	0.109 8	0.000 1	0.767 8

（2）实证结果解释。误差项存在自相关，采用 GLS 方法对模型 4 进行分析，结果见表 7-6。

表 7-6　固定效应变系数模型估计结果

变量	系数	标准差	T 统计值	P 值
常数项	0.139 9	1.232 1	0.113 5	0.910 2
B_1	0.588 9	0.073 0	8.066 9	0.000 0
B_2	0.331 2	0.108 0	3.065 2	0.004 1
B_3	0.802 0	0.087 3	9.188 1	0.000 0
F_1	0.240 2	0.558 1	0.430 4	0.669 5
F_2	1.466 9	0.152 5	9.616 4	0.000 0
F_3	0.155 7	0.093 4	1.667 5	0.104 1
固定效应（截面）				
东部	2.729 4			
中部	−4.189 9			
西部	1.460 4			
R^2	0.920 5		F 值	52.12***
调整后的 R^2	0.902 9		D.W. 统计值	1.591 5

根据模型估计结果，$R^2 = 0.920\,5$，$F = 52.12$，在 1% 的显著水平上通过检验，说明模型回归结果较好，农户借款指标能够很好地解释农户收入增长。

表 7-6 的估计结果显示：

（1）东中西部地区正规金融（B）和非正规金融（F）变量的系数均为正，说明农户借入资金对收入具有正向影响。借贷对于农户的作用十分重要，不仅能够平滑农户消费，使农户优化消费结构，更为重要的是能为农户扩大再生产提供保障，为投资新领域和采用新技术提供资金支持，推动农业生产发展，进一步能提高农户收入和福利水平。正规金融资本雄厚，拥有规范组织机构和运行机制，但由于农户居住分散，不能掌握充分的农户信息，存在交易成本较高的问题。非正规金融虽然能够充分了解农户信息，但缺乏规范组织管理，且具有明显区域性。实证结果显示出正规金融和非正规金融所提供资金都能够提高农户收入，因此对于农户而言，最为重要的是能否获得资金支持，至于从何种途径获得贷款，借贷成本的高低，并不是影响农户借贷收益的主要因素。因此农村金融改革需要进一步放开农村金融市场，鼓励非正规金融发展，引导民间金融与正规金融适度合作。

（2）正规金融在西部地区贡献率最高，东部次之，中部最低。正规金融在西部地区的贡献率为 0.802，东部为 0.588 9，而中部仅为 0.331 2。这与1995—2009 年期间正规金融三大区域借款的绝对值相吻合，正规金融在西部地区年均贷款额为 614.02 元/户，东部地区年均为 570.72 元/户，中部地区仅为 385.58 元/户。中部地区以湖南和江西为例，2003 年从银行和农信社等正规金融途径得到贷款的农户分别为 218 户和 120 户，分别占被调查农户的5.9％和 4.9％，远低于中国银监会发布的正规金融对农户覆盖率达到 32％的全国平均水平（转引自黄祖辉等，2009）。随着改革开放和西部大开发政策的实施，农村正规金融在国家政策导向下向东西部地区倾斜，中部地区多数省份为粮食种植区，多年来对中部一直支持不足。正规金融在中部地区支持不力，不仅与国家宏观政策引导有关，也与农业主导产业关联颇大。中部地区大多数省份以粮食种植为主，人口众多，农户耕地种植面积小，长期以来农产品价格尤其是粮食价格偏低，农户种粮收益远低于种植果园、蔬菜等其他农作物，农户投资积极性不高，生产投资由非生产性收入加以弥补即可，对农业生产性资金需求相对较少。另一方面，正规金融的趋利性导致其不愿投资生产收益低的粮食种植业，在需求疲软和供给不力的双重作用下，中部地区正规金融对农户作用偏低，导致中部地区农户收入与东部地区相差越来越大。因此，正规金融信贷的区域差异是导致东中部农户收入差距不断拉大的原因之一。

（3）非正规金融在中部地区作用远高于东西部地区。中部地区非正规渠道对农户收入提高的作用显著，贡献率为 1.47，远高于东西部地区。1995—2009 年中部农户非正规借贷比重为 70％，受制于经济发展水平，农村非正规金融市场借贷形式简单，主要以友情借贷为主。但在非正规金融比重同样很大的东部地区，作用并不显著。原因应与东西部地区农户借贷资金对农户扩大生产重要程度有关，中部农户收入有限，加上正规金融借贷长期"吝啬"，农户间相互周转的小额资金成为农户收入提高的重要影响因素，但是东部地区农户收入水平高，非正规借贷资金不是影响农户收入的主要因素[①]，出现了非正规

---

① 东部地区农户正规借贷比重小但显著，非正规金融则相反。可能与东部地区农村正规金融利率低，借贷资金成本低，而非正规金融借贷成本高有关，但是还需要进一步探讨和研究，给予证实。

金融借贷比重同样很大的东中部地区，但作用差异很大。非正规金融在西部作用不显著，证实了温铁军（2001）的研究结论，西部不发达地区农户主要是其将资金用于平滑生活消费支出，而非用于生产支出。

三、主要结论及建议

从 1993 年起，我国一直在推进以利率市场化、要素资本化与金融机构多样化为特征的农村金融改革。虽在金融机构渠道下，农村资金一直处于外流状态，但宏观金融市场数据反映，农村金融体系服务"三农"的广度与深度却在逐年拓展与深化。金融体系的服务倾向更加公平，城乡在金融资源的获取上日趋平等。

另外，基于 1995—2009 年东、中、西部地区的面板数据，本章对农户从正规金融和非正规金融两种渠道融资对农户收入的影响进行分析。结果表明：农户从两种渠道获得借贷均能提高农户收入，但存在明显区域差异。正规金融的借贷在西部地区作用最为显著，贡献率为 0.80，分别高出东、中部地区 0.21 和 0.41；非正规金融借贷对中部地区农户增收作用显著，贡献率为 1.47，但在东、西部作用不显著。可以判定，农户借贷差异是导致农户收入区域差异的主要原因之一，而农户产生借贷区域差异主要与当地经济发展水平、国家差别化的区域政策和区域种植结构差异有关。要提高农户融资绩效，减少借贷差异，进一步缩小农户收入的区域差异，应该加快农村金融改革，提高农村金融覆盖面；对非正规金融适当解禁，引导农村正规和非正规金融适度合作；因地制宜，采取区域化金融政策，满足农户的资金需求，加大正规金融对中部地区支持，实现中部崛起。

（一）进一步放开农村金融市场，合理引导非正规金融与正规金融适度合作

研究结论显示，非正规金融对提高农户收入具有正向作用，在正规金融不足的中部地区作用显著，也就是说在资金缺乏的地区，非正规金融能有效弥补正规金融的不足。因此需要在逐步发展新型农村金融机构，提高金融机构覆盖率的同时，要根据各地区特色和非正规金融发展的实际情况，适当对非正规金融解禁，与正规金融适度合作，共同提高农民收入，促进农村经济发展。但要对非正规金融规范管理，制定严格的准入退出机制，严控农村金融市场风险，以免出现大规模的失信问题，造成农户受损。

（二）有次序有步骤地改革农村金融体制，提高农村金融的覆盖面

当前农村金融机构效率运行低，金融产品单一，即使在经济基础好，农村金融市场相对发达的东部地区，农户正规金融借贷比率也不高，当然这一比例处于攀升态势，是与 2003 年新一轮农村金融体制改革有关。这也进一步说明正规金融加快自身效率提高，加快金融产品创新，开发出满足农村不同经济主体需要的金融产品，满足农户借贷需求，能进一步提高农户收入。因此在西部地区，在保持国家外源性资金支持的前提下，培育区域性主导产业，吸引外部资金注入，加快地区内源性资金的形成，改变不发达地区农村金融空白的局面，提高农村金融的覆盖面。

（三）加大正规金融对中部地区农户的支持，缩小区域差异，加快中部崛起，也是保障粮食安全的关键一环

粮食是关系国计民生和国家经济安全的重要物资，也是人民最基本的生活资料。中部地区作为我国重要的粮食产地，要保障粮食安全，需要充分利用农业技术，增加粮食产量和粮食收益，加快粮食生产的产业化步伐，提高农户种粮的积极性。但要发展现代农业，采用新品种，增加种植投入，就需要大量资金投入。在农户收入有限的情况下，主要依赖农户间资金的自我凝聚、自我发展，根本不能满足农户资金需求，资金短缺仍会是制约中部农户收入提高的关键因素。因此要加强对农村正规金融尤其是农村信用社，实施政策性规定，要求将其存款按一定比例投资到农业生产，同时鼓励非正规金融形式等民间借贷方式的发展，双管齐下，尽快实现中部崛起、缩小区域差异，进一步保障国家粮食安全。

第二节　农业保险支持农民增收[①]

2006 年，我国全面取消农业税，转为实行价格支持政策，这在保护农民的收入、促进产量增长的同时也导致了"高供给，高库存，高进口"的供给侧

---

① 本节选自农业部软科学课题"农业保险支持农民增收问题研究"（课题编号：D201617），课题主持人：马九杰。

结构性矛盾，我国农业供给侧结构性改革迫在眉睫。与此同时，随着 WTO 规则中 15 年保护期的到期，我国农业补贴政策需要更加重视农产品国际贸易的"绿箱"和"黄箱"政策，改变原有的价格干预型支持方式，使得支农政策长期可持续化。因此，减少对农业的补贴、减少对农产品市场的干预已是中国农业供给侧结构性改革的基本趋势。在现行 WTO 规则下，发展农业保险可成为我国农业支持计划改革的主攻方向之一。

一、我国农业保险发展现状

目前，我国基本形成了"以国有（控股）综合性财产保险公司和专业性农业保险公司为主体，以互助农业保险公司和中外合资保险公司为补充"的农业保险供给组织体系；以"产量保险"为主，以"目标价格保险"和"收入保险"为辅的农业保险产品体系；以保费补贴为主，以再保险为辅的农业保险支持体系。

（一）农业保险供给主体多元化格局基本形成

由于国家一直关注农业保险制度的建立与完善，保险公司对农业保险市场持续看好。农业保险经营主体从 2010 年的 17 家增加到 2014 年的 23 家。部分省份如云南、河南、北京、山东等地经营主体数量已经超过 7 家。随着新兴主体的加入，农业保险市场集中度不断降低，农业保险市场集中度指数由 2010 年起逐年下降，从当年的 95.3％下降到 2014 年的 87.6％。

从农业保险经营主体看，进入市场较早的是中国人民财产保险股份有限公司和中华联合财产保险股份有限公司两家综合性保险公司，安华农业保险股份有限公司和安信农业保险股份有限公司等专业性农业保险公司发展平稳，市场份额基本保持稳定；中国太平洋保险（集团）股份有限公司、中国人寿财产保险股份有限公司和中国平安保险（集团）股份有限公司等新兴主体由于基数小等因素，发展较快，增速均在 30％以上。近年来无论是综合性保险公司对农业保险市场的开拓，还是新成立的专业性农业保险公司以及农业互助保险公司，都使得农业保险的供给主体呈现多元化趋势。

截至 2016 年 8 月，主要有 29 家保险机构从事农业保险的经营业务，其中包括人保财险、中华联合、太保产险、国寿财险和平安产险等综合性保险公司23 家，吉林安华农业保险股份有限公司、上海安信农业保险股份有限公司、国元农业保险股份有限公司和中原农业保险股份有限公司等专业性农业保险公司4家，1家中外合资农险公司——中航安盟财产保险有限公司，1家农业互助保险公司——黑龙江阳光互助农业保险公司，经营主体多元化趋势明显。这几类保险公司在我国农险市场上均扮演着重要的角色，其中农险保费收入排名前五的保险公司包括人保财险、中华联合、阳光农险、吉林安华农险和中航安盟财险，在农业保险市场上所占份额合计高达90%以上（表7-7）。

表7-7　2014年各保险公司农业保险保费收入、占比及赔付支出情况

公司名称	农业保险保费收入（百万元）	农业保险赔付支出（百万元）	净赔付率（%）	市场份额（%）
人保财险	17 142.57	10 935.61	63.79	55.52
中华联合	5 706.90	3 836.1	67.22	18.48
阳光农险	2 303.78	1 471.82	63.89	7.46
安华	1 620.12	897.92	55.42	5.25
中航安盟	1 036.32	736.81	71.10	3.36
太保产险	896.64	684.55	76.35	2.90
安信	480.27	279.68	58.23	1.56
国寿财险	314.85	166.41	52.85	1.02
平安产险	279.56	100.71	36.02	0.91
紫金	176.08	69.63	39.54	0.57
永安	160.72	34.86	21.69	0.52
锦泰	127.42	43.76	34.34	0.41
安邦财险	107.41	101.92	94.89	0.35
阳光产险	100.76	46.38	46.03	0.33
北部湾	90.58	24.98	27.58	0.29
大地	62.32	32.91	52.81	0.20
泰山	60.26	17.52	29.07	0.20
华农	56.09	37.75	67.30	0.18
安诚	50.18	34.97	69.69	0.16
太平财险	27.25	12.19	44.73	0.09
浙商	25.11	11.02	43.89	0.08
诚泰	15.55	0.08	0.51	0.05

（续）

公司名称	农业保险保费收入（百万元）	农业保险赔付支出（百万元）	净赔付率（%）	市场份额（%）
史带	10.78	12.06	111.87	0.03
华泰财险	7.64	5.05	66.10	0.02
天安财险	5.72	4.12	72.03	0.02
中煤	5.71	0.58	10.16	0.02
华安	2.42	2.31	95.45	0.01
都邦	0.75	1.77	236.00	0.00
英大财险		0.03		0.00

（二）农业保险产品以"产量型保险"为主，正在试点"价格型保险"和"收入型保险"

农业保险产品种类繁多，目前我国已经开展的农业保险根据保险标的分类承保农作物品种达 189 类，如水稻、玉米、小麦、马铃薯、大豆、棉花、油菜及各类家禽等。2014 年，各公司共申报农业保险产品 1 678 个，涉及 177 类农产品。其中，种植业品种 115 个（含特色品种 96 个）、养殖业品种 57 个（含特色品种 52 个）、涉农品种 5 个。最终备案农险产品 1 314 个，通过率 78%。在已备案产品中，具有地方特色优势的品种 159 个，是 2013 年的 3 倍，承保标的包括中药材、茶叶、葡萄、林蛙、蚕桑、果树、烤烟等；指数保险产品 57 个，包括水稻高温天气指数保险、草原灾害指数保险、海水养殖风力指数保险、淡水养殖水文指数保险等；另有涉农保险产品 81 个。

按承保方式划分可以分为产量型保险、目标价格保险和收入保险。"产量型"保险主要保障由于自然灾害（如暴雨、风灾、旱灾等）及病虫害等意外事故导致作物产量受损而给种植户造成的损失，只针对农产品面临的自然风险。比如安信农险经营的"耕种无忧"粮食作物种植保险、经济作物种植保险、"安信致富通"水产养殖保险和"安信致富通"家禽养殖保险；中原农险经营的小麦、玉米、大豆、花生、棉花、油菜、水稻、玉米、小麦基本保险，奶牛养殖保险，能繁母猪保险和育肥猪保险；中航安盟经营的玉米、水稻、小麦种植保险，温室大棚损失保险，地方特色种植保险和能繁母猪保险，奶牛保险，育肥猪保险，水产养殖保险，小家禽类保险和经济类家畜保险。产量保险最大的问题在于农民可能面临"谷贱伤农"的难题，也就是说，即使当年农民获得丰收，但如果作物价格很低，农民的收入仍然无法得到保障。

"价格型"保险主要保障的是由于农产品价格波动导致农户收入的损失。主要针对农产品面临的经济风险。2014年是我国目标价格保险起步的元年，当年，为响应党中央、国务院的政策号召，开始有公司试点蔬菜价格指数保险、生猪价格指数保险和育肥猪价格保险，探索日益多元化、多层次的农业风险保障需求。整体上，目前的农险险种和过去相比，更加细化专业，保障程度更高。比如，中航安盟财产保险公司开发了一款育肥猪价格指数保险，保障当生猪价格低于基本成本价所确定的一定指数标准，而由此给农户带来的经济损失。此险种一经试点即得到了地方政府和广大养殖户的欢迎与支持，在四川省小范围的试点工作取得了显著成效，目前北京、四川、陕西、辽宁、吉林等省份均纷纷提出要开办此险种，以有效缓解生猪市场价格波动对当地经济带来的影响。育肥猪价格指数保险目前属于地方性财政补贴险种，一般由市、县两级财政予以补贴。

2014年，有20个省份启动或制定了目标价格保险试点方案，目标价格保险参保农户77万户次，保费收入2.8亿元，其中地方财政共提供补贴21.8亿元，占总保费的79%；共提供风险保障62亿元，是保费的22倍。试点品种包括小麦、水稻、玉米、生猪、蔬菜和地方特色农产品共计9种。其中，粮食作物目标价格保险承保耕地6万亩，参保农户1 130户次，保费收入396万元，提供风险保障近6 000万元。

目前产品主要有三类：一是单价格变量，即仅考虑市场价格单个变量，按照价格指数或平均市场价格设定目标价格。保险公司按照约定的单位保险产量，对市场价格下降造成的损失进行赔付，如河南小麦目标价格保险。二是单产量变量，即仅考虑农产品产量单个变量。保险公司按照约定的目标价格，对农作物减产的产值损失进行赔付，如黑龙江水稻目标价格保险。三是价格和产量双变量（类似于目前美国主流的收入保险）。保险公司对因农作物减产及市场价格低于约定目标价格两个因子变化所导致的农户收入损失进行赔偿，如甘肃中药材目标价格保险。

目标价格保险的保费来源主要分三类：一是地方财政补贴部分保费，目前绝大多数地区采取此种方式。如北京、四川等地的生猪价格保险，地方财政补贴比例为40%~80%。二是地方价格调节基金补贴部分保费，如宁夏价格调节基金给予蔬菜价格保险 80％的保费补贴。三是农户承担全部保费，如河北、河南的粮食作物目标价格保险。

目标价格指数保险能够有效地规避因"谷贱伤农"导致的农民收入无法得到保障的问题，但是目标价格指数保险的费率与产量险相比相对更高，农民接受度低，并且价格高可能是由于产量低导致的，因此有公司试点了收入保险。

安信农保在上海市试点了一款收入保险，这款保险将传统农业保险保障因自然灾害导致的产量损失和市场价格保险保障因价格波动导致的价格损失联系在一起。当农业生产遭受损失时，以保险当年实际收获产量与保险期间市场平均批发单价相乘计算出农民毛收入，再与正常年景下收入对比，产生的差额部分由保险公司进行经济补偿和理赔。但是，这款保险尚未被纳入农业保险补贴政策范围，因此收入保险的风险全部集中在保险公司或再保险公司，系统性风险问题导致保险公司经营意愿不高。

因此，保险公司开始寻求在期货市场上对冲风险。近期，全国首款"价格保险＋场外期权"涉农产品在四川天府商品交易所成功签约，该模式首先在四川汉源花椒价格指数保险中开展试点，人保、太保、阳光保险集团股份有限公司等险企也已根据 2015 年《国务院办公厅关于加快转变农业发展方式的意见》的指示，针对大豆、玉米、鸡蛋等分别推出了期货价格保险。保险公司根据花椒预售合同形成的市场价格确定其保险价格及赔付价格，同时保险公司通过购买场外看跌期权产品进行风险分散，以对冲因价格下降带来的风险，是传统价格指数保险的升级，有利于建立更为完善的价格风险管理模式。

中国人保财险公司从 2015 年起就在保监会的指导下，对种植业生产的价格保险进行了深入研究。2016 年夏天，已经开发设计出粮食作物的"期货价格指数保险"产品，并在大连进行试验。有望能与期货市场相衔接与合作，通过出售农产品价格保险和在期权市场进行对冲操作，既解决农户粮棉生产市场价格波动给农民造成的收入损失，又解决保险公司可能遭受系统性风险的损失。这个思路有重要的创新意义。当然，这个试验还需要期货市场的发展，并与之全面配合，因为开展这种价格指数保险时，期货市场如何在看跌期权产品被大规模购买的情况下，消化这类"一边倒"的交易，是个需要研究的问题。所以，有的农业保险公司也在探讨在这种情况下看涨期权产品的交易前景。这个问题如果有解，通过与证券期货市场的有机衔接，农业价格保险的主要难题就可以解决。当然如果期货市场规模太小，也难以容纳全国农业保险如此大体量的交易规模。

总之，我国农业保险以"产量型保险"为主，以"目标价格保险"和"收入保险"为辅的农险产品体系已经形成，然而保险公司供给的农险产品仍严重依赖产量型保险，并且，由于我国"保险＋期权"模式不成熟，无法有效对系统性风险进行分散或对冲，因而目标价格保险和收入保险还处在试点阶段。反观美国，收入保险已经占据美国农业保险市场份额的90%以上。

(三) 我国农业保险的经营现状

自2007年中央财政实施农业保险保费补贴政策以来，我国农业保险发展迅速，服务"三农"能力显著增强。2007—2013年，我国农业保险承保农作物种植面积从2.30亿亩增加到11.06亿亩，保费收入从51.80亿元增加到306.70亿元，目前保险金额达到1.39万亿元。2014年，农业保险实现保费收入325.70亿元，提供风险保障1.66万亿元，参保农户2.47亿户次，承保主要农作物突破11亿亩，承保覆盖率接近50%，主要口粮作物承保覆盖率超过65%。2015年，农业保险原保险保费收入为374.90亿元，同比增长15.08%，占保费收入构成的4.30%，参保农户2.30亿户次，提供风险保障2万亿元。2016年1~7月农业保险原保险保费收入为310.78亿元，同比增长10.97%。总体来看，我国农业保险保费收入及赔付支出呈逐年增长趋势。

从各省、自治区、直辖市的情况看，新疆、内蒙古、四川、黑龙江和湖南农业保险保费收入和赔付支出列全国前五位，合计占全部省、自治区、直辖市的近30%。这5个省份农业保险的发展得益于中央早期对当地农业保险的大力支持（表7-8）。

表7-8 各省（自治区、直辖市）2014年农业保险赔付支出及保费收入情况

省及直辖市	保费收入 （百万元）	赔付支出 （百万元）	净赔付率（%）	市场份额（%）
新疆	3 182.45	2 709.01	117.48	9.85
内蒙古	3 002.72	1 490.13	201.51	9.29
四川	2 768.19	1 342.47	206.20	8.57
黑龙江	2 605.60	1 801.28	144.65	8.06
湖南	2 016.12	1 299.93	155.09	6.24

（续）

省及直辖市	保费收入 （百万元）	赔付支出 （百万元）	净赔付率（%）	市场份额（%）
安徽	1 874.99	1 027.47	182.49	5.80
河北	1 790.25	868.88	206.04	5.54
江苏	1 619.41	805.67	201.00	5.01
河南	1 139.15	666.32	170.96	3.53
云南	1 106.38	823.28	134.39	3.42
辽宁	997.21	1 287.62	77.45	3.09
吉林	921.21	565.19	162.99	2.85
山东	878.60	347.81	252.61	2.72
广东	846.24	373.70	226.45	2.62
江西	738.48	435.97	169.39	2.29
甘肃	676.49	388.31	174.21	2.09
湖北	667.46	456.49	146.22	2.07
上海	634.24	385.47	164.54	1.96
浙江	613.54	278.36	220.41	1.90
山西	573.75	181.06	316.88	1.78
陕西	567.66	215.02	264.00	1.76
广西	497.48	395.36	125.83	1.54
北京	451.61	427.12	105.73	1.40
贵州	439.80	110.32	398.66	1.36
福建	416.50	202.38	205.80	1.29
海南	322.06	508.45	63.34	1.00
宁夏	309.00	226.77	136.26	0.96
重庆	229.03	154.84	147.91	0.71
天津	196.87	88.89	221.48	0.61
青海	140.61	70.66	199.00	0.44
西藏	92.27	30.00	307.57	0.29

数据来源：根据中国统计局数据整理。

　　2014年11月21日，中国农业保险再保险共同体在北京成立。这是支持农业保险稳健发展的一次机制创新，填补了农业保险大灾风险分散体系行业层面空白。农共体由人保财险等23家保险公司和中国财产再保险有限责任公司共24家公司组成。23家直保公司均具有经营农业保险资质，同时必须满足偿付能力150％，以及资本金10亿元以上等硬性要求。成员大会为农共体最高权力机构，管理机构设在中再产险。综合运用市场化和行政化手段，建立多层次的农业大灾风险分散机制，是我国农业保险大灾风险分散机制的基本思路。目前，在经办主体层面，财政部出台了《农业保险大灾风险准备金管理办法》，要求保险公司计提大灾风险准备金，历年积累。农共体是在行业层面，集全行业治理，形成境内农业保险风险分散集成平台。

(四) 我国农业保险的政府补贴现状

财政补贴政策是推动我国农业保险发展的主要因素，也是农业保险制度的主要标志之一。目前，中央财政对农业保险的补贴政策分为保费补贴和税收补贴。其中税收补贴政策为保监会会同财政部、国家税务总局将农业保险所得税优惠政策延续至2016年年底。

中央对提供农业保险保费补贴的品种包括种植业、养殖业和林业三大类，共15个品种，覆盖了水稻、小麦、玉米等主要粮食作物以及棉花、糖料作物、牲畜产品等，承保的主要农作物突破14.5亿亩，占全国播种面积的59％，三大主粮作物平均承保覆盖率超过70％。各级财政提供保费累计补贴达到75％以上，其中中央财政一般补贴35％～50％，地方财政还对部分特色农业保险给予保费补贴，构建了"中央支持保基本，地方支持保特色"的多层次农业保险保费补贴体系。2016年年初，财政部出台《关于加大对产粮大县三大粮食作物农业保险支持力度的通知》，规定省级财政对产粮大县三大粮食作物农业保险保费补贴比例高于25％的部分，中央财政承担高出部分的50％。政策实施后，中央财政对中西部、东部地区的补贴比例将由目前的40％、35％，逐步提高至47.5％、42.5％。

二、我国"产量型"农业保险的发展与农民增收

农业保险虽然在一定程度上增加了农户的保费支出，但农业保险的发展规避和转移了农业风险、为农业生产和农村经济发展提供风险保障、保障了粮食安全、促进了农村信贷金融的发展、改变了农业生产环境等，这一系列影响最终都会引致农户收入的变化。

（一）"产量型"农业保险促进农民增收的机理

"产量型"农业保险促进农民增收是通过影响农户经验决策行为、要素配置等进而促进农户的经营性收入、转移性收入、要素类收入等来实现的（图7-2）。

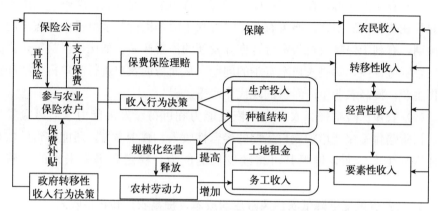

图7-2 农业保险对农民收入的影响解释框架

1. 农业保险改变了农户的种植和投入结构，提高农户经营性收入

农业保险对农业风险的预防和转移会在一定程度上改变农户的行为决策。在没有农业保险时，小农经济条件下的农户大多采取分散经营和预防性储蓄来应对风险，这不仅会抑制农业规模效应的发挥，还会降低农业投资，影响农户收入。农业保险可以从改变种植结构和投入结构等方面增加农户收入。

（1）农业保险通过分散风险促进农户生产经营结构的改变，从而提高农业经营性收入。农户农业生产经营面临较高的自然风险和经济风险，在农户个体的风险规避和承受能力有限的情况下，农户往往选择多样化种植或养殖方式以分散风险，比如种植经济效益比较低的大田作物等。在购买价格保险等保险产品之后，农户的预期收入得到保障，农民将会选择种植或者养殖高风险高收益的农产品以获取最大收益，这也提高了农业经营的产业化。

（2）农业保险可以改变农户的投入结构，提高生产效率。在生产经营投入方面，农户一般会衡量预期收入和生产成本。客观存在的风险会降低农户的生产投入，使之低于其最优投资水平。在价格保险等农业保险的保障下，农民将会选择更合理的生产投入结构，比如灌溉、大棚钢构、机械等设施，有利于提高生产效率。

（3）农业保险增强了农户风险抵抗能力。购买农业保险之后，农业保险能起到一定的风险预防作用。保险公司往往与气象局等风险监测部门合作，以获取风险信息。保险公司会进行风险预防宣传，推广农业科学技术，并为客户提供防灾建议，从而提高农户的风险预防能力，减少或者规避未来风险损失。

（4）农业保险可以在一定程度上缓解信贷约束，促进农民增收。我国农村普遍存在融资难的问题。购买农业保险有利于缓解银行等金融机构对农户的风险预期，有利于保险公司与银行合作开发新的信贷产品，如保证保险等，提高农户融资可得性，解决农户融资难的问题，从而帮助农户进行简单再生产和扩大再生产，提高农业生产经营的现代化水平。

（5）农业保险增强了农户灾后恢复能力和可持续发展能力。当风险发生后，保险赔付不仅能增加农户当期的经营性收入，减少损失，还能够帮助农户迅速恢复生产经营，增强其可持续发展的能力，稳定和提高未来的经营性收入。

2. 农业保险能够降低农户风险应对成本，提高农户转移性收入

农业保险可以通过理赔和保费补贴提高农户的转移性收入。一方面，当风险发生后，保险公司的理赔能直接增加农户当期的收入，同时能增强其应对风险的能力，提高增加下一期收入的可能；另一方面，近年来全球大部分国家的政府都加大了对农业保险的补贴力度，美国保险的政府补贴率从1980年的20%提高到2015年的62%左右，保费补贴可以降低农户应对风险的成本，也相当于提高了农户的收入。美国的农民参加到联邦作物保险计划中很小一部分原因是为了规避风险，而很大一部分是为了获得期望收益，即获得保费补贴，因此农业保险能够提高农民的转移性收入。

3. 农业保险能够优化要素配置，提高农户的要素收入

发展农业保险还能够影响农民的要素收入。农业生产要素包括劳动力、土地和资金。如前所述，在农业保险的覆盖率提高后，农民的风险应对能力提高，农业生产决策的风险偏好相应上升，首先农户会改变其种植结构，增加高收益作物的种植比例，激励农民规模化生产。提高农业规模化程度，一方面能够释放出一部分劳动力，增加农民的务工收入；另一方面，规模化生产对土地流转集中的要求，也可能增加农民土地的租金收入。综上，农业保险将会影响农村家庭劳动力、土地和资金等要素的重新配置，进而影响农民的要素收入。

（二）我国"产量型"农业保险促进农民增收的实践证据

理论上，农业保险的发展有利于农民增收。但实践中，这些年我国"产量型"农业保险的发展是否真的推动了农民收入的增长呢？接下来，本研究将分别基于 2003—2014 年省级面板数据和 2013 年通过随机抽样调研获取的 485 户农户数据，对这一问题进行分析和回答。

1. "产量型"农业保险发展显著增加了农户的经营性收入：来自省级面板数据的证据

为了进一步论证"产量型"农业保险发展对农民收入的影响，这里选取2003—2014 年 31 个省（自治区、直辖市）农业保险和农民收入的相关数据，形成面板数据库。数据来源于《中国保险年鉴》（2003—2014 年）、《中国统计年鉴》《中国人口和就业统计年鉴》《中国农村统计年鉴》以及各省份的统计年鉴。对于部分缺失数据，取其前后两年的均值来代替。

农民收入主要用农民家庭经营性人均纯收入（Income _ ag）和农村居民人均纯收入（Income）两个指标分别度量。农业保险的发展状况用保险公司的农业保险保费收入来度量，具体而言，核心解释变量为农业保险深度（Ins _ pene）和农业保险密度（Ins _ dens）。保险密度是指按当地人口计算的人均保险费额，反映了该地国民参加保险的程度、一国国民经济和保险业的发展水平。保险深度为某地保费收入占该地区种植业 GDP 与牧业 GDP 之和的份额，反映了该地保险业在整个国民经济中的地位。保险深度取决于一国经济总体发展水平和保险业的发展速度。为了控制其他因素对农民收入的影响，更精确地刻画农业保险对农民收入的边际贡献，将耕地面积、农业结构、农业现代化程度、自然环境因素、乡村人力资本等作为控制变量纳入回归模型中。根据数据的特征和检验结果，采用固定效应模型对面板数据进行回归分析，回归结果见表 7 - 9。

从表 7 - 9 可以发现："产量型"农业保险发展对农民家庭经营性收入有显著的正向影响，但对农民总收入影响不显著。考虑到"产量型"农业保险对农民收入影响的滞后性，进一步采用动态面板模型对数据进行了回归估计。回归结果与表 7 - 9 一致，也即"产量型"农业保险对农户经营性收入存在显著的正向影响，但对农户的人均纯收入影响不显著。

表 7-9　农业保险对农民收入的影响（观测值 N＝367）

	因变量：农民家庭经营人均收入对数		因变量：农村居民人均纯收入对数	
	模型（1）	模型（2）	模型（3）	模型（4）
农业保险密度对数值	0.011*		5.176	
	(0.005 57)		(11.33)	
农业保险深度对数值		0.010*		6.312
		(0.005 33)		(10.83)
人均耕地面积对数值	0.394***	0.384***	−30.69	−38.42
	(0.057 7)	(0.057)	(117.3)	(115.9)
种植业 GDP 比例	−0.000 172	−0.000 18	−3.903	−3.852
	(0.002 81)	(0.002 80)	(5.700)	(5.701)
畜牧业 GDP 比例	0.009 09***	0.009 02***	−1.432	−1.463
	(0.003 02)	(0.003 02)	(6.137)	(6.140)
每公顷农业机械动力	0.047 2***	0.047 6***	4.095	4.457
	(0.005 67)	(0.005 65)	(11.53)	(11.49)
每公顷化肥施用量	0.571***	0.559***	231.6	214.5
	(0.188)	(0.187)	(382.8)	(380.0)
公路密度	−0.014 5	−0.012 9	78.92	79.75
	(0.037 8)	(0.037 8)	(76.76)	(76.79)
成灾面积比例	−0.002 34***	−0.002 32***	−0.068 7	−0.065 2
	(0.000 7)	(0.000 7)	(1.441)	(1.442)
中青年人口占比	−0.003 84***	−0.003 84***	0.140	0.136
	(0.001 29)	(0.001 29)	(2.631)	(2.631)
平均家庭户规模	0.000 45	0.000 32	−3.820	−3.932
	(0.007 57)	(0.007 56)	(15.37)	(15.37)
文盲人口占比	−0.000 78	−0.000 784	−5.605	−5.632
	(0.002 18)	(0.002 18)	(4.440)	(4.441)
R^2	0.942	0.942	0.045	0.045

注：括号内为标准误。*** $p<0.01$, ** $p<0.05$, * $p<0.1$ 分别表示 1%、5% 和 10% 的显著性水平。

2. 参与农业保险显著增加了农户的经营性收入：来自抽样调查的证据

区域性农业保险发展并不一定意味着农户参与了农业保险，为了进一步论证农户参与农业保险对其增收的影响，这里选取课题组 2013 年对重庆、湖北 2 个省份 485 个农户农业保险满足状况调查所获取的截面数据。该调查采用非随机抽样和多阶段随机抽样结合的方法，共回收有效问卷 485 份，其中重庆市 200 份、湖北省 285 份。问卷设置了 400 多个问题对农户各种收入、农业保险参与情况、社会资本情况、借贷情况等进行了细致的了解。

农户收入主要用农户 2012 年经营性收入、工资性收入、财产性收入、转移性收入的总和来表征。农业保险主要采用 2012 年所缴纳的保费总额来表征（如没有参加保险，则保费为 0）。另外，为了精确了解农业保险对农户收入的边际贡献，在回归分析中，将农户年龄、教育年限、拜年好友个数、家庭人口数、距离最近的集市、房价、在外借款等变量放在回归模型中进行控制。根据数据特征，采用层次回归方法对数据进行回归分析，结果见表 7 - 10。

表 7 - 10　多元线性模型回归结果

	模型 1 农户收入	模型 2 农户收入	模型 3 农户收入	模型 4 农户收入
X1：保费	0.235*** (17.18)	0.259*** (16.92)	0.507*** (24.98)	0.504*** (24.73)
X2：农户年龄		−385.2*** (−3.49)	−160.1 (−1.75)	−145.0 (−1.57)
X3：教育年限		−2 439.2*** (−4.96)	−4 996.7*** (−11.41)	−4 986.6*** (−11.39)
X4：拜年好友个数		−77.34 (−1.23)	−28.84 (−0.56)	−28.58 (−0.55)
X5：家庭人口数		136.0 (0.17)	649.2 (1.00)	645.2 (0.99)
X6：距离最近的集市（KM）			46.82 (0.66)	52.11 (0.73)
X7：房价			−0.441*** (−15.50)	−0.443*** (−15.56)

（续）

	模型 1 农户收入	模型 2 农户收入	模型 3 农户收入	模型 4 农户收入
X8：在外借款				0.056 1 (1.23)
_cons	−3 512.9 (−1.79)	29 804.2*** (3.81)	10 464.4 (1.58)	9 343.7 (1.40)
N	485	485	485	485

注：* $p<0.05$，** $p<0.01$ ***，$p<0.001$。

从表 7-10 可以看出：模型 1～4 中保费对农民收入的影响在 0.1% 的水平上正向显著。也即，参与农业保险能显著增加农户的收入。

因此，从我国"产量型"农业保险发展和农户参与农业保险的实践中可以发现，农业保险发展能显著增加农户的经营性收入，农户参与农业保险能显著地促进其收入增长。

（三）小结

发展"产量型"农业保险能有效地实现对农业风险进行规避和转移、为农业生产和农村经济发展提供风险保障、提高粮食安全保障程度、促进农村信贷金融发展、改变农业生产环境等农业生产目标，这一系列影响最终都会引致农户收入的变化。理论和实证研究表明，"产量型"农业保险能够通过改变农户经营结构、提高风险应对能力、优化要素配置等显著地提高农户的经营性收入，但从宏观上来看，区域农业保险的发展对农户总收入的影响并不显著。这主要是由于"产量型"农业保险虽然能够构建农产品产量的安全网。但是，产量高可能意味着价格低，出现"谷贱伤农"的现象，农户的总收入可能并不会提高。基于此，国际上出现了"价格型农业保险"和"收入型保险"并占据了农业保险市场的主要份额。近年来，我国也开始试点"价格型农业保险"。

三、我国"价格型"农业保险的发展与农民增收

虽然"产量型"保险能够构建农产品产量的安全网，但是，产量高可能意味着价格低，出现"谷贱伤农"的现象，农户总收入并不能提高。尤其是随着农业规模化、集约化、市场化的发展，农产品价格对农户收入的影响越来

越明显。如何规避农产品的经济风险成为我国农业发展面临的主要问题之一。

(一)"价格型"农业保险的产生、发展及意义

1. 农业生产面临多重风险

按照发生的原因,农业风险主要分为三类:自然风险、社会风险和经济风险。其中,自然风险是由于自然灾害造成农业生产损失的风险,对于自然风险可以通过农业设施改造、病虫害防治等措施在发生之前防范,或者发生后通过农作物产量保险来弥补。社会风险有时又称为行为风险,它是指由于个人或团体的社会行为造成的风险,该种风险与生产者的劳动密切相关,只能通过对自我劳动监督或者受到外界不利行为影响后进行追偿来应对。经济风险主要是农业生产投入资料或者产生品价格发生不同步的变化导致经济损失的风险,可细分为价格风险和产品风险。产品风险是指由于意外因素导致农产品收成的减少或者产品质量的下降,农产品收入保险、农产品产量保险主要用于应对这种风险,但这种保险的缺点是容易引发生产者的道德风险问题(王克,张峭,2014);农产品价格风险是指由于农产品价格波动或农产品投入资料价格的变化所引致的不确定性而带来损失的客观事实,具体可理解为农业产出品价格下降或投入品价格上升所带来的风险,对于价格风险的应对属于农产品价格保险的范畴。由此,我们可以总结出农业经营的不同风险及应对策略(表 7 - 11)。

表 7 - 11 针对农业风险的应对手段

风险类型		应对手段
自然风险		事前:农业设施投入、病虫害防治;事后:农产品产量保险、气象指数保险
社会风险		生产者自我监督、对其他社会主体不利影响后的追偿
经济风险	产品风险	农产品收入保险、产量保险
	价格风险	目标价格保险、期权、期货、订单合约、目标价格补贴

2. "价格型"农业保险的产生和发展

"价格型"农业保险起源于美国,是针对肉牛价格波动的目标价格保险。21 世纪初由于肉牛市场价格波动剧烈,而期权期货等风险管理工具不对小规

模农场开放且具有地区限制，养殖户面临极大的经济风险，经美国农业风险管理局（RMA）授权开始推行两种畜牧目标价格保险产品：牲畜风险保障计划（Livestock Risk Protection，LRP）和牲畜毛利润保险计划（Livestock Gross Margin，LGM）。目标价格保险属于收入保险的一种，后者是 Jerry R. Skees（1998）等人根据 1994 年《作物保险改革法案》和 1996 年《联邦农作物保险法案》设计的一种新型保险产品。

关于农产品目标价格保险，国内的理论界尚没有给出完全合适的定义。作为借鉴美国保险创新的舶来品，实际上我国的目标价格保险与美国的实际情况有很大差异，具体表现为我国目标价格保险实质上保障的是农民的生产成本，而美国及加拿大则侧重于保障农场主的目标价格。目前我国在粮食、蔬菜等种植作物试点的目标价格保险对应了美国收入保险中的地区收入保险（Group Risk Income Protection）或团体风险收入保障计划（何小伟，2015），即当某一地区平均每英亩①农产品的收入低于最初预期收入时，保险公司将对参加保险的农业生产者进行赔偿。而我国正处于试点中的畜产品目标价格保险（生猪、鸡蛋等），对应了美国的生猪收益保险（Livestock Gross Margin For Swine）和加拿大的阿尔伯塔省生猪价格保险（Hog Price Insurance Program），但对于具体保险保费厘定的精确度，与国外相比还是有很大的差距，这主要是由于国外期货市场的价格发现功能比较强，而国内相关农产品保险与期货市场的联动尚不完善。

根据对我国现有试点方案的总结，我国的农产品目标价格保险主要指的是保险公司根据农产品最近 3 年平均单位成本与单位面积平均产量的乘积确定一个承保金额，同时设定一个合理的保险费率，当农产品当年承保期间的监测平均价格低于过去平均值时，按照价格下降幅度赔偿相应比例的生产成本。作为政策性农业保险，国家对保费实行 70%～90% 的补贴，农民只需要支付剩余的一小部分，但是为了防止市场盲目扩大生产规模造成的供给过剩，政府一般会对每年投保补贴的种植面积或生产数量设置限额，超过此额度的投保面积将不再补贴。在本质上，张峭（2014）认为农产品目标价格保险是指国家利用保险的机制，对保费进行补贴，实现对农产品经济风险进行汇聚、分散和转移的一种制度安排。

---

① 英亩为非法定计量单位，1 英亩≈0.4 公顷。

目标价格保险的目的是用来保障农民预期价格与当年实际价格之间的差别。与目标价格补贴政策不同，真正意义上的目标价格保险是基于农户的"预期价格"而进行的投保。简言之，"目标价格"是政府设定的政策性价格，"预期价格"是市场主体博弈形成的远期市场化价格；目标价格补贴是一项政府逆周期的收入补贴计划，管理的是大的、可预期的、周期性的价格波动；目标价格保险是一种市场化风险管理工具，管理的是中等的、不可预期的、随机性的价格波动；目标价格补贴保障的是"目标价格"，目标价格保险保障的是"预期价格"（张峭，2014）。

我国政策性农业保险的试点以"产量型"保险为开端，主要承保由于自然灾害造成的产量减少，目前在全国已经普遍实行，缺点是保险额度太少，理赔额度低，赔偿金额占农民的生产成本损失比重比较低，未能取得理想的实际效果。在这种情况下，2010年上海安信农业保险公司推出了蔬菜成本价格保险，由国家补贴80％的保费，开启了国内目标价格保险的试点和探索，此后全国纷纷试点生猪价格指数保险，以及大蒜、马铃薯、大白菜价格指数保险等。我国的农业保险已进入经济风险保障的新阶段，这也与国家的补贴政策调整密切相关，特别是2014年中央1号文件提出：继续坚持市场定价原则，探索推进农产品价格形成机制与政府补贴脱钩的改革，逐步建立农产品目标价格制度，在市场价格过高时补贴低收入消费者，在市场价格低于目标价格时按差价补贴生产者，切实保证农民收益。2016年中央1号文件也提出：积极开发适应新型农业经营主体需求的保险品种，探索开展重要农产品目标价格保险。

目前，我国价格型农业保险主要在蔬菜和畜禽产品两类农产品上试点。

针对蔬菜价格风险，各地进行了蔬菜价格指数保险的试点。2010年上海推出蔬菜成本价格保险，之后国内学者开始积极探索农产品价格保险这一价格风险管理的新工具。朱守力（2011）、史丽媛（2011）、孙占刚（2012）、王建国（2012）等都对上海蔬菜价格保险进行了调查研究，并介绍了其基本做法与成功经验。参照上海蔬菜成本价格保险的经验，李销（2012）对在北京推广蔬菜价格保险的可行性进行了分析，结论是其对蔬菜生产者的保护作用有限，而政府和消费者期待的调控作用以及蔬菜的均衡上市却无法实现。因此对于北京市开展蔬菜价格保险，还需要政府在财政补贴、"菜篮子"工程建设、外地蔬菜流通控制方面投入更多的精力，以保证蔬菜价格保险在北京的可行性。最后也有学者对当前的蔬菜价格保险模式提出了自己的质疑，认为价格保险并不能有效改善农户对某种蔬菜种植的偏向性，如在有价格保险的情况下，即使蔬菜供应过剩，农户仍会坚持不更换种植作物（李聃，2013）。

针对畜禽产品的价格风险，各地正在初步尝试，如北京、四川、重庆、湖北等地试点的生猪价格指数保险，已经取得了较好的效果。宋淑婷（2013）针对北京市设计了一套鸡蛋价格保险方案，通过结合国内外案例经验，对北京市蛋鸡养殖户面临的价格风险进行了分析，并且成功引入了蛋料比这一重要指标。2013年安华农业保险公司在北京市顺义区签订了国内首款农业保险创新型指数产品——生猪价格指数保险，继此之后国内学者对各地开展生猪价格指数保险进行了丰富的讨论。林笑（2014）、林晓飞等（2014）分别对北京和山东的生猪目标价格保险进行了讨论，认为开展生猪目标价格政策性保险，可以加强对生猪价格进行间接调控和监管，从而保证了生猪的市场供应，一定程度上避免了"肉贱伤农，肉贵伤民"的不利局面，达到熨平生猪市场价格曲线、稳定市场物价、保障群众生活的目的。

3. 发展"价格型"农业保险的意义

以目标价格保险为代表的农业保险制度，由于其自身代表着市场化改革方向，不存在传统的农业补贴政策对农产品市场的严重干预问题，正在成为各国农业政策争相实施和创新的焦点。梁世夫（2003）认为，未来我国应更多地使用保险工具对农产品价格提供保护，世界农业政策的发展方向也将会是由农业保险中的农作物保险取代目前的价格支持政策。由于WTO规则的限定，包括我国在内的各农业贸易大国将不得不在最近几年将对农业的补贴支持由"黄箱"政策转移为"绿箱"政策，目标价格保险作为不直接影响市场的绿箱政策也必然成为政府未来重要的农业调控工具。这项政策的好处在于，农民可以在购买保险之日，即收获日的几个月之前，就确保自己的最终收益，同时可以更有利于获得信贷，以购买机械设备、化肥等，从而保障生产顺利进行，维护农业生产的稳定。

发展目标价格保险对农业保险经营本身和农户收入均具有显著的意义，具体表现在以下几个方面。

第一，目标价格保险属于农业保险的一种，农业保险近年来在农业研究领域越来越受到重视。学者们根据自己的理解，认为开展农业保险的作用包括：对农业风险进行规避和转移，稳定农民收入（王克，张峭，2008），为农业生产和农村经济发展提供风险保障（Yanli Z，2009），稳定农业生产、保障粮食安全（江菲，2010），促进农村信贷金融的发展（BOYD M，易细纯等，2007；谢汉阳，2012），改变农业生产风险环境（Wang H H 等，1998）。但是，在取得迅速发展成就的同时，我国农业保险仍存在许多亟须解决的问题，比如经营粗放、风险评估和保险区划滞后、产品定价粗糙、逆选择道德风险严重、保障水平过低（王克，张峭，2014）。根据前面对目标价格保险的定义，可以发现价格保险只对平均产量下的价格变动进行承保，而不对农户的单位产量承担责任，防止了农户由于自身原因导致产量下降而对保险公司进行追偿，因此农产品目标价格保险在解决农户生产经营过程中的道德风险问题上具有自身的优势，是值得研究的一个方向。

第二，农产品价格风险问题对农业生产的影响逐渐增大，目标价格保险致力于降低农民的价格风险。随着农产品价格市场化机制的形成，价格波动风险已逐渐超过自然风险，成为农业的主要风险（张雯丽，2014）。同时农产品价格风险具有连锁效应，主要表现在价格风险的发生会降低农民收入，对农民投入生产资料进行下一步再生产造成不利影响，它降低了农民的生产积极性，导致其更不愿意扩大生产，甚至将土地闲置（祁民，2008）。由此可见，随着世界农产品市场的联系不断加强，价格风险将成为未来农业生产经营需要面对的主要风险。

第三，目标价格保险具有风险分散和经济补偿的职能。李军等（2010）系统分析了农作物保险的职能，认为农业保险的基本职能是分散风险和经济补偿，同时可以防灾防损和提供融资便利。实施农作物保险可以减少农业损失、降低农业风险、改善农业资源配置结构、提高国际竞争力、促进农业经营市场化、提高农民收入、提高农村经济金融发展水平、促进经济发展和稳定农村社会生活。

第四，目标价格保险相比于其他农业保险具有自身独特的优势。Dean Karlan（2011）认为农产品价格保险不仅可以减少经济风险，还可以鼓励农户对农场进行投资，同时也保障了农产品的稳定供应。Sparks Companies（2003）认为，农产品价格保险相对于传统的收入保险，其相对优势包括：与收入保险相比，价格保险的保费更低；与自然风险相比，价格变动的风险影响更大，农业生产者对其的需要更为迫切；价格保险的理赔基于市场价格的变动，不受产量的影响，因此不需要踏田核保、理赔，从而使理赔简便易行且公开透明；与产量保险相比，价格保险易于精算保险金额和保险费率，容易控制成本；与自然风险相比，价格数据的采集与使用不受保险人和被保险人单方的控制，易于控制道德风险。

（二）我国农产品目标价格保险对农户收入的影响机理及假说

目标价格保险的购买对农业生产者种植决策的影响主要是通过风险降低和保费补贴两种方式来实现。对于农业生产经营者，其从事农业种植活动主要面临自然风险、社会风险以及经济风险的制约，其中价格风险和产品风险是经济风险的主要组成部分，尤其是价格波动对农民的生产投入和种植结构影响巨大，后者的变化又可能会对市场价格产生负反馈，最终导致生产者和消费者两败俱伤。"平抑物价、稳定市场供给"以保障消费者的利益是政府的职责，因此需要采取措施来稳定农业生产经营者的生产活动，以往通常的做法是直接补贴给农民，而随着 WTO 规则下农业贸易保护政策的到期，目前采取的是通过补贴保险公司保费的方式来间接保障消费者。保费的来源为农户 20％以及政府补贴 80％，使得保险公司有动力参与农产品目标价格保险的市场化运营，价格保险降低了农业生产经营者的价格风险，从而影响到他们的行为决策，包括生产投入以及种植结构，最终使得农产品供给和价格趋于稳定，并有利于所有的消费者。

在经济学框架下，农业生产经营者通过生产要素的合理配置，实现收益最大化的目标。一般农户在制定种植决策时，不但需要考虑自身内部的资源禀赋，包括劳动力、资本、土地、技术等生产要素，而且需要考虑外部的环境因素，比如政府、市场以及自然风险、社会风险等外部因素的变化。农产品目标价格保险不仅影响到农户的要素禀赋，还影响到农户的行为决策。农产品目标价格保险主要是通过影响生产投入和种植结构来影响农户的收入的，详见图 7-3。

1. 农产品目标价格保险与农户生产投入的关系机理及假说

借鉴 Chambers（1989）的农户利用农业保险化解农业风险的保险决策模型，我们构建了一个描述农户农业生产净收益的模型。首先假设一个代表性农户，他的生产只考虑一种投入 X，单位成本为 r，生产函数 $Y=Q$（X）满足 Q'（X）>0；Q''（X）<0，单位产出的公允价格为 P，总收益为 π。为了简便，模型中假设生产者只面临一种风险即价格风险，忽略自然风险等因素的影响。

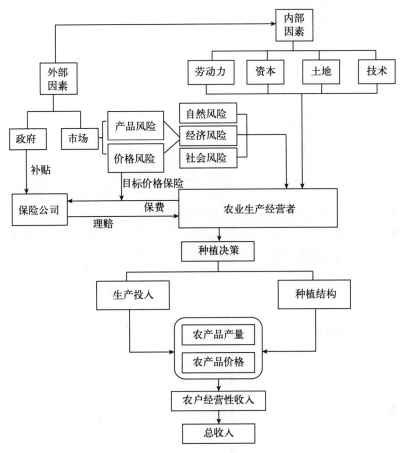

图 7 - 3　农产品目标价格保险与农户经营性收入关系机理图

（1）假设没有价格风险。生产者面临无风险因素制约，市场完全有效，考察生产投入量 X，总收益最大化的表示形式为：

$$\text{Max} \pi = PQ(X) - rX \tag{7-5}$$

其中，$Q'(X) > 0$；$Q''(X) < 0$。

一阶求导可得：

$$\frac{\partial \pi}{\partial x} = PQ'(X) - r = 0 \tag{7-6}$$

最优投入 X_0^* 满足：

$$Q'(X_0^*) = \frac{r}{P} \tag{7-7}$$

根据生产函数的性质可知，生产函数的一阶导为递减函数，表示如图 7 - 4、图 7 - 5：

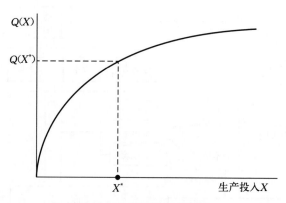

图 7-4　农户的生产函数

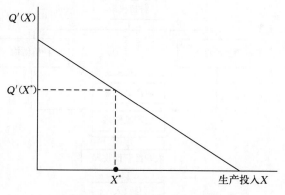

图 7-5　生产函数一阶导数

（2）假设有价格风险，没有参加保险。当引入价格风险后，生产者面临产品价格下降风险发生时带来的损失，假设风险发生概率为 μ，发生风险后农产品价格降为 P_0，总收益最大化的表示形式为：

$$\text{Max}\pi = PQ(X) - rX - \mu(P - P_0)Q(X) \qquad (7-8)$$

其中，$Q'(X) > 0$；$Q''(X) < 0$。

一阶求导可得：

$$\frac{\partial \pi}{\partial x} = (P - \mu P + \mu P_0)Q'(X) - r = 0 \qquad (7-9)$$

最优投入 X_1^* 满足：

$$Q'(X_1^*) = \frac{r}{(1-\mu)P + \mu P_0} \qquad (7-10)$$

由于 $(1-\mu)P + \mu P_0 < P$，因此 $Q'(X_1^*) > Q'(X_0^*)$，由图 7-6 可知 $X_1^* < X_0^*$，即加入风险因素后生产者的投入将低于原来的最优水平。

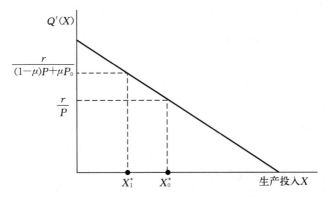

图 7-6　价格风险与生产函数一阶导数

（3）假设有价格风险，同时参加了目标价格保险。根据我国已有的试点，目标价格保险实际采取的操作方式为：保险公司参照参保蔬菜品种在保险期间内前 3 年平均生产价格（地头收购价）确定目标价格 $\overline{P}$，平均生产价格参照参保蔬菜品种生长期内所发生的直接物化成本和人工成本确定，目标价格的计算方法为：保险目标价格＝每亩生产成本（元/亩）/每亩总产量（斤/亩）。当保险期间内参保蔬菜平均生产价格低于目标价格时，视为保险事故发生，保险人对跌幅部分进行相应赔付，高于目标价格时不发生赔付。

根据以上资料可以进行以下设定：目标价格为 $\overline{P}$，每亩的标准产量 $\overline{Q}(X)$，每亩地的保额为两者的乘积 $\overline{P} \times \overline{Q}(X)$，农户支付保险费率 λ，当价格风险发生时，如果 $P_0 < \overline{P}$，则保险公司按照价格下跌幅度 $\overline{P} - P_0$ 与标准产量 $\overline{Q}(X)$ 的乘积进行赔付，需要注意的是保险公司并不是按照农户的实际产量 $Q(X)$ 来进行赔付，而是按照每亩地的标准产量 $\overline{Q}(X)$ 来实行赔付。

①若农户单位亩产低于平均值（标准产量），$Q(X) < \overline{Q}(X)$，总收益最大化的表示形式为：

$$\begin{aligned}\mathrm{Max}\ \pi &= PQ(X) - rX - \mu(P - P_0)Q(X) - \lambda\overline{P}\,\overline{Q}(X) + \\ &\quad \mu(\overline{P} - P_0)\overline{Q}(X) \\ &= PQ(X) - rX - \mu(P - \overline{P})Q(X) - \lambda\overline{P}\,\overline{Q}(X) + \\ &\quad \mu(\overline{P} - P_0)[\overline{Q}(X) - Q(X)] \end{aligned} \quad (7-11)$$

其中，$Q'(X) > 0$；$Q''(X) < 0$。

一阶求导可得：$\quad \dfrac{\partial \pi}{\partial X} = (P - \mu P + \mu P_0)Q'(X) - r = 0 \quad (7-12)$

最优投入 X_2^* 满足： $Q'(X_2^*) = \dfrac{r}{(1-\mu)P+\mu P_0}$ （7-13）

显然 $Q'(X_1^*)=Q'(X_2^*)$，可知 $X_1^*=X_2^*$，即生产者的投入并不会发生变化。

② 若农户单位亩产高于平均值，$Q(X)>\overline{Q}(X)$，

总收益最大化的表示形式为：

$$\text{Max }\pi=PQ(X)-rX-\mu(P-P_0)Q(X)-$$
$$\lambda\overline{P}\,\overline{Q}(X)+\mu(\overline{P}-P_0)\overline{Q}(X) \quad (7-14)$$

其中，$Q'(X)>0$；$Q''(X)<0$。

一阶求导可得： $\dfrac{\partial\pi}{\partial X}=(P-\mu P+\mu P_0)Q'(X)-r=0$ （7-15）

最优投入 X_3^* 满足： $Q'(X_3^*)=\dfrac{r}{(1-\mu)P+\mu P_0}$ （7-16）

显然 $Q'(X_1^*)=Q'(X_2^*)=Q'(X_3^*)$，可知 $X_1^*=X_2^*=X_3^*$，即生产者的投入仍然并不会发生变化。

（4）作用机制分析。根据以上讨论，可以用图 7-7 和图 7-8 来分别描绘当农户的单位亩产效率较低和较高时，购买目标价格保险与农户生产投入决策的关系。在图 7-7 中，横轴表示农户的单位面积生产投入 X 对应的单位面积产量 $Q(X)$，纵轴表示农产品价格，由于农户的单位亩产效率较低，因此单位面积产量 $Q(X)$ 小于同种作物的平均生产效率 $\overline{Q}(X)$。当发生价格风险时，市场价格由 $\overline{P}$ 下降至 P_0，此时农户的生产投入为 X，单位亩产为 $Q(X)$，保险赔付前农户的收入即为 $Q(X)*P_0$。而根据目标价格保险的方案，每亩地的保额为单位亩产与标准价格的乘积 $\overline{P}*\overline{Q}(X)$，对农户的赔偿金额相应为 $(\overline{P}-P_0)*\overline{Q}(X)$，即图 7-7 中由 $\overline{P}fdP_0$ 四点组成的区域。同样在图 7-8 中，虽然农户的单位亩产 $Q(X)$ 大于同种作物的平均生产效率 $\overline{Q}(X)$，其获得的赔偿依然等于 $(\overline{P}-P_0)*\overline{Q}(X)$，即图 7-8 中由 $\overline{P}fdP_0$ 四点组成的区域。

需要注意的是，不论农户自身的单位亩产高或者低，其获得的保险赔偿都为同样的金额 $(\overline{P}-P_0)*\overline{Q}(X)$。说明目标价格保险的赔偿金额只与目标价格 $\overline{P}$、当年实际价格 P_0 以及标准亩产 $\overline{Q}(X)$ 相关，因此不会对农户的生产投入产生影响。

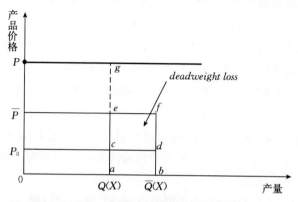

图 7-7　价格保险下亩产较低的农户生产投入

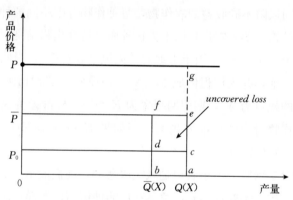

图 7-8　价格保险下亩产较高的农户生产投入

基于以上的农户生产投入模型，可得出如下研究假说：对于单个蔬菜品种的种植决策，购买目标价格保险后，该种蔬菜的生产成本仅仅在承保限额内得到保障，虽然农户风险因此降低，但是却无法激励农户提高其单位种植面积的资本投入。

2. 农产品目标价格保险与农户种植结构关系机理及假说

农户为了分散风险往往选择多元化种植，目标价格保险化解了价格风险，成本得到基本保障，那么农户的种植倾向会不会选择向高风险高收益的作物集中？

根据比较优势理论，生产者的最优决策是选择自身最具有比较优势的品种进行种植，而现实情况是农民在面临价格风险和自然风险的情况下，由于生产者承受风险的能力有限，为了分散风险往往选择多元化种植，包括为了生活保障而选择种植一部分没有经济效益的大田作物，这显然不是一个对个人及社会最优的生产决策。引入目标价格保险后，单个作物风险对应的方差降低，在限定种植组合最高风险方差的情况下，如果农户的耕种选择向高风险高收益的作物集中以获取最大收益，这对整个社会来讲也是一种帕累托改善。

根据诺贝尔经济学家得主 Markowitz（1952）提出的投资组合理论（Portfolio Theory），多个资产构成的资产组合，其收益是这些资产收益的加权平均数，但是其风险并不是这些资产风险的简单加权平均，即多元化投资组合能降低非系统性风险。

借鉴 Markowitz（1952）的投资组合理论，我们可以构造一个农户种植结构选择模型。首先假设一个代表性农户，他拥有的土地面积为 X，农户可以选择种植 n 种不同风险不同收益的农作物，每种作物分配不同的种植面积，这就是农户的种植结构。如果农户自己不去耕种而是选择出租给别人，单位土地可以获得固定租金 $r_f X_0$，r_f 相当于土地的"无风险收益率"，当然农户也可以选择租用别人的土地，并支付租借成本 $r_f X_l$。假设农户的种植组合 P 中每种农作物种植面积的权重为 W_i，期望回报率为 $E(r_i)$，标准差为 σ_i，其中期望回报率越高的农作物对应的标准差越大，即如果 $E(r_i) > E(r_j)$，则 $\sigma_i > \sigma_j$，作物 i 和 j 的相关系数为 ρ_{ij}。

（1）假设没有保险。由于农户是风险厌恶的，他们能承受的风险水平在一定的忍受范围之内，不妨设为 $\overline{\sigma^2}$，考察农户的种植结构选择，总期望收益率最大化的表示形式为：

$$\text{Max } E(r_p) = \sum_{i=1}^{n} W_i E(r_i) \qquad (7-17)$$

$$\sigma_p^2 \sum_{i=1}^{n} W_i^2 \sigma_i^2 + 2 \sum_{i=1}^{n} \sum_{\substack{j=1 \\ i \neq j}}^{n} W_i W_j \sigma_i \sigma_j \rho_{ij} \leqslant \overline{\sigma^2} \qquad (7-18)$$

$$\sum_{i=1}^{n} W_i = 1 \qquad (7-19)$$

由此可见，给定各个农作物的期望收益与方差，农户最优的种植决策为选择一组最佳种植比例 W_i^*，使得 $\sigma_p^2 = \overline{\sigma^2}$。

（2）假设存在目标价格保险。根据投资组合理论，资产的风险与收益是相对应的，种植经济类作物如猕猴桃、蔬菜等能够获得较高的期望收益率 $E(r_i)$，但同时高成本投入也带来了更高的风险 σ_i^2，而种植粮食类作物风险相对较低，对应的收益也比较低。引入目标价格保险后，由于目前的试点主要集中在蔬菜、生猪等风险收益比较高的品种，因此对高风险高收益类农产品的风险降低起到显著作用（$\overline{\sigma_i^2} < \sigma_i^2$），同时目标价格保险作为一种补贴政策，实际上提高了标的农作物的期望收益 $E(\overline{r_i}) \geqslant E(r_i)$。

为了方便证明，我们假设农户只在两种作物之间选择，比如水稻和蔬菜，两者的种植比例分别为 W_1 和 W_2，水稻的风险和收益相对都比较低，从而有 $\sigma_1^2 < \sigma_2^2$，$E_{(r_1)} < E_{(r_2)}$，总期望收益率最大化的表示形式为：

$$\text{Max } E(r_p) = W_1 E(r_1) + W_2 E(r_2) \qquad (7-20)$$

$$\sigma_p^2 = W_1^2 \sigma_1^2 + W_2^2 \sigma_2^2 + 2 W_1 W_2 \sigma_1 \sigma_2 \rho_{1,2} \leqslant \overline{\sigma^2} \qquad (7-21)$$

$$W_1 + W_2 = 1 \qquad (7-22)$$

根据约束条件可以求出农户最优的种植比例 W_1^* 和 W_2^*。

当农户投保蔬菜目标价格保险后，由于价格风险降低，蔬菜品种的风险水平相应降低，使得最新的蔬菜风险水平 $\overline{\sigma_2^2} < \sigma_2^2$，同时期望收益满足 $E(\overline{r_2}) \geqslant E(r_2)$，总期望收益率最大化的表示形式为：

$$\text{Max } E(r_p) = W_1 E(r_1) + W_2 E(\overline{r_2}) \qquad (7-23)$$

$$\sigma_p^2 = W_1^2 \sigma_1^2 + W_2^2 \sigma_2^2 + 2 W_1 W_2 \sigma_1 \overline{\sigma_2} \rho_{1,2} \leqslant \overline{\sigma^2} \qquad (7-24)$$

$$W_1 + W_2 = 1 \qquad (7-25)$$

由于农户愿意承受的总风险 $\overline{\sigma^2}$ 不变，同时 σ_1^2、σ_1 以及 $\rho_{1,2}$ 均固定不变，而 $\overline{\sigma_2} < \sigma_2$。假设 $W_2^{**} < W_2^*$，则必然有 $W_1^{**} > W_1^*$，从而导致总期望收益率 $E(r_p)$ 变小，在风险系数 σ_2 减小的情况下，显然与事实相矛盾。根据反证法可以得出，最优解 $W_2^{**} > W_2^*$，从而参加目标价格保险对农户种植决策的影响是，使得农户种植高风险高收益品种的集中度增强。

基于以上的农户生产种植结构模型，可以得出如下研究假说：农户为了分散风险往往选择多元化种植，目标价格保险化解了高风险高收益作物的价格风险，成本得到基本保障，那么农户的种植结构将会向高风险高收益的作物集中。

（三）小结

"价格型"农业保险能通过影响农户的生产投入、种植结构来影响农户的收入。农户的生产行为决策主要包括生产投入和种植结构，而这面临着农产品价格风险的制约。引入"价格型"农业保险（如农产品目标价格保险）之后，农户的价格风险得到缓解，就会加大对农业生产的投入，同时增加高收益（同时也是高风险）作物的种植，这在有风险保障的情形下会增加农户的收入。

目前，我国的目标价格保险与美国的实际情况有很大差异，具体表现为我国目标价格保险实质上保障的是农民的生产成本，而美国及加拿大则侧重于保障农场主的目标价格。我国的农产品目标价格保险主要指的是保险公司根据农产品最近 3 年平均单位成本与单位面积平均产量的乘积确定一个承保金额，同时设定一个合理的保险费率，当农产品当年承保期间的监测平均价格低于过去平均值时，按照价格下降幅度赔偿相应比例的生产成本。

我国目前这种仅保障最低成本且固定单位承保额（且承保额低于亩均产值）的目标价格保险试点模式尚未能发挥其增加农户生产投入的效应，但是却能明显提高农户种植的意愿和积极性，改变农户的种植结构——种植高收益的农作物，从而提高了农户的收入。

四、我国现行农业保险促进农民增收所面临的问题

虽然，长期来看，农业保险能显著地促进农民收入的提高，但在农业保险的实际操作过程中，却存在一系列问题。

（一）农业保险体系不完善，导致农业保险"供求双冷"或过度依赖于补贴

虽然我国农业保险市场在不断多元化发展，但与国外相比，我国农业保险供给主体在经营专业化与风险管理分散化方面有所欠缺，另外供给产品与需求存在不匹配等问题，因此导致了非政策性农业保险"供求双冷"的局面。而政策性农业保险过度依赖于保费补贴，保费补贴是否能纳入 WTO 规则下的"绿箱"政策目前国际上还存在争议，因此会影响到我国农产品的国际间贸易。

1. 从供给主体来看，专业型农业保险公司面临集中风险难以分散的难题

目前，我国共有 5 家专业型的农业保险公司，其中 4 家商业型的，1 家互

助型的。专业型的农业保险公司一般主要在地方上开展业务，虽然在业务上有业缘、人缘、地缘优势，但是由于业务集中于农业这个高风险行业（同时面临自然风险和经济风险），农户参保导致分散的风险集中到专业型保险公司，如果没有有效的风险分散手段（再保险、金融衍生品等），专业型的农业保险公司会面临无法分散风险的难题，导致其对非政策性农业保险的供给意愿不足。

2. 从产品来看，以"产量型"保险为主的农业保险产品体系无法解决"谷贱伤农"难题

目前，我国农业保险产品大部分为政策性保险，而目前政策性保险又以"产量型"保险为主，"产量型"保险虽然能够构建农产品产量的安全网。但是，产量高可能意味着价格低，出现"谷贱伤农"的现象，农户收入并不能提高。尤其是随着农业规模化、集约化、市场化的发展，农产品价格对农户收入的影响越来越明显，基于此，国际上出现了"价格型"农业保险和"收入型"保险并占据了农业保险市场的主要份额。而我国农业保险市场上，"价格型"农业保险和"收入型"保险尚处于试点阶段，对农民增收的影响尚未充分发挥。

（二）农业保险支持政策（补贴）是否属于"绿箱"政策尚存争议

乌拉圭回合达成的农业协定及削减承诺实际由 4 个部分构成，即：（1）农业协定文本；（2）各谈判方在市场准入、国内支持和出口补贴方面做出的削减和承诺；（3）实施卫生和植物卫生措施的协定；（4）关于最不发达国家和净粮食进口发展中国家的决定。农业协定文本共有 13 个部分共 21 个条款和 5 个附件。

在农业协定的附件二中，国内支持措施将"绿箱"情形定义为在满足第一条一般规则的条件下，同时满足有关第十一条的特别规定。尽管农业协定包含对发展中国家减让承诺的特别规定，但附件二是发达国家和发展中国家都必须满足的。

附件二的第七款规定了衡量收入保险和收入保障计划的标准，第八款明确了包括作物保险在内的自然灾害救助计划的标准。因此，只有在农业保险计划满足所有特别条款的标准，并且同时满足一般规则中第一条要求的情况下，一国才能声称其农业保险补贴政策属于"绿箱"政策。

农业协定附件二（国内支持：免除削减承诺的基础）的第七、八款

第七款 收入保险和收入安全网计划中政府的资金参与

（a）获得此类支付的资格应由收入损失确定，仅考虑来源于农业的收入，此类收入损失应超过前 3 年期或通过去除前 5 年期最高和最低年收入确定的 3 年平均总收入或等量净收入的 30%（排除相同或类似方案中获得的任何支付）。符合此条件的任何生产者均应有资格接受此类支付。

（b）此类支付的数量应补偿生产者在其有资格获得该援助的当年收入损失的 70% 以下。

（c）任何此类支付的数量仅应与收入有关；不得与生产者从事生产的类型或产量（包括牲畜头数）有关；不得与适用于此种生产的国内或国际价格有关；也不得与所使用的生产要素有关。

（d）如一生产者根据本款和第 8 款（自然灾害救济）在同一年接受两次支付，则此类支付的总额不得超过生产者总损失的 100%。

第八款 自然灾害救济支付（直接提供或以政府对农作物保险计划资金参与的方式提供）

（a）只有在政府主管机关正式认可已发生或正在发生自然灾害或同类灾害（包括疾病暴发、虫害、核事故以及在有关成员领土内发生战争）后，方可产生获得此类支付的资格；该资格应由生产损失超过前 3 年期或通过去除前 5 年期最高和最低年收入确定的 3 年平均生产的 30% 确定。

（b）灾害发生后提供的支付仅适用于因所涉自然灾害造成的收入。牲畜（包括与兽医治疗有关的支付）、土地或其他生产要素的损失。

（c）支付所作的补偿不得超过恢复此类损失所需的总成本，且不得要求或规定将来生产的类型或产量。

（d）灾害期间提供的支付不得超过防止或减轻以上（b）项标准所定义的进一步损失所需的水平。

（e）如一生产者根据本款和以上第 7 款（收入保险和收入安全网计划）在同一年接受两次支付，则此类支付的总额不得超过生产者总损失的 100%。

（三）农业保险支持农民增收机制受限

农业保险与农民面临的农业风险脱节。我国的农业保险以政策性农业保险为主，标的以大宗农产品为主（虽然有的地方也在试点特色农产品保险），并且保费直接补贴给保险公司，而由于农户居住分散、经营规模较小，为了降低成本、增加农户参保积极性，有些保险公司与农户达成非正式协议：无论是正常年份还是灾年，都只理赔略高于保费的金额，相当于保险公司和农户瓜分政府的保费补贴，而不管是否有风险。这就导致了保险与风险的脱节，进而使得当风险发生时农户无法有效应对风险而陷入贫困。

农业经营性收入占比下降，保险的投资效应受到抑制。伴随着农民外出务工、在当地从事非农行业，农民的农业经营性收入占其总收入的比重逐步下降。因此，在很多情况下，农业保险虽然分散了农户的风险、增强了其抵抗风险的能力，但并没有在很大程度上改变农户的种植结构和投资规模，从而限制了经营性收入的增加。

（四）现有保险体系下农业保险进一步推动农民增收乏力

在现有农业保险供给体系下，专业型农业保险公司的风险管理问题、"产量型保险"的"谷贱伤农"难题、过量补贴与国际贸易规则的冲突等，加上农业技术已经发展出一系列应对气候灾害的方法，现有保险体系下农业保险很难推动农民经营性收入的大幅度提高。

五、政策建议

（一）完善我国农业保险供给体系

1. 完善保险机构，推动发展互助型保险和再保险

面对我国农村地区农户小而分散的特征，保险机构的运营成本往往非常高。互助保险是保险运行的重要组成部分，可以有效减少保险公司的运营成本。因此，应当完善互助保险体系。另外，由于农业经营具有高风险的特征，并且信息不对称下的道德风险和逆向选择问题非常严重，因此应该加大对保险机构的风险补偿。此外，再保险体系是国际上通常使用的一种风险补偿机制，通过再保险能够有效分散集中于原保险公司的风险。总之，我国需要不断完善

保险体系。

2. 创新保险产品，大力推广"价格型保险"和"收入型保险"

从现有农业保险供给体系的产品来看，以"产量型保险"为主的农业保险产品体系无法解决"谷贱伤农"难题。在我国取消粮食收储制度，实行价格改革，强调发挥市场价格调节机制的情况下，更应该不断创新"价格型保险"和"收入型保险"机制，减少农民收入的经济风险。在推广价格相关保险时，应以历史耕作面积和平均产量作为补贴的基数，一方面减少信息不对称条件下的道德风险与逆向选择，另一方面，减少政策性保险补偿对农户种植决策的影响。

3. 弱化保费补贴，增加风险管理补偿（如利用衍生品对冲风险的风险补偿）

实施保费补贴随时通行的农业政策。在现有的 WTO 规则下，保费补贴具有一定的限制，因此，我们应该弱化保费补贴的机制，通过间接补贴的方式，如建立再保险机构，通过风险补偿机制，提高保险机构提供农业保险产品的积极性。再者，通过推广"保险＋期权"等形式，不断利用衍生品市场对冲风险的作用，有效地分散专业保险公司的风险，增加风险管理的补偿。

（二）强化农业保险的增收效应

目前我国的农业保险体系以产量险为主，现行农业保险体系很难推动农民经营性收入的大幅度提高。若要强化农业保险的增收效应，应该至少在以下两个方面下功夫。（1）在"收入型"保险的基础上，推动"保险＋期权"的发展，强化对价格波动风险的保障。（2）推广保险与信贷联动的"保险＋信贷"产品，实现农业适度规模经营，切实提高农户经营性收入。

1. 在"收入型"保险的基础上，推动保险＋期权的发展

随着我国农业适度规模经营与农业经营专业化程度的提高，农业经营性收入在这些新型农业经营主体中所占比重较大，其应对的经济风险必然增大。但是，通过把农业保险与期权结合起来，保险公司可以在期权市场上通过对冲操作来分散风险。因此，在收入型保险的基础上，推动"保险＋期权"的发展，应对农产品市场价格波动的风险，有利于强化农业保险的增收效应，有助于国家农产品目标价格机制的建立。而场外期权结合农产品价格保险作为一种创新金融工具，能够为涉农保险提供简单可行、目标可控的避险工具，同时建立更为完善的价格风险管理模式，有助于推动我国农业现代化进程，更好地服务

"三农"。

但是，目前保险公司在推广保险产品的时候，实际上是一个相对固定的模式，也就是说保险公司的保额费率或者是价格在向监管部门报备的时候是相对固定的，一旦报备，在一年之内想要进行调整相对困难。而"保险＋期权"模式下农业保险产品在定价的时候，期权价格是随行就市的，这种不断变化的定价要求和保险的相对固定的定价特点难以匹配。现在保险公司主要是通过罗列的方式来解决这个问题，通过尽量多的进场价格的预测来解决问题，但这只是个权宜之计。未来"保险＋期权"模式的定价必然需要进行调整和优化，引入新的模式，这是一个需要尽快着手解决的问题。

2. 推广"保险＋信贷"，实现农业适度规模经营，切实提高农户经营性收入

与农业规模化经营、农业现代化发展相对应的是对扩大再生产的资金需求，在做基础设施改进、设备投资、土地流转资金和物资流通等方面资金缺口较大。然而，目前，农业经营"融资难""融资贵"依然是普遍存在的问题，推广"保险＋信贷"，可以有效缓解信贷风险，为降低利率打下基础，促进农户融资，发展农业生产，切实提高农户经营性收入。

例如，保单质押直接贷款，是一种农业规模经营主体以保险机构出具的政策性农业保险保单作为抵押物，直接向银行业金融机构申办专项贷款的模式。同时，农业规模经营主体还可以凭借保险机构出具的政策性农业保险保单作为抵押物，经融资担保机构担保后，再由银行业金融机构向其发放贷款。通过大力发展农业保险保单质押贷款，积极盘活农业保险保单资源，为农业规模经营主体贷款提供支持，建立农业保险与农业规模经营互促共进机制，更好地发挥保险服务"三农"作用，保障和提高农户经营性收入。

第八章

产业扶贫促进贫困农户增收

党的十九大报告指出，我国社会主要矛盾已经转化为人民日益增长的美好生活需要和不平衡不充分的发展之间的矛盾。不平衡不充分的重要体现是当前我国仍有超过 7 000 万名农村人口的生活水平处于贫困状态，主要分布在 14 个集中连片特困地区。中国减贫经验对世界发展做出了举世瞩目的贡献（汪三贵，2008；Karnani，2016），但"十三五"期间中国扶贫形势仍面临着时间紧、任务重、宏观经济不确定性、气候变化以及潜在的自然灾害等诸多因素，掣肘深度贫困户的脱贫，进一步加剧了我国社会主要矛盾。"扶贫扶谁""谁来扶贫""如何精准""怎么扶贫"等重大问题摆在眼前，以习近平总书记为核心的党中央高瞻远瞩，审时度势，充分辨析新形势下中国的发展格局，创造性地提出解决我国社会主要矛盾的一个落脚点是精准扶贫，坚决打赢扶贫攻坚战。

第一节　贫困问题的概念内涵与减贫路径[①]

全面建成小康社会的本质和精髓是实现共同富裕，也就是农村人口不仅得到全面覆盖，也应该得到全面发展。2014 年农民人均纯收入为 9 892 元，要实现 2020 年农民人均纯收入比 2010 年翻一番的目标（11 838 元）[②]，则 2015—2020 年，这 6 年农民人均纯收入的平均名义增速需达到 6%（通货膨胀因素按

---

① 本节选自农业部软科学课题"新常态下农民增收潜力、趋势和长效"（课题编号：201519），课题主持人：孔祥智；"农民合作社在促进产业精准脱贫中的功能机理、面临问题与政策建议"（课题编号：Z201602），课题主持人：于占海。

② 2010 年农民人均纯收入为 5 919 元，到 2020 年翻一番则为 11 838 元。

3%计算）。虽然 6%的增速目标与近几年农民人均纯收入的平均增速相比，实现的压力不大，但平均水平并不能代表全面水平，要实现全面建成小康社会的目标，短板在农村，最艰巨最繁重的任务在农村，特别是在农村贫困地区[①]。

一、新常态下农民增收的短板：农村贫困人口

（一）农村贫困人口增收前景堪忧

按照 2010 年中央确定的国家贫困线标准 2 300 元（2010 年不变价），截至 2014 年年底，全国有 14 个集中连片特殊困难地区、592 个国家扶贫开发工作重点县、12.8 万个贫困村、2 948.5 万个贫困户、7 017 万名贫困人口。其中河南、湖南、广西、四川、贵州、云南 6 个省份的贫困人口都超过 500 万人。

1. 低收入农户收入水平与其他农户差距悬殊

2013 年，贫困地区农民人均纯收入为 5 519 元，仅为全国农民平均水平的 62%，且农民内部收入差距较大。按农村居民人均纯收入五等份分组情况看[②]，20%低收入农户人均纯收入为 2 583.2 元，仅比国家贫困线高出 12.3%，可见农村贫困人口全部位于此区间内。从收入的绝对差距看，高收入户与低收入户的差距由 2000 年的 4 388 元扩大到 2013 年的 18 689.5 元，差距扩大了 3.26 倍；从收入的相对差距看，2013 年低收入农户收入水平分别相当于中等偏下收入户、中等收入户、中等偏上收入户、高收入户的 46.8%、32.5%、22.7%、12.1%，差距较为悬殊。

2. 低收入农户收入增速较慢

2013 年，低收入农户人均纯收入增长率为 11.5%，低于中等偏下户（14.7%）、中等收入户（12.8%）、中等偏上户（12.1%）、高收入户（11.9%）的平均水平。从 2000 年到 2013 年，全国农民人均纯收入增加了 3.95 倍，中等偏下户、中等收入户、中等偏上户、高收入户分别增加了 3.83 倍、3.96 倍、4.11 倍、4.10 倍，而低收入户仅增加了 3.22 倍，低于全国和

---

① 习近平总书记 2015 年 6 月在贵州考察时指出：" '十三五'时期是我们确定的全面建成小康社会的时间节点，全面建成小康社会最艰巨最繁重的任务在农村，特别是在贫困地区。"

② 数据来源：《中国统计年鉴 2014》，五等份分组将农民分为低收入户、中等偏下收入户、中等收入户、中等偏上收入户、高收入户。

其他各组平均水平。增长速率的差距将导致低收入农户平均收入水平与其他农户的差距越来越大。

(二) 农村贫困人口增收的动力机制

2013 年, 农村贫困地区农民人均家庭经营性收入、工资性收入、转移性收入、财产性收入分别为 2 636 元、2 269 元、535 元、79 元, 与上年相比分别增长 11.3%、22.7%、21%、9.4%。从收入的绝对数量看, 家庭经营性收入和工资性收入是农村贫困人口收入的主要来源, 两项加起来占到农民人均纯收入的 88.9%; 从各项收入的增长率看, 工资性收入增长最快, 对农民增收的贡献率达到 53.3%, 成为农村贫困人口增收的主要来源。其次是转移性收入, 这与国家财政对农村贫困地区的政策倾斜有关。

我国农村贫困人口绝大部分分布在革命老区、少数民族地区、边疆地区和欠发达地区, 这些地区或者自然环境恶劣、不利于发展生产, 或者远离城市、交通不便, 加之农村贫困人口大部分为丧失劳动能力或残疾人群, 要实现这些地区农村贫困人口的小康目标, 在增收动力机制方面要分类考虑。

1. 具有劳动能力的贫困人口

一是对于生活在自然生态环境不利于从事农业生产经营活动地区的农村贫困人口, 政府要通过有序引导和培训, 使其进入劳动力密集型行业, 成为产业工人, 或是出台优惠政策鼓励其创业, 通过工资性收入或经营性收入的提升来实现收入增长。这部分人群增收的动力机制就来自于劳动力要素价值的充分挖掘。二是对于居住地适合发展种养等农作活动的地区, 政府要通过引入合适的产业, 促进该地区贫困人口通过农业生产经营活动, 实现经营性收入的提升。此部分人群增收的动力机制在于生产效率驱动。

2. 丧失劳动力能力的农村贫困人口

此部分人群增收的主要来源在于转移性收入和财产性收入。具体来说, 要创新扶贫手段, 提高扶贫的准确性。新常态下, 尽管经济增速放缓, 但对此部分人群的转移支付不能减少。要逐步提高农村最低生活保障和"五保"供养水平, 切实保障没有劳动能力和生活常年困难农村人口的基本生活。加快新型农村社会养老保险制度覆盖进度, 支持贫困地区加强社会保障服务体系建设。发挥专项扶贫、行业扶贫和社会扶贫的综合效益, 实现开发扶贫与社会保障的有机结合。

二、贫困问题的概念内涵与减贫问题的路径目标

（一）贫困问题的概念内涵

贫困作为一种社会物质生活和精神生活贫乏的综合现象，与人类发展进程相伴相生，最初人们用饥饿和营养不良来界定贫困（王小林，2012a）。随着人类社会的发展进步，贫困的概念开始动态演化，从单一的收入低下状态拓展到收入、资产和消费不足等经济学概念，并演化到发展学范畴的能力不足，以及社会学和政治学范畴的社会排斥、权利剥夺等综合性概念（王小林，2012b），贫困的概念内涵越来越丰富和全面。这其中，尤以诺贝尔经济学奖获得者阿玛蒂亚·森的贡献最为典型，正是他将贫困概念从收入贫困扩展到权利贫困，将贫困的原因分析从经济因素扩展到政治、法律、文化、制度等领域（马新文，2008）。也正是在阿玛蒂亚·森等的影响下，世界银行的"广义福利贫困"，联合国发展计划署的"人类发展指数"和"人类贫困指数"，英国牛津大学贫困与人类发展研究中心的"多维贫困指数"等综合性贫困概念被一一提出（宁亚芳，2014），彻底摆脱了单维度的收入贫困范畴。

（二）减贫问题的路径视域

正因为贫困问题的多维度概念，所以推进减贫的路径视域也是多角度的。综述以往的减贫理论与实践，可以发现以下几种视角。

（1）经济增长视角的减贫。传统的发展理论将高效率作为经济增长的主要目标，将社会公平和脱贫寄希望于"涓滴效应"机制来维系。然而，20世纪60～70年代的实践表明，在传统发展理论指导下，国际社会发展出现了贫富悬殊、债务危机、环境和资源恶化、社会动荡等问题。随后，2007年亚洲开发银行提出了"包容性增长"的概念，其涵义在于寻求社会和经济的协调发展、可持续发展，其核心要义在于机会平等和成果共享。Ali（2007a）、Fernando（2008）等为代表的学者提出确保人们在新的机会中平等参与及收益的政策能促进经济增长；Ali和Son（2007）则提出开发人力资本支持包容性增长，从而提高公民尤其是弱势群体的能力。需要指出的是，以包容性增长达到减贫效果是建立在经济的高速与持续发展的基础上，否则减贫将陷入无源之水的困境。

（2）参与式减贫。参与式发展理论是一种微观发展理论，该理论强调尊重差异、平等协商，在"外来者"的协助下，通过社区成员的广泛参与，实现社区的可持续、有效益发展，并使社区成员能够共享发展成果。参与式发展减贫的核心在于"赋权"，参与式发展项目是一个赋权于穷人和弱势群体的过程，目的在于实现项目各利益相关群体对涉及他们的发展介入、发展决策以及相应资源的影响和控制（World Bank，1994）。

（3）社会企业减贫。社会企业产生于20世纪90年代，是一种新的兼具经济性和社会性的公益组织模式，是商业和慈善的结合体。社会企业超越了传统的非盈利组织商业模式，在社区服务、弱势群体就业、儿童及老年人的帮扶等方面，发挥了积极作用，并解决了诸多社会问题，打破了西方国家陷入的"福利僵局"。它产生于公民社会领域，是高于传统的第三部门的新兴组织模式，是一种运用商业企业的运作方式来改善社会状况、解决生活问题、完成社会使命的社会组织。吸取了盈利企业与非营利组织的精华，故而在农村扶贫开发领域具有相当大的优势：一是灵活性强，可满足贫困人群多样化的需求；二是有利于社会使命的追求，使扶贫目标不易偏离主题；三是企业化运营模式，扶贫效率更高；四是与农村贫困地区特点相结合，因地制宜地开发扶贫策略。

（4）产业化扶贫。产业化扶贫是指以市场为导向，以经济利益为中心，以产业集聚为依托，以资源开发为基础，对贫困地区的经济实行区域化布局、工业化生产、一体化经营、专门化服务，形成一种利益共同体的经营机制，把贫困地区产业的产前、产中和产后环节结成统一的产业链体系，通过产业链建设来推动区域扶贫的方式（徐翔，刘尔思，2011）。总的来说，产业化扶贫包括5种模式，即公司带动型、中介组织带动型、商品基地带动型、优势产业带动型和乡村旅游。

（三）减贫问题的目标思路

基于贫困问题的内涵和减贫问题的路径视域，我们可以进一步发现反贫困的目标思路。它既包括了帮助贫困人口增加收入，也包括提高贫困人口的从业技能和社会适应能力，还包括帮助贫困人口融入所生活的社区，给予社会包容，享受教育、医疗等方面的权利（图8-1）。其中，增加收入和提高能力属于贫困人口个体特质层面的，而给予包容、赋予权利则是社会环境层面的。因此，对于反贫困工作而言，实际上内外两个层面缺一不可。

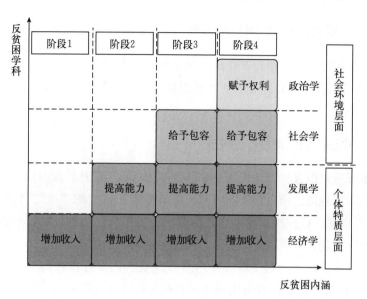

图 8-1　减贫目标的内涵演化与学科分类

　　而从我国政府的反贫困目标而言，《中共中央　国务院关于打赢脱贫攻坚战的决定》（以下简称《决定》）对反贫困目标也有着清晰的要求，即"到2020年，稳定实现农村贫困人口不愁吃、不愁穿，义务教育、基本医疗和住房安全有保障。实现贫困地区农民人均可支配收入增长幅度高于全国平均水平，基本公共服务主要领域指标接近全国平均水平。确保我国现行标准下农村贫困人口实现脱贫，贫困县全部摘帽，解决区域性整体贫困"。《国务院"十三五"脱贫攻坚规划》（以下简称《规划》）更是将脱贫攻坚目标精确定义为"到2020年，稳定实现现行标准下农村贫困人口不愁吃、不愁穿，义务教育、基本医疗和住房安全有保障。贫困地区农民人均可支配收入比2010年翻一番以上，增长幅度高于全国平均水平，基本公共服务主要领域指标接近全国平均水平。确保我国现行标准下农村贫困人口实现脱贫，贫困县全部摘帽，解决区域性整体贫困"。《规划》还进一步明确了"十三五"时期贫困地区发展和贫困人口脱贫的10项主要指标。因此，我国政府实际上也认同综合性的反贫困概念，着力从收入、教育、医疗等多个维度进行政策努力。

第二节　产业扶贫促进贫困农户增收模式①

一、新型农业经营主体带动型

新型农业经营主体作为农业供给侧结构性改革的重要组织部分（孔祥智，2016），实践层面上，以新型农业经营主体为载体的扶贫模式取得了丰硕的实践成果。

（一）克山县的仁发合作社模式

黑龙江省克山县仁发现代农业农机合作社（以下简称仁发合作社）采用联姻发展、因需施策、项目帮带的方式，突出精准扶贫中的"准"。仁发合作社自 2014 年以来，按照国家精准扶贫的要求，发挥合作社的优势，承担社会责任，承接产业化扶贫项目，新建了黄肉牛养殖场，依托"种植—养殖—加工—种植"的发展思路，计划实现 3 年内整乡脱贫。仁发合作社将项目扶贫资金1 300 万元，结合合作社自身出资 1 097 万元，实行资产平均量化和承包经营管理的方式实现贫困户脱贫。目前仁发合作社已购进大型纽荷兰青贮机 2 台、西门塔尔黄肉牛 150 头，年末存栏达到 500 头，将规模养殖和青贮饲料机作业产生的效益，按投资 2 397 万元每元回报 0.11 元的方式，分两部分兑现给贫困户。

具体来看，一方面，扶贫资金 1 300 万元产生的 234 万元效益，平均分配给未入社贫困人口，预计每人可增收 1 465 元。另外，合作社用大机械为贫困户代耕作业和为其统一（低价）购买化肥、种子、农药等农资，借以降低贫困户的生产成本。另一方面，合作社入股的 1 097 万元产生的 120 万元效益，纳入合作社分红范畴，包括贫困户在内的所有社员平均分配。此外，合作社劳转办还采取了优先安置贫困户劳动力外出务工的办法增加贫困户收入，每年能实现人均增收 2 万元以上。

为进一步拓宽扶贫渠道，仁发合作社突出种薯繁育优势，继续加大种薯研发力度，进一步扩大网棚和种薯繁育面积，推动农户增收；进一步扩大绿色有

---

① 本节选自农业部软科学课题"发展适度规模经营与促进脱贫攻坚研究"（课题编号：201709），课题主持人：高强。

机食品生产面积，提质增效，并通过"仁发特卖"追溯和网络营销平台助推高端产品销量扩张。同时，合作社进一步加快与县内 7 家合作社联合出资新建 30 万吨谷物综合加工项目建设，带动 450 个贫困户劳动力进厂就业，实现全乡贫困户脱贫目标。

（二）万全县的龙头企业"入股＋"模式

河北省张家口市万全县充分发挥龙头企业的带动作用，在全县农业生产条件差的贫困村大力实施了股份合作制项目，逐步摸索出 3 种较为适用的股份合作经济模式，实现脱贫。

一是养殖业推行了"入股＋代养"的模式。以顺德集团生猪养殖为代表，贫困户将 5 000 元扶贫资金入股到顺德集团，实行保底分红制度，即前 5 年按照入股资金的 12％分红，后 5 年按照 20％返本，同时，有养殖意愿的贫困户还可以为企业代养肉猪，企业按照代养肉猪增加重量以每千克 5 元的价格给予贫困户劳动报酬，代养一头猪可收入 500～700 元，按每户贫困户代养 20 头肉猪计算，年可促进贫困户增收 1 万～1.5 万元，贫困户可在不出任何垫本，没有任何风险的状态下轻松实现脱贫致富。目前，顺德集团已吸纳北部山区 6 个贫困村的 389 户贫困户入股，试点发放仔猪 2 000 头，带动 106 户贫困户代养肉猪。

二是种植业推行"入股＋订单"模式。以禾久集团为代表，2015 年洗马林镇辛窑子村 66 户贫困户以每户 5 000 元扶贫资金入股到禾久集团穗康公司，贫困户前 5 年按照入股资金的 10％分红，后 5 年按照 20％返本，同时，贫困户还和公司签订了 300 亩鲜食玉米种植合同，较种植大田玉米每亩增收 600 余元，每户贫困户仅种植鲜食玉米就增加收入 2 700 余元，加上分红每户贫困户增加收入 3 200 余元。

三是乡村旅游公司推行"入股＋务工"模式。以金聚公司为代表，该公司在宣平堡乡霍家房村发展了集种植、养殖、餐饮、休闲娱乐为一体的乡村旅游，2015 年霍家房村 176 户贫困户以每户 5 000 元扶贫资金入股公司，贫困户前 5 年按照入股资金的 10％分红，后 5 年按照 20％返本，同时，贫困户还可优先到公司打工，打工年收入 2 万～3 万元。目前，公司吸纳霍家房村 300 多人务工，占全村劳动力总数的 70％以上。2015 年，该村农民人均可支配收入达到 1.1 万元。张家口万全县扶持 32 个贫困村的财政扶贫资金入股到 21 个龙头企业和合作社，带动 4 731 户贫困户，11 828 个贫困人口实现脱贫。

（三）云霄县的特色产业模式

福建省云霄县下河村通过发展"合作社＋基地＋农户"的模式，进行产业扶贫，大力扶持下河村的杨桃产业。经过几年的努力，在县、乡两级政府和省挂钩扶贫单位的大力帮扶下，下河村杨桃产业得到了爆发式的发展，全村杨桃种植面积 6 500 亩，年产量 1.8 万吨，产值 7 000 多万元，农户通过种植户均收入达到 5 万多元，有效地巩固了扶贫的效果。

在产业扶贫实践中，下河村依托各类农民专业合作社，通过技术改造，大力发展香蜜杨桃、红龙等高优品种，全面推广高产优质栽培、无公害化管理、生态果园建设为主的标准化种植技术。同时，充分发挥标准化种植基地的示范作用，带动村民标准化种植杨桃，解决了下河村杨桃同品不同质的问题，实现农民每年增加收入 3 000 多万元。采用"合作社＋基地＋农户＋市场"的产业化经营模式，发动本村精准扶贫户加入合作社，合作社与扶贫户签订购销协议，按略高于市场价收购，保护了扶贫户的合法权益。下河村已经成立专业农民合作社 10 家、家庭农场 5 家、用水协会 1 家，全村有过半农户加入合作社。专业合作社也发挥着自己的渠道优势，把"下河杨桃"销售到全国各地，保障合作社脱贫增收效果。

二、农村电子商务扶贫型

国内外大量学者的研究表明，电子商务对农民收入水平的提升具有重要的促进作用。Banker 和 Mitra（2007）通过对印度咖啡在线拍卖的案例分析，研究发现采用互联网直接销售的模式能够显著提升咖啡种植户的收入水平。鲁钊阳、廖杉杉（2016）的实证研究表明，农产品电商发展的增收效应显著。实践层面上，电商扶贫在产业扶贫中也扮演着重要的角色。

（一）睢宁县的东风村模式

江苏省徐州市睢宁县沙集镇东风村以电商为支持闯出一条创业脱贫增收道路。东风村目前有农户 1 180 户 4 849 人，建档立卡低收入农户 156 户 506 人，创造了 3 个独具特色的"东风村模式"。即以家庭为网络基本经营单位，兼具投资小、经营灵活、利益直接的优势，符合苏北农村农户创业发展实际的"农户＋网络＋公司"模式；以网络守业为最初自发行为、地方政府敏锐捕捉发展动态，从基础设施建设、生产要素供给等方面给予全程服务保证的"农民自发＋政府服务"模式；以农民网络守业信息化带动工业化、工业化推进信息化实践的"工业化＋信息化"模式。东风村模式的成功，关键在于创新三大电商扶贫理念：

一是创新农村发展环境，引导农民网络守业。随着沙集网商的快速发展，宽带、物流、道路等基础设施就越发显得相对滞后。睢宁县扶贫办会同县相关部门对症帮扶，筹建电子商务标准厂房。县经信委积极组织基础电信运营商及时协助沙集镇增铺宽带线路，并请中国电信江苏省分公司将沙集镇列入光纤到户试点。县交通局加强沙集镇相关道路建设改造。县商务局引导物流企业入驻沙集。税务机关对农民网络守业给予税收奖励。同时，当地政府积极破解要素瓶颈制约；县金融办积极协调金融机构，并制定了新的贷款政策；县财政出资1亿元成立小额贷款担保公司。县国土、规划、建设等部门积极解决网销产品生产的用地需求。此外，睢宁以沙集镇东风村为中心，积极规划建设网商工业园区，引导网店入驻电子交易厅，这个方法，既解决了用地需求问题，又提升了沙集网商的管理水平，还为配套产业留足了空间。

二是创新教育培训内容，提高农民守业技能。为吸引农民投身农村电子商务，县扶贫办依托大学生村官体系，强化专业网络知识培训；会同县职教中心设立专门培训课程，邀请资深网络技术人员，采取视频直播或录播进行远程教育培训。同时，加强市场环境分析、营销技巧运用等培训，协助农民趋利避害，并注重向农民传达现代服务业理念，使农民建立服务意识。此外，邀请胜利守业农民现身说法，为守业农民提供胜利经验和激励。

三是创新网店监管方式，规范农民守业行为。县扶贫办协助沙集镇网商成立行业协会，外聘管理人才。镇网商协会牵头，限制同质产品最低销售价格，防止恶性竞争。协会还进行集中推销，降低板材、包装纸箱、五金零件价格。同时，加强农民网店日常监管，对经营较差、信誉欠佳的网点线下督导。此外还协助农民建立一条龙网络销售系统，实现售前沟通交流、售后服务回访、物流查实询问等环节无缝对接。全村拥有各类网店2 000家，1 180户家家从事电子商务。到2015年11月，该村建档立卡低收入农户全部实现脱贫增收，东风村集体经济收入超过20万元。

(二) 广州交通投资集团的"电商扶贫"新模式

广州交通投资集团有限公司积极落实"精准扶贫"战略，因地制宜、创新推动、精准施策，借力"互联网＋"，于2013年率先探索实施"电商扶贫"项目，实现农业与市场联通、线上与线下互通，推动农村农业产业化、市场化、品牌化发展。目前已相继打造了淘宝湛江驻村人扶贫专营店、湛江驻村人扶贫专营微店、京东驻村人馆三大知名电商销售平台，帮助广州对口帮扶湛江的95条贫困村拓宽农产品销售市场，提升产业效益，产生直接经济效益600多万元，切实激活农村市场，增加农民收入。由广州交投集团帮扶的田头村、塘头村集体经济积累从0.3万元飙升至30.26万元，贫困户人均可支配收入从1 933元跃升到9 736元。湛江地区的千禧圣女果、青枣、黑米、红心火龙果、红树林海鸭蛋等一大批特色农产品搭上电商顺风车，为广大消费者所熟悉。具体做法如下：

一是加强领导、精心培育，"电商扶贫"在探索中发展。在中央高度重视扶贫工作、全省大力实施扶贫开发"双到"政策的背景下，农业农村经济得到蓬勃发展，农产品种植规模更是不断扩大，市场销路成为需要考虑的焦点问题。广州交投集团党委未雨绸缪，明确提出扶贫帮扶要走市场化道路，要种植适销对路的农产品，要打造产销一条龙的产业链。在集团党委书记潘双明的倡导和指挥下，在广州市驻村工作队的大力支持下，经过充分调研，驻村干部决定引入时下最新的电商销售模式打开产品市场，建立扶贫农产品网店。在半年的先行先试期，网店就卖出圣女果30吨、香瓜、火龙果3吨多，销售额突破20万元，网店获得极大成功，焕发出强大的市场活力和巨大的开发潜力。为扩大成果，湛江工作队立即决定将网店覆盖范围拓展到整个湛江地区扶贫村，2014年10月，湛江驻村人扶贫专营店淘宝网店、微店正式上线。上线后，广州对口帮扶湛江95条贫困村的特色农产品免费上线加盟。随后，又建立"京东·驻村人馆"。与此同时，准专业的运营团队也同步组建，并多次召开专题会议，研究专业化运营模式，并迅速完成网店模块、产品标识、包装设计、推广方案的设计工作。目前，通过准专业团队的积极运作，驻村人扶贫专营店逐渐探索出了一条"电商扶贫"新路子。

二是坚持市场导向，"电商平台"打造优势农产品品牌。在探索"电商扶贫"工作中，坚持把打造优势农产品作为打开市场的重要手段，充分挖掘当地优势资源，发挥比较优势，积极挖掘和包装了一批网销土特商品，确定圣女果、香瓜、火龙果、黑米、花生油、海鸭蛋、海产品、黑山羊等一批具有浓郁地方特色的主推产品，并对有关产品进行深度加工包装，提升了产品的市场形象，增强了产品的市场竞争力。从而，有效促进了湛江地区农产品的种植销售，广州交投集团对口的田头村、塘头村农户种植圣女果 600 亩，花生 300 亩，香瓜、火龙果 200 余亩。其中田头村、塘头村在家贫困户 95％参与了主导产业圣女果的种植，仅此一项就助力贫困户人均增收 2 748 元，为贫困户脱贫打下良好的基础。塘头村还利用天然的农田资源开发了富硒黑米 30 亩，并利用花生、芝麻等产品加工成食用油，利用海鱼等加工成海产品干货，进一步提高农产品、海产品附加值。建立起集生产、加工、包装、销售一条龙的农产品、海产品生产基地。同时，严把农产品质量关，加强质量监管，做到三无产品不上架，切实提高电商产品的知名度和美誉度。

三是坚持 O2O 模式，"电商扶贫"推动农业转型升级。网店打开市场的同时，更重要的是实现了线上线下 O2O 的发展模式。"电商扶贫"O2O 模式（线上线下电子商务）有别于传统的电子商务模式，它是将线上的消费者带到现实的商店中去，在线支付线下（或预订）商品、服务，再到线下去享受服务。通过打折、提供信息、服务等方式，把线下商店的消息推送给网民用户，从而将他们转换为自己的线下客户。这样线下服务就可以用线上来揽客，消费者可以用线上来筛选服务，很快达到规模。通过 O2O 让农民知道客户有哪些需求，并帮助农民分析、调整生产和销售。在网店经营过程中，农户发现很多消费者更喜欢新品种"千禧"圣女果，而塘头村正在种植的品种竞争力不足。于是驻村工作队立即奔赴广东、广西、海南等地考察，最终在海南东方市引入新品种圣女果嫁接苗 5 万株，建立了 100 亩"荣兴千禧种植示范基地"。经过线上线下的融合，基地圣女果远销京津冀和长三角，销售额达到 200 万元，其中单是为村里贫困户带来的工资收入就超过了 70 万元。2015 年 12 月，塘头村千禧基地圣女果首次"打飞的"进京，在北京市场每千克售价达到 24 元，彻底打破了原来当地收购商"串通压价"、"果质优劣"一个价而损害农民利益和积极性的行径，真正实现了质优价优，打响了品牌。

四是强化培训指导，大力培养"电商扶贫"接班人。授人以鱼不如授人以渔。只有村干部、村民牢固树立脱贫之志，努力掌握"电商扶贫"之技，才能真正自己学会"造血"。为此，广东交投集团加大电子商务发展主体的培训和扶持力度，有效整合干部培训基地、协作办等培训资源，按照"走出去、请进来"的方式，开展各类培训 32 批次，培训村干部、驻村干部、村民等 1 780 余人次，为电商扶贫发展提供了示范以及人才和技术保障。

三、乡村旅游精准扶贫型

乡村旅游扶贫的实质是通过帮扶措施改善贫困地区旅游发展条件，借助旅游资源提升贫困人口参与当地旅游发展的机会与能力，实现脱贫增收。作为产业扶贫的重要方式，乡村旅游扶贫在实践中极富生命力。

（一）中郝峪村的乡村旅游模式

中郝峪村位于山东省淄博市，是典型的鲁中山村。全村 112 户 360 人。2003 年，该村有 5 户农户经营农家乐。依托独特的生态资源，中郝峪村发展以休闲度假为主的乡村旅游项目，依靠旅游脱贫致富，先后开发了农家乐、蔬菜劳作园、真人 CS 对战、漂流等休闲养生民宿旅游项目。目前全村有 92 户村民参与经营农家乐，通过发展乡村旅游，村庄发生了根本性变化。年人均收入 10 年间增加了 12 倍，从 2005 年的不足 2 000 元，提升到人均收入近 3 万元，全村户均存款达 10 万元以上。村集体收入从 2005 年的负债 8 万元，提升到 2014 年的 180 万元，破解了村级组织"无钱办事"难题。所有村民都以旅游管理、经营农家乐和销售旅游农产品等方式参与乡村旅游发展，成为了产业工人，年均工资 4 万元以上，实现了就地就业、持续增收。围绕乡村旅游业发展，制定完善村规民约，村民自我管理、自我教育、自我约束的能力不断增强，实现了经济效益、社会效益、生态效益三者有机统一和良性发展。

（二）茅厂屋村的农旅结合模式

广西壮族自治区富川瑶族自治县结合扶贫开发实际，抢抓机遇，深入挖掘福利镇茅厂屋村资源优势，"以农兴旅，以旅富农"，探索出一条农旅结合、推进新农村建设的新型开发式扶贫道路，使福利镇茅厂屋村从穷山村华丽转型为"产业型新农村"和脱贫致富的一颗耀眼明星。2014 年全村农民人均收入超过 9 000 元，高出全县农民人均收入的 31.8%。茅厂屋村从一个收入来源仅靠玉米、水稻等单一、粗放种植的农业产业，人均收入不足 1 000 元的偏远小村庄依据农旅结合模式，发展成为具有 22 幢具有现代化风格的小别墅，与园林式瑶家古民居、脐橙园相映成趣的现代农业村庄。茅厂屋村目前户均建有 1 座沼气池，户均拥有 8～15 亩果（菜）园，户均养殖 200 头瘦肉型猪，形成了"猪—沼—果（菜）"生态循环模式的高附加值农业，并结合配套村级综合服务楼、娱乐休闲中心、篮球场、卫生室，成为自治区少数民族新农村建设示范点，全村农民人均纯收入超过 9 000 元，实现了脱贫致富。

农旅结合的扶贫成效具体表现在以下两个方面：一是打造特色神仙湖生态休闲园，奠定了农旅集合开发式扶贫基础。2007 年，福利镇党委、镇政府决定对茅厂屋村实施扶贫开发、新农村建设和生态旅游开发，科学规划建设以"生态休闲、瑶族文化"为主题的神仙湖生态休闲园。因地制宜，整合茅厂屋村古石桥传奇故事、水面面积达 232 亩塘连塘水库、120 亩原始古樟林、塘连塘水库周边 1 600 多亩土地等资源，按照"一庄、两村、三林、四路、五景"的总体布局，规划打造香樟园、脐橙园、桃梨园、湖上游乐园、水中"石林"园、草莓园、蔬菜新品种试验园、瑶族文化博览园八大休闲园区，神剑石林康体健身区、田园风光浏览区、摘果尝鲜生态区、民俗文化展示四大功能区，国家非物质文化遗产瑶族蝴蝶歌、瑶族长鼓舞传承基地，配套建设标准化停车场、游客接待中心、大型风情表演楼、培训楼、酒店、观景楼、观景风雨廊桥等，组建并发展神仙湖民俗民间艺术团，为发展农旅经济奠定了坚实的基础。二是农旅结合，推动产业发展多样化。结合神仙湖生态休闲园总体规划布局，引导茅厂屋村立足市场需求和本村优势，将产业发展与休闲旅游相结合，科学谋划布局产业结构，大力发展烤烟种植、果蔬种植、瘦肉型猪养殖和农家乐服务业等四大特色产业，实现产业发展多样化、精细化。全村共种植黄花梨、脐橙等水果 300 多亩，年均保有蔬菜复种面积超过 300 亩。建立年均保有面积达 100 亩的优质烤烟连片种植基地，积极发展烤烟生产并使之成为村民增收致富的一大黄金产业。同时，依托景区村优势，充分利用新旧民居、农业产业园，家家兴办农家乐，发展起以"吃农家饭，住农家屋，干农家活，享农家乐"为主题的农家乐经济，使之成为村民增收致富的新兴产业。农旅集合，让茅厂屋村从单一产业发展向产业多元化联动发展，从卖粮、卖菜、卖瓜果向"卖生态""卖文化""卖感受"高值化发展，实现了茅厂屋村产业发展的全新转型。

四、村集体经济带动扶贫型

壮大村集体经济也是产业扶贫的重要举措。赵春雨（2017）基于对山西省余化乡扶贫实践案例的分析表明，村集体经济的发展有助于实现贫困户脱贫增收。实践层面上，宁夏回族自治区青铜峡市叶盛镇五星村通过盘活集体资产，创新扶贫投入方式，探索出一条以村集体为核心的产业扶贫发展之路。具体表现：五星村通过建立土地股份合作社，实施土地股权量化，发展农村股份合作经济，首期确立设置总股权1 688股，股本金额140余万元。股权由三部分构成：一是农户股东个人股。现有218户（含贫困户75户）入股农户，股权数为730.94股（730.94亩），股本金额为606 680元；二是村集体股。即村委会以"三资"形式入股，其中资金和资产以实际数额计算，每800元为1股，集体机动地每亩为1股，折价800元，现村集体共有股权223.6股，股本金额为185 648元；三是政府股。即以财政投入农业特色产业发展和基础设施配套建设的支农资金打包作股，股权数量为722股，股本金额为60万元，授权镇政府代管。村集体股和政府股只参与浮动分红，该红利全部用于扩大再生产、办好公益事业、扶贫帮困等，同时解决村党支部、村委会工作经费不足的问题。村集体依托土地股份合作社大力发展有机水稻产业，实行规模化种植、集约化经营，除兑付农民土地流转费外，村集体还增收20余万元。村上对这笔收入进行了再分配，其中：为社员每亩再分配50元，共计4万元；拿出3万元建立党内关怀基金；拿出7 000元为全村60岁以上老人缴纳医疗保险；拿出2万元为留守儿童建设"七彩小屋"；拿出3万元救济村里贫困户。保底分配年初已按照每股830元的标准兑现给农户。合作社计划年底分红时从集体股收益中拿出一部分救助贫困户，使贫困户的二次分红收益率再提高10%。

第三节　农民合作社促进产业精准脱贫[①]

党的十八大以来，党中央、国务院把扶贫开发工作摆在更加突出的位置，提出精准扶贫方略，持续加大脱贫攻坚推进力度。推进产业扶贫是完成脱贫目标任务最重要的举措，产业扶贫还是其他扶贫措施取得实效的重要基础。为此，国家"十三五"规划纲要和2016年中央1号文件等明确提出通过产业扶

---

① 本节选自农业部软科学课题"农民合作社在促进产业精准脱贫中的功能机理、面临问题与政策建议"（课题编号：Z201602），课题主持人：于占海。

持等措施解决 5 000 万名左右贫困人口脱贫。而要想促进产业发展，离不开新型农业经营主体的带动作用，农业部等九部门联合印发的《贫困地区发展特色产业促进精准脱贫指导意见》等文件提出，支持新型经营主体在贫困地区发展特色产业，鼓励贫困地区将农民合作社等新型经营主体作为涉农建设项目与财政补贴优先支持对象。因此，进一步明晰农民合作社在产业精准脱贫中的功能机理，分析其面临的现实问题，提出更好促进贫困地区农民合作社发展的政策建议，有助于更好依托农民合作社落实产业精准脱贫任务，这也成为本文的研究着力点。

一、农民合作社的组织特性和助力扶贫的功能价值

对于合作社而言，国际合作社联盟对其有着清晰的概念定义，即合作社是自愿联合的人们，通过其联合拥有和民主控制的企业，满足他们共同的经济、社会和文化需要及理想的自治的联合体。合作社的组织特性决定了它在扶贫攻坚当中的重要价值。

（一）农民合作社的组织特性

1. 人合性

农民合作社是弱势群体自愿联合组成的为满足他们共同的需求服务的自助经济组织（唐宗焜，2007）。它起源于人们对贫困的抗击，是人合的组织。合作社实行入社自愿和退社自由的原则、民主管理的原则、利益共享风险共担的原则和"民办、民管、民受益"的原则，其本质特征在于合作社的所有者与合作社业务的使用者同一，合作社是以"成员—服务对象"为本，而不是以"股东—投资者"为本。以服务成员为宗旨，是合作社组织功能的核心（苑鹏，2006）。这些特征和原则为合作社保护弱势成员权益奠定了基础。

2. 集体行动理论

作为一种特殊形态的经济组织，合作社是市场经济体制下，广大社会弱势群体为改善自身的市场竞争条件、降低交易成本、实现规模经济而自发产生的。农民加入合作社是要解决在独立生产经营中个人无力解决、解决不好或个人解决不合算的问题，是要利用和使用合作社所提供的服务（苑鹏，2006）。首先，合作社通过集体销售农产品使分散的农户获得对抗销售商和加工商的力量，提高农产品的竞价能力，最终获得较高的销售收入；其次，通过合作社统

一采购农资，保证农资的质优价廉，并降低成员的生产成本；最后，合作社的集体化行动在帮助农民获得技术信息、生产性服务、提高产品附加值等方面发挥了重要作用（Stockbridge et al.，2003）。

3. 益贫性

合作社的益贫性是指合作社能够给予贫困成员的利益以及实现这些利益的联结方式。合作社运动最初源自一些思想家、社会活动家的倡导和推动，其初衷和旨趣从根本上说是益贫的；最初的合作社类型几乎都以互助性合作社为主，以益贫为导向；合作社的内部制度安排大都强调维护弱者或贫困成员的组织主体地位、自我服务旨趣和民主管理权利（吴彬、徐旭初，2009）。任大鹏（2015）认为，合作社制度安排即体现出其益贫特性，与公司制度注重效率优先原则相比，合作社制度更多体现的是公平优先原则，尤其是在合作社中如何使得小规模的农户能够在利用合作社服务的同时，改善其相对弱势的地位。孔祥智（2016）则指出，具有益贫功能的合作社主要是那些符合《农民专业合作社法》基本要求的规范合作社。但需要指出的是，尽管合作社具有天然的益贫性，但合作社并不必须帮助穷人。

（二）合作社扶贫的理论依据

（1）市场交易理论。贫困的一个重要机理在于贫困地区由于其产品交易的费用较高，使其竞争力弱，进入市场壁垒高，从而交易效率低、分工不足。农民合作社是一种有利于降低交易费用的制度安排。农业交易是由数量巨大的农户作为主要农产品供给方和农用生产要素需求方共同参与的频繁交易，具有季节性特点。这在微观上意味着每个农户为了完成个体独立交易，都要产生多频次、小规模、分散化的交易成本。农民专业合作组织将众多个体农户联合起来，共同以大规模交易方式面对农产品市场和生产要素市场。从制度经济学角度看，它通过节约交易费用实现其经济扶贫功能。此外，合作社可以更有效地克服由于信息不完全和不对称以及资产专有性带来的机会主义风险。合作社作为一种信任机制，建立于成员团结、信任与合作基础之上，合作社降低与农民之间交易费用的基础在于成员认为合作社是自己的组织。

（2）市场失灵理论。早在 1942 年，Nourse 提出合作社的"竞争标尺"理论，认为市场失灵是合作社存在的前提，合作社存在的目的就是通过其运作获得足够的市场份额，从而迫使 IOFs 更富有竞争力（Nourse，1942）。Cook

（1995）提出了合作社诞生、发展和消亡的五阶段"生命周期"模型，认为最初合作社由于应对过度供给而导致的价格下降或市场失灵而出现，其中，对抗市场失灵的合作社将会逐渐发展起来。就扶贫领域而言，市场失灵表现为将贫困农户排斥于增收机会和享受生活服务之外。农民合作社作为一种制度创新，其存在的意义在于把农副产品的生产、加工、销售等活动稳定地连接在一起并使之一体化，以提高农业效益和农民收入，解决"小农户、大市场"的矛盾（周立群、曹利群，2002）。外部性和非排他性的存在急需组织或集体行动来提供公共物品；不完全和非对称信息提高了风险和不确定性的可能性，同样构成了组织形成的诱发因素。

（3）产权理论。经济交往活动的前提是制度安排、明晰产权，借助合作社扶贫有利于更好地明晰产权，提高扶贫资金的使用效率。Cook（1995）认为合作社是一个定义模糊的"用户与投资者"的财产权集合，这些含义模糊的财产权会形成免费搭车、视野、投资组合、控制和影响成本等问题（林坚、马彦丽，2006）。不过，农民合作社通过嵌入村落社会而拓展发展的自主空间，帮助弱势农户联合成立自治组织；它又构成政府与贫困农户之外的第三方，能够成为政府与农民之间的中介力量。如果能够将国家财政扶贫资源直接对接合作社，并将精准对接农户的扶贫资金和资源量化为贫困农户在合作社中的股份，同时充分保障贫困农户在合作社中的正当合法权益，则会为双方带来协同发展、合作共赢的实践效果（赵晓峰、邢成举，2016）。

（三）农民合作社的功能价值

农民合作社在脱贫攻坚中的价值作用包括经济、社会、文化等多个维度，比较匹配最新的多维度反贫困概念。而毋庸置疑的是，合作社天然地具有益贫性，被一些学者视为实现益贫、减贫和脱贫的理想载体（许军涛，2015；尹广文、崔月琴，2016）。它理论上能够为贫困成员提供市场进入、价格改进、收益返还等功能。而且，与依靠行政力量实现"外部推动"的扶贫方式不同，农民合作社作为在农村家庭承包经营基础上，同类农产品的生产经营者或者同类农业生产经营服务的提供者、利用者，自愿联合、民主管理的互助性经济组织，其带动贫困户的发展具有"内源驱动"特征（徐旭初，2016），能促使贫困农户成员在合作社中通过自身努力，彰显现代性、提高归属感、提升自我管理和发展能力等，获得更为全面的个人能力提升。也因为农民合作社制度安排具有益贫性的显著特征，使其能够通过自助和互助方式成为精准扶（减、脱）贫的理想载体（徐旭初、吴彬，2015；赵晓峰、邢成举，2016）。对于当下中国的农民合作社而言，在承载脱贫攻坚的重任过程中，主要是为贫困农户提供农产品加工、销售，农业生产资料购买，以及与农业生产经营有关的技术、信息等服务，帮助贫困农户提高收入水平，并在此过程中客观上带动贫困农户生产技能的提升和社会阅历的增长等，也能使农民变得更加客观认知和应对市场经济和现代社会的汪洋大海。

农民合作社作为政府着力落实产业扶贫的核心组织载体，以《规划》为典型，国家有关文件对其功能作用和角色任务有相当明确的要求。《规划》第二章明确提出"立足贫困地区资源禀赋，以市场为导向，充分发挥农民合作组织、龙头企业等市场主体作用，建立健全产业到户到人的精准扶持机制，每个贫困县建成一批脱贫带动能力强的特色产业，每个贫困乡、村形成特色拳头产品，贫困人口劳动技能得到提升，贫困户经营性、财产性收入稳定增加"。《规划》还明确了"培育壮大贫困地区农民专业合作社、龙头企业、种养大户、家庭农（林）场、股份制农（林）场等新型经营主体，支持发展产供直销，鼓励采取订单帮扶模式对贫困户开展定向帮扶，提供全产业链服务""推进贫困地区农民专业合作社示范社创建，鼓励组建联合社""鼓励和引导贫困户将已确权登记的土地承包经营权入股企业、合作社、家庭农（林）场与新型经营主体形成利益共同体，分享经营收益""引导支持科技人员与贫困户结成利益共同体，创办、领办、协办企业和农民专业合作社，带动贫困人口脱贫"等方面的具体要求。

二、农民合作社在促进产业精准脱贫中的作用机理

产业扶贫是中国特色扶贫开发模式的重要特征，产业发展离不开龙头带动，而农民合作社对贫困户带动增收作用的实现主要得益于以下4个方面利益联结方式的构建。

（一）通过优先销售等产品参与方式增加经营性收入

贫困农户的一个典型特点是家庭收入来源依赖于农业，根据国家统计局住户调查办公室的统计，2014年农村贫困人口收入来源中约四成（39.3%）来自第一产业经营净收入，明显高于全国农村常住居民28.6%的第一产业经营

净收入占比（国家统计局住户调查办公室，2015）。但这些贫困农户家庭农业生产不同程度存在着市场销售能力薄弱、行情信息获取困难（张童朝等，2016），销售渠道依赖农村经纪人或乡村传统集贸市场等；生产品种相对传统，生产技术较为落后，现代物质装备投入不足；农业生产规模偏小，扩大再生产能力不足等问题。而参加农民合作社无疑给了这些贫困农户更好的销售自家农产品的渠道和机会，更给了贫困农户改善市场竞争意识、提高生产经营技能的机会。很多合作社甚至都是无偿或者基于成本价在给贫困农户提供各种生产技术服务指导，也通过更高的交易价格和更宽松的交易条件帮助农民销售农产品，多数合作社都给予了贫困农户不同水平的交易量返利。根据对全国农民合作社示范社监测信息统计系统数据的分析，发现处于国家级贫困县的 700 多家农民合作社示范社，2014 年每家合作社的农产品统一销售金额平均超过 1 200 万元，按照交易量返利超过 70 万元，带动作用明显。

（二）通过雇工作业等劳动参与方式增加工资性收入

长期以来，农民的家庭经营性收入一直大于工资性收入，但近年来这种情况正在发生逆转，工资性收入已成为农民增收的第一大来源（姜长云，2016）。全国农村贫困人口的收入构成也具有类似趋势，2014 年全国农村贫困人口的工资性收入已经达到其总收入的 32.1%，仅次于经营净收入（41.4%）（国家统计局住户调查办公室，2015）。以往，贫困农户的这些工资性收入主要来自其外出务工收入，但随着农民合作社等新型农业经营主体的兴起和现代农业建设的推进，贫困农户有了越来越多的在本地农业领域务工的机会。其中，对来自国家级贫困县的 700 多家农民合作社示范社的数据显示，2014 年社均雇佣的会计人员、销售人员、专技人员等超过 14 人；同时，这些合作社还不同程度雇佣数量可观的季节性雇工。这些受雇的技术人员和普通农业产业工人每年都从合作社获得了几千元到数万元的工资性收入。如广西忻城县一家合作社，常年提供 100 多个就业岗位，并通过产业开发和辐射带动，转移和安排劳动力超千人，给贫困农户创造了很好的就业增收机会。

（三）通过入股农地等资产参与方式增加财产性收入

财产性收入在农民收入构成中占比一直以来都不高，但却是农民收入增长中极具潜力的部分（何绍周等，2012），尤其是随着以农村承包土地"三权分置"改革为代表的农村集体产权制度改革的全面推进,将有利于促进分工分业,让流出土地经营权的农民增加财产性收入(韩长赋,2016)。我国贫困农户的财产性收入获得主要依靠于对于其承包地的出租或入股经营。而农民合作社的出现和茁壮成长,无疑给了这些想要流转土地的贫困农户一个相对低风险变现土地等财产权益的好机会。来自于国家级贫困县的700多家农民合作社示范社数据显示,2014年社均流转土地面积平均超过1 800亩,其中超过1 000亩为成员的入股土地。如重庆市武隆县合兴蔬菜专业合作社,发展标准化高山蔬菜种植核心示范基地,吸纳60多户贫困户的150多亩土地入股,带动贫困户户均年增收4 000元以上。此外,贫困农户成员的财产性收入实际上还包括了现金入股带来的利润分红。当然现实中,由于贫困农户成员资金的缺乏、贫困农户对合作社信任程度的差异,以及合作社自身吸纳贫困成员资金的意愿等原因,使得贫困农户成员现金入股的比例和额度不会多和高,但其仍不失为贫困农户成员获得合作社经营增值的好方式,也是成员增加财产性收入的重要渠道。

(四)通过项目入股等项目参与方式增加转移性收入

《决定》给了财政专项扶贫资金和其他涉农资金投入折股量化给贫困村和贫困户,使贫困户尤其是丧失劳动能力的贫困户获得资产入股收益的良好机会。《决定》还明确指出资产可由村集体、合作社或其他经营主体统一经营,更使农民合作社获得了相关政策使用的政治合法性。这就给了贫困农户成员通过将扶贫资金投入合作社,获得一定比例利润返还的机会,成为贫困农户获得国家转移性收入的主要途径之一。如湖南省汝城县濠头乡竹笋专业合作社的12户贫困农户成员以扶贫户小额扶贫贷款资金42万元入股合作社,2015年获得股金分红23 625元,户均增收1 968元。重庆市南川区整合了800多万元扶贫产业资金入股合作社,其中36.8万元入股中毅金丝楠木种植合作社和品丰蔬菜种植合作社,2015年帮扶建卡贫困户26户92人分得保底分红29 440元,人均增收320元。

如果将合作社的产业扶贫作用机理进一步图示化,可以看到图8-2的作用机理情况。从中可以看出,合作社对于贫困农户的扶持作用机理包含了4个维度。就课题组目前的研究判断来看,在这4个维度中,产品参与带给贫困农户的收入增长最为普遍和广泛,具有普惠性;劳动参与带给贫困农户的收入增长最为直接和明显，具有显著性；资产参与带给贫困农户的收入增长最有开拓空间和发展价值，具有潜力性；项目参与带给贫困农户的收入增长最有政策效应和公益价值，具有政治性。同时，还需注意的是，由于目前许多农民合作社发展不规范、对成员资格的界定并不清晰，再加上一些地方政府积极要求农民合作社发挥产业扶贫作用，这就使得大量非成员贫困户也能向合作社销售农产品进行产品参与，也能被合作社雇佣进行劳动参与，还能将土地出租给合作社进行资产参与，甚至还有非成员贫困户会将政府支持的扶贫贷款等转借给合作社进行项目参与，使得合作社产业扶贫具有外溢性。

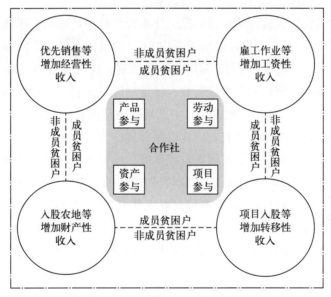

图 8-2 农民合作社产业扶贫作用机理

三、农民合作社促进贫困农户增收脱贫的实证分析

为进一步分析和论证农民合作社促进贫困农户增收脱贫情况，课题组前往辽宁、河北、江苏、湖北、海南、贵州、云南、新疆等省份展开了专题调研，同时利用中心合作社培训班的机会对学员展开了问卷调查和分析，共获得结构化问卷数据 200 余份。这 200 余份样本合作社中，有 134 个样本合作社拥有贫困农户成员，为进一步分析聚焦合作社对于贫困农户成员的脱贫效果和作用机理，下文将着力对 134 家有贫困农户成员的合作社进行实证分析。

（一）贫困农户成员参与情况

贫困农户参与合作社的产业经营是多维度的，因此合作社也给了贫困农户多方面的增收空间。

（1）有贫困户合作社的基本特征。134 个样本合作社中，从产业类型看，来自粮食行业的合作社有 28 家，蔬菜行业 31 家，水果行业 30 家，养殖行业 21 家，其他行业 24 家。从地区分布看，来自东部地区的合作社有 42 家，来自中部地区的有 40 家，来自西部地区的有 52 家。从示范社级别看，国家级示范社有 65 家，省级示范社 39 家，市、县级 30 家。

（2）贫困农户成员带动数量情况。样本合作社中，每家合作社的建档立卡贫困户成员户数为 37.5 户，带动了平均 51.3 户贫困户的生产发展；样本合作社自成立以来，社均帮助了 15.5 户贫困户脱贫。进一步分析发现，在不同产业类型中，养殖业的贫困农户成员数、已帮助脱贫的农户数和带动贫困农户数都最多（表 8-1）；在不同地区中，中部地区的贫困农户成员数和带动贫困农户数都最多，而已帮助脱贫的农户数以西部省份为多（表 8-2）；在不同层级示范社中，国家级示范社的贫困农户成员数、已帮助脱贫的农户数和带动贫困农户数都最多（表 8-3）。这其中值得再做论述的是表 8-1 中养殖业的产业扶贫带动能力，通过观察这 21 家养殖行业合作社发现，这些合作社以禽类、渔业和特种养殖等居多，不少采取了分散养殖、订单收购的模式，且有几家合作社成员数过千、规模较大，这可能是导致养殖业合作社产业扶贫带动能力最强的原因。

表 8-1　不同产业合作社的成员带动数量情况

单位：户

行业属性	贫困农户成员数	已帮助脱贫的农户数	带动贫困农户数
粮食行业	23.5	16.3	39.6
蔬菜行业	28.5	13.5	58.0
水果行业	39.8	15.9	43.8
养殖行业	63.9	20.7	61.4
其他行业	39.2	11.8	56.7

数据来源：课题组调研获得（下同）。

表 8-2　不同地区合作社的成员带动数量情况

单位：户

地区属性	贫困农户成员数	已帮助脱贫的农户数	带动贫困农户数
东部地区	30.4	11.2	40.9
中部地区	42.8	13.6	61.5
西部地区	39.1	20.3	51.8

表 8-3　不同层级示范社的成员带动数量情况

单位：户

示范社属性	贫困农户成员数	已帮助脱贫的农户数	带动贫困农户数
国家级	45.1	18.0	68.1
省级	30.8	14.6	36.5
市、县级	29.4	11.1	34.2

（3）贫困农户成员产品参与情况。样本合作社中，每家合作社都与贫困农户成员进行了产品惠顾。具体而言，2015 年贫困农户成员的农产品销售额占样本合作社总销售额的 15.7%，贫困农户成员通过合作社户均获得了 10 518元销售收入，约占全国农民合作社成员户均农产品销售额的 80.9%；贫困农户成员通过产品交易户均获得了 3 815 元的销售利润，平均毛利率为 36.3%。

进一步分析发现，在不同产业类型中，其他行业合作社的贫困农户成员农产品销售额、农产品销售利润占合作社总销售额比重和农产品销售利润都最多（表 8-4）；在不同地区中，西部地区合作社的贫困农户成员农产品销售额、农产品销售利润占合作社总销售额比重和农产品销售利润都最多（表 8-5）；在不同层级示范社中，国家级示范社的贫困农户成员农产品销售额和农产品销售利润最多，而县市级示范社的贫困农户成员农产品销售额占合作社总销售额比重最大（表 8-6）。这其中值得再做论述的是表 8-4 中其他行业的农产品销售情况最理想，通过观察这 24 家其他行业的合作社发现，这些合作社以茶叶、中药材、菌菇等特色产品居多，这就使得这些行业的农产品单价高、销售利润也不错，可能也使得这些行业的合作社具有了对贫困农户较强的农产品销售带动能力。

表 8-4　不同产业合作社的贫困农户成员产品参与情况

单位：元、%

行业属性	成员户均农产品销售额	农产品销售额占合作社总销售额比重	户均农产品销售利润
粮食行业	9 962.9	16.5	3 626.1
蔬菜行业	9 694.0	13.7	3 702.1
水果行业	8 730.7	15.1	3 142.1
养殖行业	12 433.3	14.8	4 431.4
其他行业	12 789.6	18.7	4 481.1

表 8-5　不同地区合作社的贫困农户成员产品参与情况

单位：元、%

地区属性	成员户均农产品销售额	农产品销售额占合作社总销售额比重	户均农产品销售利润
东部地区	9 480.2	16.3	3 413.3
中部地区	10 770.8	14.1	3 842.8
西部地区	11 162.5	16.4	4 117.1

表 8-6　不同层级示范社的贫困农户成员农产品销售情况

单位：元、%

示范社属性	成员户均农产品销售额	农产品销售额占合作社总销售额比重	户均农产品销售利润
国家级	10 681.2	14.6	4 021.3
省级	10 641.0	15.1	3 802.8
市、县级	10 005.7	18.7	3 382.3

（4）贫困农户成员劳动参与情况。样本合作社中，有 123 家样本合作社雇佣了贫困农户进行劳动作业。具体而言，2015 年每家合作社平均有 33.5 户贫困农户被雇佣在合作社进行劳动作业，其中属于合作社成员的人数为 13.8 人，占到了合作社贫困户成员户数的 24.5% 左右（假定每个贫困户成员家庭有 1.5 名劳动力）。这说明合作社还雇佣了不少非成员贫困农户为组织进行劳动作业；这些贫困农户的平均日工资为 82.1 元，通过参与合作社的劳动工作，贫困农

户平均每年能够获得 11 804 元的工资性收入。

　　进一步分析发现，在不同产业类型中，其他行业合作社的社均贫困农户被雇佣人数和社均贫困农户成员雇工人数是最多的，养殖行业合作社的贫困农户的日人均工资和年人均工资收入最高（表 8-7）；在不同地区中，中部地区合作社的社均贫困农户被雇佣人数和社均贫困农户成员雇工人数最多，西部地区合作社的贫困农户日人均工资和年人均工资收入最高（表 8-8）；在不同层级示范社中，国家级示范社的社均贫困农户被雇佣人数、社均贫困农户成员雇工人数最多，日人均工资也最高，省级示范社的贫困农户的年人均工资收入最高（表 8-9）。这其中值得进一步讨论的是来自东部地区的合作社，其被雇佣贫困农户的日人均工资和年人均工资收入均值都不高，这一反常数据的背后在于一些东部地区合作社其社均贫困农户成员数和带动贫困农户数都是东中西部三个地区里面最少的，同时，其社均贫困农户被雇佣人数和社均贫困农户成员雇工人数也偏少，有几个合作社甚至没有雇佣贫困农户，这在一定程度上拉低了贫困农户的日人均工资和贫困农户的年人均工资收入水平。

表 8-7　不同产业合作社的贫困农户劳动参与情况

单位：元、人

行业属性	社均贫困农户被雇佣人数	社均贫困农户成员雇工人数	贫困农户的日人均工资	贫困农户的年人均工资收入
粮食行业	21.4	8.7	81.9	10 778.6
蔬菜行业	21.9	9.2	75.8	11 176.6
水果行业	44.7	14.6	78.7	11 916.7
养殖行业	35.3	14.5	91.4	12 904.8
其他行业	47.1	24.0	86.7	12 708.3

表 8-8　不同地区合作社的贫困农户劳动参与情况

单位：元、人

地区属性	社均贫困农户被雇佣人数	社均贫困农户成员雇工人数	贫困农户的日人均工资	贫困农户的年人均工资收入
东部地区	31.2	12.1	76.1	10 861.3
中部地区	37.6	16.7	84.3	11 250.0
西部地区	32.2	12.9	85.3	12 992.3

表 8-9　不同层级示范社的贫困农户劳动参与情况

单位：元、人

示范社属性	贫困农户被雇佣人数	贫困农户成员雇工人数	贫困农户的日平均工资	贫困农户的年工资收入
国家级	38.8	15.2	88.4	11 782.7
省级	32.4	11.9	76.8	12 059.0
市、县级	23.5	13.1	75.3	11 520.0

（5）贫困农户成员资产参与情况。样本合作社中，有 57 家合作社的贫困农户成员将土地出租给了合作社，34 家合作社的贫困农户成员将土地入股到了合作社。具体而言，2015 年这 57 家合作社社均租赁了 145.9 亩的贫困农户土地①，这 145.9 亩出租土地的亩均收益为 658 元；社均有 89.4 亩的贫困农户成员土地入股，这 89.4 亩土地的亩均分红金额为 765.9 元。

进一步分析发现，在不同产业类型中，粮食行业合作社的社均贫困农户成员土地入股面积最大，蔬菜行业合作社的贫困农户成员土地入股收益最好（表 8-10）；在不同地区中，东部地区合作社的社均贫困农户成员土地入股面积最大，贫困农户成员亩均土地入股分红和贫困农户土地出租亩均收益最高，中部地区合作社的社均贫困农户土地出租面积最大（表 8-11）；在不同层级示范社中，国家级示范社的社均贫困农户成员土地入股面积和社均贫困农户土地出租面积都最大，贫困农户土地出租亩均收益也最高，省级示范社的贫困农户成员亩均土地入股分红最高（表 8-12）。由此可见，贫困农户的土地入股收益要高于土地出租收益，但是土地出租的普遍性要高于土地入股，也说明并不是每个合作社都愿意让贫困户拿土地入股。

表 8-10　不同产业合作社的贫困农户土地参与情况

单位：亩、元

行业属性	社均贫困农户成员土地入股面积	贫困农户成员亩均土地入股分红	社均贫困农户土地出租面积	贫困农户土地出租亩均收益
粮食行业	135.4	683.3	182.7	616.3
蔬菜行业	76.4	859.2	141.1	736.4

---

①　包含了非成员贫困农户出租给合作社的土地面积。

（续）

行业属性	社均贫困农户成员土地入股面积	贫困农户成员亩均土地入股分红	社均贫困农户土地出租面积	贫困农户土地出租亩均收益
水果行业	70.0	698.7	122.1	697.6
养殖行业	66.7	750.0	89.3	660.0
其他行业	84.3	856.3	176.4	551.3

表 8 - 11　不同地区合作社的贫困农户土地参与情况

单位：亩、元

地区属性	贫困农户成员土地入股面积	贫困农户成员亩均土地入股分红	贫困农户土地出租面积	贫困农户土地出租亩均收益
东部地区	95.0	975.7	158.4	792.3
中部地区	93.6	662.5	167.1	612.9
西部地区	82.3	716.2	115.4	624.3

表 8 - 12　不同层级示范社的贫困农户土地参与情况

单位：亩、元

示范社属性	贫困农户成员土地入股面积	贫困农户成员亩均土地入股分红	贫困农户土地出租面积	贫困农户土地出租亩均收益
国家级	100.4	814.7	190.1	677.1
省级	81.9	856.3	107.1	673.3
市、县级	75.2	565.8	93.3	605.0

　　同时，样本合作社中，总共有 44 个合作社有贫困农户成员现金入股合作社。具体而言，2015 年这 44 个合作社平均有 16.2 户贫困农户成员将现金入股到了合作社中；这些现金入股的贫困农户成员的平均入股金额为 2 184.1 元，平均获得 733.4 元的现金入股分红。进一步分析发现，在不同产业类型中，其他行业合作社的社均贫困农户成员现金入股人数最多，养殖行业合作社的贫困农户成员户均现金入股平均金额最高，粮食行业合作社的贫困农户成员户均现现金入股分红最高（表 8 - 13）；在不同地区中，中部地区合作社的社均贫困农户成员现金入股人数最多，贫困农户成员户均现金入股平均金额最高，贫困农户成员户均现金入股分红也最高（表 8 - 14）；在不同层级示范社中，国家级示范社的社均贫困农户成员现金入股人数最多，贫困农户成员户均

现金入股平均金额最高，贫困农户成员户均现金入股分红也最高（表 8 - 15）。由此可见，国家级示范社带给贫困农户成员的现金入股收益情况最理想。

表 8 - 13　不同产业合作社的贫困农户成员资本参与情况

单位：人、元

行业属性	社均贫困农户成员现金入股人数	贫困农户成员户均现金入股金额	贫困农户成员户均现金入股分红
粮食行业	10.1	2 233.3	846.7
蔬菜行业	15.9	2 280.0	626.0
水果行业	10.3	1 922.2	746.7
养殖行业	20.1	2 687.5	818.8
其他行业	26.3	1 800.0	640.0

表 8 - 14　不同地区合作社的贫困农户成员资本参与情况

单位：人、元

地区属性	社均贫困农户成员现金入股人数	贫困农户成员户均现金入股金额	贫困农户成员户均现金入股分红
东部地区	9.6	2 142.9	757.1
中部地区	20.3	2 290.0	781.0
西部地区	18.8	2 160.0	693.0

表 8 - 15　不同层级示范社的贫困农户成员资本参与情况

单位：人、元

示范社属性	社均贫困农户成员现金入股人数	贫困农户成员户均现金入股金额	贫困农户成员户均现金入股分红
国家级	21.4	2 223.8	752.9
省级	11.4	2 166.7	730.8
市、县级	11.5	2 127.3	699.1

（6）贫困农户成员项目参与情况。样本合作社中，总共有 50 个合作社的贫困农户成员获得了财政扶贫资金支持，其中有 33 家合作社的贫困农户成员将财政扶贫资金投向合作社，并获得了 5%～20% 的年化收益率。有 41 个合作社贫困农户成员获得了银行扶贫专项信贷支持，其中有 23 家合作社的贫困农户成员将银行的扶贫专项信贷资金投给了合作社，并获得了合作社一定比例

的利息返还。此外，还有 31 个合作社贫困农户成员同时获得了银行信贷和财政资金支持。

（二）合作社扶贫做法和成效

过去几年时间里，合作社在带动贫困农户增收致富过程中已经形成了较为成熟的做法，并且取得了相当的成效。

（1）合作社给予农户的支持帮扶。合作社在发展过程中给予了贫困农户生产技能培训、农产品交售、雇工劳动等多方面的特殊支持帮扶举措。通过数据分析发现，合作社所提供的特殊支持帮扶措施中，最常见的措施依次为专门的生产技能培训（占比 74.6%）、优先雇佣贫困户在合作社工作（占比 58.2%）、给予贫困户更优惠的农资供应和农资赊销等（占比 44.8%）和给予贫困户更高的农产品交售价格（占比 32.1%）。此外，一部分合作社还给予贫困户更宽松的农产品交售要求，给予贫困户生产资金临时拆借支持，给予贫困户更丰厚的分红（返利）和更好（多）的专业技术服务等优惠措施。这些举措都使得贫困农户在合作社中享受到了经济实惠，得以更好、更快地实现脱贫奔小康目标。

（2）合作社最有效支持类型方式。经统计分析发现，在合作社提供的各种支持服务贫困农户成员的方式方法中，最有效的支持方式中，前三项依次是优先雇佣贫困户在合作社工作（占比 36.6%）、给予贫困户专门的生产技能培训（占比 21.6%）和给予贫困户更高的农产品交售价格（12.7%），三者合计占比 70.9%。其他还包括了给予贫困户更优惠的农资供应（包括农资赊销等）、给予贫困户生产资金临时拆借支持、给予贫困户更宽松的农产品交售要求、给予贫困户更好（多）的专业技术服务和给予贫困户更丰厚的分红（返利）等举措。从中可以看出，正因为有关举措的有效性，让这些合作社愿意推广、扩大这些优惠举措；但也可以看出，并不存在一项万能举措，在不同的合作社中存在着扶持方式的差异性。

（3）贫困农户对优惠举措满意度。经统计分析发现，贫困农户成员总体上对合作社给予的这些优惠举措是满意的。其中选择比较满意所占比例为 53.0%，选择完全满意的所占比例为 32.8%，两者合计 85.8%，远高于不太满意和完全不满意的 5.2% 的合计比例。此外，还有 9% 持中立的态度。

（4）贫困农户成员总体收益情况。为进一步佐证前述农户满意度情况，此处进一步对农户成员的收益情况进行了统计分析。结果发现，样本合作社中贫困农户成员通过参加合作社户均获得了总计 7 729 元的收入，这些收入包括了贫困农户成员向合作社交售农产品的收入，包括贫困农户家庭成员在合作社打工的收入，包括出租或入股土地，现金入股合作社等产生的财产性收入，还包括贫困农户成员把政府或银行扶持资金投给合作社而产生的转移性收入。这其中所占比重最高的为农产品销售产生的经营性收入，所占比例为 49.4%，其次分别为工资性收入、财产性收入和转移性收入。

同时，经统计发现，贫困农户成员通过参与合作社所获得的各项收入总和占到了贫困农户家庭总收入的 54.4%，收入占比过半。考虑到全国家庭人口的平均规模为 3.1 人左右，而贫困农户家庭因为超生等原因，家庭人口预计要高于这一规模水平。假定贫困农户成员家庭平均人口规模为 3.5 人，可以推算出这些农户家庭的人均收入水平在 4 000 元左右，这一收入要明显高于 2014 年度的全国农村贫困人口 2 561 元的平均收入水平，也已经高于 2014 年每人每年 2 800 元的农村贫困标准，说明有些贫困农户成员在 2015 年当年已经达到了贫困线以上的水平。但这一数据水平仍明显低于 2014 年全国贫困地区人均可支配收入（6 852 元）和全国农村居民人均可支配收入水平（10 489 元）。进一步分析发现，7 729 元的收入中有 4 545 元的收入是贫困农户不参加合作社就无法获取，所占比例是 58.8%，从中也可以发现合作社的存在对这些参加合作社的贫困农户的收入保持和增长提供了关键支撑。

进一步分析发现，在不同产业类型中，其他行业合作社的贫困农户成员通过参加合作社所获户均收入最高，贫困农户成员所获总收入占其家庭总收入比例也最高，贫困农户成员如果不参加养殖行业的合作社则无法获得的收入额最高（表 8-16）；在不同地区中，西部地区合作社的贫困农户成员通过参加合作社户均所获收入最高，中部地区合作社的贫困农户成员所获总收入占其家庭总收入比例最大，中部地区合作社的贫困农户成员如果不参加该合作社则无法获得的收入额也最高（表 8-17）；在不同层级示范社中，国家级示范社的贫困农户成员通过参加合作社户均所获收入最高，贫困农户成员所获总收入占其家庭总收入比例最大，贫困农户成员如果不参加该合作社则无法获得的收入额也最高（表 8-18）。此外，东部地区合作社的贫困农户成员通过参加合作社户均所获收入最低，但其也最不依赖合作社的扶贫作用，这说明东部地区的贫困农户有较多其他方面的增收渠道，比如外出打工获得非农工资性收入等。

表 8 - 16　不同产业合作社的贫困农户成员总体收益情况

单位：元、%

行业属性	贫困农户成员通过参加合作社所获户均收入	所获总收入占其家庭总收入比例	不参加该合作社无法获得的收入
粮食行业	6 916.3	48.9	3 968.9
蔬菜行业	7 209.8	50.0	4 072.9
水果行业	7 653.8	57.6	4 776.7
养殖行业	8 597.7	57.7	5 124.3
其他行业	8 681.1	59.5	5 029.2

表 8 - 17　不同地区合作社的贫困农户成员总体收益情况

单位：元、%

地区属性	贫困农户成员通过参加合作社所获户均收入	所获总收入占其家庭总收入比例	不参加该合作社无法获得的收入
东部地区	6 743.1	46.6	4 077.9
中部地区	8 176.6	58.3	4 782.5
西部地区	8 180.7	57.7	4 739.0

表 8 - 18　不同层级示范社的贫困农户成员总体收益情况

单位：元、%

示范社属性	贫困农户成员通过参加合作社所获户均收入	所获总收入占其家庭总收入比例	不参加该合作社无法获得的收入
国家级	7 982.2	54.7	4 910.8
省级	7 520.9	54.3	4 223.1
市、县级	7 450.5	53.9	4 170.0

（三）合作社对脱贫攻坚的认识

需要引起我们注意的是，当前在合作社的扶贫工作推进过程中，仍然存在着不少困难与问题，因此也需要政府部门设法着力化解。

（1）合作社扶贫面临的最大困难与问题。合作社扶贫面临的困难既来自合作社层面，也来自成员层面，还来自政府层面。其中，就成员层面而言，合作社扶贫面临的困难依次是贫困农户的总体素质技能比较差，很难跟上合作社的生产经营要求（占比 20.9%）；贫困农户不愿意投钱投股给合作社（占比 17.9%）；贫困农户不太愿意按照合作社要求交售农产品，比如偷偷卖给其他商贩或向农产品里投放次品（占比 14.1%），三者占比合计 52.9%。就政府政策层面而言，合作社扶贫面临的困难主要表现为，一些条件符合要求的合作社没有实际享受到中央已经出台的优惠政策，存在支持项目被"关系户"拿走的现象（占比 23.9%）。同时，政府强加了很多不太现实的扶贫政策要求，比如要求给贫困户成员较高的分红率，而这种情况合作社很难落实，或者会使合作社变得不可持续（占比 7.5%）。就合作社层面而言，扶贫面临的困难包括了合作社缺乏足够的生产经营资金（占比 83.6%），缺乏足够的专业人才支持合作社发展（占比 52.2%），合作社缺乏足够强的销售渠道与能力（占比 47.0%）和合作社面临用地政策瓶颈，如不让建设各类加工仓储设施（41.8%）。从中可以看出，合作社扶贫面临的最大困难实际上来自合作社层面，资金、人才等要素的缺乏和销售能力等的不足，明显制约了合作社扶贫能力的进一步提升。

（2）合作社扶贫最需要获得的政策支持。正因为合作社面临上述各种扶贫困难与问题，因此要想更好发挥合作社的扶贫带动作用，需要多措并举改善合作社发展环境。经过数据分析发现，合作社急需的支持政策，依次是给予吸纳贫困户成员的合作社更优惠（优先）财政项目支持（占比 97.8%），给予有吸纳贫困户成员的合作社更优惠的信贷支持，如贷款贴息（占比 89.6%），加强对合作社带头人或贫困人员各种生产经营管理技能培训（占比 82.1%）。也有不少样本对象提出，要给予吸纳贫困户成员的合作社更宽松的用地支持（如仓储用地），给予吸纳贫困户成员的合作社更优惠的保险支持（如补贴保费），给予吸纳贫困户成员的合作社更多荣誉支持（如获评示范社），给予吸纳贫困户成员的合作社更好的人才支持（如派遣大学生）等系列举措。同时，几乎所有样本对象也都认同，为更好发挥政策的杠杆引导作用，给予合作社的优惠政策支持水平，可以与合作社吸纳贫困户的数量等指标挂钩。

（3）合作社对未来是否继续扶贫的认识。尽管从样本合作社看，合作社扶贫已经取得了相当大的成效，但是仍然有必要进一步咨询和了解样本对象是否在未来会愿意吸收更多贫困户加入合作社。数据分析结果显示，选择非常愿意的样本合作社占到了 49.3%，选择比较愿意的样本合作社占到了 32.8%，两者合计 82.1％。而选择不太愿意和完全不愿意的样本合作社比例合计为 5.2％，另外还有 12.7％的样本合作社选择了中立态度。在此意义上，我们可以理解为尽管农民合作社发展面临各种困难与问题，但多数样本对象的扶贫效果是很不错的，也仍然看好合作社扶贫的发展前景，更愿意积极参与到未来的扶贫工作当中。

四、农民合作社实施产业精准脱贫面临的困难问题

尽管农民合作社在当前精准扶贫过程中已经展现了相当的实力和发展潜力，但仍然不可避免地暴露出一些困难与问题。

（一）合作社的市场经营能力不足、缺带动实力

贫困地区的合作社往往生产经营规模小，产品单一、质量不稳定，业务经营侧重于种养环节、产业链短、附加值低，品牌经营意识和能力不足、"三品一标"产品缺乏，合作社市场竞争力普遍较弱。这种情况的存在严重影响了合作社带动全体成员特别是贫困农户增收致富的能力。如西部某省贫困地区拥有注册商标的合作社占全省合作社总数的比例不足 5％，获得"三品一标"认证的合作社占比更是不足 2％。还需要正视的是，大量合作社与成员之间缺乏紧密的产品产销关系，合作社更像是加强版的贩销户，这些合作社内的成员仍然是在按照自己的传统习惯进行生产作业，产品交割也是农户自己与下游采购商直接进行，合作社只是按交易量向成员或者下游收购商收取少量的中介提成费用。此外，一些合作社也存在向成员优惠价格销售农资产品的业务，但这些合作社的农资店有相当比例实际上属于理事长个人或少数核心能人所有，离真正的合作社经营还有相当距离。这些状况的存在，使得合作社的市场竞争能力整体不足，对贫困户的产业带动能力较弱。

（二）合作社的内部规范水平不高、缺发展能力

贫困地区合作社发展不同程度存在重建立、轻管理，章程等规章制度不完善，成员民主管理机制未落实，"家庭作坊式"运营等问题，一些合作社财务制度执行不到位，甚至没有规范财务报表，不进行盈余分配，成员账户也缺失。一些农户成员的主人翁意识也比较淡薄，存在"有利则合、无利则散"的现象。西部某省参与精准扶贫的 79 家农民合作社约有 22％收益盈余和可分配

盈余不明确。西部另一省份较为规范的贫困地区合作社仅占 1/3，相当一部分合作社存在"空壳"现象。这种状况的出现，一方面，是由于过低的准入门槛，这种低门槛推动了农民合作社的最初发展，但也导致了一些投机者、观望者进入，使得其要么套取优惠政策，要么一旦发现无利可图便不再开展经营活动。另一方面，也在于贫困地区的农村青壮年劳动力和优秀人才外流严重，合作社缺乏企业家能人和生产、营销、财会等领域的专业人才，无法支撑起合作社的规范有序运行。这种情况的存在，既影响了贫困地区合作社的自身可持续发展，也影响了合作社发挥扶贫正能量的社会声誉。

（三）用地和信贷限制成典型瓶颈、缺上升空间

"用地难"和"贷款难"问题一直以来都是农业生产者面临的大问题，合作社主体也不例外。在信贷领域，合作社由于缺乏银行认可的抵押物，所以普遍存在贷款难和贷款贵的问题。在建设用地领域，由于现在国土部门对于土地非农化的审批和监督管理越来越严，再加上一些基层国土部门的不作为，所以现在包括合作社在内的农业生产者发展涉农第二、三产业遇到了很大的非农用地无法获批的难题。虽然《决定》中提到了加大金融扶贫力度和完善扶贫开发用地政策，但是对于贫困地区的合作社而言，普通商业贷款的获得难度极大（合作社理事长等也更缺乏可以抵押的城镇住房），扶贫贴息贷款的可得性依然需要观察，而非农经营性建设用地的获批更需要政策细化与落地。就目前而言，上述两大政策的不完善使得合作社丧失了不少产品（业）结构升级转化的空间，降低了合作社的扶贫能力提升。

（四）辅导人员数量偏少技能偏低、缺支持网络

合作社由于具有舶来品属性，所以它的很多专业经营技能和法律法规知识需要后天培养和训练，而目前承担合作社专业辅导任务的主要是基层农经部门。当前，农经工作业务涉及面宽、量大，改革创新任务重、责任大，但基层农经部门存在机构不健全、人员编制少、队伍结构老化、人员素质跟不上业务需要等问题。因此，难有足够的精力和能力去完成农民合作社的指导服务工作。以西部某省为例，每个贫困县平均拥有合作社 300 多家，但这些县的县级合作社业务指导人员仅有 1～2 名，这些工作人员不同程度存在其他农经工作任务过多，对合作社经营管理知识掌握不足的问题，也缺乏足够的工作经费支

持合作社业务工作开展。这就使合作社缺乏合理的发展支持网络，只能自己摸索成长，降低了发展效能和扶贫效果。

五、促进贫困地区农民合作社持续发展的政策建议

贫困地区农民合作社的发展，需要进一步创新在人才、金融、土地等要素领域的支持政策，完善财政支持方式。

（一）加大贫困地区合作社的专业人才支持培育力度

重点围绕合作社带头人、财会人员、市场营销人员以及县、乡合作社辅导员，开展多层次、多形式、多渠道的专题培训，尤其是要着力强化贫困地区合作社带头人培训，提高其认知水平和思维格局，真正将开展新型农业经营主体带头人培育行动的中央政策落实到重点区域、关键领域。完善大学生村官制度，探索建立贫困地区大学生"社官"队伍，争取在每个贫困乡镇至少配备一名大学生"社官"，为辖区内合作社提供专业化辅导服务，进一步充实完善现有合作社辅导员队伍体系。

（二）提升贫困地区合作社市场营销和品牌经营水平

积极组织有条件的农民合作社参加各类农产品展销会、博览会、洽谈会，宣传推荐合作社优质农产品。引导大型农产品加工企业、大型农产品流通（批发）企业等与合作社建立各种形式的稳定产销关系。在推进农村电子商务试点过程中，着力强化对合作社等新型农业经营主体的支持，探索在部分示范合作社设立乡村电商服务网点，助推优质特色、适宜快递运输的合作社农产品开拓线上销售渠道。支持贫困地区农民合作社申请注册商标、开展"三品一标"认证，提高农产品标准化生产和品牌化经营水平。探索在贫困地区省级以上示范社率先建立农产品可追溯体系。

（三）创新贫困地区合作社加工仓储等土地利用方式

加大对合作社兴办农产品加工实体、提高贮藏保鲜能力的支持力度，鼓励条件适宜的农民合作社拓展休闲观光业务，实现一二三产融合发展。针对农村第二、三产业经营性建设用地缺乏瓶颈，建议进一步创新性落实《决定》提出的完善扶贫开发用地政策，即允许贫困村在坚持土地用途管制和全体村民事先

同意的前提下，通过向国土部门事先申报方式，提取一定比例（最高到全村非农用地规模的 10％水平）土地指标用以在宅基地、非经营性建设用地和经营性建设用地之间互换转化，允许贫困村将置换形成的经营性建设用地指标出租或者入股合作社主导的农业产业化经营，获取经营性收益，有关土地资产的收益情况必须定期向全体村民公开，有关经营性收益只能用于贫困村和贫困农户的公益性开支，借此最大程度盘活贫困村非农用地潜在资产，在为涉农企业解决非农建设用地指标不足问题的同时，也为发展壮大贫困村集体经济、提高贫困农户生活水平开拓新的财产性增收渠道，实现多方共赢。

（四）鼓励金融机构创新贫困地区合作社信贷等产品

引导金融机构创新有关产品与服务，加大对贫困地区农民合作社的支持力度。鼓励相关金融机构把合作社纳入信用评定范围，给予合作社授信授贷资格。支持蚂蚁金服等互联网金融创新企业与银行、政府等多方合作，利用大数据探索对合作社的信用评价办法，根据信用积分授予放贷灵活、还贷方便的信用贷款。鼓励进一步探索扩大针对合作社的贷款担保抵押物范围，解决现有抵押物不足的问题。扩大商业化融资渠道，探索利用多层次资本市场为合作社提供直（间）接商业性融资支持，支持各类股权私募基金探索设立面向合作社的产业投（融）资项目。支持符合条件的合作社开展信用合作试点业务，积极推广试点经验。引导全国农业信贷担保体系将贫困地区作为重点支持区域，并优先将贫困地区合作社作为贷款担保优先支持对象。扩大针对贫困地区的农业保险覆盖范围、提高保费赔付标准，为合作社发展特色种养业和加工休闲业务提供财产保障。

（五）健全财政支持贫困地区合作社发展保增值机制

支持农民合作社更大规模承接高标准农田的建设和管护任务。现有财政资金和基建项目要进一步加大对合作社发展第二、三产业项目的支持力度，建立合作社重点支持项目公开申报和筛选机制，鼓励专项扶贫资金、相关涉农项目和社会帮扶资金统筹支持，提高合作社项目支持效能。推广财政资金以股权方式支持合作社发展试点经验，探索建立有关股权资金商业化退出机制，积极吸引第三方社会资金承接财政性股权资本、参与项目经营，最大程度利用财政资金撬动社会资本。进一步强化财政资金使用的事中事后审计和问责，借助微博、微信等新媒体平台完善相关财政资金使用公告公示制度，坚决从严惩处有关违法乱纪行为。

第四节　发展电子商务促进贫困农户增收
——以连片特困民族地区为例①

根据《中国农村扶贫开发纲要（2011—2020 年）》精神，按照"集中连片、突出重点、全国统筹、区划完整"的原则，在全国共划分了 14 个集中连片特殊困难地区共 680 个县，作为新阶段扶贫攻坚的主战场。

到 2020 年要实现全面建成小康社会的奋斗目标，难点就在集中连片特困地区。全国 14 个连片特困地区基本覆盖了全国绝大部分贫困地区和深度贫困群体，这些地区多是革命老区、民族地区、边疆地区，基础设施和社会事业发展滞后，生态环境脆弱，自然灾害频发，贫困人口占比和贫困发生率高，人均可支配收入低，脱贫任务重，一般的经济增长无法有效带动这些地区的发展，常规的扶贫手段难以奏效，扶贫开发工作任务异常艰巨。

国务院扶贫办将电商扶贫作为"精准扶贫十大工程"之一开始实施，电商扶贫已经成为深化扶贫攻坚、实施精准扶贫的重要路径之一。随着国家新一轮区域发展和扶贫攻坚战略的实施，解决连片特困地区的贫困落后问题，成为从中央到地方的共识。电商扶贫作为精准扶贫与互联网深度融合的新型业态，是解决扶贫问题的一种创新方法。

因此，结合"互联网＋"的思想，对连片特困民族地区实施电子商务扶贫对策进行深入研究，提出相应的解决措施，确保连片特困民族地区如期实现全面小康，具有十分重要的意义。

一、电子商务扶贫研究

2015 年《政府工作报告》首次提出"互联网＋"行动计划，互联网与传统行业不断融合发展，农村电子商务也得到了迅速发展。我国农村网民的规模也在快速发展，截至 2016 年 12 月，我国农村网民占比 27.4％，规模达 2.01 亿人。全国各地的特色农产品利用互联网推广出去，农村电商飞速发展，有效

---

① 本节选自农业部软科学课题"连片特困民族地区电商扶贫创新模式研究"（课题编号：D201721），课题主持人：帖军。

缓解了农产品"买难""卖难"的问题，拓宽了农民的增收渠道，实现了减贫和区域协调发展。

（一）农村电子商务

目前电子商务成为推动我国经济发展的一个新力量，电子商务不但改变了农产品与消费品的传统交易模式，实现了交易的高效率，降低了交易成本，提高了交易的便捷性，对促进农村经济发展、增加农民收入、区域的协调发展具有十分重要的意义。2015 年 7 月，商务部和财政部实施电子商务进农村综合示范工作并公布了 200 个示范县名单，将安排专项资金支持农村电子商务的发展。

农村电商是随着电子商务的发展产生的一种新型贸易模式，农村电商是指利用互联网技术和商务手段全面导入农产品的生产及配送销售过程中，通过信息技术进行农产品信息的发布和收集，并在网络上销售的手段。农村电商实现了农产品供应方与需求方之间的有效链接，不仅解决了农产品的销路问题，同时实现了农民的利益最大化。

随着农村电子商务的发展，现已形成了农业信息网站、网上农资市场、电商网站和招商引资等内容。农业信息网站为涉农主体提供生产技术信息、农产品价格信息，帮助农民和农业企业迅速获得各种农业信息，有利于农业的生产发展。网上农资市场迅速传递农产品供求信息，传递农产品市场行情和动态、发布产品信息、促进商业合作，很大程度上解除了农产品交易的信息孤岛问题，介绍了各地的特色经济、特色产业、名优企业和产品等，拓展了产品销售渠道，加快了地区特色经济的发展。电商网站包括淘宝、京东商城等，都在千方百计开展电子商务进农村行动，一是为农民提供各种便宜实用的生活用品，二是让农产品更方便快捷地走出去。政府部门通过搭建招商引资平台，介绍当地开发区和生产基地的建设情况、招商信息、投资环境以及优惠条件，以吸引更多的投资者来进行生产经营活动。

（二）精准扶贫国家战略

全国现有 14 个集中连片贫困区，重点分布在欠发达的中西部地区。其中贫困发生率超过 10% 的有西藏、甘肃、新疆、贵州和云南，贫困人口数量超过 500 万人的有贵州、云南、河南、广西、湖南和四川。党中央、国务院高度重视扶贫开发工作。习近平总书记高度重视扶贫开发工作，多次深入贫困地区考察调研，指出"全面建成小康社会，最艰巨最繁重的任务在贫困地区。全党全社会要继续共同努力，形成扶贫开发工作强大合力""各级党委、政府和领导干部对贫困地区和贫困群众要格外关注、格外关爱，履行领导职责，创新思路方法，加大扶持力度，善于因地制宜，注重精准发力""各级领导干部一定要多到农村去、多到贫困地区去，了解真实情况，扶真贫、真扶贫，带着深厚感情做好扶贫开发工作，把扶贫开发工作抓紧抓紧再抓紧、做实做实再做实，真正使贫困地区群众不断得到真实惠""我们实现第一个百年奋斗目标、全面建成小康社会，没有老区的全面小康，特别是没有老区贫困人口脱贫致富，那是不完整的。这就是我常说的小康不小康、关键看老乡的涵义""扶贫开发工作依然面临十分艰巨而繁重的任务，已进入啃硬骨头、攻坚拔寨的冲刺期。形势逼人，形势不等人。各级党委和政府必须增强紧迫感和主动性，在扶贫攻坚上进一步理清思路、强化责任，采取力度更大、针对性更强、作用更直接、效果更可持续的措施"。

2014年1月25日，中共中央办公厅、国务院办公厅专门发布了《关于创新机制扎实推进农村扶贫开发工作的意见》，对我国扶贫开发工作做出战略性创新部署，提出建立精准扶贫工作机制：国家制定统一的扶贫对象识别办法。2015年6月习近平总书记强调指出，"要切实做到精准扶贫。扶贫开发贵在精准，重在精准，成败之举在于精准。各地都要在扶持对象精准、项目安排精准、资金使用精准、措施到户精准、因村派人（第一书记）精准、脱贫成效精准上想办法、出实招、见真效"，并提出了"四个一批"，为精准扶贫精准脱贫指明了方向和目标。

（三）农村电商扶贫工程

2014年12月24日，国务院扶贫办在全国扶贫开发工作会议上明确提出了推动实施精准扶贫的十大工程，其中明确了电商扶贫工程的重要作用，着力推进电商扶贫工程，有效地提高扶贫绩效。2015年11月9日，国务院发文指出，农村电子商务是转变农业发展方式的重要手段，是精准扶贫的重要载体。2010年和2012年中央1号文件均强调了农村电子商务的重要性，在2014年中央1号文件中又指出构建农村电子商务平台，加快农产品进城的迫切性。

随着国家政策的相继出台，"电商扶贫"出现了大批创业者，各大互联网巨头开始参与农村电商扶贫工作。2016年3月，商务部印发《2016年电子商务和信息化工作要点》，指出要"继续开展电子商务进农村综合示范，优先在革命老区和贫困地区实施，提高扶贫效率和精准度"。因此，电商扶贫业已成为我国"精准扶贫"战略下的重要组成部分，成为新时期扶贫开发工作的重点之一。

农村电商的快速发展，为我国农村扶贫工作提供了一条新的思路。在当前供给侧结构性改革大背景下，农村电商可以有效实现供求信息的无缝对接，促进贫困地区特色产业发展，推动整个贫困地区的产业发展取得新突破，达到减贫脱贫效果。

农村电商使得我国的传统农业得到了升级与改造，并为我国的农村扶贫工作提供了新的模式。但是在电商扶贫快速发展的同时，也面临着许多问题亟待解决，农村电商扶贫对策研究的开展，能够带动农村产业的转型，并为农村经济发展奠定良好的基础，通过电商扶贫对策研究将连片特困民族地区的特色农产品和产业园进行市场开拓和培育，从而实现我国农村电商发展的自我造血功能。

二、连片特困民族地区电商扶贫存在的问题

(一) 农村电商地区间发展不平衡

目前我国的农村电商得到了迅速发展，但是县域电商发展速度较快的大多处于经济发达的中东部地区，如江苏、浙江、福建、河北等地迅速涌现出一大批"淘宝村""淘宝镇"，部分县域的乡镇差不多家家户户进行了电子商务。在我国连片特困民族地区，多数地区位置偏远，道路崎岖，农户居住分散，快递企业还未覆盖。所以导致这些特困民族地区的电子商务仍在驻步观望阶段，电商发展缓慢，发展氛围不够浓厚，当地政府也没有意识到电子商务会成为当地经济新的增长点，乡镇干部以及农户对电子商务思想认识有待提高。

(二) 特困民族地区基础条件落后

近年来，我国相继出台了一系列扶贫政策鼓励建设农村基础设施，但特困民族地区基础条件落后仍是电商扶贫的最大挑战之一。电商平台相关的基础设施在数量、规模等方面，都落后于城市或相对发达的农村地区。

首先，特困民族地区的道路状况差，农村公路网有待完善。农村道路通达的深度不够，路网密度也不高，技术等级较低、路况较差，通畅问题还未解决。地区间农村道路的发展不均衡，差距比较大。很多特困民族地区，地处山

区，道路建设标准不统一，有些地区的道路状况极其不好，大大延长甚至限制了物流的发展，不利于电子商务扶贫的开展。只有健全村级道路设施，推动城乡客运一体化和交通运输基本公共服务均等化，才能促进农村经济快速发展。

其次，特困民族地区的物流发展滞后，而电子商务扶贫工作的开展需要有良好的物流体系作为支撑。特困民族地区没有或只有很少的物流网点，很多快递公司仅覆盖县城，农产品从农村到城市，不仅环节多，而且空间距离远，涉及仓储、物流配送等种种问题，然而特困民族地区物流服务未能形成集约化、专业化和信息化。导致电子商务配送成本高，配送时间稳定性差，对于消费者而言，电子商务便利、快捷的优势会因此而丧失，落后的物流产业制约了农村电商的发展。怎样完善特困民族地区物流体系，是电子商务扶贫工作必须要解决的问题。

最后，特困民族地区的网络覆盖面小，农村的网络宽带制约了农村电商扶贫项目的实施。特困民族地区存在着网络宽带覆盖面窄、宽带下乡速度慢等网络供给不足的问题。目前特困民族地区仍有很多地方没通网络，很多地方仅仅是安装了电脑，但联网率低，资费高、速度慢、安全和保障条件等方面都难以适应现代电子商务发展的要求。要想促进电商扶贫在真正意义上促进农村地区的发展，农村地区的信息网络条件必须改善。

（三）特困民族地区对电商的认知度偏低

目前困扰特困民族地区的重要原因是干部群众的思想观念以及脱贫方式问题。虽然近年来我国电子商务发展迅速，逐渐成为人们购物的重要方式。但对于连片特困民族地区来说，还存在当地农民甚至干部对电子商务的认识不足。由于在特困民族地区，农民普遍的文化程度较低，对新知识、新事物的接受学习能力有限，这直接造成特困民族地区的农民对电子商务的认知度偏低。加强思想观念的转变，改变偏远的特困山区信息闭塞状态，使得连片特困民族地区可以与发达地区同步获取市场信息、技术信息和生活资讯。在不断涌入的外部信息影响下，原有观念会发生变化、调整和转变，原有生产生活方式会随着观念改变而调整。

（四）贫困户生产力低、资源少

如何提高贫困户的生产力、资源，是农村电商扶贫面临的第一难题。

第一，导致农户致贫原因有很多。有的是因病、残疾或者先天的体力智力障碍，有的是因为自然灾害或者当地土地贫瘠，更有甚者是懒惰等性格原因，致贫原因各有不同，自身能力相差很大。对绝大部分贫困户而言不是有东西卖不出去，而是没有东西可卖，因此要开展电商扶贫，必须因地而异、因人而异。

第二，贫困户分布要么特别分散，要么集中分布在自然条件恶劣、社会基础薄弱的连片特困民族地区，绝大部分交通、公共服务水平落后，而生鲜农产品对运输条件、时效性要求较高，如何解决贫困地区产品流通的问题也是一大难题。

第三，贫困户主要以小规模生产为主，无论是传统的销售还是农村电子商务，其交易成本都很高，如何降低交易成本让贫困户真正受益也是必须思考的问题。

（五）电商供应链体系不完善

随着电子商务快速发展，快递、仓储、培训、运营、园区等电子商务服务协同运转显得尤为重要。虽然目前电子商务供应链体系的建设正在逐步推进，但仍是连片特困民族地区电商普遍面临的瓶颈。供应链瓶颈最大的是物流，其中，最主要的瓶颈是出山。出山的首要制约是交通基础设施落后，连片特困民族地区大多为山区，公路的覆盖广度及通达深度都需要改善，道路建设质量与技术水平有待提高。其次是物流配送的制约，连片特困民族地区农民大多属于小规模、分散型的家庭生产经营模式，自营销售占绝大部分，组织化程度低。而且，连片特困民族地区缺乏与电子商务配送相配套的产地收购、储存、冷藏、加工、配送网点。同时电商服务费用高、服务效率低、服务存在空缺等方面；多个部门虽能够按各自职能积极推进电子商务供应链体系的发展，但仍是各管一块，部门之间、行业之间难以进行有效的协调和配合，无法形成促进连片特困民族地区电商平台强有力的凝聚力。

（六）农产品标准化、品牌化效应不强

电商产品要打开市场、提高知名度，就必须有很高的辨识度和品质保证，这就需要进行产品标准化和品牌化建设。连片特困民族地区电商交易的多为当地农产品。贫困地区农业产业化水平较低，生产分散，没有统一加工，难以对生产过程、质量检验、筛选、包装、冷藏保鲜等环节进行质量把关，从而难以实现农产品的品质分级标准化、包装规格化以及农产品编码化。即使部分电商较为发达的地区，农产品生产和销售中也不同程度地存在上述问题，长此以往将会降低产品特色和卖点，产品质量与服务水平也会大打折扣。电商农产品的

标准化程度低，严重影响其品牌的树立。多数地区只注重农业生产规模，不重视品牌建设，农产品品牌建设依然明显落后，知名品牌较少。

（七）农产品质量安全体系不健全

连片特困民族地区电商发展，农产品质量安全是基础。但由于县级农产品缺乏对应的等级划分标准，已有标准大多不能与省、国家和国际接轨；由于缺乏专业检测人才，不具备必备的检测技术和检测设备，县级质量检测、试验办法还停留在原始阶段，虽然全国农业系统中省级基本建立了质量溯源体系，但可溯源产品范围窄，大多数农产品尤其是鲜活农产品标准化程度不高，很难形成从源头到终端的质量溯源系统。农产品电子商务交易平台起步晚，没有建立健全可信的信用评价机制。有的交易平台没有信用评价体系，消费者在交易之前只能通过农产品企业或农户单方面对农产品的描述来了解产品详情，造成消费者对农产品企业和质量缺乏信任；有的交易平台已使用的信用评价体系标准过于简单，只解决交钱不给货、假冒伪劣等明显的欺诈行为，没有考虑农产品较一般生产制造类商品的特殊性，如鲜嫩易腐、种类多样、不均一性等。

（八）民族地区电商人才的匮乏

当前困扰连片特困民族地区电商发展的普遍问题是电商人才的缺乏。电商扶贫需要的是懂农业、会技术、善营销的实战型人才和复合型人才，在数据分析、电商运营、网络营销、平面设计、客户服务等多个岗位、不同层次，都有较大程度的人才缺额。贫困地区艰苦的生活条件使得"外地人才引进难、本地人才留不住"，专业的电商人才更是匮乏。由于连片特困民族地区的知识人才大量外流，并且针对电商扶贫的培训条件、设施条件差，造成当地农民自主性应用电商平台能力较差，无法自主地使用电商与农产品市场相结合的相关技能实现脱贫。

三、连片特困民族地区电商扶贫创新模式

（一）连片特困民族地区应以县域电商发展为主导模式

随着我国城市化的发展，出现了大量农民工进城，尤其是连片特困的民族地区，形成很多"空心村"，产生留守儿童、空巢老人等农村社会问题，同时导致少数民族的传统民俗和民族文化慢慢消失，最终会影响我国少数民族文化

的传承与农业的发展。

县域是按行政区划的地理区域，它连接着工业与农业、城市和农村，是城乡人口、资本、信息等要素的集聚地。县域经济是城市经济与农村经济的中间桥梁，是以县城为中心、城镇为纽带、农村为腹地的空间经济结构。以县域为单位，大力发展电子商务，推进少数民族地区发展，实现连片特困民族地区县域经济转型与升级是电商扶贫对策的一种重要模式。

1. 做好县域电子商务的上层设计

（1）主导全县电商建立协作机制。县级政府要主导全县建立电子商务发展的保障体系和协作机制，政府部门应充分调动电商协会、龙头企业的分工协作，凝聚电子商务发展合力。构建电子商务发展联盟，建立电子商务专家人才库，建立电子商务发展指标体系和监测分析体系，为县域电商发展提供研究、预测、统计等多方面的服务。

（2）做到市场监管全覆盖。县级政府要完善本县电子商务市场监管全覆盖机制，重视本土品牌保护，宣传和监督本县电商企业诚信经营，完善电子商务发展的奖惩机制，完善电商扶贫统计通报制度，完善电商协会自我约束监管机制。完善政府部门监督电子商务交易中涉及行政许可的商品和服务，加强电子商务违法行为、侵犯知识产权行为等防范措施，建立健全电子商务消费者权益保护机制。

（3）完善政策扶持电商企业发展。充分发挥政府的决策与指导作用，在协调发展、统筹兼顾县域经济的基础上，制定电子商务优先发展的扶持政策，在财政税收、人才引进、金融投资、国际贸易等多方面支持与鼓励电子商务高速发展。构建适应电子商务发展多途径的投融资机制，尝试风险投资、融资担保、责任保险等多元化模式。同时积极争取国家各级电商扶持政策，促进农村电子商务的发展。完善电商扶贫社会参与机制，开展贫困地区群众扶贫满意度调查，建立对电商扶贫政策落实情况和电商扶贫成效的第三方评估机制。

2. 打造电子商务县域经济主体

（1）培育和发展县域电子商务主体。电子商务经济主体是县域经济突破和转型的决定因素。加强县域电子商务基础设施建设，完善适应电子商务发展的多元化、多途径投融资体系；引进规模、效益好的电子商务企业，引领县域电子商务产业发展。鼓励传统企业利用第三方平台开展电子商务，利用"一带一路"拓展海外销售渠道，实行跨境电子商务；积极开拓国内市场，支持在大型电商平台开辟县域专馆，把县域产品集中进行展示、宣传和推广；培育壮大龙头企业，加快三产融合，示范带动县域电子商务产业发展。

（2）建设电子商务产业集聚区。特困民族地区应把县域电商产业集聚区作为本地电子商务产业发展的主要建设基地，加强电子商务产业发展公共配套服务，形成集办公、仓储、展示、物流、培训、孵化、服务于一体的多功能电子商务产业集聚区。通过政策优惠、资金扶持等措施鼓励和吸引电子商务企业入驻园区，整合资源优势，充分发挥电子商务产业集聚区的作用。

（3）建立电子商务公共服务中心。特困民族地区应以县域电子商务公共服务中心建设为重点，加快乡镇及村级联络点的建设。县域电子商务公共服务中心主要职责是服务于县域电商的发展，服务县域电商从业者，通过县级公共服务中心整合县域电商服务企业资源，为县域提供电商知识培训、技术支撑、公共推广平台建设、电子商务营销、农特产品包装设计等多项服务，为乡镇、村做好电商资讯发布、交流互动、人才培训、创业指导等。

3. 完善连片特困民族地区的电商基础条件

随着农村电商扶贫创新模式的发展，特困民族地区政府应当加大对农村电商的扶持力度，为农村电商的发展打下坚实的基础。针对农村电子商务基础条件落后的现状，应将发展农村电子商务与精准扶贫相结合的思路真正纳入政府决策，要求与电子商务相关的部门给予大力支持和帮助，为农村电商人员创造宽松的环境。

着力打造县、镇、村三级电商服务平台，建设乡镇电商服务中心和村级电商服务站网络体系，加快村级电商服务站的信息化改造，加强合作，形成优势，完善基础设施，如通信设施、光纤宽带和移动通信等设施，为农村地区提供高速光纤入户的服务。同时，建立现代物流产业，打造最优的物流集散分拨中心，为农村电商提供物流仓储的支持，节约农村电商的运营成本和时间，要吸引大型物流企业落户，积极与大型电商平台合作，进而引进具有战略意义的大型物流项目或者战略投资者入驻，破解"快递止于乡镇"的格局现状。此外，政府须在政策、商业和技术方面不断创新，如引进农技专家、电商专家，为电商网络交易提供质量安全保障。

（二）构建电商全产业链大数据平台

电商全产业链大数据平台对于加快农业产业转型、农产品高效流通至关重要，是现代农村电子商务的制高点。

农业大数据是电商全产业链大数据平台的组成部分，是农村电商发展的坚实依托。在产供销对接方面，大数据能够合理布局社会资源，使农产品从生产到终端消费环节形成良性竞争、合理优化。

1. 建立农产品产地物联大数据档案

利用无线传感器技术、物联网技术对特困民族地区的农产品种植基地的空气温度、空气湿度、光照时长、光照强度、降水量、风速、风向、二氧化碳浓度、土壤温度、土壤含水率、土壤张力、土壤 pH、土壤 EC 值等信息进行自动记录，并将整合后的信息反馈到核心系统。将种植基地各种物联设备集成，形成农产品基地的生态数据体系，对其间不同主体、不同用途的物质交换和能量循环关系进行系统、精密地运算，实现农田种植环节的精准灌溉、有效施肥和防虫管理等。针对生态数据体系数据量大、民族地区通信环境差异性大的问题，使用数据压缩技术和网络优化技术，保障系统中感知数据的传输效率和传输质量。实施分级种植管理，通过大数据，有效监控良种选择、种植技术、农药残留、品质监控、加工能力、物流仓储等整个农产品产业链，从而指导县域农业产业结构调整，培育优质农产品，打造具有竞争力的品牌。

2. 构建电商平台农产品质量安全追溯大数据中心

农产品质量安全追溯大数据中心是按照"生产有记录、信息可查询、流向可跟踪、质量可追溯、责任可追究、产品可召回"的基本要求，以二维追溯码为产品标识，运用物联网、云计算、大数据以及移动互联网等信息技术研发的智能信息化平台。整个体系应该基于农产品质量安全追溯大数据中心进行联通共享，融合政府监管、主体生产、消费服务等功能构建。包括农产品质量安全监管系统（政府监管平台）、农产品质量安全信息服务系统（消费者服务平台）、农产品质量安全管理系统（企业管理平台）三部分。为消费者提供透明的产品信息，为政府部门提供监督、管理、支持和决策的依据，便于企业完善智能化管理水平、建立高效便捷的流通体系。

现以中南民族大学武陵山片区电商扶贫团队在恩施土家族苗族自治州开展的相关工作为例，介绍其具体工作范围与成效。

该团队历经 3 年多的调研攻关，最终选择以农产品质量追溯作为电子商务扶贫的具体切入点，并且选择武陵山片区的咸丰县、鹤峰县优势特色产业茶叶领域的品牌龙头企业进行试点。

（1）农产品质量安全监管系统（政府监管平台）。农产品质量安全监管系统（政府监管平台）包括企业展示、政策法规、特色农产品、行业动态、抽检公告、市场监管、农业大数据平台入口、农产品质量安全追溯平台入口、农产品质量安全信息服务系统入口等功能部分（图8-3）。

图8-3　农产品质量安全监管系统

（2）农产品质量安全信息服务系统（消费者服务平台）。农产品质量安全信息服务系统（消费者服务平台）包括追溯码查询入口、企业信息查询、产品信息查询、质检信息查询、基地信息查询、实时监控数据查询、生产过程查询、种植（养殖）活动查询、投入品信息查询、环境数据查询等功能部分（图8-4）。

图8-4 农产品质量安全信息服务系统

（3）农产品质量安全管理系统（企业管理平台）。农产品质量安全管理系统（企业管理平台）包括操作权限管理、企业信息管理、产品管理、企业环境数据管理、基地管理、种植（养殖）活动管理、生产加工管理、质量检验管理、客户管理、供应商管理、厂区视频管理、基地视频管理、农业局监管对接管理、质监局监管对接管理、消费者投诉管理等功能部分（图8-5）。

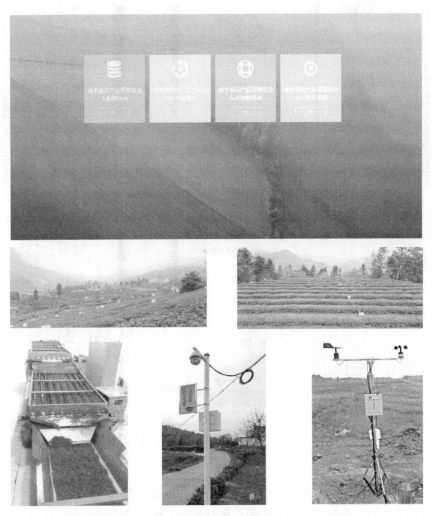

图8-5 农产品质量安全管理系统

（4）农产品质量安全追溯大数据中心。农产品质量安全追溯大数据中心涉及农副产品、生鲜水果、新鲜蔬菜、畜牧水产、米面粮油、花卉苗木六个领域，涵盖价格数据统计、种植面积统计、产量数据统计、产值数据统计、销量数据统计、生产成本统计6种统计维度（图8-6）。

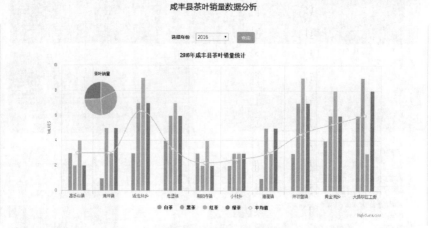

图8-6 农产品质量安全追溯大数据中心

3. 健全农村电商企业的诚信体系

连片特困民族地区政府应引导电商合作社、农业龙头企业，以及农产品批发市场等，加强农村电商企业的诚信体系建设，推行农产品质量安全准入、准出制度，通过农产品电子商务实现生产记录可存储、产品流向可追踪、储运信息可查询、质量安全可追溯，从而提升品质，形成规模，做强品牌。建立农产品大数据联盟，对良种培育、施药施肥、种植技术、加工管理、品质控制、物流渠道等进行全过程管控，加快农产品质量安全追溯体系建设，从根本上实现农产品的"来可查、去可追"，从根本上解决食品安全问题。健全农村电商企业的诚信体系标准，完善农产品地理标志的认证以及防伪标识制度，通过二维码查询等方式给农产品贴上身份标签。建立适应当今农村电商需求的农资实名备案系统、农产品质量安全追溯运营系统和投诉处理意见反馈平台，实现全方位行业监管信息共享，确保网上销售的农资、农产品质量安全可靠。建立完善资金与项目管理制度，接受社会监督，确保资金安全。并将农村电商工作纳入当地党政机关绩效考核体系，对执行措施以及目标完成情况实行量化考核，定期通报各项工作的开展情况，促进农村电商工作更好更快发展。

4. 实施电商平台农产品品牌化培育计划

一是推广使用基于手机移动终端应用的农业种植、养殖信息收集系统，收集当地应季农产品种养、预计成熟（采摘）期、产量、负责人等信息，及时掌握农产品的生长、成熟、销售情况信息。使广大农民群众和农业企业通过手机移动终端就及时得到惠农政策解读、农业技术咨询、农产品的有效供给等多种服务，加快信息传递速度，避免因生产信息不对称致使供过于求。

二是精心培育品牌。利用少数民族地区农产品的特色优势，挑选培育壮大一批农产品产业，实施品牌化管理战略，做好相应的质量加工、产品包装、售后服务等，提升农产品的附加值。积极引导培育出一批具有市场竞争力的电商企业，充分发挥企业的带头示范作用。

三是强化品牌宣传。依托互联网、电视广播、新媒体、举办少数民族地区特色民族节会等各类媒体宣传推介特色农产品，打响农产品的市场品牌知名度。通过大力拓展社交电商销售渠道，将平台电商和社群推广相结合，充分利用各种农业电商社群和当地新媒体渠道，促进产销双方对接，积极扩展农产品电商线上线下营销业务，提升地方特色农产品的市场竞争能力。

5. 打造电商平台政府监管决策体系

充分利用大数据的统计模型和分析结果，为政府对连片特困民族地区的农产品进行精准指导和科学规划提供数据分析服务；为企业的销售方案决策、销售预测提供数据支持服务；为消费者提供农产品质量安全追溯服务。利用农产品生产流程数据的特征提取以及分堆结果量化评估方法，对农产品质量安全大数据挖掘进行研究。

构建政府决策大数据平台，通过大数据分析，掌握县域农产品在产销环节之间的流转规律，引导产销走向，合理布局资源，科学指导种植、养殖品种与规模，提升农产品区域化供应水平，提高经济效益；通过对生产、加工、物流、销售等多个环节进行大数据分析与挖掘，为农产品从生产到消费全过程提供高效优质的信息服务，提高农业资源利用率和流通效率。

（三）因地因人而异的电商精准扶贫发展模式

2014 年 3 月，习近平总书记参加全国两会代表团审议时强调，要实施精准扶贫，瞄准扶贫对象，进行重点施策。进一步阐释了精准扶贫理念。在党的十八届五中全会通过的《中共中央关于制定国民经济和社会发展第十三个五年规划的建议》中提出了"精准扶贫、精准脱贫"的攻坚战略。连片特困民族地区的地理环境和经济发展情况大不相同，电子商务应用涉及众多环节，如何因地制宜地选择适合本地区发展的电子商务模式是非常慎重的第一步。

1. "贫困户＋电子商务"模式

这种模式是让贫困户直接成为电子商务经营主体。对有一定文化知识的贫困户，可以通过电子商务相关知识和技能培训、资源投入、市场对接、政策支持、提供服务等方式，让其逐步从事电子商务工作，开设网店，通过销售产品，增加收入，达到减贫脱贫效果。

在这一模式中，对贫困户的技能培训尤其重要，从最初的开店培训、客户服务培训到高层次的营销技巧培训、品牌管理培训，从政府主导的培训到部分电商企业或社会扶贫组织针对贫困主体提供的各种培训，目的都是使贫困主体获得相关的知识和技能，促使贫困主体有能力参与到当地的电子商务发展当中，获得更多的创业和就业机会，并最终实现减贫脱贫。

2. "贫困户＋能人带动＋电子商务"模式

这种模式是通过能人带动效应帮助贫困户解决农产品的销售问题。团队在调研过程中发现，因为文化水平、智力、体力等内在、外在的原因，绝大部分贫困户并不具备从事电商的能力。在连片特困民族地区已经开设的农产品网店，存在着诸多问题，缺乏创新、同质化严重等，实际销售效果有限。对于绝大部分贫困户，需要的不仅仅是电子商务的技能，更重要的是实实在在的收入的增加。在扶贫过程中，为贫困户提供了种子种苗、肥料饲料、种植技术等，但是很多贫困户对于未来销售没有信心，扶贫效果不佳。

采取"贫困户＋能人带动＋电子商务"的创新模式，在当地挑选具有电商头脑，人脉资源广，诚实守信的电商能人，对贫困户从事电商工作的每个细节予以具体指导，最终使其能独立实现在线产品销售。

3. "贫困户＋电商合作社＋电子商务"模式

贫困户通过加入合作社，可有效提高其组织化程度，解决农产品分散进入市场的问题，这种方式在电商扶贫的"陇南模式"试点中获得了成功。陇南是全国唯一的电商扶贫试点市，电商扶贫工作起步较早、抓得扎实、效果很好。陇南已初步探索出了电商扶贫的"陇南模式"，在复制推广上具有可操作性，在带动农民增收上具有广泛性，对农村经济发展具有可持续性。

电商合作社服务程度高，围绕农民的需求，合作社有针对性地提供专业信息、市场信息及商贸物流等服务，力争为农民提供全方位的电子商务服务。由于电商合作社在电子商务农村扶贫平台建设中居于主导地位，能够主动发现农民需求，密切联系服务对象，农民对其接纳程度高。

以合作社为桥梁构建"贫困户＋电商合作社＋电子商务"销售体系，完善推广电商扶贫机制。由合作社对网商、基地和贫困农户等进行整合，既可化解单个农户生产的市场风险，同时也可保证贫困户所生产的产品的数量和质量，有利于建立农产品可追溯体系，打造名优特优农产品，推广地理标识产品，不断提高农产品附加值，让更多贫困户受益。

4. "贫困户＋龙头企业＋电子商务"模式

"贫困户＋龙头企业＋电子商务"模式中龙头企业在扶贫中的作用是显而易见的，在"遂昌模式"中得以体现。这一模式采用企业化的电子商务扶贫模式，将企业利益和农业扶贫工作结合在一起，推动了农产品市场化的发展。龙头企业的管理机制灵活，技术创新能力快，工作效率高，成功运营的平台能够通过创新服务内容获得市场，从而获得较为可观的利益。

龙头企业可以通过产业链的纵向协作，与农户签订产销合同，为农户提供种子种苗和技术支持，有效降低生产成本和市场风险；龙头企业可以积极发挥其资金优势和行业优势，建立具有品牌优势的农业示范基地，通过组织各种特色农业旅游活动和农产品进社区活动，广泛吸纳贫困户参与到农产品电商中，共同分享电商收益。在"贫困户＋龙头企业＋电子商务"的模式中，吸引并留住龙头企业，促进龙头企业发挥积极扶贫效应是关键，因此民族地区的政府部门应落实相关扶持政策，加强运营监督，在推动企业良性发展基础上实现其在扶贫中的带动效果。

5. "贫困户＋电商周边配套服务"模式

"贫困户＋电商周边配套服务"模式是随着电子商务规模化发展，在一定地域内形成良性的市场生态，当地原有的贫困户即便没有直接或间接参与电子商务产业链，也可以从中分享发展成果。此模式在"沙集模式"中得以体现。在"沙集模式"的发源地东风村，全村1 100多户农民，大多数在网上开了自己的网店，但也有人从事着与网销相关的生产制造、物流快递、餐饮外卖、原材料加工、零配件销售等经营活动，同样实现了脱贫致富。

在连片特困民族地区，贫困户致贫的原因很多，有的贫困户无论怎样都无法直接参与到农产品电子商务中。对此，可以通过改善贫困地区的电商环境，改变贫困地区产品的供求结构，带动当地经济发展，增加贫困户的就业机会，利用"贫困户＋电商周边配套服务"模式，让贫困户分享农产品电子商务的溢出效应。

6. "贫困户＋大型电商平台"模式

目前以阿里巴巴、京东、苏宁等为代表的电商巨头纷纷涉足电商扶贫。连片特困民族地区政府应结合区域实际，一方面积极发展壮大富民增收产业，健全农产品供应链、网店培育、电商实用技能培训等，另一方面，加强电子商务平台建设和推广，借助农村淘宝、京东、苏宁等大型电商平台建立区域特色商品网店，为开展电商扶贫奠定基础，助推贫困地区综合发展。

2017年8月，阿里巴巴农村淘宝兴农频道上线，将打造贫困地区产品网络销售直通车，全力帮扶贫困县脱贫增收。用户可以直接买到来自全国832个贫困县的海量商品。兴农频道将涵盖产业扶贫、金融扶贫和旅游扶贫等板块，主要包括中国兴农馆、扶贫故事、技术兴农（农资农具、旺农贷、农资招商）、农家特产等频道栏目。兴农频道开辟了农产品直供直销新链路模式，通过对种植、仓储、物流、销售，以及大数据反哺的全流程进行整合，让农产品有更高的供应标准和品质。既提高了农产品的市场竞争力、让农民真正得到实惠，也让城市消费者能吃到新鲜、安全、放心的农产品。新疆巴楚留香瓜就是受益于这条新链路的典型案例，在实现了瓜品质提升的同时，也让当地瓜农年收入增加10倍；奉化水蜜桃在统一采收标准的同时，通过提升物流效率，实现了水蜜桃12小时内走出大山，直达北上广等城市消费者手中。

2016年1月，京东集团和国务院扶贫办签署了《电商精准扶贫战略合作框架协议》，共同探索电商精准扶贫，力争在"十三五"期间打造200个扶贫示范县。而在尚有12 000多个贫困户、缺乏优势产业的国家级贫困县河北衡水武邑县落地的"跑步鸡"项目，正是京东扶贫探路的先行之举。京东推出"跑步鸡"项目，意在实现贫困人口在当地创业，同时建立冷链、仓储、配送一体化物流网络，从而使优质农产品实现优价并逐步打造成一个品牌，靠品牌实现农民的溢价，同时也解决城里人食品安全的问题。

2015年9月，苏宁与国务院扶贫办就农村扶贫工作开展的"全国农村电商扶贫战略合作"项目，苏宁选择适合发展电商的贫困区域建设100家直营店和服务站，与此对应，与国务院扶贫办及地方扶贫办合力打造"10·17"网购节，宣传公益扶贫；协助地方政府培养电商人才队伍；在线上建设100家网上"地方特色馆"，促进具有浓郁地方特色的农产品、手工业品和旅游产品上网进程，同时依托苏宁近2 000家实体店，设立电商扶贫O2O体验展示专区，集中展示扶贫地区优质特色农副产品与旅游等资源，开拓助推贫困区域发展的"网络第二空间"，形成"一个实体，两个引擎"的发展格局，着力于"资源高效汇聚，区域塌陷有效缝合，民众收入差距缩小"的发展目标达成。

（四）完善电商人才培养体系

实施精准扶贫，特别是连片特困民族地区电子商务扶贫，政府在加大政策支持力度的同时，更应该投入的是电商人才的培养。连片特困民族地区艰苦的生活条件使得"外地人才引进难、本地人才留不住"现象普遍，专业的电商人才更是匮乏。

要善于运用资本和先进技术的力量，更要吸引大学生到农村去就业创业。贫困地区需要大量有知识、懂技术、会经营的新型农民，但是长期以来我国城乡二元结构使农村成为人才的"洼地"，各级各类人才匮乏已成为制约贫困农村发展的瓶颈。

1. 开展引智工程，引进电子商务人才

通过各种渠道充分挖掘现有电商人才，制定有针对性的特殊优惠政策吸引有实践经验的电商从业者回乡创业，特别是吸引各类电商职业经理人、农产品经纪人、返乡大学生、农村青年等，将其发展成为贫困地区电商带头人，带动贫困地区电商扶贫的发展。

积极引进电子商务创新创业型人才，为其提供可施展才华的空间；将电子商务专业知识培训纳入农村技能人才建设体系和县域就业创业培训体系，加快电商应用型人才培养。通过配套优惠财政税收金融等政策，扶持做大一批本土骨干企业，锁定紧缺应用型人才（美工设计、数据分析、运营推广），加大培训和引进力度。

2. 联合高校、职业院校创新培养模式

连片特困民族地区可以依托高校等教育机构进行电子商务的教育培训，培养一批高素质的复合型电子商务人才，强化电商人才的支撑。

在高等院校和职业技术学院开设电子商务专业课程，为农村电子商务发展和农产品电商扶贫储备人才，积极与各高校合作，建设电子商务创业、实训基地，利用农产品电子商务网站推广和销售农产品；探索"校村结合""校社结合""校企结合"的新型教学模式，加强学校电子商务人才教育和培养。建立激励机制，注重和加快人才培养，引导大学生积极转变就业观念，鼓励涉农专业大学毕业生和高级人才到基层农村，为广大农民提高农村电子商务运用进行指导，培养新一代农村电子商务建设的主力军。

依托高等院校的智库，开展民族地区干部电子商务管理培训，促其提高认识，转变观念。例如中南民族大学在武陵山片区减贫与发展协同创新活动中，开展一系列的少数民族干部培训班，内容包括农村基层干部综合素质能力提升、建好县域工业园区与推进招商引资工作、融资实务、PPP业务理论与实务、基层高素质管理团队塑造、新农村建设与特色产业发展、农村电子商务经济发展和基层干部心理健康与心理调试等，通过有针对性的培训，切实提升干部的综合素质与能力。

3. 本土化自我造血培养模式

连片特困民族地区政府在当地认定一批电商培训机构资质，设立电商培育基金，对电商培训机构、参与电商专业培训的传统企业和农村创业人员给予相应的鼓励与扶持。通过针对电商技术培养教育的投入，给予培训机构、有关学校、企业与乡村适当的人才培育补贴，扶持电子商务协会等社会性机构开展公益性的电子商务专项培训活动，建立电商人才培育的长效机制。

可以借助电子商务师资培训，打造一支强大的电子商务师资队伍，为农村电商进行产业指导，从而推进农村电子商务的发展。加大扶贫户电商知识培训，邀请"淘宝大学"的金牌讲师，传授电子商务的创业"干货"，让有兴趣

发展电子商务的贫困户用起 O2O 模式，增强电商扶贫的"软实力"。

实施大学生村官培训计划，发挥典型示范作用。把大学生村官助推电商作为促进大学生村官创业成才、带领群众脱贫致富的有效举措。探索构建由政府、电商协会、高等（职业）院校以及电商企业组成的大学生村官人才培训体系，采取多媒体演示教学、实地参观学习、现场模拟操作等方法，免费为大学生村官创业提供政策咨询、创业指导、技术培训、网络营销等一条龙服务，帮助大学生村官熟练掌握网上交易、网络广告、在线服务、网上促销、网上订购等基本知识和技能，进一步提高大学生村官参与农村电子商务发展的能力。积极为大学生村官搭建创业实践平台，着力构建村官企业直通、线上线下互动、增收增智并重的大学生村官电商扶贫新格局。进而通过大学生村官积极发挥示范引领作用，既做给村民看，又带着村民干，把自己的创业经验和技能技术传授给文化基础好、有创业意愿的农民，带动他们致富增收。

习近平总书记深刻指出："人民对美好生活的向往，就是我们的奋斗目标。"党中央、国务院高度重视扶贫开发工作，习近平总书记就扶贫开发作出全面系统的深刻阐述，在党的十八届六中全会上又对脱贫攻坚提出明确要求。"十三五"脱贫攻坚正处在开局阶段，连片特困民族地区电商扶贫应以贫困户真正脱贫致富为目标，与旅游扶贫、产业扶贫等其他精准扶贫措施相结合，不断提升贫困户自身脱贫致富能力。通过发展电商扶贫，加快探索电商扶贫的途径和办法，促进电子商务与精准扶贫深度融合，实现"弯道超车"，坚决打赢脱贫攻坚战。